KB213175

판단력비판

대우고전총서 024
Daewoo Classical Library

한국어 칸트전집 09
The Korean Edition of
the Works of Immanuel Kant

판단력비판

Kritik der Urteilskraft

임마누엘 칸트 | 백종현 옮김

아카넷

1791년의 칸트 G. Doebler의 초상화

칼리닌그라드의 임마누엘 칸트 대학 정원에 있는 칸트 동상

칸트의 묘소(쾨니히스베르크 교회 후면)

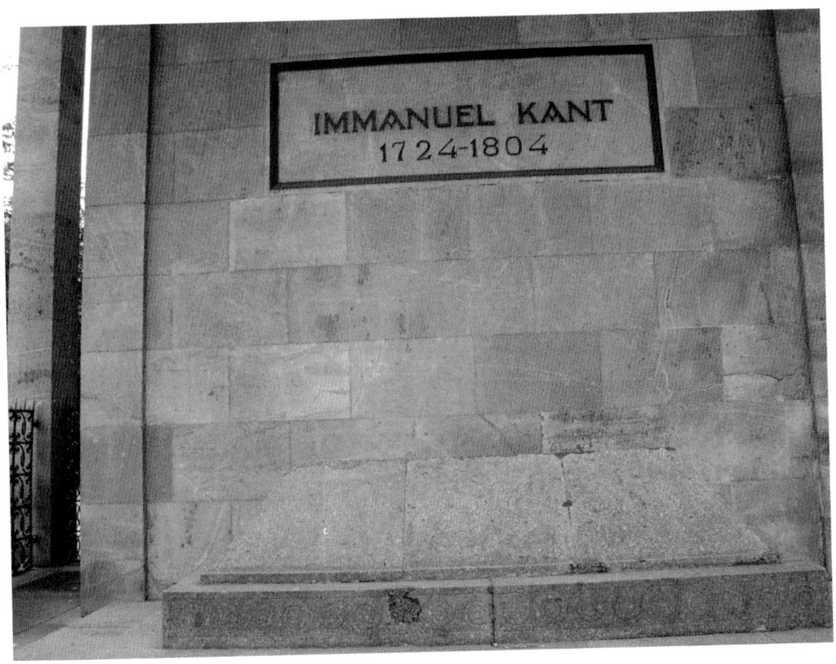

칸트의 석곽묘(쾨니히스베르크 교회 특별 묘소 내부)

쾨니히스베르크(칼리닌그라드) 성곽 모서리에 있는 칸트 기념 동판. "그에 대해서 자주 그리고 계속해서 숙고하면 할수록, 점점 더 큰 경탄과 외경으로 마음을 채우는 두 가지 것이 있다, 그것은 내 위의 별이 빛나는 하늘과 내 안의 도덕 법칙이다"라는 『실천이성비판』 맺음말의 첫 구절이 새겨져 있다.

《한국어 칸트전집》 간행에 부쳐

칸트(Immanuel Kant, 1724~1804)의 철학에 대한 한국인의 연구 효시를 이정직(李定稷, 1841~1910)의 「康氏哲學說大略」(1903~1910년경)으로 본다면, 한국에서의 칸트 연구는 칸트 사후 100년쯤부터 시작된 것인데, 그 시점은 대략 서양철학이 한국에 유입된 시점과 같다. 서양철학 사상 중에서도 칸트철학에 대한 한국인의 관심은 이렇게 시기적으로 가장 빨랐을 뿐만 아니라 가장 많은 연구 논저의 결실로도 나타났다. 그 일차적인 이유는 19세기 말에서 20세기 초의 동아시아 정치 상황에서 찾을 수 있겠지만, 사상 교류의 특성상 칸트철학의 한국인과의 친화성 또한 그 몫이 적지 않을 것이다.

칸트는 생전 57년(1746~1803)에 걸쳐 70편의 논저를 발표하였고, 그 외에 다대한 서간문, 조각글, 미출판 원고, 강의록을 남겨 그의 저작 모음은 독일 베를린 학술원판 전집 기준 현재까지 발간된 것만 해도 총 29권 37책이다. 《한국어 칸트전집》은 이 중에서 그가 생전에 발표한 전체 저술과 이 저술들을 발간하는 중에 지인들과 나눈 서간들, 그리고 미발간 원고 중 그의 말년 사상을 포괄적으로 담고 있는 유작(Opus postumum)을 포함한다. 칸트 논저들의 번역 대본은 칸트 생전 원본이고, 서간과 유작은 베를린 학술원판 전집 중 제10~12권과 제21~22권이다.(이 한국어 번역의 베를린 학술원판 대본에 관해서는 저작권자인 출판사 Walter de Gruyter에서 한국어번역판권을 취득하였다.)

한 철학적 저작은 저자가 일정한 문화 환경 안에서 그에게 다가온 문제를 보편적 시각으로 통찰한 결실을 담고 있되, 그가 사용하는 언어로 기술한 것이다. 이러한 저작을 번역한다는 것은 그것을 다른 언어로 옮긴다는 것이고, 언어가 한 문화의 응축인 한에서 번역은 두 문화를 소통시키는 일이다. 그래서 좋은 번역을 위해서는 번역자가 원저자의 사상 및 원저의 기저를 이루고 있는 문화 배경에 대해 충분한 이해를 가질 것과 아울러 원저의 언어와 번역 언어에 대한 상당한 구사력을 가질 것이 요구된다.

18세기 후반 독일에서 칸트는 독일어와 라틴어로 저술했거니와, 이러한 저작을 한국어로 옮김에 있어 그 전혀 다른 언어 구조로 인해서 그리고 칸트가 저술한 반세기 동안의 독일어의 어휘 변화와 칸트 자신의 사상과 용어 사용법의 변화로 인해서 여러 번역자가 나서서 제아무리 애를 쓴다 해도 한국어로의 일대일 대응 번역은 어렵다. 심지어 핵심적인 용어조차도 문맥에 따라서는 일관되게 옮기기가 쉽지 않다. 게다가 한 저자의 저술을 여러 번역자가 나누어 옮기는 경우에는 번역자마다 가질 수밖에 없는 관점과 이해 정도의 차이에 따라 동일한 원어가 다소간에 상이한 번역어를 얻게 되는 것은 불가피한 일이다. 이러한 제한과 유보 아래서 이 《한국어 칸트전집》을 간행한다.

당초에 대우재단과 한국학술협의회가 지원하고 출판사 아카넷이 발간한 '대우고전총서'의 일환으로 2002년부터 칸트 주요 저작들의 한국어 역주서가 원고 완성 순서대로 다른 사상가의 저술들과 섞여서 출간되었던바, 이것이 열 권에 이른 2014년에 이것들을 포함해서 전 24권의 《한국어 칸트전집》을 새롭게 기획하여 속간하는 바이다. 이 전집 발간 초기에는 해당 각 권의 사사에서 표하고 있듯이 이 작업을 위해 대우재단/한국학술협의회, 한국연구재단, 서울대학교 인문대학, 서울대학교 인문학

연구원이 상당한 역주 연구비를 지원하였고, 대우재단/한국학술협의회는 출판비의 일부까지 지원하였다. 그러나 중반 이후 출판사 아카넷은 모든 과정을 독자적으로 수행하면서, 제책에 장인 정신과 미감 그리고 최고 학술서 발간의 자부심을 더해주었다. 권권에 배어 있는 여러 분들의 정성을 상기하면서, 여러 공익기관과 학술인들이 합심 협력하여 펴내는 이 《한국어 칸트전집》이 한국어를 사용하는 이들의 지성 형성에 지속적인 자양분이 될 것을 기대한다.

《한국어 칸트전집》 편찬자 백 종 현

책을 펴내면서

외국어로 되어 있는 철학 저술을 우리말로 정확하게 옮긴다는 것은 사실상 불가능한 일이다. 정확한 번역을 위해서는 원전에 대한 정확한 이해가 선행되어야 할 뿐만 아니라 해당 외국어와 우리말이 일대일로 대응해야만 하고, 번역자가 또한 이 두 언어에 고루 정통해야 하는데, 이것들 모두 거의 기대할 수 없는 일이기 때문이다. 그러기에 기껏해야 번역은 원전에 대한 역자의 이해와 언어 능력의 범위 내에서 두 언어 사이에 엄존하는 차이점에도 불구하고 그나마 있을 수 있는 비근한 말을 찾아 엮어 대응시키는 작업이겠다. 그래서 역자가 같더라도 연륜에 따라 동일한 원전을 다르게 번역할 수도 있겠고, 세대가 바뀌면서 사용 어휘나 어감을 포함해서 언어생활에 변화가 생기면 그 또한 다른 번역이 나올 수 있을 것이다. 여기 펴내는 칸트(Immanuel Kant, 1724~1804)의 『판단력비판』도 이러한 일반적 제한성을 가지고 있음은 말할 필요가 없다. 그렇기에 40년에 걸친 칸트 3비판서에 대한 독서의 결과를 정리해본다는 역자의 개인적 의의를 앞세워 이 책을 내놓으면서도 두려운 마음을 숨길 수가 없다. 오직 부족한 부분을 아량 넓은 독자의 질정의 말씀에 기대어 메우고자 하는 희망이 이러한 두려움을 무릅쓰게 만든다.

이 책은 제1부 『판단력비판』 해제와 제2부 『판단력비판』 역주로 구성되어 있으며, 제2부에는 『판단력비판(*Kritik der Urteilskraft*)』 전문에 이어 「판단력비판 제1서론(Erste Einleitung in die Kritik der Urteilskraft)」이 덧붙여 있다. 번역에는 『판단력비판』의 경우 제2판(=B. 1793)을 표준으로 삼고, 베를린 학술원판(Berlin 1908/1913. AA Bd. V, S. 164~485)과 W. Weischedel 판(Darmstadt 1957. Bd. V, S. 233~620), 그리고 Heiner F. Klemme 판(Felix Meiner Verlag/Hamburg 2006)을 대조 참고하였으며, 「판단력비판 제1서론」의 경우 베를린 학술원판(Berlin 1942. AA Bd. XX, S. 193~251)을 표준으로 삼아, 마찬가지로 W. Weischedel 판(Darmstadt 1957. Bd. 5, S. 171~232)과 Heiner F. Klemme 판(Felix Meiner Verlag/Hamburg 2006)을 대조 참고하였다. 해제와 역주 작업에서는 국내외 역주해서 중 다음의 것들에서 특히 큰 도움을 받았다.

Heiner F. Klemme(Hrsg.), *Kritik der Urteilskraft*, Felix Meiner Verlag / Hamburg 2006 [PhB 507].

李錫潤, 『判斷力批判』, 서울 博英社, 1974.

牧野英二 譯, 『判斷力批判』(上)(下), 東京 岩波書店, 1999/2000.

P. Guyer · E. Matthews(trans.), *Critique of the Power of Judgement*, Cambridge Univ. Press, 2000.

우리말 번역어를 선별할 때는 칸트 전체 저술, 특히 3비판서의 중요 술어들이 일관되게 유지되는 범위 내에서 가장 근사한 것을 찾았으며, 칸트의 주요 술어는 어떤 곳에서나 가능한 한 동일한 번역어를 갖도록 하려고 애썼다. 후자의 작업에서는 무엇보다도 독일어와 한국어의 무시 못 할 차이가 때로는 문장을 어색하게 만들었지만, 대개의 경우 문체의 유려함을 포기하고 술어의 일관성을 지키는 쪽을 택하였다. 전자의 작업에서는 곳곳에서 기존의 번역어와의 어긋남이 큰 부담이 되었지만, 대안을 찾아 제시하는 편을 택하였다. 우리 철학계는 다른 많은 철학 용어와 마찬가지로 칸트 『판단력비판』과 관련한 용어들도 일본 학계에서 통용되고 있는 것을 다수 수용하여 그대로 사용하고 있는데, 이에 이미 익숙해 있는 독자들은 바꿔 쓴 생소한 용어에 적잖이 당황스럽고 불편할 것이다. 그렇기에 크게 바꿔 썼거나 문맥에 따라 분간하여 쓴 몇몇 주요한 용어에 대해서는 미리 해명을 해두는 것이 좋을 것 같다.

이미 역서 『실천이성비판』(아카넷, 2002)을 펴낼 때부터 그렇게 했듯이, 흔히 '만족(滿足)'으로 번역해온 'Wohlgefallen(complacentia)'은 '흡족(洽足)'으로 옮긴다. 칸트 실천철학에서 중요한 술어 가운데 하나가 'Zufriedenheit'인데, 이것에는 우리말 '만족'이 적합하며, 이를 'Wohlgefallen'과는 구별해 쓰는 편이 좋고, 더욱이 'Wohlgefallen'에는 잘 부합하는 또 다른 낱말 '흡족'이 있기 때문이다.

'Zufriedenheit'는 『판단력비판』에서는 주제가 되지 않지만, 『실천이성비판』에서는 (예컨대 §3, 분석학 제2장, 실천이성의 이율배반 등) 여러 대목에서 주제적으로 다루어진다. 왜냐하면 실천이성이란 다름 아닌 욕구 능력인데, 'Zufriedenheit'는 대개 욕구(Begehren)나 경향성(Neigung)이 질료적으로 충족(Befriedigung)되어, 즉 어떤 결여나 부족함이 채워져 이를테면 마음이 평화(Frieden)를 얻은 상태로서, 근본적으로는 욕구능력 곧 의지, 의욕, 기대, 소망 등을 전제로 하는 것이기 때문이다. 그 반면에 기본적으로 '두루 마음에 듦'의 상태인 'Wohlgefallen'은 이러한 경우뿐만 아니라, 어떠한 결여와도 무관한 한낱 관조적인, 또한 순전히 반성적인, 대상의 실존 표상과 전혀 결합되어 있지 않은, 그러니까 대상에 대한 아무런 이해관심이 없는 적의(適意)함도 뜻하며, 이러한 의미의 'Wohlgefallen'이야말로 칸트가 취미 비판에서 주제로 삼고 있는 것이다. 그러하기 때문에 양자를—비록 적지 않은 경우에 뜻이 겹치고 (특히 '자기만족', '지성적 만족'에서처럼) 교환하여 사용할 수도 있지만—더욱이 『판단력비판』 안에서는 (자연미에 대한 흡족에서처럼) 구별하여 쓰는 것이 좋겠고, 원칙적으로도 원어가 서로 다른 만큼 번역어 또한 다르게 쓰는 것이 마땅하다. 그리고 양자를 구별하여 쓴다면, 'Zufriedenheit'를 '만족'으로, 'Wohlgefallen'을 '흡족'으로 옮겨 쓰는 것이 무난하다고 본다.

이와 관련하여 'gefallen'은 기존의 번역어 '만족을 주다/만족하다/만족스럽다' 대신에 '적의(適意)하다'로, 'mißfallen'은 '불만족스럽다' 대신에 '부적의(不適意)하다/적의하지 않다'로 바꿔 쓴다. 무엇보다도 종래처럼 'Zufriedenheit', 'Wohlgefallen', 'gefallen'을 모두 '만족(하다)' 한 어족으로 옮기는 데서 오는 혼동을 피하여, 원어가 다른 만큼 의미의 차이에 상응하는 번역어를 사용하기 위함이다. 다만 요즈음 '적의하다'는 말을 일상어로 많이 쓰지 않고 있기 때문에 다소 생소하다는 느낌을 떨쳐버릴 수 없겠으나, 쓰다 보면 이내 친근해질 것으로 믿는다. 풍부한 언어생활을 위해서는 어휘를 늘려가야 되는데, 어휘를 늘리는 방법에는 말을 새롭게 만들어가는 것 못지않게 예전에 쓰던 말을 묻어두지 않고 활용하는 길이 있다. '적의하다' 대신에 요즈음 많이 쓰는 '마음에 들다'도 좋은 대안이 되겠으나, 후자는 문맥에 따라서는 쓸 수가 없어서 일관되게 사용할 수 없다는 단점이 있다. 예컨대 "쾌적한 것이란 감각에서 감관들에 적의한 것을 말한다"(B7=V205)에서 "적의한"을 "마음에 드는"으로 바꿔 쓰면 너무 어색하다.

또 다른 주요 술어인 'Kunst', 'schöne Kunst', 'Technik'은 원칙적으로 '기예', '미적 기예', '기술'로 구별하여 쓰되, '미적 기예'는 곳에 따라서는 줄여서 '예술'로, 'Kunst'는 문맥상 명백히 'schöne Kunst'를 지칭할 때는 '예술'로, 'Technik'을 지시할 때는 '기술'로도 옮겨 쓴다. 결국 'Kunst'의 경우에는 문맥의 이해와 번역에 상당한 해석과 혼란이 따르고, 동일한 칸트의 술어에 대해서는 하나의 번역어를 일관되게 사용한다는 원칙도 지키지 못하는 것인데, 더 좋은 방안을 찾지 못했다.

유사한 경우라 하겠는데, 번역어를 일관되게 유지 못 한 또 하나의 중요한 용어로 'ästhetisch'가 있다. 'Ästhetik'의 두 번역어인 '감성학'과 '미(감)학'의 통합이 난망한 터라, 'ästhetisch'를 '미'가 주제가 되는 많은 곳에서는 '미감적'으로 옮기되, '지성적(intellektuell)' 또는 '논리적(logisch)'과 짝지어진 곳이나 이것과의 연관성을 드러내야 할 곳에서는 이미 '미감적'이라는 말 속에 '감성적'임이 함유되어 있기는 하지만 '감성적' 또는 번잡스러움을 무릅쓰고 때때로 '미감적/감성적' 또는 조금 약화시켜 '미감적〔감성적〕'이라는 중첩적 표현을 썼다.

또한 핵심적인 술어이면서도 우리말에 순 한글말과 한자말이 갈려 있고, 추상어와 구체어 사이의 차이가 분명하지 않아 일관되게 쓰지 못한 것 중 하나가 'Schönheit': '미'/'아름다움', 'das Schöne': '미적인 것'/'아름다운 것', 'schön': '미적(인)'/'아름다운' 등의 어족이다. '미학', '미감적' 등과의 연관성을 고려하여 대개는 '미', '미적인 것', '미적(인)'으로 옮겼으나, 이렇게 할 때 적지 않게 어색한 경우, 예컨대 '미적인〔아름다운〕 것'이 제목에 들어 있을 때는 단순히 '미'로, 또 '장미는 미적이다'보다는 '장미는 아름답다'고 옮겼다. 이러한 경우는 두 표현 사이에 의미상의 차이 없이 그때그때 어감에 따라 선택하여 쓸 수도 있는 일이기는 하겠으나, 아무래도 용어 사용의 일관성이 없는 데서 오는 지칭상의 부정확함은 피할 수가 없겠다.

용어사용의 일관성을 유지한다는 원칙에도 불구하고 이처럼 더러는 상이한 번역어를 선택하는 등, 많은 제한성 속에서나마 원의를 충실하게 옮겨내고자 했지만 미흡함이 적지 않을 것이다. 그를 보완하기 위해 원서와 대조하면서 읽을 독자를 위해 번역문 옆에 칸트 원서 『판단력비판』 제2판을 'B'로, 이를 수록하고 있는 베를린 학술원판 전집 제5권을 'V'로 표시한 후 이어서 면수를 밝히고, 「판단력비판 제1서론」은 이를 수록하고 있는 학술원판 전집 제20권을 'XX'로, 그것의 원자료로 흔히 함께 제시되는 로스토크(Rostock) 대학 도서관 소장 칸트 수고(Handschrift)를 'H'로 표시한 후 면수를 밝힌다.

이 역주서를 내는 데도 많은 이들의 도움이 컸다. 강지영 선생님은 전체 원고를 원문과 낱낱이 대조하면서 많은 착오와 부정확한 표현을 바로 잡아주었고, 김철 선생님은 초역 원고를 세심히 살펴 다듬고 관련 문헌 목록을 만들어주었으며, 또한 이 두 분과 백승환 선생님은 인쇄본의 교정을 맡아 숱한 착오를 바로 잡는 데 수고를 아끼지 않았고, 임상진 선생님은 가히 전문가적 솜씨로 상세한 찾아보기를 만들어주었다. '대우재단'과 '한국학술협의회'는 연구 번역을 재정적으로 지원해줌으로써 역주자로 하여금 작업에 몰두할 여건을 제공하였고, 출판사 '아카넷'의 편집진은 역주자의 허다한 요구를 수용해가면서 이 미학의 교본을 미적으로 만들어주었다. 변변치 않은 결실도 이렇게나 많은 분들의 도움 속에서 이루어진다. 두루 감사하는 마음이 크다.

너무 많은 독서는 오히려 창의력을 감퇴시키지만, 그래도 식견 높은 칸트를 읽으면서 대화의 시간을 갖는 것은 언제나 유쾌하다. 진 · 선 · 미의 '참' 가치를 세계의 합목적성 아래서 사색하는 칸트의 정신은 언제 마주쳐도 삶의 자세를 숙연하게 한다. 한 치라도 품격의 고양이 있을진저!

2009년 3월

중쇄에 부쳐

학문을 사랑하는 다수 독자의 편달 덕분에 쇄를 거듭하면서 앞선 쇄에 있던 미흡한 점들이 점차 개선되어가고 있다. 기존의 해제들에 의존하여 원서 요약 위주로 작성했던 처음의 '해제' 또한 제14쇄(2019. 1. 31)부터는 주요 쟁점 중심 기술로 바꾸어 다듬었다. 지속적인 개선을 통해 한국어 독자들의 칸트 제3비판서 이해가 좀 더 수월해지기를 희망한다.

2019년 7월

정경재(靜敬齋)에서

백종현

전체 차례

제1부 『판단력비판』 해제

『판단력비판』 해제

I. 『판단력비판』의 출판 경위와 구성

『판단력비판』 본서는 칸트 생전에 3판이 나왔다. 초판(A)은 인쇄 출판 과정을 매우 서둘러 밟았던 것으로 보인다. 초판의 원고는 1790년 1월 초부터 3월 말까지 4차례에 나뉘어 출판사에 건네졌고, 교정도 칸트가 직접 보지 못하고 여러 사람의 손을 거치면서 일관되게 이루어지지 못한 채 급하게 인쇄된 후 1790년 부활절 도서전시장에 나왔다. 1차로 교정을 위탁받았던 그의 제자 키제베터(J. G. C. Ch. Kiesewetter)가 1790년 3월 3일에 칸트에게 보낸 편지를 통해서도 그 사정은 어느 정도 알 수 있다.

> "선생님의 『판단력비판』은 쉼 없이 인쇄되고 있습니다. 다만 저는 교정 중에 이미 여러 차례 당혹스러웠습니다. 원고 중에는 제가 고칠 수밖에 없는, 분명히 의미를 왜곡시키는 오자를 포함하고 있는 대목이 여러 군데 있습니다."(XI138)

출판연도가 1793년으로 되어 있는 제2판(B)은 실제로는 1792년 10월

말/11월 초순 무렵에 출간되었다 한다. 제2판은 칸트가 직접 처음부터 끝까지 교정을 보면서 제1판에 있었던 오탈자를 바로잡았을 뿐만 아니라 부분적으로 가필하여 당초에 머리말 58면, 본문 476면이던 것이 머리말 60면, 본문 482면으로 증보되었다. 1799년에 출간된 제3판(C)은 비록 고쳐진 대목이 몇 군데 있기는 하지만, 이것은 전적으로 출판사 측에 의해 이루어진 것으로 칸트가 관여한 흔적은 없다고 한다. 그 때문에 오늘날 사람들은 이 제2판을 『판단력비판』의 표준본으로 삼는데, 칸트가 최종적으로 직접 전문을 살펴 발간한 제2판을 중심으로 나머지 판본들의 장점을 참고하여 읽는 것이 합당한 일이라 하겠다. (그래서 이 한국어 역서도 이 제2판〔=B〕을 번역 대본으로 삼았다.)

『순수이성비판』이나 『실천이성비판』과는 다르게 『판단력비판』 본문은 처음부터 끝까지 모두 91개 조항(§)으로 서술되어 있는데, 칸트가 통상 "요소 개념들을 다룬"(*KrV*, B169) 부분만을 그러한 방식으로 서술한다는 점을 고려할 때, 『판단력비판』은 전체가 사안의 골자만을 서술하고 있다고 볼 수 있다. 전체의 구성은 다음과 같다.

머리말
서론(I~IX)
제1편 미감적 판단력 비판
제1절 미감적 판단력의 분석학
제1권 미의 분석학(§§1~22)
제2권 숭고의 분석학(§§23~29)
미감적 반성적 판단들의 해설에 대한 일반적 주해
순수 미감적 판단들의 연역(§§30~54)
제2절 미감적 판단력의 변증학(§§55~59)
부록: 취미의 방법론에 대하여(§60)

제2편 목적론적 판단력 비판(§61)

제1부 목적론적 판단력의 분석학(§§62~68)

제2부 목적론적 판단력의 변증학(§§69~78)

부록: 목적론적 판단력의 방법론(§§79~91)

목적론에 대한 일반적 주해

II. 「판단력비판 제1서론」의 의의와 구성

칸트는 『판단력비판』외에도 이른바 「판단력비판 제1서론」을 남겼다. 이것은 『판단력비판』의 또 다른 서론으로서 본서의 준비작업의 성격을 갖는, 다소간에 미완의 저술이나, 본서를 이해하는 데 상당히 도움이 되는 글이다. 칸트가 이 「제1서론」을 당초에는 『판단력비판』이 완성되기 전에 우선 그 서론으로 쓴 것이 분명하다. 칸트는 『판단력비판』 인쇄 중에 남은 일부의 원고를 출판사에 보내면서 "이미 완성된 서론이 너무 장황하여 축소되지 않으면 안 된다."(1790. 1. 21 자 편지, XI123; 1790. 3. 9 자 편지, XI143 참조)고 말하고 있었던 데다가, 이어서(1790. 3. 22) 실제로 출판사에 보낸 마지막 원고에는 머리말과 다시 쓴 서론이 포함되어 있었으니 말이다. 두 서론을 비교해 보면, 칸트는 처음에는 이미 쓴 서론을 축약하고자 했었으나, 실제로는 아예 서론을 다시 쓴 것으로 보인다. 이렇게 개작하게 된 것은 앞서 쓴 서론이 단지 "장황한" 것뿐만 아니라, 칸트가 이것이 먼저 완성된 『판단력비판』의 내용과 완전하게 합치한다고 보지 않았기 때문일 것이다.

이 「제1서론」의 원고는 출판되지 않은 채로 있다가, 칸트의 발췌 전집을 기획하고 있는 신뢰하는 제자 베크(Jacob Sigismund Beck)에게 보내졌고(1793. 8. 18 자 편지, XI441 참조), 그의 재량에 따라 그것의 대략 5분의 2 정도가 「판단력비판 서론에 대한 주해(Anmerkungen zur Einleitung in die Critik der Urtheilskraft)」라는 제목 아래 그가 편찬해 낸 『칸트 비판서 발췌집, 제2권(Erläuternder Auszug aus den critischen Schriften des Herrn Prof. Kant auf Anrathen desselben Bd. II)』(Riga 1794)에 수록되어 세상에 나왔다. 이것이 다시 슈타르케(F. Ch. Starke)에 의해 「철학 일반에 관하여. 특히 판단력비판에 관하여(Über Philosophie überhaupt und über die Kritik der Urteilskraft insbesondere)」(1794)로 제목이 바뀌어 『칸트 소저작집, 제2권(I. Kant's vorzügliche kleine Schriften und Aufsätze mit Anmerkungen Bd. II)』(Leipzig 1833)에 수록되었다. 이것이 다시금 「철학 일반에 관하여(Über Philosophie überhaupt)」라는 제목으로 축약되어 하르텐슈타인(G. Hartenstein) 편 《칸트 전집》제1권(Leipzig 1838)과 로젠크란츠 · 슈베르트(Rosenkranz · Schubert) 편 《칸트 전집》 제1권(Leipzig 1838)에 수록되었다.

칸트의 「제1서론」의 원 원고는 로스토크(Rostock) 대학의 교수이었던 베크(Beck)의 유언에 의해 그의 친구 "프랑케(Franke) 교수에게 선물"되었다가, 프랑케 사후 로스토크 대학 도서관의 소유가 되었다. 이 로스토크 대학 칸트수고(Rostocker Kanthandschriften)본의 중요성이 1899년에 딜타이(W. Dilthey)에 의해 환기되었고, 비로소 1914년 카시러(E. Cassirer) 판 《칸트 전집》 제5권(S. 177~231)에 그 전문이 부에크(O. Buek)에 의해 「판단력비판 제1서론(Erste Einleitiung in die Kritik der Urteilskraft)」이라는 제목 아래 수록되었다. (부에크는 이 수고가 칸트 제자 키제베터의 손을 거쳐 쓰인 것이고, 그 여백에 칸트 자신이 주해와 가필정정을 더한 것으로 보았다.) 그 후에 다시 레만(Gerhard Lehmann)에 의해 로스토크 대학 칸트수고가 다시 한 번 정밀 검토되어 같은 제목으로 포어랜더(K. Vorländer) 판 《칸트 전집》제2권(Leipzig 1927)에 수록되어 나왔고, 이것이 다시 레만을 편집자로 한 베를린 《학술원판 전집(Kant's gesammelte Schriften)》 제20권(Kant's handschriftlicher Nachlaß, Bd. VII, Berlin 1942), 193~251면에 수록되었다. 오늘날은 이 레만 판본이 표준본으로 널리 사용되고 있다. (이 역서 또한 이 레만 판본을 기준으로 삼았다.)

이 남겨진 원고가 왜 '철학 일반에 관하여'라는 제목으로까지 출판되었는지, 왜 칸트가 『판단력비판』의 서론으로는 부적합하다고 생각했을 것인지를 알 수 있게 해주는 「제1서론」의 구성은 다음과 같다.

I. 하나의 체계로서 철학에 대하여(XX195)
II. 철학의 기초에 놓여 있는 상위 인식능력들의 체계에 대하여(XX201)
III. 인간 마음의 모든 능력들의 체계에 대하여(XX205)
IV. 판단력에 대한 하나의 체계로서 경험에 대하여(XX208)
V. 반성적 판단력에 대하여(XX211)
VI. 각기 특수한 체계들인 자연형식들의 합목적성에 대하여(XX217)
VII. 자연의 기술이라는 이념의 근거로서의 판단력의 기술에 대하여(XX219)
VIII. 판정능력의 미(감)학에 대하여(XX221)
IX. 목적론적 판정에 대하여(XX232)
X. 기술적 판단력의 원리에 대한 탐색에 대하여(XX237)
XI. 판단력 비판의 순수 이성 비판의 체계로의 백과적 입문(XX241)
XII. 판단력 비판의 구분(XX247)

III. 칸트의 철학체계와 『판단력비판』

칸트는 곳곳에서(*KrV*, A805=B833; *Log* , IX25; V-MP, XXVIII533이하; 1793. 5. 4 자 Stäudlin에게 보낸 편지, XI429 등 참조) 인간 이성의 "모든" 관심사는 "인간이란 무엇인가?"라는 인간학적 물음으로 수렴되거니와, 그 답을 얻기 위해서는 불가불 "1) 나는 무엇을 알 수 있는가?"라는 인식론적〔형이상학적〕 물음과 "2) 나는 무엇을 행해야만 하는가?"라는 도덕론적 물음, 그리고 "3) 나는 무엇을 희망해도 좋은가?" 라는 종교론적 물음을 물을 수밖에 없고, 그 답을 먼저 얻지 않으면 안 된다는 생각을 표명했다. 이때 말한 이성의 '모든' 관심사는 '철학적 인간학'에 관한 것인 만큼, 이는 칸트철학의 주요 과제가 지식(Wissen: 이론)과 실행(Tun: 실천) 그리고 이것들을 넘어서는 희망(Hoffnung)의 문제임을 천명한 것이라 하겠다. 그럼에도 칸트는 이러한 문제의 밖에 있는 취미이론 또한 내놓았고, 그것을 담고 있는 그의 저술『판단력비판』은 오늘날 '칸트 3대 비판서'라는 평가와 함께 칸트철학의 중요 부분으로 여겨지고 있다. 이렇게 된 것은『판단력비판』이 앞의 두『비판』서와 같이 책 이름에 '비판'이 붙여져 있어서 이기도 하겠지만, 그보다는 사람들이 철학에 기대한 것에 칸트가 다시금 알맞게 부응한 것 때문일 것이다.

사람들은 인간이 추구하는 최고의 '참' 가치를 '진(眞: 참임)·선(善: 참됨)·미(美: 참함)'로 보았고, 그것은 보통 인간 의식의 작용방식을 '지(知)·정(情)·의(意)'로 분별하는 것에 상응하는 것이다. 사람들은 어떤 관점에서는 이에다가 '성(聖: 眞善)'을 더하여 인간이 추구하는 최고의 가치를 '진·선·미·성'이라고 말하기도 하는데, 당초의 칸트의 철학적 인간학의 세 물음은 이 네 가지 가치 중 '진(眞)·선(善)·성(聖: 眞善)'을 겨냥하는 것이라 하겠다.

이제 칸트가 세 가지 '마음의 능력', 곧 "인식능력, 쾌·불쾌의 감정, 그리고 욕구능력"에 각기 상응하는 "선험적" 원리, 그러니까 곧 '철학적' 원리를 앞서 수행한 '이론이성 비판'과 '실천이성 비판'에 이어 '판단력 비판' 작업을 통해 발견하고 그의 지식학과 윤리학에 이어 '철학적 미학' 이론을 내놓았으니, 이것은 통상적인 인간 의식작용의 분별인 '지(知: 인식능력)·정(情: 쾌·불쾌의 감정)·의(意: 욕구능력)'에 순수한 원리가 작동하고 있음을 밝힌 것이다. 그렇게 해서 칸트가 당초에는 경험학으로 보았던 '미학'이 철학의 성격을 얻었다.

칸트가 일찍부터 쾌의 감정의 선험적 원리를 시야에 두고 있었다면, 궁극적으로 "인간이란 무엇인가?"(인간학)라는 물음으로 모아지는 "이성의 전 관심"에 따른 이성의 순수한 원리에 대한 세 가지 물음들, 곧 "나는 무엇을 알 수 있는가?"(형이상학[인식론]), "나는 무엇을 행해야만 하는가?"(도덕[윤리학]), "나는 무엇을 희망해도 좋은가?"(종교)를 제시하는 자리에서, 둘째 물음과 셋째 물음 사이에 아마도 '나는 무엇에서 흡족함을 느낄 수밖에 없는가?'라는 물음 또한 제기했을 것이고, 이 물음의 답변을 통해 미학 또는 목적론의 철학이 정립된다고 설명했을 것이다. 그러니까 오늘날 우리가 만나는 칸트의 철학적 미학과 목적론은 그의 지식이론(이론철학)과 윤리이론(실천철학)의 틀이 세워진 후 뒤늦게 짜진 것이라 하겠다. 그럼에도 이것은 결코 군더더기나 첨가물이 아니고, 칸트철학 체계의 중심틀의 구성분이다.

칸트가 일찍부터 당대의 능력심리학과 재래의 이성적 영혼론과의 교섭 과정에서 인간 의식작용의 가지들, 즉 '지(知: Erkennen/Denken, 인식능력)·정(情: Fühlen, 쾌·불쾌의 감정)·의(意: Wollen, 욕구능력)'를 단초로 인간의 마음(영혼, '나')을 나누어 보기는 하였지만, 칸트에서 철학이란 오직 선험적 원리에 관한 학문인 만큼, 저 의식작용 각각의 선험적 원리를 발견해낸 연후에야 칸트철학 체계가 완성될 수 있었던 것이다. 그리고 이로써 칸트는 자신이 유사 심리학자나 교조주의 형이상학자가 아니라, 철학자, 그것도 비판철학자임을 분명히 하였다. 칸트는 한편으로 경험심리학의 과학적 탐구에 개입함이 없이, 다른 한편으로 영혼 또는 정신과 물체에 관한 형이상학적 논쟁에 관여함이 없이 현상에서 마주치는 '마음'의 여러 기능들을 분간하고 그 기능원리들을 분별하는 일만을 철학 고유의 과제로 삼고 있는 것이다.

이제 칸트철학 체계의 '중심틀'이 우여곡절을 거치면서 어떻게 세워졌고, 이것이 칸트철학의 전 체계 내에서 어떤 역할을 하고 있는가는

『판단력비판』의 형성과정이 보여주고 있다. 그러니까 『판단력비판』의 형성과정을 돌아보는 것은 칸트철학의 체계성을 살피는 한 방법이다.

IV.『판단력비판』의 형성과 '판단력'의 위상

1.『판단력비판』과 그 과제

1) '판단력'의 선험적 원리와 『판단력비판』의 윤곽

"현재 독일인들은 다른 사람들이 취미 비판이라고 일컫는 것을 지칭하기 위해 **감성학〔미학〕**이라는 말을 사용하는 유일한 사람들이다. 그 기초에는 탁월한 분석가인 바움가르텐이 가졌던 잘못된 희망이 깔려 있다. 그는 미〔적인 것〕에 대한 비판적 판정을 이성원리들 아래에 세우고, 그 판정의 규칙들을 학문으로 높이려 했다. 그러나 이 노력은 헛수고이다. 왜냐하면, 여기서 생각된 규칙들 내지 기준들은 그 주된 원천으로 볼 때 경험적이고, 그러므로 우리의 취미판단이 그에 준거해야만 할 일정한 선험적 법칙으로 쓰일 수가 없고, 오히려 취미판단이 저 규칙이나 기준의 옳음을 가리는 시금석이 되니 말이다. 이 때문에 권장할 만한 일은, 이 명칭 사용을 다시 중지하고 그것을 진정한 학문이 되는 이론을 위해 아껴두거나, — 이렇게 함으로써 우리는 인식을 感性的인 것과 知性的인 것으로 분류해서 유명했던 고대인들의 언어와 의미에 더욱 접근하겠다— 또는 이 명칭을 사변철학과 나누어 가져 감성학〔미학〕을 때로는 초월적 의미로 때로는 심리학적 뜻으로 사용하는 일이다."(*KrV*, B35/36[1])

1) 이 해제와 원서 역주에서 칸트 논저를 인용함에 있어서는 인용문에 바로 이어 논저명을 한국어 제목이나 원어 약호로 밝히고, 『순수이성비판』의 경우에는 관례처럼 원전

칸트는 『순수이성비판』 제2판[=B]을 제작 종료 시(1787년 4월)까지도 선험적 원리에 따르는 취미판단의 가능성에 대해서 회의적이었던 것으로 보인다. 그 제목처럼 당초에 '순수 이성'의 전 체계를 시야에 두고 있었던 『순수이성비판』 제2판에서도 미학[미감/미]적 판단이 순수 철학에 속한다는 암시는커녕 오히려 그에 대한 반론을 읽을 수 있으니 말이다. 그러나 그는 『순수이성비판』 제2판이 인쇄 중이었던 1787년 초에는 아마도 어떤 종류의 "취미판단"서를 집필하려고 마음먹었던 것 같다. 그리고 원래 『순수이성비판』 제2판에 포함시키려 했던 것을 별도의 책으로 만든 『실천이성비판』(1788)의 인쇄를 마치고 난 후인 1787년 12월에는 선험적 원리에 근거하는 '취미 비판'이 가능함을 발견했다고 지인에게 밝히고 있다.

"나는 지금 종전의 것들과는 다른 새로운 종류의 선험적 원리들이 발견된 것을 계기로 취미 비판에 몰두하고 있다. 무릇 마음의 능력은 셋이 있으니, 인식능력, 쾌·불쾌의 감정, 그리고 욕구능력이 그것이다. 나는 첫째 것을 위해서는 순수 (이론) 이성 비판에서, 셋째 것을 위해서는 실천 이성 비판에서 선험적 원리들을 찾아냈다. 나는 둘째 것을 위해서도 그것들을 찾았으며, 비록 내가 이전에는 그런 것을 찾아낸다는 것이 불가능하다고 여겼지만, 앞서 고찰했던 능력들의 분해가 인간의 마음에서 발견하도록 했고, 또 충분히 내 남은 생애 동안 경탄하고, 가능한 한 그 근거를 캘 자료를 제공할 체계성이 나를 이 길로 이끌었다. 그래서 지금 나는 철학의 세 부문을 인식하고 있는바, 그것들은 각기 선험적 원리들을 가지고 있으니, 그 원리들을 우리는 헤아릴 수 있고, 그러한 방식으로 가능한 인식의 범위를 확실하게 규정할 수 있다. — 이론 철학, 목적론 그리고 실천 철학, 이 가운데서 물론 중간의 것

초판을 "A"로, 재판을 "B"로 표시한 후 면수를 제시하며, 여타의 경우는 논저명 다음에 부호 ":"나 ","를 쓰고, 이어서 베를린학술원판 전집[AA]의 권수를 로마자 숫자로 제시한 후 면수를 적는 것을 원칙으로 한다. 인용한 논저의 한국어 제목 및 약호와 원서명은 해제 말미에 묶어서 붙인다. 칸트 논저 이외의 문헌을 인용할 때는 인용문에 이어지는 ( ) 안에 그 출처 정보를 곧바로 확인하기에 충분한 정도로 적는다.

이 선험적 규정근거들에 있어서 가장 빈약한 것으로 보인다. 나는 오는[즉, 1788년의] 부활절쯤에는 취미 비판이라는 제목 아래 이에 대한 원고가 비록 인쇄까지는 아니라 하더라도 완성되기를 희망하고 있다."(1787. 12. 28 자 C. L. Reinhold에게 보낸 편지, X514)

칸트가 이때 발견했다고 말한 "쾌·불쾌의 감정"을 위한 "선험적 원리"가 다름 아닌 "합목적성(目的 形式: forma finalis)", 곧 "오로지 목적들에 의해서만 가능한 사물들의 그러한 성질과 사물이 합치함"(*KU*, BXXVIII=V180 참조)이고, 어떤 대상을 이 합목적성의 원리에 따라 판정하는 마음의 기능이 (반성적) "판단력"이다. 그리고 이러한 판단력의 작용원리와 사용 범위를 밝히는 것이 '판단력 비판'의 작업이다. 앞서 "마음의 두 능력, 곧 인식능력과 욕구능력의 선험적 원리들"의 "사용 조건들·범위·한계를 규정"(*KpV*, A21=V12이하)했던 작업결과에다 이 새로운 작업성과를 반영해서 칸트는 각기 다른 선험적 원리에 따르는 마음의 세 능력들을 『판단력비판』의 서론들에서 아래와 같이 표로 정리해 보여주고 있다.

"상위 영혼 능력들의 표"(*KU*, BLVIII=V198)

마음의 전체 능력	인식능력	선험적 원리	적용대상
인식능력	지성	합법칙성	자연
쾌·불쾌의 감정	판단력	합목적성	기예
욕구능력	이성	궁극목적	자유

[판단력비판 제1서론]의 영혼 능력 구분표(EEKU, XI: XX246=H60)

마음의 능력	상위 인식능력	선험적 원리	산물
인식능력	지성	합법칙성	자연
쾌·불쾌의 감정	판단력	합목적성	기예
욕구능력	이성	동시에 법칙인 합목적성(책무성)	윤리

이 표들에서 진리와 관계하는 인식능력에 대응하는 '지성'이란 마음의 앎의 성능, 바꿔 말해 이론적 이성을 지칭하는 것일 것이고, 선과 관계하는 욕구능력에 대응하는 '이성'이란 좁은 의미의 이성, 곧 '원칙들에 따라서 판단하고 행위하는 능력'(*Anth*, VII199 참조)으로서의 이른바 '실천이성'을 지칭하는 것이겠다. 그의 이론철학과 실천철학의 주제였던 이 두 능력 사이에 '판단력'이 새롭게 등장한 이러한 체계구상으로 미루어 볼 때 이때쯤 해서 칸트는 이른바 '반성적 판단력'의 개념에 이르렀고, 이로써 그가 누차 제기했던 철학적 인간학의 세 물음 외에 인간, 곧 이성적 동물로서 "나는 무엇에서 흡족함을 느낄 수밖에 없는가?(Woran muß ich mich wohlgefällig fühlen?)"라는 물음에 대한 답도 얻었던 것 같다.

그런데 이 구상과 구도에서 설명되어 있지 않은 점은 "쾌·불쾌의 감정(Gefühl der Lust und Unlust)"에 대한 "선험적 원리", 곧 "합목적성(Zweckmäßigkeit)"을 세우는 "취미(Geschmack)", 즉 "미적인 것을 판정하는 능력"(*KU*, B3=V203), 다시 말해 미감적 "판단력"(*KU*, B3=V203)의 비판을 통해 어떻게 해서 "목적론"(AA, X514 참조)에 이르렀는지, 바꿔 말해 미감적 판단력 비판과 '목적론적' 판단력 비판이 어떤 연관을 갖는가 하는 점이다. 정리한 표들에서 '합목적성'이라는 선험적 원리의 "적용대상" 내지 "산물"이 "기예(Kunst)"라고 명시되어 있고, 「판단력비판 제1서론」에서의 언급처럼 그에 따라 판단 또한 "미감적(ästhetisch)" 판단만을 염두에 두고 있는 것으로 보이니 말이다.

칸트는 『순수이성비판』의 수정판을 쓰고 난 후 이제야 "이론철학, 목적론 그리고 실천철학"을 병렬하여 말하여 '취미이론'과 '목적론'의 관계를 시사함과 동시에, 이것들의 선험 원리적 탐구 가능성을 내비쳤었다.

"자연은 그 합법칙성의 근거를 인식능력인 지성의 선험적 원리들에 두고, 기예는 그 선험적 합목적성에서 쾌·불쾌의 감정과 관련해서 판단력에 따르며, 끝으로 (자유의 산물인) 윤리는 욕구능력에 관한 이성의 규정근거로서의 보편적 법칙의 자격을 갖추고 있는 합목적성이라는 형식의 이념 아래에 서 있다. 이런 식으로 선험적 원리들로부터 생겨나는 판단들이 이론적, 미감적, 실천적 판단들이다."(EEKU, XI: XX246=H60)

그리고 2년여가 지난 1789년 중반에 칸트는 마침내 "(취미 비판이 그것의 일부인) 판단력 비판"(1789. 5. 12 자 Reinhold에게 보낸 편지, XI39)의 출간 계획을 발설하였고, 이듬해에 『판단력비판』이 그 모습을 드러냈다. 이렇게 해서 발간된 『판단력비판』의 형태로 보면 제2편인 목적론이 제1편인 취미비판에 부수하고 있다. 그것은 칸트가 미감적 판단력을 사물들을 합목적성의 원리에 따라서 판정하는 "특수한 능력"(*KU*, BLII=V194)으로, 반면에 목적론적 판단력을 합목적성 개념을 미감적 판단력으로부터 얻어 사용하는 "반성적 판단력 일반"(*KU*, BLII=V194)으로 보는 데서 연유한다. — 그러나 칸트 사유 전개의 다른 측면에서 볼 때 제1편이 제2편에 부수한다고 할 수도 있다. 왜냐하면 칸트에서 '합목적성' 개념은 "근원적으로 판단력에서 생겨난 개념"(EEKU, XX202=H8)으로서 본래 판단력이 자신에게 자연을 반성하기 위해 하나의 법칙으로 지정한 "자기자율"(*KU*, BXXXVII=V185 · B316=V388; EEKU, XX225=H32 참조)이고 이 개념에 의거해서만 유기체와 자연의 '전 체계'를 빈틈없이 이해할 수 있으며, 또한 칸트적 관점에서 예술은 "아름다운 자연의 모방으로서, (그렇다고 여겨진) 자연미로서의 효과를 내는 것"(*KU*, B171=V301)이므로, 사태연관에서 보면 자연의 잡다를 반성하는 데 사용하는 '합목적성' 개념을 자연의 미에, 그리고 이것을 다시 예술의 미에 이전한 것이라고 볼 수 있기 때문이다. 어쩌면 이런 사상적 전도로 인해 『판단력비판』의 출간 기획 단계에서 칸트의 초점이 '취미비판'과 '목적론' 사이에서 오락가락했는지도 모르겠다. —

이렇게 여러 가닥, 여러 경로를 거쳐 틀을 잡아간 『판단력비판』은 쾌·불쾌의 감정의 선험적 원리를 찾는 작업이 쉽지 않았다는 증거이자, 분립시켜 고찰했던 이성의 기능들을 본래의 "완전한 통일체"(*KrV*, AXIII)로 통합하는 작업이 이론적으로 수월하지 않다는 증언이기도 하다.

2) 판단력 비판의 과제:'나는 무엇에서 흡족함을 느낄 수밖에 없는가?'

"나는 무엇을 알 수 있는가?"라는 물음에서 '나'는 인식하는 자로서 '나'이며, 이 '나'가 지성이 수립하는 선험적 원리인 순수한 종합적 원칙들에 따라 '알 수 있는 것'은 '자연' 세계이다. "나는 무엇을 행해야만 하는가?"라는 물음에서 '나'는 행위자로서 '나'이며, 이 '나'가 순수한 실천이성이 수립하는 도덕법칙에 따라 '마땅히 행해야 하는 것'은 그의 인격의 의무로부터 나오는 행위, 곧 '선행'이다. 이제 '나는 무엇에서 흡족함을 느낄 수밖에 없는가?'의 물음은, 쾌 또는 불쾌의 감정으로서 '나'는 무엇에서 흡족함(Wohlgefallen) 또는 부적의함(Mißfallen)을 느낄 수밖에 없는가를 묻는다. 이에 대해 칸트는 일단, 쾌 또는 불쾌의 감정으로서 '나'는 판단력이 세우는 선험적인 합목적성의 원리에 따라 '미적 기예(Kunst)'에서 (또는 마치 미적 기예의 산물인 것과 같은 자연사물에서) 흡족함을 또는 부적의함을 느낄 수밖에 없다는 것이다.

'쾌·불쾌의 감정'의 작용이 선험적 원리에 따른다 함은 그것은 한낱 주관적 경험적이지 않고, 순수하고 보편적이라는 것이다. 쾌·불쾌의 감정도 감정인 만큼 '주관적'이기는 하지만 '순수'하고 그런 한에서 '보편적'이라는 것이다. 그러니까 그것은 내가 무엇에서 흡족함 또는 부적의함을 느끼지 않을 수 없는 작용(fühlen müssen) 원리가 있음을 말한다. 나의 감정이 어떤 것에서 흡족함을 느끼거나 부적의함을 느끼는 것은 그것이 '합목적성'에 부합하는지 또는 어긋나는지에 달려 있다. 이를 판정하는 능력이 판단력이며, 그 판정의 한 결과가 '미감적 판단'이다. 그래서 '판단력 비판'의 선도적 물음은 '어떻게 보편적 미감적 판단은 가능한가?"이다.

이로써 앎(wissen)과 행함(tun)과 더불어 느낌(fühlen)도 철학의 중심 주제가 되었으며, 그로써 칸트철학은 인간 마음의 활동의 전모를 추궁하는 학문이 되었다.

2. '판단력'과 '판단력 비판'

1) '판단력'의 성격과 기능

(1) 판단력의 성격

'판단력 비판'에서 '판단력'은 '지성'과 '이성' 사이의 중간에 위치한 판정 능력을 지칭한다. 여기서 말하는 '지성' 곧 이론적 이성은 자연을 선험적으로 인식하는 데에 관계하고, 여기서 일컫는 '이성' 곧 원칙들에 따라 판단하고 행위하는 이성은 자유에 의해 우리 욕구능력을 선험적으로 규정하는 데 관계한다. 그렇다면 그 중간에서 판단력이 하는 일은 무엇인가? 이에 대한 답의 실마리를 칸트는 판단력 비판의 주제를 설명하는 대목에서 제공하고 있다.

> "우리 인식능력의 순서에서 지성과 이성 사이의 중간항을 이루는 **판단력**도 독자적으로 선험적 원리들을 가지는가, 이 원리들은 구성적인가 아니면 한낱 규제적인 것인가(즉 그러므로 어떤 고유한 구역도 증명하지 못하는가), 그리고 판단력이 인식능력과 욕구능력 사이의 중간항으로서의 쾌·불쾌의 감정에게 (지성이 인식능력에게, 이성이 욕구능력에게 선험적으로 법칙들을 지시규정하는 것과 똑같이) 선험적으로 규칙을 주는가, 이것이 지금의 이 판단력 비판이 다루는 문제이다."(*KU*, BV이하=V168)

앞서의 표에서도 확인했듯이 칸트는 일단 마음의 성능을 마음 씀의 대상과의 관계방식에 따라 인식능력〔知〕·쾌와 불쾌의 감정〔취미능력〕〔情〕·욕구능력〔意〕으로 나누어 본다. 칸트는 또한 상위의 영혼의 능력, 즉 자발성(Refl 229, XV87; Refl 410, XV166 참조) 또는 자율성(*KU*, BLVI=V196 참조)을 갖는 영혼의 능력을 그 자율성 곧 법칙수립 능력의 양태에 따라 지성·판단력·이성으로 구분한 것이다. — 앞서의 표(*KU*, BLVIII=V198; EEKU, XX246=H60)에서 칸트는 세로 항에 "인식능력"을 두고, 그와는 다른 뜻으로 또 가로 항에도 "(상위의) 인식능력"이라는 표현을 사용하고 있는데, 혼동을 피하려면 가로 항의 '상위의 인식능력'은 '상위의 영혼 능력(Seelenvermögen)'이라고 말해도 좋겠다. — 자율적인 영혼 능력인 지성은 마음의 인식작용에 "법칙성"이라는 선험적 원리를, 판단력은 취미작용에 "합목적성"이라는 선험적 원리를, 이성은 욕구작용에 "책무성"이라는 선험적 원리를 법칙으로 수립한다. 그러나 자연과 자유만이 우리의 선험적 원리를 '구성적', 곧 대상 규정적으로 사용할 수 있는 영역이므로, 판단력의 선험적 원리는 단지 '규제적', 곧 주관 규정적으로 사용될 수 있을 뿐이다. 그럼에도 이러한 판단력이 지성과 이성 사이에 위치한다는 것은, 지성과 이성에 의해 독자적으로 그 법칙이 수립된 자연의 나라와 자유의 나라를 연결하는 교량의 역할을 기대하게 한다.

대체 판단력은 마음의 어떠한 기능인가? 판단력은 일반적으로 "특수한 것을 보편적인 것 아래에 함유되어 있는 것으로 사고하는 능력"(*KU*, BXXV=V179)이다. 그래서 판단력은 일차적으로 "규칙들 아래에 〔무엇인가를〕 포섭하는 능력, 다시 말해 무엇인가가 주어진 규칙 아래에 있는 것(所與 法則의 事例)인지 아닌지를 판별하는 능력"(*KrV*, A132=B171)이라고 규정된다. 그러나 "판단력은 한낱 특수를 (그 개념이 주어져 있는) 보편 아래 포섭하는 능력일 뿐만 아니라, 또한 거꾸로, 특수에 대한 보편을 찾아내는 능력"(EEKU, XX209이하=H14)이기도 하다. 칸트는 앞의 기능을 '규정적', 뒤의 기능을 '반성적'이라고 일컬을 수 있다고 보는데, 그러니까 판단력은 '규정적'으로뿐만 아니라, 때로는 '반성적'으로도 작용한다는 것이다.

"판단력 일반은 특수한 것을 보편적인 것 아래에 함유되어 있는 것으로 사고하는 능력이다. 보편적인 것(규칙, 원리, 법칙)이 주어져 있다면, 특수한 것을 그 아래에 포섭하는 판단력은 (그것이 초월적 판단력으로서, 그에 알맞게만 〔무엇인가가〕 저 보편적인 것 아래에 포섭될 수 있는 그런 조건들을 선험적으로 제시할 경우에도) **규정적**이다. 그러나 특수한 것만이 주어져 있고, 판단력이 그를 위한 보편적인 것을 발견해야만 한다면, 그 판단력은 순전히 **반성적**이다." (*KU*, BXXV이하=V179)

규정적 판단력은 특수한 것을 지성〔이론이성〕 또는 이성〔실천이성〕에 의해 주어진 보편적인 것, 곧 자연법칙 또는 자유법칙 아래 포섭함으로써 규정하고, 반성적 판단력은 주어진 특수한 것에 대한 보편적인 것, 곧 "합목적성"의 원리를 찾음으로써 저 지성이나 이성과 마찬가지로 법칙수립자〔입법자〕가 되며, 이로써 주어진 특수한 것은 그 보편적인 것 아래에 포섭되어 있는 것으로 판단된다.

판단력이 '규정한다' 함은, 인식에서 주어지는 잡다한 표상들을 보편적 지성의 법칙 아래에 귀속시킴으로써 어떤 것을 우리에게 하나의 대상이도록 하게 하거나, 실천에서 여러 가지 행위동기들을 보편적 이성의 법칙, 곧 도덕법칙 아래에 종속시킴으로써 하나의 윤리적 행위가 일어나도록 하는 것을 말한다. 그리고 이 경우 보편적인 것으로서 지성의 법칙이나 이성의 법칙은 지성의 선험적 원리로서 또는 이성의 초월적 이념으로서 판단력 앞에 이미 주어져 있다. 그런데 이와는 달리 판단력이 '반성한다'는 것은 무엇을 말하는가?

"반성한다(성찰한다)는 것은, 주어진 표상들을 다른 표상들과 또는 자기의 인식능력과, 그에 의해 가능한 개념과 관련해서, 비교하고 대조하는 것이다."(EEKU, XX211=H16) 이러한 반성(Reflexion) 또는 성찰(Überlegung)은 우리가 대상들에 대한 "개념들에 이를 수 있는 주관적 조건들을 발견하기 위해 우선 준비하는 마음의 상태"(*KrV*, A260=B316)로서, 어떤 반성은 개념을 산출하는 논리적 지성-작용의 제2국면에서처럼 "어떻게 서로 다른 여러 표상들이 한 의식에서 파악될 수 있는가를 성찰함"(*Log*, X94)이지만, 그러나 어떤 반성은 주어진 표상들이 우리의 인식 원천들과 어떤 관계에 있는지, 다시 말해 그것들이 우리의 어떤 마음 능력에 귀속하는지를 숙고함을 이른다. 전자의 반성을 (형식) '논리적', 후자의 반성을 '초월적'이라고 이름 붙일 수도 있겠다.(*KrV*, A261=B317 참조)

판단력은 어떤 경우에는 아무런 개념이나 법칙이 다른 인식능력으로부터 제시되어 있지 않은 상황에서도 주어지는 표상들이 있을 때 그것들을 객관적으로, 곧 객관과 관련해서 반성하여 판정한다. 그러나 객관적 규정적 판단에서와는 달리 이러한 객관적 반성적 판정에서 술어는 객관에 귀속되는 것이 아니라 단지 주관의 인식능력에 귀속된다. 이렇게 반성적으로 작동하는 판단력은 "판정능력(判別能力)"(EEKU, XX-211=H16)이라고도 일컬어지고, 그 작동 원리는 합목적성이다.

"하나의 객관에 대한 개념은, 그것이 동시에 이 객관의 현실성의 근거를 함유하는 한에서, 목적이라 일컬으며, 한 사물이 오로지 목적들에 따라서만 가능한 사물들의 그런 성질과 합치함을 사물들의 형식의 합목적성이라 일컫는다."(*KU*, BXXVIII=V180) 이러한 목적 개념은 지성의 범주에 속하지 않으므로, 자연의 합목적성에 대한 우리 판단들도 구성적인 것이 아니라 한낱 규제적인 것이다. 자연은 우리가 그것을 합목적적인 것으로 판정하지 않아도 성립할 수 있는 것이다. 그러나 판단력은 우리의 지성에게 우연적인 형식들을 순전히 우리에 대해서 필연적인 것이라고 판정하면서, 동시에 "(우리의 지성과는 같지 않은) 어떤 지성이 그것들을 구성적으로 필연적인 것이라고 인식할 수도 있다고 상정한다."(H. F. Klemme, Einleitung in die KU, PhB 507, Hamburg 2006, S. XXXVII/XXXVIII 참조)

자연 대상들의 형식들은, 규정적 판단력이 그것들을 보편적인 (기계적) 자연법칙들 아래 수렴할 수 없는 한에서는, 우리의 지성에 대해서는 우연적인 것이다. 지성은 자연 일반의 법칙성을 생각하는 반면에, 판단력의 관심사는 "다양한 특수한 법칙들에 의해 규정되는 자연"(*KU*, BXXX=V182)의 통일성이다. 이 통일성을 가능하게 하는 판단력의 "초월적 원리"(*KU*, BXXX=V182)가 자연의 합목적성인 것이다.

> "자연의 합목적성이라는 이 초월적 개념은 자연개념도 아니고 자유개념도 아니다. 그것은 객관(자연)에게 전혀 아무런 것도 부가하지 않고, 단지 우리가 자연의 대상들에 대한 반성에서 일관적으로 연관된 경험을 의도하여 처신할 수밖에 없는 유일한 방식을 표상할 따름이다. 그렇기에 그것은 따라서 판단력의 주관적 원리(준칙)이다. 그래서 우리는 또한, 만약 우리가 한낱 경험적인 법칙들 중에서 그러한 체계적 통일성을 만난다면, 마치 그것이 운 좋은, 우리의 의도를 살려주는 우연이나 되는 것처럼, (원래 하나의 필요가 충족된 것으로) 기뻐하게 된다. 비록 우리는 그러한 통일성이 있다고 필연적으로 상정하지 않을 수 없었던 것이고, 그렇지 않았다면 그러한 통일성을 통찰할 수도 증명할 수도 없었을 것인데도 말이다."(*KU*, BXXXIV=V184)

판단력은 "자연의 가능성을 위한 선험적 원리"를 "자기 안에 가지"되, 그 원리를 "자율"로서 객관적으로 자연에게 지정하는 것이 아니라, 단지 주관적인 관점에서 "자기자율"(*KU*, BXXXVII=V186)로서 그 자신에게 자연을 반성하기 위해 하나의 법칙으로 지정한다. 그러니까 반성적 판단력은 자연의 법칙수립자가 아니라, 한낱 자연에 관한 자기의 반성 작용에서 자기 자신에게 합목적성이라는 선험적 법칙을 제공하는 것뿐이다.

(2) 판단력의 연결 기능

그러나 판단력은 이 '합목적성' 개념을 매개로 지성의 법칙수립과 이성의 법칙수립을 "연결"시킨다. 그렇다면 대체 이 개념이 어떻게 자유에서 자연으로, 초감성적인 것에서 감성적인 것으로, 예지체에서 현상체로의 이행을 가능하게 한다는 말인가? 실천이성은 우리에게 자유에 의해 궁극목적, 곧 최고선을 산출할 것을 요구한다. 반성적 판단력은 합목적성의 개념을 가지고서, 이 궁극목적이 실천이성에 의해 이 세계에서 산출될 수 있음을 지시한다. 그러므로 자연은 판단력에 기초해서 인간에 의해 자유롭게 규정될 수 있는 것으로 인식되며, 이성의 선험적 실천법칙에 의해 이 규정이 앞에 놓여진다. 지성의 자연에 대한 선험적 법칙수립을 통해서는 알려지지 않은 채로 있을 수밖에 없었던 것이, 즉 자유에 의한 자연의 규정이 이제 자연의 합목적성 개념을 통해 지성에게 이해된다. 우리는 자유에 의해 자연에 영향을 미칠 수 있겠다는 것이다. 왜냐하면 자연 자신이 마치 어떤 지성적 존재자에 의해 목적들을 향해 산출되었고 유기조직화된 것처럼 생각될 수밖에 없기 때문이다.

> "지성은 그가 자연에 대해 선험적으로 법칙들을 세울 수 있는 가능성에 의해, 자연은 우리에게 단지 현상으로서만 인식된다고 증명하고, 그러니까 동시에 자연의 초감성적인 기체(基體)를 고지한다. 그러나 이 기체는 전적으로 무규정인 채로 남겨둔다. 판단력은 자연의 가능한 특수한 법칙들에 따라 자연을 판정하는 그의 선험적 원리에 의해 (우리 안에 그리고 우리 밖에 있는) 자연의 초감성적 기체가 지성적 능력에 의해 규정될 수 있도록 만든다. 그러나 이성은 똑같은 기체를 그의 선험적 실천 법칙에 의해 규정한다. 그리고 그렇게 해서 판단력은 자연개념의 관할구역에서 자유개념의 관할구역으

로의 이행을 가능하게 만든다."(*KU*, BLV이하=V196)

자연 인식은 수용성인 감성과 자발성인 지성을 통해 이루어지고 이 인식에서 자연은 우리에게 그 모습을 드러낸다. 인과법칙과 같은 순수한 지성의 자율 법칙에 의해 자연은 규정되고, 그러니까 자연세계는 기계적 인과법칙에 따라 운동하는 것으로 표상된다. 그런 만큼 자유에 의한 자연 운행은 있을 수 없는 일이다. 그런데 인간의 도덕적 행위는 자연세계에서 일어나되, 그것은 자유의 원인성에 따라, 곧 순수 실천이성의 자유의 법칙인 도덕법칙에 따라 일어난다. 그렇기에 자연적 사건과 윤리적 사건은 별개의 것일 터이다. 그런데 만약 자연적 사건과 윤리적 사건의 합치가 일어난다면, 다시 말해 자연에서 일어난 일이 당위적이기도 하고, 윤리적으로 일어난 일이 실재적이기도 하다면, 그것은 자연이 합목적적으로 운행한다는 것을 말한다. 그때 '자연의 합목적성'이라는 반성적인 판단력의 자기자율적 원리는 자연과 자유, 존재와 당위를 매개 연결한다.

"영혼능력 일반에 관하여 말하자면, 이것들이 상위 능력, 다시 말해 자율을 함유하고 있는 능력으로 고찰되는 한에서, 인식능력(자연의 이론적 인식능력)으로는 지성이 선험적인 구성적 원리들을 함유하는 것이고, 쾌 · 불쾌의 감정으로는 판단력이 그런 것인데, 이 판단력은, 욕구능력의 규정과 관계하고 그럼으로써 직접적으로 실천적일 수 있는 개념들 및 감각들에 독립적이다. 욕구능력으로는 이성이 그런 것인데, 이성은, 그것이 어디서 유래하건 어떠한 쾌의 매개 없이도, 실천적이고, 상위 능력인 욕구능력에 궁극목적을 규정하는바, 이 궁극목적은 동시에 객관에서의 순수한 지성적 흡족함을 수반한다. — 자연의 합목적성이라는 판단력의 개념은 자연개념들에 속하되, 그러나 단지 인식능력의 규제적 원리로서만 그러하다. 비록 이 개념을 야기하는 (자연 또는 예술의) 어떤 대상들에 관한 미감적 판단이 쾌 또는 불쾌의 감정과 관련해서는 구성적 원리이지만 말이다. 인식능력들의 부합이 이 쾌의 근거를 함유하거니와, 이 인식능력들의 유희에서의 자발성이 야기한 이 개념으로 하여금 자연개념의 관할구역들을 자유개념의 것과 그 결과들에서 연결 매개할 수 있도록 한다. 이 자발성이 동시에 도덕 감정에 대한 마음의 감수성을 촉진함으로써 말이다."(*KU*, BLVI이하=V196이하)

자연의 '합목적성'의 원리에 의한 반성적 판단력의 이러한 매개 연결로 '최고선'이 성립 가능하고, 그로써 자연의 세계와 도덕의 세계의 합일 지점에 희망의 세계가 열린다. 그러니까 반성적 판단력은 칸트에서 '이성신앙'의 원천이라고도 할 수 있다.

"행복이란, 그의 실존의 전체에서 모든 일이 소망과 의지대로 진행되는, 이 세상에서의 이성적 존재자의 상태이며, 그러므로 행복은 자연이 그의 전 목적에 합치하는 데에, 또한 자연이 그의 의지의 본질적인 규정 근거와 합치하는 데에 의거한다. 그런데 도덕법칙은 자유의 법칙으로서 자연 및 자연의 (동기로서의) 우리 욕구 능력과의 합치에 전적으로 독립해 있는 규정 근거들에 의해 지시명령한다. 그러나 이 세계 안에서 행위하는 이성적 존재자는 동시에 세계 및 자연 자체의 원인이 아니다. 그러므로 도덕법칙 안에는 윤리성과 이에 비례하는, 세계에 그 일부로서 속하고 따라서 세계에 부속돼 있는 존재자의 행복 사이의 필연적 연관에 대한 최소한의 근거도 없다. 세계에 부속돼 있는 이 존재자는 바로 그렇기 때문에 자기의 의지로써 이 자연의 원인일 수가 없고, 그의 행복과 관련하여 그 자신의 힘으로 자연을 그의 실천 원칙들과 일관되게 일치시킬 수가 없다. 그럼에도 불구하고 〔…〕 우리는 응당 최고선의 촉진을 추구해야 한다. 〔…〕 그러므로 또한 이 연관의 근거, 곧 행복과 윤리성 사이의 정확한 합치의 근거를 함유할, 자연과는 구별되는 전체 자연의 원인의 현존이 요청된다. 〔…〕 그러므로 도덕적 마음씨에 적합한 원인성을 갖는, 자연의 최상 원인이 전제되는 한에서만, 이 세계에서 최고선은 가능하다. 무릇 법칙의 표상에 따라 행위할 수 있는 존재자는 예지자요, 이 법칙 표상에 따르는 그런 존재자의 원인성은 그 존재자의 의지이다. 그러므로 최고선을 위해 전제되어야만 하는 것인 한에서, 자연의 최상 원인은 지성과 의지에 의해 자연의 원인(따라서 창시자)인 존재자, 다시 말해 신이다. 따라서 최고의 파생적 선(즉 최선의 세계)의 가능성의 요청은 동시에 최고의 근원적 선의 현실성, 곧 신의 실존의 요청이다. […] 다시 말해 신의 현존을 받아들임은 도덕적으로 필연적이다."(*KpV*, A224=V124 이하)

2) '판단력 비판'의 결실로서 미학과 목적론

무릇 '판단력 비판'이란 판단력의 능력에 대한 비판으로, 그것은 판단력이 그 반성적 사용에서 내리는 "사람들이 미감적이라고 부르는" "판정들에서의 판단력의 원리에 대한 비판적 연구"(*KU*, BVIII=V169)이자 반성적 판단력이 내리는 "자연에 대한 논리적" 즉 목적론적 "판정들의 비판적 제한"(*KU*, BIX=V170)이다. 이 같이 판단력 비판은 반성적 판단력의 두 방면의 활동에 따라 두 가지로 나뉜다.

"경험에서 주어진 대상에서 합목적성은, 한낱 주관적 근거에서, 즉, 모든 개념에 앞서 대상의 포착(捕捉)에서 대상의 형식이, 거기서 직관과 개념들이 합일하여 인식 일반이 되는바, 인식능력과 합치하는 것으로 표상되거나, 또는 객관적 근거에서, 즉 사물의 형식이, 그 사물에 선행하며 이 형식의 근거를 함유하는 사물의 개념에 따라서, 사물 자신의 가능성과 합치하는 것으로 표상될 수 있다. […] 전자의 방식의 합목적성의 표상은 대상의 형식에 대한 순전한 반성에서 그 대상의 형식에서 느끼는 직접적인 쾌에 의거하는 것이다. 그러므로 후자의 방식의 합목적성은 객관의 형식을 그것을 포착하는 주관의 인식능력과 관계시키지 않고, 주어진 개념 아래서의 대상의 일정한 인식과 관계시키는 것이므로, 사물들에서 느끼는 쾌의 감정과는 아무런 상관이 없고, 사물들을 평가하는 지성과 상관이 있을 뿐이다. 사물에 대한 개념이 주어져 있다면, 그것을 인식을 위해 사용함에 있어 판단력의 과업은 〔그 개념의〕 현시(展示)에, 다시 말해, 그 개념에 상응하는 직관을 함께 세우는 것에 있다. 이런 일이 예술에서처럼, 우리가 우리에게는 목적인, 대상에 대해 선파악한 개념을 실재화할 때, 우리 자신의 상상력을 통해서 일어나든지, 아니면 (유기체들에서처럼) 자연의 기술에서, 우리가 자연의 근저에 그것의 산물을 평가하기 위해 우리의 목적 개념을 놓을 때, 자연을 통해 일어나든지 간에 말이다. 이 후자의 경우에는 한낱 자연의 합목적성이 사물의 형식에서 표상될 뿐만 아니라, 이 자연의 산물이 자연목적으로서 표상된다. — 비록 경험적 법칙들에 따르는 그 형식들에서의 자연의 주관적 합목적성에 대한 우리의 개념이 전혀 객관에 대한 개념이 아니라, 단지 이 자연의 너무나도 잡다함 속에서 (자연 안에서 방향을 잡을 수 있기 위해) 개념들을 얻기 위한 판단력의 원리이기는 하지만, 그럼에도 우리는 이 원리에 의해 목적의 유비에 따라서 자연에게 이를테면 우리 인식능력에 대한 고려를 부여한다. 그래서 우리는 자연미를 형식적 (순전히 주관적인) 합목적성 개념의 현시로, 그리고 자연목적들을 실재적 (객관적인) 합목적성 개념의 현시로 볼 수 있으며, 전자를 우리는 취미에 의해 (미감적으로, 쾌의 감정을 매개로 해서) 판정할 수 있고, 후자를 지성과 이성에 의해 (논리적으로, 개념들에 따라) 판정할 수 있다.

판단력 비판을 **미감적** 판단력 비판과 **목적론적** 판단력 비판으로 구분하는 것은 이에 기초하는 것이다. 전자는 형식적 합목적성—그밖에〔보통은〕 또한 주관적 합목적성이라고도 불리는바—을 쾌 또는 불쾌의 감정에 의해서 판정하는 능력을, 후자는 자연의 실재적 합목적성(즉 객관적 합목적성)을 지성과 이성에 의해서 판정하는 능력을 뜻하는 것이니 말이다."(*KU*, BXLVIII이하 =V192이하)

미감적 판단력 비판의 결실이 칸트의 미학, 특별히 자연미학 이론이며, 목적론적 판단력 비판의 결실이 그의 목적론 철학이다. 두 가지 중에서도 판단력 비판에 “본질적으로 속하는 것은 미감적 판단력을 내용으로 갖는 부문이다. 왜냐하면, 이 미감적 판단력만이 판단력이 온전히 선험적으로 자연에 관한 그의 반성에 기초로 삼고 있는 원리, 곧 자연의 특수한 (경험적) 법칙들에 따르는, 우리 인식능력에 대한 형식적 합목적성의 원리를 함유하며, 이 형식적 합목적성 없이는 지성은 자연에 순응할 수가 없을 터이기 때문이다.”(*KU*, BL이하=V193) 그렇게 해서 저 ‘자연의 형식적 합목적성’이라는 초월적 원리가 이미 목적 개념을 자연에 적용하도록 지성으로 하여금 준비하도록 한 다음에야 판단력은 비로소 목적론적으로 작동할 수 있다. “우리 인식능력과의 주관적 관계에서 자연의 합목적성을 사물의 형식에서 자연 판정의 원리로 표상하는 초월적 원칙은, 내가 어디에서 그리고 어떤 경우에 그 판정을, 오히려 한낱 보편적 자연법칙들에 따라서가 아니라, 합목적성의 원리에 따라서 〔자연〕산물의 판정으로서, 내려야만 하는가는 전적으로 미정으로 남겨 놓고, 취미에서 〔자연〕산물의 (그것의 형식의) 우리 인식능력에 대한 적합성을 결정하는 일은 (이 적합성을 개념들과의 합치에 의해서가 아니라, 감정에 의해서 판별하는 한에서) 미감적 판단력에 위임한다.”(*KU*, BLI=V194) 그러므로 미감적 판단력은 사물들을 합목적성의 원리에 따라서 판정하는 특수한 능력이지만, “목적론적 판단력은 한 특수한 능력이 아니라, 단지 반성적 판단력 일반일 뿐이다.”(*KU*, BLII=V194)

상상력과 지성의 합법칙성이 합일할 때 반성적 판단력은 미감적으로 작동하여 객관이 합목적적이라고 판정하고, 그때 쾌의 감정이 생긴다. 그것이 하나의 미감적 판단, 예컨대 ‘이 장미는 아름답다.’로 표현된다. 이렇게 해서 당초에는 쾌·불쾌의 감정에 의한 판별에서 기능한 ‘합목적성’이 한낱 기계적 인과로써만 파악할 수 없는 자연산물을 판정하는 지성과 이성의 개념으로 쓰이면, 그때 반성적 판단력은 목적론적으로 작용하여 자연산물들이 합목적적이라고 판정한다. 이로써 하나의 반성적 판단, 예컨대 ‘자연에는 먹이사슬이 있다. 초원은 초식동물들을 위해 있고, 초식동물들은 육식동물들을 위해 있다.'거나, '사람의 신체구조와 장기들은 조화로운 유기조직을 이루고 있다.'는 등의 판단이 내려진다. "그래서 우리는 자연미를 형식적 (순전히 주관적인) 합목적성 개념의 현시로, 그리고 자연목적들을 실재적 (객관적인) 합목적성 개념의 현시로 볼 수 있으며, 전자를 우리는 취미에 의해 (미감적으로, 쾌의 감정을 매개로 해서) 판정할 수 있고, 후자를 지성과 이성에 의해 (논리적으로, 개념들에 따라) 판정할 수 있"(*KU*, BL=V193)는 것이다. 이 같은 판정들은 인식과는 다른 객관과의 교제의 결실이며, 그로써 미학과 목적론은 인간에게 지식[과학]이나 당위[도덕]가 아닌 다른 세계를 열어 보인다.

V. 미감적 판단력 비판

1. 미학과 미감적 판단력 비판

『판단력비판』의 '제1편 미감적 판단력 비판'에서 정초되는 칸트의 '미학'은 '미에 대한 이론'이기는 하되, '감각지각(aisthesis)의 학'으로서의 본질을 갖는다. '감각의 학'으로서의 미학은 '미'가 감각의 조화로운 통일성에 기초한다는 사실을 부단히 상기시킨다. 당초부터 '미학'은 '미(kallos, pulchritudo)'라는 열매에가 아니라 '감각지각' 내지 '감정'이라는 뿌리에 그 어원을 두고 있고, 칸트는 그 정신을 승계하고 있는 것이다. 그러니까 칸트에게 미학은 '미의 본질에 관한 학문'이라기보다는 아름다움의 감정[미감]에 관한 학문 또는 아름다움[미]의 판정 원리에 대한 탐구, 말하자면 '미적인 것을 판정하는 능력 곧 취미의 비판(Kritik des Geschmacks)'이다. — 칸트는 아주 이른 시기인 1765/66년 겨울학기 강의 공고문에서도 "취미비판, 다시 말해 미학"(NEV, II311)이라고 말하고 있다. — 그래서 칸트의 미학은 미감적 판단의 성격을 해명하는 작업을 주 과제로 삼는다.

미학이 순전한 취미 비판이라 함은, 미학은 근본에 있어서 감성학으로서 어떤 규준(Kanon)이 아니라 단지 "규범(곧 한갓 판정을 위한 전형이나 먹줄)"을 내용으로 가진다는 것을 말한다.(*Log*, IX15 참조)

2. 미감적 판단 이론

미감적 판단은 대상의 인식에 대해 아무런 언표도 하지 않으면서도 감각에 기초해 대상을 판정하는 판단이다. 이제 이러한 판단을 내리는 주관의 인식능력에 대한 비판을 통해서 그 판단의 성질은 밝혀진다.

1) 미적 판단의 성질

순수 취미판단(Geschmacksurteil)은 본디 미적인 것(아름다운 것: das Schöne)에 대한 판단이다. 그래서 칸트는 엄격하게 말해서 "취미"란 "상상력의 자유로운 합법칙성과 관련하여 대상을 판정하는 능력"(*KU*, B68/9=V240)으로서 "미적인[아름다운] 것을 판정하는 능력"(*KU*, B3=V203)이라고 정의한다. 이 같은 심미(審美)력에 의한 취미판단은 "인식판단이 아니며, 그러니까 논리적이 아니라, 미감적/감성적"(*KU*, B4=V203)이다. "미감적/감성적이란 그 규정근거가 주관적일 수밖에 없다는 뜻이다."(*KU*, B4=V203) '이 장미는 붉다.'라는 인식판단에서 술어 '붉다'는 '이 장미'라는 객관의 속성으로 언표되지만, 예컨대 '이 장미는 아름답다.'라는 취미판단에서 '아름답다'라는 술어는 주관의 감정에 귀속하는 것이고, "미[아름다움]란 오로지 취미에 속하는 것"(*Anth*, VII241)으로서 한낱 주관적인 것이다. 그럼에도 '이 장미는 아름답다.'라는 미감적 판단도 '이 장미'라는 대상과 관련한 판단이고, 그런 만큼 대상에 대한 인식을 전제하는 것으로서 "언제나 지성과의 관계가 함유되어 있기 때문"(*KU*, B4=V203)에 순수 지성개념들인 질 · 양 · 관계 · 양태의 네 계기에서 고찰할 수 있다. 다만 인식판단에서와는 달리 '이 장미는 아름답다'는 미감적 판단에서는 '아름답다'는 판단의 '질'이 맨 먼저 고려되어야 하기 때문에 고찰의 순서 또한 질의 계기가 최우선한다.

질(Qualität)의 면에서 취미판단은 주관적이고, 감성적/미감적이고, 일체의 이해관심 없이 내려진 것이다.

순수한 취미판단에서는 표상이 상상력에 의해 순전히 판단주관과 관계 맺어진다. 주어진 표상에서 느껴지는 쾌 · 불쾌의 감정은 주관의 "생명감(Gefühl des Lebens)"(*KU*, B129=V277)으로서 우리 마음이 이 표상에서 촉발되는 방식에서, 곧 그 표상이 우리의 생명력을 강화 내지 고양하는가 아니면 저지 내지 강하시키는가에 따라서 나오는 것이다. 취미판단의 이러한 규정근거는 순수하게 주관적이고, 감성적/미감적이며, 논리적(개념적)이지 않다.(*KU*, B5=V204 참조)

"취미는 대상 또는 표상방식을 일체의 관심 없이 흡족이나 부적의함에 의해 판정하는 능력"이며, 그래서 '일체의 관심 없이'도 흡족한 대상은 "아름답다고 일컫는다."(*KU*, B16=V211) "이로부터 저절로 나오는 결론은, 미적인 것은 일체의 이해관심을 떠나 적의한 것이어야 한다는 것이다."(*KU*, B115=V267)

취미판단은 질적으로는 미감적/감성적 곧 주관적이면서도, 양적으로는 보편성을 갖는다. 그래서 취미판단은 이른바 "주관적 보편성"(*KU*, B18=V212)을 요구주장하는 단칭판단으로 표출된다.

어떤 대상에서 직관의 능력인 상상력과 법칙의 능력인 지성이 조화하면, — 사실 이러한 일은 판단력이 "상상력을 지성에 순응"(*KU*, B203=V319)시킴으로써 일어나는 것인데—, 다시 말해 상상력이 합법칙적이면 판단력에 의해 '아름답다'는 판정이 내려지고 그로써 대상에 대한 쾌감이 일어난다. 이때 우리가 아름답다고 부르는 대상의 표상과 결합해 있는 흡족은 모든 주관에 보편적으로 타당하며, 그 보편적 타당성은 '보편적 전달〔공유〕가능성'에서 드러나는 것으로, 이 보편적 전달〔공유〕가능성은, 한 주관에 의한 것이지만 인식이 보편타당성을 갖는 것이나 마찬가지의 이치로, 주관의 보편적 구조에 기반할 터이다. 그와 함께 취미판단이 주관적이면서도 보편적 타당성을 갖는 것은 그 판단이 어떠한 이해관심과도 결합되어 있지 않기 때문이라는 것이 칸트의 견해이다.

그 미감적 곧 주관적 성격에도 불구하고 보편성이라는 술어는 "마치 그 아름다움〔미〕은 대상의 성질이고, 그 판단은 논리적인 (객관의 개념들로써 객관의 인식을 형성하는) 것처럼"(*KU*, B18=V211) 사용된다. 나는 나의 순수한 취미판단을 가지고서 다른 모든 사람들이 나에게 동의해야만 할 것을 요구주장하는 것이다. 물론 이 "보편적인 동의는 단지 하나의 이념〔…〕일 따름이다. 취미판단을 내리고 있다고 믿는 사람이 사실로 이 이념에 맞게 판단하고 있다는 것은 불확실할 수 있다. 그러나 그는 그럼에도 이 판단을 그 이념과 관계시키고 있다는 것을, 그러니까 그 판단은 취미판단이어야만 한다는 것을 미의 표현을 통해 알리고 있다." (*KU*, B26=V216)

순수 미감적 판단은 "이 장미는 아름답다."와 같은 단칭판단으로 표현된다. "모든 장미는 아름답다."라는 판단은 순수한 미감적 판단이 아니다. 순수한 취미판단에서 표현되는 쾌·불쾌의 감정은 언제나 개별 대상과 관계하지, 결코 복수 대상들이나 대상들의 종 또는 유와 관계하는 것이 아니다. 만약 누가 그렇게 본다면 "모든 장미는 아름답다."라는 판단도 내릴 수 있겠지만, 그러나 이 판단은 순수한 취미판단이 아니라, 자신이 장미들에 가진 감정을 일반화하여 언표한 것이다. 그것은 그 미적 판정자가 매번 자기의 흡족에 근거해서 그것들이 아름답다는 것을 알았다는 사실을 언표하는, 그러니까 하나의 '지성적' 판단인 것이다. 반면에 미감적 판단은 어떠한 지성적 곧 보편적 개념에 의거해 있지 않으면서도 보편성을 표현한다.

요컨대 미감적 판단은 주관적 보편성을 갖는 단칭판단으로 표현되며, 그래서 사람들은 "개념 없이〔도〕 보편적으로 적의한 것은 아름답다."(*KU*, B32=V219)라고 말한다.

취미판단도 인과 관계를 포함하고 있다. 다만 그 인과 관계는 작용 연결(nexus effectivus)이 아니라 목적 연결(nexus finalis)이다.

작용 연결은 어떤 원인으로 인하여 어떤 결과가 유래하는 관계로서, 그러니까 그 원인이 결과의 근거이다. 기계적 자연인과에서 원인, 즉 작용인(作用因: causa efficiens)은 결과인 어떤 것의 실존의 근거인 것이다. '며칠간의 따사로운 햇볕이 우리 집 정원의 장미꽃망울을 오늘 아침에 터뜨렸다.'는 사태에서 햇볕의 내려쪼임은 장미꽃이 피어난 원인이다. 그런데 목적이 행위를 규정하는 경우에서는 목적 표상이 동시에 행위의 근거(이유)와 결과를 나타낸다. '건강을 위해 나는 섭생을 잘 한다.'에서 건강함은 섭생을 잘함의 이유이자 결과이다. 그러한 것을 곧 '목적(Zweck)'이라 일컫는다. 섭생을 잘함을 통해 결과적으로 건강함에 이르는데, 건강함은 당초에 섭생을 잘함의 목적이었으니, 섭생을 잘함이라는 행위는 그 목적에 따른 것, 즉 '합목적적(zweckmäßig)'이다. — 이미 말했듯이 '합목적성(目的 形式: forma finalis)'이란 그러니까 한 개념이 그것의 객관의 원인성인 것을 지칭한다.((*KU*, B33=V220 참조) — 그리고 이때 나는 섭생을 잘함에서 만족(Zufriedenheit)을 얻는데, 이때 만족이란 목적의 충족(Befriedigung des Zwecks)이다. 그리고 저 섭생을 잘함은 건강함을 실제로 있게 하는 것이니, 이를테면 객관적 실재적 합목적성을 갖는 것이다.

그런데 '이 장미꽃은 아름답다.'라는 미감적 판단에서 내가 이렇게 판정하는 것은, 이 장미꽃에서 나의 상상력의 유희가 나의 어떤 목적이 충족된 것인 양 나의 마음을 "활성화"(*KU*, B37=V222)하고, 생기 있게 만들고, 지성의 법칙성과 합치함으로써 나의 생명력을 약동하게 하여 나의 쾌의 감정을 불러일으키기 때문이다. 그러니까 이 장미꽃은 의지적인 것이 아니므로 결코 어떠한 목적을 가지고 있지 않건만, 그럼에도 마치 나의 쾌감을 불러일으키기 위해서, 곧 자유로운 상상력과 합법칙적인 지성의 화합을 위해 있는 것처럼 인지된다. 이에서 나의 반성적 판단력은 '이 장미꽃은 아름답다'고 판정을 내리고, 나는 미적 쾌감을 느끼는 것이니, 이 아름다운 장미꽃은 이를테면 나의 인식력들에 대해 합목적적인 것이다. 그러므로 이 합목적성은 한낱 주관적인 것일 뿐이며, 또한 이 아름다운 장미꽃의 근저에 어떠한 특정한 실재적인 목적도 없으니, 이 합목적성은 실제로는 아무런 목적도 없는 형식적인 것일 따름이다. — 물론 "주관 안의 순전한 자연본성"에 "(어떠한 지성개념도 도달하지 못하는) 우리의 모든 능력의 초감성적 기체"가 있어, 이것이 "우리의 모든 인식능력들을 부합"시킴으로써 아름다움의 표상이 생기는 것이라면, 미감적 합목적성에도 어떤 '척도' 곧 '목적'을 생각할 수도 있겠다.(*KU*, B242=V344 참조) —

어떤 대상을 아무런 이해관심 없이 순전히 관조하는 데에도 그 대상에서 흡족함이 생긴다는 것은, "자유로운 (생산적) 상상력이 지어냄(Dichtung)을 통해 질료적인 것을 편성하는 방식"(*Anth*, VII240), 곧 "모든 감성적 표상들의 조화로운 관계들"(V-Log, XXIV348)의 형식이 마음 안에 생긴 것을 말하며, 그러므로 이로써 반성적 판단력이 내린 "순수한 취미판단"의 규정근거는 오로지 "상상력의 자유로운 합법칙성"(*KU*, B69=V240), 바꿔 말해 "형식의 합목적성"(*KU*, B38=V223)이다. 이러한 사태 설명을 위해 칸트는 "목적 없는 합목적성"(*KU*, B44=V226) 개념을 도입하고 있으니, 목적 없는 합목적성은 "순전히 형식적인 합목적성"(*KU*, B44=V226)으로서 내용(질료)적인 것이 아니다. 그 판단의 대상에서 실제로는 어떤 (질료적인) 목적을 수립한 어떠한 의지도 발견할 수 없으니 말이다. 요컨대, 아름다운 것에서의 흡족은 "법칙 없는 합법칙성과, 표상이 대상의 일정한 개념과 관계 맺어지는 경우의 객관적 합치가 없는, 상상력의 지성과의 주관적 합치" 곧 "(목적 없는 합목적성이라고도 불리어진) 지성의 자유로운 합법칙성"(*KU*, B69=V241)에 근거하는 것이다.

"미적인〔아름다운〕 것을 판정하는 능력"(*KU*, B3=V203)인 취미는 곧 "상상력의 자유로운 합법칙성과 관련하여 대상을 판정하는 능력"(*KU*, B68/9=V240)이라는 개념에 근거한 것이다. 상상력은 생산적이고 자기활동적인 것인 한에서 독자적이며 자유롭고, 그래서 "가능한 직관들의 임의적 형식들의 창시자"(*KU*, B69=V240)라 할 수 있다. 물론 상상력이 산출할 수 있는 모든 형식들이 지성의 법칙과 합치하기에 적합한 것은 아니다. 그러나 한 대상이 아름다운 것은 상상력이 그러한 형식을 산출해낼 수 있기 때문이겠다.

이렇게 산출된 "미는, 합목적성이 목적의 표상 없이도 대상에서 지각되는 한에서, 대상의 합목적성의 형식이다."(*KU*, B61=V236)라고 말할 수 있다.

순수한 취미판단은 양태의 면에서 보면 "필연적"(B62=V236)이다. 그런데 취미판단은 근본적으로 주관적이니, 취미판단은 '주관적 필연성'을 갖는 것이다. 어떻게 이 판단이 주관적이면서도 필연적인 성격을 갖는가?

그것은 취미판단이 주관적이면서도 보편타당성을 요구주장하는 감정의 원리에 근거하고 있기 때문이다. 이러한 "주관적 원리"(*KU*, B64=V238)를 칸트는 "공통감(sensus communis)"(*KU*, B64=V238)이라고 일컫는다. 취미판단의 보편타당성의 기반인 "감정의 전달가능성"은 "하나의 공통감"을 전제하는 것이다.(*KU*, B66=V239 참조)

미적인 것에서의 쾌감은 아무런 개념적 구성요소를 갖지 않지만, 인식능력들의 조화로운 균형에 의거하는 것으로, "바로 이렇기 때문에 취미를 가지고 판단하는 이도 (만약 그가 이 의식에서 착오에 빠지지 않아, 질료를 형식으로, 매력을 미로 받아들이지만 않는다면) 역시 주관적 합목적성을, 다시 말해 객관에서의 그의 흡족을 다른 모든 사람에게 감히 요구하고, 그의 감정을 보편적으로 전달〔공유〕가능한 것으로 그것도 개념들의 매개 없이 전달〔공유〕가능한 것으로 상정해도 좋은 것이다."(*KU*, B155이하=V293)

감〔각〕(sensus)이라는 말을 "순전한 반성이 마음에 미친 작용결과"(*KU*, B160=V295)에 대해서 사용해도 좋다면, 미감적 판단력이야말로 "자기의 반성에서 다른 모든 사람의 표상방식을 사유 속에서 (선험적으로) 고려하는, 하나의 판정능력"(*KU*, B157=V293) 곧 공통감이라고 일컬을 만하다. 그래서 취미가 "주어진 표상에서의 우리의 감정을 개념의 매개 없이 보편적으로 전달〔공유〕가능하게 하는 것을 판정하는 능력이라고 정의"(*KU*, B160=V295)되기도 하고, "주어진 표상과 (개념의 매개 없이) 결합되어 있는 감정들의 전달〔공유〕가능성을 선험적으로 판정하는 능력"(*KU*, B161=V296), 또는 "보편타당하게 선택하는 미감적 판단력의 능력"(*Anth*, B186=VII241)이라고 규정되기도 한다.

칸트의 '공통감'은 어느 면에서는 흄(D. Hume, 1711~1776)의 "공감(sympathy)"(Hume, *A Treatise of Human Nature*, ed. by L. A. Selby-Bigge, Oxford, 1978, III, 3, 1〔p. 576〕)이나 애덤 스미스(Adam Smith, 1723~1790)의 '동감' 내지 "동료감정(fellow-feeling)"(A. Smith, *The Theory of Moral Sentiments*〔1759〕, London: A. Millar, 1790. I, I. 1) 개념을 차용한 것으로 볼 수 있다. 비판기의 도덕철학에서는 어떤 종류의 보편적인 감정에 의해 보편적인 가치평가가 가능하지 않다고 보았던(*KpV*, A67=B38 참조) 칸트가 여기 미감적 판정의 영역에서는 다른 견해를 내보이고 있는 것처럼도 보인다. "미감적 판정의 영역에서는 순수한 이성의 '사실'에 근거한 실천이성의 객관적 입장과 같은 것이 있을 수 없고, 우리는 순전히 감정의 전달〔공유〕가능성의 영역에 놓여 있기 때문에, 칸트는 부득이 애덤 스미스와 흄이 도덕적 가치평가의 분야를 위해 발전시켰던 제안을 채용하고 있는 것으로 볼 수도 있다. 칸트는 취미를 보이는 사람은 취미 자체가 주관적임에도 불구하고 다른 사람들의 동의를 요구하는 보편적 입장을 취한다고 본다. 흄도 '사악한', '추악한', '타락한'과 같은 도덕 개념을 말하는 사람은 그에 대해 다른 사람도 동의할 것으로 기대하는데, 이것은 판단자가 보편적 입장을 취한다는 것을 전제하기 때문이라고 보고 있다.(Hume, *An Enquiry concerning the Principles of Morals*, 3rd. ed. by L. A. Selby-Bigge/P. H. Niddith, Oxford 1975, IX, I〔p.272〕 참조)"(Klemme, Einl. LX-LXI 참조) 그러나 칸트는 '공통감' 개념을 도입하는 자리에서, 공통감은 그렇게 추정하기에 충분하지는 않지만, 일종의 "경험적 표준"으로서, 그로부터 "취미가 유래하는", 다시 말해 "그 아래에서 사람들에게 대상들이 주어지는 형식들의 판정에 있어서 일치하는, 모든 사람들에게 공통적인 깊이 숨겨져 있는 근거"라고 매우 조심스럽게 규정한다.(*KU*, B53=V232 참조)

이러한 논변 끝에 칸트는 "아름다운 것"은 "개념 없이〔도〕 필연적인 흡족의 대상으로서 인식되는 것"(*KU*, B68=V240)이라고 말한다. 한낱 "지성과의 상상력의 주관적 합치"는 개념을 떠나 감정에서 이루어지는 것으로, 대상들이 이 자유로운 "개념 없는 합법칙성"의 기준을 충족시키지 못하면, 그것들은 아름답지 않다. 요컨대, "미적인〔아름다운〕 것은 순전한 판정에서 —그러므로 감관의 감각을 매개로 해서도 아니고 지성의 개념에 따라서도 아니라 — 적의한 것이다."(*KU*, B114/5=V267)

2) 숭고의 판단의 성질

미〔감〕학은 아름다운 것뿐만 아니라 숭고한 것(das Erhabene)도 대상으로 갖는다. 아름다운 대상과 마찬가지로 숭고한 것도 적의하며, 하나의 반성적 판단력을 전제하고, 단칭판단에서 표현된다. 숭고에서의 흡족도 미에서의 흡족과 마찬가지로 "양의 면에서는 보편타당함을, 질의 면에서는 이해관심 없음을, 관계의 면에서는 주관적 합목적성을, 그리고 양태의 면에서는 이 주관적 합목적성이 필연적임을"(*KU*, B79=V247) 표상한다. 근본 성질에서의 이러한 동류성에도 불구하고 숭고의 판단은 미의 판단과 종적 차이를 갖는다.

첫째로, 흡족함이 미에 있어서는 "질의 표상과 결합되어" 있으나, 숭고에서는 "양의 표상과 결합되어 있다."(*KU*, B75=V244) "숭고한 것이란 외경을 불러일으키는 크기(magnitudo reverenda)"(*Anth*, VII243)이다.

둘째로, 미적인 것이 "직접적으로 생명을 촉진하는 감정"(*KU*, B75=V244)을 동반한다면, 숭고한 것의 감정은 이차적으로 간접적으로만 일어나는 쾌감이다. 숭고한 것에서의 흡족은 "생명력들이 일순간 저지되어 있다가 곧장 뒤이어 한층 더 강화되어 범람하는 감정에 의해 산출되는 것으로, 그러니까 그것은 감동으로서"(*KU*, B75=V245), 이를테면 '일순(一瞬) 역전(逆轉)의 쾌감' 또는 '급반전(急反轉)의 쾌감'이라 말할 수 있다. 그것은 우리를 압도하는 너무나 괴대하고 외연한 것에서의 전율과 위압의 불쾌감을 전복(顚覆)시키는 쾌감으로서, 그래서 "숭고한 것에서 흡족은 적극적인 쾌가 아니라, 오히려 경탄 내지는 존경을 함유하며, 다시 말해 소극적/부정적 쾌라고 불릴 만한 것이다."(*KU*, B75 이하=V245)

셋째로, 미적인 것은 우리의 인식력들에 대한 대상의 합목적적 형식에 의거하고, 그 반면에 숭고한 것의 감정은 무형식의, 그래서 반목적적이라고 판정되는 대상, "괴대하게 큰 것(magnitudo monstrosa)"(*Anth*, VII243)에 대한 지각에 근거한다. 그러므로 미적인 것은 하나의 근거를 우리 밖에 가지고 있다면, 숭고한 것은 우리의 사유방식에 그 근거를 갖는다. 이 본질적인 차이가 앞서 말한 차이의 원인이라 할 수 있다. 어떤 지각된 대상은 무한히 무형식적이고, 다시 말해 혼돈스럽고 무질서하고 무한정하게 크고 기기묘묘하며, 우리를 놀라게 해 우리의 생명력을 억제한다. "숭고한 것은 어떤 감성적 형식에도 함유되어 있을 수 없고"(*KU*, B77=V245), 그래서 애당초부터 상상력에 대해 "폭력적"(*KU*, B76=V245)이고 우리의 현시형식과 능력을 벗어나 있는 것으로서, 그러니까 순전한 이성이념이다. 상상력은 우리 판단력에 대해 반목적적인 것으로 느껴지는 대상에 대한 표상을 통해 "보다 높은 합목적성을 함유하고 있는 이념들에 몰두하도록"(*KU*, B77=V246) 촉발함으로써, 사람들로 하여금 "숭고한 감정에 젖어들"게 하는데, 사람들이 그렇게 무형식의 대상을 합목적적으로 사용할 수 있기 위해서는 그의 "마음을 이미 여러 가지 이념들로 기득 채워 놓았어야만 한다."(*KU*, B77=V246) 그러므로 "우리는 자연의 미적인 것을 위해서는 우리 밖에서 하나의 근거를 찾아야 하지만, 숭고한 것을 위해서는 한낱 우리 안에서, 그리고 자연의 표상에 숭고성을 집어넣는 사유방식〔성정〕 안에서 하나의 근거를 찾지 않으면 안 된다."(*KU*, B78=V246)

넷째로, 우리가 아름다운 대상을 평정한 관조에서 판정한다면, 숭고한 것의 감정에는 "마음의 운동〔동요〕"(*KU*, B80=V247)이 결합되어 있다. 그런데 상상력은 이 마음의 동요를 때로는 인식능력과 때로는 욕구능력과 관련시킨다. 인식능력과 관련된 숭고는 수학적이고, 욕구능력과 관련된 숭고는 역학적이다. "그래서 객관은 이러한 이중의 방식으로 숭고한 것으로 표상된다."(*KU*, B80=V247)

수학적 숭고

단적으로 큰 것은 숭고하다.(*KU*, A80=V248 참조) 숭고한 것은 자기의 척도를 그 자신 안에 가지고 있으며, 어떤 다른 것과 비교될 수 있는 것이 아니다. "숭고한 것은 그것과 비교하면 다른 모든 것이 작은 것"(*KU*, B84=V250), 절대적인 것이므로, 우리 감관에서 우리에게 주어지는 어느 것도 숭고한 것이라고 일컬어질 수는 없다. 왜냐하면, "수학적 크기의 평가에서 최대의 것이란 없"(*KU*, B86=V251)으니 말이다. 그러니까

'단적으로 큰 것'이란 이를테면 "판단력의 개념"(*KU*, B81=V248)이다. 그러므로 숭고한 것은 그 크기를 직관에서 직접 파악하여 상상력에 의해 현시할 수 있는 데에서, 다시 말해 자연 대상들을 미감적/감성적으로 평가할 수 있는 데에서, 곧 객관적으로가 아니라 주관적으로 규정할 수 있는 데에서 성립한다.

어떤 양적인 것을 직관적으로 상상력에 받아들여 그것을 수적 평가의 척도나 단위로 사용하기 위해서는 상상력의 포착(Auffassung)과 총괄(Zusammenfassung) 작용이 필요하다.(*KU*, B87=V251 참조) 포착이란 주어진 잡다 A, B, C, …를 차례로 일별하는 작용이며, 총괄은 이를 하나의 전체로 현시하는 작용이다. 포착 작용은 잡다를 주어지는 대로 더해 가면 되므로 무한정하게 진행될 수 있으나, 총괄 작용은 언제나 하나의 '전체'를 현시하고자 하나 상상력으로서는 넘어설 수 없는 한계가 있다. 도저히 상상조차 할 수 없는 것이 있는 것이다. 이 상상력이 자기의 전체 총괄 능력을 기울여도 성과가 없는 자연객관의 크기는 자연개념을 "하나의 초감성적 기체[基體]로 이끌고 가지 않을 수 없는데, 이 기체는 감관의 모든 자[척도] 이상으로 큰 것으로, 그래서 대상보다도 오히려 대상을 평가하는 마음의 정조를 숭고한 것으로 판정하게 한다."(*KU*, B94=V255/6) 그래서 "진정한 숭고함은 오직 판단하는 자의 마음에서 찾아야지, 그것에 대한 판정이 마음의 그러한 정조를 야기하는 자연객관에서는 찾아서는 안 된다."(*KU*, B95=V256)

판단력이 어떤 사물을 숭고하다고 판정할 즈음 상상력은 이성과 관련하여 그 이념들과 주관적으로 합치하고자 하는데, 이때 "숭고한 것의 감정은 미감적인 크기 평가에서 상상력이 이성에 의한 평가에 부적합에서 오는 불쾌의 감정이며, 또한 그때 동시에, 이성이념들을 향한 노력이 우리에 대해서 법칙인 한에서, 최대의 감성적 능력이 부적합하다는 바로 이 판단이 이성이념들과 합치하는 데서 일깨워지는 쾌감이다."(*KU*, B97=V257) 미의 감정과는 달리 숭고의 감정은 질의 면에서 상상력과 이성의 부조화에 의거하는 것이다.

> "미적인 것의 판정에 있어서 상상력과 지성이 그들의 일치에 의해 그렇게 하듯이, 이 경우에는〔즉 숭고한 것의 판정에서는〕 상상력과 이성이 그들의 상충에 의해 마음의 능력들의 주관적 합목적성을 만들어낸다. 곧 우리는 순수한 자립적인 이성을 가지고 있다는 감정, 바꿔 말해 우리는 그 탁월성이 다름 아니라 (감성적 대상들의) 크기를 현시함에 있어서 그 자신 무한정한 것인 이 능력이 불충분함으로 인해 생생하게 될 수 있는 그런 크기평가 능력을 가지고 있다는 감정을 만들어낸다."((*KU*, B99=V258)

마음은 미적인 것을 판정할 때는 '평정〔정지〕'에 잠기나, 숭고한 것을 표상할 때는 '동요〔운동〕'를 느낀다. 이 동요는 "밀침과 당김의 급속한 바뀜"이라 할 수 있다. 숭고의 감정은 객관을 총괄할 수 없어 위축되는 자신의 무능력에 대한 "불쾌의 감정인데, 거기에서 그 불쾌는 그럼에도 동시에 합목적적으로 표상된다."(*KU*, B100=V259) 이 불쾌의 감정은 무한정한 것의 전체를 총괄할 수 없는 상상력이 이성의 총체성 요구에 부응하지 못함으로 해서 일어나는 것인데, 그러나 상상력의 이러한 무능력은 바로 절대적 총체성이라는 이념을 가진 이성 능력을 자각하게 하는 것으로, 그러니까 저 상상력의 무능력으로 인한 불쾌감은 무제한적인 능력인 이성 능력을 반증하는 것이다. 이로써 상상력과 이성은 "그들의 상충에 의해 마음의 능력들의 합목적성을 만들어"내고, 그때 저 불쾌감은 쾌감으로 전환된다. 그 자신의 무능력이 바로 "같은 주관의 무제한적인 능력의 의식을 드러내고, 마음은 그 무제한적인 능력을 오직 그 자신의 무능력에 의해서만 미감적으로 판정할 수 있"(*KU*, B100=V259)게 되는 것이다. 이렇게 해서 하나의 미감적 판정에서 "대상은 오직 불쾌를 매개로 해서 가능한 쾌와 함께 숭고한 것으로 받아들여진다."(*KU*, B102=V260)

역학적 숭고

"우리에 대해서 아무런 강제력도 가지지 않은 위력으로 고찰되는 자연은 역학적으로―숭고하다."(*KU*, B102=V260)고 판정된다. 이런 숭고의 감정은 무량광대한 자연의 위력에도 불구하고 그 앞에서 우리가 마음이 놓이고 생명에 대한 아무런 위협을 느끼지 않을 때 생긴다.

> "기발하게 높이 솟아 마치 위협하는 것 같은 암석, 번개와 천둥소리와 함께 몰려오는 하늘 높이 솟아오른 먹구름, 온통 파괴력을 보이는 화산, 폐허를 남기고 가는 태풍, 파도가 치솟은 끝없는 대양, 힘차게 흘러내리는 높은 폭포와 같은 것들은 우리의 저항하는 능력을 그것들의 위력과 비교할 때 보잘 것 없이 작은 것으로 만든다. 그러나 우리가 안전한 곳에 있기만 하다면, 그런 것들의 광경은 두려우면 두려울수록 더욱 더 우리 마음을 끌 뿐이다. 우리가 이러한 대상들을 기꺼이 숭고하다고 부르는 것은, 그것들이 영혼의 힘을 일상적인 보통 수준 이상으로 높여주고, 우리로 하여금 자연의 외견상의 절대권력에 도전할 수 있는 용기를 주는 전혀 다른 종류의 저항하는 능력을 우리 안에서 들춰내주기 때문이다."(*KU*, B104=V261)

우리에게 두려움을 일으키되 우리 안에 그 물리적 자연을 능가한다는 감정을 불러일으키는 것은 숭고하다. 우리가 자연에 대해서 숭고하다고 판정을 내리는 것은 자연이 두려움과 함께 오히려 "우리 안에 (자연이 아닌) 우리의 힘을 불러일으키기 때문"(*KU*, B105=V262)이다. 그러므로 "자연이 숭고하다고 일컬어지는 것은 순전히, 자연이 상상력을 고양하여 마음이 자기의 사명의 고유한 숭고성이 자연보다도 위에 있음을 스스로 느낄 수 있는 그런 경우들을 현시하게끔 하기 때문이다."(*KU*, B105=V262) 그러니까 자연(Natur)이 자연보다도 우리 자신의 본성(Natur)이 탁월함을 느낄 수 있게 하는 경우에 자연을 숭고하다고 판정하는 것이다.

우리가 물리적 존재자로서 자연의 위력과 싸운다는 것은 애당초부터 부질없는 짓이다. 그러나 우리는 숭고의 감정에서 우리가 그럼에도 자연 및 자연의 위력에 독립적이라고 판정한다. 윤리적 존재자로서 우리는 어떠한 자연의 위력에 의해서도 굴복당할 수 없는 규정〔사명, 성격〕을 가지고 있기 때문에, 숭고의 감정이 우리 안에서 생기는 것이다.

숭고의 판단을 내릴 수 있기 위해서 우리에게 꼭 어떤 취미가 있어야 하는 것은 아니지만, 그러나 우리는 우리 안에서 윤리적 이념들을 발전시키지 않으면 안 된다. 그렇지 않으면 자연의 위력은 언제나 단지 위협적이고, 결코 숭고하다고 느껴질 수 없을 터이다. 우리 위의 별이 빛나는 하늘은 우리로 하여금 우리 자신이 미미하고 보잘 것 없음을 깨닫게 하지만, 우리 안의 도덕법칙은 우리를 맹목적인 자연의 기계성 너머로 무한히 고양시킨다. 자연에 대한 외경심은 우리 자신에 대한 경외감을 일으킨다.(Klemme, Einl. LIV 참조)

도덕법칙에 의한 의지의 객관적 규정과 이 규정으로 인해 생겨난 이 법칙에 대한 존경이 일차적으로 우리 안에 "불쾌의 감각"(*KpV*, A139=V78)을 일으킨다. 그러나 "숭고한 것은 그것을 우리의 (감성적) 이해관심을 거슬러서까지도 존중하도록 준비시킨다."(*KU*, B115=V267) — "숭고한 것은 감관의 이해관심에 저항함으로써 직접적으로 적의한 것이다."(*KU*, B115=V267)

순수한 취미판단과 마찬가지로 숭고성의 판단도 필연적으로 만인의 찬동을 요구하며, 그것은 "곧 (실천적) 이념들에 대한 감정의 소질에서, 다시 말해 도덕적 감정의 소질에서"(*KU*, B112=V265) 그러한 찬동을 누구에게나 강요할 근거를 갖는다. 순수한 취미판단과 마찬가지로 숭고성의 판단도 필연적으로 만인의 찬동을 요구하며, 그것은 "곧 (실천적) 이념들에 대한 감정의 소질에서, 다시 말해 도덕적 감정의 소질에서" ((*KU*, B112=V265) 그러한 찬동을 누구에게나 강요할 근거를 갖는다. 우리는 모든 사람들이 도덕적 감정을 가지고 있는 한에서 모든 사람에게 우리의 숭고성의 판단에 대한 동의를 요구할 정당성을 갖는 것이다.

이로써 칸트는 미감적 판단력과 도덕 감정이 가까운 친족성을 가짐을 말하고 있다. 미적인 것에서의 이해관심 없는 흡족은 도덕법칙에 대한 존경에 상응하며, 숭고한 것의 감정은 의무로부터 행위하고 우리의 경향성들을 제압하는 도덕적 행위의 내적 가치에 상응한다고 보는 것이다.

3. 예술미와 자연미

"미에는 두 종류, 곧 자유로운 미(pulchritudo vaga: 浮遊美)와 한낱 부수적인 미(pulchritudo adhaerens: 附隨美)가 있다."(*KU*, B48=V229) 자유로운 미는 대상이 무엇이어야 하는가 하는 개념을 전제하지 않은 독자적으로 존립하는 미이다. "개념 없이 필연적인 흡족의 대상으로서 인식되어지는 것은 아름답다."(*KU*, B68=V240) 반면에 부수적인 미는 한 개념 아래에 있는 대상에 덧붙여지는 것이다. 이 장미꽃의 아름다움이 자유미라면, '인간적 미'는 부수적 미이다.

이러한 미는 자연미와 예술미로 구별해볼 수도 있는데, "자연미는 하나의 아름다운 사물이며, 예술미는 사물에 대한 하나의 아름다운 표상이다."(*KU*, B188=V311) 자연미가 자연적인 것이라면, 예술미는 기예적인 것이다.

"기예(Kunst)가 어떤 가능한 대상의 인식에 알맞게 순전히 그 대상을 현실화하기 위해 그에 필요한 행위들만을 수행한다면, 그러한 기예는 기계적 기예이다. 그러나 기예가 쾌의 감정을 직접적인 의도로 삼는다면, 그것은 미감적 기예라고 일컫는다. 이 미감적 기예는 쾌적한 기예이거나 미적 기예[schöne Kunst: 예술]이다."(*KU*, B177/8=V305) 쾌적한 기예는 우리 안에 대상을 통해 쾌적한 감각들(향락)을 불러일으킨다. 그러나 "미적 기예는 그 자체로 합목적적이고, 비록 목적이 없지만 그럼에도 사교적 전달을 위해 마음의 힘들의 배양을 촉진"(*KU*, B179=V306) 하는 것이다. 이 미적 기예의 생산물이 예술 작품이다.

예술품은 기예의 산물이지 자연의 산물은 아니다. "그럼에도 그러한 산물의 형식에서의 합목적성은 자의적인 규칙들의 일체의 강제로부터 자유로워서 마치 그 산물이 순전한 자연의 산물인 것처럼 보이지 않으면 안 된다."(*KU*, B179=V306) "자연은 그것이 동시에 예술인 것처럼 보였을 때 아름다운 것이었다. 그리고 예술은 우리가 그것이 예술임을 의식할 때도 우리에게 자연인 것처럼 보일 때에만 아름답다고 불리어질 수 있는 것이다."(*KU*, B179=V306) 그러니까 칸트에서 자연미는 예술미 같은 것이고, 예술미는 자연미와 흡사할 때만 미적인 것이다.

"그러므로 미적 기예(예술)의 산물에서 합목적성은, 비록 의도적일지라도, 의도적으로 보여서는 안 된다. 다시 말해 미적 기예는, 비록 사람들이 그것을 기예라고 의식하고 있다 할지라도, 자연으로 간주될 수 있지 않으면 안 된다. 그러나 기예의 산물이 자연으로 나타나는 것은, 기예의 산물은 규칙들에 따름으로써만 마땅히 그것이어야 할 산물이 될 수 있는 만큼 그 규칙들과 정확하게 합치되지만, 그러나 거기에는 고심함이 없고, 격식이 엿보이는 일이 없으며, 다시 말해 규칙이 예술가의 눈앞에 아른거려서 그의 마음의 능력들을 속박했다는 흔적을 보이는 일이 없다고 하는 데에 있다."(*KU*, B180=V306/7)

어떤 개념들이나 목적들을 이용하지 않고서도 "기예에 규칙을 주는 재능(천부의 자질)"(*KU*, B181=V307)을 "천재(genius)"라고 일컫는다. 자연적으로 아름다운 것은 취미만을 필요로 하지만, 예술적으로 아름다운 것은 이 천재를 또한 필요로 한다. 천재에 의해서만 자연미와 흡사한 예술미가 산출될 수 있기 때문이다.

천재는 네 가지 특징을 갖는다. 첫째, 천재는 "어떠한 특정한 규칙도 주어지지 않는 것을 만들어내는"(*KU*, B182=V307) 원본성 곧 독창성으로 사람들의 마음을 사로잡는다. "천재의 최대의 속성은 생산적 상상력이며, 그것은 모방정신과 가장 크게 구별되는 것이다."(V-Anth, XXV945 참조) 둘째, 천재의 생산물은 모방에 의한 것이 아니라, "본보기적"(*KU*, B182=V308)이다. 쉽게 배우는 것은 천재성이 아니다. 도제와 대가 사이에는 수준의 차이가 있을 뿐이지만, 창의적인 천재와 천재성 없이 잘 배운 자 사이의 차이는 종별적이다. 미적 기예는 천재의 예술이고, 기계적 기예는 근면과 학습의 기술이다.(*KU*, B186=V310 참조) 셋째, 천재는 그가 어떤 규칙에 따라 자기의 생산물을 산출하는가를 스스로 기술할 수 없고, "오히려 자연으로서 규칙을"(*KU*, B182=V308) 준다. 넷째, "자연은 천재를 통해" 예술들에 대해 "규칙을 지시규정"(*KU*, B183=V308)한다.

천재는 우리 마음의 서로 다른 능력에 기초한다. 천재는 취미, 상상력, 지성 외에 "정신", 곧 "마음에서 생기를 일으키는 원리"(*KU*, B192=V313)인 "미감적 이념들을 현시하는 능력"(*KU*, B192=V313/4)을 가지고 있다.

> "천재는 본래, 어떠한 학문도 가르쳐줄 수 없고, 어떠한 근면으로도 배울 수 없는, 주어진 개념에 대한 이념들을 찾아내고 다른 한편 이 이념들을 위한 표현을 꼭 집어내는 행운의 관계에서 성립하는 것으로, 이 표현을 통해 저 이념에 의해 일으켜진 주관적 마음의 정조가 다른 사람들에게 전달될 수 있는 것이다. 이 후자의 재능이야말로 본래 사람들이 정신이라고 부르는 것이다."(*KU*, B198=V317)

미감적 이념은 생산적인 자유로운 상상력에 의해 형성되는 것으로, 내적 직관인 그것에는 아무런 개념도 대응하지 않고, 그래서 그것은 원본적이다.

"천재란 주관이 그의 인식능력들을 자유롭게 사용하는 데서 드러나는 천부적 자질의 범형적 원본성〔독창성〕이다. 그렇기에 천재의 산물은 (가능한 학습이나 교습에서가 아니라 천재에서 기인한다고 할 수 있는 점에서) 다른 천재에게는 모방의 실례가 아니라 〔…〕, 계승의 실례인 것이다. 다른 천재는 그 실례를 통해 그 자신의 원본성〔독창성〕의 감정이 일깨워져, 규칙들의 강제로부터 벗어난 자유를 예술 속에서 행사하는바, 그를 통해 예술은 그 자신 새로운 규칙을 얻고, 이 새로운 규칙을 통해 그 재능은 범형적인 것으로 드러난다. 그러나 천재는 자연의 총아이고, 그러한 것을 사람들은 단지 드문 현상으로 보지 않으면 안 되기 때문에, 천재의 실례는 다른 우수한 두뇌들에 대해 하나의 유파〔…〕를 만들어낸다. 이들에게는 그러한 한에서 예술이란 자연이 하나의 천재를 통해서 규칙을 준〔세운〕 모방인 것이다."(*KU*, B200=V318)

칸트가 "자연미는 하나의 아름다운 사물이며, 예술미는 사물에 대한 하나의 아름다운 표상이다."(*KU*, B188=V311)라고 규정할 때, 그가 말하고자 하는 것은 예술미의 산출과 판정을 위해서는 취미 외에도 천재가 필요함을 역설하는 것이지만, 그러나 천재가 필요한 것은 그를 통해서만 "마치 자연인 것" 같은 예술 작품을 만날 수 있기 때문이다. 그런데 미를 위해 반드시 필요한 것은 천재적 상상력보다도 "자유로운 가운데서도 지성의 합법칙성에 부합하는 것이다."(*KU*, B202=V319) 그래서 천재가 취미를 갖출 때만 진정한 예술가가 될 수 있다. 상상력은 제아무리 풍부하다 해도 그것이 무법칙적인 자유 가운데 있다면 무의미한 것밖에는 만들어내지 못할 것이다.

"취미는 판단력 일반이 그러하듯이 천재의 훈육(또는 훈도)이며, 천재의 날개를 자르고, 천재를 교화 연마시키는 것이다. 그러나 취미는 동시에 천재가 합목적적이기 위해서는 어디에 그리고 어디까지 자기를 확장하여야만 하는가를 천재에게 지도한다. 그리고 취미는 사상내용 안에 명료함과 질서정연함을 투입함으로써, 이념들을 견고하게 만들고, 이념들로 하여금 지속적인 그리고 동시에 또한 보편적인 찬동을 얻고 다른 사람들이 계승하고 언제나 진보하는 문화〔개화〕의 힘을 갖게 만든다. 그러므로 만약에 어떤 〔예술〕 산물에서 이 두 가지 속성이 상충하여 어떤 것이 희생되어야만 한다면, 그것은 차라리 천재 쪽에서 일어나지 않으면 안 될 것이다. 그리고 예술의 사안들에 있어서 자기 자신의 원리들로부터 발언하는 판단력은 지성을 파괴하기보다는 차라리 상상력의 자유와 풍요를 파괴하는 것을 허용할 것이다."(*KU*, B203=V319이하)

"그러므로 예술을 위해서는 상상력, 지성, 정신 그리고 취미가 요구"(*KU*, B203=V320 이하)되거니와, "앞의 세 능력들은 넷째 능력에 의해 비로소 통합을 얻는다."(*KU*, B203=V320, 주) 그러니까 천재는 예술작품의 생산에 필수적인 것이기는 하지만, 충분한 것은 아니다. "천재는 단지 예술의 산물들을 위한 풍부한 재료를 공급할 수 있을 뿐이다. 그 재료의 가공과 형식은 그것을 판단력 앞에서 합격할 수 있게끔 사용하기 위해서는 훈련을 통해 도야된 재능을 필요로 한다. 이 점에서 칸트는 질풍노도를 이끈 다수의 천재열광자들, 예컨대 하만(J. G. Hamann, 1730~1788), 헤르더(J. G. Herder, 1744~1803), 야코비(F. H. Jacobi, 1743~1819) 등과는 다른 견해를 취하고 있다.(Refl 771, XV336~8 참조) 그러니까 칸트는 낭만주의의 태동기에 아직 고전주의를 포기하지 않고 있는 셈이다.

4. 도덕론으로서의 취미론

순수한 취미판단의 기초에는 아무런 이해관심도 놓여있지 않지만,

그러나 이것이 "취미판단이 순수한 미감적 판단으로 주어진 후에, 그것에 어떠한 이해관심도 결합될 수 없다."(*KU*, B162=V296)는 것을 의미하지는 않는다. 미적인 것에서의 경험적 관심은 사회로의 인간의 경향성에서 기인한다. 사회에서 인간은 미적인 것에 관심을 가지며, "한낱 인간이 아니라 자기 나름으로 세련된 인간이고자"(*KU*, B163=V297) 의욕한다. 경험적 관심이 사회적으로 그리고 어느 정도 정념적으로 조건지어져 있다면, 자연미에 대한 인간의 지성적 관심은 "항상 선한 영혼의 표지(標識)"이며, "만약 이 관심이 습관적인 것이라면, 그것이 자연의 정관(靜觀)과 기꺼이 결합될 때, 그것은 적어도 도덕적 감정에 호의적인 마음의 정조(情調)를 가리킨다는 것이다."(*KU*, B166=V298이하)

칸트의 통찰에 의하면, 자연미에 대해 직접적인 관심을 보이는 사람은 적어도 선한 도덕적 마음씨의 소질을 가지고 있다. 이런 사람을 칸트는 "아름다운 영혼"(*KU*, B168=V300)을 가진 사람이라 일컫는다. 여기서 아름다운 영혼은 미적인 것과 도덕적인 것, 감성적인 것과 이성적인 것이 합일하는 자리로 부상한다. 이런 관점과 함께 이제 칸트는 독일이상주의에 합세하고 있다.

> "여기서 또한 이성의 관심을 끄는 것은, 이념들—이것들에 대해 이성은 도덕 감정에서 직접적인 관심을 생기게 한다—도 객관적 실재성을 갖는다는 사실, 다시 말해 자연은 적어도 자연이 자기의 산물들이 모든 이해관심으로부터 독립적인 우리의 흡족〔…〕과 합법칙적으로 합치함을 상정할 그 어떤 근거를 자신 안에 함유하고 있다는 어떤 흔적을 보인다거나 어떤 암시를 준다는 사실이다. 그래서 이성은 자연이 이와 비슷한 합치를 표출하는 것마다에 관심을 갖지 않을 수 없는 것이다. 따라서 마음은 자연의 미에 동시에 관심이 끌리지 않고서는 그것에 관해 숙려할 수가 없다. 그러나 이런 관심은 그 친족성의 면〔친족관계〕에서 보면 도덕적인 것이다. 자연의 미적인 것에 관심을 가지는 이는, 그가 앞서 이미 윤리적으로-좋은〔선한〕 것에 대한 그의 관

심을 충분히 기초 닦은 한에서만, 자연의 미적인 것에 대하여 그러한 관심을 가질 수 있는 것이다. 그러므로 자연의 미가 직접적(무매개적)으로 관심사가 되는 이는 적어도 선한 도덕적 마음씨의 소질이 있다고 추정할 이유가 있다."(*KU*, B169/170=V300/301)

실러는 "인간은 그의 물리(학)적 상태에서 자연의 힘을 겪고 견디며, 미(학)적 상태에서 이 힘에서 벗어나 자유롭고, 도덕(학)적 상태에서 그것을 지배하게 된다"(Schiller, "Über die ästhetische Erziehung des Menschen", 24. Brief, 수록: P.-A. André/A. Meier/W. Riedel(Hrsg.), *Friedrich Schiller: Sämtliche Werke*, München 2004, Bd. V, 646)고 보았다. 그럼에도 '우미'(Anmut)함에서 진정으로 '아름다운 영혼'(schöne Seele)을 발견한 실러는 "칸트의 도덕철학에는 모든 우미의 여신들을 놀라서 뒷걸음치게 하는 강한 어세로 의무의 이념이 강론되고 있다"(Schiller, "Über Anmut und Würde", 수록: *Friedrich Schiller: Sämtliche Werke*, München 2004, Bd. V, 465)고 비판하면서, 미를 윤리적 선에 종속시키거나 선의 수단으로 보는 것을 우려했다. 그러나 칸트 자신이 실러에 대해 "우리는 가장 중요한 원리들에서 일치하고 있"(*RGV*, B10=VI23)고 말했듯이, "아름다운 영혼에서 감성과 지성, 의무와 경향성은 조화를 이루고" (Schiller, Bd. V, 468) 우미는 거기에서 표현되는바, 실러에서 "우미가 자유의 영향 아래에 있는 형태의 미, 즉 인격이 규정하는 그러한 현상들의 미"(Schiller, Bd. V, 446)를 지시하는 것이라면, 칸트와 실러는 서로 근거리에 있다 하겠다.

이렇게 칸트가 섀프츠베리(Anthony Ashley Cooper, Third Earl of Shaftesbury, 1671~1713), 루소(J.-J. Rousseau, 1712~1778)와 같은 도덕감정론자들이 사용하던 '아름다운 영혼' 개념을 공유함으로써 그의 도덕 감정/도덕감 개념에도 변화가 생겼다고 볼 수 있다. 의무 개념 일반을 위한 마음의 감수성에 대한 미감적 선[先]개념(*MS*, *TL*, A35=VI399; 참조 *KU*,

BLVII=V197)들 중 하나로서의 도덕 감정은, "순전히 우리 행위의 의무 법칙과의 합치 또는 상충에 대한 의식에서 유래하는 쾌 또는 불쾌의 감수성"(*MS, TL*, A35이하=VI399)을 말하는데, 쾌 또는 불쾌의 감수성이란 미적 감수성을 뜻하므로, 아름다운 영혼이 도덕 감정을 갖는 것이라 할 수 있으니 말이다.

그렇다면 어떤 방식으로 우리는 다른 사람들에게 순수한 취미판단을 의무로서 동의하도록 요구할 권리를 얻는가? 미감적 판단력은 누구에게나 우리의 순수한 미감적 판단에 대해, 미적인 것에 대한 어떠한 이해관심에도 의거해 있지 않고, 또한 그러한 것을 낳지도 않는, 찬동을 요구한다. 그에 반해 지성적 판단력은 우리 안에 능히 그러한 이해관심이 생기게 한다. 지성적 판단력은 자유개념들에 따라서 자기 자신을 규정하는 능력을 말하는 것으로, 하나의 선험적인 흡족, 즉 도덕적 감정을 일으킨다. 이성이념들의 객관적 실재성에 대해 도덕적인 관심을 갖는 사람은 자연미에 대한 미감적 관심도 갖는다. 왜냐하면, 그에게 자연의 미는 도덕적인 선의 "암호"(*KU*, B170=V301)로 나타나기 때문이다. 도덕적 감정은 인간성의 이념과의 개념적 관계에 의거해 있고, 미감적 감정은 그것과의 무개념적 관계에 의거해 있다. 사람들이 미에 대해 도덕적인 사유방식에 의거해 있는 지성적 관심을 갖는 한에서, 미감적 흡족은 의무로 고양된다. 그러나 물론 한편으로 순수한 미감적 판단의 논리와 다른 한편으로 우리의 도덕성으로의 소질 개발에 의거해 있는 자연미에 대한 지성적 관심의 요구와의 사이에 개념적 차이가 있다면, 자연미에 대한 이러한 관심을 보임이 없이도, 취미를 갖는 것이 가능할 수 있음도 분명하다. 그런 만큼 이 점에서 분명히 취미판단은 언제나 이미 도덕적 감정과의 관계를 갖는 숭고의 판단(*KU*, B111이하=V265 참조)과는 차이를 보인다.

그러나 만약 미적 기예, 곧 예술이 "동시에 자연인 것처럼 보이는 한에서, 하나의 기예"(*KU*, B179=V306)라면, 자연미에 대해서 관심을 갖는 자만이 예술미에 대해서도 판단할 수 있을 것이다. 칸트에 따르면 우리는 누구에게나 자연미를 예술미의 척도로 삼을 것을 의무화하는데, 우리가 이러한 권한을 갖는 것은 바로 우리가 판단하는 자에게서 하나의 도덕적 감정을 전제하기 때문이다.

이에서 더 나아가 칸트는 미적인 것은 윤리적으로-좋은 것, 곧 선의 상징이자 "윤리성의 상징"(*KU*, B254=V351)이라고 주장한다.

> "미적인 것은 윤리적으로-좋은〔선한〕 것의 상징이며, 그리고 또한 (누구에게나 자연스럽고, 또 누구나 다른 사람에게 의무로서 요구하는 관계의) 이러한 관점에서만 미적인 것은 다른 모든 사람들의 동의를 요구함과 함께 적의한 것이다."(*KU*, B258=V353)

칸트에서 진[참임]·선[참됨]·미[참함]는 종국적으로 '참'의 이념 아래에서만 통일적인 것으로 생각될 수 있는 것이다. 그럼에도 '참'의 세 가지는 각기 독자적인 영역을 갖는다. 그것은 마음의 세 가지 서로 다른 작용방식에 부응하는 가치이기 때문이다. 다만 칸트가 미를 윤리성의 상징이라고 말할 때 드러내고자 하는 바는, 인간의 궁극적 가치는 그의 윤리성에 있는데, 미적 감정과 미적 기예가 윤리성의 증진에 기여한다는 사실이다.

> "보편적으로 소통되는 쾌에 의해 그리고 사회에 대한 순화와 세련화를 통해, 비록 인간을 윤리적으로 개선시키지는 못해도 개화시키기는 하는 미적 기예〔예술〕와 학문들은 감각적 성벽〔性癖〕의 폭군적 지배를 제법 잘 극복하고, 그렇게 함으로써 인간에게 이성만이 권력을 가져야 하는 지배 체제를 준비해 준다."(*KU*, B395=V433)

이에서 한 걸음 더 나아가 "경험적으로는 미적인 것은 오직 사회에서만 관심거리"(*KU*, B162=V296)라는 칸트의 통찰은 취미가 단지 도덕적 교화의 표지일 뿐이 아니라 인간 사회문화 일반의 표지임을 주창한다. "자기를 전달하고자 하는"(*MAM*, VIII110) "사회로의 추동"(*KU*, B162=V296)이 인간의 자연본성인 한에서, "사교성"을 인간성에 속하는 본질적 속성이라 한다면, 취미는 자기의 감정을 "다른 모든 사람들에게 전달할 수 있게 해주는 모든 것을 판정하는 능력"이라고도 할 수 있다.(*KU*, B162이하=V297 참조) "취미는 우리 인간을 사교적으로 만든다."(V-Anth, XXV187) "그러므로 취미는 상상력 안에서의 외적 대상들에 대한 사회적인 판정의 능력이다."(*Anth*, VII241)

> "온전히 홀로 있을 때는 누구도 자기의 집을 장식하거나 꾸미지 않을 것이다."(*Anth*, VII240) "무인도에 버려진 사람은 그 자신 홀로는 자기의 움막이나 자기 자신을 꾸미거나 꽃들을 찾아내거나 하지 않으며, 더구나 단장하기 위해 꽃들을 재배하는 일은 없을 것이다. 오직 사회에서만 그에게 한낱 인간이 아니라 자기 나름으로 세련된 인간이고자 하는 생각이 떠오른다. (이것이 문명화의 시작이다.)"(*KU*, B163=V297)

그러니까 인간 문명의 시작은 감정의 전달〔공유〕 가능성을 바탕으로 하는 미감적 판단력, 곧 '공통감(Gemeinsinn)'에서 비롯한 것이겠다. 기실 자연법칙 수립의 기반인 '의식 일반(Bewußtsein überhaupt)'도 도덕법칙 수립의 기반인 '양심(Gewissen)', 곧 공동의 의식, 함께 앎(conscientia, Mitwissen)도 이러한 공통감을 전제하는 것일 것인즉, 이로 인해 지성과 이성이 판단력에서 접점을 얻는다고 하는 것이겠다.

VI. 목적론적 판단력 비판

1. 목적론과 목적론적 판단력 비판

『판단력비판』의 '제2편 목적론적 판단력 비판'이다.

여기서 목적론이란 사물들의 합목적성에 관한 이론으로서, "이 세계 안의 사물들은 무엇을 위하여 서로 유용한가, 한 사물 안의 잡다함은 이 사물 자신에게 무엇을 위해 좋은가"(*KU*, B402=V437)라는 물음이 그 주제이다.

자연의 현상들을 순전한 기계적 인과성 법칙으로 설명할 수 없는 곳에서 목적들에 따른 인과성을 가지고서 관찰하고 탐구하는 것은 자연의 현상들을 어떻게든 규칙 아래로 보내기 위한 "또 하나의 원리"(*KU*, B269=V360)를 갖는 것이다. 그리고 이 원리는 지성이 자연 산물들의 발생을 설명하는 데는 쓸모가 없다 해도, "자연의 특수한 법칙들을 탐구하기 위한 하나의 발견적 원리"(*KU*, B355=V411)가 되어, 반성적 판단력으로 하여금 자연 산물들의 합목적적인 통일을 위한, 예컨대 '자연 중에 불필요한 사물은 존재하지 않는다'와 같은 보편적 원리를 찾게 만든다.

그러나 "만약 우리가 자연의 근저에 의도적으로 작용하는 원인들을 놓고, 그러니까 목적론의 기초에 현상들〔…〕의 순전한 판정만을 위한 규제적 원리뿐만 아니라, 자연의 산물들을 그 원인들로부터 도출하는 하나의 구성적 원리를 놓는다면, 자연목적의 개념은 더 이상 반성적 판단력이 아니라 규정적 판단력에 속하는 것일 터이다. 그러나 그럴 경우에는 자연목적의 개념은 사실상 〔…〕 전혀 판단력에 특유하게 속하는 것이 아니라, 이성개념으로서 새로운 인과성을 자연과학에 도입하는 것이겠다. 이런 인과성을 우리는 단지 우리 자신으로부터 빌려와 다른 존재자들에게 부여하는 것이다. 다른 존재자들을 우리와 동류라고 받아들이려 하지는 않으면서도 말이다."(*KU*, B270=V360이하)

우리가 자연을 하나의 체계로 보고자하고, 우리가 자연의 몇몇 형식들을 오로지 실재적인 합목적성의 개념에 의해 필연적인 것으로 판정할 수 있으면, “우리는 세계의 하나의 의도적으로−작용하는 최상의 원인을 생각”(*KU*, B335=V399)하지 않을 수 없다. 우연적인 것으로 인식되는 것의 필연성을 위한 이 초감성적인 근거는 그럼에도 우리 인간에게는 인식될 수 없는 것이고, 그래서 언제나 하나의 이성 이념으로 남는다.

초감성적인 것의 개념 안에서 우리는 하나의 예지적인 세계를 생각하는 바이며, 이 예지적 세계 안에서 우리의 시공간적으로 규정되는 인식세계 안에서는 서로 모순되는 기계론적이면서 목적론적인 자연판정이 통합된다. 그래서 목적론은 신학에서 그것의 완성을 본다.

그래서 목적론적 판단력 비판 ‘요소론’의 주제적 물음은 ‘과연 그리고 어디까지 자연의 대상들은 그들 상호간에 목적을 위한 수단으로 쓰이는가?’, 그러니까 ‘과연 자연 안에 객관적 합목적성이 나타나는가?’이다.

자연은 목적의 표상에 따라 행위하는 지적 존재자가 아니므로, 자연 안에서 발견되는 합목적성은, 만약 그러한 것이 발견된다 해도, 그것은 특별한 것임에 틀림없다. 구성적인 관점에서 보면 자연의 모든 대상들은 어쨌든 작용 연결에 의해 결합되어 있다. 그러나 만약 자연 안에서 『순수이성비판』의 ‘초월적 분석학’에서 논구된 인과 필연성으로 설명할 수 없는 형식들이 입증된다면, 우리는 적어도 규제적 판정원리로서 합목적성 개념을 받아들일 수 있는 여지를 갖게 된다. 왜냐하면, 그렇지 않을 경우 경험의 이런 대상들은 일면 형식적으로 무규정적인 채로 남을 것이니 말이다. 그래서 순전히 논리적으로 사용된 반성적 판단력은 구성적인 관점에서는 이런 우연적인 형식들을 합목적성 개념에 의해 필연적인 것이라고 판정한다.

이제 자연을 목적론적으로, 그것도 ‘객관적 합목적성’의 개념을 가지고서 판정한다는 것은 무슨 뜻인가? 대체 자연의 ‘객관적 합목적성’이란 무엇을 의미하는가?

먼저 목적 없는 한낱 형식적이고 객관적인 합목적성과 목적을 가진 실재적이고 객관적인 합목적성은 구별되어야 할 것이다. "기하학적 도형들은 한낱 형식적인 객관적 합목적성을 갖는다. 원, 삼각형, 평행선 따위는 객관적으로 합목적적이되 형식적인 것으로 판정되는데, 그것들은 지성이 하나의 원리에 따라 규정하는 직관들로서 우리 밖에 아무런 대상도 인식하게 하는 것이 아니기 때문이다." 하나의 기하학적 도형을 구성하는 지성은 하나의 합목적성을 이 직관 안에 집어넣지만, 이때 지성은 자연으로부터 목적에 관해 배운 것이 아니다.(*KU*, B276=V365 참조) "그러나 실재적인 객관적 합목적성의 기초에는 언제나 판단력이 자연에서 발견하는 하나의 합목적성이 있다." 그리하여 판단력은 경험에 의해 "객관적 질료적 합목적성의 개념"(*KU*, B279=V366)으로 이끌어진다. 구성적으로 사용된 지성의 기계적 법칙들을 가지고서는 설명될 수 없는 대상의 형식에 대해, 그럼에도 불구하고 어떤 원인과 결과의 관계로써 반성하게 되면, 판단력은 한 자연산물로서의 결과가 그 자신의 원인이고, 그 자체로 대상을 가능하게 하는 조건을 가리킨다고 생각한다. 이러한 실재적 합목적성에서 우리는 '목적을 가진 질료〔실질〕적 객관적 합목적성'에 대한 이론인 목적론의 영역에 이른다.(Klemme, Einl. LXXVI~LXXVII 참조)

2. 자연의 최종목적으로서의 인간

"한 사물은 자기 자신이 〔…〕 원인이자 결과이면 자연목적으로서 실존한다."(*KU*, B286=V370) 무릇 자연목적으로 인식된 하나의 자연산물은 "자기 자신에 대하여 교호적으로 원인과 결과의 관계를 가질 수밖에"(*KU* B289=V372) 없다. 한 대상은 다음과 같은 두 조건을 충족시킬 때, 자연목적으로 실존하는 것이다. 첫째로, 자연목적으로 실존하는 사물은 그 사물의 "부분들이 (그것들의 현존과 형식의 면에서) 오로지 그것들의 전체와의 관계에 의해서만 가능"(*KU*, B290=V373)한 그러한 것이다. 그럼에도 어떤 사물이 오로지 이 조건만을 충족시키면, 그것은 그것의 원인을 자기 자신 안에 갖지 않는 기예의 작품일 수도 있다. 그렇기에 둘째로, 자연목적으로 실존하는 사물은 또한 그 부분들이 한편으로는 그것들이 교호적으로 그것들의 형식의 원인과 결과임으로써 하나의 전체와 결합되어 있고, 다른 한편으로는 "전체의 이념이 다시금 모든 부분들의 형식 및 결합을 규정"(*KU*, B291=V373)하는 그러한 것이다. 그리고 이 같은 조건을 충족시키는 사물을 유기적 존재자라 한다. 이러한 유기적 존재자들은 순전한 자연기계성의 대상들과는 달리 하나의 "형성하는 힘(bildende Kraft)"(*KU*, B293=V374)을 갖는다.

그래서 우리 이성은 유기적 존재자들의 내적 합목적성에 대해 다음과 같은 판정 원리를 갖는다. 즉 "자연의 유기적 산물은 그 안에서는 모든 것이 목적이면서 교호적으로 수단이기도 하다."(*KU*, B295/6=V376) 이러한 "유기적 산물에서는 아무것도 쓸데없는 것은 없고, 무목적적인 것이 없으며, 또 맹목적인 자연기계성으로 치부할 수 있는 것은 없다."(*KU*, B296=V376) 우리는 경험을 통해 이 원리에 이른 것이기는 하지만, 그러나 이 원리는 그러한 합목적성에 대해서 언명하는 그 보편성과 필연성 때문에 무엇인가 선험적 원리를 그 기초에 가질 수밖에 없다. 그래서 우리는 '자연의 객관적 합목적성'이라는 이념을 갖게 되며, 자연목적들이라는 개념은 "이성을 여기서는 우리를 더 이상 만족시켜 주지 못할 자연의 순전한 기계성과는 전혀 다른 사물들의 질서로 이끈다."(*KU*, B297=V377)

자연 중에서 유기적 존재자란 작용인뿐만 아니라 목적인에 따라서도 실존하는 것을 말한다. 그러나 작용인과 목적인의 화합을 엄밀하게 정당화할 수 있는 이론은 없다. —근래에 유행하는 '창발(emergence)'이라는 개념의 사용도 궁여지책 또는 얼버무림의 한 방식일 터이다.—

자연과 자유가 현상-사물 자체의 구분을 전제로 해서만 결합 가능성을 얻듯이, 판단력 비판에 따라서 작용인과 목적인의 화합도 똑같은 사정이다. 이 "전혀 다른 두 종류의 인과성의" "합일의 가능성, 즉 보편적 합법칙성 중에 있는 자연과 이 자연을 특수한 형식에 제한하는 이념의 합일 가능성"은 오직 "자연의 초감성적 기체(基體) 안에 놓여 있"(*KU*, B374=V422)다. "자연산물의 기계성은 이를테면 의도적으로 작용하는 원인의 도구로서, 그럼에도 이러한 원인의 목적들에 자연은 그 기계적 법칙들에 있어서 종속해 있는 것이다."(*KU*, B374=V422)

이제 우리가 지상의 피조물들의 다양한 유에서 그리고 합목적적으로 구성된 존재자들의 외적 상호 관계에서 "객관적인 합목적성을 원리로 삼는다면, 이런 관계에서 다시금 모종의 유기조직과 목적인들에 따르는 모든 자연계의 한 체계를 생각하는 것은 이성에 알맞은 일이다."(*KU*, B384=V427) 그리고 인간이 "스스로 자신의 의사대로 목적들을 세울 수 있는 능력을 가진 지상의 유일한 존재자"(*KU*, B390=V431)로서 자신을 목적적 존재자라고 생각하는 한, "여기 지상에서는 그것과 관계해서 여타 모든 자연사물들이 목적들의 체계를 이루는, 자연의 최종 목적으로"(*KU*, B388=V429) 인간 이외의 것을 생각할 수 없다.

다시 말해 우리가 자연을 목적론적 체계로 볼 때, "인간은 그의 사명의 면에서 자연의 최종 목적"(*KU*, B390=V431)이다. "인간은 본래 자연의 목적이고, 이 점에서 지상에 살고 있는 어떠한 것도 인간의 경쟁자일 수는 없다."(*MAM*, VIII114) 그러나 이것은 언제나 "조건적으로만" 그러하니, 곧 인간이 자신이 최종 목적임을 "이해하고, 자연과 그 자신에게 그러한 목적관계를 부여할 의지를 가지고 있으며, 그러한 목적관계가 자연에 대해 독립적으로 스스로 충분하다는 〔…〕 조건아래서만 그러"(*KU*, B390=V431)한 것이다.

그렇다면 우리는 "자연의 저 최종 목적을 인간의 어느 점에 놓아야 할 것인가"?(*KU*, B390이하=V431) 이에 대한 답을 우리는 "자연이 인간으로 하여금 그 자신이 궁극목적이기 위해 행하지 않으면 안 될 것에 대한 준비를 시키기 위해 수행할 수 있는 것이 무엇인가를 찾아내"(*KU*, B391=V431)면 얻을 수 있을 것이다. 그러한 것으로는 "스스로 목적들을 세우고 (자기의 목적을 규정함에 있어서 자연에 의존하지 않고서) 자연을 자기의 자유로운 목적들 일반의 준칙들에 알맞게 수단으로 사용할 수 있는" "유능성을 산출하는" 것인 "문화[교화]"(*KU*, B391=V431)만한 게 없다. "그러므로 문화[교화]만이 사람들이 인류를 고려하여 자연에 부가할 이유를 갖는 최종 목적일 수가 있다. (인간 자신의 지상에서의 행복이나 또는 인간 밖에 있는 무이성적인 자연 안에 질서와 일치를 수립하는 실로 가장 귀중한 도구라는 것이 최종 목적일 수는 없다.)"(*KU*, B391=V431)

인간이 자연의 특별한 "총아"(*KU*, B389=V430)는 아니니다. 흑사병, 태풍과 같은 자연의 기계성의 맹목성에 인간은 동물들처럼 굳세지도 못하다. 게다가 인간은 전쟁이나 독재와 같은 악행을 스스로 저질러 인류를 파괴한다. 그럼에도 훈육과 교화, 예술과 학문들은 인간으로 하여금 "감각적 성벽(性癖)의 폭군적 지배를 제법 잘 극복하고, 그렇게 함으로써 인간에게 이성만이 권력을 가져야 하는 지배체제를 준비해 준다." (*KU*, B395=V433)

"그러나 개개 문화가 이런 최종 목적이기에 충분한 것은 아니다." (*KU*, B392=V431) 문화적인 것이라 하더라도 무엇인가가 궁극목적이기 위해서는 "자신의 가능성의 조건으로서 다른 어떤 것도 필요로 하지 않는 그런"(*KU*, B396=V434) 것이어야 한다. 그런데 인간 안에서 찾을 수 있는 그런 것으로는 도덕성밖에 없다.

> "이제 도덕적 존재자로서 인간에 대해서는 (그러하니 세계 안의 모든 이성적 존재자에 대해서는) '무엇을 위해 (무슨 目的을 爲해) 그것이 실존하는가'를 더 이상 물을 수가 없다. 그의 현존은 자신 안에 최고의 목적 자체를 가지며, 그는 그가 할 수 있는 한, 이 최고 목적에 전체 자연을 복속시킬 수 있으며, 적

어도 이 최고 목적에 반하여 그가 자연의 어떤 영향에 복속되지 않도록 자신을 지켜야만 한다. — 무릇 세계의 사물들이 그것들의 실존의 면에서 의존적인 존재자로서, 어떤 목적들에 따라 활동하는 최상의 원인을 필요로 한다면, 인간이야말로 창조의 궁극목적이다. 왜냐하면 인간이 없으면 서로서로 종속적인 목적들의 연쇄가 완벽하게 기초되지 못할 것이니 말이다. 오로지 인간에서만, 또한 도덕성의 주체인 이 인간에서만 목적들에 관한 무조건적인 법칙수립〔입법〕이 찾아질 수 있으며, 그러므로 이 무조건적인 법칙수립만이 인간으로 하여금 전체 자연이 목적론적으로 그에 종속하는 궁극목적일 수 있게 하는 것이다."(*KU*, B398이하=V435이하)

"인간은 도덕적 존재자로서만 창조의 궁극목적일 수 있다."(*KU*, B412=V443 참조) 윤리적 존재자, 즉 '목적'으로서 인간은 자연의 합목적적 체계의 정점이고, 자연만물 창조의 "궁극목적"인 것이다. 도덕적 존재자로서 인간은, 그리고 세계에 있는 모든 이성적 존재자는 단지 자연의 궁극목적으로서가 아니라, 창조의 궁극목적으로서 실존한다. 이렇게 칸트의 반성적 판단력은 합목적성이라는 발견의 원리에 의거해 자연의 정점에서 도덕적 존재자로서의 인간을 발견한다.

이러한 칸트 목적론의 귀결은 기독교의 「창세기」적 인간관에 그리스적 이성적 인간관의 결합을 매개로 한 것이라 하겠다.

"하느님께서는 '우리 모습을 닮은 사람을 만들자! 그래서 바다의 고기와 공중의 새, 또 집짐승과 모든 들짐승과 땅 위를 기어 다니는 모든 길짐승을 다스리게 하자!' 하시고, 당신의 모습대로 사람을 지어내셨다. 〔…〕 하느님께서는 그들에게 복을 내려주시며 말씀하셨다. '자식을 낳고 번성하여 온 땅에 퍼져서 땅을 정복하여라. 바다의 고기와 공중의 새와 땅 위를 돌아다니는 모든 짐승을 부려라!'"(『구약성서』, 「창세기」1, 26~28)

무릇 인간이 창조의 최고목적이라고 판단하는 배경에는 인간은 신의 형상에 따라 창조된 유일한 '이성적' 동물이고, 그 자율적 이성으로 인해 인간은 유일하게 목적 정립적인 도덕적 존재자라는 기독교적 신학이 있다. 그래서 칸트도 목적론은 신학에서 완성된다고 말하고 있다 하겠다.

바로 이 점에서 다윈주의는 칸트의 '반성적 판단력'에 대한 강한 이의를 제기할 수 있을 것이다. 다윈의 진화론적 관점에서 인간의 이성성은 여타 동물과의 종별적 차이라기보다는 정도의 차이에 불과한 것인데, 그를 근거로 인간만이 목적 그 자체로서 모든 가격을 뛰어넘는 가치 곧 존엄성을 갖는다고 추론하는 것은 과격하게 인간중심적인 사고라 하겠다. 더구나 다윈적 관점에서는 인간 중에는 여느 동물의 '이성' 수준에도 미치지 못하는 저급한 '이성' 능력을 가진 자도 적지 않은데, 인간과 동물의 차이를 구별하는 칸트가 인간들 사이의 차이는 도외시한 채 종(種)으로서의 인간을 묶어 말하는 것이 인간들 사이의 불화를 미연에 방지하려는 전략적 사고처럼도 보인다. (물론 칸트는 전자는 질적인 차이이지만, 후자는 기껏해야 양적인 차이로서 인간들 사이의 차이는 '본질적' 차이가 아니라고 논변하겠지만 말이다.) 여기에 다윈을 이어 도킨스는 타인을 수단으로 대하는 것을 비도덕적인 일로 규정하는 칸트가 여타의 동물은 생활 편익의 수단으로 이용하는 것이 윤리와 무관한 일이라고 여기는 것과 관련해 칸트를 비판하면서, "종차별주의(speciesism)의 윤리가 인종차별주의(racism)의 윤리보다 확실한 논리적 근거가 있는지 모르겠다. 내가 아는 것은 그것은 진화 생물학적으로 아무런 적절한 토대가 없다는 것이다."(R. Dawkins, *The Selfish Gene*, Oxford 1976 · 2006, p. 10)고 말한다.

인간의 생명이나 마찬가지로 동물들에게도 그의 생명은 무엇과도 바꿀 수 없는 가치 있는 것일 것이므로, '인간만이 도덕적'이라는 명제의 타당성 여부와 상관없이, 또는 설령 종으로서의 인간이 유일한 도덕적 동물이라고 하더라도 그 이유로 해서, 모든 동물들의 생명이 인간 종의 생존 수단이 되는 것이 합목적적이라 함은 칸트 자신의 말대로 오직 '주관적'으로만 합목적적이겠다. 그래서 칸트는 합목적성을 반성적 판단력의 "자기자율"(*KU*, BXXXVII=V185)이라고 일컬은 것이다.

※해제와 주해에서 우리말 제목을 사용한 칸트 원 논저(약호), 이를 수록한 베를린 학술원판 전집(AA) 권수(와 인용 역본)

『판단력비판』: *Kritik der Urteilskraft*〔*KU*〕, AA V.

「판단력비판 제1서론」: "Erste Einleitung in die Kritik der Urteilskraft〔EEKU〕", AA XX.

『순수이성비판』: *Kritik der reinen Vernunft*〔*KrV*〕, AA III~IV(백종현 역, 아카넷, 2008).

『실천이성비판』: *Kritik der praktischen Vernunft*〔*KrV*〕, AA V(백종현 역, 아카넷, 2008).

『형이상학 서설』: *prolegomena zu einer jeden künftigen Metaphysik, die als Wissenschaft wird auftreten können*〔*Prol*〕, AA IV(백종현 역, 아카넷, 2008).

『윤리형이상학 정초』: *Grundlegung zur Metaphysik der Sitten*〔*GMS*〕, AA IV(백종현 역, 아카넷, 2007).

『윤리형이상학』: *Die Metaphysik der Sitten*〔*MS*〕, AA VI(백종현 역, 아카넷, 2012).

『이성의 한계 안에서의 종교』: *Die Religion innerhalb der Grenzen der bloßen Vernunft*〔*RGV*〕, AA VI(백종현 역, 아카넷, 2011).

『자연과학의 형이상학적 기초원리』: *Metaphysische Anfangsgründe der*

Naturwissenschaft〔*MAN*〕, AA IV.

『(미와 숭고의 감정에 관한) 고찰』: *Beobachtungen über das Gefühl des Schönen und Erhabenen*〔*GSE*〕, AA II.

『인간학』: *Anthropologie in pragmatischer Hinsicht*〔*Anth*〕, AA VII(백종현 역, 아카넷, 2014).

「인간학 강의」, "〔V—Anth〕", AA XXV.

「조각글」: "Reflexionen〔Refl〕", AA XIV~XIX.

「목적론적 원리들의 사용」: "Über den Gebrauch teleologischer Principien in der Philosophie〔ÜGTP〕", AA VIII.

「도덕철학 강의」: "〔V—Mo〕", AA XXVII.

『논리학』: *Immanuel Kant's Logik. Ein Handbuch zu Vorlesungen*〔*Log*〕, AA IX.

「논리학 강의」: "〔V—Log〕", AA XXIV.

「교수취임논문〔감성세계와 예지세계의 형식과 원리들〕」: "De mundi sensibilis atque intelligibilis forma et principiis 〔MSI〕", AA II.

「형이상학 강의」: "〔V—MP〕", AA XXVIII.

「형이상학의 진보」: "Welches sind die wirklichen Fortschritte, die die Metaphysik seit Leibnizens und Wolf's Zeiten in Deutschland gemacht hat?〔FM〕", AA XX.

『유일 가능한 신의 현존 증명근거』: "Der einzig mögliche Beweisgrund zu einer Demonstration des Daseins Gottes〔BDG〕", AA II.

『학부들의 다툼』: *Der Streit der Fakultäten*〔*SF*〕, AA VII(백종현 역, 아카넷, 2021).

『신해명』: "Principiorum primorum cognitionis metaphysicae nova dilucidatio〔PND〕", AA I.

「발견」: "Über eine Entdeckung, nach der alle neue Kritik der reinen Vernunft durch eine ältere entbehrlich gemacht werden soll〔ÜE〕", AA VIII.

「보편사의 이념」: "Idee zu einer allgemeinen Geschichte in weltbürgerlicher Absicht〔IaG〕", AA VIII.

「인간 역사」: "Mutmaßlicher Anfang der Menschengeschichte〔MAM〕", AA VIII.

「천체 일반 자연사와 이론」: "Allgemeine Naturgeschichte und Theorie des Himmels〔NTH〕", AA I.

「이론과 실천」: "Über den Gemeinspruch, Das mag in der Theorie richtig sein, taugt aber nicht für die Praxis〔TP〕", AA VIII.

『영원한 평화』: *Zum ewigen Frieden*〔*ZeF*〕, AA VIII(백종현 역, 아카넷, 2013)

『유작』: Opus postumum〔OP〕, AA XXI~XXII(백종현 역, 아카넷, I: 2020, II: 2022).

『판단력비판』 관련 주요 문헌

I. 원전 *Kritik der Urteilskraft*의 주요 판본

1. 주요 판본

Critik der Urteilskraft. Berlin und Libau, bey Lagarde und Friederich. 1790. LVIII+476면. (복간: London 1994).

Critik der Urteilskraft. 제2판. Berlin, bey F. T. Lagarde. 1793. LX+482면. (복간: London 1994)

Critik der Urteilskraft. 제3판. Berlin, bey F. T. Lagarde. 1799. LX+482면.

Immanuel Kant's Sämmtliche Werke. Karl Rosenkranz und Friedr.-Wilh. Schubert 편. Bd. 4. K. Rosenkranz 편, Leipzig 1838, 1~395.

Immanuel Kant's Werke, sorgfältig revidirte Gesamtausgabe in zehn Bänden. G. Hartenstein 편, Bd. 7. Leipzig 1839, 1~376.

Immanuel Kant's Sämmtliche Werke. In chronologischer Reihenfolge. G. Hartenstein 편, Bd. 5. Leipzig 1867, 171~500.

Kritik der Urteilskraft. J. H. von Kirchmann 편, Berlin 1869 ([2]1872) 〔=Philosophische Bibliothek Bd. 9〕 – Kirchmann의 Erläuterungen은

PhB Bd. 10에 분리 수록.

Kritik der Urteilskraft. Karl Kehrbach 편, Leipzig o. J. [Vorrede des Hrsg. von 1878] [= Reclams Universal-Bibliothek Nr. 1027~30].

Kritik der Urteilskraft. Benno Erdmann 편, Leipzig 1880 (Hamburg · Leipzig ^{2}1884).

Kritik der Urteilskraft. Karl Vorländer 편, Leipzig 1902 (^{6}1924, ^{7}1990) [= 3~6판은 PhB Bd. 39, 7판은 PhB Bd. 39a].

Kant's gesammelte Schriften. (Akademie-Ausgabe[AA]). Königliche Preußische Akademie der Wissenschaften 편, Bd. 5. Wilhelm Windelband 편. Berlin 1908 (^{2}1913), 165~485; Anmerkungen 513~547 (512~544) (복간 : Berlin 1961, ^{2}1969; Paperback: Berlin 1968; Anmerkungen은 별권, Berlin 1977).

Immanuel Kants Werke. H. Cohen, A. Buchenau, O. Buek, A. Gorland, B. Kellermann과 함께 Ernst Cassirer 편. Bd. 5. Berlin 1914. Otto Buek 편, 233~568; Lesarten 605~639.

Immanuel Kant's sämtliche Werke in sechs Bänden. Großherzog Wilhelm-Ernst Ausgabe. 수록: Bd. 6. Felix Gross 편, Leipzig 1921.

Kants Werke in drei Bänden. AA를 기초로 한 August Messer 편/해설, Bd. 2. Berlin, Leipzig o. J. [1925경], 571~894.

Kritik der Urteilskraft. Kehrbach 판 재생, Raymund Schmidt 편, Leipzig 1930 (중쇄: Leipzig 1957) [= Reclams Universal-Bibliothek Nr. 1026~1030; 중쇄 이후 Bd. 355].

Immanuel Kant. *Werke in sechs Bänden*. Wilhelm Weischedel 편, 수록: Bd. 5. Wiesbaden 1957 (Frankfurt am Main ^{5}1983) [Wissenschaftliche Buchgesellschaft Darmstadt와 동시 출간]. – Paperback-Ausgaben: Kant. Werke in zwölf Bänden. 수록: Bd. 10. Frankfurt am Main 1968 [= Theorie-Werkausgabe Suhrkamp; 복간: suhrkamp taschenbuch wissenschft 1974; Register 수록 Bd. 12]; Immanuel Kant. Werke in zehn Bänden. 수록: Bd. 8. Darmstadt 1968 (Sonderausgabe: Darmstadt 1983).

Kritik der Urteilskraft. Gerhard Lehmann 편, Stuttgart 1963 [= Reclams Universal-Bibliothek Nr. 1026~1030/30a/b; 후에 Nr. 1026].

Kritik der Urteilskraft. 수록: *Immanuel Kant. Schriften zur Ästhetik und Naturphilosophie*. Bd. 3 Manfred Frank · Véronique Zanetti 편, Frankfurt am Main 1996.

Critique of the Power of Judgment. Paul Guyer 편. Paul Guyer · Eric Matthews 역, Cambridge 2000.

2. Erste Einleitung in die Kritik der Urteilskraft의 주요 판본

Anmerkungen zur Einleitung in die Critik der Urtheilskraft. 수록: Erläuternder Auszug aus den critischen Schriften des Herrn Prof. Kant auf Anrathen desselben von M. Jacob Sigismund Beck. Zweyter Band, welcher die Critik der Urtheilskraft und die metaphysischen Anfangsgründe der Naturwissenschaft enthält. Riga 1794, 543~590 (복간: Brüssel o. J.).

Erste Einleitung in die Kritik der Urteilskraft. 수록: 상기 Ernst Cassirer 편 전집. Bd. 5. Otto Buek 편. Berlin 1914.

Immanuel Kant: Erste Einleitung in die Kritik der Urteilskraft. Nach der Handschrift hrsg. von Gerhard Lehmann. Leipzig 1927. Zweite, durchgesehene und erweiterte Auflage, Hamburg 1970. Dritte, durchgesehene Auflage, Hamburg 1977. Vierte Auflage, mit neuer Bibliographie von Thomas Lehnerer. Hamburg 1990.

Erste Einleitung in die Kritik der Urteilskraft. 수록: *Kant's gesammelte Schriften*. AA Bd. XX (= Kant's handschriftlicher Nachlaß. Band VII).

Berlin 1942. Gerhard Lehmann 교열.

Erste Fassung der Einleitung in die Kritik der Urteilskraft. 수록: *Immanuel Kant. Werke in sechs Bänden*. 상기 Wilhelm Weischedel 편.

Erste Einleitung in die Kritik der Urteilskraft. Faksimile und Transkription. Norbert Hinske · Wolfgang Müller-Lauter · Michael Theunissen 편, Stuttgart-Bad Cannstatt 1965.

Erste Einleitung in die 〉Kritik der Urteilskraft〈. 수록: *Immanuel Kant. Schriften zur Ästhetik und Naturphilosophie* (= Bd. 3). 상기 Manfred Frank · Véronique Zanetti 편.

First Introduction to the Critique of the Power of Judgment. 수록: *Immanuel Kant. Critique of the Power of Judgment*. 상기 Paul Guyer 편.

3. *Kritik der Urteilskraft* 관련 주요 원자료

Materialien zur Kritik der Urteilskraft —

Akademie-Ausgabe〔AA〕 (Berlin 1900 ff.): Reflexionen in AA XV (Anthropologie) · AA XVI (Logik); Vorlesungsmitschriften in AA XXV · XXIV · AA IX (S. 1~150). 또 *Immanuel Kant: Logik-Vorlesung*. 2 Bde., T. Pinder 편, Hamburg 1998; Wolfgang G. Bayerer, "Bemerkungen zu einer vergessenen Reflexion Kants über das 》Gefühl der Lust und Unlust《". 수록: *KS* 59, 1968, (266) 267~272.

Der Briefwechsel Kants —

AA Bde. X-XIII.

Immanuel Kant in Rede und Gespräch. R. Malter 편/해설, Hamburg 1990 〔= PhB Bd. 329〕.

II. 사전류

Caygill, Howard, *A Kant Dictionary*, Oxford 1995(복간: 1999).

Eisler, Rudolf, *Kant-Lexikon*, Nachschlagewerk zu Kants sämtlichen Schriften, Briefen und handschriftlichem Nachlaß, Berlin 1930 (복간: Hildesheim 1969).

Heinicke, Samuel, *Wörterbuch zur Kritik der reinen Vernunft und zu den philosophischen Schriften von Herrn Kant*, Preßburg 1788.

Hinske, N. / W. Weischedel, *Kant-Seitenkonkordanz*, Darmstadt 1970.

Irrlitz, Gerd, *Kant-Handbuch. Leben und Werk*, Stuttgart · Weimar 2002.

Mellin, G. S. A., *Enzyklopädisches Wörterbuch der kritischen Philosophie*, 6 Bde., Züllichau/Leipzig 1797~1803(복간: Aalen 1970~71).

Roser, A. / Th. Mohrs, *Kant-Konkordanz in zehn Bänden*, Hildesheim · Zürich · New York 1992~1995.

Schmid, C. Ch. E., *Wörterbuch zum leichtern Gebrauch der Kantischen Schriften*, ^{4}1798 (N. Hinske 신편, Darmstadt ^{2}1980).

Stockhammer, Morris, *Kant Dictionary*, New York 1972.

Verneaux, Roger, *Le vacabulaire de Kant*, 2 Bde., Paris 1967 / 1973.

Wegner, G., *Kantlexikon, Ein Handbuch für Freunde der Kant'schen Philosophie*, Berlin 1983.

Willaschek, M. / J. Stolzenberg / G. Mohr / S. Bacin 편, *Kant-Lexikon*, Berlin 2015.

백종현, 『한국 칸트사전』, 아카넷, 2019.

III. 학술지

Kant-Studien〔*KS*〕, (Hans Vaihinger에 의해 1896년 창간되어 Kant-Gesellschaft에서 연 4회 발간하는 정기 학술지), M. Baum / G. Funke / Th. M. Seebohm 편, Berlin · New York: Walter de Gruyter.

Kant-Forschungen, R. Brandt / W. Stark 편, Hamburg 1987ff.

Studi Kantiani, S. Marcucci 편, Pisa 1988ff.

North American Kant Society Studies in Philosophy, R. Aquila / M. Kuehn 편, Atascadero 1991ff.

《칸트연구》, 한국칸트학회 편, 서울 (또는 대구), 1995 이후.

Kantian Review, G. Bird / H. Williams 편, Cardiff 1997ff.

IV. 서지(書誌)

Adickes, Erich, *German Kantian Bilbliography*, Boston 1895~1896 (복간 : Würzburg 1970).

Beck, Lewis White, "Doctoral Dissertations on Kant Accepted by Universities in the United States and Canada, 1879~1980", 수록 : *KS 73*, 1982, 96~113.

Gabel, Gernot U., *Immanuel Kant. Ein Verzeichnis der Dissertationen aus den deutschsprachigen Ländern 1900~1980*, Köln ²1987.

______, *Kant. An Index to Theses and Dissertations Accepted by Universities in Canada and the United States, 1879~1985*, Köln 1989.

Guyer, Paul, "Bibliography 〔zur Kantischen Ästhetik〕", 수록 : Cohen, T. / P. Guyer 편, *Berücksichtigt zeitgenössische Literatur*, 1982, 307~323.

Heismann, Günter, "Dissertationen zur Kantischen Philosophie 1954~1976",

수록 : *KS 70*, 1979, 356~381.

Lehmann, K. H. / H. Hermann, "Dissertationen zur Kantischen Philosophie 〔1885~1953〕", 수록 : *KS 51*, 1959/60, 228~257.

Marassi, Massimo, "Bibliografia", 수록 : Massimo Marassi 편, *Immanuel Kant: Critica del Giudizio*, Milano 2004, 757~832.

Reicke, Rudolf, "Kant–Bibliographie für die Jahre 1890~1894", 수록: *Altpreussische Monatsschrift*, NF 32, 1895, 555~612.

Ruffing, Margit 편, *Kant-Bibliographie 1945~1990*, Frankfurt am Main 1999.

Warda, Arthur, *Die Druckschriften Immanuel Kants(bis zum Jahre 1838)*, Wiesbaden 1919.

______, *Immanuel Kants Bücher*, Berlin 1922.

V. 주석서

Basch, Victor, *Essai critique sur l'Esthétique de Kant*, Paris 1896 ([2]1927).

Cassirer, Heinrich Walter, *A Commentary on Kant's Critique of Judgement*, London 1938 (복간: New York 1970).

Lebrun, Gérard, *Kant et la fin de la métaphysique. Essai sur la 》Critique de la faculté de Juger《*, Paris 1970.

Mertens, Helga, *Kommentar zur ersten Einleitung in die Kritik der Urteilskraft. Zur systematischen Funktion der Kritik der Urteilskraft für das System der Vernunftkritik*, München 1975.

Teichert, Dieter, *Immanuel Kant, 》Kritik der Urteilskraft《. Ein einführender Kommentar*, Paderborn 1992.

VI. 국외 연구논저

1. 개괄 연구서

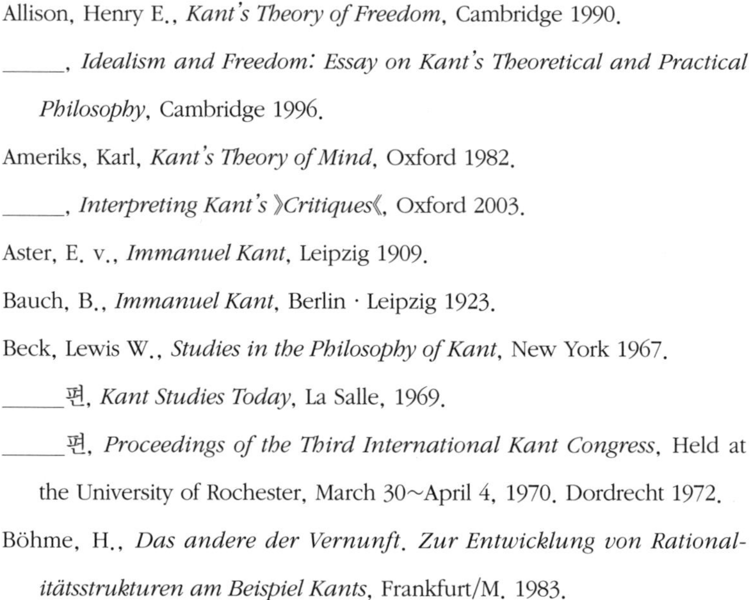

Allison, Henry E., *Kant's Theory of Freedom*, Cambridge 1990.

______, *Idealism and Freedom: Essay on Kant's Theoretical and Practical Philosophy*, Cambridge 1996.

Ameriks, Karl, *Kant's Theory of Mind*, Oxford 1982.

______, *Interpreting Kant's 》Critiques《*, Oxford 2003.

Aster, E. v., *Immanuel Kant*, Leipzig 1909.

Bauch, B., *Immanuel Kant*, Berlin · Leipzig 1923.

Beck, Lewis W., *Studies in the Philosophy of Kant*, New York 1967.

______편, *Kant Studies Today*, La Salle, 1969.

______편, *Proceedings of the Third International Kant Congress*, Held at the University of Rochester, March 30~April 4, 1970. Dordrecht 1972.

Böhme, H., *Das andere der Vernunft. Zur Entwicklung von Rationalitätsstrukturen am Beispiel Kants*, Frankfurt/M. 1983.

Boutroux, E., *La Philosophie de Kant*, Paris 1926.

Broad, C. D., *Kant: An Intorduction*, Cambridge 1978.

Bröcker, Walter, *Kant der Metaphysik und Erfahrung*, Frankfurt/M. 1970.

Butts, Robert E. 편, *Kant's Philosophy on Physical Science. Metaphysische Anfangsgründe der Naturwissenschaft 1786~1986*, Dordrecht · Boston · Lancaster · Tokyo 1986.

Caird, D., *The philosophy of Kant*, 2 Vols., London 1889.

Carus, Julius Victor, *Geschichte der Zoologie bis auf Johannes Müller und Chales Darwin*, München 1872(복간 : Meisenheim, 1965).

Cassirer, Ernst, *Kants Leben und Lehre*, Berlin 1921.

Cramer, Konrad, *Nicht-reine synthetische Urteile a priori. Ein Problem der Tranzendentalphilosophie Immanuel Kants*, Heidelberg 1985.

Delekat, F., *Immanuel Kant. Historisch-kritische Interpretation der Hauptschriften*, Heidelberg 1969.

Derrida, Jacques, *La vérité en peinture*, Paris 1978.

Despland, Michel, *Kant on History and Religion*, Montreal · London 1973.

Duque, Felix 편, *Immanuel Kant, Transición de los principios metafísicos de ciencia natural a la física (opus postumum)*, Madrid 1983, ²1991.

Ewing, Alfred Cyril, *Kant's Treatment of Causality*, London 1924(복간: Archon Books, 1969).

Fischer, Kuno, *Geschichte der neueren Philosophie*, Bd. 5, Heidelberg 1899.

______, *Immanuel Kant und seine Lehre*, 2 Bde., Heidelberg 1928.

Förster, E. 편, *Kant's Transcendental Deductions. The three 》Critiques《 and the 》Opus postumum《*, Stanford 1989.

Frank, Manfred, *Der kommende Gott. Vorlesungen über die Neue Mythologie*, I. Teil, Frankfurt/M. 1982.

Freuler, Léo, *Kant et la réflexion sur la métaphysique spéculative*, Paris 1992.

Funke, G. / J. Kopper 편, *Akten des 4. Internationalen Kant-Kongresses Mainz 6.~10. April 1974*. (Teil I: Kantstudien Sonderheft. Symposien. G. Funke / J. Kopper 편. Berlin · New York 1974. Teil II 1,2: Sektionen. G. Funke 편. Berlin · New York 1974. Teil III: Vorträge. G. Funke 편, Berlin · New York 1975).

Funke, G. 편, *Akten des 5. Internationalen Kant-Kongresses Mainz 4.~8. April 1981*. (Teil I. 1,2: Sektionen. In Verbindung mit M. Kleinschnieder 〔u. a.〕 G. Funke 편, Bonn 1981. Teil II: Vorträge. In Verbindung mit M. Kleinschnieder 〔u. a.〕 G. Funke 편, Bonn 1982).

Funke, G. / Th. M. Seebohm 편, *Proceedings of the Sixth International*

Kant Congress. Vol. II/1 und II/2. Washington 1989.

Funke, G. 편, *Akten des Siebenten Internationalen Kant-Kongresses Kurfürstliches Schloß zu Mainz 1990*. Bde. I~II. Bonn 1991.

Galston, William, *Kant and the Problem of History*, Chicago 1975.

Gloy, Karen, *Die Kantische Theorie der Naturwissenschaft. Eine Strukturanalyse ihrer Möglichkeit, ihres Umfangs und ihrer Grenzen*, Berlin · New York 1976.

Gram, M. S. 편, *Kant: Disputed Questions*, Chicago 1967 (Atascadero ²1984).

_____편, *Interpreting Kant*, Iowa City 1982.

Grondin, Jean, *Kant et le probleme de la philosophie. L'a priori*, Paris 1989.

Gross, Felix 편, *Immanuel Kant. Sein Leben in Darstellungen von Zeitgenossen. Die Biographien von L. E. Borowski, R. B. Jachmann und A. Ch. Wasianski*, Darmstadt 1993 (Deutsche Bibliothek, Bd. 8).

Guerra, Augusto, *Introduzione a Kant*, Roma 1980 (⁶1992).

Guyer, Paul, *Kant and the Claims of Knowledge*, Cambridge 1987.

_____편, *The Cambridge Companion to Kant*, Cambridge 1992.

Heidegger, Martin, *Die Grundprobleme der Phänomenologie, Marburger Vorlesung Sommersemester 1972*, Friedrich–Wilhelm von Herrmann 편, Frankfurt/M. 1975.

Heimsoeth, H. / D. Henrich / G. Tonelli 편, *Studien zu Kants philosophischer Entwicklung*, Hildesheim 1967.

Heimsoeth, Heinz, *Studien zur Philosophie Immanuel Kants*, 2 Bde. Bonn 1970/71.

Heintel, R. / C. Nagl 편, *Zur Kantforschung der Gegenwart*, Darmstadt 1981.

Hinske, Norbert, *Kant als Herausforderung an die Gegenwart*, Freiburg · München 1980.

Höffe, Otfried, *Immanuel Kant*, München 1983.

Horstmann, Rolf-Peter, *Bausteine kritischer Philosophie. Arbeiten zu Kant*, Bodenheim 1997.

Hutter, Axel, *Das Interesse der Vernunft. Kants ursprüngliche Einsicht und ihre Entfaltung in den transzendentalphilosophischen Hauptwerken*, Hamburg 2003.

Jacob, François, *La logique du vivant*, Paris 1970.

Kemp, John, *The Philosophy of Kant*, Oxford 1968.

Kennington, R. 편, *The Philosophy of Immanuel Kant*, Washington 1985.

Kopper, J. / R. Malter 편, *Immanuel Kant zu ehren*, Frankfurt/M. 1974.

Körner, Stephen, *Kant*, Hardmondsworth 1955. (독일어판: *Kant*, Göttingen 1967).

Lange, Friedrich Albert, *Geschichte des Materialismus*, Leipzig 1866.

Lehmann, Gerhard, *Beiträge zur Geschichte und Interpretation der Philosophie Kants*, Berlin 1969.

______, *Hypothetischer Vernunftsgebrauch und Gesetzmäßigkeit des Besonderen in Kants Philosophie*, Göttingen 1971.

Martin, Gottfried, *Immanuel Kant. Ontologie und Wissenschaftstheorie*, Berlin 1969.

Marty, François 편, *Emmanuel Kant, Opus postumum. Passage des principes métaphysiques de la science de la nature à la physique*, Paris 1986.

Murdroch, Vilem, *Kants Theorie der physikalischen Gesetze*, Berlin · New York 1987(Kantstudien, Ergänzungsheft 119).

Neiman, S., *The Unity of Reason*, Oxford 1994.

Oberer, H. / G. Seel 편, *Kant. Analysen-Probleme-Kritik*, Würzburg 1988. Bd. II. Würzburg 1996. Bd. III. Würzburg 1997.

Ouden, B. / M. Moen 편, *New Essays on Kant*, New York 1986.

Prauss, G. 편, *Kant. Zur Deutung seiner Theorie von Erkennen und*

Handeln, Köln 1973.

Rádl, Emil, *Geschichte der biologischen Theorien in der Neuzeit*, 2 Bde., Hildesheim 1970.

Schäffer, Lothar, *Kants Metaphysik der Natur*, Berlin 1966.

Schaper, E. / W. Vossenkuhl 편, *Bedingungen der Möglichkeit. 》Transcendental Arguments《 und transzendentales Denken*, Stuttgart 1984.

______편, *Reading Kant. New Perspectives on Transcendental Arguments and Critical Philosophy*, Oxford 1989.

Schmidt, Jochen, *Die Geschichte des Genie-Gedankens in der deutschen Literatur, Philosophie und Politik 1750~1945*, 2 Bde., Darmstadt 1985.

Schultz, Uwe, *Kant*, Hamburg 1965.

Scruton, R., *Kant*, Oxford 1982.

Teichner, Wilhelm, *Kants Transzendentalphilosophie. Grundriß*, Freiburg · München 1978.

Tugendhat, Ernst / Ursula Wolf, *Logisch-semantische Propädeutik*, Stuttgart 1983.

Vollrath, Ernst, *Die Thesen der Metaphysik. Zur Gestalt der Metaphysik bei Aristoteles, Kant und Hegel*, Wuppertal 1969.

Vorländer, Karl., *Immanuel Kants Leben*, Hamburg ^{4}1986

Walker, Ralph C. S. 편, *Kant on Pure Reason*, Oxford 1982.

Warda, Arthur, *Immanuel Kants Bücher*, Berlin 1922.

Weil, Eric u. a., *La Philosophie politique de Kant*, Paris 1962(Annales de Philosophie politique, Bd. 4).

Wind, Edgar, *Das Experiment und die Metaphysik. Zur Auflösung der kosmologischen Antinomien*, Tübingen 1934.

Wolff, R. P. 편, *Kant. A Collection of Critical Essays*, Garden City · New York 1967 〔London 1968〕.

Wood, A. W. 편, *Self and Nature in Kant's Philosophy*, Ithaca · N. Y. 1980.

Yovel, Yirmiahu, *Kant and the Philosophy of History*, Princeton 1980.

Zocher, R., *Kants Grundlehre. Ihr Sinn, ihre Problematik, ihre Aktualität*, Erlangen 1959.

2. 종합 연구논저

Baeumler, Alfred, *Kants Kritik der Urteilskraft. Ihre Geschichte und Systematik. Erster Band: Das Irrationalitätsproblem in der Ästhetik und Logik des 18. Jahrhunderts bis zur Kritik der Urteilskraft*, Halle 1923 〔복간: *Das Irrationalitätsproblem in der Ästhetik und Logik des 18. Jahrhunderts bis zur Kritik der Urteilskraft*, Darmstadt 1967 ([2]1981)〕.

Bartuschat, Wolfgang, "Neuere Arbeiten zu Kants Kritik der Urteilskraft", 수록 : *Philosophische Rundschau 18*, 1972, 161~189.

______, *Zum systematischen Ort von Kants Kritik der Urteilskraft*, Frankfurt/M. 1972.

Beck, Lewis W., "Five Concepts of Freedom in Kant", 수록: J. T. J. Srzednicki / Marinus Nijhoff 편, *Philosophical Analysis and Reconstruction, a Festschrift to Stephan Körner*, 1987, 35~51.

Bendavid, Lazarus, *Vorlesungen über die Critik der Urtheilskraft*, Wien 1796 (복간: Bruxelles: Aetas Kantiana 1968).

Böhme, Gernot, *Kants Kritik der Urteilskraft in neuerer Sicht*, Frankfurt/M. 1999.

Booth, Williams James, "Reason and History: Kant's Other Copernican Revolution", 수록: *KS 74*, 1983, 56~71.

Bubner, Rüdiger, "Über einige Bedingungen gegenwärtiger Ästhetik", 수록: *neue hefte für philosophie 5*, 1973, 38~73.

Burnham, Douglas, *An Introduction to Kant's 》Critique of Judgement《*, Edinburgh 2000.

Chadwick, Ruth F. / Clive Cazeaux 편, *Immanuel Kant. Critical Assessments*. Vol. 4(Critique of Judgement), London · New York 1992.

Chédin, Olivier, *Sur l'esthétique de Kant de la théorie critique de la représentation*, Paris 1982.

Cohen, Hermann, *Kants Begründung der Ästhetik*, Berlin 1889.

Coleman, Francis X. J., *The Harmony of Reason. A Study in Kant' Aesthetics*, Pittsburgh 1974.

Crawford, Donald W., *Kant's Aesthetic Theory*, Madison 1974.

Deleuze, Gilles, *La philosophie ciritique de Kant. Doctirine des facultés*, Paris 1994.

Dörflinger, Bernd, *Das Leben theoretischer Vernunft. Teleologische und praktische Aspekte der Erfahrungstheorie Kants*, Berlin · New York 2000.

Dumouchel, Daniel, *Kant et la genèse de la subjectivé esthétique. Esthétique et philosophie avant la 》Critique de la faculté de juger《*, Paris 1999.

Dunham, Barrows, *A Study in Kant's Aesthetics*, Lancaster 1934.

Effertz, Dirk, *Kants Metaphysik: Welt und Freiheit. Zur Transformation des Systems der Ideen in der Kritik der Urteilskraft*, Freiburg/Br. 1994.

Ernst, Wilhelm, *Der Zweckbegriff bei Kant und sein Verhältnis zu den Kategorien*, Straßburg 1909.

Fabblianelli, Faustino, "La prima lettura fichtiana della 》Kritik der Urteilskraft《 in alcuni studi del nostro secolo", 수록: *Giornale Critico della Filosofia Italiana 16*, 1996, 266~280.

Falkenheim, Hugo, *Die Entstehung der Kantischen Ästhetik*, Berlin 1890.

Förster, Eckart, "Kant's Third Critique and the Opus Postumum", 수록: *Graduate Faculty Philosophy Journal* (New York) *16*, 1993, 345~358.

Fricke, Christel, "Explaining the Inexplicable. The Hypotheses of the Faculty of Reflective Judgment in Kant's Third Critique", 수록: *Noûs 24*, 1990, 45~62.

Frost, Walter, *Die Grundlage des Begriffs der Urteilskraft bei Kant*. Diss., Königsberg 1905.

Gadamer, Hans-Georg, *Wahrheit und Methode. Grundzüge einer Philosophischen Hermeneutik*, Tübingen 1960.

Genova, A. C., "Kant's Three Critiques. A Suggested Analytical Framework", 수록: *KS 60*, 1969, 135~152.

Gibbons, Sarah L., *Kant's Theory of Imagination. Bridging Gaps in Judgement and Experience*, Oxford 1994.

Goldmann, Lucien, *La Commeunauté humaine et l'univers chez Kant*, Paris 1948.

Guyer, Paul, *Kant and the Claims of Taste*, Cambridge(Mass.) · London 1976.

______, *Kant and the Experience of Freedom. Essays on Aesthetics and Morality*, Cambridge 1993.

______, *Kant on Freedom, Law, and Happiness*, Cambridge 2000.

______편, *Kant's Critique of the Power of Judgment. Critical Essays*, Lanham 2003.

______, *Kant's System of Nature and Freedom*, Oxford 2005.

Harper, Albert W. J., *Essays on Kant's Third* 》*Critique*《, London 1989.

Haskins, Casey, "Kant and the Autonomy of Art", 수록: *Journal of Aesthetics and Art Criticism 47*, 1989, 43~54.

Haubrich, Joachim, *Die Begriffe* 》Schönheit《 *und* 》*Vollkommenheit*《 *in der Ästhetik des 18. Jahrhunderts*. (Diss.), Mainz 1998, 특히 S. 419~491.

Heidemann, Ingeborg, *Der Begriff des Spieles und das ästhetische Weltbild in der Philosophie der Gegenwart*, Berlin 1968.

Heintel, Peter, *Die Bedeutung der Kritik der ästhetischen Urteilskraft für die transzendentale Systematik*, Bonn 1970.

Hoppe, Hansgeorg, *Kants Theorie der Physik. Eine Untersuchung über das Opus postumum von Kant*, Frankfurt/M. 1969.

Horkheimer, Max, *Über Kants Kritik der Urteilskraft als Bindeglied zwischen theoretischer und praktischer Philosophie*, Frankfurt/M. 1925.

James, Michael, *Reflections and Elaborations upon Kantian Aesthetics*, Uppsala 1987.

Kaulbach, Friedrich, *Ästhetische Welterkenntnis bei Kant*, Würzburg 1984.

Kemal Salim, *Kant and Fine Art. An Essay on Kant and the Philosophy of Fine Art and Culture*, Oxford 1987.

Klausen, Sverre, *Grundlinien der Kantischen Ästhetik*, Oslo 1943.

Krämling, Gerhard, *Die systembildende Rolle und von Ästhetik und Kulturphilosophie bie Kant*, Freiburg/Br. 1985.

Kudielka, Robert, *Urteil und Eros. Erörterungen zu Kants Kritik der Urteilskraft.* (Diss.), Tübingen 1977.

Kübler, Gabriele, *Kunstrezeption als ästhetische Erfahrung. Kants 》Kritik der ästhetischen Urteilskraft《 als methodische Grundlage einer Erörterung gegenständlicher und gegenstandsloser Malerei*, Göppingen 1983.

Kulenkampff, Jens 편, *Materialien zu Kants 》Kritik der Urteilskraft《*, Frankfurt/M. 1974.

Kuypers, Karel, *Kants Kunsttheorie und die Einheit der Kritik der Urteilskraft*, Amsterdam · London 1972.

Makkreel, Rudolf A., *Imagination and Interpretation in Kant. The Hermeneutic Impact of the Critique of Judgement*, Chicago 1990.

Marc-Wogau, Konrad, *Vier Studien zu Kants Kritik der Urteilskraft*, Uppsala 1938.

Marquard, Odo, "Kant und die Wende zur Ästhetik", 수록: *Zeitschrift für philosophische Forschung 16*, 1962, 231~250, 363~374.

Mathieu, Vittorio, *Kants Opus postumum*, Frankfurt/M. 1989.

McCloskey, Mary A., *Kant's Aesthetic*, New York 1987.

Menegoni, Francesca, *Critica del Giudizio. Introduzione alla lettura*, Firenze 1995.

Menzer, Paul, *Kants Ästhetik in ihrer Entwicklung*, Berlin 1952.

Model, Anselm, *Metaphysik und reflektierende Urteilskraft bei Kant. Untersuchungen zur Transformierung des leibnizschen Monadenbegriffs in der 》Kritik der Urteilskraft《*, Frankfurt/M. 1987.

Orth, Ernst Wolfgang, "Die Bedeutung der 》Kritik der Urteilskraft《 für Cassirers Philosophie der symbolischen Formen", 수록: E. W. Orth, *Von der Erkenntnistheorie zur Kulturphilosophie. Studien zu Ernst Cassirers Philosophie der symbolischen Formen*, Würzburg 1996, 176~189.

Pareyson, Luigi, *L'Esthetica di Kant. Lettura della 》Critica del Giudizio《*, Milano 1968([2]1984).

Peter, Joachim, *Das transzendentale Prinzip der Urteilskraft. Eine Untersuchung zur Funktion und Struktur der reflektierenden Urteilskraft bei Kant*, Berlin · New York 1992.

Poggi, Stefano, *Il genio e l'unità della natura. La scienza della Germania romantica(1790~1830)*, Bologna 2000.

Reardon, Bernard M. G., *Kant as Philosophical Theologian*, Basingstoke 1988.

Recki, B., "》Was darf ich hoffen?《 Ästhetik und Ethik im anthropologischen Verständnis bei Kant", 수록: *Allgemeine Zeitschrift für Philosophie 19/1*, 1994, 1~18.

Riconda, G. / G. Ferretti / A. Poma 편, *Giudizio e Interpretazione in Kant*,

Genova 1992.

Rogerson, Kenneth R., *Kant's Aesthetics. The Roles of Form and Expression*, Anham 1986.

Saatröwe, Jürgen, *Genie und Reflexion. Zu Kants Theorie des Ästhetischen*, Neuburgweier 1971.

Schaper, Eva, *Studies in Kant's Aesthetics*, Edinburgh 1979.

Scheer, Brigitte, *Einführung in die philosophische Ästhetik*, Darmstadt 1997.

Schwabe, K.-H. / M. Thom 편, *Naturzweckmäßigkeit und ästhetische Kultur. Studien zu Kants Kritik der Urteilskraft*, St. Augustin 1993.

Seel, Martin, *Die Kunst der Entzweiung. Zum Begriff der ästhetischen Rationalität*, Frankfurt/M. 1985.

Spremberg, Heinz, *Zur Aktualität der Ästhetik Immanuel Kants. Ein Versuch zu Kants ästhetischer Urteilstheorie mit Blick auf Wittgenstein und Sibley*, Frankfurt/M. u. a. 1999.

Sullivan, Roger J., *Kant's Moral Theory*, Cambridge 1989.

Thöle, Bernard, *Kant und das Problem der Gesetzmäßigkeit der Natur*, Berlin · New York 1991.

Thurnherr, Urs Josef, *Die Ästhetik der Existenz. Über den Begriff der Maxime und die Bildung von Maximen bei Kant*, Tübingen · Basel 1994.

Uehling Jr. / E. Theodore, *The Notion of Form in Kant's Critique of Aesthetic Judgment*. The Hague · Paris 1971.

Vleeschauwer, Herman Jean de, *La déduction transcendentale dans l'oeuvre de Kant. Tome III. La Déduction transcendentale de 1787 jusqu'à l'Opus Postumum*, Antwerpen u. a. 1937 (복간: New York 1976).

Wettstein, Ronald Harri, *Kants Prinzip der Urteilskraft*, Königstein/Ts. 1981.

Wood, Allan W., *Kant's Moral Religion*, Ithaca · London 1970.

Zammito, John H., *The Genesis of Kant's 》Ctitique of Judgment《*, Chicago

· London 1992.

Zeldin, Barbara, *Freedom and the Critical Undertaking. Essays in Kant's Later Critique*, Ann Arbor 1980.

3. '미감적 판단력 비판' 관련 논저

Adickes, Erich, "Kant als Ästhetiker", 수록: *Jahrbuch des freyen Deutschen Hochstifts*, 1904, 315~338.

Allison, Henry E., "Beauty and Duty in Kant's 》Critique of Judgement《", 수록: *Kantian Review 1*, 1997, 53~81.

______, *Kant's Theory of Taste. A Reading of the of Aesthetic Judgment*, Cambridge 2001.

Ameriks, Karl, "How to Save Kant's Deduction of Taste", 수록: *Journal of Value Inquiry 16*, 1982, 295~302.

______, "Kant and the Objectivity of Taste", 수록: *British Journal of Aesthetics 23*, 1983, 3~17.

Aquila, Richard E., "A New Look at Kant's Aesthetic Judgments", 수록: *KS 70*, 1979, 17~34.

Barchana-Lorand, Dori, "The Kantian Beautiful, or, The Utterly Useless: Prolegomena to Any Future Aesthetics", 수록: *KS 93*, 2002, 309~323.

Baum, Manfred, "Subjektivität, Allgemeingültigkeit und Apriorität des Geschmacksurteils bei Kant", 수록: *Deutsche Zeitschrift für Philosophie 39*, 1991, 272~284.

Bianchi, Massimo Luigi, *Commento alla 》Critica della Facoltá di Giudizio《 di Kant*, Firenze 2005.

Biemel, Walter, *Die Bedeutung von Kants Begründung der Ästhetik für die Philosophie der Kunst*, Köln 1959.

Blocker, Harry, "Kant's Theory of the Relation of Imagination and Understanding in Aesthetic Judgment of Taste", 수록: *British Journal of Aesthetics 5*, 1965, 37~45.

Brandt, Reinhard, "Die Schönheit der Kristalle und das Spiel der Erkenntniskräfte. Zum Gegenstand und zur Logik des ästhetischen Urteils bei Kant", 수록: Brandt, R. / W. Stark 편, *Autographen, Dokumente und Berichte. Zu Edition, Amtsgeschäften und Werk Immanuel Kants*, Hamburg 1994, 19~57.

Bretall, R. W., "Kant's Theory of the Sublime", 수록: Whitney, G. T. / D. F. Bowers 편, *The Heritage of Kant*, Princeton 1939, 379~402.

Bröker, Walter, *Kants 》Kritik der ästhetischen Urteilskraft《. Versuch einer phänomenologischen Interpretation und Kritik des I. Teils der 》Kritik der Urteilskraft《.* (Diss.), Marburg 1928.

Budd, Malcolm, "Delight in the Natural World: Kant on the Aesthetic Appreciation of Nature. Part 1: Natural Beauty", 수록: *British Journal of Aesthetics 38*, 1998, 1~18.

Burgess, Craig, "Kant's Key to the Critique of Taste", 수록: *Philosophical Quarterly 39*, 484~492.

Busche, Siegfried, "Zur kommunikationsphilosophischen Rekonstruktion der Zweckmäßigkeit in Kants Kritik der Urteilskraft", 수록: *Forum für Philosophie Bad Homburg: Ästhetische Reflexion und kommunikative Vernunft*, Bad Homburg 1993, 11~40.

Butts, Robert E., "Kant's Theory of Musical Sound. An Early Exercise in Cognitive Science", 수록: *Dialogue 32*, 1993, 3~24.

Cohen, Ted / Paul Guyer 편, *Essays in Kant's Aesthetics*, Chicago 1982.

Cohen, Ted, "The Relation of Pleasure to Judgment in Kant's Aesthetics", 수록: R. M. Dancy 편, *Kant and Critique. New Essays in Honor of W. H.*

Werkmeister, Dordrecht 1993, 117~124.

______, "Three Problems in Kant's Aesthetics", 수록: *British Journal of Aesthetics 42*, 2002, 1~12.

Cooley, Kenneth W, "Universality in Kant's Aesthetic Judgment", 수록 : *Kinesis 1*, 1968, 43~50.

Crawford, Donald W., "Reason–Giving in Kant's Aesthetic", 수록: *Journal of Aesthetics and Art Criticism 28*, 1969, 505~510.

______, "Is there a Conflict between Taste and Judgment in Kant's Aesthetics?", 수록: R. M. Dancy 편: *Kant and Critique. New Essays in Honor of W. H. Werkmeister*, Dordrecht 1993, 125~147.

Crowther, Paul, "The Claims of Perfection. A Revisionary Defense of Kant's Theory of Depended Beauty", 수록: *International Philosophical Quarterly 26*, 1986, 61~74.

______, *The Kantian Sublime. From Morality to Art*, Oxford 1989.

______, "The Significance of Kant's Pure Aesthetic Judgment", 수록: *Britisch Journal of Aesthetics 36*, 1996, 109~121.

Denckmann, Gerhard, *Kants Philosophie des Ästhetischen. Versuch über die philosophischen Grundgedanken von Kants Kritik der ästhetischen Urteilskraft*, Heidelberg o. J. 〔1947〕.

Dörflinger, Bernd, *Die Realität des Schönen in Kants Theorie rein ästhetischer Urteilskraft. Zur Gegenstandsbedeutung subjektiver und formaler Ästhetik*, Bonn 1988.

Drescher, Wilhelmine, "Die ethische Bedeutung des Schönen bei Kant", 수록: *Zeitschrift für philosophische Forschung 29*, 1975, 445~450.

Düsing, Klaus, "Beauty as the Transition from Nature to Freedom in Kant", 수록: *Noûs 24*, 1990, 79~92.

Elliott, R. K., "The Unity of Kant's 》Critique of Aesthetic Judgment《", 수록:

British Journal of Aesthetics 8, 1968, 244~259.

Engelhard, Kristina, "Kant in der Gegenwartsästhetik", 수록: Heidemann, Dietmar H. / Kristina Engelhard 편, *Warum Kant heute?*, Berlin · New York 2004, 352~382.

Esser, Andrea 편, *Autonomie der Kunst? Zur Aktualität von Kants Ästhetik*, Berlin 1995.

______, *Kunst als Symbol. Die Struktur ästhetischer Reflexion in Kants Theorie des Schönen*, München 1997.

Felten, Gundulan, *Die Funktion des »sensus communis« in Kants Theorie des ästhetischen Urteils*, München · Paderborn 2004.

Fischer, John, "Universalization and Judgements of Taste", 수록: *American Philosophical Quarterly 11*, 1974, 193~202.

Fischer, John / Jeffrey Maitland, "The Subjectivist Turn in Aesthetics: A Critical Analysis of Kant's Theory of Appreciation", 수록: *Review of Metaphysics 27*, 1974, 726~751.

Fistioc, Mihaela C., *The Beautiful Shape of the Good. Platonic and Pythagorean Themes in Kant's »Critique of the Power of Judgment«*, New York · London 2002.

Frank, Manfred, "Kants »Reflexionen zur Ästhetik«. Zur Werkgeschichte der »Kritik der ästhetischen Urteilskraft«", 수록: *Revue Internationale de Philosophie 1990*, 552~580.

Franke, U. 편, *Kants Schlüssel zur Kritik des Geschmacks. Ästhetishe Erfahrung heute Studien zur Aktualität von Kants »Kritik der Urteilskraft«*, Hamburg 2000 (= *Sonderheft des Jahrgangs 2000 der Zeitschrift für Ästhetik und Allgemeine Kunstwissenschft*).

Fricke, Christel, *Kants Theorie des reinen Geschmacksurteils*, Berlin 1990.

Früchtl, Josef, "Von der Mitteilbarkeit des Nichtmitteilbaren. Ein redigierter

Kant", 수록: *Forum für Philosophie Bad Homburg: Ästhetische Reflexion und kommunikative Vernunft*, Bad Homburg 1993, 54~75.

Gammon, Martin, "Parerga and Pulchritudo adhaerens: A Reading of the Third Moment of the 》Analytic of the Beautiful《", 수록: *KS 90*, 1999, 148~167.

Gasché, Rodolphe, *The Idea of Form. Rethinking Kant's Aesthetics*, Stanford 2003.

Genova, A. C., "Kant's Transcendental Deduction of Aesthetical Judgments", 수록: *Journal of Aesthetics and Art Criticism 30*, 1971/72, 459~475.

Ginsborg, Hannah, "Reflective Judgment and Taste", 수록: *Noûs 24*, 1990, 63~78.

______, *The Role of Taste in Kant's Theory of Cognition*, New York 1990.

______, "On the key to Kant's critique of taste", 수록: *Pacific Philosophical Quarterly 72*, 1991, 290~313.

Giordanetti, Piero, "Das Verhältnis von Genie, Künstler und Wissenschaftler in der Kantischen Philosophie", 수록: *KS 86*, 1995, 406~430.

______, "Kants Entdeckung der Apriorität des Geschmacksurteils. Zur Genese der Kritik der Urteilskraft", 수록: H. F. Klemme, u. a. 편, *Aufklärung und Interpretation*, Würzburg 1999, 171~196.

______, "Kant: Die moralische Grundlegung der Ästhetik", 수록: H.-G. Sandkühler 편, *Handbuch Deutscher Idealismus*, Stuttgart · Weimar 2005, 297~304.

______, *Kant und die Musik*, Würzburg 2005.

Gotshalk, D. W., "Form and Expression in Kant's Aesthetics", 수록: *British Journal of Aesthetics* 7, 1967, 250~260.

Guyer, Paul, "Nature, Art and Autonomy: A Copernican Revolution in Kant's Aesthetics", 수록: Konrad Cramer / Hans Friedrich Fulda / Rolf-Peter

Horstmann / Ulrich Pothast 편, *Theorie der Subjektivität*, Frankfurt/M. 1987, 299~343.

_____, *Kant and the Claims of Taste*, Cambridge, Mass. [2]1997([1]1979).

Hampshire, Stuart, "The Social Spirit of Mankind", 수록: Eckart Förster 편, *Kant's Transcendental Deductions. The Three Critiques and the Opus postumum*, Stanford 1989.

Henckmann, Wolfhart, "Das Problem der ästhetischen Wahrnehmung in Kants Ästhetik", 수록: *Philosophisches Jahrbuch 78*, 1971, 323~359.

Henrich, Dieter, "The Proof-Structure of Kant's Transcendental Deduction", 수록: *The Review of Metaphysics 22*, 1969, 640~659.

_____, *Aesthetic Judgment and the Moral Image of the World*, Stanford 1992.

Hohenegger, Hansmichael, "Note per un'interpretazione dell'analitica del sublime matematico di Kant", 수록: *Il Cannocchiale 1990/3*, 155~188.

Horstmann, Rolf-Dieter, "Why must there be a Transcendental Deduction in Kant's 》Critique of Judgment《?", 수록: Eckart Förster 편, *Kant's Transcendental Deductions. The Three Critiques and the Opus postumum*, Stanford 1989, 157~176.

Johnson, Mark L., "Kant's Unified Theory of Beauty", 수록: *Journal of Aesthetics and Art Criticism 38*, 1979, 167~178.

Juchem, Hans-Georg, *Die Entwicklung des Begriffs des Schönen bei Kant*, Bonn 1970.

Kemal, Salim, *Kant's Aesthetic Theory. An Introduction*, New York · London 1992.

Kern, Andrea, *Schöne Lust. Eine Theorie der ästhetischen Erfahrung nach Kant*, Frankfurt/M. 2000.

Kohler, Georg, *Geschmacksurteil und ästhetische Erfahrung. Beiträge zur*

Auslegung von Kants 》Kritik der ästhetischen Urteilskraft《, Berlin · New York 1980.

Kong, Byung-Hye, *Die ästhetische Idee in der Philosophie Kants*, Frankfurt/M. 1995.

Kulenkampff, Jens, "Über Kants Bestimmung des Gehalts der Kunst", 수록: *Zeitschrift für philosophische Forschung 33*, 1979, 62~74.

______, "The Objectivity of Taste: Hume and Kant", 수록: *Noûs 24*, 1990, 93~110.

______, *Kants Logik des ästhetischen Urteils*, Frankfurt/M. [2]1994([1]1978).

______, "Metaphysik und Ästhetik. Kant zum Beispiel", 수록: Andrea Kern / Ruth Sonderegger 편, *Falsche Gegensätze. Zeitgenössische Positionen zur philosophischen Ästhetik*, Frankfurt/M. 2002.

La Rocca, Claudio, "Das Schöne und der Schatten. Dunkle Vorstellungen und ästhetische Erfahrung zwischen Baumgarten und Kant", 수록: Heiner F. Klemme / Michael Pauen / Marie-Luise Raters 편, *Im Schatten des Schönen. Die Ästhetik des Häßlichen in historischen Ansätzen und aktuellen Debaten*, Bielefeld 2006.

Lang, Berel, "Kant and the Subjective Objects of Taste", 수록: *Journal of Aesthetics and Art Criticism 25*, 1967, 247~253.

Lazaroff, Allan, "The Kantian Sublime: Aesthetic Judgment and Religious Feeling", 수록: *KS 71*, 1980, 202~220.

Leyva, Gustavo, *Die 》Analytik des Schönen《 und die Idee des 》sensus communis《 in der 》Kritik der Urteilskraft《*, Frankfurt/M. 1997.

Lories, Danielle, "Du désintéressement et du sens commun. Réflexions sur Shaftesbury et Kant", 수록: *Études Phénomenologiques 5*, 1989, 189~217.

Lüthe, Rudolf, "Kants Lehre von den ästhetischen Ideen", 수록: *KS 75*, 1984,

65~74.

Lyotard, Jean-François, *Die Analytik des Erhabenen (Kant-Lektionen, Kritik der Urteilskraft, §§23~29)*, München 1994 (프랑스어 원저, Paris 1991).

MacMillan, Claude, "Kant's Deduction of Pure Aesthetic Judgments", 수록: *KS 76*, 1985, 43~54.

Matthews, Patricia M., *The Significance of Beauty. Kant on Feeling and the System of the Mind*, Dordrecht 1997.

Meerbote, Ralf 편, *Kant's Aesthetics*, Atascadero, Calif. 1991.

Miall, David S., "Kant's 》Critique of Judgment《. A Biaded Aesthetics", 수록: *British Journal of Aesthetics 20*, 1980, 135~145.

Molnár, Géza von, *Goethes Kantstudien. Eine Zusammenstellung nach Eintragungen in seinen Handexemplaren der 》Kritik der reinen Vernunft《 und der 》Kritik der Urteilskraft《*, Weimar 1994.

Mörchen, Hermann, "Die Einbildungskraft bei Kant" (Diss., Marburg 1930), 수록: *Jahrbuch für Philosophie und phänomenologische Forschung 11*, 1930, 311~494.

Müller, Ulrich, "Objektivität und Fiktionalität. Einige Überlegungen zu Kants Kritik der ästhetischen Urteilskraft", 수록: *KS 77*, 1986, 203~223.

Mundhenk, Alfred, "》Die Gunst der Natur《. Kants Begriff und Deutung des Naturschönen", 수록: *Deutsche Vierteljahresschrift für Literaturwissenschaften und Geistesgeschichte* 7, 1993, 366~398.

Nachtsheim, Stephan, "Vom Angenehmen, Schönen und Erhabenen. Bemerkungen zu Kants Lehre vom Ästhetischen", 수록: R. Breil / St. Nachtsheim 편, *Vernunft und Anschauung. Philosophie - Literatur - Kunst. Festschrift für Gerd Wolandt zum 65. Geburtstag*, Bonn 1993, 211~236.

Nahm, Milton C., "》Sublimity《 and the 》Moral Law《 in Kant's Philosophy",

수록: *KS 48*, 1956/57, 502~524.

Nerheim, Hjördis, *Zur kritischen Funktion ästhetischer Rationalität in Kants 》Kritik der Urteilskraft《*, Frankfurt/M. 2001.

Neumann, Karl, *Gegenständlichkeit und Existenzbedeutung des Schönen*, Bonn 1973.

Neville, Michael, "Kant's Characterization of Aesthetic Experience", 수록: *Journal of Aesthetics and Art Criticism 33*, 1974, 193~202.

Otto, Marcus, *Ästhetische Wertschätzung. Bausteine zu einer Theorie des Ästhetischen*, Berlin 1993.

Parret, Herman, "Kant sur la musique", 수록: *Revue Philosophique de Louvain 95*, 1997, 24~43.

______ 편, *Kants Ästhetik. Kant's Aesthetics. L'esthetique de Kant*, Berlin · New York 1998.

Peter, Joachim, *Das transzendentale Prinzip der Urteilskraft. Eine Untersuchung zur Funktion und Struktur der reflektierenden Urteilskraft bei Kant*, Berlin · New York 1992.

Petock, Stuart Jay, "Kant, Beauty, and the Object of Taste", 수록: *Journal of Aesthetics and Art Criticism 32*, 1973, 183~186.

Pries, Chr. 편, *Das Erhabene. Zwischen Grenzerfahrung und Größenwahn*, Weinheim 1989.

______, *Übergänge ohne Brücken. Kants Erhabenes zwischen Kritik und Metaphysik*, Berlin 1995.

Recki, Birgit, *Ästhetik der Sitten. Die Affinität von ästhetischem Gefühl und praktischer Vernunft bei Kant*, Frankfurt/M. 2001.

Riemann, Albert, *Die Ästhetik Alexander Gottlieb Baumgartens*, Halle 1928.

Rogerson, Kenneth F., *Kant's Aesthetics. The Roles of Form and Expression*, Lanham 1986.

______, "Pleasure and Fit in Kant's Aesthetics", 수록: *Kantian Review 2*, 1998, 117~133.

______, "Kant on Beauty and Morality", 수록: *KS 95*, 2004, 338~354.

Scarré, Geoffrey, "Kant on Free and Dependent Beauty", 수록: *British Journal of Aesthetics 21*, 1981, 351~362.

Schaper, Eva, "Free and Dependent Beauty", 수록 : *KS 65* (Sonderheft 1974), 247~262.

Scheer, Brigitte, *Zur Begründung von Kants Ästhetik und ihrem Korrektiv in der ästhetischen Idee*, Frankfurt/M. 1971.

______, "Mitteilsamkeit ohne Mitteilung. Zu einem weiteren Paradoxon der Kantischen Ästhetik", 수록: *Forum für Philosophie Bad Homburg: Ästhetische Reflexion und kommunikative Vernunft*, Bad Homburg 1993, 41~53.

Schlapp, Otto, *Kants Lehre vom Genie und die Entstehung der Kritik der Urteilskraft*, Göttingen 1901.

Schubert, Giselher, "Zur Musikästhetik in Kants 》Kritik der Urteilskraft《", 수록: *Archiv für Musikwissenschaft 32*, 1975, 12~25.

Schueller, Herbert M., "Immanuel Kant and the Aesthetics of Music", 수록: *Journal of Aesthetics and Art Criticism 14*, 1955/56, 218~247.

Shier, David, "Why Kant Finds Nothing Ugly", 수록: *British Journal of Aesthetics 38*, 1998, 412~418.

Strub, Christian, "Das Häßliche und die 》Kritik der ästhetischen Urteilskraft《. Überlegungen zu einer systematischen Lücke", 수록: *KS 80*, 1989, 416~446.

Strube, Werner, "Die Einbildungskraft und ihre Funktionen in Kants 》Kritik der Urteilskraft《", 수록: *Das Achtzehnte Jahrhundert 24*, 2000, 75~87.

Summers, David, "Why did Kant call taste a 》common sense《?", 수록: P.

Mattick, Jr. 편: *Eighteenth-Century Aesthetics and the Reconstruction of Art*, Cambridge 1993, 120~151.

Thomson, Garrett, "Kant's Problem with Ugliness", 수록: *Journal of Aesthetics and Art Criticism 50*, 1992, 107~115.

Tomasi, Gabriele, *Il 》salvataggio《 kantiano della bellezza*, Trento 1993.

______, *Significare con le forme. Valore simbolico del bello e espressività della pittura in Kant*, Ancona 1997.

Tonelli, Giorgio , "La formazione del testo della 》Kritik der Urteilskraft《", 수록: *Revue internationale de philosophie 8*, 1954, 1~26.

Trebels, Andreas Heinrich, *Einbildungskraft und Spiel. Untersuchungen zur Kantischen Ästhetik*, Bonn 1967.

Trede, Johann Heinrich, "Ästhetik und Logik. Zum systematischen Problem in Kants Kritik der Urteilskraft", 수록: H.-G. Gadamer 편, *Das Problem der Sprache*, München 1967, 169~182.

Vossenkuhl, Wilhelm, "Schönheit als Symbol der Sittlichkeit. Über die gemeinsame Wurzel von Ethik und Ästhetik bei Kant", 수록: *Philosophisches Jahrbuch 99*, 1992, 91~104.

Wenzel, Christian, *Das Problem der subjektiven Allgemeingültigkeit des Geschmacksurteils bei Kant*, Berlin · New York 2000.

Wieland, Wolfgang, *Urteil und Gefühl. Kants Theorie der Urteilskraft*, Göttingen 2001.

Wilber, James B., "Kant's Critique of Art and the Good Will", 수록: *KS 61*, 1970, 372~380.

Zimmermann, Robert L., "Kant. The Aesthetic Judgment", 수록: *Journal of Aesthetics and Art Criticism 21*, 1963, 333~344.

4. '목적론적 판단력 비판' 관련 논저

Adickes, Erich, *Kant als Naturforscher*. 2 Bde., Berlin 1924/1925.

Allison, Henry E., "Kant's Antinomy of Teleological Judgement", 수록: *The Southern Journal of Philosophy 30, Supplement*, 1991, 25~42.

Auxter, Thomas, *Kant's Moral Teleology*, Macon, Ga. 1982.

Baumanns, Peter, *Das Problem der organischen Zweckmässigkeit*, Bonn 1965.

Bommersheim, Paul, "Der Begriff der organischen Selbstregulation in Kants Kritik der Urteilskraft", 수록: *KS 23*, 1919, 209~221.

______, "Der vierfache Sinn der reinen Zweckmäßigkeit in Kants Philosophie des Organischen", 수록: *KS 32*, 1927, 290~309.

Bruggen, Walter, "Kant und das höchste Gut", 수록: *Zeitschrift für Philosophische Forschung 18*, 1964, 50~61.

Butts, Robert E., "Teleology and Scientific Method in Kant's Critique of Judgment", 수록: *Noûs 24*, 1990, 1~16.

Chapman, William John, *Die Teleologie Kants*. (Diss.), Halle 1904.

Düsing, Klaus, *Die Teleologie in Kants Weltbegriff*, Bonn 1968(²1986).

Engfer, Hans-Jürgen, "Über die Unabdingbarkeit teleologischen Denkens. Zum Stellenwert der reflektierenden Urteilskraft in Kants kritischer Philosophie", 수록: H. Poser 편, *Formen teleologischen Denkens. Philosophische und wissenschaftshistorische Analysen. Kolloquium an der Technischen Universität Berlin*, WS 1980/81. Berlin 1981, 119~160.

Flach, Werner, "Kants Empiriologie. Naturteleologie als Wissenschaftstheorie", 수록: P. A. Schmid / S. Zurbruchen 편, *Grenzen der kritischen Vernunft. Helmut Holzhey zum 60. Geburtstag*, Basel 1997, 273~289.

Fraisse, J. C., "Téléogoie et théologie selon Kant d'après la 》Dissertation《

de 1770 et la 》Critique du jugement《", 수록: *Revue de Métaphysique et de Morale 18*, 1974, 487~495.

Freudiger, Jürg, "Kants Schlußstein. Wie die Teleologie die Einheit der Vernunft stiftet", 수록: *KS 87*, 1996, 423~435.

Frost, Walter, "Kants Teleologie", 수록: *KS 11*, 1906, 297~347.

Fulda, Hans Friedrich / Jürgen Stolzenberg 편, *Architektonik und System in der Philosophie Kants*, Hamburg 2001.

Gilead, Amihud, "Teleological Time: A Variation on a Kantian Theme", 수록: *Review of Metaphysics 38, Nr. 3*, 1985, 529~562.

Guyer, Paul, "Reason and Reflective Judgment: Kant on the Significance of Systematicity", 수록: *Noûs 24*, 1990, 17~43.

______, "Kant's Conception of Empirical Law", 수록: *Proceedings of the Aristotelian Society, Supplement 64*, 1990, 221~242.

Istvan, Hermann, *Kants Teleologie*, Budapest 1972.

Karja, H., *Heuristische Elemente der 》Kritik der teleologischen Urteilskraft《*. (Diss.), Heidelberg 1975.

Klein, H. D., "Kants Stellungnahme zum teleologischen Gottesbeweis", 수록: *Philosophia Naturalis 11*, 1969, 279~290.

Kraft, Michael, "Thinking the Physico-Teleological Proof", 수록: *International Journal for Philosophy of Religion 12*, 1981, 65~74.

______, "Kant's Theory of Teleology", 수록: *International Philosophical Quarterly 22*, 1982, 41~49.

Kraemer, Eric Russert, "Teleology and the Organism-Body Problem", 수록: *Metaphilosophy 15*, 1984, 45~54.

Krämling, G., "Das höchste Gut als mögliche Welt. Zum Zusammenhang von Kulturphilosophie und systematischer Architektonik bei I. Kant", 수록: *KS* 77, 1986, 273~288.

Lenfers, D., *Kants Weg von der Teleologie zur Theologie. Interpretationen zu Kants Kritik der Urteilskraft.* (Diss.), Köln 1965.

Lieber, Hans-Joachim, "Kants Philosophie des Organischen und die Biologie seiner Zeit", 수록: *Philosophia Naturalis 1*, 1950, 553~570.

Löw, Reinhard, *Philosophie des Lebendigen. Der Begriff des Organischen bei Kant, sein Grund und seine Aktualität*, Frankfurt/M. 1980.

McFarland, J. D., *Kant's Concept of Teleology*, Edinburgh 1970.

McLaughlin, Peter, *Kants Kritik der teleologischen Urteilskraft*, Bonn 1989.

Menzer, Paul, *Kants Lehre von der Entwicklung in Natur und Geschichte*, Berlin 1911.

Mertens, Thomas, "Zweckmäßigkeit der Natur und politische Philosophie bei Kant", 수록: *Zeitschrift für philosophische Forschung 49*, 1995, 220~240.

Moreau, Joseph, *Le Dieu des philosophes(Leibniz, Kant et nous)*, Paris 1969.

Nagel, Ernest, "Teleology Revisited. Goal-directed Processes in Biology", 수록: *Journal of Philosophy 74*, 1977, 261~301.

Obermeier, O. P., "Das zähe Leben eines totgesagten Seinsprinzips: Zu Kants teleologischer Urteilskraft und dem Problem zielgerichteter Prozesse in der Natur", 수록: R. Breuninger 편, *Philosophie der Subjektivität und das Subjekt der Philosophie*, Würzburg 1997, 243~257.

Pauen, Michael, "Teleologie und Geschichte in der 》Kritik der Urteilskraft《", 수록 : H. F. Klemme, u. a. 편, *Aufklärung und Interpretation*, Würzburg 1999, 197~216.

Philonenko, Alexis, "L'antinomie du jugement téléologique chez Kant", 수록: *Revue de Métaphysique et de Morale 82*, 1977, 13~37.

_____, "Kant et la philosophie biologique", 수록: *L'héritage de Kant*, Paris 1982, 63~79.

Pleines, J.-E. 편, *Zum teleologischen Argument in der Philosophie. Aris-*

toteles-Kant-Hegel, Würzburg 1991.

Rang, Bernhard, "Zweckmäßigkeit, Zweckursächlichkeit und Ganzheitlichkeit in der organischen Natur. Zum Problem einer teleologischen Naturauffassung in Kants 》Kritik der Urteilskraft《", 수록: *Philosophisches Jahrbuch 100*, 1993, 39~71.

Robinson, H. 편, *Spindel Conference 1991. System and Teleology in Kant's Critique of Judgment*, 수록: *The Southern Journal of Philosophy 30, Supplement*, 1991.

Roretz, Karl, *Zur Analyse von Kants Philosophie des Organischen*, Wien 1922.

Sala, Giovanni, *Kant und die Frage nach Gott. Gottesbeweise und Gottesbeweiskritik in den Schriften Kants*, Berlin · New York 1990.

Schrader, George, "The Status of Teleological Judgment in the Critical Philosophy", 수록: *KS 45*, 1953/54, 204~235.

Schüssler, Ingeborg, "Ethique et Théologie dans la Critique de la Faculté de juger de Kant", 수록: *Revue de Théologie et de Philosophie 118*, 1986, 337~372.

Simon, Josef, "Teleologisches Reflektieren und kausales Bestimmen", 수록: *Zeitschrift für philosophische Forschung 30*, 1976, 369~388.

Souriau, Maurice, *Le Judgement réfléchissant dans la philosophie critique de Kant*, Paris 1926.

Stadler, August, *Kants Teleologie und ihre erkenntnistheoretische Bedeutung*, Berlin 1874(복간: 1912).

Tonelli, Giorgio, "Von den verschiedenen Bedeutungen des Wortes Zweckmäßigkeit in der Kritik der Urteilskraft", 수록: *KS 49*, 1957/58, 154~166.

Ungerer, Emil, *Die Teleologie Kants und ihre Bedeutung für die Logik der*

Biologie, Berlin 1922.

Van de Pitte, Frederick P., "The Role of Teleology in Kant's Work", 수록: W. Werkmeister 편, *Reflections on Kant's Philosophy*, Gainesville 1975, 135~ 147.

Warnke, Camilla, "》Naturmechanismus《 und 》Naturzweck《. Bemerkungen zu Kants Organismus-Begriff", 수록: *Deutsche Zeitschrift für Philosophie 40*, 1992, 42~52.

Waschkies, Hans-Joachim, *Physik und Physikotheologie des jungen Kant*. Amsterdam 1987.

Wilkins, Burleigh Taylor, "Teleology in Kant's Philosophy of History", 수록: *History and Theory, 5*, Middletown/Connecticut 1966, 172~185.

Zanetti, Véronique, "Die Antinomie der teleologischen Urteilskraft", 수록: *KS 84*, 1993, 341~355.

______, "Teleology and the Freedom of the Self", 수록: Karl Ameriks / Dieter Sturma 편, *The Modern Subjekt. Conceptions of the self in Classical German Philosophy*, Albany/New York 1995.

Zeldin, Mary-Barbara, "Formal Purposiveness and the Continuity of Kant's Argument in the Critique of Judgment", 수록: *KS 74*, 1983, 45~55.

Zumbach, Clark, "Kant's Argument for the Autonomy of Biology", 수록: *Nature and System 3*, 1981, 67~79.

______, *The transcendent Science. Kant's Conception of Biological Methodology*, Den Haag 1984.

5. 영향사 관련 연구논저

Blum, Gerhard, *Zum Begriff des Schönen in Kants und Schillers ästhetischen Schriften*, Fulda 1988.

Bondeli, Martin, *Der Kantianismus des jungen Hegel. Die Kant-Aneignung und Kant-Überwindung Hegels auf seinem Weg zum philosophischen System*, Hamburg 1997.

Bradl, Beate, *Die Rationalität des Schönen bei Kant und Hegel*, München 1998.

Frank, Manfred, *Das Problem Zeit deutschen Romantik*, München, 1972 (개정 신판: München · Paderborn · Wien 1990).

______, *Eine Einführung in die frühromantische Ästhetik*, Frankfurt/M. 1989.

______, "Aufklärung als analytische und synthetische Vernunft. Vom französischen Materialismus über Kant zur Frühromantik", 수록: Jochen Schmidt 편, *Aufklärung und Gegenaufklärung in der europäischen Literatur, Philosophie und Politik von der Antike bid zur Gegenwart*, Darmstadt 1989, 377~403.

Fulda, H.-F. / R.-P. Horstmann 편, *Hegel und die ⟫Kritik der Urteilskraft⟪*, Stuttgart 1990.

Guyer, Paul, *Values of Beauty. Historical Essays in Aesthetics*, Cambridge 2005.

Hansen, Frank-Peter, "Die Rezeption von Kants Kritik der Urteilskraft in Schillers Briefen ⟫Über die ästhetische Erziehung des Menschen⟪", 수록: *Literaturwissenschaftliches Jahrbuch, N. F. 33*, 1992, 165~188.

Henrich, D. 편, *Kant oder Hegel? Über Formen der Begründung in der Philosophie*, Stuttgart 1983.

Kneller, Jane, "Imaginative Freedom and the German Enlightenment", 수록: *Journal of the History of Ideas 51*, 1990, 217~232.

Kühnemann, Eugen, *Kants und Schillers Begründung der Ästhetik*, München 1895.

Mein, Georg, *Die Konzeption des Schönen. Der ästhetische Diskurs zwischen Aufklärung und Romantik: Kant, Hölderlin, Schiller*, Bielefeld 2000.

Reich, Klaus, *Rousseau und Kant*, Tübingen 1936.

Savile, Anthony, *Aesthetic Reconstructions. The Seminal Writings of Lessing, Kant und Schiller*, Oxford 1987.

Sedgwick, Sally 편, *The Reception of Kant's Critical Philosophy. Fichte, Schelling and Hegel*, Cambridge 2000.

Sommer, Robert, *Grundzüge einer Geschichte der deutschen Psychologie und Ästhetik von Wolff-Baumgarten bis Kant-Schiller*, Würzburg 1892(복간: Hildesheim u. a. 1975).

Townsend, Dabney, "From Shaftesbury to Kant. The Development of the Concept of Aesthetic Experience", 수록: *Journal of the History of Ideas 48*, 1987, 287~305.

Vorländer, Karl, *Kant-Schiller-Goethe*, Leipzig 1907(21923; 복간: Aalen 1984).

VII. 국내 연구논저(역서 포함)

공병혜, 「칸트 미학에서 미적 이념의 체계적 위치」, 『철학』 제49집, 1996.

______, 「칸트 미학체계 내에서의 미적 대상의 의미」, 『미학』 제21호, 1996.

______, 「자연의 목적론적 체계에서 윤리적 목적의 실현」, 『칸트와 윤리학』, 한국칸트학회, 민음사, 1997.

______, 「칸트에서의 자연의 목적론과 문화의 의미」, 『헤겔연구』 제8호, 한길사, 1999.

______, 『칸트 판단력 비판』, 울산대학교 출판부, 1999.

______, 「합리주의 미학사상을 통한 칸트의 미의 개념의 발생론적 고찰」, 『칸트

와 그의 시대』, 철학과현실사, 1999.

구자광, 「미-형식-기표: 칸트와 라깡의 경우」, 『라깡과 현대정신분석』 제9권 제1호, 2007.

김광명, 『삶의 해석과 미학』, 문화사랑, 1996.

______, 「칸트 철학 체계와의 연관 속에서 본 『판단력비판』의 의미」, 『칸트연구』 제3집, 1997.

______, 「칸트철학의 문제들: 판단과 판단력의 의미 칸트의 『판단력 비판』을 중심으로」, 『칸트연구』 제12집, 2003.

______, 『칸트 미학의 이해』, 철학과현실사, 2004.

______, 『칸트 판단력 비판 연구』, 철학과현실사, 1992 · 2006.

김문환, 『근대미학연구』, 서울대출판부, 1986.

김봉규, 「『판단력비판』에서의 도덕 인식과 도덕성」, 『칸트연구』 제3집, 1997.

김상현, 「칸트의 미감적 합리성에 대한 연구—미감적 판단 연역의 해석을 중심으로」, 서울대학교 박사학위 청구논문, 2003.

______, 『칸트 《판단력 비판》』, 서울대학교 철학사상연구소, 2005.

김석수, 「칸트의 〈자연〉에 대한 반성적 고찰」, 『프랑스학연구(프랑스문화읽기)』 제2호, 1997.

김양현, 「칸트의 목적론적 자연관에 나타난 인간중심주의—목적론적 판단력 비판을 중심으로」, 『철학』 제55집, 1998.

김용민, 『KANT '판단력비판' 연구』, 교우사, 1997.

김 진, 「칸트의 목적론적 유기체론과 그 이후」, 『철학연구』, 1993.

______, 『칸트와 생태주의적 사유』, 울산대학교 출판부, 1998.

______, 「칸트철학의 생태주의적 전회」, 『철학』 제54집, 1998.

______, 『칸트와 생태사상』, 철학과현실사, 2003.

리오타르, 장 프랑수아, 『칸트의 숭고미에 대하여』, 김광명 역, 현대미학사, 2000.

맹주만, 「칸트의 『판단력비판』에서의 최고선」, 『칸트연구』 제3집, 1997.

______, 「칸트와 생물학적 유기체주의」, 『칸트연구』 제17집, 2006.

박병기, 「칸트의 목적론적 자연이해」, 『범한철학』 제29집, 2003.

박영선, 「칸트의 『판단력비판』에서 자연개념의 확장에서 나타나는 미적 판단의 역할」, 『미학』 제18호, 1993.

박채옥, 「칸트의 자연과 기술이성 비판」, 『범한철학』 제35집, 2004.

백정혜, 「칸트 철학에서 미적 판단의 자율성」, 계명대학교 박사학위 청구논문, 2000.

송경호, 「칸트의 판단력 비판에서의 이율배반」, 『범한철학』 제9집, 1994.

______, 「칸트의 『판단력비판』 연구 I」, 『서원대학교 인문과학연구』 제8호, 1999.

______, 「미적 판단과 종교적 감정에 관한 연구—칸트의 『판단력비판』 연구 2」, 『범한철학』 제21집, 2000.

신춘호, 「칸트 『판단력 비판』의 교육학적 해석」, 『도덕교육연구』 제16호, 2004.

안성찬, 「숭고의 미학: 그 기원과 개념사 연구」, 서강대학교 박사학위 청구논문, 2000.

양태규, 「칸트의 『판단력 비판』 중 "숭고 분석론"의 주석연구적 접근—"부정적 제시"의 개념을 중심으로」, 『괴테연구』 제14호, 2002.

연희원, 「칸트미학에 대한 기호학적 비판」, 『철학과 현상학 연구』 제31집, 2006.

오병남, 「칸트 미학의 재평가」, 『미학』 제14호, 1989.

이순예, 「자연과 자유가 하나로 되게 하는 칸트의 미적 판단력 『판단력 비판에 대한 첫 번째 서문』의 주요개념들에 대한 주석연구적 접근—"비판"과 "형이상학"을 구분 짓는 칸트의 개념 구상을 중심으로」, 『독어교육』 제24호, 2002.

이진우, 「정치적 판단력 비판—아리스토텔레스와 칸트를 중심으로」, 『철학연구』 제48집, 1992.

장발보, 「판단에 의한 자연과 자유의 연결: 교과의 도덕적 의미에 관한 칸트의 철학」, 『도덕교육연구』 제16호, 2004.

정경훈, 「대상, 주체, 그리고 심미적인 것: 칸트와 라깡의 미학」, 『영미어문학』 제78호, 2006.

정성관, 「칸트 생태관의 현대적 조명」, 『사회와 철학』 제7호, 2004.

진정일, 「칸트의 무관심성에 관한 한 연구」, 『철학연구』 제97집, 2006.

최인숙, 「『판단력비판』과 낭만주의 철학에서 자연과 예술의 개념」, 『칸트연구』 제3집, 1997.

최일운, 「칸트의 목적론」, 『철학연구』 제4집, 1966.

______, 「칸트의 미학비판」, 『철학연구』 제11집, 1970.

최준호, 「칸트의 자연목적론 , 그리고 형이상학」, 『철학연구』 제43집, 1998.

______, 「칸트의 반성적 판단과 목적론적 세계」, 고려대학교 박사학위 청구논문, 2000.

크로포드, D. W., 『칸트 미학 이론』, 김문환 역, 서광사, 1995.

타이헤르트, 디터, 『판단력 비판』, 조상식 역, 이학사, 2003.

하선규, 「칸트 미학의 형성과정—『판단력비판』으로 가는 지적 노력」, 『미학』 제26호, 1999.

______, 「의미 있는 형식(구조)의 상호주관적 지평—반성적 판단력의 현대적 의의에 대한 시론」, 『칸트연구』 제14집, 2004.

한단석, 「칸트철학에서의 목적론」, 『인문논총』, 1991.

한동원, 「칸트 철학의 숭고에 관한 연구」, 『인문과학연구 江原人文論叢』 제5집, 1997.

한정석, 「I. Kant의 文化의 合目的性에 關한 硏究」, 동국대학교 박사학위 청구논문, 1989.

한국칸트학회 편, 『칸트와 독일이상주의』, 철학과현실사, 2000.

한국칸트학회 편, 『칸트와 문화철학』, 철학과현실사, 2003.

한국칸트학회 편, 『칸트와 미학』, 민음사, 1997.

제2부 『판단력비판』 역주

※ 역주의 원칙

1. 『판단력비판』 본서 번역의 기본 대본은 칸트의 원본 제2판(=B. 1793)으로 하되, 제1판(=A. 1790) 또는 제3판(=C. 1799)과 서로 다른 대목은 **성경체**로 써서 그 상위점을 밝히고, 베를린 학술원판 전집 제5권(Berlin 1908/1913. Akademie-Ausgabe Bd. V, S. 164~485)과 W. Weischedel 판 전집 제5권(Darmstadt 1957. S. 233~620), 그리고 Heiner F. Klemme 판(Felix Meiner Verlag/Hamburg 2006 〔PhB 507〕)을 대조 참고한다. 그러나 그 상위점이 한국어로 옮겼을 때 무의미해지는 경우에는 굳이 밝히지 않는다. 「판단력비판 제1서론」은 베를린 학술원판 전집 제20권(Berlin 1942. Akademie-Ausgabe Bd. XX, S. 193~251)을 기준으로 하여, 마찬가지로 W. Weischedel 판 전집 제5권(Darmstadt 1957. S. 171~232)과 Heiner F. Klemme 판(Felix Meiner Verlag/Hamburg 2006 〔PhB 507〕)을 대조 참고한다.
2. 원문과 번역문의 대조 편의를 위해 본서는 칸트의 원본 제2판을 'B'로, 베를린 학술원판 전집 제5권을 'V'로 표시한 후 이어서 면수를 밝히고, 「제1서론」은 학술원판 전집 제20권을 'XX'로, 그것의 원자료로 함께 제시되는 로스토크 대학 도서관의 칸트 수고(Handschrift)를 'H'로 표시한 후 면수를 밝힌다. 다만, 독일어와 한국어의 어순이 다른 경우가 많으므로 원문과 번역문의 면수에 약간의 차이가 있음은 양해하기로 한다.
3. 번역은 학술적 엄밀성을 염두에 두어 직역을 원칙으로 삼고, 가능한 한 원문의 문체, 어투, 문단 나누기 등도 보존하여, 칸트의 글쓰기 스타일을 그대로 보이도록 한다. 현대적 글쓰기에 맞지 않은 부분이나 문단들이라도 의미 전달이 아주 어렵지 않은 경우라면 그대로 둔다.
4. 독일어는 철저히 한글로 옮겨 쓰되, 필요한 경우에는 한글에 이어 〔 〕 안에

한자어를 병기한다. 그러나 원문이 라틴어나 그리스어일 경우에 그에 상응하는 한자말이 있을 때는 한자를 노출시켜 쓴다.

5. 칸트의 다른 저작 또는 다른 구절을 우리말로 옮길 때를 고려하여, 다소 어색함이 있다 하더라도, 칸트의 동일한 용어에는 되도록 동일한 우리말을 대응시킨다. 용어가 아닌 보통 낱말들에도 가능하면 하나의 번역어를 대응시키지만, 이런 낱말들의 경우에는 문맥에 따라 유사한 여러 번역어들을 적절히 바꿔 쓰고, 또한 풀어쓰기도 한다.(※ 아래 '유사어 및 상관어 대응 번역어 표' 참조.)
6. 유사한 또는 동일한 뜻을 가진 낱말이라 하더라도 칸트 자신이 번갈아 가면서 쓴 말은 가능한 한 우리말로도 번갈아 쓴다.(※ 아래 '유사어 및 상관어 대응 번역어 표' 참조.)
7. 번역 본문에서는 한글과 한자만을 쓰며, 굳이 서양말 원어를 밝힐 필요가 있을 때는 각주에 적는다. 그러나 각주 설명문에는 원어를 자유롭게 섞어 쓴다.
8. 대명사의 번역에 있어서는 지시하는 명사가 명백할 때는 우리말의 문맥상 필요할 경우에 본래의 명사를 반복하여 써주되, 이미 해석이 개입할 여지가 있을 때는 '그것', '이것', '저것' 등이라고 그대로 옮겨 쓰고, 역자의 해석은 각주에 밝힌다.
9. 직역이 어려워 불가피하게 원문에 없는 말을 끼워 넣어야 할 대목에서는 끼워 넣는 말을 〔 〕 안에 쓴다. 또한 하나의 번역어로는 의미 전달이 어렵거나 오해의 가능성이 있을 경우에도 그 대안이 되는 말을 〔 〕 안에 쓴다. 그러나 이중번역어 제시가 불가피한 곳에서는 두 역어를 기호 '/'를 사이에 두고 함께 쓴다.
10. 우리말 표현으로는 다소 생소하더라도 원문의 표현 방식과 다른 맥락에서의 표현의 일관성을 위하여 독일어 어법에 맞춰 번역하되, 오해될 우려가 클 때는 〔 〕에 자연스런 우리말 표현을 병기한다.
11. 칸트가 인용하는 인물이나 사건이나 지명이 비교적 널리 알려져 있지 않은 경우에는 그에 대해 각주를 붙여 해설한다.
12. 칸트의 다른 저술이나 철학 고전들과 연관시켜 이해해야 할 대목은 각주를

붙여 해설한다. 단, 칸트 원저술들을 인용함에 있어서 『순수이성비판』은 초판=A와 재판=B에서, 여타의 것은 모두 학술원판에서 하되, 제목은 우리말 또는 약어로 쓰고 원저술명은 아래에 모아서 밝힌다.(※해제 말미에 붙인 '해제와 역주에서 우리말 제목을 사용한 칸트 원논저 제목〔약호〕, 이를 수록한 베를린 학술원판 전집〔AA〕 권수(와 인용 역본)' 참조.)

13. 칸트 원문에 문법적으로 문제가 있는 곳은 여러 편집자의 판본들과 비교하여 각주에서 역자의 의견을 제시한다.
14. (제목은 별도로 하고) 원문의 본문에 격자〔隔字〕체로 크게 쓰인 낱말은 중고딕체로, 크고 진하게 쓰인 낱말은 진하게 쓰고, 인명이나 학파 명칭은 그래픽체로 구별하여 쓴다.
15. 본문 하단 '※' 표시 주는 칸트 자신의 주석이고, 아라비아 숫자로 표시되어 있는 각주만이 역자의 주해이다.

※ 유사어 및 상관어 대응 번역어

ableiten

ableiten : 도출하다/끌어내다, Ableitung : 도출, Deduktion : 연역, abziehen : 추출하다

absolut

absolut : 절대적(으로), schlechthin/schlechtdings : 단적으로/절대로, notwendig : 필연적, notwendigerweise : 반드시, nötig : 필수적/필요한, unausbleiblich : 불가불, unentbehrlich : 불가결한, unerläßlich : 필요불가결한, unvermeidlich : 불가피하게, unumgänglich : 불가피한

abstrahieren

abstrahieren : 추상하다/사상〔捨象〕하다, absehen : 도외시하다

Achtung

Achtung : 존경, Hochachtung : 존경/경의, Ehrfurcht : 외경, Hochschätzung : 존중, Schätzung : 평가/존중, Verehrung : 숭배/흠숭

ähnlich

ähnlich : 비슷한/유사한, analogisch : 유비적/유추적

Affinität

Affinität : 근친성, Verwandtschaft : 친족성

affizieren

affizieren : 촉발하다, Affektion : 촉발/자극/애착, Affekt : 흥분/촉발/격정/정서, anreizen : 자극하다, Reiz : 자극/매력, rühren : 건드리다/손대다, Rühren : 감동, Rührung : 감동, berühren : 건드리다

also

also : 그러므로, folglich : 따라서, mithin : 그러니까, demnach : 그 때문에, daher : 그래서, daraus : 그로부터

anfangen

anfangen : 시작하다, Anfang : 시작/시 , anheben : 개시하다

angemessen

angemessen : 알맞은/적절한, füglich : 걸맞은/어울리는

angenehm

angenehm : 쾌적한/편안한, unangenehm : 불유쾌한/불편한, Annehmlichkeit : 쾌적함/편안함

anhängend

anhängend : 부수적, adhärierend : 부착적

Apprehension

Apprehension(apprehensio) : 포착(捕捉), Auffassung(apprehensio) : 포착(捕捉 : 상상력의 작용으로서)/파악(지성의 작용으로서), Erfassen : 파악, Begreifen : (개념적) 파악/개념화/이해

a priori

a priori : 선험적, angeboren/innatus : 선천적/생득적/본유적, a posteriori : 후험적

arrogantia

arrogantia : 自滿, Eigendünkel : 자만〔自慢〕

Ästhetik

Ästhetik : 감성학/미(감)학, ästhetisch : 감성(학)적/미감적/미학적

Bedeutung

Bedeutung : 의미, Sinn : 의의

Bedingung

Bedingung : 조건, bedingt : 조건 지어진/조건적, das Bedingte : 조건 지어진 것/조건적인 것, das Unbedingte : 무조건자〔/무조건적인 것〕

Begierde

Begierde : 욕구, Begehren : 욕구, Begier : 욕망, Bedürfnis : 필요/필요욕구/요구, Verlangen : 요구/갈망/열망

begreifen

begreifen : (개념적으로) 파악하다/개념화하다/포괄하다/(포괄적으로) 이해하다, Begriff : 개념, verstehen : 이해하다, fassen : 파악하다/이해하다, Verstandesvermögen : 지성능력, Fassungskraft : 이해력

Beistimmung

Beistimmung : 찬동/동의, Stimme : 동의, Beifall : 찬동, Beitritt : 찬성/가입

Bereich

Bereich : 영역, Gebiet : 구역, Sphäre : 권역, Kreis : 권역, Feld : 분야, Fach : 분과, Umfang : 범위, Horizont : 지평, Boden : 지반/토대/기반/지역/영토, Region : 지역/지방/영역, territorium : 領土, ditio : 領域

Bestimmung

Bestimmung : 규정〔대개 자연에 대해서〕/사명〔대개 의지에 대해서〕, bestimmen : 규정하다〔대개 자연에 대해서〕/결정하다〔대개 의지에 대해서〕/확정하다, bestimmt : 규정된〔/적〕/일정한/확정된〔/적〕/명확한, unbestimmt : 무규정적/막연한

Bewegung

Bewegung : 운동/동요, Motion : 동작/운동

Bewegungsgrund

Bewegungsgrund/Beweggrund : 동인, Bewegursache : (운)동인

Beweis

Beweis : 증명, Demonstration : 입증/실연/시위

darlegen

darlegen : 명시하다, dartun : 밝히다, darstellen : 현시하다/그려내다/서술하다, Darstellung(exhibitio) : 현시(展示)/그려냄/서술

Denken

Denken : 사고(작용), Denkung : 사고/사유, Gedanke : 사유(물)/사고내용

Ding

Ding : 사물, Sache : 물건/사상〔事象〕/사안

Ding an sich

Ding an sich : 사물 자체, Ding an sich selbst : 사물 그 자체

dogmatisch

dogmatisch : 교의적/교조(주의)적

eigen

eigen : 자신의/고유한, eigentlich : 본래의/원래의, eigentümlich : 특유의〔/한〕/소유의, Eigenschaft : 속성/특성, Eigentümlichkeit : 특유성, Eigentum : 소유, ※Attribut : (본질)속성/상징속성

Einleitung

Einleitung : 서론, Vorrede : 머리말, Prolegomenon/—mena : 서설, Prolog : 서언

das Einzelne

das Einzelne : 개별자, Individuum : 개체/개인

entsprechen

entsprechen : 상응하다, korrespondieren : 대응하다

entstehen

entstehen : 발생하다, entspringen : 생기다, geschehen : 일어나다, stattfinden/statthaben : 있다/발생하다/행해지다

Erörterung

Erörterung(expositio) : 해설(解說), Aufklärung : 해명, Erläuterung : 해명, Erklärung : 설명/언명/공언/성명(서), Explikation : 해석/석명〔釋明〕, Deklaration : 선언/천명

Erscheinung

Erscheinung : 현상, Phaenomenon(phaenomenon) : 현상체(現象體), Sinneswesen : 감성존재자, Sinnenwelt(mundus sensibilis) : 감성〔각〕세계(感性〔覺〕世界)

erzeugen

erzeugen : 산출하다/낳다, zeugen : 낳다, Zeugung : 낳기/생식, hervorbringen : 만들어내다/산출하다

finden

finden : 발견하다, treffen : 만나다, antreffen : 마주치다, betreffen : 관련되〔하〕다/마주치다, Zusammentreffen : 함께 만남

Folge

Folge : 잇따름/계기〔繼起〕/후속〔後續〕/결과/결론, folgen : 후속하다/뒤따르다/뒤잇다/잇따르다/결론으로 나오다, sukzessiv : 순차적/점차적/연이은, Sukzession : 연이음, Kontinuum : 연속체, Kontinuität : 연속성, kontinuierlich : 연속적, Fortsetzung : 계속

Form

Form : 형식, Formel : 정식〔定式〕, (Zahlformel : 수식〔數式〕), Figur : 형상〔形象〕/도형, Gestalt : 형태

Frage

Frage : 물음, Problem : 문제, Problematik : 문제성

Freude

Freude : 환희/유쾌/기쁨, freudig : 유쾌한, Frohsein : 기쁨, froh : 기쁜, fröhlich : 유쾌한, erfreulich : 즐거운

Furcht

Furcht : 두려움/공포, Schrecken : 겁먹음/경악/전율, Grausen : 전율, Schauer : 경외감

Gang

Gang : 보행, Schritt : 행보/(발)걸음

Gehorchen

Gehorchen : 순종, Gehorsam : 복종, Unterwerfung : 복속/굴종

gemäß

gemäß : 맞춰서/(알)맞게/적합하게/의(거)해서/준거해서, nach : 따라서, vermittelst : 매개로/의해, vermöge : 덕분에/의해서

gemein

gemein : 보통의/평범한/공통의/공동의/상호적, gemeiniglich : 보통, gewöhnlich : 보통의/흔한/통상적으로, alltäglich : 일상적(으로)

Gemeinschaft

Gemeinschaft : 상호성/공통성/공동체

Gemüt

Gemüt : 마음/심성, Gemütsart : 심성, Gemütsfassung : 마음자세, Gesinnung : 마음씨, Seele : 마음/영혼, Herz : 심정/마음/가슴, Geist : 정신

Genuß

Genuß : 향수/향유/향락, genießen : 즐기다/향유하다

Geschäft

Geschäft : 과업, Beschäftigung : 일/용무, Angelegenheit : 업무/소관사/관심사, Aufgabe : 과제

Gesetz

Gesetz : 법칙, Regel : 규칙, regulativ : 규제적, Maxime : 준칙

Gleichgültigkeit

Gleichgültigkeit : 무관심, Indifferenz : 무차별, ohne Interesse : (이해)관심 없이, Interesse : 이해관심/관심/이해관계

Glückseligkeit

Glückseligkeit : 행복, Glück : 행운, Seligkeit : 정복〔淨福〕

Grenze

Grenze : 한계, Schranke : 경계/제한, Einschränkung : 제한(하기)

Grund

Grund : 기초/근거, Grundlage : 토대, Grundlegung : 정초〔定礎〕, Boden : 지반/토대/기반/지역, Basis : 기반/토대, Anfangsgründe : 기초원리, zum Grunde legen : 기초/근거에 놓다〔두다〕, unterlegen : 근저에 놓다〔두다〕

Handlung

Handlung : 행위〔사람의 경우〕/작동〔사물의 경우〕/작용/행위작용, Tat : 행실/행동/업적/실적, Tun : 행함/행동/일/짓, Tätigkeit : 활동, Akt : 작용, Wirkung : 결과/작용결과/작용, Verhalten : 처신/태도, Benehmen : 행동거지, Lebenswandel : 품행, Konduite : 범절, Werk : 소행/작품

immer

immer : 언제나, jederzeit : 항상

Imperativ

Imperativ : 명령, Gebot : 지시명령/계명, Geheiß : 분부/지시, befehlen : 명령하다, gebieten : 지시명령하다

intellektuell

intellektuell : 지성적, intelligibel : 예지적, intelligent : 지적인, Intelligenz : 지적 존재자/예지자, Noumenon(noumenon) : 예지체(叡智體), Verstandeswesen : 지성존재자, Verstandeswelt(mundus intelligibilis) : 예지〔오성〕세계(叡智〔悟性〕世界)

Irrtum

Irrtum : 착오, Täuschung : 착각/기만

Kanon

Kanon : 규준〔規準〕, Richtschnur : 먹줄/표준, Richtmaß : 표준(척도), Maß : 도량/척도, Maßstab : 자/척도, Norm : 규범

klar

klar : 명료한/명백한, deutlich : 분명한, verworren : 모호한/혼란한, dunkel : 애매한/불명료한/흐릿한, zweideutig : 다의적인/이의〔二義〕적인/애매한/애

매모호한, evident : 명백한/자명한, offenbar : 분명히, augenscheinlich : 자명한/명백히, einleuchtend : 명료한, apodiktisch : 명증적, bestimmt : 규정된/명확한

Körper

Körper : 물체/신체, Leib : 몸

Kraft

Kraft : 힘/력/능력, Vermögen : 능력, Fähigkeit : (능)력/할 수 있음/재능/역량, Macht : 권력/위력/힘, Gewalt : 강제력/통제력/폭력

Krieg

Krieg : 전쟁, Kampf : 투쟁/전투, Streit : 항쟁/싸움/다툼, Streitigkeit : 싸움거리/쟁론, Zwist : 분쟁, Fehde : 반목, Anfechtung : 불복

Kultur

Kultur : 배양/개발/문화/교화/개화, kultivieren : 배양하다/개발하다/교화하다

Kunst

Kunst : 기예/예술/기술, künstlich : 기예적/예술적/기교적, kunstreich : 정교한, Technik : 기술, technisch : 기술적인, Technizism : 기교성/기교주의

mannigfaltig

mannigfaltig : 잡다한/다양한, Mannigfaltigkeit : 잡다성/다양성, Varietät : 다양성/다종성, Einfalt : 간단/간결/소박함, einfach : 단순한, einerlei : 한가지로/일양적

Materie

Materie : 질료, Stoff : 재료/소재

Mechanismus

Mechanismus : 기계성/기제〔機制〕/기계조직, Mechanik : 역학/기계학/기계조직, mechanisch : 역학적/기계적, Maschinenwesen : 기계체제

Mensch

Mensch : 인간, man : 사람(들)

Merkmal

Merkmal(nota): 징표(徵標), Merkzeichen: 표징, Zeichen: 표시/기호, Kennzeichen: 표지〔標識〕, Symbol: 상징, Attribut: (본질)속성/상징속성

Moral

Moral: 도덕/도덕학, moralisch: 도덕적, Moralität: 도덕(성), Sitte(n): 윤리/예의/예절, sittlich: 윤리적, Sittlichkeit: 윤리(성), Ethik: 윤리학, ethisch: 윤리(학)적

musterhaft

musterhaft: 범형적/범례적, exemplarisch: 견본적/본보기의, schulgerecht: 모범적, Beispiel: 예/실례/사례

Natur

Natur: 자연/본성/자연본성, Welt: 세계/세상, physisch: 자연적/물리적

nennen

nennen: 부르다, heißen: 일컫다, benennen: 명명하다, bezeichnen: 이름 붙이다/표시하다

nun

nun: 이제/그런데/무릇, jetzt: 지금/이제

nur

nur: 오직/다만/오로지/단지, bloß: 순전히/한낱/한갓, allein: 오로지, lediglich: 단지/단적으로

Objekt

Objekt: 객관〔아주 드물게 객체〕, Gegenstand: 대상

Ordnung

Ordnung: 순서/질서, Anordnung: 정돈/배열/서열/질서

Pathos

Pathos: 정념, pathologisch: 정념적, apatheia: 無情念, Leidenschaft: 열정/정열

Pflicht

Pflicht : 의무, Verbindlichkeit : 책무/구속성, Verantwortung : 책임, Schuld : 채무/탓, Obliegenheit : 임무

Position

Position : 설정, Setzen : 정립

Prädikat

Prädikat : 술어, Prädikament : 주[主]술어, Prädikabilie : 준술어

problematisch

problematisch : 문제(성) 있는/미정[未定]적, wahrscheinlich : 개연적

Qualität

Qualität(qualitas) : 질(質), Eigenschaft : 속성/특성, Beschaffenheit : 성질

Quantität

Quantität(quantitas) : 양(量), Größe : 크기, Quantum(quantum) : 양적(量的)인 것, Menge : 분량/많음, Masse : 총량/다량

Ratschlag

Ratschlag : 충고, Ratgebung : 충언

Realität

Realität : 실재(성)/실질(성)/실질실재(성), Wirklichkeit : 현실(성), realisieren : 실재화하다, verwirklichen : 현실화하다/실현하다

rein

rein : 순수한, bloß : 순전한, einfach : 단순한, lauter : 순정[純正]한, echt : 진정한

Rezeptivität

Rezeptivität : 수용성, Empfänglichkeit : 감수성/수취(가능)성/수취력/수용성/얻을 수 있음/받을 수 있음, Affektibilität : 감응성

Schema

Schema : 도식[圖式], Bild : 도상[圖像]/상[像]/형상[形像]/그림, Figur : 도형[圖形]/모양/모습/형상[形象], Gestalt : 형태

Schöne (das)

Schöne (das) : 미적인 것/아름다운 것, Schönheit : 미/아름다움, ※ästhetisch : 감성적/미감적/미학적

Sein

Sein : 존재/임〔함〕/있음, Dasein : 현존(재), Existenz : 실존(재), Wesen : 존재자/본질

Selbstliebe

Selbstliebe : 자기 사랑, philautia : 自愛, Eigenliebe : 사애〔私愛〕

selbstsüchtig

selbstsüchtig : 이기적, eigennützig : 사리〔私利〕적, uneigennützig : 공평무사한

sich

an sich : 자체(적으)로, an sich selbst : 그 자체(적으)로, für sich : 그것 자체(적으)로/독자적으로

sinnlich

sinnlich : 감성적/감각적, Sinnlichkeit : 감성, Sinn : 감(각기)관/감각기능/감각, sensibel : 감성적/감수적, sensitiv : 감수적/감각적, Empfindung : 감각, Gefühl : 감정

sogenannt

sogenannt : 이른바, vermeintlich : 소위, angeblich : 세칭〔世稱〕/자칭, vorgeblich : 소위/사칭적

Spiel

Spiel : 유희/작동

Spontaneität

Spontaneität : 자발성, Selbsttätigkeit : 자기활동성, Rezeptivität : 수용성, Empfänglichkeit : 감수성

Substanz

Substanz(substantia): 실체(實體), Subsistenz: 자존〔自存〕성, bleiben: (불변)존속하다/머무르다, bleibend: (불변)존속적〔/하는〕, bestehen: 상존하다, beständig: 항존적, Dauer: 지속, beharrlich: 고정(불변)적, Beharrlichkeit: 고정(불변)성

Synthesis

Synthesis: 종합, Vereinigung: 합일/통합/통일, Assoziation: 연합, Einheit: 통일(성)/단일(성)/하나,

transzendental

transzendental: 초월적〔아주 드물게 초험적/초월론적〕, transzendent: 초험적, immanent: 내재적, überschwenglich: 초절적, überfliegend: 비월적〔飛越的〕

trennen

trennen: 분리하다, abtrennen: 분리시키다, absondern: 떼어내다/격리하다, isolieren: 격리하다/고립시키다

Trieb

Trieb: 추동〔推動〕/충동, Antrieb: 충동, Triebfeder: (내적) 동기, Motiv: 동기

Trug

Trug: 속임(수)/기만, Betrug: 사기, Täuschung: 속임/기만/사기, Blendwerk: 기만/환영〔幻影〕, Vorspiegelung: 현혹, Erschleichung: 사취, Subreption: 절취

Übereinstimmung

Übereinstimmung: 합치, Einstimmung: 일치/찬동, Stimmung: 조율/정조〔情調〕/기분/분위기, Zusammenstimmung: 부합/합치/화합, Übereinkommen: 일치, Vereinigung: 통일/통합, Vereinbarung: 합일/합의/협정, Harmonie: 조화, Einhelligkeit: 일치/이구동성, Verträglichkeit: 화합/조화, Angemessenheit: 적합/알맞음/부합, Entsprechung: 상응/대응, Kongruenz:

합동/합치, korrespondieren: 대응하다, adaequat: 일치하는/부합하는/대응하는/충전한

Unterschied

Unterschied: 차이, Unterscheidung: 구별, Verschiedenheit: 상이(성)/서로 다름, unterscheiden: 구별하다/판별하다

Ursprung

Ursprung: 근원/기원, Quelle: 원천, Ursache: 원인/이유, Kausaltät: 원인(성)/인과성, Grund: 기초/근거/이유

Urteil

Urteil: 판단, Beurteilung: 판정/평가/가치판단/판단

Veränderung

Veränderung: 변화, Abänderung: 변이〔變移〕, Änderung: 변경, Wechsel: 바뀜〔變轉〕, Wandeln: 변모〔轉變〕, Umwandlung: 전환/변이, Verwandlung: 변환

Verbindung

Verbindung(conjunctio): 결합(結合), Verknüpfung(nexus): 연결(連結), Zusammensetzung(compositio): 합성(合成), Zusammengesetztes (compositum): 합성된 것/합성체(合成體), Zusammenhang: 연관(성), Zusammenhalt: 결부/결속, Zusammenkommen: 모임, Zusammenstellung: 모음/편성, Zusammenfassung(comprehensio): 총괄(總括)/요약/개괄, Zusammennehmung: 통괄/총괄

Vergnügen

Vergnügen: 즐거움/쾌락, Unterhaltung: 즐거움/오락, Wollust: 희열/환락/쾌락, Komplazenz: 흐뭇함/흡족함, Ergötzlichkeit: 오락/기쁨을 누림, ergötzen: 기쁨을 누리다/흥겨워하다/즐거워하다, ergötzend: 흥겨운/즐겁게 하는

Verhältnis

Verhältnis : 관계, Beziehung : 관계(맺음), Relation : 관계

Verstand

Verstand : 지성〔아주 드물게 오성〕, verständig : 지성적/오성적, intellektuell : 지성적, intelligibel : 예지〔叡智〕적

vollkommen

vollkommen : 완전한, vollständig : 완벽한, völlig : 온전히, vollendet : 완결된/완성된, ganz/gänzlich : 전적으로

Vorschrift

Vorschrift : 지시규정/지정/규정〔規程〕/훈계, vorschreiben : 지시규정하다/지정하다

wahr

wahr : 참인〔된〕/진리의, Wahrheit : 진리/참임, wahrhaftig : 진실한, Wahrhaftigkeit : 진실성

weil

weil : 왜냐하면, denn : 왜냐하면/무릇, da : ~이므로/~이기 때문에

Widerspruch

Widerspruch : 모순, Widerstreit : 상충

Wille

Wille : 의지, Wollen : 의욕(함), Willkür(arbitrium) : 의사(意思)/자의(恣意), willkürlich : 자의적인/의사에 따른/의사대로, Willensmeinung : 의향, beliebig : 임의적

Wissen

Wissen : 앎/지〔知〕/지식, Wissenschaft : 학문/학〔學〕/지식, Erkenntnis : 인식, Kenntnis : 지식/인지/앎

Wohl

Wohl : 복/안녕, Wohlsein : 복됨/안녕함, Wohlbefinden : 안녕/평안, Wohlergehen : 번영, Wohlfahrt : 복지, Wohlstand : 유복

Wohlgefallen

Wohlgefallen(complacentia) : 흡족(洽足), ※ Komplazenz : 흐뭇함, gefallen : 적의〔適意〕하다, Gefälligkeit : 호의, Mißfallen : 부적의〔不適意〕/불만, mißfallen : 적의하지 않다/부적의〔不適意〕하다

Wunder

Wunder : 놀라움/기적, Bewunderung : 경탄, Verwunderung : 감탄, Erstauen : 경이, Ehrfurcht : 외경, Schauer : 경외

z. B.

z. B. : 예컨대, zum Beispiel : 예를 들어, beispielsweise : 예를 들어

Zufriedenheit

Zufriedenheit : 만족, unzufrieden : 불만족한〔스러운〕, Befriedigung : 충족 ※Erfüllung : 충만/충족

Zwang

Zwang : 강제, Nötigung : 강요

Zweck

Endzweck : 궁극목적, letzter Zweck : 최종 목적, Ziel : 목표, Ende : 종점/끝

Critik

der

Urtheilskraft

von

Immanuel Kant.

Berlin und Libau,
bey Lagarde und Friederich
1790.

차례

판단력비판

임마누엘 칸트

베를린,

F. T. 라가르데,

1793[1)]

1) 제1판은 이 자리에 "베를린 · 리바우, 라가르데 · 프리드리히, 1790".

1790년도 제1판을 위한[1] 머리말 BIII V167

우리는 선험적 원리들에 의한 인식의 능력을 **순수 이성**이라고 부르고, 이 순수 이성 일반의 가능성과 한계에 대한 연구를 순수 이성 비판이라고 부를 수 있다. 우리가 저런 명칭을 가진 첫 번째 저작[2]에서 그렇게 했듯이, 이 능력을 실천 이성으로서 특수한 원리들에 따라 연구하고자 함 없이, 단지 이론적으로 사용되는 이성만을 뜻하는 것으로 하기는 하지만 말이다. 그렇기에 저 순수 이성 비판은 한낱 사물들을 선험적으로 인식하는 우리 능력에만 관여하며, 그러므로 쾌·불쾌의 감정과 욕구능력은 제외하고, 단지 **인식능력**만을 다룬다. 그리고 인식능력 중에서도 (이론적 인식에 똑같이 속하는 능력들인) **판단력**과 **이성**은 제외한 채, **지성**
BIV
만을 그것의 선험적 원리들의 면에서 다룬다. 그것은, 논의가 진행되어 가면서 드러나겠지만, 지성 이외에는 어떤 다른 인식능력도 선험적인 구성적 인식원리들을 제공할 수 없는 까닭이다. **그러므로**[3] 인식능력들 모두를, 다른 〔두〕 인식능력 각각이 자기 자신의 뿌리로부터 뚜렷이 소유한다고 주장하고 싶어 하는 인식의 몫에 따라서, 훑어보는 비판은 **지성**

1) 이 말은 B판(1793)에서 덧붙인 것임. 그러나 B판을 위한 머리말을 별도로 쓰지는 않았음.

2) 곧, 『순수이성비판』(=*KrV*. 1781, 1787).

3) A판: "**그래서**".

이 선험적으로 현상들—이것들의 형식[4] 또한 선험적으로 주어지는바—
의 총괄인 자연[5]을 위해 법칙[6]으로 지시규정하는 것 이외에는 아무것도
남겨두지 않는다. 그러나 비판은 여타 모든 순수 개념들을, 우리의 이론
적 인식능력에 대해서는 초절적이지만, 그러면서도 가령 무익하거나 없
어도 되는 것이 아니라, 규제적 원리들로 쓰이는 이념들 안에 밀어 넣는
다. 그것은, 한편으로는, 마치 지성이 (지성은 자기가 인식할 수 있는 모든
V168 사물들의 가능성의 조건들을 선험적으로 제시할 수 있기 때문에) 그로 인해 모
든 사물들 일반의 가능성 또한 이 한계 안에 가두어놓은 것 같은, 지성의
우려스런 월권을 억제하고, 다른 한편으로는 지성이 비록 결코 완벽성에
이를 수는 없다 해도, 자연을 고찰함에 있어 지성 자신을 완벽성의 원리
BV 에 따르도록 이끌고, 그를 통해 모든 인식의 궁극의도를 촉진시키기 위
한 것이다.

그러므로 선험적인 구성적 인식원리들을 함유하고 있는 한에서, 자기 고유의 구역을, 그것도 **인식능력**에서 갖는 것은 본래 **지성**이었다. 그것은 일반적으로 그렇게 명명된 순수 이성 비판에 의해 여타의 모든 경쟁자들에 대항해서 확실한, 그러나 유일한 소유지를 확보해야 할 것이었다. 그와 똑같이 오로지 **욕구능력**과 관련해서만 선험적인 구성적 원리들을 함유하는 **이성**은 실천 이성 비판에서 그 소유지를 지정받았다.

그런데 우리 인식능력의 순서에서 지성과 이성 사이의 중간항을 이루
는 **판단력**도 독자적으로 선험적 원리들을 가지는가, 이 원리들은 구성적
인가 아니면 한낱 규제적인 것인가(즉 그러므로 어떤 고유한 구역도 증명하
지 못하는가), 그리고 판단력이 인식능력과 욕구능력 사이의 중간항으로
서의 쾌·불쾌의 감정에게 (지성이 인식능력에게, 이성이 욕구능력에게 선험
BVI 적으로 법칙들을 지시규정하는 것과 똑같이) 선험적으로 규칙을 주는가,[7] 이

4) 곧, 범주들.

5) 이른바 "質料上으로 본 自然"(*KrV*, B163). 또한 『순수이성비판』, A114 참조.

6) 곧, 순수 지성의 범주들과 종합적 원칙들.

것이 지금의 이 판단력 비판이 다루는 문제이다.

〔이른바〕 순수 이성 비판, 다시 말해, 선험적 원리들에 따라 판단하는 우리 능력[8]에 대한 비판은, 만약 그 자신 인식능력으로서 역시 그러한 것임을 주장하는 판단력에 대한 비판이 순수 이성 비판의 하나의 특수한 부분으로 논의되지 않는다면, 완벽하지 못한 것일 터이다. 비록 판단력의 원리들이 순수철학의 체계 안에서 이론철학과 실천철학 사이에서 아무런 특수한 부문도 이루고 못하고, 부득이 할 경우에 그때그때 양쪽 어디에나 병합될 수 있는 것이라 하더라도 말이다. 무릇, 만약 그러한 체계가 형이상학이라는 보편적 이름 아래 언젠가 성립되어야 한다면, ―그러한 체계를 완벽하게 성취한다는 것은 가능하며, 또 이성 사용을 위해 모든 관계에서 최고로 중요하다―비판은 이 건물을 위한 기반을, 어느 한 부분이 내려앉아 건물 전체의 붕괴를 불가피하게 초래하는 일이 없도록, 경험으로부터 독립적인 원리들의 능력의 최초의 토대가 놓여 있는 데까지 깊이 미리 탐색해두어야만 하기 때문이다.

그러나 사람들이 판단력―이것의 올바른 사용은 필연적 보편적으로 요구되는 것으로, 건전한 지성이라는 이름이 뜻하는 것도 다름 아닌 이 능력이거니와―의 본성[9]으로부터 쉽게 추정할 수 있는 바는, 판단력의 고유한 원리[10]를 찾아내는 일은 큰 어려움을 수반할 수밖에 없다는 사실 BVII V169

7) 이 대목에서 칸트는 '인식능력'을 지성 · 판단력 · 이성으로 구분하고, 마음의 기능을 인식능력, 쾌 · 불쾌의 감정〔취미능력〕, 욕구능력으로 구분하고서, 각각 인식능력의 한 가지인 지성이 인식능력에게, 판단력이 취미능력에게, 이성이 욕구능력에게 선험적 법칙을 지시규정하는 것임을 넌지시 말하고 있다.

8) 여기서는 '순수 이성'이 '선험적 원리들에 따라 판단하는 능력'으로 넓게 규정되고 있다.

9) 칸트는 "특수한 것을 보편적인 것 아래에 포함되어 있는 것으로 사고하는 능력"(아래 BXXV=V179)인 판단력을 『순수이성비판』에서도 "규칙들 아래에 〔무엇인가를〕 **포섭하는** 능력, 다시 말해 무엇인가가 주어진 규칙 아래에 있는 것(所與 法則의 事例)인지 아닌지를 판별하는 능력"(*KrV*, A132=B171)이라고 규정하고, 이 판단력은 "천부적 재능의 특수한 것"으로서 이것의 결여를 "본디 천치(天痴)라고 일컫는"(*KrV*, A133=B172)다고 말한 바 있다. 또한 칸트 『인간학』, B127=VII204 이하 참조.

10) 곧, '합목적성'을 말하겠다.

이다. (무릇 판단력[11]은 어떠한 것이 됐든 하나의 원리를 선험적으로 자기 안에 함유하지 않을 수 없다. 그렇지 않다면 판단력[12]은 하나의 특수한 인식능력으로서 가장 일반적인 비판조차도 받지 않을 것일 터이기 때문이다.) 그럼에도 불구하고 이 원리는 선험적 개념들로부터 도출된 것이어서는 안 된다.[13] 왜냐하면, 선험적 개념들이란 지성에 귀속하는 것이고, 판단력은 단지 이것들의 적용에만 관여하는 것이기 때문이다. 그러므로 판단력은 자신이 하나의 개념을 제시해야만 할 것이되, 이 개념을 통해서는 본래 사물이 인식되는 것이 아니다. 그 개념은 단지 판단력 자신을 위한 규칙으로 쓰이는 것으로, 판단력이 그의 판단을 그에 맞출 수 있는 객관적 규칙으로 쓰이는 것은 아니다. 왜냐하면, 그를 위해서는 다시금, 어떤 것이 이 규칙에 해당하는 경우인지 아닌지를 판별할 수 있기 위해, 또 다른 판단력이 필요할 것이기 때문이다.[14]

원리—이것이 주관적인 것이든 객관적인 것이든 간에—로 인한 이런
BVIII 당혹스러움은 주로 사람들이 미감적이라고 부르는 판정들, 즉 자연 또는 예술의 미적인 것과 숭고한 것에 관한 판정들에서 일어난다. 그럼에도 불구하고 이런 판정들에서의 판단력의 원리에 대한 비판적 연구가 이 능력[15] 비판의 가장 중요한 대목이다. 왜냐하면 이 판정들은 비록 독자적으로는 사물들의 인식을 위해 전혀 아무것도 기여하는 바가 없지만, 그 인식능력에만 귀속하고, 그러면서도 이 능력이 어떤 선험적 원리에 따라 쾌·불쾌의 감정과 직접적으로 관계 맺음을 증명하고 있기 때문이다. 그리고 이 원리는 욕구능력의 규정근거일 수 있는 것과는 혼동되지 않는데, 그것은 욕구능력은 자기의 선험적 원리들을 이성의 개념들 안에서

11) 칸트 원문은 "es"이나 AA에 따라 "sie"로 고쳐 읽는다.

12) 칸트 원문은 "es"이나 AA에 따라 "sie"로 고쳐 읽는다.

13) 또한 "판단력은 이 원리를 경험에서 빌려올 수는 없다"(아래 BXXVII=V180).

14) 칸트는 『순수이성비판』에서 '판단력 일반'을 설명하는 자리(A132~134=B171~173)에서도 유사한 논변을 편다.

15) 곧, 판단력.

갖기 때문이다. 그러나 자연에 대한 논리적[16] 판정에 대해 말할 것 같으면, 감성적인 것에 대한 보편적 지성개념이 더 이상 이해하거나 설명할 수 없는 사물들에 대해 경험이 합법칙성을 세우고, 판단력이 자연사물을 인식할 수 없는 초감성적인 것과 관계 짓는 원리를 자기 자신으로부터 취할 수 있으되, 그것을 오로지 자기 자신의 관점〔의도〕에서만 자연을 인식[17]하는 데 사용해야 하는 곳에서는, 그러한 선험적인 원리는 세계존재자들을 **인식**하는 데 적용될 수 있고, 적용되어야만 하며, 또한 동시에 BIX
실천 이성을 위해서 유익한 전망을 열어준다. 그러나 이 원리는 쾌 · 불쾌의 감정과 아무런 직접적인 관계도 갖지 않는 것으로, 이 관계야말로 판단력의 원리 안에 있는 수수께끼이다. 이 수수께끼가 비판에서 이 능력을 위한 하나의 특수한 부문을 꼭 필요하게 만드는 것이다. 개념들— V170
이것들로부터는 결코 쾌 · 불쾌의 감정에 대한 직접적인 귀결이 이끌어내질 수 없다—에 따른 논리적 판정은 어쨌든, 그러한 판정들의 비판적 제한과 함께, 철학의 이론적 부분의 부록이 될 수 있었겠기 때문이다.

미감적 판단력으로서 취미능력[18]에 대한 연구는 여기서 취미의 형성

---

16) Rosenkranz나 Windelband 등은 이 '논리적(logisch)'을 '목적론적(teleologisch)'으로 고쳐 읽을 것을 제안한다.(AA V, 530 참조) 아래(BXL=V193)에서 보듯 칸트는 이 '논리적' 판정〔가치판단〕을 다름 아닌 '목적론적 판단력'의 작용으로 설명하고 있다. 그러나 같은 문맥에서 같은 의미로 이 '논리적'이라는 말이 아래에서도 반복적으로 사용되고 있는 것을 감안할 때, 칸트가 '목적론적'이라는 말 대신 '논리적'이라는 말을 이 대목에서 사용하고 있는 까닭에도 합당한 주의를 기울여야 한다. '논리적(logisch)'을 어원적 의미대로, 곧 '로고스(logos)적'이라는 의미로 새기면, 그것은 '형식 논리적'이라기보다는 '세계 전체를 통관하는 체계 원리적'을 뜻할 것이니, '합리적', '이상적'이라는 의미와 함께 '합목적적'이라는 의미 또한 갖는다고 볼 수 있다.

17) 자연과학적 인식과는 다른 의미에서의 '인식'을 지시하는 것이니, 차라리 '이해' 또는 '해석'이라는 표현이 더 적절하겠다.

18) 원어: Geschmacksvermögen. 'Geschmack'가 "미적인 것을 판정하는 능력"(B3=V203)으로 규정되는 한에서 '취미(趣味)'란 곧 '심미(審美)'의 의미로 이해해야 한다. 여기서 '취미능력', 곧 '심미능력'을 '미감적 판단력'과 일치시키고 있음은 '목적론적 판단력'은 '취미능력', 곧 "쾌 · 불쾌의 감정과 아무런 직접적인 관계도 갖지 않는 것"임을 재차 언급한 것이다.

이나 개발을 위해서가 아니라, —왜냐하면 이런 것은 모든 그러한 탐구
없이도 지금까지 그래왔듯이 앞으로도 진행될 것이기 때문이다—한낱
초월적[19] 관점〔의도〕에서 행해질 것이므로, 스스로 자부하거니와, 이 연
구가 저런 목적을 결여하고 있다는 점에서는 관대하게 판정받을 것이다.
그러나 후자의 의도와 관련해서 이 연구는 가장 엄격한 심사를 받을 각오
를 하지 않으면 안 될 것이다. 그러나 이 경우에도, 판단력의 현상을 그
원리로부터 도출하는 방식이 모든 분명성을 갖지 못함을 전제하고서도,
만약 원리가 올바르게 제시되었다는 것이 충분히 명료하게 밝혀져 있기
만 하다면, 자연이 그토록 착종시켜놓은 문제를 해결한다는 아주 큰 어려
BX 움이 그 문제를 해결함에 있어 전적으로 피할 수는 없는 어느 정도의 불
명료함을 양해하도록 해줄 것이라 기대한다. 저런 분명성은 사람들이 다
른 곳에서는, 곧 개념들에 의한 인식에 대해서는 당연히 요구할 수 있는
것이고, 나 또한 이 저술의 제2부[20]에서 도달했다고 믿고 있기는 하다.

그러므로 이것으로써 나는 나의 전체 비판적 과업[21]을 끝마치는 바이다. 이제 나는 더해 가는 나이에 가능한 한 조금이라도 시간을 더 얻기 위해, 주저치 않고 교설적 과업으로 나갈 것이다. 판단력과 관련해서는 비판이 이론을 대신하기 때문에, 교설적 과업 내에 판단력을 위한 별도 부문은 없으며, 철학을 이론철학과 실천철학으로 구분하고, 순수철학 또한 그와 같이 구분하는 것에 따라, 자연 형이상학과 윤리 형이상학이 이 〔새〕 과제를 이루게 될 것임은 자명한 일이다.

---

19) 곧, 인간의 순수한 마음의 능력 비판적

20) 곧, '목적론적 판단력 비판'.

21) 곧, 순수 이론 이성 · 실천 이성 · 판단력에 대한 비판 작업.

서론 BXI V171

I.
철학의 구분에 대하여

철학이 (논리학처럼 객관들의 구별 없이, 한낱 사고 일반의 형식의 원리들만을 함유하지 않고) 개념들에 의한 사물[1]들의 이성인식의 원리들을 함유하는 한에서, 철학을 보통 그렇게 하듯이 **이론철학**과 **실천철학**으로 구분한다면, 그것은 전적으로 정당한 일이다. 그러나 그때에 역시 이 이성인식의 원리들에게 그 객관을 지시하는 개념들은 종적〔種的〕으로 서로 다르지 않을 수 없다. 왜냐하면, 만약 그렇지 않다면, 그것들이 학문의 서로 다른 부문에 속하는 이성인식의 원리들의 대립을 항상 전제하는 그 구분을 정당화하지 못할 것이기 때문이다.

그러나 그 대상들을 가능하게 하는 서로 다른 원리들을 허가하는 서로 다른 개념들은 오직 두 가지가 있다. 곧 **자연개념들**과 **자유개념**이 그것이다. 그런데 전자는 선험적 원리들에 따라 **이론적** 인식을 가능하게 BXII
하지만, 후자는 이론적 인식[2]과 관련해서는 단지 (순전한 대립이라는) 소

1) 여기서 '사물(Ding)'이란 '어떤 것(res)' 또는 '무엇인가 실재적인 것(aliquod realis)'을 말한다.

극적 원리만을 이미 자기 개념 안에 수반하면서, 그 반면에 의지결정을 위해서는, 그 때문에 실천적이라고 일컬어지는, 확장적 원칙들을 세운다. 그렇게 해서 철학이 그 원리들에 따라서 전적으로 서로 다른 두 부문, 즉 **자연철학**인 이론철학과 **도덕철학**—자유개념에 따른 이성의 실천적 법칙수립이 그렇게 일컬어지는바—인 실천철학으로 구분되는 것은 정당한 일이다. 그러나 지금까지 이 표현들을 가지고 서로 다른 원리들을 구분하고 그와 함께 철학을 구분하는 데 있어 아주 잘못 사용하는 일이 성행했다. 사람들은 자연개념들에 따른 실천적인 것과 자유개념에 따

V172 른 실천적인 것을 한 가지로 보았고, 그래서 하나의 이론적이고 실천적인 철학이라는 동일한 명명들 아래서 구분을 했는데, 그 구분에 의해서는 (두 부문이 한 가지의 원리들을 가질 수 있었으므로) 실제로는 아무것도 구분된 것이 없었다.

욕구능력으로서 의지는 곧 세계 내의 여러 가지 자연원인들 중 하나〔의 원인〕[3]이다. 곧, 개념들에 따라 작용하는 그런 원인인 것이다. 의지에 의해 가능한 것으로 (또는 필연적인 것으로) 표상되는 모든 것은 실천적으로-가능한 것(또는 실천적으로-필연적인 것)이라 일컫는다. 그것은 그

BXIII 결과에 대한 원인이 개념들에 의해 원인성으로 규정되는 것이 아닌, (생명 없는 물질에서처럼 기계성에 의해, 그리고 동물들에서처럼 본능에 의해 원인성으로 규정되는) 결과의 물리적 가능성이나 필연성과는 구별된다.—그런데 여기서 실천적인 것과 관련해 의지의 인과성에 규칙을 주는 개념이 자연개념인가 또는 자유개념인가는 불확정으로 남아 있다.

---

2) 앞서 '이론적 인식'을 "ein theoretisches Erkenntnis"라고 했으니, 이 자리에는 "derselben" 대신에 "desselben"이 적합하겠으나, 칸트가 'Erkenntnis'를 때로는 중성명사로 때로는 여성명사로 사용한다는 점을 고려할 때, 이 비일관성은 양해해야 할 것 같다.

3) 원문의 "eine"는 문법적으로는 "eine Natururursache"이겠으나, 그냥 "eine Ursache"로 보아야 할 것 같다. 자연"개념들에 따라 작용하는" 그런 원인만을 '자연원인'이라 하겠기 때문이다.

그러나 이 마지막 구별은 본질적인 것이다. 무릇, 인과성을 결정하는 개념이 자연개념이라면 그 원리들은 **기술적-실천적**일 것이지만 그것이 자유개념이라면, **도덕적-실천적**일 것이기 때문이다. 그리고 이성학문의 구분에 있어서 관건은 그에 대한 인식이 서로 다른 원리들을 필요로 하는 대상들의 상이성에 있으므로, 전자의 원리들은 (자연이론으로서) 이론철학에 속하고, 전적으로 후자의 원리들만이 제2부문, 곧 (윤리이론으로서) 실천철학을 이룰 것이다.

모든 기술적-실천적 규칙들(다시 말해, 기예[4]와 숙련[5] 일반의 규칙들, 또한 인간과 인간의 의지에 영향을 미치는 숙련으로서의 영리[6]의 규칙들)은, 그것들의 원리들이 개념들에 의거하고 있는 한에서, 단지 부속물로서만 이론철학에 속하는 것으로 간주되어야 한다. 왜냐하면 이것들은 단지 자연개념들에 따라 사물들을 가능하게 하는 데만 관계하기 때문이다. 그런데, 이 자연개념에는 자연에서 마주칠 수 있는 그를 위한 수단들뿐만 아니라, (욕구능력, 그러니까 자연능력으로서) 의지조차도 속하는 것이다. 의지가 자연의 동기들에 의해 저 규칙들에 맞추어 규정될 수 있는 한에서 BXIV
말이다. 그럼에도 그러한 실천 규칙들은 (가령 물리적 법칙들과 같은) 법칙들이라고 일컫지 않고, 단지 지시규정들이라고 한다. 그것은 의지가 자연개념 아래에 있을 뿐만 아니라, 자유개념 아래에도 있기 때문이다. 이 자유개념과의 관계에서 의지의 원리들은 법칙[7]이라고 일컬어지고, 〔이

4) 원어: Kunst. '기술(Technik)'과 '예술'을 포괄하는 것으로 보아 '기예'로 옮긴다. '예술'을 지칭하는 'schöne Kunst' 즉 '미적 기예'라는 표현도 사용되고 있으나, 'Kunst' 또한 기예 일반이 아니라 예술을 지칭하는 경우도 적지 않으니 다소의 혼란은 불가피하겠다. 기예는 "자유에 의한 만들어냄", 즉 "그 행위의 기초에 이성을 두고 있는 의사에 의한 만들어냄"(만듦, facere)으로서 그 결실을 '작품(opus)'이라 한다. 아래 §43 참조.

5) 숙련(Geschicklichkeit)이란 '수단을 다루는 능숙함'을 말한다. 『윤리형이상학 정초』: B41=IV415 참조.

6) 영리함(Klugheit)이란 '자신의 안녕(행복)을 위한 수단 선택에서의 숙련됨'을 말한다. 『윤리형이상학 정초』: B42=IV416 참조.

7) 곧, 물리〔자연〕 법칙과 구별되는 도덕법칙. 그러니까 순전한 자연기계성의 규칙에 대해

것들은〕 단독으로 그것들의 귀결들을 가지고서 철학의 제2 부문, 곧 실천적 부문을 이룬다.

V173 그러므로 순수 기하학의 문제들의 해결이 그것의 특수 부문에 속하는 것이 아니고, 또 측량술이 순수 기하학과는 구별되어 기하학 일반의 제2 부문으로서 실천적 기하학이라는 이름을 얻을 수 없는 것과 마찬가지로, 아니 그보다 더욱, 실험이나 관찰의 기계적 기술 또는 화학적 기술이 자연이론의 실천적 부문으로 간주될 수는 없다. 끝으로 가정경제, 농업경제, 국가경제, 교제술, 섭생법의 규정, 일반 행복론조차도, 심지어는 이를 위한 경향성들의 억제와 격정들의 제어도 실천철학에 속하는 것으로 꼽을 수는 없고, 또 이 후자들이 철학 일반의 제2 부문을 이루지는 못하는 것이다. 왜냐하면, 이것들 모두는 단지 원인과 결과라는 자연개념들에 따라서 가능한 결과를 산출하기 위한, 그러니까 단지 기술적-실천적
BXV 인, 숙련의 규칙들만을 함유하는바, 이 자연개념들은 이론철학에 속하는 것으로, 이 이론철학(자연과학)의 순전한 부속물인 저 지시규정들에 **종속하고, 그러므로**[8] 실천철학이라고 불리는 한 특수한 철학 안에서는 아무런 위치도 요구할 수 없기 때문이다. 그에 반해, 자연으로부터의 의지의 규정근거들을 온전히 배제하고, 전적으로 자유개념에 기초하는 도덕적-실천적 지시규정들은 아주 특수한 종류의 지시규정들을 이룬다. 이 지시규정들 역시 자연이 순종하는 규칙들과 같이 단적으로 법칙들이라 일컬어지기는 하나, 이것들처럼 감성적 조건들에 의거하는 것이 아니라, 초감성적 원리에 의거하며, 철학의 이론적 부문 옆에〔병립해서〕 그 자신 완전히 단독으로, 실천철학이라는 이름을 갖는 또 다른 부문을 요구한다.

서는 자연법칙, 순전한 자유 활동의 규칙에 대해서는 자유법칙이라 하여 '법칙'을 말하지만, 자유로운 의지나 의사에 기초해 있되 자연의 기계성에 제약받고 있는 산출〔만듦, facere〕인 기술〔예술〕이나 그 수단을 능숙하게 다룰 줄 아는 영리의 규칙에 대해서는 '법칙' 대신에 '지시규정〔지정/훈계〕'이라 말한다. 그러나 칸트는 바로 아래(BXV=V173)에서도 보듯 도덕법칙에 대해서도 '지시규정'이라는 말을 곧잘 사용한다.

8) B판 추가.

이로부터 알 수 있는바, 철학이 제공하는 실천적 지시규정들의 총괄은, 그 지시규정들이 실천적이기 때문에, 이론적 부문과 병렬되는 철학의 한 특수한 부문을 이루는 것이 아니다—왜냐하면, 지시규정들은 그것들의 원리들이 전적으로 자연의 이론적 인식으로부터 (기술적-실천적 규칙들로) 도출된 것일지라도, 그럴[9] 수 있으니 말이다—그것이 철학의 한 특수한 부문을 이루는 것은, 오히려 그 지시규정들의 원리는, 항상 감성적으로 조건 지어져 있는 자연개념으로부터 빌려온 것이 전혀 아니고, 그러니까 자유개념만이 형식적 법칙들에 의해 식별할 수 있도록 해주는 초감성적인 것에 의거하기 때문이고, 그러므로 그 지시규정들은 도덕 BXVI
적-실천적인 것, 다시 말해 한낱 이런저런 의도에서의 지시규정이나 규칙인 것이 아니라, 어떤 목적이나 의도와 먼저 관계 맺음 없이 법칙이기 때문이며, 그리고 그러할 때에만 그러한 것이다.

II.
철학 일반의 구역들에 대하여 V174

선험적 개념들이 적용되는 데까지가, 원리들에 따른 우리 인식능력의 사용이 닿는 범위이며, 그와 함께 철학이 미치는 범위이다.

그러나 가능한 한 그 대상들에 대한 인식을 성취하기[10] 위해 저[11] 개념들이 관계 맺는 모든 대상들의 총괄은 우리의 능력이 이 의도에 충분한가 불충분한가에 따라 여러 가지로 구분될 수 있다.

개념들은, 대상들과 관계 맺는 한, 그 대상들에 대한 인식이 가능한가 그렇지 않은가와는 상관없이 분야를 갖는바, 그 분야는 순전히 그 객관

9) 곧, 실천적일.
10) 곧, 가능하게 하기.
11) 곧, 선험적.

이 우리 인식능력 일반에 대해 갖는 관계에 따라 정해지는 것이다.—거
기에서 우리에게 인식이 가능한 이 분야의 부분이 이 개념들과 그를 위
해 필요한 인식능력을 위한 지반(領土)이다. 그 위에 이 개념들이 법칙
을 수립하는 이 지반의 부분이 이 개념들과 이 개념들에 대해 권한을 가
BXVII 진 인식능력들의 관할구역(領域)이다. 그러므로 경험개념들은 감관 대상
들의 총괄인 자연 안에 지반을 갖기는 하지만, 아무런 관할구역을 갖지
는 못한다. (단지 체류지, 住所를 가질 따름이다.) 왜냐하면, 경험개념들은
법칙적으로 산출된 것이기는 하지만, 법칙을 수립하지는 못하는 것으로,
이것들에 기초하고 있는 규칙들은 경험적이고, 그러니까 우연적이기 때
문이다.

우리의 전체 인식능력은 두 관할구역, 즉 자연개념들의 구역과 자유
개념의 구역을 갖는다. 이 양자에 의해 우리 인식능력은 선험적으로 법
칙을 수립하니 말이다. 철학은 무릇 이에 따라서 이론철학과 실천철학
으로 나뉜다. 그러나 그 위에 그것의 관할구역이 세워지고, 그것의 법칙
수립이 **실행되는** 지반은 언제나 모든 가능한 경험 대상들—이것들이 순
전한 현상들 외에는 아무것도 아닌 것으로 간주되는 한에서—의 총괄일
따름이다. 그렇지 않다면 이들 대상들에 대한 지성의 법칙수립이란 생각
할 수 없는 것이기 때문이다.

자연개념들에 의한 법칙수립은 지성에 의해 일어나며, 이론적이다.
자유개념에 의한 법칙수립은 이성으로부터 일어나며, 순전히 실천적이
다. 오로지 실천적인 것에서만 이성은 법칙수립적일 수 있다. 이론적 인
식에 (즉 자연에) 대해서는[12] 이성은 단지 (지성에 의거해 법칙을 아는 자로
V175 서) 주어진 법칙들로부터 추론을 통해 결론들을 이끌어낼 수 있을 따름
이며, 이 결론들 또한 언제나 오직 자연에 머물러 있을 뿐이다. 그러나
BXVIII 거꾸로, 규칙들이 실천적인 경우 저 규칙들이 기술적-실천적일 수도 있

12) 이 대목은 "(자연의) 이론적 인식에 대해서는"이라고 읽을 수도 있겠다.

기 때문에, 이성이 곧바로 **법칙수립적**인 것은 아니다.

그러므로 지성과 이성은 한 이 다른 쪽에 해를 입힐 필요 없이, 경험이라는 동일한 지반 위에서 서로 다른 법칙을 수립한다. 왜냐하면, 자연개념이 자유개념에 의한 법칙수립에 영향을 미치지 않듯이, 자유개념 또한 자연의 법칙수립을 조금도 방해하지 않기 때문이다. ―이 두 법칙수립과 그에 속하는 능력들의 공존을 동일한 주관 안에서 적어도 모순 없이 생각할 수 있는 가능성은 순수 이성 비판이 증명했다.[13] 순수 이성 비판은 이에 대한 반론들을 그 두 법칙수립 안에 있는 변증적 가상을 들춰냄으로써 일축한 바 있다.

그러나 그 법칙수립에 있어서는 서로 제한하지 않되, 감성세계 안에서의 작용함에 있어서는 끊임없이 서로 제한하는 이 서로 다른 관할구역이 **하나**를 이루지 못함은, 자연개념은 그의 대상들을 직관에서 표상화하기는 하지만, 사물들 그 자체로서가 아니라 순전한 현상들로서 하는 반면에, 자유개념은 그 객관에서 사물 그 자체를 표상화하지만 직관에서 하지 못한다는 사연에서 나온다. 그러니까 둘 중 어느 것도 그의 대상을 (그리고 사고하는 주관조차도) 사물 그 자체로서 이론적으로 인식할 수가 없는 것이다. 사물 그 자체는 초감성적인 것일 터여서, 이것의 이념을 사람들은 경 BXIX
험의 모든 저 대상들의 가능성의 근저에 놓을 수밖에 없기는 하지만, 그 이념 자신을 결코 하나의 인식으로 고양하고 확장할 수는 없는 것이다.

그러므로 우리의 전체 인식능력에 대해서 한계가 없는, 그러면서도 접근할 수 없는 분야, 곧 초감성적인 것의 분야가 있으니, 거기서 우리는 우리를 위한 지반을 발견할 수 없으며, 그러므로 그 위에서 우리는 지성개념들에 대해서도 이성개념들에 대해서도 이론적 인식을 위한 어떤 구역을 가질 수 없다. 이 분야는 우리가 이성을 이론적으로 사용하는 것과 더불어 실천적으로 사용하기 위해서 이념들로써 채우지 않으면 안 되지

---

13) 특히 『순수이성비판』, A532~558=B560~586에서 칸트는 '자연필연성'과 '자유에 의한 인과성'이 합일할 수 있음을 해명하고 있다.

만, 우리가 자유개념으로부터의 법칙들과 관련해서 이 이념들에게 줄 수 있는 것은 실천적 실재성[14)]뿐으로, 따라서 이를 통해서는 우리의 이론적[15)] 인식은 초감성적인 것 쪽으로 조금도 확장되지 않는다.

그런데 감성적인 것인 자연개념의 구역과 초감성적인 것인 자유개념

V176 의 구역 사이에는 헤아릴 수 없는 간극이 견고하게 있어서, 전자로부터 후자로 (그러므로 이성의 이론적 사용에 의거해서) 건너가는 것이, 마치 한이 다른 쪽에 아무런 영향도 미칠 수 없는 서로 다른 두 세계가 있는 것처럼, 가능하지 않다고 할지라도, 그럼에도 후자는 전자에 대해 어떤 영향을 미쳐야만 한다.[16)] 곧, 자유개념은 그의 법칙들을 통해 부과된[17)] 목

BXX 적을 감성세계에서 현실화해야만 하며, 따라서 자연은 또한, 그것의 형식의 합법칙성이 적어도 자유법칙들에 따라서 자연에서 실현되어야 할 목적들의 가능성과 부합하는 것으로 생각될 수 있지 않으면 안 된다. — 그러므로 자연의 근저에 놓여 있는 초감성적인 것과 자유개념이 실천적으로 함유하고 있는 것의 **통일**의 근거가 있지 않으면 안 된다. 이 근거에 대한 개념은, 비록 이론적으로나 실천적으로나 이 근거의 인식에 이르지는 못하고, 그러니까 아무런 고유한 구역을 갖지 못하지만, 그럼에도 한의 원리들에 따르는 사유방식으로부터 다른 쪽의 원리들에 따르는 사유방식으로 넘어가는 것을 가능하게 한다.

14) 곧, 당위성.

15) 곧, 사실적.

16) 아래 BLIII=V195 이하 이어지는 논변 참조.

17) 곧, 과제로 주어진.

III.
철학의 두 부문을 하나의 전체로 결합하는 수단인 판단력의 비판에 대하여

인식능력들이 선험적으로 수행할 수 있는 것과 관련한 인식능력들에 대한 비판은 본래 객관들과 관련해서는 아무런 관할구역도 갖지 않는다. 왜냐하면, 비판은 교설이 아니고, 오히려 단지 우리의 능력들이 놓여 있는 정황에 따라서, 과연 그리고 어떻게 하나의 교설이 그에 의해 가능한가를 연구해야 하는 것이기 때문이다. 비판의 분야는 인식능력들의 모든 월권에 걸쳐 있는데, 그것은 인식능력들을 적법성의 한계 안에 두기 위해서이다. 그러나 철학의 구분에 들어갈 수 없는 것이라도, 만약 그것 BXXI
이 곧 독자적으로는 이론적 사용에나 실천적 사용에 적당하지 않은 원리들을 함유하고 있다면, 순수 인식능력의 비판에 하나의 주요 부문으로서 들어갈 수가 있다.

모든 선험적인 이론 인식을 위한 근거를 함유하고 있는 자연개념들은 지성의 법칙수립〔입법〕에 의거해 있다.—감성적으로 조건 지어지지 않은 선험적인 실천 규정들을 위한 근거를 함유하고 있는 자유개념은 이성의 법칙수립〔입법〕에 의거해 있다. 그러므로 이 두 능력은 그것들이 논리적 형식상 원리들—이것들이 어떤 근원을 갖든지 간에—에 적용될 수 있다는 것 외에도, 이 능력 각자는 내용상으로 고유한 법칙수립〔입법〕을 갖는다. 이 법칙수립밖에는 다른 어떤 (선험적) 법칙수립이 없으며, 그래 V177
서 그것은 철학을 이론철학과 실천철학으로 구분하는 것을 정당화한다.

그러나 상위 인식능력들의 가족 안에는 지성과 이성 사이에 중간 성원이 하나 더 있다. 이것이 **판단력**인데, 이것에 대해 사람들은, 그것이 비록 고유한 법칙수립〔입법〕을 함유하고 있지는 않다고 해도, 법칙들을 찾는 자기 자신의 원리를—어쨌든 한낱 주관적인 것이긴 하지만—선험적으로 자기 안에 함유하고 있을 것이라는 것을 유비에 의하여 추측할

이유를 갖는다. 그리고 이 원리에는 그것의 관할구역으로 대상들의 분야
가 주어져 있지 않긴 하지만, 그럼에도 이 원리는 어떤 하나의 지반과 바
BXXII 로 오직 이 원리만이 그것에 타당할 수 있는 이 지반의 일정한 성질을 가
지고 있을 수 있다.

그러나 여기에 더하여 (유비에 의하여 판단하건대) 판단력을 우리 표상
력들의 다른 순서와 연결시킬 또 하나의 새로운 근거가 있다. 이 순서는
인식능력들 가족과의 친족성의 순서보다도 훨씬 더 중요한 것으로 보인
다. 왜냐하면 모든 영혼〔마음〕의 능력들 내지 성능들은 더 이상 공통의
근거에서 파생될 수 없는 세 가지 능력, 즉 **인식능력, 쾌·불쾌의 감정,**
V178 BXXIII **욕구능력**으로 환원될 수 있기 때문이다.※ 인식능력에 대해서는, 만약

※ 사람들이 경험적 원리로 쓰고 있는 개념들에 대해, 그것들이 순수한 선험적
인 인식능력과 친족관계에 있다고 추측할 만한 이유를 가지고 있을 때, 이 관
계를 고려하여 초월적 정의를 시도해보는 것은 유익한 일이다. 곧, 순수 범주
들만이 앞에 놓여 있는 개념과 다른 개념들의 차이를 이미 충분히 제시하는
한에서, 순수 범주들에 의해 정의를 시도해보는 일 말이다. 여기서 사람들은
수학자의 예를 따르는데, 수학자는 자기 과제의 경험적 자료들은 미정으로
남겨두고서, 그것들의 순수 종합에서 그것들의 관계만을 순수 산술학의 개념
들 아래로 가져가고, 그렇게 함으로써 그 과제의 풀이를 일반화한다. ―사람
들은 내가 (『실천이성비판』, 머리말, 16면[18]에서) 비슷한 수행방식을 취했다
고 힐난했고, 욕구능력을 **자기의 표상들에 의해 이 표상들의 대상들의 현실**
BXXIII **성의 원인인 능력**이라고 정의한 것을 비난했다. 그리고 순전한 **소망들**도 욕
구들이긴 할 테지만, 이것들에 대해서는 누구나 소망만으로 그 소망의 객관
을 만들어낼 수는 없는 일이라고 분수를 지킨다는 것이 그 이유이다. ―그러
나 이것은 그로 인해 인간이 자기 자신과 모순되게 되는 욕구들이 인간에게
는 또한 있다는 것 이상을 증명하는 것이 아니다. 인간은 자기의 표상**만으로**
객관을 만들어내려고 힘쓰지만, 그것의 성공을 전혀 기대할 수 없으니 말이
다. 인간은 저 표상에 의해 규정될 것인 자신의 기계적 힘들―심리적이지 않

18) 칸트 『실천이성비판』 초판(A) 16면의 주 참조. 칸트는 여기서 "욕구능력이란 어떤 것의 표상들이 이 표상들의 대상들의 현실성의 원인인 그런 것의 능력이다"(A16=V9)라고 정의했다.

이것이 (그 자신만으로 욕구능력과 뒤섞이지 않고 고찰될 경우에는, 그러할 수 밖에 없듯이) **이론적 인식**의 능력으로서 자연과 관계 맺는다면, 지성만이 법칙수립적이다. 우리에게는 (현상으로서) 이 자연에 대해서만 본래 순수 지성개념들인 선험적 자연개념들에 의해 법칙들을 세우는 일이 가능한 것이다.—자유개념에 따르는 상위 능력으로서 욕구능력에 대해서는 (오로지 그에서 이 개념이 발생하는) 이성만이 선험적으로 법칙수립적이다.— BXXIV

은 힘들을 이렇게 불러야 한다면—이 객관을 (그러니까 간접적으로) 생기게 하는 데 충분하지 못하거나, 또는 전혀 불가능한 것, 예컨대 일어난 일을 안 일어난 것으로 만든다(오, 나에게 지나간 ……[19] 운운)든가, 참고 기다릴 수가 없어 대망의 순간이 오기까지의 시간을 없애버릴 수 있는 것 따위를 지향하고 있음을 자각하기 때문이다.—비록 우리는 그러한 환상적인 욕구들에 있어 우리의 표상들이 그런 대상들의 **원인**이 되기에는 불충분하다는 것을 (또는 전혀 무능하다는 것을) 자각할지라도, 원인으로서의 그러한 표상들의 관계, 그러니까 그 표상들의 **원인성**의 표상은 모든 **소망**에 함유되어 있고, 이 소망이 하나의 흥분, 곧 **동경**일 때는 그게 특히 뚜렷하다. 왜냐하면, 이런 것들은 심장을 확장하고 오그라들게 만들어서 힘들을 쇠잔하게 함으로써, 힘들이란 표상들에 의해 반복적으로 긴장하게 되지만, 마음은 그 불가능함을 되돌아보기에 끊임없이 다시금 기진맥진하게 됨을 증명하기 때문이다. 크나큰, 사람들이 통찰하는 바로는, 피할 수 없는 화를 방지하기 위한 기도나 자연적인 방식으로는 불가능한 목적들에 도달하기 위한 많은 미신적인 수단들조차도 표상들의 객관들에 대한 인과관계를 증명한다. 이 표상들이 어떤 효과를 낳는 것이 불가능하다는 의식도 이에 이르고자 하는 노력들을 막을 수가 없다.—그러나 왜 우리의 자연본성에는 의식하고 있는 공허한 욕구들에 대한 성벽이 놓이게 되었는가, 이것은 하나의 인간학적-목적론적 물음이다. 만약 우리가 우리의 힘이 어떤 객관을 만들어내는 데 충분하다는 것을 확신하기 전에는 힘을 소비하는 일이 없도록 규정되어 있다고 한다면, 힘들의 대부분은 이용되지 않은 채로 남아 있을 것이다. 무릇 우리는 보통 우리의 힘을 시험해봄으로써만 우리의 힘들을 비로소 알게 된다. 그러므로 공허한 소망들 안에 있는 이런 착각들은 우리 자연본성 안에 있는 자애로운 질서의 결과일 따름이다.

(여백: 첫 줄 옆 V178, "관들에 대한 인과관계를" 줄 옆 BXXIV)

19) 원문: O mihi praeteritos……. 이것의 본래 문장은 Vergilius(BC 70~19), *Aeneis*, VIII, 560: "O mihi praeteritos referat si Juppiter annos"(오, 주피터 신이 나에게 지나간 세월을 되돌려준다면!)이다.

그런데 지성과 이성 사이에 판단력이 포함되어 있듯이, 인식능력과 욕구
능력 사이에 쾌의 감정이 포함되어 있다. 그러므로 적어도 잠정적으로
추측할 수 있는 것은, 판단력도 독자적으로 선험적인 원리를 함유한다는
BXXV 것, 그리고 욕구능력에는 필연적으로 쾌 또는 불쾌가 (이것들이 하위 욕구
V179 능력에서처럼 욕구능력의 원리에 선행하든, 상위 욕구능력에서처럼 단지 도덕법
칙에 의한 욕구능력의 규정에서 나오는 것이든 간에) 결합되어 있으므로, 판
단력이 논리적 사용에서 지성으로부터 이성으로 넘어감을 가능하게 하
듯이, 순수 인식능력, 다시 말해 자연개념의 관할구역으로부터 자유개념
의 관할구역으로의 넘어감을 야기할 것이라는 것이다.

그러므로 비록 철학이 오직 두 주요 부문, 즉 이론철학과 실천철학으로 구분될 수 있다고 하더라도, 그리고 우리가 판단력의 고유한 원리들에 대해 말할 수 있는 모든 것이 철학에서 이론적 부문에, 다시 말해 자연개념들에 따르는 이성인식에 속하는 것으로 간주되어야만 한다고 하더라도, 저 체계의 구축을 꾀하기에 앞서, 저 체계의 가능성을 위해, 이 모든 문제를 확정해야만 하는, 순수 이성 비판[20]은 세 부문, 즉 순수 지성 비판, 순수 판단력 비판, 순수 이성 비판으로 성립한다. 여기서 이 능력들을 순수하다고 부르는 것은, 그것들이 선험적으로 법칙수립적이기 때문이다.

IV.
선험적으로 법칙수립적인 능력인 판단력에 대하여

판단력 일반은 특수한 것을 보편적인 것 아래에 함유되어 있는 것으

20) 이 "순수 이성 비판"에서의 '이성'은 칸트의 저술 『순수이성비판』에서의 '이성'보다도 더 넓은 의미로 쓰이고 있다. 이 "순수 이성 비판"은 "순수 지성 비판", "순수 판단력 비판", "순수 이성 비판"으로 이루어진다고 말할 때, 마지막의 '이성'은 '실천 이성'을 지시하고, 맨 처음의 '지성'은 '이론 이성'을 지시한다 하겠다.

로 사고하는 능력이다. 보편적인 것(규칙, 원리, 법칙)이 주어져 있다면, BXXVI
특수한 것을 그 아래에 포섭하는 판단력은 (그것이 초월적 판단력으로서,
그에 알맞게만 〔무엇인가가〕[21] 저 보편적인 것 아래에 포섭될 수 있는 그런 조건
들을 선험적으로 제시할 경우에도) **규정적**이다. 그러나 특수한 것만이 주어
져 있고, 판단력이 그를 위한 보편적인 것을 발견해야만 한다면, 그 판단
력은 순전히 **반성적**이다.[22]

지성이 세운 보편적인 초월적 법칙들 아래에 있는 규정적 판단력은
단지 포섭작용만을 한다. 법칙은 규정적 판단력에게 선험적으로 지시되
어 있으므로 규정적 판단력은 자연 안의 특수한 것을 보편적인 것 아래
종속시킬 수 있기 위한 법칙을 독자적으로 고안해낼 필요가 없다. ―그
러나 자연의 잡다〔다양〕한 형식들이 있고, 말하자면 그만큼의 보편적인
초월적 자연개념들의 변양들이 있는바, 이것들은 순수 지성이 선험적으
로 세운 저 법칙들에 의해서는, ―이 법칙들이란 단지 (감관의 대상인) 자
연 일반의 가능성에만 관여하기 때문에―무규정적으로 남아 있으므로,
이것들[23]을 위한 법칙들 또한 있어야만 한다. 이 법칙들은 경험적인 것 V180
으로 **우리의** 지성의 통찰에 따르는 우연적인 것일 수는 있겠지만, 그것
들이 (자연의 개념도 그것을 요구하는 바와 같이) 법칙이라고 일컬어져야 한
다면, 그것들은, 비록 우리에게는 알려져 있지 않다 하더라도, 잡다한 것
을 통일하는 하나의 원리로부터 나온 필연적인 것이라고 여겨져야만 한
다.[24] ―그러므로 자연 안에 있는 특수한 것으로부터 보편적인 것으로 BXXVII
올라가야 하는 임무를 갖는 반성적 판단력은 하나의 원리를 필요로 하는
바, 반성적 판단력은 이 원리를 경험에서 빌려올 수는 없다. 왜냐하면,

---

21) 곧, '특수한 것'. 칸트 원문의 이 문장에는 주어가 빠져 있다.

22) 이 '규정적 판단력'과 '반성적 판단력'에 '이성의 명증적 사용'과 '이성의 가언적 사용'이 대응한다. 『순수이성비판』 A646 이하=B674 이하 참조.

23) 곧, 자연의 잡다한 형식들과 자연개념들의 그만큼의 변양들.

24) 자연사물들의 '종'과 '유'의 근거에 대한 칸트의 반성에 관해서는 『순수이성비판』, A653~662=B681~690 참조.

이 원리는 바로 모든 경험적 원리들과 마찬가지로 경험적이기는 하나, 보다 고차적인 원리들 아래서의 통일성과, 그러므로 그 원리들 상호간의 체계적 종속관계의 가능성을 기초 지어야 하는 것이기 때문이다. 그러므로 그러한 초월적 원리를 반성적 판단력은 단지 자신에게만 세울 수 있고, 다른 곳에서는 취할 수 없으며, —그렇지 않으면 그것은 규정적 판단력일 터이다—자연에게 지정할 수도 없다. 무릇 자연의 법칙들에 대한 반성이 자연을 따르는 것이지, 자연이, 그에 따라 우리가 자연에 대해서는 전혀 우연적인, 자연에 대한 개념을 얻으려 애쓰는, 조건들에 따르는 것은 아니기 때문이다.

그런데 이 원리는 다음과 같은 것일 수밖에 없다. 즉 보편적 자연법칙들은 그것들의 근거를, 그 자연법칙들을 자연에게 (비록 단지 자연으로서의 자연에 대한 보편적 개념에서이기는 하지만) 지정하는 우리의 지성에서 가지므로, 특수한 경험적 법칙들은, 저 보편적 자연법칙에 의해서 규정되지 않은 채 남아 있는 것과 관련하여, 마치 어떤 지성이 (비록 우리의[25] 지성은 아닐지라도), 특수한 자연법칙들에 따라 경험의 체계를 가능하게 만들기 위해서, 우리 인식능력을 위해 부여한 것 같은, 그러한 통일성에 따라 고찰되어야만 한다는 것이다. 그러나 이런 식으로 실제로 그러한 지성이 상정되어야만 하는 것은 아니다. (왜냐하면, 이 이념이 원리로 쓰이
BXXVIII 는 것은 단지 반성적 판단력으로, 그것은 반성을 위해 쓰이는 것이지, 규정을 위해 쓰이는 것이 아니기 때문이다.) 오히려 이 능력[26]은 그로써 단지 자기 자신에게 법칙을 수립하는 것이지, 자연에게 수립하는 것은 아니다.[27]

그런데 하나의 객관에 대한 개념은, 그것이 동시에 이 객관의 현실성의 근거를 함유하는 한에서, **목적**이라 일컬으며, 한 사물이 오로지 목적들에 따라서만 가능한 사물들의 그런 성질과 합치함을 사물들[28]의 형식

25) 곧, 인간의.

26) 곧, 반성적 판단력.

27) 『순수이성비판』, A681=B709 참조.

의 **합목적성**이라 일컫는다. 그래서 경험적 법칙들 일반 아래에 있는 자연의 사물들의 형식과 관련하여 판단력의 원리는 자연의 잡다함 속의 **자연의 합목적성**이다. 다시 말해, 자연은 이 개념[29]에 의해 마치 지성이 잡 V181
다한 자연의 경험적 법칙들의 통일성을 함유하고 있는 것처럼 표상되는 것이다.[30]

그러므로 자연의 합목적성은 오로지 반성적 판단력에만 그 근원을 가지고 있는 하나의 특수한 선험적 개념이다. 왜냐하면, 사람들은 자연이 자연의 산물에서 목적들에 대해 갖는 어떤 관계 같은 것을 자연의 산물에 부가할 수가 없고, 오히려 이 개념을 경험적 법칙들에 따라 주어진 자연에서의 현상들의 연결과 관련하여 자연의 산물들을 반성하기 위해서만 쓸 수 있기 때문이다.[31] 또한 이 개념은 (인간의 기예의 또한 윤리의) 실천적 합목적성과는 전적으로 구별된다. 비록 이 개념이 그런 것과 유비적으로 생각되기는 하지만 말이다.

V. BXIX

자연의 형식적 합목적성의 원리는 판단력의 초월적 원리이다

초월적 원리란 그에 의해, 그 아래서만 사물들이 우리 인식 일반의 객관들이 될 수 있는 선험적인 보편적 조건이 표상되는 그런 원리이다. 그에 반해, 만약 한 원리가 그 아래서만 그것들의 개념이 경험적으로 주어져 있을 수밖에 없는 객관들을 선험적으로 더 나아가 규정할 수 있는 선험적 조건을 표상한다면, 그 원리는 형이상학적이라 일컫는다. 그래서

28) AA: "사물".

29) 곧, '합목적성'이라는.

30) 『순수이성비판』, A686 이하=B714 이하 참조.

31) 이에 관해서는 『순수이성비판』, A687~692=B715~720 참조.

물체들을 실체들로 그리고 변화하는 실체들로 인식하는 원리는, 만약 그에 의해 물체들의 변화가 하나의 원인을 가질 수밖에 없다는 것을 말하는 것이라면 초월적이지만, 그러나 만약 그에 의해 그것들의 변화가 하나의 **외적** 원인을 가져야만 한다는 것을 말한다면, 그 원리는 형이상학적이다. 무릇 첫째의 경우에는 그 명제를 선험적으로 인식하기 위해서, 물체는 단지 존재론적 술어들(즉, 순수한 지성개념들)에 의해, 예컨대 실체로서 생각하면 되지만, 둘째의 경우에는 (공간상에서 운동하는 사물이라는) 물체의 경험적 개념이 이 명제의 기초에 놓여 있지 않으면 안 되고, 그러나 그때에 물체에는 (오직 외적 원인에 의한 운동이라는[32]) 후자의 술어가 귀속한다는 사실이 온전히 선험적으로 통찰될 수 있어야 한다.—그래
BXXX 서 내가 이제 곧 제시하는 바처럼, (잡다한 자연의 경험적 법칙들에서의) 자연의 합목적성의 원리는 하나의 초월적 원리이다. 왜냐하면 객관들에 대한 개념은, 그것들이 이 원리 아래에 있는 것으로 생각되는 한에서, 단지 가능한 경험인식 일반의 대상들에 대한 순수한 개념일 따름으로, 아무런
V182 경험적인 것도 함유하고 있지 않기 때문이다. 그에 반해, 자유 **의지의 규정**이라는 이념에서 생각될 수밖에 없는 실천적 합목적성의 원리는 형이상학적 원리이겠다. 왜냐하면, 의지라는 욕구능력의 개념은 그래도 경험적으로 주어져야만 하기(초월적 술어에 속하지 않기) 때문이다. 그럼에도 두 원리는 경험적인 것이 아니라, 선험적 원리들이다. 왜냐하면, 그 판단들의 주어인 경험적 개념에 술어를 결합하기 위해 더 이상의 경험은 필요하지 않으며, 그 결합은 온전히 선험적으로 통찰될 수 있기 때문이다.

자연의 합목적성의 개념이 초월적 원리들에 속한다는 사실은, 자연탐구의 기초에 선험적으로 놓여 있는, 그러면서도 경험의 가능성에만, 그러니까 자연에 대한, 한낱 자연 일반이 아니라, 다양한 특수한 법칙들

32) "외감의 대상임이 마땅한 어떤 것의 근본규정은 운동이어야만 하겠다."(*MAN*: IV, 476)

에 의해 규정되는 자연에 대한 인식의 가능성에만 관여하는, 판단력의 준칙들에서 충분히 알 수 있는 바이다.—이 준칙들은 형이상학적 지혜의 명제들로서 그것들의 필연성을 개념들에서는 밝혀낼 수 없는 많은 규 BXXXI
칙들의 경우에 이 학문[33]의 과정에서 자주 충분히, 그러나 단지 산재하여 나타난다. "자연은 가장 짧은 길을 간다(節約의 法則); 그럼에도 불구하고 자연은 변화들의 이어짐에 있어서나 종적으로 서로 다른 형식들의 모음에 있어서나 비약하지 않는다(自然에서 連續의 法則); 자연의 경험적 법칙들에서의 매우 큰 다양성은 그럼에도 소수의 원리들 아래 통일되어 있다(原理는 必要 外로 增加해서는 안 된다[34])" 등과 같은 준칙들 말이다.

그러나 이들 원칙들의 근원을 제시하고자 생각하면서 심리학적 방법으로 시도한다면, 그것은 이 원칙들의 의미에 전적으로 반하는 것이다. 왜냐하면 이 원칙들이 말하는 것은 무엇이 일어나는가, 다시 말해 어떤 규칙에 따라 우리의 인식력들이 실제로 활동하는가, 그리고 어떻게 판단이 내려지는가가 아니라, 오히려 어떻게 판단이 내려져야만 하는가이기 때문이다. 그리고 그때 만약 그 원리들이 한낱 경험적이면, 이 논리적 객관적 필연성은 생겨나지 않는다. 그러므로 분명히 이 원리들로부터 밝혀지는, 우리의 인식능력들과 그것들의 사용에 대한, 자연의 합목적성은 판단들의 초월적 원리이고, 그러므로 역시 초월적 연역이 필요하며, 이

---

33) 곧, 자연탐구.

34) 원문: principia praeter necessitatem non sunt multiplicanda. 『순수이성비판』의 유사한 논변을 펴는 대목(A652=B680)에서도 칸트는 유사한 원리를 예시하고 하고 있다. 곧, "必要外 *存在者* 增設 不可"(entia praeter necessitatem non esse multiplicanda)의 원리다. 이 원리의 취지는 "다수는 필요 없이 세워져서는 안 된다(pluralitas non est ponenda sine necessitate)"는 이른바 "오캄의 면도날"과 같다. 이 원리의 유래를 살펴보면, 스콜라 철학자 Ioannes Poncius(1660경)의 말 "존재자는 필요 없이 늘려서는 안 된다"(Non sunt multiplicanda entia sine necessitate: *Commentarii Theologici quibus Io. Duns Scoti Quaestiones in libros Sent.* III d.34, Paris 1661)를 거쳐, Aristoteles가 Empedokles에 기대어 한 말 "일정한 수로 작업하는 것이 무제한한 수로 하는 것보다 좋다"(*Physica*, 189a 14~15 · 188a 17~18; *Topica*, 162a 24~25)에 이른다.

초월적 연역을 매개로 해서 그렇게 판단하는 근거가 선험적인 인식 원천들에서 탐구되어야만 한다.

V183 우리는 곧 경험의 가능성의 근거들 가운데서 맨 먼저 물론 어떤 필연
BXXXII 적인 것, 곧 보편적 법칙들을 발견하며, 이것들이 없으면 (감관의 대상으로서) 자연 일반을 생각할 수가 없다. 그리고 이 법칙들은, 마찬가지로 우리에게 가능한 직관이 선험적으로 주어지는 한에서, 그 직관의 형식적 조건들에 적용된 범주들에 의거한다. 무릇 이런 법칙들 아래에 있는 판단력은 규정적이다. 왜냐하면 여기서 판단력은 주어진 법칙들 아래에서 포섭하는 일 외에는 하는 일이 없기 때문이다. 예컨대, 지성이 "모든 변화는 그 원인을 갖는다"(보편적 자연법칙)고 말하면, 이제 초월적 판단력은 제공된 선험적인 지성개념 아래에 포섭의 조건을 제시하는 것[35] 이상의 일은 하지 않기 때문이다. 그리고 그것은 동일한 사물의 규정들의 연이음이다. 그런데 (가능한 경험의 대상인) 자연 일반에 대해서는 저 법칙이 단적으로 필연적인 것으로 인식된다.—그러나 무릇 경험적 인식의 대상들은 저 형식적인 시간조건[36] 외에도 여러 가지 방식으로 규정되고, 또 사람들이 선험적으로 판단할 수 있는 한에서 규정될 수 있어서, 종〔種〕적으로 서로 다른 자연들은, 그것들이 자연 일반에 속하는 것으로서 공통으로 가지고 있는 것 외에도, 무한하게 다양한 방식으로 원인이 될 수 있다. 그리고 이 각종의 원인은 (원인 일반의 개념에 따라서) 자기의 규칙을 가져야만 하는바, 이 규칙은 법칙이고, 그러니까 필연성을 수반한다. 비록 우리가 우리의 인식능력의 속성과 제한으로 인해 이 필연성을 전혀
BXXXIII 통찰하지는 못하지만 말이다. 그러므로 우리는 자연에서 그것의 한낱 경험적인 법칙들에 대해 무한히 다양한 경험적 법칙들의 가능성을 생각할 수밖에는 없지만, 그럼에도 이 법칙들은 우리의 통찰에 대해서는 우연적인 (즉 선험적으로 인식될 수 없는) 것이다. 그리고 이런 법칙들에 대해 우

35) 곧, 도식작용. 이에 대해서는 『순수이성비판』, A137=B176 이하 참조.
36) 곧, 연이음이라는.

리는 경험적 법칙들에 따른 자연의 통일성과 (경험적 법칙들에 따른 체계로서) 경험의 통일 가능성을 우연적인 것이라 평가한다.[37] 그럼에도 그러한 통일성은 필연적으로 전제되고 상정되지 않으면 안 된다. 그렇지 않으면 경험적 인식들의 일관된 연관성이 경험이라는 하나의 전체로 될 수는 없을 터이다. 보편적 자연법칙들은 사물들 사이의 그러한 연관성을 그것들의 유〔類〕에 따라 자연사물들 일반으로서 부여하지만, 종〔種〕적으로 그러한 특수한 자연존재자들로서 그리하는 것은 아니다. 그렇기에 판단력은 그 자신의 사용을 위해서 하나의 선험적 원리로서, 특수한 (경험적) 자연법칙들에서 인간의 통찰에 대해서는 우연적인 것이 그럼에도 우리로서는 비록 그 근거까지 캘 수는 없지만 생각할 수는 있는 법칙적 V184 통일성을, 그 다양한 것들을 그 자체로 가능한 하나의 경험으로 결합함에 있어 함유한다는 것을 상정하지 않을 수 없다. 따라서 법칙적 통일성이 우리가 비록 지성의 필연적인 의도(요)에 따르되 그럼에도 동시에 그 자체로 우연적인 것으로 인식하기는 하는 하나의 결합에서 객관들의 (여기서는 자연의) 합목적성으로 표상되기 때문에, 가능한 (이제 발견되어야 BXXXIV 할) 경험적 법칙들 아래에 있는 사물들과 관련하여 한낱 반성적인 판단력은 자연을 이런 경험적 법칙들과 관련하여 우리의 인식능력에 대한 **합목적성의 원리**에 따라 생각하지 않으면 안 된다. 이것이 바로 위에서[38] 말한 판단력의 준칙들에서 표현된 바이다. 그런데 자연의 합목적성이라는 이 초월적 개념은 자연개념도 아니고 자유개념도 아니다. 그것은 객관(자연)에게 전혀 아무런 것도 부가하지 않고, 단지 우리가 자연의 대상들에 대한 반성에서 일관적으로 연관된 경험을 의도하여 처신할 수밖에 없는 유일한 방식을 표상할 따름이다. 그렇기에 그것은 판단력의 주관적 원리(준칙)이다. 그래서 우리는 또한 우리가 한낱 경험적인 법칙들 중에서 그러한 체계적 통일성을 만난다면, 마치 그것이 운 좋은, 우리의 의도

37) 칸트 초기 저술 『신의 현존의 유일 가능한 증명근거』, 2, 3, 2: AA II, 106 이하 참조.
38) 곧, BXXXI=V182.

를 살려주는 우연이나 되는 것처럼 (원래 하나의 필요가 충족된 것으로) 기뻐하게 된다. 비록 우리는 그러한 통일성을 통찰할 수도 증명할 수도 없었지만, 그러한 통일성이 있다고 필연적으로 상정하지 않을 수 없었음에도 불구하고 말이다.

당면한 개념[39]의 이 연역의 옳음과 이 개념을 초월적 인식원리로 상정해야만 할 필연성을 확신하기 위해서 사람들은, 어쩌면 무한하게 잡다
BXXXV 한 경험적 법칙들을 함유하고 있는 자연에 대한 주어진 지각들에서 하나의 연관된 경험을 만들어내는 하나의 위대한 과제만을 생각해보면 될 것이다. 이 과제는 우리 지성에 선험적으로 자리 잡고 있는 것이다. 지성은 선험적으로 자연의 보편적 법칙들을 소유하고 있는 것이기는 하다. 그런 법칙들이 없다면 자연은 전혀 경험의 대상이 될 수 없을 터이다. 그러나 지성은 이것 외에도 자연의 모종의 질서를, 지성에게는 오로지 경험적으로만 알려질 수 있는, 그리고 지성에 대해서는 우연적인, 자연의 특수한 규칙들에서 필요로 한다. 그것들이 없다면 가능한 경험 일반의 보편적 유비로부터 특수한 유비로의 진행이 일어날 수 없을, 이 규칙들을 지성은 법칙들로 (다시 말해, 필연적인 것으로) 생각하지 않을 수 없다. 그렇지 않다면 그 규칙들은, 비록 지성이 그것들의 필연성을 인식하지 못하거나 결코 통찰할 수 없다 해도, 자연의 질서를 이루지는 못할 것이기
V185 때문이다. 그러므로 지성은 그러한 자연의 질서(객관들)에 대해서 아무것도 선험적으로 규정할 수는 없다 할지라도, 이 경험적인 이른바 법칙들을 추구하기 위해서는, 곧 이러한 법칙들에 따라서 하나의 인식할 수 있는 자연의 질서가 가능하다는 선험적 원리를 자연에 대한 모든 반성의 근저에 두지 않을 수 없다. 이 같은 원리를 다음의 명제들은 표현하고 있다. 즉 '자연에는 우리가 파악할 수 있는 유[類]들과 종[種]들의 종속관계가 있다' '저 유들은 서로 간에 다시금 하나의 공통의 원리에 따라 접

39) 곧, '합목적성'이라는.

근하며, 그로써 하나의 유에서 또 다른 유로의 이행이 가능하고, 그에 의해 보다 높은 유로의 이행이 가능하다' '종[種]적으로 서로 다른 자연의 결과들에 대해 그만큼의 수효의 서로 다른 종의 인과성이 있다고 상정해 BXXXVI 야만 하는 것이 우리 지성에게 처음에는 불가피하게 보이지만, 그럼에도 이 인과성들이 소수의 원리들 아래로 수렴될 것이므로, 우리는 그러한 원리들을 찾는 데 매진해야 한다' 등등.[40] 우리 인식능력에 대한 자연의 이러한 부합은 판단력에 의해, 자연의 경험적 법칙들에 따라 자연에 대해 반성하기 위해서, 선험적으로 전제된다. 지성은 이 부합을 동시에 객관적으로는 우연적인 것으로 인정하고, 순전히 판단력이 그 부합을 자연에 초월적인 합목적성으로서 (주관의 인식능력과의 관계에서) 부여함으로써 말이다. 우리는 이 합목적성을 전제하지 않고서는, 경험 법칙들에 따르는 아무런 자연의 질서도, 그러니까 이 법칙들을 가지고 매우 다양하게 세워질 수 있는 경험과 그에 대한 탐구를 위한 아무런 실마리도 가질 수 없을 터이기 때문이다.

무릇, 그것이 없다면 경험인식 일반의 형식이 전혀 생길 수 없을, 보편적 법칙들에 따르는 자연사물들의 모든 동형성[同形性]에도 불구하고, 자연의 경험적 법칙들의 종적 차이는 그것들의 작용결과들과 함께 너무나도 클 수 있어서, 자연 안에서 이해할 만한 질서를 발견하고, 자연의 산물들을 종과 유 들로 구분하여, 하나를 설명하고 이해하는 원리들을 다른 하나를 설명하고 파악하기 위해 사용하려 하고, 우리에게는 그 BXXXVII 토록 혼란된 (원래가 단지 무한히 잡다한, 우리의 이해력에는 맞지 않은) 소재들을 연관된 경험으로 만들려 한다는 것은 우리 지성에게는 불가능한 일일 것이라고 능히 생각할 수 있다.

그러므로 판단력은 또한 자연의 가능성을 위한 선험적 원리를, 하지만 단지 주관적인 관점에서, 자기 안에 가지며, 이에 의해 판단력은 (자

40) 『순수이성비판』, A657=B685 이하 참조.

V186 율로서) 자연에게가 아니라, (자기자율[41]로서) 그 자신에게 자연을 반성하기 위해 하나의 법칙으로 지정한다. 이 법칙을 사람들은 자연의 경험적 법칙들과 관련하여 **자연의 특수화**〔종별화[42]〕**의 법칙**이라고 부를 수 있을 것이다.[43] 판단력은 이 법칙을 자연에서 선험적으로 인식하는 것이 아니라, 오히려 판단력이 자연의 보편적인 법칙들을 구분함에 있어 이 보편적 법칙들 아래 잡다한 특수한 법칙들을 종속시키고자 할 때, 우리 지성이 인식할 수 있는 자연의 질서를 위해 상정하는 것이다. 그러므로 사람들이, 자연은 그것의 보편적 법칙들을 합목적성의 원리에 따라 우리의 인식능력을 위해 특수화한다고 말할 때, 다시 말해 지각이 인간 지성에게 제시하는 특수한 것에 대해 보편적인 것을 발견하고, 또 서로 다른 것에 대해 (개개 종에 대해서는 보편적인 것이겠지만) 다시금 원리의 통일〔단일한 원리〕에서 연결을 발견해내야 하는 인간 지성의 필연적인 과업에서 인간 지성에 적합토록 하기 위해 특수화한다고 말할 때, 그로써 사람들은 자연에게 하나의 법칙을 지정하는 것도 아니고, 관찰을 통해 자연에서 하나의 법칙을 배우는 것도 아니다. (비록 저 원리가 관찰을 통해 확
BXXXVIII 증될 수는 있지만 말이다.) 무릇 이 원리는 규정적 판단력의 원리가 아니라, 한낱 반성적 판단력의 원리일 따름이다. 사람들이 의욕하는 바는 단지, 자연이 어떤 보편적 법칙들에 따라 세워진 것이든지 간에, 철두철미 저 원리에 따라서 그리고 저 원리에 기초한 준칙들에 따라서 자연의 경험적 법칙들을 추적해야만 한다는 것이다. 왜냐하면, 우리는 오직 이런 일이 일어나는 한에서만, 우리의 지성을 사용하여 경험에서 전진할 수 있고, 인식을 얻을 수 있기 때문이다.

41) 원어: Heautonomie. 자기법칙수립적 성격을 강조하기 위한 표현으로 이해할 수 있겠다.

42) 원어: Spezifikation. 보통의 경우 '특수화'로 옮기는 것이 좋을 것이나, 유(Gattung)와의 관계, 어원(species)과 그 형용사 'spezifisch'를 '종적'으로 옮기는 점 등을 고려하여 문맥에 따라 '종별화'로 옮기는 편이 좋을 수도 있겠다.

43) 『순수이성비판』, A656=B684 참조.

VI.
쾌의 감정과 자연의 합목적성 개념의 결합에 대하여

자연이 그것의 다양한 특수한 법칙들에 있어 자연을 위한 원리들의 보편성을 발견해내려는 우리의 필요에 얘기한 바처럼 합치한다는 것은, 우리가 제아무리 통찰을 해봐도 우연적인 것이라고 판정할 수밖에는 없다. 그럼에도 불구하고 그것은 우리의 지성의 필요에 대해서는 불가결한 것으로, 그러니까 합목적성으로 판정할 수밖에 없으며, 이에 의해 자연은 우리의 의도와, 그러나 오로지 인식만을 겨냥하는 의도와 합치하는 바이다.—지성의 보편적 법칙들은 동시에 자연의 법칙들로서, (비록 〔지성의〕 자발성에서 생겨난 것이기는 하지만) 자연에 대해서 물질의 운동법칙들과 똑같이 필연적이다. 그리고 이러한 보편적 법칙들의 산출은 우리의 인식능력들과의 아무런 의도도 전제하고 있지 않다. 왜냐하면, 우리는 오로지 이 법칙들을 통해 (자연의) 사물들의 인식이 무엇인가에 대해 비 BXXXIX
로소 개념을 얻고, 이 법칙들이 우리의 인식 일반의 객관으로서의 자연 V187
에 필연적으로 다가가기 때문이다. 그러나 특수한 법칙들에 따르는 자연의 질서가 우리의 이해력을 넘어서는, 적어도 가능한 온갖 다양성과 이종〔異種〕성에도 불구하고, 실제로는 이 이해력에 알맞다는 사실은 우리가 알 수 있는 한 우연적인 일이다. 이 자연의 질서를 발견해내는 일이 지성의 과업인바, 이 과업은 원리들의 통일성을 자연 안에 집어넣으려는 지성의 필연적인 목적을 의도로 갖고 수행된다. 그때 이 목적을 판단력은 자연에 부가하지 않으면 안 된다. 왜냐하면, 지성은 이 점에 있어서는 자연에다 아무런 법칙도 지정할 수 없기 때문이다.

모든 의도의 달성은 쾌의 감정과 결합되어 있다. 그리고 의도의 달성의 조건이, 이 경우의 반성적 판단력 일반을 위한 원리처럼, 선험적 표상이라면, 그 쾌의 감정 또한 선험적 근거에 의해 그리고 모든 사람에게 타당하게 규정되어 있다. 물론 그것은, 한낱 객관의 인식능력과의 관계에 의해서 그러하다. 여기서 합목적성의 개념은 욕구능력을 조금도 고려하지 않으므로 자연의 일체의 실천적 합목적성과는 전적으로 구별된다.

사실, 우리는 지각들이 보편적 자연개념들(범주들)에 따르는 법칙들과
BXL 함께 만남[44]으로부터 쾌의 감정에 대한 최소한의 작용도 우리 안에서 마주치지 않으며, 또한 마주칠 수도 없다. 왜냐하면, 지성은 그걸 가지고 아무런 의도 없이 자신의 본성대로 필연적으로 수행하는 것이기 때문이다. 그래서 다른 한편으로 둘 또는 그 이상의 더 많은 경험적인 이질적 자연법칙들이 그 둘을 포괄하는 하나의 원리 아래서 통합될 수 있음의 발견은 매우 뚜렷한 쾌감의 근거, 흔히는 심지어 경탄의 근거가 되며, 그러한 경탄은 사람들이 그 경탄의 대상을 이미 충분히 잘 알고 있다 할지라도, 그치지 않는다. 우리는 자연의 이해가능성과 자연의 종과 유들로의 분류—이에 의해서만 경험적 개념들은 가능하고, 이 경험적 개념들을 통해 우리는 자연을 그 특수한 법칙에 따라 인식한다—에서의 통일성에서 더 이상 뚜렷한 쾌감을 느끼지는 못하지만, 쾌감이 일찍이 있었던 것은 확실하다. 다만 가장 평범한 경험도 쾌감 없이는 가능하지 못할 터이므로, 이 쾌감이 차츰 순전한 인식과 뒤섞여 더 이상 특별히 주목되지 못했을 따름이다.—그러므로 필요한 것은 자연의 판정에 있어서 우리의 지성이 자연의 합목적성에 주목하는 일이다. 즉 자연의 이종적 법칙들을 가능한 한—비록 언제나 경험적인 것이기는 할지라도—보다 고
V188 차적인 법칙들 아래 수렴하는 연구가 필요한 것이다. 그래서 이 연구가 성공하면, 우리가 한낱 우연적인 것으로 간주한, 그러한 고차적인 법칙들의 우리 인식들에 대한 일치에서 쾌감을 느끼게 된다. 그에 반해 자연
BXLI 에 대한 한 표상을 통해 사람들이 우리에게, 아주 평범한 경험을 조금이라도 넘어서는 탐구를 하려 하면 우리는 자연법칙들의 이질성에 부딪치게 될 것이고, 이 이질성은 우리 지성이 자연의 특수한 법칙들을 보편적

---

44) 곧, 합치. 표상과 대상의 '함께 만남(Zusammentreffen)'에 대해서는 『순수이성비판』, A92=B124 이하 참조.

인 경험적 법칙들 아래에서 통합하는 것을 불가능하게 만들 것이라고 예고하는, 그런 자연에 대한 표상은 철두철미 우리 마음에 들지 않을 터이다. 왜냐하면, 이것은 자연의 유들 안의 주관적-합목적적 종별화/특수화의 원리 및 자연의 종별화/특수화를 의도하는 우리의 반성적 판단력과 상충하기 때문이다.

그럼에도 불구하고, 판단력의 이러한 전제는 자연의 저 관념적 합목적성이 우리 인식능력을 위해 얼마나 확장되어야 할 것인가에 대해서는 정해주는 바가 없으므로, 사람들이 우리에게 관찰을 통해 자연을 보다 더 깊이 또는 넓게 알면 인간 지성으로서는 하나의 원리로 환원할 수 없는 다양한 법칙들에 마침내 부딪치고 말 것이라고 말한다면, 우리는 그것에 또한 만족한다. 우리는 만약 다른 사람들이, 우리가 자연을 속속들이 더 많이 알게 되면 될수록, 또는 자연을 우리에게 지금 알려져 있지 않은 외적인 부분들과 더 많이 비교하면 할수록, 자연이 그 원리들에 있어 더욱더 단순하고, 자연의 경험적 법칙들의 외견상의 이질성에도 불구하고, 우리의 경험이 전진하면 할수록 더욱더 통일적임을 알게 될 것이라는 희망을 우리에게 준다면, 그것을 더 즐겨 들을 것임에도 말이다. 무릇 자연의 우리 인식능력에 대한 적합성의 원리에 따라서, 이 원리가 미치는 한, (이 규칙을 우리에게 주는 것은 규정적 판단력이 아니므로) 이 원리 BXLII
가 어디에서인가 한계를 갖는가 갖지 않는가는 확정할 것 없이, 일을 수행하라는 것이 우리 판단력의 분부다. 왜냐하면, 우리는 우리의 인식능력들의 이성적 사용에 대해서는 한계들을 규정할 수 있지만, 그러나 경험의 분야에서는 아무런 한계규정도 가능하지 않기 때문이다.

VII.
자연의 합목적성의 미감적 표상에 대하여

한 객관의 표상에 있어서 한낱 주관적인 것, 다시 말해 그 표상의 대
상과의 관계가 아니라 주관과의 관계를 형성하는 것은 그 표상의 미감적
V189 성질이다. 그러나 이런 표상에서 대상을 규정하는 데에 (인식하는 데에)
쓰거나 사용될 수 있는 것은 그 표상의 논리적 타당성이다. 감관의 대상
에 대한 인식에서는 이 두 관계가 함께 나타난다. 나의 밖의 사물들에 대
한 감각 표상에서 그 안에서 우리가 그 사물들을 직관하는 공간의 성질
은 그 사물들에 대한 나의 표상의 순전히 주관적인 면으로서,—이러한
나의 표상에 의해서는 사물들이 객관 자체로서 무엇일 수 있는가는 미결
정으로 남는다—그런 관계 때문에 대상은 또한 그에 의해 한낱 현상으
로서 생각된다. 그러나 공간은 그것의 한낱 주관적인 성질에도 불구하고
현상으로서의 사물들에 대한 인식의 요소이다. **감각**은 (이 경우 외적 감각
BXLIII 은) 우리 밖의 사물들에 대한 우리 표상들의 한낱 주관적인 것을 표현한
다. 그러나 그것은 본래 표상들의 (그에 의해 실존하는 무엇인가가 주어지
는) 질료적인(실재적인) 것을 표현한다. 공간이 사물들의 직관을 가능하게
하는 순전한 선험적 형식을 표현하듯이 말이다. 그러함에도 저 감각은
또한 우리 밖의 객관들에 대한 인식을 위해서 사용된다.

그러나 하나의 표상에서 **전혀 인식의 요소가 될 수 없는** 주관적인 면은 그 표상과 결합되어 있는 **쾌** 또는 **불쾌**이다. 왜냐하면, 설령 이 쾌 또는 불쾌가 어느 인식의 결과일 수 있을지라도, 이를 통해서 나는 표상의 대상에서 아무것도 인식하지 못하기 때문이다. 그런데 한 사물의 합목적성은, 지각에서 표상되는 한에서, 설령 그것이 사물들의 인식으로부터 추론될 수 있는 것이라 해도, 역시 객관 자체의 성질은 아니다. (왜냐하면, 그런 성질은 지각될 수가 없기 때문이다.) 그러므로 객관의 인식에 선행하며, 심지어는 그 객관의 표상을 인식을 위해 사용하려고 하지 않으면

서도, 그 표상과 직접적으로 결합되어 있는 합목적성은 표상의 주관적인
면으로서, 전혀 인식의 요소가 될 수 없는 것이다. 그러므로 대상이 그런
경우 합목적적이라고 불리는 것은, 오로지 그 대상의 표상이 직접적으로
쾌의 감정과 결합되어 있기 때문이다. 이런 표상 자체가 합목적성의 미
감적 표상이다. ―다만 문제는 과연 도대체가 그러한 합목적성의 표상이 BXLIV
있는가 하는 것이다.

일정한 인식을 위해 직관이 어떤 개념과 관계 맺음 없이 직관의 대상
의 형식의 순전한 포착(捕捉)과 쾌가 결합되어 있다면, 그에 의해 표상은
객관과 관계 맺는 것이 아니라 단지 주관과만 관계 맺고 있는 것이다. 쾌
는 다름 아니라 객관이 반성적 판단력 안에서 작동하고 있는, 반성적 판
단력 안에 있는 한에서의 인식능력들[45]에 대한 적합성을, 그러므로 한낱 V190
객관의 주관적 형식적 합목적성을 표현할 수 있을 뿐이다. 왜냐하면, 형
식들을 상상력으로 저렇게 포착해 들어감은 반성적 판단력이, 무의도적
이라고 하더라도, 적어도 그 형식들을 직관들을 개념들에 관계시키는 자
기의 능력과 비교하지 않고서는 결코 일어날 수 없기 때문이다. 무릇 만
약 이 비교에서 (선험적인 직관의 능력으로서) 상상력[46]이 한 주어진 표상
을 통해 무의도적으로 (개념의 능력으로서) 지성과 일치하게 되고, 그로
인해서 쾌가 불러일으켜진다면, 그때 대상은 반성적 판단력에 대해 합
목적적이라고 보일 수밖에 없다. 그러한 판단은 객관의 합목적성에 대
한 미감적 판단으로, 그것은 대상에 대한 어떠한 기존 개념에도 기초해
있지 않고, 대상에 대한 아무런 개념도 만들어내지 않는다. **그 대상의 형
식이**[47]―대상의 표상의 질료적인 것, 곧 감각이 아니라―그에 대한 순 BXLV

45) 곧, 상상력 및 지성.

46) 『순수이성비판』에서 상상력을 "잡다의 종합" 능력(A79=B104), '도식의 생산 능력'(A140=B179 등)이라고 하면서도, "감성에 속한다"(B151)고 말한 것처럼, 여기서도 "직관의 능력", 곧 감성 능력이라고 보고 있다. 이에 대한 평가는 백종현, 『존재와 진리』(철학과현실사, 2008〔전정판〕), 117면 이하 참조. 그러나 아래에서 보듯 칸트의 "상상력"은 적지 않게 다의적이다.

전한 반성에서 (대상에서 얻어질 개념을 의도함 없이) 그러한 객관의 표상에서 생기는 쾌의 근거라고 판정되는, 그런 객관의 표상과 이 쾌는 또한 필연적으로 결합되어 있다고 판단된다. 그것은 따라서 한낱 이 형식을 포착한 주관에 대해서뿐만 아니라, 모든 판단자 일반에 대해서도 그러하다.[48] 그때 그 대상은 아름답다고 일컬어진다. 그리고 그러한 쾌에 의해 (따라서 또한 보편타당하게) 판단하는 능력을 취미[49]라고 일컫는다. 무릇 쾌의 근거는 한낱 반성 일반에 대한 대상의 형식에 놓여 있고, 그러니까 대상에 대한 감각에 놓여 있지 않으며, 또한 무엇인가 의도를 함유할 터인 개념과 어떤 관계를 맺고 있지도 않다. 그렇기에 주관에서의 판단력 일반의 경험적 사용에서의 합법칙성(즉, 상상력과 지성의 통일)만이 그 선험적 조건들이 보편적으로 타당한 반성에서 객관의 표상이 그에 부합하는 것이다. 그리고 대상과 주관의 능력과의 이러한 부합은 우연적인 것이므로, 이 부합이 주관의 인식능력에 대해서 대상의 합목적성이라는 표상을 낳는다.

여기서 무릇 쾌란, 자유개념에 의해서 (다시 말해, 순수 이성에 의해 상위
BXLVI 의 욕구능력을 미리 규정함으로써) 생긴 것이 아닌 모든 쾌 또는 불쾌와 마
찬가지로, 결코 개념들에서 대상의 표상과 필연적으로 결합되어 있는 것
V191 으로 통찰될 수가 없고, 오히려 항상 단지 반성된 지각을 통해 대상의 표
상과 연결되어 있는 것으로 인식되어야만 하는 그런 것[50]이다. 따라서 그것은 모든 경험적 판단과 마찬가지로 아무런 객관적 필연성도 알려줄 수 없으며, 선험적 타당성을 요구주장할 수도 없다. 그러나 취미판단 또

47) A판: "그 형식의 대상이".

48) "타당하다"라고 읽자는 제안도 있다.

49) 원어: Geschmack. 동사 'schmecken'〔맛보다, 맛나다〕과의 친족성을 고려하여 '취미'라고 옮기는 편이 조금 더 일반성을 얻기는 하겠으나, 여기서나 아래의 'Geschmack'의 정의: "미적인 것을 판정하는 능력"(B3=V203)의 뜻을 고려할 때는 '심미(審美)'라고 옮기는 것이 더 합당한 면도 있다.

50) 원문의 "die"를 "diejenige"로 읽는다.

한, 다른 모든 경험 판단과 마찬가지로, 모든 사람에게 타당할 것만은 요구주장한다. 그것은 취미판단의 내적 우연성에도 불구하고 언제나 가능한 일이다. 기이하고 상위하는 점은 단지 취미판단에 의해 마치 객관의 인식과 결합되어 있는 술어인 것처럼, 모든 사람들에게 요구되고 객관의 표상과 연결되어야만 하는 것이 경험개념이 아니라, 쾌의 감정이라는 데에 (따라서 전혀 개념이 아니라는 데에) 있다.

하나의 개별적〔단칭〕 경험판단, 예컨대 수정에서 움직이는 한 방울의 물을 지각한 사람에 의한 개별적〔단칭〕 경험판단은 당연히 다른 어느 누구도 그것을 똑같이 발견할 수밖에 없다는 것을 요구한다. 왜냐하면, 그는 이 판단을 규정적 판단력의 보편적 조건들에 따라서, 가능한 경험 일반의 법칙들 아래서 내렸기 때문이다. 이와 꼭 마찬가지로 한 대상의 형식에 대한 순전한 반성에서, 개념은 고려할 것 없이, 쾌를 느끼는 사람은, 비록 이 판단이 경험적이고 **하나의**[51] 개별적〔단칭〕 판단이라고 하더 BXLVII
라도, 당연히 모든 사람의 동의를 요구주장한다. 왜냐하면, 이런 쾌의 근거는 비록 주관적이기는 하지만, 보편적인, 반성하는 판단들의 조건, 곧 한 대상—그것이 자연의 산물이든 예술의 산물이든지 간에—이 모든 경험적 인식을 위해 요구되는 인식능력들(즉 상상력과 지성) 상호간의 관계와 합목적적으로 합치하는 데에서 마주치기 때문이다. 그러므로 취미판단에서 쾌는 경험적인 표상에 의존되어 있고, 선험적으로 어떤 개념과도 결합되어 있지 않기는 하지만,—사람들은 어떤 대상이 취미에 맞고 맞지 않을 것인가를 선험적으로는 규정할 수가 없고, 대상을 시험해볼 수밖에는 없는 것이다—그럼에도 쾌가 이 취미판단의 규정근거인 것은 오로지, 사람들이 쾌라는 것이 순전히 반성에 그리고 이 반성이 객관들 일반의 인식을 위한 단지 주관적이지만 보편적인 조건들과 합치하는 데에 의거하며, 이 반성에 대해 객관의 형식은 합목적적임을 의식하기 때

51) A판에 따름. B판에서는 삭제.

문이다.

이것이, 왜 취미의 판단들이 그 가능성의 면에서, 또한 비판을 받아야 하는가라는 이유이다. 이 가능성은 하나의 선험적인 원리를, 그것이 지
V192 성을 위한 인식원리도 아니고, 의지를 위한 실천원리도 아니며, 그러므로 선험적으로 전혀 규정적인 것이 아님에도 전제하고 있으니 말이다.

BXLVIII 그러나 (자연 및 예술의) 사상〔事象〕들의 형식들에 대한 반성에서 쾌를 얻을 수 있음은 객관들의 합목적성을 반성적 판단력의 관계에서 자연개념에 맞게 주관에서 표시할 뿐만 아니라, 또한 거꾸로 대상들에 대한 주관의 합목적성을 그것들의 형식에 따라서, 아니 그것들의 무형식에 따라서조차, 자유개념을 좇아 표시한다. 그 때문에 미감적 판단은 한낱 취미판단으로서 아름다운 것과 관계할 뿐만 아니라, 정신감정[52)]에서 생겨난 판단으로서 **숭고한 것**과도 관계한다. 그래서 저 미감적 판단력 비판은 이에 맞는 두 주요부[53)]로 나누어질 수밖에 없다.

VIII.
자연의 합목적성의 논리적 표상에 대하여

경험에서 주어진 대상에서 합목적성은, 한낱 주관적 근거에서, 즉 모든 개념에 앞서 대상의 **포착**(捕捉)에서 대상의 형식이, 거기서 직관과 개념들이 합일하여 인식 일반이 되는바, 인식능력과 합치하는 것으로 표상되거나, 또는 객관적 근거에서, 즉 사물의 형식이, 그 사물에 선행하며
BXLIX 이 형식의 근거를 함유하는 사물의 개념에 따라서, 사물 자신의 가능성과 합치하는 것으로 표상될 수 있다. 우리가 본 바와 같이, 전자의 방식

---

52) 원어: Geistesgefühl.

53) 곧, '제1편 미감적 판단력 비판' 중 제1절의 '제1권 미의 분석학'(§§1~22)과 '제2권 숭고의 분석학'(§§23~29).

의 합목적성 표상은 대상의 형식에 대한 순전한 반성에서 그 대상의 형식에서 느끼는 직접적인 쾌에 의거하는 것이다. 그러므로 후자의 방식의 합목적성은 객관의 형식을 그것을 포착하는 주관의 인식능력과 관계시키지 않고, 주어진 개념 아래서의 대상의 일정한 인식과 관계시키는 것이므로, 사물들에서 느끼는 쾌의 감정과는 아무런 상관이 없고, 사물들을 평가하는 지성과 상관이 있을 뿐이다. 사물에 대한 개념이 주어져 있다면, 그것을 인식을 위해 사용함에 있어 판단력의 과업은 〔그 개념의〕 **현시**(展示)에, 다시 말해 그 개념에 상응하는 직관을 함께 세우는 것[54)]
에 있다. 이런 일이 예술에서처럼 우리가 우리에게는 목적인, 대상에 대 V193
해 선파악한 개념을 실재화할 때, 우리 자신의 상상력을 통해서 일어나든지, 아니면 (유기체들에서처럼) 자연의 기술에서, 우리가 자연의 근저에 그것의 산물을 평가하기 위해 우리의 목적 개념을 놓을 때, 자연을 통해 일어나든지 간에 말이다. 후자의 경우에는 한낱 자연의 **합목적성**이 사물의 형식에서 표상될 뿐만 아니라, 이 자연의 산물이 **자연목적**으로서 표상된다.—비록 경험적 법칙들에 따르는 그 형식들에서의 자연의 주관적
합목적성에 대한 우리의 개념이 전혀 객관에 대한 개념이 아니라, 단지 BL
이 자연의 너무나도 잡다함 속에서 (자연 안에서 방향을 잡을 수 있기 위해) 개념들을 얻기 위한 판단력의 원리이기는 하지만, 그럼에도 우리는 이 원리에 의해 목적의 유비에 따라서 자연에게 이를테면 우리 인식능력에 대한 고려를 부여한다. 그래서 우리는 **자연미**를 형식적 (순전히 주관적인) 합목적성 개념의 **현시로**, 그리고 **자연목적들**을 실재적 (객관적인) 합목적성 개념의 현시로 볼 수 있으며, 전자는 취미에 의해 (미감적으로, 쾌의 감정을 매개로 해서) 판정할 수 있고, 후자는 지성과 이성에 의해 (논리적으로, 개념들에 따라) 판정할 수 있다.

판단력 비판을 **미감적** 판단력 비판과 **목적론적** 판단력 비판으로 구분

54) 이에 대한 『순수이성비판』의 설명 참조: 개념을 "**구성한다** 함은 그 개념에 상응하는 직관을 선험적으로 현시〔서술〕한다는 것을 말한다"(*KrV*, A713=B741).

하는 것은 이에 기초하는 것이다. 전자는 형식적 합목적성—그 밖에 〔보통은〕 또한 주관적 합목적성이라고도 불리는바—을 쾌 또는 불쾌의 감정에 의해서 판정하는 능력을, 후자는 자연의 실재적 합목적성(즉 객관적 합목적성)을 지성과 이성에 의해서 판정하는 능력을 뜻하는 것이니 말이다.

판단력 비판에서 이 비판에 본질적으로 속하는 것은 미감적 판단력을 내용으로 갖는 부문이다. 왜냐하면, 이 미감적 판단력만이 판단력이 온전히 선험적으로 자연에 관한 그의 반성에 기초로 삼고 있는 원리, 곧 자연의 특수한 (경험적) 법칙들에 따르는, 우리 인식능력에 대한 형식적 합
BLI 목적성의 원리를 함유하며, 이 형식적 합목적성 없이는 지성은 자연에 순응할 수가 없을 터이기 때문이다. 그 대신에 자연의 객관적 목적들, 다시 말해 오로지 자연목적들로서만 가능한 사물들이 있지 않으면 안 된다는 것에 대해서는 전혀 아무런 근거도 선험적으로 제시될 수가 없을 뿐만 아니라, 정말이지 그러한 것의 가능성마저도 일반적으로든 특수하게든 경험의 대상으로서의 자연의 개념으로부터는 해명되지가 않는다. 오직 판단력만이 그에 대한 원리를 선험적으로 자기 안에 함유하고 있지 않으면서도, (어떤 산물들이) 나타나는 경우들에서, 이성을 위하여 목적들
V194 의 개념을 사용하는 규칙들을 함유할 뿐이다. 저[55] 초월적 원리가 이미 목적 개념을 (적어도 그 형식의 면에서) 자연에 적용하도록 지성으로 하여금 준비하게 한 다음에 말이다.

그러나 우리 인식능력과의 주관적 관계에서 자연의 합목적성을 사물의 형식에서 자연 판정의 원리로 표상하는 초월적 원칙은, 내가 어디에서 그리고 어떤 경우에 그 판정을, 오히려 한낱 보편적 자연법칙들에 따라서가 아니라, 합목적성의 원리에 따라서 〔자연〕산물의 판정으로서, 내려야만 하는가는 전적으로 미정으로 남겨 놓고, 취미에서 〔자연〕산물의 (그것의 형식의) 우리 인식능력에 대한 적합성을 결정하는 일은 (이 적합성

55) 곧, 자연의 저 (주관적) 형식적 합목적성.

을 개념들과의 합치에 의해서가 아니라, 감정에 의해서 판별하는 한에서) **미감**
적 판단력에 위임한다. 그에 반해 목적론적으로 사용된 판단력은 그 아 BLII
래서 어떤 것이 (예컨대, 하나의 유기체가) 자연의 목적의 이념에 따라 판
정될 수 있는 조건들을 확정적으로 제시한다. 그러나 이런 판단력은 자
연에게 목적들과의 관계를 선험적으로 부여하고, 또한 불확정적으로나마
그러한 것을 그러한 산물들에서의 실제 경험으로부터 상정할 권한을 위
해, 어떠한 원칙도 경험의 대상인 자연개념으로부터는 끌어올 수가 없다.
어떤 대상에서 객관적 합목적성을 단지 경험적으로 인식할 수 있기 위해
서는 많은 특수한 경험들이 이루어져야 하고, 그것들이 원리의 통일성 아
래서 고찰되지 않으면 안 된다는 것이 그 이유이다.—그러므로 미감적
판단력은 사물들을 규칙에 따라서—그러나 개념들에 따라서가 아니라
—판정하는 특수한 능력이다. 목적론적 판단력은 한 특수한 능력이 아니
라, 단지 반성적 판단력 일반일 뿐이다. 목적론적 판단력은, 어디서나 이
론적 인식에서는 그러하듯이, 개념들에 따라서 작용하지만, 자연의 어떤
대상들과 관련해서는 특수한 원리들에 따라서, 곧 순전히 반성하는, 객관
들을 규정하지 않는 판단력의 특수한 원리들에 따라서 작용하며, 그러므
로 그것은 그 적용의 면에서 볼 때 철학의 이론적 부문에 속하고, 교설에
서와는 다르게, 규정적인 것이 아닌 이 특수한 원리들로 인해 비판의 특
수 부문을 형성할 수밖에 없는 것인 한에서 말이다. 그 대신에 미감적 판
단력은 그의 대상들의 인식에는 아무런 것도 기여하는 바가 없고, 그러므
로 모든 철학의 예비학인바, **단지** 판단하는 주관의 비판에 그리고 이 주
관의 인식능력들이 선험적 원리의 능력인 한에서—그 원리들이 어떻게 BLIII
사용되든지 간에 (즉 경험적으로 사용되든 실천적으로 사용되든 간에)—이 주
관의 인식능력들의 비판에 속하는 것으로 간주될 수밖에 없다.

V195

IX.

판단력에 의한 지성의 법칙수립과 이성의 법칙수립의 연결에 대하여

지성은 감관의 객관인 자연에 대해서 선험적으로 법칙수립적이며, 가능한 경험에서 자연의 이론적 인식을 위한 것이다. 이성은 주관에서의 초감성적인 것인 자유 및 자유의 고유한 원인성에 대해서 선험적으로 법칙수립적이며, 무조건적으로-실천적인 인식을 위한 것이다. 전자의 법칙수립 아래 있는 자연개념의 관할구역과 후자의 법칙수립 아래 있는 자유개념의 관할구역은 그것들이 각기 (각자의 기본법칙에 따라) 서로 간에 미칠 수도 있을 모든 교호적인 영향에도 불구하고, 초감성적인 것을 현상들과 분리시키는 커다란 간극에 의해 전적으로 격리되어 있다.[56] 자유개념은 자연의 이론적 인식과 관련해서는 아무것도 규정하지 않으며, 자연개념 또한 마찬가지로 자유의 실천적 법칙들과 관련해서는 아무것도
BLIV 규정하지 않는다. 그런 한에서 한 구역에서 다른 구역으로 건널 다리를 놓는다는 것은 가능하지가 않다. —그러나 비록 자유개념(및 자유개념이 함유하는 실천적 규칙)에 따르는 인과성의 규정근거들이 자연 안에 있지 않고, 감성적인 것이 주관 안의 초감성적인 것을 규정할 수 없다고 해도, 그 역은 (물론 자연의 인식에 관련해서가 아니라, 자연에 대한 자유개념으로부터의 결과들과 관련해서이기는 하지만) 가능하고, 그것은 이미 자유에 의한 인과성의 개념에 함유되어 있다. 즉 자유에 의한 인과성의 **결과**는 이 자유의 형식적 법칙들에 따라서 세계 안에서 일어나야만 한다. 비록 초감성적인 것에 대해 사용되는 **원인**이라는 말이 단지 한 결과에 대한 자연사물들의 인과성이 자연사물들에 고유한 자연법칙들에 맞게, 그러나 동시에 또한 이성법칙들의 형식적 원리와 일치하게 규정하는 **근거**를 의미

56) 위 BXVIII=V175 이하 참조.

할 뿐이기는 하지만 말이다. 이런 일이 어떻게 가능한가를 통찰할 수는 없지만, 거기에 있다고 잘못 생각된 모순에 대한 비난은 충분히 반박될 수가 있다.[※] — 자유개념에 따른 결과는 궁극목적으로서, 이 궁극목적 BLV V196
은 (또는 감성세계에서 그것의 현상은) 실존해야만 하며, 이렇기 위해서는 이 궁극목적을 가능하게 하는 조건이 (감성존재자 곧 인간으로서의 주관의) 자연본성 안에 전제되는 것이다. 이러한 조건을 선험적으로 그리고 실천적인 것을 고려함 없이 전제하는 것, 즉 판단력이 자연개념들과 자유개념 사이를 매개하는 개념을 자연의 **합목적성** 개념 안에서 제공하는바, 이 매개 개념이 순수 이론 〔이성〕에서 순수 실천 〔이성〕으로의 이행, 전자에 따른 합법칙성에서 후자에 따른 궁극목적으로의 이행을 가능하게 한다. 왜냐하면 이 매개 개념에 의해 자연 안에서만, 그리고 자연의 법칙들과 일치함으로써만 실현될 수 있는 궁극목적의 가능성이 인식되기 때문이다.

지성은 그가 자연에 대해 선험적으로 법칙들을 세울 수 있는 가능성에 의해, 자연은 우리에게 단지 현상으로서만 인식된다고 증명하고, 그 BLVI

※ 이렇게 자연 인과성과 자유에 의한 인과성을 전적으로 구별하는 데에서 잘못 생각된—그래서 사람들이 이 구별을 비난하는바—여러 가지 모순들 중 하나는, 내가 자연이 자유법칙들(도덕법칙들)에 따른 인과성에 가하는 **방해들** 또는 자연에 의한 이 인과성의 **촉진**에 대해 얘기한다면, 자연이 자유에 의한 인과성에 어떤 **영향**을 미침을 용인한다는 것이다. 그러나 만약 사람들 V196
이 말한 바를 단지 이해하고자만 한다면, 오해는 아주 쉽게 막을 수 있을 것 BLV
이다. 저항 또는 촉진은 자연과 자유 사이에 있는 것이 아니라, 현상으로서 자연과 감성세계 내의 현상들로서 자유의 **결과들** 사이에 있는 것이다. 그리고 (순수**하고** 실천적인[57] 이성의) 자유의 인과성조차도 저 자유의 인과성에 종속된 (인간으로서, 따라서 현상으로서 보아진 주관의) 자연원인의 인과성이다. 자유 아래서 생각된 예지적인 것이 그 밖에 (자연의 초감성적 기체〔基體〕를 이루고 있는 것과 꼭 마찬가지로) 설명할 수 없는 방식으로 이런 자연원인의 **규정**의 근거를 함유한다.

57) A판: "**순수 실천적인**".

러니까 동시에 자연의 초감성적인 기체〔基體〕를 고지한다. 그러나 이 기체는 전적으로 **무규정**인 채로 남겨둔다. 판단력은 자연의 가능한 특수한 법칙들에 따라 자연을 판정하는 그의 선험적 원리에 의해 (우리 안에 그리고 우리 밖에 있는) 자연의 초감성적 기체가 **지성적 능력에 의해 규정될 수 있도록** 만든다. 그러나 이성은 똑같은 기체를 그의 선험적 실천 법칙에 의해 **규정**한다. 그리고 그렇게 해서 판단력은 자연개념의 관할구역에서 자유개념의 관할구역으로의 이행을 가능하게 만든다.

영혼능력 일반에 관하여 말하자면, 이것들이 상위 능력, 다시 말해 자
율을 함유하고 있는 능력으로 고찰되는 한에서, **인식능력**(자연의 이론
적 인식능력)으로는 지성이 선험적인 **구성적** 원리들을 함유하는 것이고,
쾌·불쾌의 감정으로는 판단력이 그런 것인데, 이 판단력은, 욕구능력
V197 의 규정과 관계하고 그럼으로써 직접적으로 실천적일 수 있는 개념들 및
감각들에 독립적이다. **욕구능력**으로는 이성이 그런 것인데, 이성은, 그
것이 어디서 유래하건 어떠한 쾌의 매개 없이도, 실천적이고, 상위 능력
인 욕구능력에 궁극목적을 규정하는바, 이 궁극목적은 동시에 객관에서
BLVII 의 순수한 지성적 흡족함을 수반한다. —자연의 합목적성이라는 판단력
의 개념은 자연개념들에 속하되, 단지 인식능력의 규제적 원리로서만 그
러하다. 비록 이 개념[58]을 야기하는 (자연 또는 예술의) 어떤 대상들에 관
한 미감적 판단이 쾌 또는 불쾌의 감정과 관련해서는 구성적 원리이지만
말이다. 인식능력들의 부합이 이 쾌의 근거를 함유하거니와, 이 인식능
력들의 유희에서의 자발성이 야기한 이 개념[59]으로 하여금 자연개념의
관할구역들을 자유개념의 것과 그 결과들에서 연결 매개할 수 있도록 한
다. 이 자발성이 동시에 도덕 감정에 대한 마음의 감수성을 촉진함으로
써 말이다. —다음의 표는 모든 상위의 능력들을 그 체계적 통일성에서
개관하는 것을 쉽게 해줄 수 있다.※

58) 곧, 합목적성.

59) 곧, 합목적성.

상위 영혼 능력의 표 BLVIII V198

마음의 전체 능력	인식능력	선험적 원리	적용대상
인식능력	지성	합법칙성	자연
쾌 · 불쾌의 감정	판단력	합목적성	기예
욕구능력	이성	궁극목적	자유

※ 사람들은 순수철학에서의 나의 구분들이 거의 언제나 3분법적이 되는 것을 기이하게 생각했다. 그러나 그것은 사태의 본성에서 기인한 것이다. 구분이 선험적으로 지어져야 한다면, 그것은 분석적이거나 종합적일 것이다. 분석적일 경우는 모순율에 따른 것으로, 그 경우에 구분은 항상 2분법적이다. (어떠한 것이든 A이거나 非A이다.) 종합적일 경우에는 구분이 (수학에서처럼, 선험적으로 개념에 대응하는 직관으로부터가 아니라) 선험적 개념들로부터 이끌어내져야 한다면, 종합적 통일 일반에 필요한 것, 곧 1) 조건, 2) 조건 지어진 것, 3) 조건 지어진 것과 그것의 조건과의 통합에서 생기는 개념, 이것들에 따라서 구분은 필연적으로 3분법일 수밖에 없다.

BLIX V199

책 전체의 **구분**

제1편

미감적 판단력 비판

제1절

미감적 판단력의 분석학

제1권

미의 분석학

제2권

숭고의 분석학

제2절

미감적 판단력의 변증학

BLX

제2편

목적론적 판단력 비판

제1부

목적론적 판단력의 분석학

제2부

목적론적 판단력의 변증학

부록

목적론적 판단력의 방법론

제1편
미감적 판단력 비판

B1 V201

제1절 미감적 판단력의 분석학

B3 V203

제1권 미의 분석학

취미판단※의 제1계기: 질의 면에서

※ 여기서 기초에 놓인 취미의 정의는, 취미[1]란 미적인〔아름다운〕 것을 판정하는 능력[2]이라는 것이다. 그러나 어떤 대상을 아름답다고 부르기 위해 필요한 것을 취미판단들의 분석은 발견해내지 않으면 안 된다. 이 판단력[3]이 반성에서 주목했던 계기들을 나는 판단하는 논리적 기능들의 안내에 따라 찾아냈다. (왜냐하면, 취미판단에도 언제나 지성과의 관계가 함유되어 있기 때문이다.) 나는 질의 계기들을 맨 먼저 고찰[4]했는데, 그것은 미〔적인 것〕에 대한 미감적 판단이 이 계기들을 맨 먼저 고려하기 때문이다. B4

1) 원어: Geschmack. 서론에서도 지적한 바 있듯이 이 정의에 따른다면 '취미'보다는 '심미(審美)'라고 옮기는 것이 좋을 것이나, 동족어 동사 'schmecken(맛나다, 맛보다)'과의 관련성을 살피고, "아름다운 것을 감상하고 이해하는 힘"이라는 뜻을 살려 '취미(趣味)'라고 옮긴다.

2) 원문: "das Vermögen der Beurteilung des Schönen". 똑같은 의미의 다른 표현: "das Vermögen, das Schöne zu beurteilen"(「형이상학 강의」 Mrongovius: XXIX, 892) 참조.

3) 곧, 미감적 판단력.

4) 칸트에서 지성적 판단에서 드러나는 존재-인식의 범주들의 순서(『순수이성비판』, A80=B106 참조)와 선·악의 개념과 관련한 자유의 범주들의 순서(『실천이성비판』,

§1
취미판단은 미감적이다

어떤 것이 아름다운〔미적인〕 것인가 아닌가를 구별하기 위해서는, 우
리는 표상을 지성에 의해 인식하기 위해 객관에 관계시키는 것이 아니
B4 라, 상상력에 의해—아마도 지성과 결합돼 있는—주관 및 주관의 쾌 또
는 불쾌의 감정에 관계시킨다. 그러므로 취미판단은 인식판단이 아니며,
그러니까 논리적이 아니라, 미감적/감성적이다. 미감적/감성적이란 그
규정근거가 **주관적일 수밖에 없다**는 뜻이다. 그러나 표상들의 모든 관계
는, 심지어 감각들의 관계조차도, 객관적일 수 있으되,—그리고 그때 그
V204 관계는 경험적 표상의 실재적인 것을 의미하거니와—오로지 쾌 · 불쾌
의 감정과의 관계만은 객관적일 수가 없으며, 이에 의해서는 전혀 아무
런 것도 객관에서 표시되지 않고, 이 관계에서 주관은 자기가 표상에 의
해 촉발되는 대로 스스로 느끼는 바이다.[5)]

하나의 규칙적인, 합목적적인 건물을 인식능력을 가지고 (분명한 표상
방식으로든 혼란한 표상방식으로든) 파악하는 것은 이 표상을 흡족의 감각
을 가지고 의식하는 것과는 전적으로 다른 어떤 것이다. 후자의 경우에
서 표상은 전적으로 주관에만, 그것도 쾌 또는 불쾌의 감정이라는 이름
을 갖는 주관의 생명감정과만 관계 맺어진다.[6)] 이 감정은 아주 특수한
구별능력과 판정능력의 기초를 이루되, 인식에는 아무것도 기여하는 바
B5 가 없고, 단지 주관에 주어진 표상을 표상들의 전체 능력에 맞서 세울 따
름으로, 마음은 그의 상태의 감정에서 표상들의 이 전체 능력을 의식하
게 된다. 한 판단에서 주어진 표상들은 경험적(그러니까 미감적/감성적)일

A117=V66 참조)는 양 · 질 · 관계 · 양태이다.

5) 『미와 숭고의 감정에 관한 관찰』: AA II, 207; 「논리학 강의」 Blomberg: XXIV, 44; 「논리학 강의」 Philippi: XXIV, 345; 「인간학 강의」 Mrongovius: XXV, 1315~6 참조.

6) 아래 §9: B31=V219; 「인간학 강의」 Collins: XXV, 167~8; 「인간학 강의」 Pillau: XXV, 786 참조.

수 있다. 그러나 그 표상들에 의해 내려지는 판단은, 저 표상들이 오직 판단에서 객관과만 관계 맺어진다면, 논리적이다. 그러나 거꾸로, 주어진 표상들이 심지어 이성적일지라도, 판단에서 단지 주관과(그것의 감정과)만 관계 맺어진다면, 그것들은 그런 한에서 항상 미감적/감성적이다.

§2
취미판단을 규정하는 흡족은 일체의 관심이 없다

관심이란 우리가 대상의 실존 표상과 결합하는 흡족을 이른다. 그래서 그러한 것은 언제나 동시에, 욕구능력의 규정근거로서든, 아니면 욕구능력의 규정근거와 필연적으로 연관된 것으로서든, 욕구능력과 관계를 갖는다.[7] 그러나 무릇 어떤 것이 아름다운가 어떤가 하는 물음이 있을 때, 사람들이 알고자 하는 것은, 우리에게 또는 어느 누군가에게 그 사상〔事象〕의 실존이 어떤 중요성을 갖는가 또는 단지 어떤 중요성을 가질 수 있는가가 아니라, 우리가 순전한 바라봄(직관 또는 반성)에서 그것을 어떻게 판정하는가이다.[8] 누군가가 나에게 내가 눈앞에서 보고 있는 궁전을 아름답다고 보는지 어떤지를 물을 경우, 나는 한낱 입을 떡 벌어 B6
지게 만드는 그와 같은 것들은 좋아하지 않는다고 말할 수도 있겠고, 또는 파리에서 음식점 주방보다 더 마음에 드는 것은 없다는 저 이로쿼이족[9]의 **추장**처럼 말해도 좋을 것이다.[10] 그 외에도 나는 인민의 땀을 그처럼 불필요한 것들에 소비하는 권력자들의 허영을 꼭 **루소와 같은 투**로

---

7) 아래 §41 참조.

8) 「인간학 강의」 Collins: XXV, 177~8 참조.

9) 주로 북아메리카의 온타리오 호 부근에 살던 인디언 부족.

10) 칸트는 일찍부터(1772) 이 사 를 들곤 했는데(「논리학 강의」 Philippi: XXIV, 353 참조), 아마도 Pierre-François-Xavier de Charlevoix(1682~1761), *Histoire et description générale de la Nouvelle France*, Paris 1744, III, 322에 서술되어 있는, 1666년에 파리를 방문한 이로쿼이인의 이야기를 인용한 것으로 보인다.

V205 꾸짖을 수도 있다.[11] 끝으로 나는, 만약 내가 언제 다시 사람들을 만날
희망도 없이 무인도에서 살고 있으며, 나의 한낱 소망만으로도 그러한
호화로운 건물을 요술로 세울 수 있다 해도, 내가 이미 나에게 충분히 편
안한 오두막집을 가지고 있다면, 그런 호화로운 건물을 위한 노고를 결
코 쏟지 않을 것이라고 아주 쉽게 확신할 수 있다. 사람들은 내가 이렇게
하는 것 모두를 용인하고 시인할 수 있을 것이나, 다만 지금은 그런 것이
문젯거리가 아니다. 사람들이 오직 알고자 하는 것은, 대상의 순전한 표
상이, 내가 제아무리 이 표상의 대상의 실존에 무관심하다 할지라도, 내
안에 흡족함을 수반하는가 어떤가 하는 것이다. 〔이에〕 사람들이 쉽게
알 수 있는 바는, 대상이 **아름답다**고 말하고, 내가 취미를 가지고 있다는
것을 증명하기 위해 관건이 되는 것은, 내가 이 표상을 가지고 내 안에서
스스로 만드는 것이지, 그것에서 내가 대상의 실존에 의존해 있는 그 어
떤 것이 아니다. 조금이라도 이해관심이 섞여 있는, 미에 대한 판단은 매
우 당파적이고 순수한 취미판단이 아니라는 것은 누구라도 인정하지 않
으면 안 된다. 취미의 사안에 있어 심판자 역할을 하기 위해서는 조금이
B7 라도 사상〔事象〕의 실존에 마음이 이끌려서는 안 되고, 이 점에 있어서
는 전적으로 무〔관〕심하지 않으면 안 된다.

그러나 우리가 극히 중요한 이 명제를 가장 잘 해명할 수 있는 것은, 취미판단에서 순수한, 〔이해〕관심이 없는※ 흡족함에 이해관심이 결합되어

※ 흡족함의 대상에 관한 한 판단은 전혀 **〔이해〕관심이 없는**[12] 것일 수 있지만, 그럼에도 **〔이해〕관심을 끄는**[13] 것일 수 있다. 다시 말해, 그런 판단은 어떤 이해관심에 기초하고 있지는 않으나, 이해관심을 불러일으킨다. 모든 순수한 도덕판단들은 그러한 것들이다. 그러나 취미판단들은 그 자체로는 또한 전혀 아무런 이해관심도 일으키지 않는다. 오로지 사회에서만 취미를 갖는

11) 아마도 "굶주린 다수에게는 필수품도 없는데 한 줌의 사람에게는 사치품이 넘친다"는 J.-J. Rousseau, *Discours sur l'origine et les fondements de l'inégalité parmi les hommes*(1775)의 끝 대목을 염두에 둔 말 같다. 「인간학 강의」 Mrongovius: XXV, 1417 참조.

있는 흡족함을 대립시켜볼 때이다. 특히, 〔이해〕관심의 종류가 이제 거론할 것들 말고 더는 없다는 것을 우리가 동시에 확신할 수 있다면 말이다.

§3
쾌적한 것에서 흡족은 관심과 결합되어 있다

쾌적한 것이란 **감각에서 감관들에 적의**〔適意〕**한 것**을 말한다.[15] 그런데 여기에서 곧바로, 감각이라는 말이 가질 수 있는, 이중적 의미의 매우 흔한 혼동을 고발하고, 그에 대해 주의시킬 기회가 생긴다. 모든 흡족은 그 자신 (쾌의) 감각이다. (사람들은 그렇게 말하거나 생각한다.) 그러니 V206
까 적의한 모든 것은 그것이 적의하다는 바로 그 점에서 쾌적하다. (그리 B8
고 여러 가지 정도에 따라서 또는 다른 쾌적한 감각들과의 관계들에 따라서 **전아**〔典雅〕**하다, 사랑스럽다, 흥겹다, 즐겁다** 등등.) 그러나 이것이 용인된다면, 경향성을 규정하는 감관의 인상들이나, 의지를 규정하는 이성의 원칙들이나, 판단력을 규정하는 직관의 순전한 반성된 형식들은 쾌의 감정에 미치는 효과에 관한 한 전적으로 한가지다. 왜냐하면 이 효과는 감정의 상태의 감각에서의 쾌적함일 터이기 때문이다. 그리고 마침내 우리 능력들의 모든 작업들은 실천적인 것에 귀착하고, 그것들의 목표인 이 실천적인 것에서 합일되지 않으면 안 되므로, 사람들이 사물들과 사물들의 가치의 평가에 있어 우리의 능력들에게 요구할 수 있는 것은 그 사물들이 약속하는 쾌락〔즐거움〕에서 성립하는 평가뿐이겠다. 우리의 능력들

다는 것이 **이해관심을 끌** 것인데, 그 이유는 아래에서[14] 지적될 것이다.

---

12) 원어: uninteressiert.

13) 원어: interessant.

14) 아래 §§41~42 참조.

15) '쾌적함'에 관해서는 「논리학 강의」 Philippi: XXIV, 346 이하; 「인간학 강의」 Pillau: XXV, 785; 「인간학 강의」 Busolt: XXV, 1508 등 참조.

이 어떻게 쾌락에 도달하는가 하는 방식은 결국 전혀 문제가 되지 않는다. 여기서는 오로지 수단의 선택만이 차이를 지을 수 있으므로, 사람들은 어쩌면 서로 우둔하고 분별력이 없다고 책망할 수는 있겠으나, 결코 비열하고 사악하다고 책망할 수는 없을 터이다. 왜냐하면, 사람들은 모두 각자 사안을 보는 자기 방식에 따라 각자에게 쾌락이 되는 하나의 목표를 향해 달리고 있는 것이기 때문이다.

쾌 또는 불쾌의 감정의 규정이 감각이라고 불릴 때, 이 표현은 내가
B9 (**인식능력**[16]에 속하는 수용성으로서의 감관에 의한) 사상〔事象〕의 표상을 감각이라고 부를 때와는 전혀 다른 어떤 것을 의미한다. 왜냐하면, 후자의 경우에 표상은 객관에 관계하나, 전자의 경우에는 오로지 주관에만 관계하며, 전혀 어떠한 인식에도 기여하지 않고, 또한 그에 의해 주관이 자신을 **인식하게** 되는 인식에도 기여하지 않기 때문이다.

그러나 위의 설명에서 감각이라는 말은 감관의 객관적 표상을 뜻한다. 그리고 언제든 오해될 위험을 피하기 위해, 우리는 항상 한낱 주관적일 수밖에 없고, 단적으로 어떤 대상의 표상도 이룰 수 없는 것을 감정이라는 그와는 다른 관용적인 명칭으로 부르고자 한다. 초원의 녹색은 감관의 대상의 지각으로서 **객관적**인 감각에 속하지만, 이 녹색의 쾌적함은 그에 의해서는 아무런 대상도 표상되지 않는 **주관적**인 감각, 다시 말해 감정에 속하는 것으로서, 이에 의해서 대상은 (대상에 대한 아무런 인식도 아닌) 흡족함의 객관으로 간주되는 것이다.

그런데 내가 한 대상이 쾌적하다고 언명하는, 한 대상에 대한 나의 판
V207 단이 그 대상에 대한 어떤 이해관심을 표현하고 있다는 것은, 그 판단이 감각을 통해 그 같은 대상[17]에 대한 욕구를 약동시키고, 그러니까 흡족은 대상에 관한 한갓된 판단을 전제하는 것이 아니라, 나의 상태가 그러한 객관에 의해 촉발되는 한에서, 그 대상의 실존과 나의 상태와의 관계

---

16) A판: "**인식**".

17) AA에 따름. B판: "대상들".

가 전제된다는 사실로 볼 때, 이미 명백하다. 그래서 사람들은 쾌적한 것에 대해서 한낱 '그것은 **적의하다**'고 말하지 않고, '그것은 **쾌락〔즐거움〕을 준다**'고 말하는 것이다. 내가 쾌적한 것에 보내는 것은 한갓된 찬동이 아니라, 그에 의해서 경향성〔애착〕이 산출된다. 아주 몹시 쾌적한 것은 객관의 성질에 관한 전혀 아무런 판단도 필요로 하지 않기에, 언제나 단지 향락(이 말로써 사람들은 쾌락의 내밀성을 표시한다)만으로 끝나는 사람들은 기꺼이 일체의 판단에서 벗어나려고 한다. B10

§4
좋은 것[18]에서 흡족은 관심과 결합되어 있다

좋은 것이란 이성을 매개로 순전한 개념에 의해 적의한 것을 말한다. 우리는 단지 수단으로서만 적의한 어떤 것을 **무엇을 위해 좋은 것**(유용한 것)이라고 부르고, 그 자신만으로 적의한 다른 어떤 것은 **자체로 좋은 것**이라고 부른다. 양자 안에는 언제나 목적의 개념이, 그러니까 이성의 (적어도 가능한) 의욕과의 관계가, 따라서 한 객관 또는 한 행위의 **현존**에 대한 흡족, 다시 말해 어떤 이해관심이 함유되어 있다.

어떤 것이 좋다는 것을 알아내기 위해서는, 나는 항상 그 대상이 어떤 종류의 사물이어야 하는가를 알지 않으면, 다시 말해 그 대상에 대한 개념을 갖지 않으면 안 된다. 〔그러나〕 거기에서 미를 찾기 위해서는 나는 그런 것을 가질 필요가 없다. 꽃들, 자유로운 선묘〔線描: 스케치〕들, 수풀이라는 이름 아래에서, 아무런 의도 없이 서로 얽혀 있는 선분들은 아무런 B11
것도 의미하지 않고, 어떤 특정한 개념에 의존하지 않으면서도, 적의하다. 아름다운 것에서의 흡족은 어떤 한 개념—그게 어떤 개념인지는 정

18) 원어: das Gute. '좋은 것', '좋음', '선(善)' 등으로 옮길 수 있으나, 일반적으로는 '좋은 것' 또는 '좋음'으로 옮기기로 한다. 그것은 우리말 사용에서 '선'은 많은 경우 특히 '윤리적으로 좋음'을 지칭한다는 점을 고려한 것이다.

해져 있지 않지만—에 이르는, 대상에 대한 반성에 의존할 수밖에 없고, 그로 인해 또한 전적으로 감각에 의거하고 있는 쾌적한 것과는 구별된다.

물론 많은 경우에 쾌적한 것은 좋은 것과 한가지인 것처럼 보인다. 그래서 사람들은 보통 말하기를, 모든 (특히 지속적인) 쾌락은 그 자체로 좋다고 한다. 그리고 이것이 뜻하는 바는 대략, 지속적으로 쾌적함이나 좋음은 한가지라는 것이다. 그러나 사람들은 이내 이것이 순전히 그릇된 말의 혼동이라는 것을 알아챌 수 있다. 이 표현들에 특유하게 귀속하는
V208 개념들은 결코 서로 교환될 수 있는 것이 아니니 말이다. 쾌적한 것은, 그 자체가 대상을 단지 감관과의 관계에서만 표상하는 것으로서, 그것을, 의지의 대상으로서, 좋은〔선한〕 것이라고 부르기 위해서는, 무엇보다도 먼저 목적의 개념에 의해 이성의 원리들 아래에 놓아야만 한다. 그러나 그렇게 되면 이것이, 내가 쾌락을 주는 것은 동시에 **좋은** 것이라고 부를 때와는, 흡족에 대한 전혀 다른 관계라고 하는 것은, 좋은 것에서는 언제나 과연 그것이 간접적으로 좋은가 아니면 직접적으로 좋은가(과연 유용한가 아니면 그 자체로 좋은가)가 문제이지만, 반면에 쾌적한 것에서는, 그 말이 항상 직접적으로 적의한 어떤 것을 의미하므로, 이런 것은
B12 전혀 문제가 될 수 없다는 사실로부터 미뤄알 수 있는 바이다. (내가 아름답다고 부르는 것과 관련해서도 사정은 꼭 마찬가지이다.)

가장 평범한 담화에서조차도 사람들은 쾌적한 것과 좋은 것을 구별한다. 양념과 기타 조미료로 맛을 돋운 요리에 대해 사람들은 주저 없이 "그것은 쾌적하다〔기분이 좋다〕"고 말하면서도, 동시에 "그것은 좋은 것은 아니다"라고 실토한다. 왜냐하면, 그것은 비록 직접적으로는 감관의 **느낌을 좋게 하긴** 하지만, 간접적으로는, 다시 말해 결과를 내다보는 이성으로 볼 때는 적의하지 않기 때문이다. 건강의 판정에 있어서조차도 사람들은 이런 구별을 인지할 수 있다. 건강은 그것을 가지고 있는 사람 누구에게나 직접적으로 쾌적한 것이다. (적어도 소극적으로는, 다시 말해 모든 신체적 고통으로부터 멀리 떨어져 있는 것으로서는 말이다.) 그러나 건강

이 좋은 것이라고 말하기 위해서는, 사람들은 그것을 또한 이성에 의해
목적들에 비춰보지 않으면 안 된다. 곧 건강이란 우리로 하여금 우리의
모든 과업을 수행하고 싶어 하는 기분이 들도록 해주는 상태인 것이다.
마지막으로 **행복의 관점에서**[19]도 모든 사람들은 쾌의 쾌적함의 (분량과 지
속의 면에서) 최대량이 진정으로 좋은 것, 심지어는 최고로 좋은 것〔最高
善〕이라고 부를 수 있는 것이라고 믿는다. 그러나 이에 대해서도 이성은
곧추선다. 쾌적함은 향수〔享受〕이다. 그러나 생이 이것에만 달려 있다면,
그 향수가 수동적으로, 자연의 관대함으로부터 얻어진 것이든, 자기활
동 및 우리 자신의 작용을 통해 얻어진 것이든, 그것을 우리에게 가져다
준 수단들에 대해 꼼꼼하게 따진다는 것은 어리석은 일이겠다. 그러나 순 B13
전히 **향수하기〔즐기기〕** 위해 사는 (그리고 이 점에서 매우 부지런한) 한 인
간의 실존이, 설령 그때 그가 마찬가지로 오로지 향수하는〔즐기는〕 것만
을 추구하는 다른 사람들에게, 그에 이르는 수단으로서 최고로 쓸모가 있
다 하더라도, 그것도 그가 동정심에 의해 모든 쾌락을 함께 즐긴다 하더
라도, 그것 자체로 가치를 갖는다는 것, 그것을 이성은 결코 승복하지 않
을 것이다. 인간은, 향수〔향락〕에 대한 고려 없이, 완전히 자유롭게 그리
고 자연이 그에게 수동적으로 제공할 수도 있는 것으로부터 독립적으로,
그가 행하는 것에 의해서만 한 인격의 실존으로서의 그의 현존재에게 절 V209
대적 가치를 부여한다. 그리고 행복은, 완전히 충만된 쾌적함과 함께일지
라도, 무조건적으로 좋은 것〔무조건적인 선〕이라기에는 어림도 없다.※

그러나 쾌적한 것과 좋은 것 사이의 이런 모든 상이성에도 불구하고

※ 향수해야〔즐겨야〕 할 책무라는 것은 명백히 부조리한 것이다. 그러므로 향수하는〔즐기는〕 것을 목표로 갖는 모든 행위들을 해야만 한다는 책무 또한 부조리한 것이다. 그 향수〔즐김〕가 제아무리 정신적으로 세련된 (또는 미화된) 것이라 하더라도, 그리고 설령 그것이 신비로운, 이른바 천상의 향유〔향락〕일지라도 그러하다.

19) A판: "**그러나 행복에 대해서**".

양자는 그것들이 항상 그것들의 대상에 대한 이해관심과 결합되어 있다는 점에서는 합치한다. 쾌적한 것(§3)과 그리고 어떤 쾌적함을 위한 수단으로서 적의한 간접적으로 좋은 것(유용한 것)뿐만 아니라, 단적으로 그리고 모든 관점에서 좋은 것, 곧 도덕적으로 좋은 것 또한 그러하다. 도덕적으로 좋은 것은 최고의 관심을 수반하는 것이다. 왜냐하면 좋은 것
B14 〔선〕은 의지의 (다시 말해, 이성에 의해 규정된 욕구능력의) 객관이니 말이다. 그런데 어떤 것을 의욕한다는 것과 그것의 현존재에 흡족함을 갖는다는 것, 다시 말해 그것에 관심을 갖는다는 것은 동일한 것이다.

§5
종적으로 서로 다른 세 종류의 흡족[20]의 비교

쾌적한 것과 좋은 것, 양자는 욕구능력과의 관계를 가지고 있으며, 그런 한에서 흡족을 수반하는바, 전자는 (자극刺戟에 의해) 정념적으로-조건 지어진 흡족을, 후자는 순수한 실천적 흡족을 수반한다. 그런데 순수한 실천적 흡족은 한낱 대상의 표상에 의해서뿐만 아니라 또한 동시에 주관의 대상의 실존과의 표상된 연결에 의해서도 규정된다. **한낱 대상뿐만 아니라 대상의 실존도 적의한 것이다.**[21] 그에 반해[22] 취미판단은 한낱 **관조적**이다. 다시 말해, 그것은 대상의 현존에는 무차별적이고, 오직 대상의 성질만을 쾌·불쾌의 감정과 결부시키는 판단이다. 그러나 이 관조 자신도 개념들을 지향하고 있지 않다. 왜냐하면, 취미판단은 인식판단이 아니고, (이론적 판단도 실천적 판단도 아니고) 그래서 또한 개념들에 **기초하지**도 않고, 또 개념들을 **목표로 삼지**도 않기 때문이다.

---

20) 칸트는 쾌적한 것, 아름다운 것, 좋은 것의 구별을 초월철학을 구상할 당시부터 하고 있었다(1772. 2. 21 자 Marcus Herz에게 보낸 편지: X, 129 참조). 또 같은 시기의 「인간학 강의」 Collins: XXV, 167 참조.

21) 이 한 문장은 B판 추가.

22) AA에 따름. 칸트 원문은 "그래서".

그러므로 쾌적한 것, 아름다운 것, 좋은 것은 쾌 · 불쾌의 감정에 대한
표상들의 서로 다른 세 관계를 표시하며, 이 쾌 · 불쾌의 감정과 관련해 B15 V210
서 우리는 대상들이나 표상방식들을 서로 구별한다. 또한 사람들이 이것
들에서 흐뭇함을 표시하는 각각에 알맞은 표현도 한 가지가 아니다. **쾌
적한** 것은 누구에겐가 **즐거움[쾌락]**을 주는 것을 말하고, **아름다운** 것은
누군가에게 한낱 **적의한** 것을 말하며, **좋은** 것은 **존중되고** **시인되는** 것,
다시 말해 누군가에 의해 객관적 가치를 부여받는 것을 말한다.[23] 쾌적
함은 이성 없는 동물들에게도 타당하다. 아름다움은 오직 인간들에게만,
다시 말해 동물적이면서도 이성적인 존재자들에게만, 한낱 이성적 존재
자들(예컨대, 정신들)로서가 아니라 동시에 동물적 존재자들로서의 인간
들에게만 타당하다. 그러나 좋은 것〔선〕은 모든 이성적 존재자 일반에게
타당하다. 〔이것은〕 오직 아래〔의 논변〕에서만 완벽한 정당화와 설명을
얻을 수 있는 명제이다. 이 모든 세 종류의 흡족 중에서 아름다운 것에서
의 취미의 흡족만이 유일하게 이해관심이 없는 **자유로운** 흡족이라고 말
할 수 있는데, 그것은 어떤 이해관심도, 감관의 이해관심도, 이성의 이해
관심도 찬동을 **강제하지 않기**[24] 때문이다. 그래서 흡족은 거명한 세 경우
에 있어 각기 **경향성** 또는 **호의** 또는 **존경**과 관련이 있다고 말할 수 있겠
다. 무릇 호의만이 유일한 자유로운 흡족이다. 경향성의 대상, 그리고 이
성법칙에 의해 우리로 하여금 욕구하도록 부과되는 대상은 우리가 스스
로 무엇인가를 가지고서 쾌의 대상으로 삼을 자유를 우리에게 허용하지
않는다. 모든 이해관심은 필요욕구를 전제하거나 필요욕구를 불러일으 B16
킨다. 그리고 찬동을 규정하는 근거로서의 이해관심은 대상에 관한 판단
을 더 이상 자유롭게 놓아두지 않는다.

쾌적한 것에서의 경향성의 관심에 대해 말할 것 같으면, "시장이 반찬

---

23) 「형이상학 강의」 L1: XXVIII, 250; 「형이상학 강의」 Mrongovius: XXIX, 892~3 등의 같은 표현 참조.

24) A판: "**강제하기**".

이다", "식욕이 왕성한 사람들에게는 먹을 수 있는 것이면 무엇이나 다 맛있다"고 누구나 말하듯이, 그러니까 그러한 흡족은 취미에 따른 선택을 표하는 것이 아니다. 필요욕구가 충족되는 때에만, 많은 사람들 가운데서 누가 취미를 가지고 있으며 가지고 있지 않은가를 구별할 수 있다. 마찬가지로 덕성 없는 예의(범절), 호의 없는 정중함, 경의 없는 단정함 등등도 있다. 도대체가 윤리적 법칙이 발언하는 곳에서, 무엇이 행해져야만 하는가에 대해서는, **객관적으로**[25] 더 이상 아무런 자유로운 선택은 없다. 그리고 그의 거동에서 (또는 타인의 거동을 평가함에 있어) 취미〔취향〕를 보이는 것은 그의 도덕적 사유방식을 표출하는 것과는 전혀 다른 것이다. 왜냐하면, 도덕적 사유방식은 지시명령을 함유하고 필요욕구를 산출하지만, 그에 반해 윤리적 취미〔취향〕는 흡족함의 대상들을 가지고 단지 유희할 뿐, 어느 하나에 매임이 없으니 말이다.

V211 제1계기로부터 귀결되는 미의 설명

취미는 대상 또는 표상방식을 **일체의 관심 없이** 흡족이나 부적의〔不適意〕함에 의해 판정하는 능력이다. 그러한 흡족의 대상을 **아름답다〔미적이라〕**고 일컫는다.[26]

B17 취미판단의 제2계기: 양의 면에서

§6

미는 개념들 없이 보편적인 흡족의 객관으로서 표상되는 것이다

이러한 미적인 것의 설명은 미적인 것이란 일체의 관심 없는 흡족의

25) A판: "**또한**".

26) 이 설명에 대한 풀이는 「형이상학 강의」 K3: XXIX, 1011 참조.

대상이라는 앞서의 설명으로부터 귀결될 수 있다. 왜냐하면, 누군가가 어떤 것에 대해 그것에서의 흡족함이 그 자신에게서 일체의 관심과 상관이 없다는 것을 의식하는 그것을 그는, 그것은 누구에게나 흡족할 근거를 함유하고 있음에 틀림없다고 판정할 수밖에는 없기 때문이다. 왜냐하면, 그 흡족함은 주관의 여느 경향성에 (또 어떤 다른 숙려된 관심에) 기초하고 있는 것이 아니고, 판단자는 그가 대상에게 바치는 흡족함에 대하여 온전히 **자유롭다**고 느끼고 있으므로, 그는 그의 주관만이 매여 있는 어떤 사적 조건도 그 흡족의 근거로 볼 수가 없으며, 또 그는 그래서 그 흡족함을 그가 다른 모든 사람들에게서도 전제할 수 있는 것에 기초되어 있는 것이라고 간주할 수밖에 없고, 따라서 그는 누구에게서나 비슷한 흡족함을 기대할 근거를 가지고 있다고 믿을 수밖에 없기 때문이다. 그래서, 그 판단은 단지 미감적/감성적인 것이고, 한낱 대상의 표상의 주관과의 관계만을 함유하고 있음에도 불구하고, 그는 아름다운〔미적인〕 것에 대해서, 마치 그 아름다움〔미〕은 대상의 성질이고, 그 판단은 논리 B18
적인 (객관의 개념들로써 객관의 인식을 형성하는) 것처럼 말할 것이다. 그것은 바로, 미감적 판단도 사람들이 그 판단의 타당성을 누구에게서나 전제할 수 있다는 점에서 논리적 판단과 유사함을 가지고 있기 때문이다. 그러나 이러한 보편성은 개념들로부터 생겨날 수는 없다. 왜냐하면, 개념들로부터 쾌 또는 불쾌의 감정으로의 이행은 없기 때문이다. (순수한 실천 법칙들에서는 예외이다. 순수한 실천 법칙들도 관심을 수반하지만, 그러한 관심은 순수한 취미판단과는 결합되어 있지 않다.) 따라서 취미판단에는, 일 V212
체의 관심에서 떠나 있다는 의식과 함께, 모든 사람에게 타당해야 한다는 요구주장이, 객관들 위에 세워진 보편성 없이도, 부수하지 않을 수 없다. 다시 말해, 취미판단에는 주관적 보편성에 대한 요구주장이 결합되어 있을 수밖에 없다.

§7
미적인 것을 위의 징표에 의해 쾌적한 것 및 좋은 것과 비교함

쾌적한 것과 관련해서는 누구나, 그의 판단이 사적 감정에 기초하고 있고, 이를 통해 그는 한 대상에 대해 그것이 그에게 적의하다고 말하는
B19 것으로, 그의 판단이 순전히 자기 개인에 국한된 것임을 겸허하게 받아들인다.[27] 그래서 그는, 그가 "카나리아 군도 산 샴페인은 쾌적하다"고 말할 때, 어떤 다른 사람이 그의 표현을 수정하면서, 그는 모름지기 "그 샴페인은 **나에게** 쾌적하다"고 말해야 한다고 환기시켜주면, 기꺼이 그에 만족한다. 그러한 것은 혀, 입천장, 목구멍의 취미에서뿐만 아니라, 눈과 귀에 대해 누구에게나 쾌적할 수 있는 것에 있어서도 마찬가지이다. 어떤 사람에게는 보라색이 부드럽고 사랑스럽지만, 다른 사람에게는 칙칙하고 생기가 없다. 어떤 사람은 관악기 소리를 좋아하지만, 다른 사람은 현악기 소리를 좋아한다. 우리 판단과 같지 않은 다른 사람들의 판단이 마치 우리 판단과 논리적으로 대립된 것인 양 옳지 않다고 책망하려는 의도로 그걸 가지고 싸운다는 것은 어리석은 짓이겠다. 그러므로 쾌적한 것에 관해 타당한 원칙은 '**모든 사람은 각자 고유한**[28] (감관의) **취미를 가지고 있다**'는 것이다.

아름다운 것에 대해서는 사정이 전혀 다르다. 만약 누군가 자기의 취미가 뭔가 특별나다고 자부하는 사람이 그걸 정당화하기 위해, '이 대상(즉 우리가 보고 있는 건물, 저 사람이 입고 있는 옷, 우리가 듣고 있는 협주곡, 판정받기 위해 제출된 시)은 **나에게** 아름답다'고 생각한다면, 그것은 ((쾌적한 것과는) 정반대로) 우스운 일이겠다. 왜냐하면, 만약 그것이 그에게만 적의하다면, 그는 그것을 **아름답다**고 일컬어서는 안 되기 때문이다. 그에게 매력과 쾌적함을 주는 것은 많이 있을 것이나, 그런 것에는 아무도

27) 「인간학 강의」 Mrongovius: XXV, 1325; 「인간학 강의」 Busolt: XXV, 1513 등 참조.
28) A판: "**특수한**".

마음 쓰지 않는다. 그러나 만약 그가 무엇인가를 아름답다고 내세우면,
그는 다른 사람들에게도 똑같은 흡족을 요구기대하고 있는 것이다. 그는
단지 자기를 위해서만이 아니라 모든 사람을 위해서〔대신해서〕 판단하 B20
고, 미에 대해서 그것이 마치 사물의 속성인 것처럼 말하는 것이다. 그래
서 그는, "그 **사상**〔事象〕은 아름답다"고 말하면서, 흡족함의 그의 판단
에서 다른 사람의 일치〔찬동〕를 기대하는데, 이는 그가 그들이 여러 번 V213
그의 판단과 일치하는 것을 보았기 때문이 아니라, 오히려 그들에게 그
것을 **요구주장하기** 때문이다. 만약 그들이 다르게 판단하면, 그는 그들
을 비난하면서, 그들이 마땅히 가져야 할 것으로 그가 요구하는 취미를
그들은 가지고 있지 않다고 말한다. 그런 한에서 사람들은 "누구나 각
자 특수한 취미를 가지고 있다"고 말할 수가 없다. 이것은 곧 도무지 취
미란 없다, 다시 말해, 모든 사람의 동의를 정당하게 요구주장할 수 있는
미감적 판단이란 없다고 말하는 것이나 마찬가지겠다.

그럼에도 불구하고 사람들은 쾌적한 것에 대해서도, 그 판정에 있어
사람들 사이에 일치가 이루어지는 것을 본다. 이 관점에서 사람들은 그
러면서도 어떤 이들은 취미를 가지고 있지 않다고 말하고, 다른 이들에
게는 그것을 인정한다. 그것도 감각기관으로서가 아니라 쾌적한 것 일반
에 대한 판정능력으로서의 취미라는 의미로 말이다. 그래서 사람들은,
자기의 손님들 모두가 적의하도록 그들을 (모든 감관에 의한 향유를) 쾌적
하게 접대할 줄 아는 사람을 일러 "그는 취미를 가지고 있다"고 말한다.
그러나 이 경우 보편성은 단지 비교적으로 취해진 것일 뿐이다. 이 경우
에는 단지 (**경험적 규칙들이 모두 그러하듯이**)[29] **일반적**인 규칙들이 있을 뿐,
보편적[30]인 규칙들은 없으되, 미적인 것에 관한 취미판단은 이 후자를
기도하고 내세우는 것이다. 그것은 사교성과 관련한 판단으로서, 사교성 B21
이 경험적 규칙들에 의거하는 한에서 그러하다. 좋은 것〔선〕과 관련해서

29) B판 추가.
30) 원어: universal. 앞의 보편성은 Allgemeinheit.

도 판단들은 당연히 모든 사람에 대한 타당성을 요구주장하지만, 그러나 좋은 것〔선〕은 단지 **한 개념에 의해서**만 보편적인 흡족의 객관으로 표상되는바, 쾌적한 것과 미적인〔아름다운〕 것에서는 그렇지가 않다.

§8

흡족의 보편성은 취미판단에서 단지 주관적으로만 표상된다

취미판단에서 마주쳐지는, 미감적 판단의 보편성의 이러한 특수한 규정은 주목할 만한 점인데, 논리학자들에게는 그렇지 않겠지만, 초월철학자들에게는 그렇다. 이것[31]은 그 보편성의 근원을 발견해내기 위해 초월철학자들의 적지 않은 노력을 요구하지만, 그러나 그 대신에, 이런 분해가 없다면 알려지지 않은 채로 남아 있을 터인, 우리 인식능력의 속성을 밝혀낸다.

V214 제일 먼저 사람들이 온전히 확신해야만 하는 것은, 사람들은 (미적인
것에 관한) 취미판단을 통해 한 대상에서의 흡족을 **모든 사람**에게 요구
하는바, 개념에 기초하지 않고서도 그렇게 한다—그럴 경우에는 그것
B22 은 좋은 것〔선〕이 되겠기 때문이다—는 점과, 보편타당성에 대한 이러
한 요구는 우리가 어떤 것을 **아름답다**고 언명하는 판단에 본질적으로 속하는 것으로, 이 판단에서 이런 보편타당성을 생각지 않는다면, 어느 누구에게도 이런 표현[32]을 사용하려는 생각조차 떠오르지 않았을 터이고, 오히려 개념 없이도 적의한 모든 것은 쾌적한 것으로 간주될 터인바, 쾌적한 것에 대해서는 사람들은 각자 자기의 고집을 세울 수가 있고, 어느 누구도 다른 사람에게 자기의 취미판단에 찬동해줄 것을 요구하지 않지만, 미〔아름다움〕에 관한 취미판단에서는 항상 이런 일이 일어난다는 점이다. 나는 전자는 감관취미, 후자는 반성취미라고 부를 수 있다.[33] 전자

31) 관계대명사 'welche'가 지시하는 것이 무엇인가는 분명하지 않다.
32) 곧, "아름답다"는 표현.

가 순전히 사적 판단을, 후자가 소위 공통타당한[34] (공적) 판단을 내리되, 양쪽 모두가 순전히 그의 표상과 쾌 · 불쾌의 감정과의 관계의 관점에서, 대상에 대한 미감적 (실천적인 아닌) 판단을 내리는 한에서 말이다. 그런데도 기이한 것은, 감관취미에 대해서는 경험이 그 감관취미의 (어떤 무엇에 있어서의 쾌 또는 불쾌의) 판단이 보편적으로 타당하지 않음을 보여줄 뿐만 아니라, 누구나 이런 일치를 다른 사람에게 요구하지 않을 만큼 겸손한데,—비록 실제로는 자주 이런 판단들에서도 제법 광범위한 일치가 발견된다 할지라도—반성취미는, 모든 사람에 대한 (미에 관한) 그 판단의 보편적 타당성 요구가, 경험이 가르쳐주듯이, 역시 자주 거부됨에도 불구하고, 이런 일치를 보편적으로 요구할 수 있는 판단들을 표상하는 것이 가능하다고 생각할 수 있으며,—반성취미는 실제로도 그렇게 한다 B23
—그리고 사실로 그의 취미판단의 낱낱에 대해 이런 일치를 모든 사람에게 요구하고 있으나, 판단자들은 그러한 요구의 가능성에 관해서는 다투는 일이 없이, 단지 특수한 경우들에 있어 이[35] 능력의 올바른 적용에 관해서만 의견이 일치하지 않을 수 있다는 점이다.

무릇 여기서 무엇보다도 주의해야 할 점은, 객관의 개념들에—비록 단지 경험적인 개념이라 하더라도—의거해 있지 않은, 보편성은 전혀 논리적이 아니라, 미감적이라는 것, 다시 말해 판단의 객관적 양을 함유하지 않고, 단지 주관적 양만을 포함한다는 사실이다. 이런 보편성에 대해서도 나는 **공통타당성**이라는 표현을 사용하거니와, 이 표현은 어떤 표상의 인식능력과의 관계가 타당함을 표시하는 것이 아니라, 어떤 표상의 쾌 · 불쾌의 감정과의 관계가 모든 주관에 대하여 타당함을 표시한다. (그러나 만약 사람들이 어느 때나 미감적인 한낱 주관적 보편타당성과 구별하기 위해 **객관적** 보편타당성〔이라는 말〕을 도입하기만 한다면, 이 〔공통타당성이라 V215

---

33) 덧붙임 「제1서론」, VIII: XX224=H30 참조.

34) 원어: gemeingültig.

35) 곧, 반성취미의.

는〕 표현을 판단의 논리적 양에 대해서도 쓸 수 있을 것이다.)[36)]

무릇 **객관적으로 보편타당한** 판단은 또한 항상 주관적으로도 타당한 것이다. 다시 말해, 만약 판단이 주어진 개념 중에 포함되어 있는 모든 것에 대해 타당하다면, 그것은 또한 어떤 대상을 이 개념을 통해 표상하는 모든 사람에게도 타당하다. 그러나 **주관적 보편타당성**으로부터는, 다
B24 시 말해 어떤 개념에도 의거하고 있지 않은 미감적 보편타당성으로부터는 논리적 보편타당성이 추론될 수 없다. 왜냐하면 저런 종류의 판단들은 전혀 객관에 상관하지 않기 때문이다. 그러나 바로 그렇기 때문에 또한 어떤 판단에 부여되는 미감적 보편성은 특수한 종류의 것일 수밖에 없다. 왜냐하면, **이 보편성은 미라는 술어를, 전체 논리적 권역에서 고찰된 객관의 개념과 연결시키지 않지만**[37)], 그럼에도 바로 그 술어를 **판단자들**의 전체 권역 너머까지 확장하기 때문이다.

논리적 양의 면에서 모든 취미판단들은 **단칭** 판단이다. 무릇 나는 대상을 직접적으로 나의 쾌 · 불쾌의 감정에서 간직해야만 하고, 개념들을 통해서 해서는 안 되므로, 취미판단은 객관적으로-공통타당한 판단의 양을 가질 수가 없기 때문이다. 물론, 만약 취미판단의 객관의 개별 표상이 그 취미판단을 규정하는 조건들에 따라서 비교를 통해 개념으로 변환된다면, 그로부터 논리적으로 보편적인 판단이 생길 수는 있다. 예컨대, 내가 보고 있는 장미를 나는 취미판단에 의해 아름답다고 언명한다. 그에 반해 많은 개별적인 것을 비교하여 생긴 판단 '장미들 일반은 아름답다'는 더 이상 한낱 미감적 판단으로서가 아니라, 미감적 판단에 기초한 논리적 판단으로 언표된 것이다. 그런데 '장미는 (향기가) 쾌적하다'는 판단은 미감적인, 개별적〔단칭〕 판단이기는 하지만, 취미판단은 아니고,
B25 감관판단이다. 이것이 전자[38)]와 구별되는 것은 곧, 취미판단은 보편성

36) '주관적 보편타당성'과 '객관적 보편타당성'의 구별과 그 원초적 의미에 대해서는 「조각글」 1820: XVI, 127 참조.

37) A판: "**미라는 술어는 전체 권역에서 고찰된 객관의 개념과 연결되지 않지만**".

의, 다시 말해 모든 사람들에 대한 타당성의 **미감적 양**을 동반하나, 쾌적한 것에 대한 판단에서는 이런 것을 마주칠 수 없다는 점에 있다. 오로지 좋은〔선한〕 것에 대한 판단들만이, 비록 그것들이 대상들에서의 흡족을 규정한다고 하더라도, 논리적인, 한낱 미감적이 아닌, 보편성을 갖는다. 왜냐하면, 그것들은 객관의 인식으로서 객관에 타당하고, 그렇기 때문에 모든 사람에게 타당하기 때문이다.

만약 사람들이 객관들을 한낱 개념들에 따라 판정한다면, 미의 모든 표상은 상실될 것이다. 그러므로 또한 누가 됐든 어떤 것을 아름답다고
인정하도록 강요하는 그런 규칙은 없다. 과연 어떤 옷이, 집이, 꽃이 아 V216
름다운가 어떤가에 대해서 사람들은 어떤 근거나 원칙을 가지고서 설득하려들지는 않는다. 사람들은 마치 자기의 흡족이 감각에 달려 있기나 한 듯이 객관을 그 자신의 눈에 내맡기려 한다. 그럼에도 불구하고, 그때 만약 사람들이 대상을 아름답다고 부른다면, 스스로 보편적인 동의를 얻고 있다고 믿어, 모든 사람들에게 찬성을 요구한다. 그에 반해 모든 사적 감각은 오로지 그 자신에게만 그리고 그의 흡족을 결정하는 것이겠다.

여기서 이제 알 수 있는 바는, 취미의 판단에서는 개념들의 매개 없는 흡족과 관련하여 그러한 **보편적인 동의**, 그러니까 동시에 모든 사람
에게 타당하다고 간주될 수 있는 미감적 판단의 **가능성** 외에는 아무것도 B26
요청되지 않는다는 사실이다. 취미판단 자신이 모든 사람의 찬동을 **요청하는** 것은 아니다. (이런 것을 할 수 있는 것은 근거들을 댈 수 있는 논리적 보편적인〔전칭〕 판단뿐이기 때문이다.) 취미판단은 모든 사람에게 규칙의 한 경우로서 이 찬동을 **감히 요구할** 뿐으로, 이 경우에 관한 확증을 취미판단[39]은 개념들에서 기대하는 것이 아니라, 다른 사람들의 찬성에서 기대한다. 그러므로 보편적인 동의는 단지 하나의 이념—이것이 어디에 의거하고 있는지는 여기서는[40] 아직 연구되지 않는다—일 따름이다. 취미

---

38) 곧, 취미판단.

39) 원문의 "er"는 C판과 AA에 따라 "es"로 고쳐 읽는다.

판단을 내리고 있다고 믿는 사람이 사실로 이 이념에 맞게 판단하고 있다는 것은 불확실할 수 있다. 그러나 그는 그럼에도 이 판단을 그 이념과 관계시키고 있다는 것을, 그러니까 그 판단은 취미판단이어야만 한다는 것을 미의 표현을 통해 알리고 있다. 그러나 그 자신으로서는 그는 쾌적한 것과 좋은〔선한〕 것에 속하는 모든 것을 그에게 아직도 남아 있는 흡족으로부터 떼어낸다고 의식하는 것만으로도 그것을 확신하게 될 수 있다. 그리고 이것이 그가 모든 사람에게 찬동을 기대하게 되는 모든 것이다. 즉 이것은 이 조건들 아래서 그가 또한 그러할 권리를 가질 터인 요구이다. **만약 그가 단지 이 조건들을 자주 위배하지 않고, 또 그 때문에 잘못된 취미판단을 내리지만 않는다면 말이다.**[41)]

B27

§9

'취미판단에서 쾌의 감정이 대상의 판정에 선행하는가, 아니면 후자가 전자에 선행하는가' 하는 물음에 대한 연구

이 과제의 해결은 취미 비판을 위한 열쇠이고, 그래서 온갖 주의를 기울일 만한 가치가 있다.

V217 만일 주어진 대상에 대한 쾌감이 선행하고, 단지 이 쾌감의 보편적인 전달가능성만이 취미판단에서 대상의 표상에 승인되는 것이라고 한다면, 그러한 수행방식은 자기 자신과 모순에 빠지게 되겠다. 왜냐하면, 쾌감은 그것을 통해 대상이 **주어지는** 표상에 직접적으로 의존되어 있다 하므로, 그러한 쾌감은 감관감각에서의 순전한 쾌적함에 불과할 터이고, 그래서 그것의 본성상 단지 사적 타당성만을 가질 수 있을 터이기 때문이다.

그러므로 주어진 표상에서의 마음 상태의 보편적인 전달력이야말로

40) 비로소 아래 §§20~22, 그리고 취미판단의 연역(§§30~42)에서 다루어질 것이다.

41) A판: "**그러나 그는 이 조건들을 자주 위배하고, 그 때문에 잘못된 취미판단을 내리곤 한다**".

취미판단의 주관적 조건으로서, 취미판단의 기초에 놓여 있어 대상에 대
한 쾌감을 귀결로서 가져야 하는 것이다. 그러나 보편적으로 전달될 수
있는 것은 인식과 이 인식에 속하는 한에서의 표상 이외에는 있을 수 없
다. 무릇 그런 한에서 후자[42]만이 객관적이고, 오로지 그럼으로써만이 B28
모든 이의 표상력이 그와 부합하게 될 수밖에는 없는 보편적인 관계점을
갖는다. 그런데 표상의 이런 보편적 전달가능성에 관한 판단의 규정근거
가 한낱 주관적인 것으로, 곧 대상의 개념 없이 이루어진 것으로 생각된
다면, 그 규정근거는 표상력들이 한 주어진 표상을 **인식 일반**에 관계시
키는 한에 있어서, 표상력들의 상호 관계에서 마주쳐지는 마음의 상태
이외의 다른 것일 수가 없다.

이런 표상을 통해 유희에 들어가게 되는 인식력들은 이 경우, 어떤 특
정한 개념도 그것들을 특수한 인식규칙에 제한시키지 않기 때문에, 자
유롭게 유희를 한다. 그러므로 이 표상에서의 마음 상태는 인식 일반을
위해 있는 한 주어진 표상에 **대한**[43] 표상력들의 자유로운 유희의 감정의
상태일 수밖에 없다. 그런데, 대상은 표상에 의해 주어지는바, 일반적으
로 그로부터 인식이 이루어지기 위해서는, 표상에는, 직관의 잡다를 합
성하는 **상상력**과, 표상들을 하나로 만드는 개념의 통일작용을 하는 **지성**
이 필요하다. 그를 통해 대상이 주어지는 표상에서의 인식능력의 **자유로
운 유희**의 이 상태는 보편적으로 전달될 수 있지 않으면 안 된다. 왜냐하
면, 인식은 객관에 대한 규정으로서, 주어진 표상들은 (어떤 주관에서든지 B29
간에) 이와 부합해야만 하는 것으로, 모든 사람에게 타당한 유일한 표상
방식이기 때문이다.

한 취미판단에서의 표상방식의 주관적인 보편적 전달가능성은, 특정
한 개념을 전제하지 않고서도 생겨야 하는 것이므로, 상상력과 지성— V218
그것들이, **인식 일반**을 위해서 그렇게 요구되듯이, 서로 부합하는 한에

42) 곧, 표상.
43) C판: "표상 안에서의".

서—의 자유로운 유희에서의 마음 상태 이외의 다른 것일 수가 없다. 우리는, 이 인식 일반에 대해 적절한 주관적 관계가, 언제나 주관적 조건으로서의 이 관계에 의거하는 모든 규정된 인식이 그렇듯이, 모든 사람에게 타당해야 할 뿐만 아니라, 따라서 보편적으로 전달가능해야 한다는 것을 의식하기에 말이다.

무릇 대상이나 또는 그에 의해 대상이 주어지는 표상에 대한 이 한낱 주관적인 (미감적) 판정은 그 대상에 대한 쾌감에 선행하며, 인식능력들의 조화에서의 이 쾌감의 근거〔기초〕이다. 그러나 우리가 아름답다고 부르는 대상의 표상과 결합시키는 흡족의 이 보편적인 주관적 타당성은 오로지 대상들을 판정하는 주관적 조건들의 저 보편성[44]에 기초한다.

자기의 마음 상태를, 인식능력들과 관련해서나마, 전달할 수 있음이
B30 쾌감을 수반한다는 것을 사람들은 인간의 자연스런 사교성의 성벽으로부터 (경험적으로 그리고 심리학적으로) 쉽게 밝혀낼 수도 있겠다. 그러나 그것은 우리의 의도에는 충분하지가 않다. 우리는 어떤 것을 아름답다고 부를 때, 우리가 느끼는 쾌감을 다른 모든 사람에게도 취미판단에서 필연적인 것으로, 마치 그것이 그 대상에게 개념상으로 규정되어 있는 그 대상의 성질인 것처럼 간주되어야 할 것으로 요구한다. 그럼에도 미란 주관의 감정과의 관계없이 그 자체로서는 아무것도 아니다. 그러나 우리는 이 물음의 해설을 "과연 그리고 어떻게 선험적인 미감적 판단들은 가능한가" 하는 물음에 대답할 때까지[45]는 유보해둘 수밖에 없다.

지금 우리가 다루고 있는 것은 보다 작은 물음, 즉 어떤 방식으로 우리는 취미판단에서 인식력들이 상호간에 주관적으로 합치함을 의식하게 되는가, 즉 순전한 내감과 감각을 통해 미감적/감성적으로인가, 아니면 우리가 저 인식력들을 유희하게 하는 우리의 의도적인 활동에 대한 의식을 통해 지성적으로인가 하는 것이다.

---

44) 곧, 전달가능성. 다시 말해 사교성. 아래 §40 참조.

45) 곧, '미감적 판단들의 연역'이 이루어질 때(§30 이하)까지.

만일 취미판단을 유발하는 주어진 표상이 지성과 상상력을 대상의 판
정에 있어서 객관의 인식을 위해 하나로 만드는 개념이라면, 이 관계의
의식은 (비판[46]이 다루고 있는 판단력의 객관적 도식기능에서처럼) 지성적이
겠다. 그러나 그때에 그 판단은 쾌 · 불쾌와 관련하여 내려진 것이 아니
겠고, 그러니까 취미판단이 아니겠다. 무릇 그러나 취미판단은 개념들에 B31 V219
서 독립하여 객관을 흡족과 미라는 술어와 관련하여 규정한다. 그러므로
이 관계의 저 주관적 통일은 오로지 감각에 의해서만 알려질 수 있다. 두
능력(즉 상상력과 지성)을 무규정적인, 그러면서도 주어진 표상을 기연으
로 해서 통일적인 활동으로, 곧 인식 일반을 위해 꼭 필요한 활동으로 활
성화하는 것은 감각으로서, 취미판단은 이 감각의 보편적 전달가능성을
요청한다. 객관적 관계는 생각될 수는 있으나, 그것이 그것의 조건상 주
관적인 것인 한에서, 마음에 미치는 작용결과에서 감각될 수 있을 따름
이다. 그리고 (인식능력 일반에 대한 표상력들의 관계처럼) 아무런 개념도 기
초에 두고 있지 않은 관계에 있어서 그것에 대한 의식은 오로지 교호적
인 부합에 의해 활성화된〔생기를 얻은〕 두 마음의 능력들(즉 상상력과 지
성)의 경쾌해진 유희에서 성립하는 작용결과에 대한 감각을 통해서만 가
능하다. 개별적인 것으로서 다른 표상들과의 비교 없이도 보편성의 조건
들과 부합—이 일을 하는 것이 지성 일반의 과업이거니와—하는 표상
은 인식능력들을 균형 잡히게 조율하는바, 우리는 이 조율을 모든 인식
을 위해 필요로 하고, 그래서 또한 지성과 감관들이 결합됨으로써 판단 B32
하도록 정해진 모든 사람에게 (모든 인간에게) 타당한 것으로 여긴다.

46) 곧, 『순수이성비판』, A137~147=B176~187.

제2계기로부터 추론되는 미의 설명

개념 없이 보편적으로 적의한 것은 **아름답다**.

취미판단들의 제3계기:
취미판단들에서 고찰된 목적들의 관계의 면에서

§10
합목적성 일반에 대하여

목적이 무엇인가를 그것의 초월적 규정들에 따라서 (쾌의 감정과 같은 어
V220 떤 경험적인 것을 전제하지 않고서) 설명하자면, 목적이란 한 개념이 대상의
원인(즉 대상을 가능하게 하는 실재적 근거)으로 간주되는 한에서 그 개념의
대상이다. 그리고 그 **객관**에 대한 한 **개념**의 원인성이 합목적성(目的 形
式[47])이다. 그러므로 가령 한낱 대상에 대한 인식이 아니라, 대상 자체가
(대상의 형식 또는 실존이) 결과로서 오로지 그 결과의 개념에 의해서만 가
능한 것으로 생각되는 곳에서, 사람들은 하나의 목적을 생각한다. 결과의
B33 표상은 여기서 그 원인의 규정근거로서 그 원인에 선행하는 것이다. 주관
을 그 상태로 **유지하려고** 하는 주관의 상태에 대한 표상의 원인성에 대한
의식이 여기서 일반적으로, 사람들이 쾌감이라고 부르는 것을 표시할 수
있다. 이에 반해 불쾌는 표상들의 상태를 그것들 자신과 반대로 규정하는
(**그 표상들을 저지하거나 제거하는**)[48] 근거를 함유하는 그런 표상이다.

욕구능력은, 그것이 단지 개념들에 의해, 다시 말해 어떤 목적의 표상에 맞게 행위하게끔 규정될 수 있는 한에서 의지라 하겠다.[49] 그러나 하나

47) 원어: forma finalis.
48) B판 추가.
49) "의지란 어떤 법칙의 표상에 맞게 행위하게끔 자기 자신을 규정하는 능력"이다. "그

의 객관이나 마음 상태 또는 행위는, 비록 그것들의 가능성이 어떤 목적 표상을 반드시 전제하고 있지 않을지라도, 우리가 하나의 원인성을 목적들에 따라서, 다시 말해 모종의 규칙의 표상에 따라서 그 행위를 그와 같이 배열했을 의지를 그 행위의 근거로 상정하는 한에서, 한낱 그것들의 가능성이 우리에 의해 단지 설명될 수 있고 파악될 수 있다는 바로 그 이유만으로도 합목적적이라고 일컬어진다. 그러므로 합목적성은 목적 없이도 있을 수 있는데, 그것은 우리가 이 형식의 원인**들**[50]을 의지 안에 두지 않고, 그러면서도 우리가 그것들을 하나의 의지에서 이끌어냄으로써만 그 가능성의 설명을 이해할 수 있는 한에서 그러하다. 그런데 우리는 우리가 관찰하는 것을 언제나 반드시 이성에 의해 (그 가능성에 대해) 통찰해야만 하는 것은 아니다. 그러므로 우리는 하나의 합목적성을 그 형식의 면에서, 그것의 근저에 하나의 목적을 (目的 連結[51]의 질료로서) 놓지 않고서도, 적어도 관찰할 수 B34
있으며, 대상들에서 비록 반성에 의해서일 뿐이지만 인지할 수가 있다.

§11 V221

취미판단은 대상의 (또는 대상의 표상방식의) 합목적성의 형식만을 근거로 갖는다

목적을 흡족의 근거로 본다면, 모든 목적은 언제나 쾌감의 대상에 관

런데 의지에게서 그것의 자기규정의 객관적 근거로 쓰이는 것이 목적이다."(*GMS*: B63=IV427) 그러니까 "의지는 생물이 이성적인 한에서 갖는 일종의 원인성이다."(*GMS*: B97=IV446)

50) A판: "원인".

51) 원어: nexus finalis. 아리스토텔레스의 이른바 '목적인: αἰτία τελική (causa finalis)'적 연결로 이해할 수 있다. 아리스토텔레스에서 '목적 내지 목표'(τέλος, οὗ ἕνεκα)는 자주 '형식'(형상: εἶδος, τί ἦν εἶναι, οὐσία)과 동일한 것으로 이해되었으며(*Physica*, II, 7: 198a 24 이하 참조), 플라톤의 '좋음의 이데아'와 연결되었다는 사실(*Metaphysica*, I, 3: 983a 32; V, 2: 1013a 27 참조)은 칸트의 '목적인' 개념 형성의 배경이라고 할 수 있다. 그러나 칸트에서 '목적인'은 결코 존재자의 "구성적 원리"가 아니고, 어디까지나 "규제적 원리"라는 점을 시야에서 놓쳐서는 안 된다.

한 판단의 규정근거로서 이해관심을 수반한다. 그러므로 어떤 주관적 목적이 취미판단의 근거로 놓여 있을 수는 없다. 그러므로 또한 어떠한 객관적 목적의 표상도, 다시 말해 목적결합의 원리들에 따라 목적 자신이 가능하다는 표상도, 그러니까 어떠한 좋음〔선〕의 개념도 취미판단을 규정할 수 없다. 왜냐하면 취미판단은 미감적 판단이지 인식판단이 아니고, 그러므로 그것은 대상의 성질에 대한 **개념**과 이런저런 원인에 의해 대상이 내적으로 또는 외적으로 가능하다는 **개념**에 관한 것이 아니라, 표상력들이 표상에 의해 규정되는 한에서, 순전히 표상력들의 상호 관계에 관한 것이기 때문이다.

B35 그런데 이 관계는 한 대상을 아름다운 대상이라고 규정함에서 쾌의 감정과 결합되고, 이 쾌감은 취미판단에 의해 동시에 모든 사람에게 타당한 것으로 언명되는 것이다. 따라서 표상에 수반하는 쾌적함은 대상의 완전성의 표상이나 선의 개념이 그러할 수 없듯이 규정근거를 함유할 수 없다. 그러므로 일체의 (객관적인 또는 주관적인) 목적 없이, 대상을 표상함에 있어서 주관적 합목적성만이, 따라서 그에 의해 우리에게 대상이 **주어지는** 표상에 있어 합목적성의 순전한 형식만이, 우리가 그것을 의식하는 한에서, 우리가 개념 없이 보편적으로 전달가능한 것이라 판정하는 흡족을 형성할 수 있으며, 그러니까 취미판단의 규정근거를 이룰 수 있다.

§12
취미판단은 선험적 근거들에 의거한다

결과로서의 쾌 또는 불쾌의 감정을 그것의 원인으로서의 어떤 표상(감각 또는 개념)과 선험적으로 연결한다는 것은 절대로 불가능하다. 왜냐하
V222 B36 면, 그것은 (경험의 대상들 중에서) 항상 오로지 후험적으로 그리고 경험 자신을 매개로 해서만 인식될 수 있는 하나의[52] 인과관계이겠기 때문이다. 우리는 『실천이성비판』에서[53] 실제로 (우리가 경험적 대상들로부터 얻

는 쾌감 또는 불쾌감과는 정확히 일치하지 않는 이러한 감정의 특수하고 특유한 변양인) 존경의 감정을 보편적인 윤리적 개념들로부터 선험적으로 도출하기는 했다. 그러나 거기서는 우리가 경험의 한계들을 넘어서, 주관의 초감성적 성질에 의거하는 원인성, 곧 자유의 원인성을 끌어들일 수가 있었다. 그렇지만 거기서도 우리는 본래 이 **감정**을 윤리이념으로부터 원인으로서 끌어낸 것이 아니라, 한낱 의지의 규정이 그로부터 도출된 것이다. 그러나 어떤 무엇인가에 의해 규정된 의지의 마음 상태는 그 자체가 이미 쾌의 감정이고, 쾌의 감정과 동일한 것이며, 그러므로 그것은 그것[54]으로부터 결과로서 뒤따르는 것이 아니다. 후자와 같은 일은 단지 선이라는 윤리개념이 법칙에 의한 의지의 규정에 선행한다고 하는 때에만 상정되어야 할 것이다. 그때에는 개념과 결합되어 있을 쾌감을 순전한 인식인 이 개념으로부터 도출한다는 것은 헛된 일일 터이기에 말이다.

그런데 미감적 판단에서의 쾌감은 사정이 그와 비슷하다. 다만, 쾌감이 여기서[55]는 한낱 관조적이고, 객관에 대한 이해관심을 불러일으키지 않는 데 반하여, 도덕 판단에서는 실천적이라는 점이 다를 뿐이다. 주관의 인식력들의 유희에서 순전히 형식적인 합목적성의 의식은, 대상이 주 B37
어지는 표상에 있어서, 쾌감 자신이다. 왜냐하면, 이 의식은 주관의 인식력들을 활성화한다〔생기 있게 만든다〕는 점에서 주관 활동의 규정근거를 함유하고, 그러므로 특정한 인식에 국한돼 있지 않은, 인식 일반에 대한 (합목적적인) 하나의 내적 원인성을, 그러니까 미감적 판단에서 표상의 주관적 합목적성의 순전한 형식을 함유하고 있기 때문이다. 이 쾌감은 어떤 방식으로도 실천적이 아니다. 그것은 쾌적함의 정념적 근거에서 일어나는 쾌감이 아니고, 표상된 선의 지성적 근거에서 일어나는 쾌감과

52) A판: "**특수한** 인과관계".
53) 『실천이성비판』, A126=V71 이하 참조.
54) 곧, 쾌의 감정.
55) 곧, 미감적 판단.

같은 것도 아니다. 그럼에도 불구하고 이 쾌감은 자신 안에 원인성을, 곧 표상 자신의 상태 및 인식력들의 용무를 더 이상의 의도 없이 **보존하는** 원인성을 가지고 있다. 우리는 아름다운 것을 음미하면서 **머무른다**. 왜냐하면, 이 음미는 자기 자신을 강화하고 재생산하기 때문이다. 이것은 대상을 표상함에 있어 어떤 자극이 거기서 수동적인 마음의 주의를 반복해서 환기시킬 때에 머물러 있는 것과 (비록 동일하지는 않지만) 유사하다.

V223

§13

순수한 취미판단은 매력과 감동에 독립적이다

모든 이해관심은 취미판단을 더럽히고, 취미판단의 공평성을 앗는다.
B38 특히, 그것이, 이성의 이해관심처럼, 합목적성을 쾌의 감정에 앞세우지 않고, 오히려 합목적성을 이 쾌감에 근거 지을 때에는 그러하다. 후자 같은 일은 즐거움〔쾌락〕을 주거나 고통을 주는 어떤 것에 대한 미감적 판단에서는 언제나 일어나는 일이다. 그래서 그와 같이 촉발되는 판단들은 보편적으로 타당한 흡족을 전혀 요구할 수 없거나, 아니면 취미를 규정하는 근거들 중에 그런 종류의 감각들이 들어 있는 그만큼 적게 요구할 수밖에 없다. 취미가 흡족을 위해 **매력**과 **감동**의 뒤섞임을 필요로 하고, 심지어 이것을 자기에 대한 찬동의 척도로 삼는 곳에서, 취미는 항상 아직도 야만적이다.[56]

그럼에도 불구하고 매력들은 흔히 미감적인 보편적 흡족에 기여하는

---

56) 매력〔자극〕과 감동에 독립적인 순수한 취미만이 '문화화한〔교화된〕' 것이라는 이러한 칸트의 생각은 초기의 것과 다르다. 『관찰』(1764)에서는 오히려 "숭고한 것은 감동을 주고, 미적인 것은 매력적이다〔자극한다〕"(*GSE*, Abs. 1: AA II, 209)고 말한다. 그러나 우리는 이내 바뀐 그의 생각을 들을 수 있다: "언제나 매력과 감동을 구하는 사람은 취미가 없는 것이다."(「인간학 강의」 1772/3 Collins: XXV, 189); "우리의 취미판단 안에는 어떠한 매력〔자극〕도 섞여들어서는 안 된다."(「인간학 강의」 1781/2 Menschenkunde: XXV, 1099)

것으로서 (본래 순전히 형식에만 관련해야 할) 미에 속하는 것으로 여겨질 뿐만 아니라, 심지어 그것들이 그 자체로 미들인 것으로, 그러니까 흡족의 질료가 형식인 것으로 사칭된다. 그러나 이것은 오해로서, 이런 오해는, 아직도 어떤 참된 것을 근거에 가지고 있는 다른 많은 오해와 마찬가지로, 이런 개념들을 조심스럽게 규정함으로써 제거된다.

매력과 감동이 그것에 아무런 영향도 미치지 않는,—비록 그것들이 미적인 것에서의 흡족과 결합되어 있다 할지라도—그러므로 순전히 형식[57]의 합목적성만을 규정근거로 갖는 취미판단이 **순수한 취미판단**이다.

§14 B39

실례들에 의한 해명

미감적 판단들은, 이론적(논리적) 판단들과 꼭 마찬가지로, 경험적 판단과 순수한 판단으로 구분할 수 있다. 전자는 어떤 대상이나 그 대상의 표상방식에 대한 쾌적함 또는 쾌적하지 못함을 진술하는 판단들이고, 후자는 그것에 대한 미를 진술하는 판단들이다. 전자는 감관판단(질료적 미감 판단)들이고, (형식적 미감 판단들인) 후자만이 본래적인 취미판단들이다.

그러므로 취미판단은 순전히 경험적인 흡족이 규정근거에 섞여 있지 V224
않는 한에서만 순수하다. 그러나 어떤 것을 아름답다고 언명해야 하는 판단에 만약 매력이나 감동이 한몫을 할 때는, 이런 섞임은 언제나 일어난다.

그런데 다시금 많은 반론이 나타나는바, 그 반론들은 결국 매력은 한날 미의 필수적인 구성요소일 뿐만 아니라, 심지어는 그 자체만으로도

---

57) 매력과 감동이 감각 질료적인 것에 속한다면, "형식"은 "자유로운 (생산적인) 상상력이 지어내기〔창작〕를 통해 이것〔질료적인 것〕을 조합하는 방식"(『인간학』, BA186=VII240), 곧 "모든 감성적 표상들의 조화로운 관계들"(「논리학 강의」 Philippi: XXIV, 348)이라 하겠다.

아름답다고 부르기에 충분한 것이라고 그럴싸하게 현혹한다. 예컨대 잔
디밭의 녹색과 같은 순전한 색깔〔色〕, 가령 바이올린 소리와 같은 (공명
이나 소음과는 다른) 순전한 소리〔音〕는 둘 다 한낱 표상의 질료를, 곧 오
로지 감각을 기초로 갖는 것으로 보이고, 그 때문에 단지 쾌적한 것이라
고 부르는 것이 마땅함에도 불구하고, 대부분의 사람들이 그 자체로 아
B40 름다운 것이라고 언명하는 것들이다. 그럼에도 사람들은 이와 동시에,
색깔이나 소리의 감각들 둘 다 **순수한** 한에서만 아름답다고 간주될 권리
를 갖는다는 것을 인지하게 될 것이다. 이것[58]은 이미 형식과 관련한 규
정이며, 또한 이 표상들에 대해 확실하게 보편적으로 전달되게 하는 유
일한 것이기도 하다. 왜냐하면, 감각들 자신의 질이 모든 주관에서 일치
한다고 상정되지도 않으며, 어떤 색깔의 쾌적성이 다른 색깔에 비해 월
등하다거나, 어떤 악기의 소리가 다른 악기의 소리보다 월등하다고 모든
사람이 **똑같이**[59] 판정한다고 상정되지는 않기 때문이다.

사람들이 **오일러**[60]와 같이, 색깔들은 에테르가 동시적으로 서로 잇따르는 진동(搏動)들이고, 그와 마찬가지로 소리들은 공명에서 떨리는 공기의 진동들이라고 상정하고, 또 이것이 가장 중요한 점인바, 마음은 이 진동들이 감각기관에 생기를 불어넣는 데에 미친 결과를 감관을 통해 지각할 뿐만 아니라, 인상들의 규칙적인 유희를 (그러니까 여러 가지 표상들이 결합하는 형식을) 반성에 의해서 지각한다고 상정한다면,—이 점에 대해 나는 **전혀 의심하지 않**[61]거니와—색깔과 소리는 순전한 감각들이 아니라, 이미 잡다한 감각들의 통일의 형식적 규정이겠고, 그렇다면 그것

58) 곧, '색깔과 소리가 순수하다'는 사실.

59) C판: "그렇게".

60) Leonhard Euler(1707~1783). 스위스 Basel에서 태어나 러시아의 Petersburg에서 죽은 칸트 당대의 수학자이자 물리학자. 그가 발견한 '오일러의 정리'와 '오일러의 다면체 정리'는 현대 위상수학의 발전의 토대를 놓은 것으로 평가받고 있다. 광학 분야에서는 에테르 가설을 세우고, 빛의 파동을 주장하였다.

61) C에 따름. A · B판: "**아주 의심하**".

자체로도 미들이라고 간주될 수 있는 것이겠다.

그러나 단순한 감각방식에서의 순수한 것이란, 그 감각방식의 동형성이 어떠한 이종적인 감각에 의해서도 교란되고 중단되지 않으며, 순전히 B41 형식에 속한다는 것을 의미한다. 왜냐하면, 사람들은 거기서 저 감각방식의 질을 (그 감각이 과연 그리고 어떤 색깔을, 또는 과연 그리고 어떤 소리를 표상하든지 말든지 간에) 도외시할 수 있기 때문이다. 그래서 모든 단순한 색깔은, 순수한 한에서, 아름답다고 여겨진다.[62] 그러나 혼합된 색깔들은 이런 특장을 갖지 않는데, 그것은 바로 그것들이 단순하지 않으므로, V225 사람들이 그것들을 순수하다고 불러야 할 것인지 불순하다고 불러야 할 것인지를 판정할 척도를 가지고 있지 않기 때문이다.

그러나 그 형식으로 인해 대상에 부가된 미가 사람들이 그렇게 생각하듯이, 매력에 의해 능히 증가될 수 있는 한에서, 그러하다는 것에 대해 말할 것 같으면, 이것은 흔히 있는 착오로서 진정 무구한 근본적인 취미에 대해서는 매우 해가 되는 착오이다. 물론 무미건조한 흡족함 외에도 대상의 표상을 통해 마음에 관심을 불러일으키고, 그렇게 함으로써, 특히 취미가 조야하고 세련돼 있지 않은 경우에는, 그 취미와 그 취미의 함양을 추장하기 위해서 미에다 매력들이 덧붙여질 수도 있다. 그러나 만약 그러한 매력들이 미를 판정하는 근거로서 주의를 끌게 되면, 그것들은 실제로는 취미판단에 해를 끼친다. 무릇, 그것들이 취미판단에 기여한다는 것은 한참 거리가 있고, 오히려 그것들은 이물질로서, 저 아름다운 형식을 교란하지 않는 한에서만, 취미가 아직도 빈약하고 세련돼 있

62) 조심스럽게 해석해야 할 대목이다. 칸트 초기의 생각 참조: "시각의 대상들은 가장 적게 감각들을 함유하는 현상에 의해 객관을 표상함으로써 순수한 직관에 가장 근접하기 때문에, 유일하게 미에 능력이 있다. 그래서 유난히 두드러진 감각들로서의 색깔들은 미보다는 매력〔자극〕에 속한다."(Refl. 733: XV, 323) "질료들이 미를 형성하는 것이 아니라, 〔그것들의〕 정돈, 결합 그리고 형식이 형성하는 것이다. 그래서 예컨대 예쁜 색깔들은 미의 질료들이지만, 미 자신은 미의 이 질료들이 정리될 때 생긴다."(「인간학 강의」 1772/3 Parow: XXV, 384)

지 않을 경우에, 관대히 받아들여지지 않으면 안 되는 것일 따름이다.

B42 회화, 조각술에 있어서, 아니 모든 조형예술에 있어서, 즉 건축예술, 원예술〔園藝術〕에 있어서, 그것들이 미적 예술들인 한에서, 본질적인 것은 **선묘**이다.[63] 이 선묘에서는, 감각에서 즐거움을 주는 것이 아니라, 순전히 그 형식을 통해 적의한 것이 취미를 위한 모든 소질의 기초를 이룬다. 소묘〔素描:데생〕를 채색하는 색채들은 자극〔매력〕에 속한다. 이런 색채들은 감각을 위해 대상 자체를 **생기 있게**[64] 해줄 수는 있지만, 직관할 만하고 아름답게 해줄 수는 없다. 오히려 색채들은 아름다운 형식이 요구하는 것에 의해 심지어는 몹시 제한받게 되고, 자극〔매력〕이 허용되는 곳에서조차 **전자**[65]에 의해서만 고상하게 되는 것이다.

(외적인 또한 간접적으로는 내적인) 감관의 대상들의 모든 형식은 **형태**이거나 **유희**이다. 후자의 경우에는 (공간상에서의) 형태들의 유희(표정술과 무용〔과 같은 것〕)이거나 (시간상에서의) 감각들의 **한갓된**[66] 유희이다. 색채 또는 악기의 쾌적한 음들의 **자극〔매력〕**이 덧붙여질 수 있겠는데, 전자에서의 **선묘**와 후자에서의 악곡[67]이 순수한 취미판단의 본래 대상을 이룬다. 그리고 색채들 및 음들의 순수성이, 또는 그것들의 다양성과 현저한 대조[68]도 미에 기여하는 것처럼 보인다는 것은, 그것들이 그 자체만으로
B43 쾌적하기 때문에, 형식에서의 흡족에 대해 마치 동종의 추가물을 제공한다는 것을 말하고자 하는 것이 아니라, 오히려 그것들이 이 후자[69]를 단

63) Johann Joachim Winckelmann, *Abhandlungen von der Fähigkeit der Empfindung des Schönen*, Dresden 1763, S.10; 또 그의 *Geschichte der Kunst des Alterthums*, Dresden 1764, S.147; Anton Raphael Mengs, *Gedanken über die Schöheit und über den Geschmack in der Malerei*, Zürich 1762, S.6 참조.

64) A판: "**사랑받게**".

65) A판: **아름다운 형식**.

66) B · C판의 추가.

67) 「인간학 강의」 Collins: XXV, 54; 「인간학 강의」 Parow: XXV, 401 참조.

68) 「조각글」 637: XXV, 276 참조.

69) 곧, 형식.

지 더 정확하게, 더 명확하게, 그리고 더 완벽하게 직관할 수 있도록 하고, 또 그 위에 **그것들이**[70] 대상 자체에 대한 주의를 환기하고 **유지시킴**[71] **으로써**[72], 그것들의 자극〔매력〕에 의해 **표상을 생기 있게 하기**[73] 때문에 그렇게 한다는 것을 말하는 것이다. V226

사람들이 장식물(附帶裝飾[74])이라고 부르는 것조차도, 다시 말해 대상의 전체 표상에 그 구성요소로서 내적으로 속해 있는 것이 아니라, 단지 외적으로 부가물로서 속하여 취미의 흡족함을 증대시켜주는 것조차도 이것을 단지 그 형식에 의해서만 하는 것이다. 가령 **회화의 틀, 또는**[75] 조상〔彫像〕에 입히는 의복 또는 장려한 건축물을 둘러싸고 있는 주랑과 같은 것이 그러하다. 그러나 장식물이 그 자신 아름다운 형식을 가지고 있지 못하면, 그 장식물이 황금의 액자처럼 한갓 자신의 매력〔자극〕에 의해서 회화가 박수를 받도록 하기 위해 만들어진 것이면, 그럴 경우에 그러한 장식은 **치장물**이라 일컬어지고, 진정한 미를 해치는 것이다.

감동이란 생명력이 단지 순간적으로 저지되었다가 곧 이어 더욱 강하게 흘러넘침으로써 쾌적함이 일어나는 감각인바, 전혀 미에 속하는 것이 아니다. 그러나 숭고—**이것과 감동의 감정은 결합되어 있다**—[76]는 취미가 기초로 삼고 있는 것과는 다른 판정의 척도를 필요로 한다. 그래서 순수한 취미판단은 매력〔자극〕도 감동도, 한마디로 말해 미감적 판단의 질료로서의 어떠한 감각도 규정근거로 갖지 않는다.

---

70) B · C판의 추가.
71) A판: "**제기함**".
72) B · C판의 추가.
73) B · C판의 추가.
74) B · C판의 추가.
75) B · C판의 추가.
76) B · C판의 추가.

B44

§15
취미판단은 완전성의 개념에 전적으로 독립적이다

객관적 합목적성은 잡다한 것을 하나의 일정한 목적과 관계시킴으로써만, 그러므로 하나의 개념에 의해서만 인식될 수 있다. 이 점만으로도 이미 밝혀지는 바는, 그것의 판정이 순전히 형식적인 합목적성을, 다시 말해 목적 없는 합목적성을 기초로 갖는 미적인 것은 좋은〔선한〕 것의 표상에는 전적으로 독립적인 것이라는 것이다. 왜냐하면 후자는 객관적 합목적성, 다시 말해 대상과 일정한 목적과의 관계를 전제하고 있는 것이니 말이다.

객관적 합목적성은 외적인 합목적성, 다시 말해 〔대상의〕 **유용성**이거
나 내적인 합목적성, 다시 말해 대상의 **완전성**이다. 그 때문에 우리가 그
대상을 아름답다고 부르는, 어떤 대상에서의 흡족이 그 대상의 유용성의
표상에 기인할 수 없다는 것은 앞의 두 장[77]에서 충분히 알 수 있는 바이
V227 다. 왜냐하면 그런 경우라면 어떤 대상에서의 흡족함은 대상에서의 직접
적인 흡족함이 아닐 것이니 말이다. 그런데 대상에서의 직접적인 흡족함
이야말로 미에 관한 판단의 본질적인 조건이다. 그러나 객관적인 내적
합목적성, 다시 말해 완전성은 미의 술어에 〔유용성보다는〕 좀 더 근접
B45 해 있으며, 그래서 이름 있는 철학자들[78]도 비록 '**완전성이 혼란되게 생
각되면**'이라는 단서를 붙이기는 했지만, 완전성과 미를 한가지로 여겼
다. 취미의 비판에서는, 과연 미가 실제로 완전성의 개념으로 해소되는
것인가 어떤가를 결정하는 일이 매우 중요하다.

---

77) 곧, 앞의 "취미판단의 **제1계기**" 장과 "취미판단의 **제2계기**" 장.

78) 예컨대 일단의 볼프학파. 특히 Ch. Wolff, *Vernünftige Gedanken über Gott, die Welt und die Seele des Menschen*, Halle 1720, §§316, 319, 321, 404, 417; A. G. Baumgarten, *Aesthetica*, Frankfurt/Od. 1750~1758, §1; ders. *Metaphysica*, Halle 1739, §§510, 520~21, 531~33; G. F. Meier, *Anfangsgründe aller schönen Künste und Wissenschaften*, Halle 1748, §23 등 참조.

객관적 합목적성을 판정하기 위해서는 우리는 항상 목적 개념을 필요
로 하며, —저 합목적성이 외적 합목적성(곧, 유용성)이 아니라 내적 합목
적성이라면—대상의 내적 가능성의 근거를 함유하는 어떤 내적 목적이
라는 개념을 필요로 한다. 그런데 목적이라는 것은 일반적으로 그것의
개념이 대상 자신의 가능 근거로 간주될 수 있는 것이므로, 어떤 사물에
서 하나의 객관적 합목적성을 표상하기 위해서는, '**그것이 어떤 사물이
어야 하는가**'라는 이 사물에 대한 개념이 선행할 것이다. 그리고 사물에
서의 잡다가 (그 잡다를 결합하는 규칙을 사물에게 제공하는) 이 개념에 부합
함이 사물의 **질적 완전성**이다. **이것과** 각 사물의 그 종류에 있어서의 완
벽성인 **양적 완전성은**[79] 전적으로 구별된다. 이것은 ('모두'라고 하는) 순
전한 크기개념이다. 이것에서는 '**사물이 무엇이어야 하는가**'는 이미 앞
서 규정된 것으로 생각되고, 오로지 묻는 것은 과연 그 사물에 필요한 것
이 그 사물에는 **모두** 있는가 하는 것뿐이다. 한 사물의 표상에서 형식적
인 것, 다시 말해 잡다의 일자[一者]—이것이 무엇이어야 하는가는 미 B46
정이지만—와의 부합[80]은 그것만으로는 전혀 객관적 합목적성을 인식
하도록 해주지 못한다. 무릇, (사물이 무엇이어야 하는가 하는) **목적으로서**
이 일자는 도외시되므로, 표상들의 주관적 합목적성 외에는 직관하는 자
의 마음에 남는 것은 없으며, 이 주관적인 합목적성은 물론 주관에 있어
서의 표상상태의 어떤 합목적성을 표시하고, 이 표상상태 안에서 주어
진 형식을 상상력으로 포착하는 주관의 안락함을 표시하기는 하지만, 그
러나 여기서 어떠한 목적 개념에 의해서도 생각되지 않는 어떤 객관의
완전성을 표시하지는 않기 때문이다. 예컨대, 만약 내가 숲 속에서 주위
에 나무들이 둘러 서 있는 잔디밭을 만나고도, 그때 내가 하나의 목적,
곧 그 잔디밭은 가령 마을 사람들이 춤추는 데 쓰이겠다고 표상하지 못
한다면, 순전한 형식에 의해서만은 완전성의 최소한의 개념도 주어지지 V228

79) A판: "**이것은** 각 사물의 그 종류에 있어서의 완벽성인 **양적 완전성과**".

80) 「인간학 강의」 Pillau: XXV, 785 참조.

않는다. 그러나 목적 없는 형식적인 **객관적** 합목적성, 다시 말해 **완전성**의 순전한 형식을 (일체의 질료 없이, 그리고 그것이 비록 한낱 합법칙성 일반이라는 이념일지라도, 그에 부합되는 것의 **개념** 없이) 표상한다는 것은 진짜 모순이다.

무릇 취미판단은 하나의 미감적 판단, 다시 말해 주관적 근거들에 의거하는 그런 판단으로, 이런 판단의 규정근거는 개념일 수가, 그러니까 또한 일정한 목적의 개념일 수가 없는 것이다. 그러므로 형식적 주관적
B47 합목적성으로서의 미에 의해서는 결코 소위-형식적인, 그럼에도 객관적인 합목적성이라는 대상의 완전성은 생각되지 않는다. 미적인 것이라는 개념과 좋은 것이라는 개념 사이의 구별은, 마치 양자가 단지 논리 형식상으로 구별되는 것이어서, 전자는 한낱 완전성의 혼란된 개념이고, 후자는 분명한 개념이나, 그 밖에 내용상으로나 근원상으로는 한가지인 것처럼 된다면 무실한 것이다. 왜냐하면 그럴 경우에 양자 사이에는 아무런 **종적** 구별이 없을 터이고, 취미판단도 그에 의해 어떤 것이 좋다고 언명되는 판단과 같이 하나의 인식판단일 터이니 말이다. 그것은 마치 가령 보통 사람이 "사기는 옳지 않다"고 말할 적에 그는 자기의 판단을 혼란된 이성원리에 기초하고 있고, 철학자는 분명한 이성원리에 기초하고 있으되, 근본에 있어서 양자는 한가지의 이성원리들에 기초하고 있다고 하는 것이나 같은 것이다. 그러나 내가 이미 언급하였듯이, 미감적 판단은 그 종류에 있어서 **단 하나의**[81] 것이며, 단적으로 객관에 대한 어떠한 인식도 (혼란된 인식조차도) 제공하지 않는다. 후자의 객관에 대한 인식은 오로지 논리적 판단에 의해서만 일어난다. 그 반면에 저 미감적 판단은 그에 의해 어떤 객관이 주어지는 표상을 단지 주관에 관계시키고, 대상의 어떤 성질이 아니라, 오직 대상을 다루는 표상력들의 **규정작용에서**[82] 합목적적 형식만을 주목하게 해줄 따름이다. 저 판단이 미감적이

81) C판: "유일한".
82) B · C판 추가.

라고 일컬어지는 것 또한, 이 판단의 규정근거가 개념이 아니라, 마음
의 능력들의 유희에서 저 일치—**이것이** 오로지 감각될 수 있는 **한에서**—
에[83] 대한 (내적 감관의) 감정이기 때문이다. 이에 반해 만약 사람들이 혼 B48
란된 개념들과 이런 혼란된 개념들을 기초로 갖는 객관적 판단을 미감
적/감성적이라고 부르고자 한다면, 사람들은 감성〔각〕적으로 판단하는
지성을 갖거나 개념들을 통해 객관들을 표상하는 감관을 갖는 것이겠는
데, **이런 일은 둘 다 자기모순이다**[84]. 개념들의 능력은, 개념들이 혼란된 것
이든 분명한 것이든 간에, 지성이다. 그리고 미감적 판단으로서의 취미
판단도 (다른 모든 판단들이나 마찬가지로) 지성을 필요로 하긴 하지만, 대 V229
상을 인식하는 능력으로서 지성이 취미판단에 필요한 것이 아니라, **이것**
[85]과 대상의 표상을 (개념 없이) 표상의 주관 및 주관의 내적 감정과의 관
계에 따라 규정하는 능력으로서 지성이 필요한 것이고, 그것도 이 〔취
미〕판단이 보편적 규칙에 따라서 가능한 한에서 그러한 것이다.

§16

어떤 대상을 일정한 개념의 조건 아래서 아름답다고 언명하는 취미판단은 순수하지 않다

미에는 두 종류, 곧 자유로운 미(浮遊美[86])와 한낱 부수적인 미(附隨美[87])가 있다.[88] 전자는 대상이 무엇이어야 하는가에 대한 개념을 전제하지

---

83) A판: "저 오로지 감각될 수 있는 일치에".

84) B · C판 추가.

85) C판: "이 판단과".

86) 원어: pulchritudo vaga.

87) 원어: pulchritudo adhaerens.

88) 칸트 이전에 허치슨(Francis Hutcheson, 1694~1746)은 *Inquiry concerning Beauty, Order, Harmony and Design*(1725)에서 절대적 미(absolute beauty)와 상대적 미(relative beauty)를 구별하였고, 케임스(Henry Home, Lord Kames, 1696~1782)는 그의 *Elements of Criticism*(3 vols, 1762)에서 본래적 미(intrinsic beauty)와 관계적 미

않으며, 후자는 그러한 개념과 그 개념에 따르는 대상의 완전성을 전제
B49 한다. **전자들**[89]은 이 또는 저 사물의 (독자적으로 존립하는) 미[90]라고 일컬어지고, 후자는 한 개념에 부수하는 (조건적인 미)로서, 특수한 목적의 개념 아래에 있는 객관들에 덧붙여진 것이다.

꽃들은 자유로운 자연미이다. 꽃이란 어떤 사물이어야 하는가는 식물학자 외에는 누구도 알기가 어렵다. 꽃이 식물의 생식기관임을 인식하는 식물학자조차도 그가 그것에 대해 취미에 의해 판단할 때에는 이 자연목적을 고려하지 않는다. 그러므로 어떤 종류의 완전성도, 즉 잡다의 합성이 연관되어 있는 어떤 내적 합목적성도 이 판단의 기초에 놓이지 않는다. 많은 새들(앵무새, 벌새[91], 극락새[92] 등), 바다의 다수의 갑각류〔甲殼類〕는 그 자체로 미들로, 이 미들은 그 목적이 개념들에 따라 규정된 대상들에 속하는 것이 아니라, 자유롭게 그리고 그 자체로 적의한 것이다. 그처럼 그리스風의 도안들, 액자테나 벽지의 나뭇잎 무늬 등은 그 자체로는 아무것도 의미하지 않는다. 그것들은 아무것도 표상하는 바가 없고, 일정한 개념 아래서 어떤 객관을 표상하지 않으며, 자유로운 미들이다. 사람들이 음악에서 (주제 없는) 환상곡[93]이라고 부르는 것, 아니 가사 없는 전체 음악도 이런 종류의 미에 집어넣을 수가 있다.

자유로운 미를 (순전한 형식의 면에서) 판정할 때 그 취미판단은 순수한 것이다. 거기에는 잡다가 어떤 목적을 위해 주어진 객관에게 기여해야
V230 B50 하는가, 그러므로 이 객관이 무엇을 표상해야만 하는가 하는, 어떠한 목적의 개념도 전제되어 있지 않다. 그에 의해서는 형태를 관찰하면서 이

(relative beauty)를 구분하였다.

89) C판: "전자의 종류들".

90) "독립적 미"라는 표현을 쓴 적도 있다. 「조각글」 639: XV, 276; 「인간학 강의」 Parow: XXV, 383 참조.

91) 칸트 원문은 'Colibrit'이나 'Kolibri'로 고쳐 읽는다.

92) A판: "극락새**들**"

93) C판에서는 원문이 'Phantasien' 대신에 'Phantasieren(즉흥 연주)'로 고쳐져 있다.

를테면 유희하는 상상력의 자유가 단지 제한받게 될 터이다.

그러나 인간의 미 (그리고 이런 종류 밑의 남자의 미, 여자의 미, 어린이의 미), 말〔馬〕의 미, (교회, 궁전, 병기창, 정자〔亭子〕와 같은) 건축물의 미는 그 사물이 무엇이어야 하는가를 규정하는 목적의 개념을, 그러니까 그 사물의 완전성의 개념을 전제하며, 그러므로 한낱 부착적인 미이다. 그런데 (감각의) 쾌적함이 본래 단지 형식과만 관계하는 미와 결합하면 취미판단의 순수성을 저해하듯이, 좋음(곧 잡다가 그 목적으로 보아 사물 자신에게 좋다고 하는 것)이 미와 결합하면 취미판단의 순수성을 파괴한다.[94]

어떤 건축물이 교회가 아니라고만 한다면, 그것을 볼 때 직접적으로 적의한 많은 것을 그 건축물에 설치할 수도 있을 것이다. 만약 인간이 아니라고만 한다면, 뉴질랜드 사람들이 문신을 새기듯, 어떤 형태를 갖가지 나선과 경쾌하면서도 규칙적인 선들로 미화할 수도 있을 것이다. 그가 남자만 아니라면, 또는 더구나 무사만 아니라면, 그는 훨씬 더 섬세한 용모와 더 호감이 가고 부드러운 용태를 가질 수도 있을 것이다.

무릇 어떤 사물의 가능성을 규정하는 내적 목적과 관련해서 그 사물 B51
안의 잡다에서 느끼는 흡족은 개념에 **기초한**[95] 흡족이다. 그러나 미에서의 흡족은 개념을 전제로 하는 그런 흡족이 아니라, 그것에 의해 대상이 주어지는 (그것에 의해 대상이 사고되는 것이 아니라) 표상과 직접적으로 결합되어 있는 그런 흡족이다. 그런데 만약 후자의 흡족에 대한 취미판단이 이성판단인 전자의 흡족 안에 있는 목적에 의존하게 하고 그렇게 함으로써 제한받게 된다면, 저 취미판단은 더 이상 자유롭고 순수한 취미판단이 아니다.

물론 취미는 미감적 흡족과 지성적 흡족의 이러한 결합을 통해서 얻는 바가 있기는 하다. 그를 통해 취미가 고정되고, 비록 보편적이지는 않지만, 취미에게 어떤 합목적적으로 규정된 객관과 관련하여 규칙들이 지

---

94) 「인간학 강의」: XXV, 1100; 1510 참조.

95) A판: "**기초하고 있는**".

정될 수 있다는 점에서 말이다. 그러나 그 경우에도 이 규칙들은 취미의 규칙이 아니라, 한낱 취미와 이성, 다시 말해 아름다움과 좋음의 합일의 규칙으로, 그러한 규칙에 의해 전자는 후자에 대해, 스스로 유지하며 주관적인 보편타당성을 갖는 마음의 정서를, 오직 힘든 결의에 의해서만
V231 유지될 수 있으되, 객관적으로 보편타당한 사유방식 아래 종속시키기 위한 의도의 도구로서 쓸 수 있게 된다. 그러나 본래 완전성이 미를 통해
B52 얻는 것도 없고, 미가 완전성을 통해 얻는 것도 없다. 오히려, 우리가 그에 의해서 우리에게 대상이 주어지는 표상을 그 객관과 (이 객관이 무엇이어야만 하는가에 관해) 하나의 개념에 의해 비교할 때, 그 표상을 동시에 주관에서의 감각과 견주어보는 것은 피할 수 없기 때문에, 만약 이 두 마음의 상태가 부합한다면, 표상력의 **전체 능력**이 얻는 바가 있는 것이다.

판단자가 규정된 내적 목적에 대해 아무런 개념을 가지고 있지 않거나, 그의 판단에서 이를 도외시할 때만, 취미판단은 이 내적 목적의 대상과 관련해서 순수할 터이다. 그러나 그럴 경우 이 사람은, 비록 그가 대상을 자유로운 미라고 판정함으로써 올바른 취미판단을 내린다 할지라도, 대상에 있어서의 미를 단지 부수적인 성질로 간주하는 (대상의 목적을 주시하는) 다른 사람에게서는 타박을 받고, 잘못된 취미를 가지고 있다고 비난받게 될 터이다. 그럼에도 두 사람은 각자 자기 나름대로 올바르게 판단하고 있는 것이다. 즉 한 사람은 감관에 나타난 것에 따라 판단하고, 다른 또 한 사람은 사유 중에 있는 것에 따라 판단한 것이다. 이런 구별을 통해 사람들은 저 취미의 판관들에게, 한 사람은 자유미를 **고집하고**[96] 있고, 또 한 사람은 부수미를 **고집하여**[97], 전자는 순수한 취미판단을 내리고 후자는 응용적인 취미판단을 내리고 있음을 지적함으로써, 미에 관한 양자의 분쟁을 해소할 수 있다.

96) A판: "**청하고**".
97) A판: "**청하여**".

§17 B53

미의 이상에 대하여

무엇이 아름다운가를 개념들에 의해 규정하는, 객관적인 취미규칙은 있을 수 없다. 왜냐하면, 이 원천[98]으로부터의 모든 판단은 미감적이니 말이다. 다시 말해, 객관의 개념이 아니라, 주관의 감정이 그 판단의 규정근거이니 말이다. 미의 보편적인 표준을 일정한 개념들에 의해 제시해 줄 취미의 원리를 찾는 것은 성과 없는 헛수고이다. 왜냐하면, 찾고자 하는 것은 불가능한 것이고, 그 자체가 모순적인 것이기 때문이다. (흡족이나 부적의의) 감정의 보편적 전달가능성은, 더구나 개념 없이도 일어나는 그러한 전달가능성은, 〔그러니까〕 어떤 대상들의 표상에서 이 감정에 대해 모든 시대 모든 민족이 가능한 한 일치함은, 그 아래에서 사람들에게 V232 대상들이 주어지는 형식들의 판정에 있어서 일치하는, 모든 사람들에게 공통적인 깊이 숨겨져 있는 근거로부터, 사례들을 통해 확증된 취미가 유래하는 것임을 보여주는, 많이 미약하고 그러한 추측을 하기에는 불충분하기는 하지만, **경험적인**[99] 표준이다.

그래서 사람들은 취미의 몇몇 산물들을 **범 적인 것**으로 간주하나, 마치 취미가 다른 사람들을 모방함으로써 얻어질 수 있는 것인 양 그리하는 것은 아니다. 왜냐하면 취미는 독자적으로 고유한 능력임에 틀림없기 때문이다. 그러나 한 전형을 모방하는 자는 그가 그 일에 성공하는 한에 B54 서 숙련성을 보여주지만, 그가 이 전형 자신을 판정할 수 있는 한에서는 단지 취미만을 보여준다.※ 그러나 이로부터 나오는 결론은, 취미의 최

※ 언어예술에 관한 취미의 전형들[100]은 사어〔死語〕와 고전어로 쓰인 것일 수밖

98) 곧, 취미.

99) C판에서는 삭제.

100) 예컨대 Demosthenes, Homer, Virgil(AA XXIV, 331 참조), Cicero, Horatius(AA XXIV, 182 참조) 등등.

고의 전형, 즉 원형은 누구나 각자가 자신 안에서 스스로 만들어내지 않으면 안 되는 순전한 이념이며, 이 이념에 따라 각자는 취미의 객관인 모든 것, 취미에 의한 판정의 실례인 모든 것, 그리고 모든 이들의 취미까지도 판정하지 않을 수 없는 것이다. **이념**은 본래 하나의 이성개념을 뜻하며, **이상**은 한 이념에 부합한 것으로서의 개별적 존재자 표상을 뜻한다.[101] 그래서 취미의 저 원형은 물론 최고도〔最高度〕라는 이성의 무규정적 이념에 의거한 것이기는 하지만, 그럼에도 개념들에 의해서가 아니라, 오직 개별적인 현시에서만 표상될 수 있는 것이니, 미적인 것의 이상이라고 부르는 것이 더 좋을 수 있다. 그러한 것[102]을 우리는 비록 소유하고 있지는 않지만, 그럼에도 우리 안에서 만들어내려고 애쓴다. 그러
B55 나 그것은, 개념들이 아니라 현시에 의거해 있는 바로 그 때문에, 한낱 상상력의 이상일 것이다. 현시의 능력은 상상력이니 말이다.―그런데 우리는 어떻게 미의 그러한 이상에 도달하는가? 선험적으로, 아니면 경험적으로? 또한 어떤 종류의 미적인 것이 이상을 가질 수 있는가?

우선 충분히 주의해야 할 점은, 그것을 위해 하나의 이상을 찾아야 할 미는 하나의 **부유적인**[103] 미가 아니라, 오히려 객관적 합목적성 개념에 의해 **고정된** 미여야만 한다는 것, 따라서 전적으로 순수한 취미판단의

에 없다. 사어로 쓰인 것일 수밖에 없다고 하는 것은, 살아 있는 말들에서는 불가피하게 일어나는 변화들, 즉 고상한 표현들이 평범한 것이 되고, 일상적 표현들이 시대에 뒤떨어진 것이 되며, 새로 만들어진 표현들이 단지 짧은 기간 동안만 사용되는 것 같은 변화들을 겪지 않도록 하기 위한 것이고, 고전어로 쓰인 것일 수밖에 없다고 하는 것은, 그 언어가 유행의 경박한 바뀜에 예속되지 않고, 불변적인 규칙을 갖는 하나의 문법을 가지도록 하기 위한 것이다.

---

101) '이상'의 의미와 '이념'과의 구별에 관해서는 「인간학 강의」 Collins: XXV, 99~100 참조.

102) 곧, 이상.

103) 원어: vage. 앞서 §16 'pulchritudo vaga'를 '浮遊美'로 옮겼고, 여기서 '부유적'을 칸트는 '자유로운'으로 이해하고 있는 바에 따라 똑같이 옮긴다.

객관에 속하는 것이 아니라, 오히려 부분적으로 지성화된 취미판단의 객관에[104] 속해야만 한다는 것이다. 다시 말해, 이상이 어떤 종류의 판정 V233
근거에서 생겨나야 하든, 거기에는 대상의 내적 가능성이 의거하는 목적을 선험적으로 규정하는, 일정한 개념들에 따르는, 하나의 이성이념이 기초에 놓여 있지 않으면 안 된다. 아름다운 꽃들의, 아름다운 가구의, 아름다운 풍경의 이상이라는 것은 생각할 수 없다. 그러나 또한 일정한 목적에 부수적인 미, 예컨대 아름다운 주택, 아름다운 나무, 아름다운 정원에 대해서도 이상이란 표상될 수 없다. 아마도 그것은, 그 목적들이 그것들의 개념에 의해 충분하게 규정되고 고정되어 있지 않고, 따라서 그 합목적성이 **부유적인** 미에 있어서와 거의 마찬가지로 자유롭기 때문일 것이다. 오직 자기의 실존의 목적을 자신 안에 가지고 있는 자, 즉 **인간**만이 이성에 의해 자기의 목적들을 스스로 규정할 수 있으며, 혹은 자기의 목적들을 외적 지각으로부터 이끌어낼 수밖에 없는 경우에도, 〔그것들을〕 본질적이고 보편적인 목적들과 견주어보고 나서 그것들과의 부합을 B56
미감적으로 판정할 수 있다. 그러므로 이러한 **인간**만이 **미**의 이상을 가질 수 있는바, 그것은 예지자로서 그의 인격 안의 인간성만이 이 세계의 모든 대상들 중에서 **완전성**의 이상을 가질 수 있는 것과 마찬가지이다.

그러나 이것에는 두 가지 것이 필요하다. **첫째로**, 미감적 **규범이념**[105]. (상상력의) 하나의 개별적 직관으로서 이것은 인간을 하나의 특수한 동물의 종에 속하는 사물로 판정하는 표준 척도를 표상한다. **둘째로, 이성이념**. 이것은 감성적으로 표상될 수 없는 한에서 인간성의 목적들을 인간의[106] 형태를 판정하는 원리로 삼는 것으로서, 현상에서의 저 인간성의 목적들의 결과인 이 인간의 형태를 통해 인간성의 목적들은 개시된다. 규범이념은 특수한 유의 한 동물의 형태를 위한 그 요소들을 경험에서

---

104) 칸트 원문은 정확하지 않음. AA에 따름.

105) 원어: Normalidee. 여기서 규범적이란, '표준적', '정상적', '평균적' 정도를 뜻한다.

106) AA에 따름.

얻을 수밖에 없다. 그러나 형태의 구성에서 최대의 합목적성은 이 종의
각 개별자의 미감적 판정의 보편적 표준 척도로서 쓸모가 있을, 말하자
면 마치 의도적으로 자연의 기술의 기초에 놓였던 형상[107]으로, 이 형상
에는 단지 유 전체만이 충전하고, 개별자 낱낱으로는 충전하지 않는바,
이것은 한낱 판정자의 이념 안에만 놓여 있는 것이다. 그러나 이 이념은
미감적 이념으로서 균형 있게 한 전형적인 형상에서 온전히 具體的으로
B57 현시될 수 있는 것이다. 이런 일이 어떻게 일어나는가를 다소나마 파악
할 수 있도록 하기 위해서,—도대체 누가 자연의 비밀을 완전히 알아낼
수 있다는 말인가?—우리는 심리학적인 설명을 시도하고자 한다.

주의해야 할 점은 다음과 같다. 상상력은 우리가 전혀 파악할 수 없는
V234 방식으로 개념들에 대한 기호들을 때때로, 심지어는 오랜 시간이 지난
후에도, 상기할줄 알 뿐만 아니라, 또한 대상의 형상과 형태를 서로 다른
종류의 또는 한 종류의 무수하게 많은 대상들로부터 재생할줄도 알고,
또 마음이 비교에 뜻을 두고 있을 때에는, 추측하건대 실제로, 비록 충분
히 의식된 것은 아니라 하더라도, 한 형상을 말하자면 다른 형상 위에 포
개어놓고, 동일한 종류의 많은 형상들을 합치시킴으로써 이 모든 형상
들에 공통의 척도가 되는 중간치적인 것을 이끌어낼줄도 안다는 점 말이
다. 〔예를 들어〕 누가 1,000명의 성인 남자를 보았다 〔하자〕. 이제 그가
비교에 의해 어림잡을 수 있는 규범적인 크기에 대해 판단을 내리고자
한다면, (내 의견으로는) 상상력은 다수의 형상들을 (어쩌면 저 천 개 모두
를) 서로 포개어놓을 것이다. 그리고 여기서 나에게 시각적 현시의 유비
를 적용하는 것이 허용된다면, 가장 많은 형상들이 합일하는 공간에서,
그리고 그 자리가 가장 진하게 색칠이 된 윤곽 안에서, 길이〔키〕에서나
B58 너비〔몸〕에서나 가장 큰 체격과 가장 작은 체격의 양 극단에서 같은 거
리에 있는, **중간적인 크기**가 알려질 것이다. 그리고 이것이 아름다운 남

107) 원어: Bild.

자의 체격이다. (만약 사람들이 1,000명 모두를 재어, 그들의 〔키〕길이 서로와 〔몸〕너비(와 〔몸〕두께) 각각을 합산하여 그 총계를 1,000으로 나눈다면, 똑같은 것을 기계적으로 얻어낼 수도 있을 터이다. 그러나 상상력은 그러한 형태들을 여러 번 포착함으로써 내감의 기관에 생기는 역학적인 효과에 의해 바로 이와 같은 똑같은 일을 한다.) 이제 비슷한 방식으로 이 중간적인 남자에게 중간적인 머리를, 이 중간적인 머리에 중간적인 코를, 그리고 등등을 구하게 되면, 이 형태가 이런 비교를 하게 된 지역에서 아름다운 남자의 **규범이념의 기초에 놓인다**[108]. 그래서 흑인은 필연적으로 **이런 경험적 조건들 아래에서**[109] 백인과는 다른 형태의 미에 대한 규범이념[110]을 가질 수밖에 없고, 중국인은 유럽인과는 다른 규범이념을 가질 수밖에 없다. (어떤 품종의) 아름다운 말, 아름다운 개의 전형에 대해서도 그와 꼭 마찬가지일 것이다.—이 규범이념은 경험에서 얻은, **일정한 규칙들**인 비례적 관계들로부터 도출된 것이 아니다. 오히려 이 규범이념에 따라서 비로소 판정의 규칙들이 가능하다. 규범이념은 개체들에 대한 모든 개별적인, 갖가지로 서로 다른 직관들 사이를 부유하는, 그 전체 유에 대한 형상으로, 자연은 이 형상을 같은 종의 자연의 산출들에서 원형으로 근저에 두었 V235
으나, 어떤 한 개별자에서도 온전히는 이르지 못한 것으로 보인다. 규범 B59
이념은 결코 이 유에 있어서 **미의 전체**[111] **원형**이 아니며, 단지 모든 미의 소홀히 할 수 없는 조건을 이루는 형식일 뿐, 그러니까 한낱 그 유를 현시하는 데서의 **적정성**일 따름이다. 규범이념은, 사람들이 **폴리클레이토스**[112]의 유명한 「도리포로스」를 그렇게 불렀듯이, **규칙**인 것이다.

108) A판: "**이상이다**". 그러나 A판의 정오표에 따르면, "**규범이념이다**".

109) B · C판 추가.

110) A판: "**이상**". 그러나 A판의 정오표에 따르면, "**규범이념**".

111) B · C판 추가.

112) Polykleitos(ca. BC 480~400). 그리스의 대표적인 조각가. 그의 남자 청동상 작품 Doryphoros(ca. BC 440 제작)는 모든 면에서 크지도 않고 작지도 않고, 뚱뚱하지도 않고 홀쭉하지도 않고, 운동과 정지, 긴장과 이완이 조화를 이루고, 아름답고 선하고

(마찬가지로 **미론**[113]의 「암소」도 이 유에 있어서 규칙으로 사용될 수 있었다.) 바로 그렇기 때문에 규범이념은 종적으로-특징적인 것을 아무것도 함유할 수가 없다. 왜냐하면, 그렇지 않다면 그것은 유를 위한 **규범이념**이 아닐 터이니 말이다. 규범이념의 현시가 적의한 것도 미 때문이 아니라, 한낱 이 유의 어떤 사물이 그 아래에서만 아름다울 수 있는 조건과 모순되지 않기 때문이다. 그 현시는 한낱 모범적일〔학교 규칙에 맞을〕[114] 따름이다.※

그럼에도 미적인 것의 **이상**은 미적인 것의 **규범이념**과는 구별된다. 미적인 것의 이상은 이미 언급한 이유에서 오로지 **인간적 형태**에서만 기대될 수 있는 것이다. 그런데 인간의 형태에서 이상은 **윤리적인** 것의 표
B60 현에서 성립한다. 윤리적인 것 없이는 대상은 보편적으로도 적극적으로도 (모범적인 현시에서 소극적으로뿐만이 아니라) 적의하지 못할 터이다. 인

※ 화가가 모델이 되어주기를 청하고 싶어 하는, 완전히 규칙적인 얼굴은 보통은 아무런 표정도 없다는 것을 사람들은 알 것이다. 그러한 얼굴은 아무런 특징적인 것을 함유하고 있지 않고, 그러므로 한 개인의 종적인 것보다 오히려 유의 이념을 더 표현하고 있기 때문이다. 과장된, 다시 말해 규범이념(유의 합목적성) 자신을 파괴하는, 이런 유의 특징적인 것을 **희화**〔戱畵〕라고 일컫는다. 또한 경험이 알려주는바, 전적으로 규칙적인 저런 얼굴들은 보통은 내면적으로는 또한 단지 평범한 인간을 보여줄 뿐이다. 그것은 아마도 (자연
B60 은 외면에서 내면의 비례적 관계들을 표현한다고 받아들여질 수 있다면,) 순전히 결함이 없는 인간을 형성하는 데 필요한 저 비례적 관계를 넘어서는 출중한 마음의 소질이 하나도 없다면, 사람들이 **천재**라고 부르는 것에서 아무것도 기대해서는 안 될 것이기 때문이다. 천재라는 것에서 자연은 단 하나의 마음능력의 이점을 위하여 마음능력의 보통의 관계들로부터는 멀어지는 것으로 보인다.

올바름의 표준이 되는 그리스 최고의 조각품으로 평가되는데, 그는 이론서 『규준(Kanon)』도 썼다.

113) Myron(BC 5세기). Polykleitos의 후배인 그리스의 대표적 조각가. 'Diskobolos〔원반 던지는 사람〕'는 그의 대표작. 동물 조각의 전형으로 간주됐던 그의 작품 「암소」는 아테네의 아크로폴리스에 있었다고 하나 현재는 자취를 찾을 수 없다 함.

114) 원어: schulgerecht.

간을 내면적으로 지배하는 윤리적 이념들의 가시적인 표현은 경험에서만 얻어질 수 있는 것이기는 하다. 그러나 윤리적인 이념들과, 우리의 이성이 최고의 합목적성의 이념에서 윤리적으로-좋은〔선한〕 것과 연결시키는 모든 것과의 결합을, 즉 인자함이나 순수함이나 강직함이나 평온함 등을 (내면적인 것의 결과로서의) 신체적 표출에서 말하자면 가시화하는 것, 그것을 위해서는 그러한 것을 현시하고자 하는 이는 말할 것도 없고, 그러한 것을 단지 판정하고자 하는 이에 있어서도 이성의 순수한 이념들과 상상력의 강력한 힘이 통합되어 있을 것이 요구된다. 미의 그러한 이상이 적합함은 그러한 이상이 그 객관에서의 흡족 안에 어떠한 감 V236
관의 자극이 섞이는 것을 허용하지 않으면서도, 객관에 대한 큰 이해관심을 갖도록 해준다는 점에서 증명된다. 이런 사실은 그 다음에, 그러한 자〔척도〕에 따른 판정이 결코 순수하게 미감적일 수 없으며, 미의 이상에 따른 판정은 취미의 순전한 판단이 아니라는 것을 증명한다. B61

이 제3계기로부터 추리되는 미의 설명

미는, 합목적성이 **목적의 표상 없이도** 대상에서 지각되는 한에서, 대상의 **합목적성**의 형식이다.※

※ 이러한 설명에 대해, 우리가 그것에서 합목적적인 형식을 보기는 하나 어떤 목적도 인식하지 못하는 사물들이 있다는 반례를 드는 사람이 있을 수 있겠다. 예컨대, 흔히 고분에서 발굴되는 석〔石〕기구들에는 손잡이를 위한 구멍이 있는 것들이 있는데, 이 석기구들은 그 형태에서 우리가 그 목적을 알지 못하는 어떤 합목적성을 분명히 보여주고 있기는 하지만, 그 때문에 그것들이 아름답다고 설명되지는 못한다는 것이다. 그러나 우리가 이것들을 하나의 기예작품으로 보고 있다는 사실은 이미 충분히, 우리가 그것들의 모양을 어떤 의도 및 일정한 목적과 관계시키고 있음을 고백하지 않을 수 없도록 한다. 그래서 이 석기구들을 볼 때 전혀 아무런 직접적인 흡족도 없는 것이다. **이에 반해**[115] 한 송이 꽃, 예컨대 튤립이 아름답다고 여겨지는 것은, 그것을 지각할 때 마주치는 어떤 합목적성이 우리가 그 꽃을 판정하는 것과 마찬가

B62 취미판단들의 제4계기: 대상[116]에 대한 흡족의 양태의 면에서

§18

취미판단의 양태란 무엇인가

여느 표상에 대해서나 나는 (인식으로서) 그 표상이 어떤 쾌감과 결합
되어 있음은 적어도 **가능적**이다〔가능하다〕고 말할 수 있다. 내가 **쾌적한**
것이라고 부르는 것에 대해서 나는 그것이 내 안에서 **현실적**으로 쾌감을
불러일으킨다고 말한다. 그러나 **아름다운** 것에 대해서는 사람들은 그것
이 흡족함에 대한 **필연적**인 관계를 갖는다고 말한다. **그런데**[117] 이 필연
V237 성은 특수한 종류의 것이다. 즉 그것은 누구나 내가 아름답다고 부르는
대상에서 이러한 흡족을 **느끼게 될** 것이 선험적으로 인식될 수 있다고
하는 경우의 이론적 객관적 필연성이 아니다. 또한 그것은 자유롭게 행
위하는 자들에게 규칙으로 쓰이는 순수한 이성의지의 개념들에 의해 이
러한 흡족이 객관적 법칙의 필연적 귀결이며, 이것은 다름 아니라 사람
들은 단적으로 (더 이상의 의도 없이) 일정한 방식으로 행위해야만 한다는
것을 의미하는 경우의 실천적 필연성도 아니다. 오히려 이 필연성은 미
감적 판단에서 생각되는 필연성으로서 단지 **견본적**인 것이라고 불릴 수
있다. 다시 말해 그것은 우리가 제시할 수 없는 보편적 규칙의 하나의 실
B63 례와 같은 것으로 간주되는 한 판단에 대해 **만인**이 동의한다고 하는 필
연성이다.[118] 미감적 판단은 객관적인 판단도 인식판단도 아니므로, 이
필연성은 일정한 개념들로부터 도출될 수 있는 것이 아니며, 그러므로

지로 전혀 아무런 목적과 연관되지 않기 때문이다.

115) A판: "**그러나**".
116) C판: "대상들".
117) A판: "**그러나**".
118) 「논리학 강의」 Philippi: XXIV, 347; 『인간학』, BA185=VII240.

명증적인 것이 아니다. 하물며 이 필연성이 (어떤 대상의 미에 관한 판단들의 일관된 일치라는) 경험의 보편성에서 추리될 수는 없다. 왜냐하면, 경험이 이를 위해 충분할 만큼 많은 증거들을 댄다는 것이 어려울 뿐만 아니라, 경험적 판단들 위에 이러한[119] 판단들의 필연성의 개념이 기초될 수는 없기 때문이다.

§19
우리가 취미판단에 부가하는 주관적 필연성은 조건적이다

취미판단은 누구에게나 동의를 감히 요구한다. 어떤 것이 아름답다고
언명하는 사람은 누구나 눈앞에 있는 그 대상에 대해 찬동을 보내고, 그
와 함께 그 대상이 아름답다고 언명**해야 한다**고 의욕한다. 그러므로 미
감적 판단에서 '**해야 한다**'[**당위**]는 제아무리 판정에 필요한 모든 자료
에 따라서라 할지라도 단지 조건적으로만 표명되는 것이다. 사람들이 다
른 모든 사람의 동의를 구하는 것은, 그러한 동의를 위한 만인에게 공통
인 근거를 가지고 있기 때문이다. 그렇기에 그 사례가 찬동의 규칙으로
서의 저 근거 아래 올바르게 포섭되어 있다는 것을 언제나 확신하기만 B64
한다면, 사람들은 그러한 동의를 기대할 수도 있겠다.

§20
취미판단이 감히 주장하는 필연성의 조건은 공통감 이념이다

만약 취미판단들이 (인식판단들처럼) 일정한 객관적 원리를 가지고 있
다면, 그러한 원리에 따라 취미판단을 내리는 사람은 자기 판단의 무조 V238
건적인 필연성을 요구주장할 터이다. 취미판단들이 순전한 감관취미의

119) 곧, 미감적.

판단들처럼 일체의 원리를 갖고 있지 않다면, 취미판단의 필연성이란 전혀 생각할 수도 없을 터이다. 그러므로 취미판단들은 개념들에 의해서가 아니라 단지 감정에 의해서, 그러면서도 보편타당하게 무엇이 적의하고 무엇이 부적의한가를 규정하는, 하나의 주관적 원리를 가진 것이 틀림없다. 그러한 원리는 단지 하나의 **공통감**〔각〕으로 볼 수 있겠다. 그러나 이 공통감은, 사람들[120]이 때때로 그 역시 보통/공통감〔각〕(共通感)[121]이라고 부르는 보통의 지성〔상식〕과는 본질적으로 구별되는 것이다. 후자는 감정에 따라서가 아니라, 비록 보통은 단지 애매하게 표상된 원리로서이기는 하지만, 항상 개념들에 따라서 판단하는 것이니 말이다.

그러므로 오직, 하나의 공통감—그러나 이것을 우리는 어떤 외감이
B65 아니라, 우리 인식력들의 자유로운 유희에 의한 작용결과로 이해하거니와—이 있다는 전제 아래에서만, 거듭 말해 그러한 공통감의 전제 아래에서만 취미판단은 내려질 수 있다.

§21

과연 사람들은 공통감을 전제할 수 있는 근거를 가지고 있는가

인식들과 판단들은 그에 수반하는 확신과 더불어 보편적으로 전달되는 것이어야 한다. 그렇지 않다면, 인식과 판단들에 객관과의 합치란 걸맞지 않을 것이며, 그것들은 모두 회의론이 요구하는바 그대로 표상력들

---

120) 일차적으로는 Thomas Reid, James Beattie, James Oswald 등 스코틀랜드 상식 학파를 지칭하는 것으로 볼 수 있다.(『형이상학서설』, 머리말: IV, 258 참조)

121) 원어: Gemeinsinn(sensus communis). 'Sinn'이 감각기능 또는 감각 기능하는 기관, 곧 감관을 의미할 때는 각각 '감각기능'이나 '감관'으로 옮기지만, 이 감관작용의 결과를 지시할 때는 '감' 또는 '감〔각〕'으로 옮긴다. 'Gemeinsinn'은 직역하면 '보통감(각)'이라고 해야 할 것이나, 여기서 '보통의(gemein)'는 '공통/공동체적(gemeinschaftlich)'이라는 의미로 새겨야 할 것(B157=V293 참조)이므로, 원어의 의미를 드러내야 할 경우가 아니면 '공통감〔각〕'으로 옮긴다. 아래 §40 참조. 그리고 이 말의 지칭과 그 분간에 대해서는 『인간학』, BA23=VII139 참조.

의 한낱 주관적 유희일 따름일 터이기 때문이다. 그러나 인식이 전달되는 것이어야만 한다면, 마음 상태, 다시 말해 인식 일반을 위한 인식력들의 조율〔同調〕[122] 또한, 그것도 (그에 의해 우리에게 대상이 주어지는) 표상으로부터 인식을 만들기 위하여 이 표상에 알맞은 비율〔균형〕이 전달되어야만 한다. 왜냐하면, 인식의 주관적 조건인 이것 없이는 그 결과인 인식이 생길 수 없을 터이기 때문이다. 이런 일은 주어진 대상이 감관들을 매개로 상상력을 활동시켜 잡다를 합성하게 하고, 또 그러나 상상력이 지성을 활동시켜 잡다를 개념들에서 통일시킬 때, 실제로도 항상 일어나는 일이다. 그러나 인식력들의 이 조율은 주어지는 객관들의 상이함에 B66
따라서 서로 다른 비율을 갖는다. 그럼에도 불구하고, (한 마음능력이 다른 한 마음능력을) 고무시키는 이 내적 관계가〔비율이〕 (주어진 대상들에 대한) 인식 일반의 의도에서 보아 두 마음능력에 대해 가장 유익한 비율인 그런 비율이 하나 있을 것임에 틀림없다. 그리고 이 조율〔同調〕은 다름 V239
아니라 (개념들에 따라서가 아니라) 감정에 의해 규정될 수 있다. 그런데 이 조율〔同調〕 자신은 보편적으로 전달되는 것이어야만 하고, 그러니까 또한 (주어진 표상에 있어서의) 조율〔同調〕의 감정도 전달되는 것이어야만 하는바, 그러나 감정의 보편적 전달가능성은 공통감을 전제하므로, 〔여기서〕 이 공통감은 받아들여질 수 있는 근거를 얻는다. 그리고 그것은 이 경우 심리학적인 관찰에 입각해서가 아니라, 우리 인식의 보편적 전달가능성의 필연〔수〕적 조건으로서 받아들여지는 것으로, 이러한 필연적 조건은 어떤 논리학에서나, 그리고 회의적이지 않은 어떤 인식의 원리에서나 전제될 수밖에 없는 것이다.

122) 원어: Stimmung.

§22
취미판단에서 생각되는 보편적 동의의 필연성은 주관적 필연성인데, 공통감의 전제 아래에서는 객관적인 것으로 표상된다

우리가 어떤 것을 아름답다고 언명하는 모든 판단에서 우리는 누구에
B67 게도 다른 의견을 허용하지 않는다. 그럼에도 우리는 우리의 판단을 개
념들에 기초하지 않고, 단지 우리의 감정에 기초할 따름이며, 그러므로
우리는 이 감정을 사적 감정이 아니라 하나의 공통/공동체적 감정으로
서 기초에 놓고 있다. 그런데 이 공통감은 이를 위해서 경험에 기초해 있
을 수가 없다. 공통감은 해야 함〔당위〕을 함유하는 판단들을 위해 정당
화하고자 하는 것으로서, 공통감은 누구나 우리의 판단과 합치**할** 것이라
고 말하는 것이 아니라, 부합**해야 한다**고 말하는 것이기 때문이다. 그러
므로 공통감은, 내가 나의 취미판단을 그것의 판단의 한 실례로 제시하
고, 그 때문에 나는 이 취미판단에 **견본적** 타당성을 부여하는바, 하나의
순전한 이상적 규범으로서, 이러한 규범의 전제 아래에서 사람들은 그
규범에 부합하는 판단과 그 판단에서 표현된, 객관에 대한 흡족을 모든
사람에 대한 규칙으로 삼을 권리를 가질 수 있겠다. 왜냐하면, 그 원리는
단지 주관적인 것이기는 하지만, 그럼에도 주관적인-보편적인 것(모든
사람에게 필연적인 이념)으로 받아들여진 것으로서, 서로 다른 판단자들의
일치에 관해서는, 사람들이 이 원리 아래 올바르게 포섭했다는 것을 확
신하기만 한다면, 이 원리도 객관적인 원리와 같이 보편적 동의를 요구
할 수 있을 터이기 때문이다.

공통감이라는 이 무규정적 규범은 우리에 의해 현실적으로〔실제로〕
전제되고 있다. 우리가 감히 취미판단들을 내린다는 사실이 이것을 증명
V240 한다. 과연 경험을 가능하게 하는 구성적 원리로서 그러한 공통감이 실
제로 있는가, 또는 더욱 고차적인 이성 원리가, 먼저 보다 고차적인 목
B68 적들을 위한 공통감을 우리 안에 만들어내기 위해서 그것을 단지 우리의

규제적 원리로 삼는 것인가, 그러므로 취미는 하나의 근원적이고 자연적인 능력인가 아니면 단지 획득되어야 할 인위적인 능력의 이념일 뿐인가, 그래서 취미판단은 보편적인 동의라는 지나친 요구를 하면서도 실제로는 단지 감관방식의 그러한 일치를 만들어내려는 이성의 요구일 따름인가, 그리고 해야 함〔당위〕은, 다시 말해 모든 사람의 감정이 각자 자기의 특수한 감정과 합류한다는 객관적 필연성은 단지 그러한 감정에서 일치단결하게 될 가능성을 의미할 뿐이고, 또 취미판단은 단지 이 원리를 적용한 한 실례를 드는 것일 따름인가, 이런 문제를 우리는 여기서 아직 연구하고자 하지 않으며, 또한 연구할 수도 없고, 지금은 단지 취미능력을 그 요소들로 분해하고, 마침내는 그것들을 공통감의 이념에서 통합하는 것이 과제이다.

제4계기로부터 추론되는 미의 설명

개념 없이 **필연적인** 흡족의 대상으로서 인식되는 것은 **아름답다**.

분석학 제1절[123]에 대한 일반적 주해

이상의 분석들로부터 결과를 끌어내보면, 모든 것이 취미라는 개념에 귀착함이 밝혀진다. 즉 취미는 상상력의 **자유로운 합법칙성**과 관련하여 대상을 판정하는 능력이라는 것이다. 그런데 취미판단에서 상상력이 그것의 자유에서 고찰되어야 한다면, 상상력은 첫째로 연합의 법칙들에 예속되어 있는 재생적인[124] 것으로가 아니라, 생산적이고 자기활동적 B69

123) '제1절 미감적 판단력의 분석학' 아래에 '제1권 미의 분석학'과 '제2권 숭고의 분석학'이 있는 만큼, 이것은 '제1권'을 지칭하는 것으로 보아야겠다. 아래 §24에서 칸트는 이 '제1권'을 지칭하면서 또 "앞 절"이라고 말하고 있는데, 이 역시 고쳐 읽어야 할 것이다.

124) 상상력의 연합과 재생작용에 대해서는 『순수이성비판』, A115 참조.

인 것으로서(가능한 직관들의 임의적 형식들의 창시자로서) 받아들여지는 것이다. 그리고 비록 상상력이 감관들의 주어진 대상을 포착할 때에 이 객관의 일정한 형식에 매이고, 그런 한에서 (지어내기에서처럼) 자유로운 유
V241 희를 하지는 못하지만, 그럼에도 대상이 상상력에게 잡다의 합성을 함유하는 바로—상상력이 그 자신 자유롭게 방임되어 있다면, 상상력을 **지성의 합법칙성** 일반과 일치하도록 할 것 같은—그러한 형식을 제공할 수 있다는 것은 능히 이해될 수 있다. 그러나 **상상력이 자유롭고** 또한 **저절로 합법칙적**이라는 것은, 다시 말해 상상력이 자율성을 지니고 있다는 것은 모순이다. 지성만이 법칙을 수립한다. 그러나 상상력이 일정한 법칙에 따라 수행되게 될 때 그 산물이 어떠해야만 하는가는 그 형식의 면에서 개념들에 의해 규정된다. 그러나 그런 경우에 흡족은, 위에서 지적한 바와 같이, 미적인 것에 대한 것이 아니라, 좋은 것에 대한 (완전성, 어떤 경우든지 간에 한낱 형식적인 완전성에 대한) 흡족이며, 그 판단은 취미에 의한 판단이 아니다. 그러므로 법칙 없는 합법칙성과, 표상이 대상의 일정한 개념과 관계 맺어지는 경우의 객관적 합치가 없는, 상상력의 지성과의 주관적 합치만이 (목적 없는 합목적성이라고도 불리는) 지성의 자유로운 합법칙성 및 취미판단의 특유성과 양립할 수 있을 것이다.

B70 그런데 취미의 비판가들은 기하학적으로-규칙적인 형태들, 즉 원형, 정방형, 입방체 등을 보통 미의 가장 단순하면서도 의심할 여지가 없는 실례로 든다. 그럼에도 이 형태들이 규칙적이라고 불리는 것은 바로 이 형태들은 그 형태에게 (그것에 따라서만 그 형태가 가능한) 규칙을 지시규정하는 일정한 개념의 순전한 현시들로 간주되는 것 외에는 달리 표상될 수 없기 때문이다. 그러므로 저 형태들에게 미를 덧붙이는 비판자들의 판단 또는 개념 없는 합목적성을 미에 필수적인 것으로 보는 우리의 판단, 이 둘 중의 하나는 착오일 수밖에 없다.

서투르게 그린 윤곽에서보다 원의 형태에서 더 많은 흡족을 얻고, 경사진 부등변의, 말하자면 기형적인 사각형에서보다 등변 등각의 사각형

에서 더 많은 흡족을 얻기 위해서는 취미를 아는 사람이 필요하다는 것
을 아무도 쉽사리 생각하지 못할 것이다. 그런 것을 위해서는 단지 보통
의 지성〔상식〕이 필요할 뿐, 취미는 전혀 필요하지 않기 때문이다. 〔그러
나〕 예컨대 어떤 장소의 크기를 판정하거나, 어떤 분할에서 부분들의 상
호간 및 전체와의 관계〔비율〕를 **파악하기 쉽게 하려는 의도가 지각되는**[125)]
곳에서는 규칙적인 형태들이, 그것도 가장 단순한 종류의 형태들이 필요
하다. 그리고 〔이때에〕 흡족은 직접적으로 그 형태를 보는 데에 의거하
는 것이 아니라, 온갖 가능한 의도에 대한 그 형태의 유용성에 의거한다. V242
벽들이 사각〔斜角〕을 이루고 있는 방, 그러한 종류의 정원, 또 (예컨대 애
꾸눈이와 같은) 동물의 형태에서나 건물 또는 화단의 형태에서의 대칭의
훼손조차도 적의하지 못한 것은, 그것이 실제적으로 이런 사물들의 일정
한 사용에 대해서 반목적적일 뿐만 아니라, 온갖 가능한 의도에서의 판
정에 대해서도 반목적적이기 때문이다. 그러나 취미판단은 이런 경우가 B71
아니다. 취미판단이 순수한 것이라면, 취미판단은 흡족이나 부적의함을,
사용이나 목적을 고려함 없이, 대상에 대한 순전한 **바라봄**과 직접 결합
시킨다.

어떤 대상의 개념에까지 이르는 합규칙성은 대상을 유일한 표상 속에
서 파악하고 잡다를 대상의 형식에서 규정하는 불가결한 조건(不可缺的
條件)이기는 하다. 이런 규정은 인식의 관점에서는 목적이며, 또 인식과
의 관계에서는 이러한 규정도 항상 (미정적[126)]인 의도 또한 포함해서 모든
의도의 실현에 수반하는) 흡족과 결합되어 있다. 그러나 **그런 경우**[127)] 흡족
은 한낱 어떤 과제를 충분히 해결했음을 시인하는 것으로, 마음의 능력
들이 우리가 아름답다고 부르는 것을 자유롭게 무규정적-합목적적으로

125) A판: "판정할 의도가 있는".

126) 원어: problematisch. 이 말은 'wahrscheinlich(개연적)'과 구별하여, 문맥에 따라 '미정적' 또는 '문제(성) 있는'으로 옮긴다.

127) B판 추가.

즐기는 것이 아니다. 이 경우 지성이 상상력에 봉사하는 것이지, 상상력이 지성에 봉사하는 것이 아니다.

단지 어떤 의도에 의해서만 가능한 사물에서, 즉 건물에서나, 동물에서조차도, 대칭에서 성립하는 합규칙성은, 목적의 개념을 수반하는 직관의 통일(성)을 표현하지 않으면 안 되며, 또한 함께 인식에 속하는 것이다. 그러나 표상력들의 자유로운 유희가 (물론 지성이 어떠한 방해도 받지 않는다는 전제 아래에서) 유지되어야만 할 경우에는, 즉 유원지나 실내장식, 갖가지 취미적인 가구류 등에 있어서는, 강제를 뜻하는 합규칙성은 가능한 한 피한다. 그래서 정원에서의 영국 취미, 가구들에서 바로크 취미는 상상력의 자유를 오히려 기괴함에까지 접근하도록 몰아가고, 이렇
B72 게 규칙의 모든 강제를 벗어나는 경우야말로 바로, 취미가 상상력의 기획들에서 최대의 완전성을 보일 수 있는 것이라 한다.

모든 경직된-합규칙적인 것(수학적인 합규칙적인 것에 가까운 것)은 자체에 반취미적인 요소를 갖는다. 즉 그러한 것은 그러한 것을 오래 살펴
V243 보는 즐거움을 주기는커녕, 그것이 분명하게 인식이나 일정한 실제적인 목적을 의도로 갖지 않는 한, 오히려 권태를 일으킨다. 그에 반해 상상력이 꾸미지 않고 합목적적으로 더불어 유희할 수 있는 것은 우리들에게 항상 신선하고, 사람들은 그런 것을 바라보는 데서 싫증나는 일이 없다. **마스덴**[128]은 수마트라에 대한 그의 저술에서, 그곳에서는 어디서나 자연의 자유로운 미들이 관광객을 둘러싸고 있어서 오히려 관광객에게는 거의 매력을 가지지 못하나, 그에 반해 그가 숲 가운데서 후추밭을 마주쳤을 때, 이 식물이 휘감고 올라가는 장대들이 평행하게 줄지어 가로수 길을 이루고 있는 한 후추밭이 그에게는 훨씬 매력적이었다고 적어놓고,

---

128) William Marsden(1754~1836). 최초로 말레이-영어 사전을 편찬하기도 한 영국의 탁월한 동양학자. 그의 *History of Sumatra*(London 1783)는 독일어로 번역되어 *Natürliche und bürgerliche Beschreibung der Insel Sumatra*(Leipzig 1785)로 출판되었다. 이 책을 칸트는 『윤리형이상학』, 「법이론」, §40: AA VI, 304에서도 인용하고 있다.

이로부터 자연 그대로의, 겉보기에는 무규칙적인 미가 규칙적인 미를 실
컷 본 사람에게만은 기분전환으로 적의하다고 추리하고 있다. 그러나 그
가 하루 동안 그 후추밭에 체류해보기만 했으면 다음의 사실을 이내 깨
달았을 것이다. 그는 곧, 지성이 합규칙성에 의해 그것이 어디서나 필요
로 하는 질서와 조율〔同調〕하고 나면, 대상은 더 이상 지성을 즐겁게 하
지 않고, 오히려 상상력에게 짐이 되는 강제를 가하며, 그에 반해 아무런
인위적인 규칙의 강제도 받지 않는, 잡다한 것이 풍부하게 넘쳐흐르는 그
곳의 자연이 그의 취미에게 끊임없이 영양을 공급할 수 있을 것이라는 것
을 깨달았을 것이다.—우리가 어떤 음악의 규칙 아래로 포섭할 수 없는
새들의 노래조차도 음악의 모든 규칙에 따라 부르는 인간의 노래보다도
훨씬 더 자유를 가지고 있고, 그렇기에 취미를 위해서도 더 많은 것을 함 B73
유하고 있는 것으로 보인다. 사람들은 인간의 노래가 자주 그리고 오랜
시간 반복되면 그것에 훨씬 더 빨리 싫증을 느끼니 말이다. 그러나 이 경
우 우리는 아마도 한 자그맣고 사랑스런 동물의 흥겨움에 대한 우리의 동
감을 그것의 노래의 아름다움과 혼동하고 있는 것으로, 그 새의 노래는,
그것을 인간이 (때때로 밤꾀꼬리의 울음소리를 가지고 그렇게 하듯이) 아주 정
확하게 흉내낸다 해도, 우리의 귀에는 전혀 무취미한 것으로 여겨진다.

또한 아름다운 대상들과 (흔히 멀리 떨어져 있기 때문에 분명하게 인식될
수 없는) 대상들에 대한 아름다운 조망들은 구별되어야 한다. 후자에 있
어서 취미는 상상력이 시야에서 **포착하고** 있는 것에 집착하기보다는 오
히려 상상력이 그것에서 **지어내기**를 할 계기를 얻는 것, 다시 말해 본래
적인 환상들에 집착하는 것으로 보인다. 마음은 눈에 부딪치는 잡다한
것에 의해 계속해서 각성되면서 이 환상들을 즐긴다. 가령 벽난로의 불
이나 졸졸 흐르는 시냇물의 가변적인 형태들을 바라보는 경우에서처럼
말이다. 이 양자는 미는 아니지만, 그럼에도 상상력의 자유로운 유희를 V244
유지시켜 주므로, 상상력에 대해서는 매력을 지니고 있는 것이다.

B74

제2권
숭고의 분석학

§23
미적인 것의 판정능력으로부터 숭고한 것의 판정능력으로의 이행

미적인 것과 숭고한 것은 양자가 그것 자신만으로 적의하다는 점에서 일치한다. 더 나아가 양자는 감관판단이나 논리적-규정적 판단을 전제하는 것이 아니라, 반성판단을 전제한다는 점에서도 일치한다. 따라서 그 흡족은 쾌적한 것의 감각과 같은 감각에 매이지도 않고, 좋은 것에 대한 흡족과 같이 일정한 개념에 매이지도 않는다. 그럼에도 불구하고 이 흡족은 개념들—그것이 어떠한 개념인지는 무규정적이지만—과 관련되어 있고, 그러니까 이 흡족은 순전한 현시나 현시의 능력과 연결되어 있어서, 그로 인해 그 현시의 능력 또는 상상력은 주어지는 직관의 경우에서 지성의 **개념들의 능력**과 또는 이 지성의 개념들을 촉진하는 것으로서의 이성의 개념들의 능력과 일치하는 것으로 간주된다. 그래서 또한 이 두 가지 판단들은 **단칭**판단들이고, 그러면서도 모든 주관에 대하여 보편타당함을 고지하는 판단들이다. 그것들이 비록 한낱 쾌의 감정을 주장할
B75 뿐 대상에 대한 아무런 인식을 주장하지 않음에도 불구하고 말이다.

그러나 양자 사이에는 현저한 차이가 있음 또한 눈에 띈다. 자연의 미적인 것은 대상의 형식에 관련이 있고, 대상의 형식은 한정에서 성립한다. 그에 반해 숭고한 것은, **무한정성**이 대상에서 또는 그 대상을 유인동기로 해서 표상되고 또한 무한정성의 전체가 덧붙여 생각되는 한에서는, 무형식의 대상에서도 볼 수 있다. 그래서 미적인 것은 무규정적인 지성개념의 현시이지만, 숭고한 것은 무규정적인 이성개념의 현시로 볼 수 있을 것 같다. 그러므로 흡족이 전자에서는[129)] **질**의 표상과 결합되어 있지만, 후자에서는[130)] **양**의 표상과 결합되어 있다. 또한 후자의 흡족은 그

방식의 면에서도 전자의 흡족과 매우 다르다. 이것(**즉 미적인 것**)[131]은 直接的으로 생명을 촉진하는 감정을 지니고 있고, 그래서 매력이나 유희하는 V245 상상력과 합일할 수 있지만, 저것(**즉 숭고의 감정**)[132]은 단지 間接的으로만 생기는 쾌이다. 곧, 이 쾌는 생명력들이 일순간 저지되어 있다가 곧장 뒤이어 한층 더 강화되어 범람하는 감정에 의해 산출되는 것으로, 그러니까 그것은 감동으로서, 상상력의 활동에서 유희가 아니라 엄숙인 것으로 보인다. 그래서 그것은 또한 매력과는 합일할 수 없다. 마음은 대상에 끌려갈 뿐만 아니라 거꾸로 언제나 다시 거부되기도 하기 때문에, 숭고한 것에서의 흡족은 적극적인 쾌가 아니라, 오히려 경탄 내지는 존경**을 함** B76 **유하며**[133], 다시 말해 소극적/부정적 쾌라고 불릴 만한 것이다.

그러나 숭고한 것과 미적인 것의 가장 중요한 내적인 차이는 아마도 이런 것일 것이다. 즉 합당한 일이지만, 만약 우리가 여기서 우선 자연의 객관들에서의 숭고한 것만을 고찰한다면, ―예술의 숭고한 것은 곧 언제나 자연과 합치한다는 조건에 국한된다―자연미(자립적인 미)는 그 형식에서 합목적성을 지니고 있고, 그로 인해 대상이 우리의 판단력에 대해 말하자면 예정되어 있는 것처럼 보이며, 그래서 그 자체로 흡족의 대상을 이루는 데 반하여, 이성논변 없이 한낱 포착에서 우리 안에 숭고한 것의 감정을 불러일으키는 것은 형식의 면에서는 우리 판단력에 대해서 반목적적이고, 우리의 현시능력에는 부적합하며, 상상력에 대해서는 말하자면 폭력적인 것으로 보일 수 있기는 하지만, 그렇기 때문에 더욱더 숭고한 것으로 판단된다는 점 말이다.

그러나 이로부터 우리가 곧 알 수 있는 바는, 우리가 자연의 많은 대상들을 아름답다고 부르는 것은 전적으로 옳을 수 있지만, 여느 **자연 대**

129) 곧, 미적인 것에서는.
130) 곧, 숭고한 것에서는.
131) B판 추가.
132) B판 추가.
133) B판 추가.

상을 숭고하다고 부른다면, 우리는 일반적으로 올바르게 표현하고 있지 않다는 점이다. 무릇 그 자체가 반목적적인 것으로 파악되는 것이 어떻게 찬동의 표현으로 지칭될 수 있겠는가? 우리는 그 대상이 마음속에서 만날 수 있는 숭고함을 현시하는 데 유용하다는 것 이상을 말할 수 없다.
B77 왜냐하면, 원래 숭고한 것은 어떤 감성적 형식에도 함유되어 있을 수 없고, 오직 이성의 이념들과만 관련이 있기 때문이다. 이성의 이념들은 그에 적합한 현시가 가능하지 않음에도 불구하고, 감성적으로 현시되는 바로 이 부적합성을 통해 환기되고 마음속으로 불러들여진다. 그렇기에 폭풍우로 파도가 높은 대양은 숭고하다고 부를 수가 없다. 그 광경은 무섭
V246 다. 그리고 그러한 것을 봄에 의해 마음이 감성을 떠나도록 그리고 보다 높은 합목적성을 함유하고 있는 이념들에 몰두하도록 자극받음으로써, 그 자신 숭고한 감정에 젖어들려면, 사람들은 마음을 이미 여러 가지 이념들로 가득 채워놓았어야만 한다.[134)]

자립적인 자연미는 우리에게 자연의 기술을 드러내 보여준다. 자연의 기술은 우리로 하여금 자연을, 그 원리를 우리가 우리의 전체 지성능력에서는 만나지 못하는, 법칙들에 따르는 하나의 체계로, 곧 현상들에 대하여 판단력을 사용함에 관한, 하나의 합목적성의 원리에 따라 표상하게 만든다. 그리하여 현상들은 한낱 무목적적인 기계성의 자연에 속하는 것으로서뿐 아니라, 기예와의 유비에 속하는 것으로서도 판정되지 않으면 안 된다. 그러므로 자연미는 자연의 객관들에 대한 우리의 인식을 현실적으로 확장시키지는 않지만, 그럼에도 한낱 기계성이라는 자연에 대한 우리의 개념을 기예로서의 자연개념으로 확장시키고, 이것은 〔우리
B78 를〕 그러한 형식의 가능성에 관한 깊은 연구로 초대한다. 그러나 우리가

134) 서론의 "미감적 판단은 〔…〕 정신감정에서 생겨난 판단으로서 **숭고한 것**과도 관계한다"(BXLVIII=B192)는 서술과 아래의 "자연의 숭고한 것에 관한 판단은 그 토대를 〔…〕 곧 (실천적) 이념들에 대한 감정의 소질에, 다시 말해 도덕적 감정의 소질에 갖는다"(B112=V265)는 서술 등 참조.

자연에서 숭고하다고 부르곤 하는 것 속에는 특수한 객관적 원리들과 이 원리들에 맞는 자연의 형식들에 이르는 것이 전혀 없으므로[135], 자연은 오히려 그것의 혼돈에서 또는 그것의 가장 거칠고 불규칙적인 무질서와 황폐에서, 오로지 크기와 위력만이 출현한다면 숭고한 것의 이념들을 가장 많이 일으키는 것이다. 이로부터 우리가 알게 되는 바는, 자연의 숭고한 것의 개념은 자연의 미적인 것의 개념에 비해 훨씬 중요하지 않으며, 그 귀결들도 그렇게 풍부하지 않다는 점과, 숭고한 것의 개념은 도대체가 자연 자신 안의 합목적적인 것을 지시하는 것이 아니라, 자연에서 전적으로 독립적인 합목적성을 우리 안에서 느낄 수 있도록 하기 위해 단지 자연에 대한 직관들의 가능한 **사용**에서만 합목적적인 것을 지시한다는 점이다. 우리는 자연의 미적인 것을 위해서는 우리 밖에서 하나의 근거를 찾아야 하지만, 숭고한 것을 위해서는 한낱 우리 안에서, 그리고 자연의 표상에 숭고성을 집어넣는 사유방식〔성정〕 안에서 하나의 근거를 찾지 않으면 안 된다. 이것은 매우 긴요한 예비적 주의로서, 이 주의는 숭고한 것의 이념들을 자연의 합목적성의 이념과 전적으로 분리시키고, 숭고한 것에 대한 이론을 자연의 합목적성에 대한 미감적 판정의 한낱 부록으로 만드는 바이다.[136] 숭고한 것에 의해서는 자연 안의 어떠한 특수한 형식도 표상되지 않고, 단지 상상력의 자연의 표상에 대한 합목적적 사용만이 전개될 뿐이니 말이다.

§24 B79 V247

숭고한 것의 감정에 대한 연구의 구분에 대하여

숭고한 것의 감정과 관련하여 대상들에 대한 미감적 판정의 계기들을

135) AA에 따름.

136) "미〔아름다움〕만이 취미에 속하는 것이다. 숭고〔한 것〕도 미감적〔감성적〕 판정에 속하기는 하지만, 취미에 맞는 것은 아니다."(*Anth*, B187=VII241) 참조.

구분함에 있어서, 그 분석(학)은 취미판단들의 분해에서와 같은 원리에 따라서 진행될 수 있을 것이다. 왜냐하면 미감적 반성적 판단력의 판단으로서 숭고한 것에서의 흡족도 미적인 것에서의 흡족과 마찬가지로 **양**의 면에서는 보편타당함을, **질**의 면에서는 이해관심 없음을, **관계**의 면에서는 주관적 합목적성을, 그리고 **양태**의 면에서는 이 주관적 합목적성이 필연적임을 표상하지 않을 수 없기 때문이다. 이 점에서 그 방법도 앞 절[137)]에서의 방법에서 벗어나지 않을 것이다. 다만 감안해야 할 바는, 미감적 판단력이 객관의 형식에 관계하는 앞 절[138)]에서 우리는 질에 대한 연구에서부터 시작했지만, 여기서는 우리가 숭고하다고 부르는 것에 속할 수 있는 무형식성으로 말미암아 숭고한 것에 대한 미감적 판단의 제1계기로서 양에서부터 시작할 것이라는 점이다. 이렇게 하는 근거는 앞의 조항(§)〔의 서술〕에서 알 수 있는 바이다.

그러나 숭고한 것의 분석은 미적인 것의 분석에서는 필요하지 않던 구분, 곧 **수학적으로-숭고한 것**과 **역학적으로-숭고한 것**의 구분을 필요로 한다.

B80 무릇 미적인 것에 대한 취미는 **정지**〔평정〕**한** 관조 속에 있는 마음을 전제하고 유지하는 반면에, 숭고한 것의 감정은 대상의 판정과 결합되어 있는 마음의 **운동**〔동요〕을 그 특성으로 지닌다. 그러나 이 운동〔동요〕은 주관적으로 합목적적인 것으로 판정되어야 한다. (숭고한 것은 적의하니 말이다.) 그래서 이 운동〔동요〕은 상상력에 의해 **인식능력** 또는 **욕구능력**과 관계 맺는다. 그러나 이 두 가지 관계 맺음에서 주어진 표상의 합목적성은 오로지 이 **능력들**에 관하여서만 (목적이나 이해관심 없이) 판정될 것이다. 이때 전자는 상상력의 **수학적** 정조로서, 후자는 **역학적** 정조로서 객관에 덧붙여지고, 그래서 객관은 이러한 이중의 방식으로 숭고한 것으

---

137) 앞 '절(Abschnitt)'이라고 표현했으나, 이것이 지시하는 것은 앞 '권(Buch)', 곧 「미의 분석학」으로 보아야겠다.

138) 앞 '절(Abschnitt)'은 앞 '권(Buch)', 곧 「미의 분석학」으로 보아야겠다.

로 표상된다.

A. 수학적-숭고에 대하여

§25 V248

숭고한 것의 명칭 설명

단적으로 큰 것을 우리는 **숭고하다**고 부른다. 그러나 크다[139]와 크기이다[140]는 전적으로 다른 개념(大[141]와 量[142])이다. 또한 마찬가지로 어떤 것이 크다고 **곧장**(單純하게) **말하는 것**은 그것이 **단적으로 크다**(絕對的, B81
無 比較的 大)고 말하는 것과는 전적으로 다른 것이다. 후자는 **일체의 비교를 넘어서 큰 것**이다.—그러나 무릇 어떤 것이 크다 또는 작다 또는 중간치이다라는 표현은 무엇을 말하려는 것인가? **이 표현을 통해 지칭되는 것은**[143] 순수 지성개념이 아니고, 더욱이나 감관의 직관은 아니며, 마찬가지로 이성개념도 아니다. 그것은 전혀 아무런 인식원리도 지니고 있지 않으니 말이다. 그러므로 그것은 판단력의 개념이거나, 그로부터 파생하여 판단력과 관계 맺으면서 표상의 주관적 합목적성을 기초에 두고 있는 것일 수밖에 없다. 어떤 것이 하나의 크기(量的인 것[144])라는 것은 다른 것과의 일체의 비교 없이도 사물 자신으로부터 인식된다. 곧 동종적인 것의 여럿이 함께 하나를 형성할 때 말이다. 그러나 그것이 얼마나 큰가 하는 것은 항상 역시 크기인 다른 어떤 것을 척도로 요구한다. 그러나 크기의 판정에서 관건은 다수성(수)뿐만 아니라 단위(척도)의 크기이

139) 원어: groß sein.
140) 원어: Größe sein.
141) 원어: magnitudo.
142) 원어: quantitas.
143) A판: "**이 표현은**".
144) 원어: quantum.

고, 이 단위의 크기는 언제나 다시금 그것이 그에 비추어 비교될 수 있는 척도로서 다른 어떤 것을 필요로 하기 때문에, 우리는 현상들의 크기 규정이 어떤 크기에 대한 절대적인 개념을 결코 제공할 수 없고, 언제나 단지 하나의 비교개념을 제공할 수 있을 뿐임을 안다.

이제 내가 어떤 것이 크다고 곧장 말한다면, 그로써 대상이 얼마나 큰
B82 가는 전혀 규정되지 않기 때문에, 나는 어떠한 비교도, 적어도 어떠한 객관적 척도와의 비교도 염두에 두고 있지 않은 것처럼 보인다. 그러나 비교의 척도가 비록 한낱 주관적일지라도, 그럼에도 판단은 보편적 동의를 요구한다. 즉 '이 남자는 아름답다'와 '그는 크다'라는 판단들은 한낱 판단하는 주관에만 국한하는 것이 아니라, 이론적 판단들과 마찬가지로 모든 사람의 동의를 요구하는 것이다.

V249 그러나 그에 의해 어떤 것이 곧장 큰 것으로 지칭되는 판단에서는 한낱, 대상이 어떤 크기를 가지고 있다는 것뿐만 아니라, 동시에 이 크기가 그 대상에게 다른 많은 동류의 것에 비해 우선적으로—물론 이 우선성을 명확히 제시하지 않은 채—부여되고 있음이 말해지고 있기 때문에, 그러한 판단의 기초에는 물론 누구나 동일한 것으로 받아들일 수 있다고 전제되는 하나의 척도가 놓여 있는 것이다. 그러나 이 척도는 한낱 주관적으로 크기에 관해 반성하는 판단의 기초에 놓여 있는 것이기 때문에, 크기에 대한 논리적 (수학적으로-규정된) 판정에는 쓸모가 없고, 단지 미감적 판정에만 쓸모가 있을 뿐이다. **게다가**[145] 이 척도는 경험적일 수도 있다. 가령 우리에게 알려져 있는 인간의, 어떤 종류의 동물의, 나무들의, 주택들의, 산악들 등등의 중간〔평균〕 크기 같은 것처럼 말이다. 또는 선험적으로 주어진 척도일 수도 있다. 이 척도는 **판정하는**[146] 주관의 결함으로 인해 具體的 현시의 주관적인 조건들에 제한되어 있는 것으로, 예를 들어 실천적인 분야에서는 어떤 덕의 크기나 어떤 나라에서의 공적

145) A판: "**그런데**".
146) B판 추가.

인 자유와 정의 같은 것, 또는 이론적인 분야에서는 이루어진 관찰이나 B83
측정의 정확성 또는 부정확성의 크기 같은 것이 그러한 것이다.

그런데 여기서 주목할 만한 것은, 비록 우리가 객관에 대해서 전혀 아무런 이해관심을 가지고 있지 않다 해도, 다시 말해 객관의 실존이 우리에게는 아무래도 상관없다 해도, 객관의 순전한 크기는, 그것이 무형식적인 것으로 간주되는 때조차도, 흡족을 수반할 수 있고, 이 흡족은 보편적으로 전달가능하며, 그러니까 우리의 인식능력들의 사용에서 주관적 합목적성의 의식을 함유하고 있다는 사실과, 이 흡족은, 반성적 판단력이 인식 일반과 관계 맺으면서 합목적적으로 조율되는 미적인 것—이것은 무형식적일 수 있기 때문에—의 경우에서처럼, 객관에 대한 흡족이 아니라, 상상력 그 자체의 확장에 대한 흡족이라는 사실이다.

우리가 (앞서 말한 제한 아래서) 대상에 대해, 그것이 크다고 곧장 말할 때, 이것은 수학적-규정적 판단이 아니라, 대상의 표상이 크기의 평가에서 우리 인식력들의 모종의 사용에 대해 주관적으로 합목적적인, 그 대상의 표상에 관한 순전한 반성적 판단이다. 그때 우리는 그 표상에 항상 일종의 존경을 결합하는바, 그것은 우리가 곧장 작다고 부르는 것에 경멸을 결합하는 것과 마찬가지이다. 게다가 사물들이 크다 또는 작다고 판정하는 일은 모든 것에 미치는 일이고, 또한 사물들의 모든 성질에까지도 미치는 일이다. 그래서 우리 자신 미도 크다 또는 작다고 부르는데,
그러한 근거는, 우리가 판단력의 지시규정에 따라 직관에서 오로지 언제 V250 B84
나 현시할 (그러니까 미감적/감성적으로 표상할) 수 있는 것은 모두 현상이고, 그러니까 또한 量的인 것이라는 사실에서 찾아야 할 것이다.

그러나 어떤 것을 크다고 부를 뿐만 아니라, 단적으로, 절대적으로, 모든 관점에서 (일체의 비교를 넘어서) 크다, 다시 말해 숭고하다고 부를 때, 사람들은 이내, 우리는 그를 위해서 그것에 알맞은 자를 그것의 밖에서가 아니라, 순전히 그것의 안에서 찾을 것을 승낙한다는 점을 알 것이다. 단적으로 큰 것은 순전히 자기 자신과만 동일한[147] 크기이다. 그러므

로 숭고한 것을 자연의 사물들 속에서가 아니라, 오직 우리의 이념들 안에서 찾아야 한다는 것은 이로부터 나온다. 그러나 그것이 어떤 이념들 안에 놓여 있는가 하는 문제는 연역[148]을 위해 유보해두지 않으면 안 된다.

그래서 위의 설명은 "**숭고한 것은 그것과 비교하면 다른 모든 것이 작은 것이다**"라고 표현될 수도 있다. 여기서 사람들이 쉽게 알 수 있는 바는, 자연에 주어진 것은 그것이 우리에 의해 제아무리 크다고 판정된다 할지라도, 다른 관계에서 고찰하면 무한하게 작은 것으로까지 격하될 수 없는 것이라고는 없으며, 또 거꾸로 제아무리 작다 해도 더욱 작은 자〔척도〕와 비교하면 우리의 상상력에서 세계의 크기까지 확대될 수 없는 것이라고는 없다는 것이다. 망원경은 전자의 소견을, 현미경은 후자의 소견을 말하기 위한 풍부한 재료를 우리에게 제공했다. 이런 입장에
B85 서 고찰하면, 감관의 대상일 수 있는 것은 아무것도 숭고하다고 불릴 수 없다. 그러나 바로, 우리의 상상력에는 무한한 것〔무한자〕으로 전진하려는 애씀이 있지만, 우리의 이성에는 실재적[149] 이념으로서의 절대적 전체성에 대한 요구가 놓여 있기 때문에, 감성세계의 사물들의 크기를 평가하는 우리의 능력이 이 이념에 대해 저처럼 알맞지 않다는 것 자체가 우리 안에 하나의 초감성적 능력의 감정을 일깨우는 것이다. 판단력이 후자(즉 감정)를 위하여, 감관의 대상은 아니지만, 모종의 대상들을 자연스럽게 사용하는 그 사용은 단적으로 크고, 그에 비해 다른 모든 사용은 작다. 그러니까 어떤 반성적 판단력을 종사시키는 표상에 의한 정신의 정조가 숭고하다고 불릴 수 있는 것이지, 그러나 객관이 그러한 것이 아니다.

그러므로 우리는 숭고한 것에 대한 설명의 앞서의 정식들에 더해 다음과 같은 것을 덧붙일 수 있다. 즉 **숭고한 것이란 그것을 단지 생각할 수 있다는 것만으로도 감관의 모든 자〔척도〕를 뛰어넘는 마음의 능력을**

---

147) 그러니까 다른 어떤 것과도 비교할 수 없는.

148) 곧 아래 「순수 미감적 판단들의 연역」(B131=V279 이하), 그중에서도 §30 참조.

149) 원어: reell.

증명하는 것이다.

§26 V251

숭고한 것의 이념에 필요한, 자연사물들의 크기의 평가에 대하여

수 개념들(또는 대수학에서의 수의 기호들)에 의한 크기의 평가는 수학적이고, 그러나 (눈대중에 따른) 순전한 직관에서의 크기의 평가는 미감〔감성〕적이다. 무릇 어떤 것이 **얼마나 큰가**에 대한 명확한 개념들은 수들 B86
을 (어쨌든 무한히 진행하는 수 계열에 의한 접근들을) 통해서만 얻을 수 있는 바, 그 수들의 단위가 척도이며, 그런 한에서 모든 논리적인 크기 평가는 수학적이기는 하다. 그러나 척도의 크기는 알려져 있는 것으로 상정되어야만 할 것이므로, 만약 이것이 이제 다시금 그 단위가 다른 척도일 수밖에는 없는 수들에 의해서만, 그러니까 수학적으로만 평가되어야 한다면, 우리는 결코 제일의 척도 내지는 기본척도를 가질 수 없을 것이고, 그러니까 또한 주어진 크기에 대한 어떤 명확한 개념도 가질 수 없을 것이다. 그러므로 기본척도의 크기 평가는 순전히 사람들이 그 크기를 직관에서 직접적으로 파악하여 상상력에 의해 수 개념들을 현시하기 위해 사용할 수 있다는 데에서 성립하지 않으면 안 된다. 다시 말해, 자연 대상들의 모든 크기 평가는 결국은 미감〔감성〕적이다. (다시 말해, 주관적으로 규정되지 객관적으로 규정되지 않는다.)

무릇 수학적 크기의 평가에서 최대의 것이란 없다.[150] (수의 위력은 무한히 나아가니 말이다.) 그러나 미감〔감성〕적인 크기 평가에는 물론 최대의 것이 있다. 그리고 이것에 대해서 나는, 만약 그것이 그것을 넘어가는 어떤 보다 더 큰 것도 주관적으로 (판정하는 주관에 대해) 가능하지 않은 절대적인 척도로서 판정된다면, 그것은 숭고한 것의 이념을 수반하고,

150) 무한자 개념에 대해서는 Leibniz, *Nouveau Essais sur l'entendement humain*, Livre II, Ch. XVII, §§1~3 참조.

B87 수들에 의한 어떤 수학적인 크기 평가도 (거기에 저 미감〔감성〕적 기본척도가 상상력에 생생하게 보존되어 있지 않은 한) 일으킬 수 없는 감동을 만들어낸다고 말한다. 왜냐하면, 후자[151]는 언제나 단지 동종류의 다른 것과의 비교에 의한 상대적 크기만을 현시하지만, 전자[152]는 마음이 그 크기를 직관에서 파악할 수 있는 한 단적으로 현시하기 때문이다.

어떤 양적인 것을 직관적으로 상상력에 받아들여, 그것을 수들에 의한 크기 평가를 위한 척도로 또는 단위로 쓸 수 있기 위해서는 이 능력[153]의 두 가지 작용, 즉 **포착**(捕捉)[154]과 **총괄**(感性學的 總括)이 필요하다. 이 능력은 포착에 있어서는 아무런 곤란도 없다. 왜냐하면 그것은 포착의 면에
V252 서는 무한히 나아갈 수 있기 때문이다. 그러나 총괄은 포착이 밀고나가면 나갈수록 점점 더 어려워지고, 이내 최대한도에, 곧 크기 평가의 미감적으로-가장 큰 기본척도에 이른다. 무릇 상상력이 더 많은 것을 포착하기 위해 밀고나감으로써, 포착이 최초에 포착되었던 감관직관의 부분표상들이 상상력 안에서 이미 소실되기 시작하는 데까지 이르러 있다면, 상상력은 한편에서 얻는 만큼을 다른 편에서는 잃게 되어, 총괄 안에는 상상력이 그 이상 넘어갈 수 없는 가장 큰 것이 있는 것이니 말이다.

사바리[155]가 이집트에 대한 그의 보고서에서, 피라미드의 크기에서 전

---

151) 곧, 수학적 평가.

152) 곧, 미감〔감성〕적 평가.

153) 곧, 상상력.

154) 원어: Auffassung(apprehensio). 『순수이성비판』에서 '포착(Apprehension)'은 직관의 "잡다를 일별(Durchlaufen)"하는, 곧 주어진 잡다를 A, B, C, …… 차 로 지각하는 작용으로, '포착의 종합(Synthesis)'은 이러한 일별 작업을 거쳐 그 잡다를 하나로 "통괄(Zusammennehmung)"하는 작용으로 설명되었다.(*KrV*, A99 이하 참조) 그러나 이러한 "직관에서 포착의 종합"의 주체가 명시되지는 않았는데, 『판단력비판』의 이 대목에서는 그 주체를 '상상력'이라고 명시하고 있다. 위의 "(선험적 직관의 능력으로서) 상상력"(BXLV=V190)과 아래의 표현 "상상력이 직관의 포착에서"(B98=V258) 등 참조.

155) Claude-Étienne Savary(1750~1788). 프랑스의 이집트 탐험가, 동양학 연구가. 칸트가 인용하고 있는 것은 이집트 풍물 여행기 *Lettres sur l'Égypte*(Paris, 1785~1786)이며, 그의 또 다른 업적으로는 코란 역주서 *Le Coran*(Amsterdam, Leyde, 1786)을 들 수 있다.

적인 감동을 얻기 위해서는 피라미드에 너무 가까이 가서도, 그로부터 B88
너무 멀리 떨어져서도 안 된다고 적고 있는 것도 이로부터 설명될 수 있
다. 무릇 후자의 경우[156]에는 포착된 부분들(즉 쌓아올려진 피라미드의 돌
들)이 단지 희미하게만 표상되어, 그 표상이 주관의 미감적 판단에 아무
런 영향도 미치지 못한다. 그러나 전자의 경우[157]에는 눈이 지면에서 피
라미드의 정상까지 포착을 완성하는 데는 약간의 시간이 필요해서, 이
포착에서는 언제나 상상력이 마지막 부분들을 받아들이기 전에 처음 부
분들은 그 일부가 소실되어, 총괄은 결코 완벽하지 못하다.—이 같은 사
정은, 흔히 말하는, 로마의 성 베드로 성당에 처음 들어서는 구경꾼을 엄
습하는 경악 내지 일종의 당혹도 충분히 설명할 수 있다. 무릇 이 경우에
는 상상력이 전체의 이념들을 현시하기에는 그 이념들에 대해 부적합하
다는 감정이 드는바, 이런 감정 속에서 상상력은 자신의 최대한도에 이
르러 그걸 확장하려고 애를 써도 자기 자신 안으로 빠져드는데, 그러나
이로 말미암아 상상력은 하나의 감동적 흡족으로 옮겨 놓여진다.

나는 지금은 아직 사람들이 거의 기대할 수 없는 어떤 표상과 결합되
어 있는 이 흡족의 근거에 대해서 아무런 것도 언급하지 않으려 한다. 저
표상은 곧 우리에게 그 표상이 크기의 평가에 있어서 판단력에 대해 부
적합함을, 또한 주관적으로 합목적적이지 않음을 알게 해주는 것이다.
그 대신에 나는 다음의 점만은 주의해둔다. 즉 미감적 판단이 **순수하게** B89
(이성판단인 **목적론적 판단과 섞이지 않고**) 주어지고, 그 위에 **미감적** 판단
력의 비판에 온전히 딱 맞는 실례가 주어져야 할 때에는, 사람들은 인간
의 목적이 그 형식과 크기를 결정하는 기술의 산물들(예컨대, 건물, 기둥
등)에서나, 또는 **그 개념이 이미 일정한 목적을 수반하고 있는** 자연산물
들(예컨대, 알려진 자연규정을 가진 동물들)에서 숭고한 것을 지적해서는 안 V253
되고, 오히려 한낱 크기를 내용으로 가진 한에서, 천연적인 자연에서 (그

156) 곧, 피라미드에서 너무 멀리 떨어져 있는 경우.
157) 곧, 피라미드에 너무 가까이 가는 경우.

리고 이것에서조차도 단지, 그것이 그것 자신만으로는 아무런 매력도 현실적인 위험에서 오는 아무런 감동도 지니고 있지 않은 한에서만) 숭고한 것을 지적해야 한다. 왜냐하면 이런 종류의 표상에서 자연은 아무것도 괴대〔怪大〕한 것(굉장하거나 공포스러운 것)을 함유하고 있지 않기 때문이다. 포착된 크기는, 만약 그것이 상상력에 의해 하나의 전체로 포괄될 수만 있다면, 얼마든지 증대되어도 좋은 것이다. 한 대상은, 그것의 크기로 인해 그 대상의 개념을 이루고 있는 목적을 파기한다면, **괴대한** 것[158]이다. 그러나 모든 현시에 대해서 거의 너무 큰 (상대적으로 괴대한 것에 접근한) 개념의 한갓된 현시는 **거대하다**고 불린다. 왜냐하면 한 개념의 현시의 목적은 대상의 직관이 우리의 포착능력에 대해 거의 너무 큼으로 인하여 곤란하게 되기 때문이다—그러나 숭고한 것에 관한 순수한 판단이 미감적이고,
B90 어떠한 지성판단이나 이성판단과 섞여서는 안 된다면, 그것은 객관의 어떠한 목적도 규정근거로 가져서는 안 된다.

☆ ☆ ☆

이해관심 없이 순전한 반성적 판단력에 흡족하다는 모든 것은 그 표상에 있어서 주관적이면서 그 자체로 보편타당한 합목적성을 지니고 있지 않으면 안 되기 때문에, 그럼에도 불구하고 이 경우 (미적인 것에서처럼) 대상의 **형식**의 합목적성이 그 판정의 기초에 놓여 있지 않기 때문에, 다음과 같은 물음이 제기된다. 이러한 주관적 합목적성은 어떠한 것인가? 그리고 무엇에 의해 이러한 합목적성은 규범으로 지시규정되어, 순전한 크기의 평가에서, 그것도 우리의 상상력의 능력이 어떤 크기의 개념을 현시하는 데 부적합한 지경에까지 몰리는, 그런 크기의 평가에서 보편타당한 흡족에 대한 근거를 교부하는가?

---

158) "목적에 어긋나게 큼은 괴대한 것(怪大하게 偉大함)이다."(*Anth*, B190=VII243)

상상력은 크기의 평가에서 요구되는 합성에서, 스스로 어떤 것에도 방해받음 없이 무한히 전진해나간다. 그러나 지성은 상상력이 그것들을 위해 도식을 공급해야만 하는 수 개념들을 통해 상상력을 이끈다. 논리적인 크기 평가에 당연히 있어야 하는 이런 수행방식에는 (모든 측정이 그러한 것인바) 어떤 목적의 개념에 따르는 객관적으로 합목적적인 어떤 것이 있기는 하지만, 미감적 판단력에 대해 합목적적이며 흡족한 것은 아무것도 없다. 또한 이러한 의도적인 합목적성에는 척도의 크기를, 그러니까 B91 V254 여럿〔多〕을 하나의 직관 안에 **총괄**하는 크기를 상상력의 능력의 한계에까지 그리고 이 상상력이 현시에서 언제든지 이를 수 있는 데까지 밀고 나가도록 강요하는 것은 아무것도 없다. 왜냐하면 크기의 지성적 평가(즉 산술학)에서 사람들이 단위들의 총괄을 10이라는 수까지 (십진법으로) 해나가든 단지 4까지만 (4진법으로)[159] 해나가든, 그러나 그 이상의 크기의 산출은 합성방식[160]으로, 또는 그 양적인 것이 직관에 주어져 있으면, 포착방식으로 (총괄적으로가 아니라) 전진적으로 상정된 진행원리에 따라서 처리해나가든, 사람들은 똑같은 데까지 이를 것이기 때문이다. 지성은 이런 수학적 크기 평가에서 어느 경우에나 똑같이 사용되고 만족을 얻는다. 상상력이 사람들이 한눈에 파악할 수 있는 크기, 예컨대 1푸스[161]나 루테[162]를 선택하든, 또는 그것을 포착하는 것은 가능하기는 하지만, 상상력이 하나의 직관으로 총괄하는 것은 가능하지 않은 (하나의 수 개념으로의 論理的 總括은 충분히 가능하지만, 感性〔美感〕的 總括에 의해서는 가능하지 않은) 1독일 마일[163]이나 심지어는 지구의 직경을 선택하든 간에 말

159) "라이프니츠가 한 것처럼."(「논리학 강의」: XXIV, 892)

160) "모든 크기는 합성된 것이다."(Refl. 5728: XVIII, 338)

161) 독일의 옛 길이 단위로 지역마다 달랐으며 25~33cm. Preußen 지역의 1푸스(Fuß)는 31.385cm.

162) 독일의 옛 길이 단위로 지역마다 달랐으며 2.5~5.9m. Preußen 지역의 1루테(Rute)는 3.766m로 12푸스.

163) 독일의 옛 길이 단위로 지역마다 달랐으며 5,532~10,044m. Preußen 지역의 1마일

이다. 이 두 경우에 논리적 크기 평가는 방해받지 않고 무한히 나아간다.

그러나 이제 마음은 자기 내부에서 울리는 이성의 목소리에 귀를 기울인다. 이성의 목소리는 모든 주어지는 크기에 대해서, 결코 전체로 포
B92 착될 수는 없지만 그럼에도 (감성적 표상에서) 전체로 주어지는 것으로 판정되는 크기들에 대해서조차 전체성을 요구하며, 그러니까 **한** 직관으로의 총괄과 전진하면서-증대하는 수 계열의 저 모든 항들을 위한 **현시**를 요구한다. 그리고 이성의 목소리는 무한한 것(즉 공간과 흘러간 시간)까지도 이러한 요구에서 제외하지 않고, 오히려 이 무한한 것〔무한자〕을 (보통의 이성의 판단에서) **전체로** (그것의 전체성의 면에서) **주어진** 것으로 생각하는 것을 불가피하게 만든다.

그러나 무한한 것〔무한자〕은 (한낱 비교적으로가 아니라) 단적으로 크다. 이것과 비교하면 (같은 종류의 크기적인 것의) 다른 모든 것은 작다. 그러나 중요한 것은, 무한한 것을 **하나의 전체**로서 생각만이라도 할 수 있다는 사실은 감관의 모든 자를 뛰어넘는 마음의 능력이 있음을 알려준다는 점이다. 왜냐하면, 무한한 것〔무한자〕을 하나의 전체로서 생각만이라도 할 수 있기 위해서는 무한한 것〔무한자〕에 대해 일정한, 수로 제시된 관계를 가질 하나의 자를 단위로 제공하는 총괄이 요구될 터이지만, 이것은 불가능하기 때문이다. 그러나 그럼에도 주어진 무한한 것〔무한자〕을 모순 없이 **생각만이라도 할 수 있기** 위해서는 그 자신 초감성적인 능력이 인간의 마음에 있을 것이 요구된다. 왜냐하면, 이 초감성적인 능력에
V255 의해서만 그리고 그 자신은 어떠한 직관을 허용하지 않으면서도 순전한 현상으로서의 세계〔직〕관의 근저에 그 기체로서 놓이는 하나의 예지체에 대한 이 능력의 이념에 의해서만 감성세계의 무한한 것〔무한자〕은 순
B93 수한 지성적 크기 평가에서 하나의 개념 **아래에 전체로** 총괄되기 때문이다. 비록 **수 개념들에 의한** 수학적 평가에서는 결코 전체로 생각될 수 없

(Meile)은 7,532.48m.

음에도 불구하고 말이다. 초감성적인 직관의 무한한 것〔무한자〕을 (예지적 기체〔基體〕에서) 주어져 있는 것으로 생각할 수 있는 능력 또한 감성의 모든 자를 뛰어넘는 것이며, 수학적 평가의 능력과의 모든 비교 자체를 넘어서는 큰 것이다. 물론 그것은 이론적 관점에서 인식능력을 위해 그러한 것은 아니지만, 그럼에도 다른 (즉 실천적) 관점에서 감성의 경계를 넘어서는 능력이 있음을 느끼는 마음의 확장으로서 그러한 것이다.

그러므로 그 현상들의 직관이 그것들이 무한하다는 이념을 수반하는 그러한 자연의 현상들에서의 자연은 숭고하다. 그런데 그 현상들의 직관이 무한성 이념을 수반하는 일은 다름 아니라 대상의 크기 평가에서 우리의 상상력의 최대한의 노력도 그에 알맞지 않기 때문에 일어날 수 있는 것이다. 그러나 무릇 수학적인 크기 평가에서는, 지성의 수 개념들이 전진을 통해 주어진 어떠한 크기의 척도라도 알맞게 만들 수 있기 때문에, 상상력은 모든 대상들에 충분한 척도를 줄 수 있을 만큼 자라 있다. 그러므로 상상력의 능력을 넘어서는 총괄에 대한 노력이 전진적인 포착을 하나의 직관의 전체로 포괄하려 함이 느껴지고, 또 그와 동시에 지성을 최소한으로 써도 크기의 평가에 쓰일 수 있는 기본척도를 파악하여 크기의 평가에 사용하는 데에 끝없이 진전하는 이 능력이 부적합함이 지각되는 것은, **미감적인** 크기평가일 수밖에 없다. 그런데 자연의 본래적 B94
인 불변의 기본척도는 현상으로서 자연에서 총괄된 무한성인 자연의 절대적 전체이다. 그러나 이 기본척도는 (끝없는 전진의 절대적 전체성이란 불가능하기 때문에) 자기 자신과 모순되는 개념이므로, 상상력이 자기의 전체 총괄 능력을 기울여도 성과가 없는 자연객관의 크기는 자연개념을 (자연과 동시에 우리의 사고하는 능력의 기초에 놓여 있는) 하나의 초감성적 기체로 이끌고 가지 않을 수 없는데, 이 기체는 감관의 모든 자 이상으로 큰 것으로, 그래서 대상보다도 오히려 대상을 평가하는 마음의 정조〔情 V256
調〕를 **숭고한** 것으로 판정하게 한다.

그러므로 미적인 것을 판정할 때에 미감적 판단력은 자유롭게 유희하는 상상력을 **지성**과 관련시켜 지성의 **개념들** 일반과 (개념들을 규정함 없이) 부합하도록 하는 것과 꼭 마찬가지로, 어떤 사물을 숭고하다고 판정할 때는 **똑같은 능력**[164]은 **이성과 관련하여**[165] 그 **이념들**과 (어떤 이념인가는 규
B95 정하지 않은 채로) 주관적으로 합치하도록 한다. 다시 말해, 일정한 (즉 실천적인) 이념들이 감정에 영향을 미쳐 일으키게 되는 그런 마음의 정조에 맞고 그와 화합될 수 있는 하나의 마음의 정조를 만들어내도록 한다.

이로부터 알 수 있는 바는, 진정한 숭고함은 오직 판단하는 자의 마음에서 찾아야지, 그것에 대한 판정이 마음의 그러한 정조를 야기하는 자연객관에서 찾아서는 안 된다는 사실이다. 그래도 누가 거칠고 무질서하게 중첩되어 있는 눈 덮인 산봉우리들을 가진 산악이나 사납게 파도치는 우중충한 바다 따위를 숭고하다고 부르려 하겠는가? 그러나 마음은 그러한 것들을 고찰함에 있어 그것들의 형식은 고려함이 없이 상상력에 대하여, 그리고 전적으로 일정한 목적 없이 상상력과 결합되어 있으면서도 상상력을 순전히 확장하는 이성에 대하여 자신을 내맡겨서, 그럼에도 상상력의 전체 힘이 이성의 이념들에는 걸맞지 않다는 것을 발견하면, 자기 자신의 판정에서 마음은 고양됨을 느낀다.

순전한 직관에서 자연의 수학적으로-숭고한 것의 사례들은 모두, 우리에게 어떤 보다 큰 수 개념이 아니라 오히려 큰 단위가 상상력에 대하여 (수 계열들을 단축하기 위한) 척도로서 주어지는 경우들을 우리에게 제공한다. 우리가 사람의 키를 가지고 재는 나무는 경우에 따라서는 산을 재는 자가 된다. 그리고 이 산이 대략 1마일 정도로 높다면, 그것은 지구의 직경을 직관할 수 있도록, 지구의 직경을 표시하는 수의 단위로 쓰일
B96 수 있으며, 지구의 직경은 우리에게 알려져 있는 행성계〔태양계〕에 대한 단위가, 또 이 행성계는 은하계에 대한 단위가 된다. 그리고 추측컨대 다시금 서로 모여서 하나의 그와 같은 체계를 형성하는, 성운〔星雲〕이

164) 곧, 상상력.

165) A판: "**똑같은 능력을 이성과 관련시켜**".

라는 이름을 가진 무수한 그러한 은하계들[166]은 여기에서 우리로 하여금
그 한계를 기대할 수 없게 만든다. 그런데 그처럼 측량할 수 없는 전체를
미감적으로 판정함에 있어 숭고한 것은 수의 크기에 있다기보다는, 우리
가 전진함에 따라서 더욱더 큰 단위들에 도달한다는 데에 있다. 이에 기
여하는 것이 우주 구조의 체계적 구분이다. 이 구분은 우리에게 자연에 V257
서의 모든 큰 것을 언제나 다시금 작은 것으로 표상하지만, 본래는, 전혀
한계가 없는 우리의 상상력을, 그리고 상상력이 이성의 이념들에게 알맞
은 현시를 마련해주어야만 할 때에는, 이 상상력과 함께 자연을 이성의
이념들[167]에 비하여 미미한 것으로 표상한다.

§27

숭고한 것의 판정에서 흡족의 질에 대하여

우리에 대해서 법칙인 어떤 이념에 이르는 데에 우리의 능력이 부적
합하다는 감정이 **존경**이다.[168] 그런데 우리에게 주어짐직한 모든 현상
을 하나의 전체의 직관으로 총괄한다는 이념은 이성의 법칙에 의해 우리
에게 부과되어 있는 이념인바, 이성은 절대적-전체 이외에는 다른 어떤
일정한, 모든 사람에게 타당한 그리고 **불변적인**[169] 척도를 인식하지 못한 B97
다. 그러나 우리의 상상력은 제아무리 최대로 노력한다 해도, 주어진 대
상을 하나의 전체 직관으로 총괄하라는 이성의 요구에 대하여 (그러니까
이성의 이념의 현시를 위하여) 자기의 제한과 부적합성을 표명하지만, 그
럼에도 동시에 하나의 법칙으로서의 이러한 이념과의 적합성을 실현해
야 하는 자기의 사명을 표명한다. 그러므로 자연에서의 숭고한 것에 대

166) 「일반 자연사 및 천체 이론」, II, 7: AA I, 307~8 참조.

167) A판: "**이념**".

168) 『실천이성비판』에서는 '존경'을 "의지의 법칙에 대한 자유로운 복종의 의식"(A142=V80)이라고 규정한 바 있다.

169) A판: "**가변적인**".

한 감정은 우리 자신의 사명에 대한 존경으로서, 우리는 이 존경을 일종의 절취(즉 존경을 우리의 주관 안에 있는 인간성의 이념에 대한 것 대신에 객관에 대한 것으로 뒤바꿈)에 의해 자연의 객관에 대해 표명한다. 이것은 우리 인식능력의 이성적 규정이 감성의 최대의 능력보다 우월함을 우리에게 말하자면 명료하게 하는 것이다.

그러므로 숭고한 것의 감정은 미감적인 크기 평가에서 상상력이 이성에 의한 **평가에**[170] 부적합함에서 오는 불쾌의 감정이며, 또한 그때 동시에, 이성이념들을 향한 노력이 우리에 대해서 법칙인 한에서, 최대의 감성적 능력이 부적합하다는 바로 이 판단이 이성이념들**과**[171] 합치하는 데서 일깨워지는 쾌감이다. 감관의 대상으로서 자연이 함유하는, 우리에게 큰 모든 것을, 이성의 이념들과 비교하여 작다고 평가하는 일은 곧 우리
B98 에게 (이성의) 법칙이고, 또 우리의 사명에 속하는 일이다. 그리고 이 초감성적인 사명의 감정을 우리 안에 환기하는 것은 저 법칙에 부합한다.
V258 그런데 크기 평가를 위한 단위의 현시에 있어서 상상력의 최대의 노력은 어떤 **절대적으로-큰** 것과의 관계 맺음이며, 따라서 또한 이것만을 크기들의 최상의 척도로 받아들이는 이성의 법칙과의 관계 맺음이다. 그러므로 이성의 크기 평가에 모든 감성적 자는 부적합하다는 내적 지각은 이성의 법칙들과의 합치이고, 또 우리의 초감성적 사명의 감정을 우리 안에 환기하는 불쾌감이되, 이 사명에서 보면 감성의 어떠한 자도 이성[172]의 이념들에는 부적합하다[173]는 것을 발견함은 합목적적이고, 그러니까 쾌감이다.

자연의 미적인 것에 관한 미감적 판단에서 마음은 **평정한**〔정지된〕 관조에 잠겨 있으나, 자연에서 숭고한 것을 표상할 때는 **동요**〔운동〕**함**을

170) A판: "**크기 평가에**".
171) A판: "이성이념들**에 대해**".
172) AA에 따름. 칸트 원문: "지성".
173) C판: "적합하다".

느낀다. 이 동요〔운동〕는 (특히 그 시초에는) 일종의 진동과, 다시 말해 동
일한 객관의 밀침과 당김의 급속한 바뀜과 비교될 수 있다. (상상력이 직
관의 포착에서 그것에까지 추동되는) 초절적인 것은 상상력에 대해서 말하
자면, 상상력이 그 속에 빠져버릴까 두려워하는 심연이다. 그러나 그것
은 초감성적인 것에 대한 이성의 이념에 대해서는 초절적인 것이 아니
라, 오히려 상상력의 그러한 노력을 만들어내는 합법칙적인 것이다. 그 B99
러니까 그것이 순전한 감성에 대해 밀쳐낸 것과 똑같은 정도로 다시금
끌어당기는 것이다. 그러나 이 경우 판단 자신은 언제나 단지 미감적일
따름이다. 왜냐하면 그 판단은 객관에 대한 규정된 개념을 기초에 갖지
않은 채 한낱 마음의 능력들(즉 상상력과 이성) 자신의 주관적 유희를 그
것들의 대조를 통해 조화로운 것으로 표상하기 때문이다. 무릇 미적인
것의 판정에 있어서 상상력과 **지성**이 그들의 일치에 의해 그렇게 하듯
이, 이 경우에는[174] 상상력과 **이성**이 그들의 상충에 의해 마음의 능력들
의 주관적 합목적성을 만들어낸다. 곧 우리는 순수한 자립적인 이성을
가지고 있다는 감정, 바꿔 말해 우리는 그 탁월성이 다름 아니라 (감성적
대상들의) 크기를 현시함에 있어서 그 자신 무한정한 것인 이 능력이 불
충분함으로 인해 생생하게 될 수 있는 그런 크기평가 능력을 가지고 있
다는 감정을 만들어낸다.

(포착으로서) 공간의 측정은 동시에 공간의 기술〔記述〕이며, 그러니까
상상에서의 객관적 운동이고 하나의 전진이다. 이에 반해 여럿〔多〕을 사
상〔思想〕의 하나〔統一性으〕로가 아니라, 직관의 하나로, 그러니까 한순
간에 순차적으로-포착된 것의 하나로 총괄함은, 상상력의 전진에서의
시간조건들을 다시 폐기하고 **동시임**을 직관화하는 하나의 배진이다. 그 V259
러므로 이 총괄은 (시간계기는 내감과 하나의 직관의 조건이므로) 상상력이 B100
내감에게 강제력을 가하는 상상력의 하나의 주관적 운동으로, 이 강제력

174) 곧, 숭고한 것의 판정에서는.

은 상상력이 하나의 직관에 포괄하는 양이 크면 클수록 더욱더 현저해질 수밖에 없는 것이다. 그러므로 그걸 포착하는 데 현저한 시간이 요구되는, 크기들에 대한 하나의 척도를 개별적인 직관 안에 받아들이려는 노력은 주관적으로 보면 반목적적이지만, 객관적으로는 크기 평가에 요구되는, 그러니까 합목적적인 표상방식이다. 이때 그럼에도 상상력에 의해 주관에 억지로 가해지는 바로 그 동일한 강제력이 마음의 **전체적인 규정에 대해서는** 합목적적이라고 판정되는 것이다.

숭고한 것의 감정의 **질**은, 그 질[175]이 어떤 대상에 대한 미감적 판정능력에 관한 불쾌의 감정인데, 거기에서 그 불쾌는 그럼에도 동시에 합목적적인 것으로 표상된다고 하는 것이다. 그리고 이러한 일은 그 자신의 무능력이 같은 주관의 무제한적인 능력의 의식을 드러내고, 마음은 그 무제한적인 능력을 오직 그 자신의 무능력에 의해서만 미감적으로 판정할 수 있음으로써 가능하다.

논리적 크기 평가에서, 시간 공간 안에 있는 감성세계의 사물들의 측정의 전진에 의해 언젠가는 절대적 전체성에 이르는 것이 불가능함은 객관적으로, 다시 말해 무한한 것〔무한자〕을 한낱 주어진 것으로 **사고**하기
B101 가 불가능함으로 인식되었던 것이지, 한낱 주관적으로, 다시 말해 무한한 것〔무한자〕을 **파악**할 능력이 없다는 것으로 인식되었던 것은 아니다. 왜냐하면 거기서는 하나의 직관으로의 총괄의 정도가 척도로서 주목된 것이 전혀 아니고, 모든 것이 수 개념에 달려 있기 때문이다. 그러나 미감적 크기 평가에서 수 개념은 탈락하거나 변경되지 않으면 안 된다. 그리고 척도의 단위를 위한 상상력의 총괄만이 (그러니까 크기개념들의 순차적인 산출 법칙이라는 개념을 피하고서) 미감적 크기 평가에 대해서는 합목적적이다. 이제 만약 어떤 크기가 하나의 직관으로 총괄하는 우리 능력의 극한에 거의 도달하고, 그럼에도 상상력이 (우리가 그에 대해 우리 능력

175) '감정'으로 고쳐 읽어야 한다는 제안도 있다. AA V, 534 참조.

에 한계가 없다고 의식하고 있는) 수의 크기에 의해 보다 큰 단위로 미감적
으로 총괄할 것을 촉구받으면, 우리는 마음속에서 미감적으로 한계 안
에 갇혀 있음을 느낀다. 그러나 불쾌도 상상력이 우리의 이성 능력 안에
서 한계가 없는 것에, 곧 절대적 전체의 이념에 적합할 때까지 필연적으 V260
로 확장된다는 점에서 보면, 그러니까 상상력의 능력의 비합목적성은 이
성이념들과 이성이념들의 일깨움에 대해서는 합목적적인 것으로 표상된
다. 그러나 바로 이렇게 해서 미감적 판단 자신은 이념들의 원천으로서,
다시 말해 모든 감성적/미감적 총괄이 그에 대해서는 작은 것인 그러한
지성적 총괄의 원천으로서의 이성에 대해서 주관적-합목적적인 것이며,
대상은 오직 불쾌를 매개로 해서 가능한 쾌와 함께 숭고한 것으로 받아 B102
들여진다.

B. 자연의 역학적-숭고에 대하여

§28

위력으로서의 자연에 대하여

위력이란 커다란 장애들을 압도하는 능력이다. 위력이 그 자신 위력을 소유한 어떤 것의 저항 또한 압도하면, 바로 그 위력은 **강제력**이라고 일컬어진다. 미감적 판단에서 우리에 대해서 아무런 강제력도 가지지 않은 위력으로 고찰되는 자연은 **역학적으로-숭고하다.**

자연이 우리에게 역학적으로 숭고한 것으로 판정되자면, 자연은 두려움을 일으키는 것으로 표상되지 않으면 안 된다.[176] (거꾸로 비록 두려움을 일으키는 모든 대상이 우리의 미감적 판단에서 숭고하다고 여겨지지는 않지만

176) E. Burke, *A Philosophical Enquiry into the Origin of Our Ideas of the Sublime and Beautiful*(1757), Part. 2, 특히 2절 참조. 이와 관련한 Burke에 대한 칸트의 언급은 「조각글」 993: XV, 438; 「인간학 강의」: XXV, 199 · 1546 참조.

말이다.) 왜냐하면 (개념이 없는) 미감적 판정에서는 장애들에 대해 압도적임은 오직 저항의 크기에 따라서만 판정될 수 있기 때문이다. 그러나 무릇 우리가 저항하려고 노력해야만 하는 것은 해악으로, 우리가 우리 능력이 그것을 감당할 수 없음을 발견하면, 그것은 두려움의 대상이다. 그러므로 미감적 판단력에 대해서 자연은, 오직 두려움의 대상으로 고찰되
B103 는 한에서만, 위력으로, 그러니까 역학적으로—숭고한 것으로 간주될 수 있다.

그러나 사람들은 어떤 대상 **앞에서** 두려워하지 않으면서도 그 대상을 **두려운** 것으로 볼 수 있다. 곧 우리가 순전히, 가령 어떤 대상에 저항을 해보려는 경우를 **생각**하고, 그 경우에 모든 저항이 어림없는 허사가 될 것으로 어떤 대상을 판정한다면 말이다. 그래서 유덕한 사람은 신 앞에서 두려워하지는 않지만 신을 두려워한다. 왜냐하면 그는 신과 그의 계
V261 명들에 저항하려는 것을 **그의** 염려스러운 경우로 생각하지 않기 때문이다. 그러나 그는 그러한 경우가 그 자체로 불가능하지는 않다고 생각하고, 신을 두려운 것으로 인식한다.

두려워하고 있는 자는 자연의 숭고한 것에 관해 전혀 판단을 내릴 수가 없다. 그것은 경향성과 취향에 사로잡혀 있는 자가 미적인 것에 관해 판단을 내릴 수 없는 것이나 마찬가지이다. 전자는 자기에게 겁주는 대상을 보는 것을 피한다. 그리고 진지하게 생각해보면 어떤 전율에서 흡족을 발견한다는 것은 불가능한 일이다. 그래서 어떤 괴로움의 끝남에서 오는 쾌적함이 **기쁨**이다. 그러나 이것은 어떤 위험으로부터의 해방에서 비롯한 것으로, 다시는 결코 그러한 위험에 자신을 내맡기지 않겠다는 결의에 따르는 기쁨이다. 정말이지 사람들은 그러한 감각은 또다시 돌이켜 생각하고 싶어 하지도 않으며, 그러한 위험의 기회를 스스로 찾는 일은 더욱이나 없다.

B104 기발하게 높이 솟아 마치 위협하는 것 같은 암석, 번개와 천둥소리와 함께 몰려오는 하늘 높이 솟아오른 먹구름, 온통 파괴력을 보이는 화

산, 폐허를 남기고 가는 태풍, 파도가 치솟은 끝없는 대양, 힘차게 흘러내리는 높은 폭포와 같은 것들은 우리의 저항하는 능력을 그것들의 위력과 비교할 때 보잘것없이 작은 것으로 만든다. 그러나 우리가 안전한 곳에 있기만 하다면, 그런 것들의 광경은 두려우면 두려울수록 더욱더 우리 마음을 끌 뿐이다. 우리가 이러한 대상들을 기꺼이 숭고하다고 부르는 것은, 그것들이 영혼의 힘을 일상적인 보통 수준 이상으로 높여주고, 우리로 하여금 자연의 외견상의 절대권력에 도전할 수 있는 용기를 주는 전혀 다른 종류의 저항하는 능력을 우리 안에서 들춰내주기 때문이다.

무릇 우리는 자연의 무량광대함과 자연의 **구역**에 대한 미감적 크기 평가에 걸맞은 자를 취하기에는 우리 능력이 불충분함에서 우리 자신의 제한을 발견하였으나, 그럼에도 우리의 이성능력에는 다른 또 하나의 비감성적인 자가 있어, 이 자가 저 자연의 무한성 자신을 단위로서 자기 밑에 가지며, 이 자에 비하면 자연 안의 모든 것은 작은 것이고, 그러니까 우리 마음 안에서 그 무량광대함에 있어 자연 자신을 압도함을 또한 동시에 발견하였다. 그와 꼭 마찬가지로 자연의 위력의 불가저항성도 자연 존재자로 볼 때의 우리에게는 우리의 **신체적**[177] 무력함을 인식시켜주기 B105
는 하지만, 동시에, 우리를 그 위력에서 독립적인 것으로 판정하는 하나의 능력과 자연에 대해 압도적임을 들춰내준다. 이러한 압도적임에 우리 밖의 자연으로부터 침해를 받아 위험에 처할 수 있는 것과는 전적으로 다른 종류의 자기보존이 기초한다. 그러한 위험에 처했을 때 인간은 저 V262
자연의 강제력에 굴복하지 않을 수 없음에도 불구하고, 그의 인격 안의 인간성은 모욕받지 않고 있는 것이다. 그러한 방식으로 자연이 우리의 미감적 판단에서 숭고하다고 판정되는 것은, 자연이 두려움을 일으키는 한에서가 아니라, 오히려 자연이 우리 안에 (자연이 아닌) 우리의 힘을 불러일으키기 때문인 것이다. 이 힘은 우리가 심려하고 있는 것(즉 재산, 건

177) B판 추가.

강, 생명)을 작은 것으로 간주하는 힘이며, 그럼에도 불구하고 (이러한 요소들에 관해서는 물론 우리가 그에 종속되어 있는) 자연의 위력을 우리에 대해서는 그리고 우리의 인격성에 대해서는, 우리의 최고 원칙들이 그리고 이 원칙들의 고수냐 포기냐가 문제일 때에는, 우리가 그 아래에 굴복하지 않으면 안 될 그러한 강제력은 아니라고 간주하는 힘이다. 그러므로 여기서 자연이 숭고하다고 일컬어지는 것은 순전히, 자연이 상상력을 고양하여 마음이 자기의 사명의 고유한 숭고성이 자연보다도 위에 있음을 스스로 느낄 수 있는 그런 경우들을 현시하게끔 하기 때문이다.

우리가 이러한 감격적인 흡족을 느끼기 위해서는 자신이 안전함을 알아야만 한다는 사실로 인하여, 그러니까 위험이 진지한 것이 아니기 때
B106 문에, (그렇게 보일 수도 있듯이) 우리 정신의 숭고성도 역시 진지한 것이 아닐 수도 있다는 사실로 인하여, 앞서 말한 자기존중은 아무런 손실도 입지 않는다. 왜냐하면 그 흡족은 여기서 단지 그러한 경우에 들춰내지는 우리 능력의 **규정**과만 관계가 있을 뿐이고, 그러한 능력으로의 소질이 우리의 자연본성 속에 있으되, 그것의 발전과 수련은 우리에게 맡겨져 의무로 남아 있기[178] 때문이다. 그리고 이 점에 진리가 들어 있다. 인간이 자기의 반성을 거기에까지 뻗친다면, 인간이 제아무리 자기가 현재 실제로 무력하다고 의식한다고 할지라도 말이다.

이러한 원리는 너무나도 억지스럽고 이성논변적이며, 그러니까 미감적 판단에 대해서는 초절적인 것처럼 보이기는 한다. 그러나 인간에 대한 관찰은 그 반대로, 사람들이 비록 그 원리를 언제나 의식하고 있지는 않지만, 그 원리는 가장 평범한 판정들의 기초에도 놓여 있을 수 있음을 증명한다. 무릇 미개인에게조차 가장 큰 경탄의 대상인 것은 무엇인가? 겁먹지 않고 두려워하지 않는, 그러므로 위험을 피하지 않으며, 동시에 깊은 성찰을 가지고 강건하게 일에 착수하는 사람이다. 최고로 개명된

178) A판: “맡겨진 의무적인 것이기”.

상태에서도 전사〔戰士〕에 대한 이런 각별한 존경은 남아 있다. 다만 사
람들이 그에 더하여 전사가 동시에 평화의 덕, 온순과 동정, 그리고 자
기 자신의 인격에 대한 합당한 배려도 보여줄 것도 요구한다는 점이 다
를 뿐이다. 바로, 이 점에서 위험을 뚫고 나가는 그의 마음의 불요불굴성
이 인식되기 때문이다. 그래서 사람들이 정치가와 장군을 비교하여 어느
편이 더 우월한 존경을 받아야 마땅한가에 관해 아무리 논쟁을 벌여도, B107 V263
미감적 판단은 후자의 편을 들어 결정하는 것이다. 전쟁조차도, 만약 그
전쟁이 질서 있게 그리고 시민의 권리들을 신성시하면서 수행된다면, 그
자체로 어떤 숭고한 것을 가지는 것이며, 전쟁을 이런 식으로 수행한 국
민이 더 많은 위험에 처했고 그 위험 아래서 용기 있게 견뎌낼 수 있었다
면, 그 전쟁은 그 국민의 사유방식〔성향〕을 그만큼 더 숭고하게 만드는
것이다. 그에 반해 오랜 평화는 한낱 **상인정신**[179]을, 그리고 그와 함께 천
박한 이기심과 비겁함과 유약함을 만연시키고 국민의 사유방식〔성향〕을
저열하게 만들고는 한다.

숭고한 것이 위력에 부가되는 한에서 숭고한 것의 개념의 이러한 풀
이에 대해서는 다음과 같은 쟁론이 있을 것 같다. 즉 뇌우, 폭풍우, 지진
같은 것이 일어날 때에 우리는 신이 분노한 모습으로, 그러나 동시에 또
한 숭고한 모습으로 자신을 현시하는 것으로 표상하고는 한다. 그러나
그 경우에 그러한 위력의 작용들보다도, 그리고 그렇게 보이는바, 심지
어는 그러한 위력의 의도들보다도 우리의 마음이 압도적이라는 상상은
어리석은 일이자 동시에 모독일 터이다. 이런 경우에는 우리 자신의 자
연본성이 숭고하다는 감정보다는 오히려 굴종과 비굴과 전적인 무력감
이 그러한 대상의 현출에 어울리고, 또한 통상 그와 같은 자연사건의 경
우에 있어서 그러한 대상의 이념과 결합되어 있고는 하는 마음의 정조인
것으로 보인다. 종교에서는 일반적으로 무릎 꿇고, 머리를 숙인 채로 참 B108

179) C판에 따름. A · B판: "**행위정신**".

회하면서 불안에 찬 몸짓과 목소리로 예배드리는 것이 신성〔神性〕의 현전에서 유일하게 알맞은 거동인 것으로 보이고, 그래서 대다수의 민족들은 이런 거동을 받아들여 아직도 준수하고 있다. 그러나 이런 마음의 정조도 어떤 종교나 그 대상의 **숭고성**의 이념과 그 자체로 그리고 필연적으로 결합되어 있는 것과는 거리가 멀다. 저항할 수 없고 또한 동시에 정의로운 의지를 가진 위력에 대하여 간악한 마음씨를 가지고서 거슬리고 있음을 의식하고 있어, 자기 안에 그러한 원인을 가지고 있기 때문에, 실제로 두려워하는 사람은 신의 위대함을 경탄할 만한 마음의 상태에 전혀 있지 않다. 그러기 위해서는 평정한 관조를 위한 정조〔情調〕와 전적으로 **자유로운**[180] 판단이 요구된다. 그가 그의 정직하고 신에게 적의한 마음씨를 의식할 때에만, 그리고 그가 신의 의지에 맞는 마음씨의 숭고성을 자기 자신에게서 **인식하고**[181], 또 그렇게 함으로써 그러한 자연의 작용들을 신의 분노의 폭발로 보지 않고서 그것들에 대한 두려움에서 벗어
V264 나는 한에서, 저 위력의 작용들은 그 안에 이 존재자의 숭고성의 이념을 환기하는 데 기여하는 것이다. 겸손이란 보통은 선한 마음씨를 의식해서 인간의 자연본성의 연약함을 가지고 쉽게 호도될 수도 있을 자기의 결함
B109 들에 대한 가차 없는 판정인데, 이런 겸손조차도 자책의 원인을 차츰 근절하기 위해 자의적으로 자책의 고통을 감내하는 숭고한 마음의 정조이다. 그렇게 해서만 종교는 미신과 내면적으로 구별된다. 후자[182]가 마음에 세우는 것은 숭고한 것에 대한 외경이 아니라, 겁먹은 인간이 그를 존경하지 않으면서도 그 의지에 굴복할 것을 아는 초강력한 존재자에 대한 두려움과 불안으로, 이로부터는 선한 품행의 종교 대신에, 도대체가 두말할 것도 없이, 은총의 갈구와 아첨만이 생겨날 따름이다.

그러므로 숭고성은 자연의 사물 속이 아니라, 오직 우리 마음 안에 함

---

180) A판: "**강제 없는**".

181) A판: "**의식하고**".

182) 곧, 미신.

유되어 있다. 우리가 우리 안의 자연을, 그리고 그렇게 해서 또한 (그것이 우리에게 영향을 미치는 한에서) 우리 밖의 자연에 대해 압도적임을 의식할 수 있는 한에서 말이다. 우리의 힘들을 촉구하는 자연의 **위력**을 포함해서 이러한 감정을 우리 안에 불러일으키는 모든 것은 그런 경우 (비록 비본래적으로이기는 하지만) 숭고하다고 일컬어진다. 오직 우리 안에 이런 이념을 전제하고서만, 그리고 그 이념과의 관계에서만 우리는 이러한 존재자의 숭고성의 이념에 도달할 수가 있다. 이러한 존재자는 그가 자연 속에서 증명하는 그의 위력에 의해서뿐만 아니라, 오히려 그보다도, 저러한 위력을 두려움 없이 판정하고 우리의 사명이 저러한 위력 이상으로 숭고하다고 생각하는, 우리 안에 놓여 있는 능력에 의해서 우리 안에 내면적인 존경을 일으켜주는 것이다.

§29 B110

자연의 숭고한 것에 관한 판단의 양태에 대하여

우리가 우리와 그것들에 대한 판단의 일치를 곧장 누구에게나 요구할 수 있고, 또한 특별한 하자가 없으면 그걸 기대할 수 있는, 아름다운 자연사물들이 무수하게 많이 있다. 그러나 자연에서의 숭고한 것에 관한 우리의 판단의 경우에는 그렇게 쉽게 다른 사람들의 동참을 예상할 수 없다. 왜냐하면, 자연대상들의 이러한 탁월성에 관해 판단을 내릴 수 있기 위해서는, 한낱 미감적 판단력뿐만 아니라, 미감적 판단력의 기초에 놓여 있는 인식능력들의 개발도 훨씬 더 많이 요구되는 것으로 보이기 때문이다.

숭고한 것의 감정에 대한 마음의 정조〔情調〕는 이념들에 대한 마음의 V265
감수성을 필요로 한다. 왜냐하면 바로 자연이 이념들에 부적합한 데에서, 그러니까 오직 이념들을 전제하고서만, 그리고 자연을 이념들의 도식으로 취급하는 상상력의 긴장을 전제하고서만, 감성에 대해 겁먹게 하는 것이 성립하며, 이 겁먹게 하는 것이 동시에 마음을 끌어당기는 것이기 때문이다. 이 겁먹게 하는 것이 마음을 끌어당기는 것은, 그것이, 오직 감성을 이성의 고유한 구역(즉 실천적인 구역)에 알맞도록 확장하고, 감성으로 하여금 감성에게는 심연인 무한자를 전망하도록 하기 위해서,
B111 이성이 감성에게 행사하는 하나의 강제력이기 때문이다. 사실 윤리적 이념들의 발전이 없으면, 문화에 의해 준비가 된 우리가 숭고하다고 부르는 것이 미개인에게는 한낱 겁먹게 하는 것으로 나타날 것이다. 미개인은 파괴를 일삼는 자연의 강제력의 증거들에서나, 그것에 비하면 자기 것은 아무것도 아닌 자연의 위력의 거대한 자에서 인간이 그리로 내몰리기라도 하면 그를 둘러싸게 될 순전한 비참과 위험과 곤궁만을 볼 것이다. 그래서 (**소쉬르**[183] 씨가 이야기하는 바처럼) 선량하고, 그 밖의 다른 점에서는 지성적인 사부아[184]의 농부는 모든 빙산 애호가들을 주저 없이 바보라고 불렀던 것이다. 만약 저 탐험자가 이 경우 자신을 내맡긴 위험들을 한낱, 대개의 여행가들이 흔히 그러하듯이, 도락에서 또는 그것에 대한 격정적인 기록들을 내놓을 수 있기 위해 기도했다면, 저 농부가 그렇게 전연 부당한지 어떤지를 누가 또 알겠는가? 그러나 그의 의도는 사람들을 가르치는 것이었다. 저 탁월한 인물은 영혼을 고양시키는 감각을 가졌고, 그의 여행기의 독자들에게 그것을 덤으로 주었다.

그러나 자연의 숭고한 것에 관한 판단이 (미적인 것에 관한 판단보다도 더) 문화를 필요로 한다고 해서 이 판단이 바로 문화로부터 처음으로 산출되거나 가령 한낱 인습적으로 사회에 도입되는 것은 아니다. 오히려 이 판단은 인간의 자연본성에 그 토대를 두며, 그것도 사람들이 건전한

---

183) Horace-Bénédict de Saussure(1740~1799). 제네바(Genève)의 지리학자. 몽 블랑(Mont Blanc)에 두 번째로 등정한(1787) 사람으로 알려져 있다. 그의 『알프스 여행기(*Voyages dans les Alpes, précedés d'un essai sur l'histoire naturelle des environs de Genève*)』(1779~86)는 전4권으로 독일어로도 완역(Leipzig, 1781~88)되었으며, 별도로 축약본(Berlin, 1789)도 출판되었다.

184) Savoi. 알프스에 접해 있는 프랑스의 남동쪽 지방.

지성[상식]을 가지고서 동시에 누구에게나 강요할 수 있고 요구할 수 있는 것에서, 곧 (실천적) 이념들에 대한 **감정의 소질에서, 다시 말해 도덕적 감** B112
정[185]**의 소질에서**[186] 갖는다.

그런데 이 점에 숭고한 것에 대한 타인들의 판단이 우리의 판단에 동의해야만 할 필연성이 기초하며, 이 필연성을 우리는 이 판단에서 동시에 함께 포함한다. 무릇 우리는, 우리가 아름답다고 보는 자연의 어떤 대상에 대한 판정에서 무관심한 자에게 **취미**가 결여되어 있다고 비난하듯이, 우리가 숭고하다고 판단하는 것에 움직임 없이 있는 자에게는 **감정**이 없다고 말한다. 그러나 우리는 이 두 가지를 모든 사람에게 요구하고,
그가 조금이라도 교화된 사람이면, 그에게 그런 것이 있다고 전제한다. V266
다만 구별되는 것은, 우리는 전자는, 그 경우에는 판단력이 상상력을 한낱 개념들의 능력인 지성과 관계시키므로, 곧장 모든 사람에게 요구하지만, 그러나 후자는, 그 경우에는 판단력이 상상력을 이념들의 능력인 이성과 관계시키므로, 단지 주관적인 전제 아래서만—그러나 우리는 그러한 전제를 모든 사람에게 요구해도 좋을 권리가 우리에게 있다고 믿는다—곧 **인간 안의**[187] 도덕적 감정을 전제해서만 요구하며, 또 이렇게 함으로써 **또한 이**[188] 미감적 판단에 필연성을 부여한다는 점이다.

미감적 판단들의 이 양태에, 곧 미감적 판단들이 참칭하는 필연성에 판단력 비판을 위한 주요 계기가 놓여 있다. 왜냐하면, 이 필연성이 바로

---

185) 칸트는 『실천이성비판』에서 윤리의 원리로서 "도덕감(moral sense)"을 내세운 Francis Hutcheson(1694~1746)을, 감각은 어떤 경우에도 결코 보편적 윤리의 규정근거가 될 수 없다고 비판하는 자리(A67~A69=V38~V40)에서 "도덕감각(moralischer Sinn)"과 "도덕감정(moralisches Gefühl)"을 구별하지 않고 쓰기도 하지만, 그러나 엄밀하게는 양자를 구별하여 "도덕법칙에 대한 존경의 감정"(A133=V74)을 "본래 유일하게 도덕 감정이라고 일컬어질 만한"(A68=V38) 것이라고 말한다. 아래(B263=V356)에서는 도덕 감정을 "윤리적 이념들에서는 나오는 감정"이라고 설명하고 있다.

186) A판: "(실천적) 이념들에 대한, **다시 말해 도덕적인 이념들에 대한 감정의 소질에서**".

187) B판 추가.

188) A판: "**그**".

미감적 판단들에서 하나의 선험적 원리를 식별할 수 있게 해주며, 그것
B113 들을 경험적 심리학에서 끌어올려, ―그렇지 않다면 미감적 판단들은 경험적 심리학 안에서 쾌락과 고통이라는 감정 속에 (다만 **섬세한** 감정이라는 무의미한 형용사와 함께) 파묻혀 있을 터이다―이 미감적 판단들과 또 그것들을 매개로 해서 판단력을, 선험적 원리들을 기초에 갖는 그러한 부류에 세우고,[189] 그러한 것으로서 이 미감적 판단들을 초월철학에 끌어올려 넣기 때문이다.

미감적 반성적 판단들의 해설[190]에 대한 일반적 주해

쾌의 감정과의 관계에서 대상은 **쾌적한** 것이거나 **미적인** 것 또는 **숭고한** 것이거나 (단적으로) **좋은〔선한〕** 것(즉 愉快한 것, 美的인 것, 崇高한 것, 高潔한 것)에 속하지 않을 수 없다.

쾌적한 것은, 그것이 무엇에서 유래하든, 그리고 (객관적으로 고찰할 때, 감관과 감각의 표상인) 그 표상이 어떻게 종적으로-서로 다르든, 욕구의 동기로서는 어디까지나 한 가지 종류의 것이다. 그래서 쾌적한 것이 마음에 미치는 영향에 대한 판정에서 문제가 되는 것은 (동시적이든 잇따라이든) 자극의 분량, 말하자면 쾌적한 감각의 총량일 뿐이다.[191] 그러므로 이 쾌적한 감각은 **양** 이외의 것에 의해서는 이해될 수가 없다. 쾌적한 것은 또한 교화하는 것이 아니라, 순전한 향유에 속하는 것이다. ―그에

189) "미적 기예〔예술〕들이 인간을 개선하지는 않지만, 섬세화하여, 인간이 윤리적으로 선하게 되는 것을 쉽게 만든다."(V-Anth, Menschenkunde: XXV, 1102); "인간은 미적인 것에서 취미를 발견하는 만큼 섬세화된다."(V-Anth, Mrongovius: XXV, 1332)

190) "해설(Erörterung, expositio)"이란 "어떤 개념에 속하는 것에 대한 분명한 표상"(*KrV*, B38)으로서, 어떤 것을 석명(釋明)하여 그것의 기본 성격, 원천, 기능 등을 밝혀냄을 말한다.

191) "욕구의 규정근거들을 〔…〕 쾌적감에 둘 때, 중요한 점은 〔…〕 단지 그것이 얼마나 많이 즐거움을 주는가"(*KpV*, §3: A41=V23)일 뿐이다.

반해서 **미적인** 것은 객관의 모종의 **질** 표상을 필요로 한다. 이 질 표상은
이해되어 개념으로 보내지기도 하고—미감적 판단에서는 아름다운 것
이 개념으로 보내지지 않지만 말이다—아름다운 것이 동시에 쾌의 감정
에서 합목적성에 주목할 것을 가르침으로써, 교화시킨다.—**숭고한** 것은 B114
자연 표상에서의 감성적인 것이 그것의 가능한 초감성적 사용에 대해서 V267
쓸모 있는 것으로 판정되는 **관계**에서만 성립한다.—**단적으로-좋은〔선
한〕** 것은, 주관적으로 그것이 불러일으키는 감정에 따라서 판정해서(즉
도덕적 감정의 객관인바), **단적으로-강요하는** 법칙 표상에 의해 주관의 힘
들이 규정될 수 있는 것으로서, 특히 선험적인 개념들에 의거하는 필연
성의 **양태**에 의해 구별되는바, 이 필연성은 모든 사람에 대해 한낱 찬동
의 **요구**뿐만 아니라, **명령**을 함유한다. 그리고 **단적으로-좋은〔선한〕** 것
은 물론 그 자체로는 미감적 판단력에 속하지 않고, 순수한 지성적 판
단력에 속하며, 또한 한낱 반성적인 판단력에서가 아니라, 규정적인 판
단력에서, 자연에가 아니라 자유에 부여되는 것이다. 그러나 이러한 이
념[192]에 의해 **주관이 규정될 수 있음**은, 그것도 자기 안에서 감성에서 **장
애들**을 느끼면서도 동시에 그 장애들을 극복함으로써 감성에 대해 우월
함을 **자기 상태의 변양**으로 느낄 수 있는 주관이 이러한 이념에 의해 규
정될 수 있음은, 다시 말해 도덕적 감정은, 그것이 그 순수함을 잃지 않
고서, 의무로부터의 행위의 합법칙성을 동시에 미감적인 것으로 다시 말
해 숭고한 것으로서, 또는 또한 미적인 것으로서 표상하는 데에 기여할
수 있는 한에서, 미감적인 판단력과 그리고 그것의 **형식적 조건들**과 친
화적인 것이다. 이러한 일은 도덕적 감정을 쾌적한 것의 감정과 자연스
럽게 결합시키고자 했다면 일어나지 않는 것이다.

두 종류의 미감적 판단에 대한 이제까지의 해설로부터 결론을 이끌어 낸다면, 그로부터 다음과 같은 간단한 설명이 나올 것이다.

---

192) 곧, '단적으로-선한 것'이라는 이념.

미적인〔아름다운〕 것은 순전한 판정에서—그러므로 감관의 감각을
B115 매개로 해서도 아니고 지성의 개념에 따라서도 아니라—적의한 것이다.
이로부터 저절로 나오는 결론은, 미적인 것은 일체의 관심을 떠나 적의
한 것이어야 한다는 것이다.

숭고한 것은 감관의 관심에 저항함으로써 직접적으로 적의한 것이다.

이 둘은 미감적인 보편타당한 판정에 대한 설명으로서 주관적 근거들에 관계하고 있다. 곧, 한편으로는 관조적 지성에 호의적인 한에서 감성의 주관적 근거들에 관계하고, 다른 한편으로는 **감성에 거슬리되** 실천 이성의 목적들에 **우호적인**[193] 주관적 근거들에 관계한다. 그러면서도 양자가 동일한 주관에서 합일하면, 도덕적 감정과의 관계에서 합목적적이다. 미적인 것은 어떤 것을, 자연까지도 이해관심을 떠나 사랑하도록 우리를 준비시키고, 숭고한 것은 그것을 우리의 (감성적) 이해관심을 거슬러서까지도 존중하도록 준비시킨다.[194]

V268 그래서 사람들은 숭고한 것을 이렇게 기술할 수 있다. 즉 숭고한 것이란 **그 표상이 마음으로 하여금 자연의 도달 불가능성을 이념들의 현시로 생각하도록 규정하는** (자연의) 대상이다.

문자대로 받아들이고 논리적으로 고찰하면, 이념들은 현시될 수가 없다. 그러나 우리가 우리의 경험적 표상능력을 (수학적으로, 또는 역학적으로) 자연을 직관하기 위해 확장하면, 불가피하게 이성이 절대적 전체성의 독립성의 능력으로서 부가적으로 등장해서, 감관의 표상을 이것들[195]에 알맞게 만들고자 하는 마음의—비록 헛된 것이기는 하지만—노력을 불러일으킨다. 이러한 노력과, 상상력에 의해서는 이념에 도달하는 것이 불가능하다는 감정이 바로 상상력을 마음의 초감성적 사명을 위해 사

193) A판: "실천 이성의 목적들에 **거슬리는**".

194) 『윤리형이상학』, 「덕이론」, §17: VI, 443; 『이성의 한계 안에서의 종교』, §69: VII, 244 참조.

195) 곧, 이념들.

용함에 있어서의 우리 마음의 주관적 합목적성의 현시이며, 우리로 하여금, 이 현시를 **객관적으로** 성립시킬 수는 없지만, 주관적으로 자연 자신을 그 전체성에서 어떤 초감성적인 것의 현시라고 **사고**하도록 강요한다. B116

무릇, 공간 시간상의 자연에 무조건자는 없으며, 그러니까 또한 가장 평범한 이성도 요구하는 절대적 크기도 전혀 없다는 것을 우리는 이내 아는 바이다. 또한 바로 그 때문에 우리는 단지 현상으로서의 자연과만 관계할 뿐이며, 이 현상 자신은 (이성이 이념 중에 가지고 있는) 자연 자신의 순전한 현시로 간주될 수밖에 없다는 것도 우리는 상기하게 된다. 그러나 우리가 더 이상 규정할 수 없는, 그러니까 자연을 그것의 현시로서 **인식**할 수는 없고, 단지 **사고**할 수 있을 뿐인, 초감성적인 것이라는 이 이념은 어떤 대상의 미감적 판정이 상상력을 그 한계에까지—그것이 확장의 한계이든(수학적으로) 마음에 미치는 상상력의 위력의 한계이든—(역학적으로) 긴장시키는 그런 대상에 의해 우리 안에서 환기된다. 그 대상의 미감적 판정은 전자[196]의 구역을 전적으로 넘어선 마음의 사명에 대한 감정에 (즉 도덕적 감정에) 기초하는바, 이러한 감정과 관련하여 그 대상의 표상이 주관적으로-합목적적이라고 판정됨으로써 말이다.

사실 자연의 숭고한 것에 대한 감정은 도덕적인 것에 대한 감정의 정조와 비슷한 마음의 정조가 그 감정과 결합되지 않고서는 능히 생각될 수가 없다. 그리고 비록 자연의 미적인 것에서의 직접적인 쾌감도 마찬가지로 사유방식의 모종의 **자유성**, 다시 말해 그 흡족의 순전히 감관적 향수[향락]로부터의 독립성을 전제하고 그것을 교화하는 것이기는 하지만, 그럼에도 그에 의해서는 법칙적인 **과업**에서의 자유라기보다는 **유희에서**의 자유가 표상된다. 법칙적인 과업은 인간의 윤리성의 진정한 성질 V269 로서, 윤리성에서 이성은 감성에 대해 강제력을 가하지 않을 수 없지만, 숭고한 것에 관한 미감적 판단에서 이 강제력은 이성의 도구로서의[197] B117

196) 곧, 자연.

상상력 자신에 의해 행사되는 것으로 표상된다.

그래서 자연의 숭고한 것에서의 흡족은 또한 단지 **소극적**이다. (그 대신에 미적인 것에서의 흡족은 **적극적**이다.) 곧, 숭고한 것에서의 흡족은 상상력이 경험적 사용의 법칙과는 다른 법칙에 따라서 합목적적으로 규정으로써, 상상력의 자유가 상상력 자신에 의해 박탈되는 감정이다. 이를 통해 상상력은 자기가 희생하는 것보다 더 큰 확장과 위력을 얻거니와, 그 근거는 상상력 자신에게도 숨겨져 있고, 그 대신에 상상력은 희생 내지 박탈감과 동시에 그것이 굴복하게 되는 원인을 **느낀다**. 경악에 가까운 **감탄**, 전율, 그리고 하늘 높이 솟구쳐 있는 산악들, 깊은 협곡과 콸콸 흘러가는 격류, 우울한 명상에 잠기게 하는 깊이 그늘진 황야 등을 바라볼 때 보는 이를 엄습하는 심한 경외감은 그가 안전한 곳에 있다는 것을 스스로 알고 있을 경우에는 현실적인 공포가 아니라, 단지 상상력을 가지고 그에 참여하려는 하나의 시도일 따름이며, 그것은 그렇게 해서 일어나는 마음의 동요를 마음의 평정상태와 결합시키고, 그럼으로써 우리 자신 안에 있는 자연보다도, 그러니까 또한 우리가 안녕하다는 감정에 영향을 미칠 수 있는 한에서의 우리 밖의 자연보다도 우월한, 바로 그 상상하는 능력의 위력을 느끼기 위함이다. 무릇 연합법칙에 따르는 상상력은 우리의 만족의 상태를 물리적인 것에 의존시키지만, 판단력의 도식성의 원리들에 따르는 (따라서 자유에 종속되는 한에서의) 바로 동일한 상상력은 이성과 이성의 이념들의 도구이며, 그러한 도구로서 상상력은 자연의
B118 영향에 대한 우리의 독립성을 주장하고, **후자**에서 보면[198] 큰 것을 작은 것으로 낮게 평가하고, 그렇게 함으로써 단적으로-큰 것을 단지 자기의 (주관의) 고유한 사명에서만 놓는 하나의 위력이다. 자신을 이성에 적

197) C판에 따름.

198) A · B판: "**전자**에서 보면". 여기서 전자란 '연합의 법칙에 따르는 상상력', 후자란 '판단력의 도식성의 원리들에 따르는 상상력'을 지시한다고 보겠다. 그러나 '전자'든 '후자'든 그것이 지시하는 것은 "자연의 영향"이라는 해석도 있다.

합하게 (그러면서도[199] 이성의 일정한 개념 없이) 고양시키는 미감적 판단력의 이러한 반성은, 상상력이 자기를 제아무리 확장하여도 (이념들의 능력인) 이성에 대해서는 객관적으로 적합하지 않음에도[200], 대상을 주관적으로-합목적적인 것으로 표상한다.

여기서 대체로 사람들은 위에서[201] 상기시켰던 바, 판단력의 초월적 미〔감〕학에서는 순수한 미감적 판단들만이 문제가 되어야 하며, 따라서 V270 목적 개념을 전제하고 있는, 그러한 아름답거나 숭고한 자연 대상들로부터 실례들을 취해서는 안 된다는 점을 유의하지 않으면 안 된다. 왜냐하면 그러할 경우에는 그것은 목적론적 합목적성이거나 대상의 순전한 감각들(즉 쾌락 또는 고통)에 기초하는 합목적성으로서, 그러니까 전자의 경우에는 미감적 합목적성이 아닐 것이고, 후자의 경우에는 순전한 형식적 합목적성이 아닐 것이기 때문이다. 그러므로 사람들이 별이 빛나는 하늘의 광경을 **숭고하다**고 부를 때에, 사람들은 그런 판정의 기초에 이성적 존재들이 거주하고 있는 세계들의 개념과 그리고 이제 우리가 우리 위의 공간을 가득 채우고 있는 것으로 보는 밝은 점들을, 즉 매우 합목적적으로 그 세계들을 위해 설정된 원들을 따라 운동하는 그 세계들의 태양들을 놓아서는 안 되고, 오히려 사람들이 그것을 보는 바처럼, 모든 것을 포섭하는 하나의 궁륭〔穹窿〕을 놓아야만 한다. 그리고 오로지 이러한 표상에만 우리는 순수한 미감적 판단이 이러한 대상에게 부여하는 숭고성을 배정해야 한다. 마찬가지로 대양의 광경도 우리가 온갖 지식들—그러나 직접적인 직관 속에 함유되어 있지는 않은—을 풍부하게 가지고 그것을 **생각하는** 것처럼 그렇게 **표상해서는**[202] 안 된다. 가령 수서생물들의 광대한 나라라든가, 육지들을 위해 대기를 구름들로 충만케 하는 수 B119

199) C판: "다만".
200) C판: "않음에도 불구하고".
201) 곧, 위의 §11.
202) A판에 따름.

증기를 위한 대저수지라든가[203], 또는 대륙들을 서로 떼어놓으면서도 그러나 상호간의 중대한 교제〔교통〕를 가능하게 하는 요소로 **표상해서는** 안 된다. 왜냐하면 그런 것은 순정하게 목적론적 판단만을 줄 뿐이니 말이다. 오히려 사람들은 대양을 순전히, 시인들이 그렇게 하듯이, 외관이 보여주는 대로, 가령 평온해 보일 때는 한낱 하늘과 맞닿아 있는 명경지수로 보고, 요동칠 때는 모든 것을 삼켜버릴 것 같은 성난 심연으로 보되, 그럼에도 그것이 숭고함을 볼 수 있어야 한다. 바로 이와 똑같은 것을 인간의 형태에서의 숭고한 것과 아름다운 것에 대해서도 말할 수 있다. 이 경우에 우리는 인간의 모든 지체〔肢體〕들은 **무엇인가를 위해** 현존한다는 목적들의 개념들을 판단의 규정근거들로 고려해서는 안 되고, 비록 인간의 지체들이 목적들의 개념들과 상충하지 않는다는 것이 물론 미감적 흡족의 필연적 조건이기는 하지만, 그러함에도 그런 목적들과의 부합이 우리의 (그때에는 더 이상 순수하지 않은) 미감적 판단에 **영향을 미치도록** 해서는 안 된다. 미감적 합목적성은 **자유** 중에 있는 판단력의 합법칙성이다. 대상에서의 흡족은 그 안에 우리가 상상력을 놓고자 하는 관계에 달려 있다. 상상력이 그 자신만으로서 마음을 자유로운 용무 가운데서 유지한다면 말이다. 이에 반해 감관의 감각이든 지성개념이든 다
V271 른 어떤 것이 판단을 규정한다면, 그 판단은 합법칙적이기는 하지만, **자유로운** 판단력의 판단은 아니다.

그러므로 사람들이 지성적 미 또는 지성적 숭고함에 대해 말한다면, **첫째로** 이런 표현들은 전적으로 올바른 것이 아니다. 왜냐하면 이런 것[204]은 미감적 표상방식들로서, 만약 우리가 순전히 순수한 지적 존재자들이라면(또는 우리가 사유 속에서나마 우리를 이런 **질**로 놓는다면), 이런 표상방식
B120 들은 우리 안에서 전혀 마주칠 수 없을 것이기 때문이다. **둘째로**, 비록 이 양자가 하나의 지성적(도덕적) 흡족의 대상들로서, 어떠한 이해관심에

203) C판에 따름.

204) 곧, '미'나 '숭고함'.

도 **의거하지** 않는 한에서는 미감적 흡족과 합일할 수 있기는 하지만, 그럼에도 불구하고 그것들은 어떤 이해관심을 **불러일으켜야** 하는 것이기 때문에, 그 점에서 다시금 미감적 흡족과 합일하기가 어렵다. 이해관심이란 그 현시가 미감적 판정에서의 흡족과 합치해야 한다면, 이 미감적 판정에서는 그 현시에서 사람들이 미감적 판정과 결합시키는 감관의 관심에 의해서밖에는 달리 일어날 수가 없겠으니 말이다. 그러나 이렇게 해서는 지성적 합목적성은 깨어지고 불순해진다.

순수하고 무조건적인 지성적 흡족의 대상은 위력이 있는 도덕법칙이
다. 도덕법칙은 우리 안에서 그 위력을 **그 법칙에 선행하는** 마음의 모든
동기들에 대해 행사한다. 그리고 이 위력은 본래 희생을 통해서만 미감
적으로 알려지므로,—이것은 비록 내적 자유를 위한 것임에도 불구하
고, 일종의 박탈이며, 그 반면에 이 초감성적 능력의 헤아릴 수 없는 깊
이와 그 깊이의 한량없이 뻗쳐나가는 결과들을 우리 안에서 드러내는 바
이다—그 흡족은 미감적 측면에서 (즉 감성과의 관계에서) 보면 소극적,
다시 말해 이 이해관심에 어긋나는 것이지만, 지성적 측면에서 보면 적
극적이고 어떤 이해관심과 결합되어 있다. 이로부터 나오는 결론은 지성
적인, 그 자체로 합목적적인 (도덕적) 선은 미감적으로 판정하면 아름답
다기보다는 오히려 숭고하다고 표상되지 않으면 안 되며, 그래서 그것
은 사랑과 친밀한 애호의 감정이라기보다는 (매력을 경멸하는) 존경의 감
정을 일깨우는 것이라는 것이다. 왜냐하면 인간의 자연본성은 그렇게 저
절로가 아니라, 오로지 이성이 감성에 가하는 강제력에 의해서만 저러
한 선에 부합하기 때문이다. 거꾸로 우리가 우리 밖의 자연에서 또는 우
리 안의 자연〔본성〕에서 (예컨대 모종의 격정을) 숭고하다고 부르는 것 또 B121
한 단지, 감성의 **모종의**[205] 방해물들을 인간적[206] 원칙들을 통해 훌쩍 뛰
어오를 수 있는 마음의 위력으로서만 표상되고, 또 그로 인해 관심을 끌

205) B판 추가.
206) AA: "도덕적".

게 되는 것이다.

V272 나는 이 후자[207]에 잠시 머물려 한다. 격정과 함께하는 좋음의 이념은 **열광**[208]이라고 일컫는다. 이러한 마음의 상태는, 그런 것이 없으면 아무런 위대한 것도 이루어질 수 없다고 사람들이 보통 내세우는 정도에서 숭고한 것처럼 보인다. 그러나 무릇 모든 격정※은 자기의 목적을 선택하는 데 있어서나, 또는 목적이 이성에 의해서 주어져 있을지라도, 그것을 실행하는 데 있어서는 맹목적이다. 왜냐하면 격정은 **그에 따라 자기를 규정하기 위한 그 원칙들에 대해 자유롭게 숙고하는 것을**[210] 불가능하게 만드는 그런 마음의 운동이니 말이다. 그러므로 격정은 어떠한 방식으로도 이성의 흡족을 얻을 수 없다. 그럼에도 불구하고 열광은 미감적으로는 숭고하다. 왜냐하면 열광은 감관의 표상들에 의한 추동보다 훨씬 더 강력하게 그리고 지속적으로 작용하는 활기를 마음에 넣어주는 이념들에 의한 힘들의 긴장이기 때문이다. 그러나 (기이하게 보이겠지만) 자기의
B122 확고부동한 원칙들을 단호하게 고수하는 마음의 **무격정성**(無情念[211]), 좋

※ **격정들**은 **열정들**과는 종적으로 구별된다.[209] 전자는 한낱 감정과만 관계하나, 후자는 욕구능력에 속하는 것으로, 의사가 원칙들에 의해 규정되는 것을 어렵게 만들거나 불가능하게 만드는 경향성들이다. 전자는 격렬하고 무계획적이나, 후자는 지속적이고 신중하다. 그래서 노여움은 분노로서는 격정이지만, 증오(복수욕)로서는 열정이다. 후자는 결코 그리고 어떠한 관계에서도 숭고하다고 불릴 수 없다. 왜냐하면 격정에서는 마음의 자유가 **저지당하기**는 하나, 열정에서는 폐기되기 때문이다.

207) 곧, '우리 안의 자연본성에서 숭고하다고 부르는 것'.

208) 일찍이 Locke도 이에 대해 상세한 설명을 시도한 바 있는데, 칸트는 이 영어 표현(Enthusiasm)을 자주 쓴다. *An Essay concerning Human Understanding*, Bk. IV, ch. XIX〔Of Enthusiasm〕 참조.

209) 칸트의 양자의 구별에 대한 또 다른 설명은 『인간학』, B203=VII252 이하 참조. 또한 F. Hutcheson, *Essay on the Nature and Conduct of the Passions and Affections and Illustrations upon the Moral Sense*(1728)에서의 양자의 구별에 대한 언급은 「인간학 강의」: XXV, 589 참조.

210) A판: "**원칙들에 의해 자유로운 숙고에 따라 자기를 규정하는 것을**".

은 意味의 粘液質)조차도 숭고하다. 더욱이 그것은 동시에 순수 이성의 흡족을 자기 편에 가지기 때문에 훨씬 더 탁월하게 숭고하다.[212] 그와 같은 마음의 기질만을 일컬어 고상하다고 하거니와, 이 표현은 나중에는 물건들, 예컨대 건축물, 의상, 문체, 단정한 몸가짐과 같은 것에도 적용되는데, 이러한 것이 **감탄**(즉 기대를 뛰어넘는 새로움을 표상할 때의 격정)보다는 오히려 **경탄**(즉 새로움이 사라져도 그치지 않는 감탄)을 일으킬 때에 그러하다. 그리고 이런 일은 이념들이 현시될 적에 무의도적으로 그리고 아무런 기예 없이 미감적 흡족과 합치할 때에 일어난다.

모든 **용감한** 방식의 격정—곧, 어떠한 저항이라도 이겨내려는 우리의 힘(强靭한 精神)에 대한 의식을 환기시키는—은 **미감적으로-숭고하다.** 예컨대 분노가 그러하고, 심지어는 절망—곧 격분한 절망, 낙담한 절망이 아니라—이 그러하다. 그러나 **유약한** 방식의 격정—저항하려는 노력
자체를 불쾌의 대상으로 삼는(無氣力한 精神)—은 아무런 **고상한 것**도 V273
자체로는 가지고 있지 않으나, 기질의 아름다움에는 넣을 수 있다.[213] 그래서 강렬해지면 격정에 이를 수 있는 **감동들** 또한 여러 가지이다. 사람들은 때로는 **대담한** 감동을, 때로는 **여린** 감동을 갖는다. 후자는 격정에까지 올라가면 아무런 쓸모도 없다. 그러한 감동으로의 성벽은 **감상**〔感傷〕이라 일컫는다. 아무래도 위로를 받을 수 없는 동정적인 고통이나, 또는 우리가 그 고통이 가공적인 해악이라도 공상에 의해 그것이 마치 현실적인 것인 양 착각할 정도로 고의적으로 그것에 끼어드는 동정적인 고통은 유화하지만, 동시에 허약한 영혼의 증거이고, 또 그런 영혼을 만든다. 이러한 영혼은 아름다운 면을 보여주고 공상적이지만 결코 열광적
이라고 불릴 수는 없다. (그렇게 일컫는 것은 잘못된 것이기는 하지만) 이른 B123

211) 원어: apatheia.

212) "무정념의 원리, 곧 현자는 결코 정동〔격정〕에 〔…〕 빠져서는 안 된다는 원리는 스토아 학파의 전적으로 옳고 숭고한 도덕적 원칙이다."(*Anth*, B205 이하=VII253) 참조.

213) 『인간학』, B210=VII256 이하 참조.

바 고상한 마음씨를 가지고 시시덕거리고, 그러나 실제로는 심정을 메마르게 하고 엄격한 의무의 준칙에 대해 둔감하게 만들며, 우리의 인격 안의 인간성의 존엄과 사람들의 권리—이것은 그들의 행복과는 전혀 다른 어떤 것이다—에 대한 모든 존경과 도대체가 모든 확고한 원칙들을 무력하게 만드는 소설들, 눈물 자아내는 연극들,[214] 진부한 윤리적 훈계들, 또한 우리의 온갖 연약함에도 불구하고 그래도 우리에게 아직 남아 있는 힘들을 경향성들을 이겨내기 위해 써보겠다는 굳건한 결의 대신에, 우리 안의 악에 저항하는 자신의 능력에 대한 모든 신뢰를 포기시키는, 비굴하고도 저열한 은총의 갈구와 아첨을 권장하는 종교적 설교도, 자기멸시와 흐느껴 우는 가장된 회개와 한낱 수동적인 마음자세만이 최고 존재자에게 적의한 것일 수 있는 유일한 방식이라고 보는 그릇된 겸손, 이런 것들은 심성의 아름다움에 넣을 수 있을 것과도 화합되지 않지만, 심성의 숭고함에 넣을 수 있을 것과는 더욱 화합되지 않는다.[215]

그러나 또한 질풍 같은 마음의 동요들도, 그것들이 무릇 교화하는 이름 아래서 종교의 이념들과 결합되든, 아니면 한낱 문화에 속하는 것으로서 사회적 이해관심을 함유하는 이념들과 결합되든, 만약 그것들이 순수한 지성적 합목적성을 지니는 것(즉 초감성적인 것)에 대한 자기의 강함과 결의의 의식에 비록 간접적으로나마 영향을 미치는 마음의 정조를 뒤에 남겨 놓지 않는다면, 그것들이 제아무리 상상력을 긴장시킨다 해도, 결코 **숭고한** 현시라는 영예를 주장할 수 없다. 왜냐하면 그렇지 않으면 이러한 모든 감동들은 단지 사람들이 건강 때문에 즐겨 하는 **동작**〔운동〕
B124 에 속하기 때문이다. 격정들의 유희에 의한 그러한 진동에 뒤따라오는
V274 쾌적한 피로는 우리 안의 여러 가지 생명력들의 균형이 회복된 데서 오

214) 「인간학 강의」: XXV, 324 · 527 · 1395 참조. 특히 Samuel Richardson(1689~1761)의 서간체 소설, *Pamela: Or, Virtue Rewarded*(1740), *Clarissa: Or the History of a Young Lady*(1748), *The History of Sir Charles Grandison*(1753)에 대한 언급 참조.

215) "선한 품행 이외에, 인간이 신에게 흡족하게 되기 위해서, 또 무엇인가를 행할 수 있다고 생각하는 모든 것은 순전한 종교망상이고 신에 대한 거짓봉사이다."(*RGV*: VI, 170)

는 평안함의 향락이다. 이러한 향락은 결국 동방의 관능주의자들이 그들의 몸을 이를테면 안마하게 하여, 그들의 근육과 관절들을 부드럽게 누르고 구부리게 함으로써 기분 좋게 느끼는 그러한 쾌락과 동일한 것이다. 단지 전자에서는 운동하는 원리가 대부분 우리 안에 있는 반면에, 후자에서는 전적으로 우리 밖에 있다는 점이 다를 뿐이다. 많은 이들은 자기 안에[216] 아무런 것도 (선한 준칙들의 아무런 체계도) 육성된 것이 없는데도 설교를 듣고 교화되었다고 믿거나, 한낱 다행히 권태를 벗어나게 해준 것을 기뻐하는 비극을 보고서 개심되었다 믿는다. 그러므로 숭고한 것은 항상 **사유방식**과, 다시 말해 지성적인 것과 이성이념들에게 감성에 대한 지배권을 부여하는 준칙들과 관계를 갖는 것이어야만 한다.

감성적인 것에 대해서 전적으로 소극〔부정〕적으로 되는 그와 같은 추상적 현시방식으로 인해 숭고한 것의 감정을 잃어버리지 않을까 하는 염려는 할 필요가 없다. 왜냐하면 상상력은 감성적인 것 너머에서는 자기가 의지할 수 있는 아무런 것도 발견하지 못하지만, 그럼에도 불구하고 바로 자기의 경계를 이렇게 제거함으로써 자기가 무제한적임을 느끼기 때문이다. 그러므로 저러한 떼어냄은 하나의 무한한 것의 현시로서, 이 현시는 바로 그 때문에 결코 한낱 소극적인 현시 이외의 것일 수가 없지만, 그럼에도 그것은 영혼을 확장시키는 것이다. 아마도 유대인들의 율법서에 있는 다음과 같은 계명보다도 더 숭고한 구절은 없을 것이다. 즉 "너희는 위로 하늘에 있는 것이나 아래로 땅 위에 있는 것이나, 땅 아래 물속에 있는 어떤 것이든 그 모양을 본떠 새긴 우상을 섬기지 못한다."[217] 이 계명 하나만으로도 유대 민족이 그들의 개화기에 다른 민족들과 비교하여 자기의 종교에 대하여 느꼈던 열광이나 마호메트교가 고취한 자부 B125
심을 설명할 수 있다. 바로 똑같은 것이 도덕법칙의 표상과 우리 안의 도덕성의 소질에 대해서도 적용된다. 만약 사람들이 그런 표상에서 감관에

216) AA에 따라 칸트 원문 "indem"을 "in dem"으로 고쳐 읽는다.
217) 『성서』, 출애굽기, 20: 4.

맡겨놓을 수 있는 모든 것을 빼앗아버리면, 그 표상은 냉정하고 생기 없는 시인 외에는 아무런 것도 지닐 수 없고, 또 마음을 움직이는 아무런 힘이나 감동도 지니지 못할 것이라는 것은 전적으로 그릇된 걱정이다. 사실은 그와는 정반대이다. 왜냐하면, 무릇 감관이 자기 앞에서 더 이상 아무것도 보지 못하되, 오인할 여지가 없는 불멸의 윤리 이념이 남아 있는 곳에서는, 이 이념들이 무력해질까봐 두려워 형상이나 유치한 장치를 가지고 그 이념들을 구조하려 하기보다는, 무제한한 상상력의 활기를 열광에까지 올라가지 못하도록 절제시키는 것이 오히려 필요할 것이기 때
V275 문이다. 그래서 정부들도 종교들이 그러한[218] 부속물을 풍부하게 갖추도록 기꺼이 허용했으며, 신민에게 임의로 경계를 설정하고 그렇게 하여 신민을 순전히 수동적으로, 더 쉽게 다룰 수 있도록 하기 위하여, 그 영혼의 힘들을 이 경계 너머까지 신장하는 노고를 신민에게서 감해주고, 그러나 동시에 또한 그렇게 하려는 능력도 빼앗으려 했던 것이다.

그에 반해 윤리성의 이러한 순수한, 영혼을 고양시키는, 순전히 소극적인 현시는 **광신**[219]—이것은 **감성**[220]**의 모든 한계를 뛰어넘어 무엇인가를 보려는**, 다시 말해 원칙들에 따라서 꿈꾸(즉 이성을 가지고 미친 듯이 날뛰)**고자 하는 망상**이다—의 위험을 초래하지 않는다. 왜냐하면, 바로 이 경우에는 현시가 순전히 소극적이기 때문이다. 무릇 **자유 이념**의 **불가해성**〔탐구불가능성〕[221]은 모든 적극적인 현시의 길을 전적으로 차단한다. 그러나 도덕법칙은 그 자체로 우리 안에서 충분히 그리고 근원적으로 규정적이며, 그래서 도덕법칙은 우리가 도덕법칙의 밖에서 어떤 규
B126 정근거를 찾아보는 것을 결코 허용하지 않는다. 열광이 **광기**[222]와 비교

---

218) 곧, 형상이나 유치한 장치물들과 같은.

219) 원어: Schwärmerei. "광신"에 대해서는 『실천이성비판』, A151~153=V85~85; 『이성의 한계 안에서의 종교』, VI, 53 · 83 · 174~5 참조.

220) A판: **"윤리성"**.

221) 『윤리형이상학 정초』, B120~126=IV459~462; 『이성의 한계 안에서의 종교』, VI, 138 참조.

될 수 있다면, 광신은 **조광**〔躁狂〕[223]과 비교될 수 있다. 이 중 후자는 무엇보다도 최소한으로도 숭고한 것과 화합되지 않는데, 그것은 우스꽝스럽도록 깊이 파고들기 때문이다. 격정으로서의 열광에서 상상력은 고삐가 없지만, 뿌리깊은 격렬한 열정으로서 광신에서 상상력은 규칙이 없다. 전자는 아주 건전한 지성에서도 가끔 능히 있는 일시적인 우연사이지만, 후자는 지성을 착란시키는 일종의 병이다.

간결〔소박〕함[224](즉 기교 없는 합목적성)은 이를테면 숭고한 것에서의 자연의 양식이고, 그래서 또한 제2의 (즉 초감성적인) 자연인 윤리성의 양식이기도 하다. 이[225]에 대해서는 우리는 그 법칙들만을 알 뿐이며, 이런 법칙을 수립하는 근거를 함유하고 있는 우리 자신 안의 초감성적 능력에는 직관을 통해 이를 수가 없다.

또 하나 주의해두어야 할 것은, 비록 미적인 것에서의 흡족이나 숭고한 것에서의 흡족이나 보편적인 **전달가능성**으로 인해 다른 미감〔감성〕적 판정들 가운데서 뚜렷하게 구별될 뿐만 아니라, 또한 이러한 특성으로 인해 사회와의 관계에서—사회 안에서 흡족은 전달될 수 있다—이해관심을 얻지만, 그럼에도 불구하고 **모든 사회로부터의 격리〔동떨어짐〕** 또한, 만약 그런 격리가 모든 감성적 이해관심에 초연한 이념들에 의거하고 있다면, 숭고한 어떤 것으로 간주된다는 사실이다. 자족한 것, 그러니까 사회를 필요로 하지 않는 것, 그러면서도 비사교적이지는 않은 것, 다시 말해 사회를 도피하지는 않는 것, 그것은 모든 필요욕구로부터의 초탈과 마찬가지로 숭고한 것에 가까운 어떤 것이다. 그에 반해 **인간혐오**에서 인간을 도피하는 것은 인간을 적대시하는 것이기 때문에, 또 V276
대인공포증(인간기피증)에서 인간을 도피하는 것은 인간을 적으로서 두

222) 원어: Wahnsinn.
223) 원어: Wahnwitz.
224) 원어: Einfalt.
225) 곧, '제2의 (즉 초감성적인) 자연'.

려워하는 것이기 때문에 한편으로는 증오스럽고 한편으로는 경멸스럽
B127 다. 그럼에도 (매우 비본래적으로 그렇게 불리는) 인간혐오도 있는데, 그러한 소질은 나이가 듦과 함께 많은 선량한 사람들에게서도 흔히 보이는 것으로서, 그것은 **호의**와 관련해서는 충분히 박애주의적이기는 하지만, 오랫동안의 참담한 경험으로 인해 인간에 대한 **흡족**에서 멀리 떠나 있는 것이다. 은둔하려는 성벽, 두메의 별서에서 살았으면 하는 공상적인 소망, 또는 (젊은 사람들의 경우에는) 여타 세상에는 알려지지 않은 어느 고도〔孤島〕에서 소수의 가족과 함께 자기의 생애를 보낼 수 있다는 몽상적 행복, 소설가들이나 로빈슨[226]풍의 작가들이 잘 이용할 줄 아는 이런 것들이 〔저런 인간혐오의〕 증거이다. 허위, 배은망덕, 부정, 우리가 중대한 것으로 여기는 목적들을 추구함에 있어 인간들 자신이 상호간에 생각할 수 있는 온갖 해악을 저지르고 있는 유치한 짓, 이런 것들은 인간이 의욕하면 될 수 있을 것의 이념과는 모순되며, 인간을 보다 좋게 보려는 생생한 소망과는 너무나 상반되어, 인간을 사랑할 수 없을 때에 인간을 미워하지 않기 위해서 모든 사회적 기쁨을 단념하는 것쯤은 작은 희생으로 보이는 것이다. 이런 비애는 운명이 다른 사람들에게 씌우는 해악에 관한 것이 아니라,—이런 비애의 원인은 공감이다—사람들이 서로 간에 저지르는 해악에 관한 것으로서,—이런 비애는 원칙적으로 반감에 의거한다—이념들에 의거한 것이기 때문에, 전자의 비애[227]가 기껏해야 단지 아름답다고 여겨질 수 있는 데 반하여, 이런 비애는 숭고한 것이다.—재기 넘치면서도 철저한 **소쉬르**는 그의 알프스 여행기에서 사부아 산맥 중의 **보놈**[228]에 대해, "거기에는 일종의 **무미건조한 비애감**이 감돌고 있다"
B128 고 말한다. 그래서 그는 사람들이 이 세상에 대해 더 이상 아무것도 듣

226) Daniel Defoe의 *Robinson Crusoe*(1719)를 지시한다.

227) 곧, 공감에 의한 비애.

228) (Col du) Bonhomme. 프랑스 론-알프(Rhône-Alpes) 지방에 있는 협곡으로 오토 사부아(Haute-Savoie) 현에 속한 생 제르베 레뱅(Saint-Gervais-les Bains)과 사부아(Savoie) 현에 속한 부르 생 모리스(Bourg-Saint-Maurice) 사이에 위치하고 있다.

지도 보지도 않기 위해 그리로 이주하고 싶어하는 황야, 그러면서도 극도로 고통스러운 거주밖에는 인간에게 제공할 수 없을 정도로 그렇게 아주 황량해서는 안 되는 황야의 광경이 불러일으키는 **흥미로운** 비애 또한 알고 있었다.—내가 이러한 주해를 붙이는 것은 오직, 우수〔憂愁〕도—의기소침한 비애가 아니라—도덕적 이념들에 그 근거를 가지고 있으면, **강건한** 격정의 하나로 계산할 수 있으나, 만약 그것이 동감에 기초되어 있고, 또 그러한 것으로서 사랑스럽기도 하다면, 그것은 한낱 **유약한** 격정에 속한다는 것을 상기시키고, 그렇게 함으로써 오직 전자의 경우에만 마음의 정조는 **숭고하다**는 것을 주의시키고자 하는 의도에서이다.

☆ ☆ ☆ V277

지금 끝마친 미감적 판단들에 대한 초월적 해설과 이제 **버크**[229)]와 우리들 중의 다수의 명민한 인사들이 작업한 **생리학적**[230)]인 해설을 비교해 보면, 숭고한 것과 미적인 것에 대한 한낱 경험적 해설이 어디에 귀착하는가를 알 수 있을 것이다. 이런 종류의 논구에 있어서 가장 중요한 저자라고 부를 만한 **버크**[※]는 이런 방법으로 결론을 이끌어냈다(그의 저서 223면): "숭고한 것의 감정은 자기보존의 추동과 공포, 다시 말해 일종의

※ 그의 저술의 독일어 번역본『미와 숭고에 대한 우리의 개념들의 기원에 관한 철학적 연구』, 리가: 하르트크노호 출판사(Riga, bei Hartknoch), 1773에 따름.

229) Edmund Burke(1729~1797). 아일랜드 출신으로 영국 의회 휘그당의 지도자이자, 명연설가, 저술가. 그의 미학 논고 *A Philosophical Enquiry into the Origin of Our Ideas of the Sublime and Beautiful*(1757)에서 그는 아름다운 것이란 적격의 형식을 갖추고 쾌감을 일으키는 것, 숭고한 것이란 우리를 복종시키고 파괴하는 힘을 가진 것으로 규정했는데, 이로부터 칸트는 적지 않은 영향을 받은 것으로 보인다. 그러나 Burke는 미감적 쾌감이 자기보존이나 공포와 같은 생명의 이해관심에 기초하는 것으로 보았다.

230) A판: "**심리학적**". 그러나 칸트 당시의 개념으로 '생리학(Physiologie)'이란 '자연학'을 말하며, 자연학이 다시금 '물체론'과 '영혼론'〔심리학〕으로 나뉘는 한에서(*KrV*, A381 참조), '생리학'과 '심리학'은 때때로 교환 가능한 말로 쓰인다.

고통에 기초하며, 이 고통은 신체의 부분들을 실제로 파괴하는 데까지는 이르지 않기 때문에, 이 고통이 만들어내는 운동〔동요〕들은 가늘거나 굵은 맥관〔脈管〕들을 위험하거나 괴로운 폐쇄들로부터 정화하여 쾌적한
B129 감각을 불러일으킬 수 있다. 이 감각은 쾌감은 아니기는 하지만, 일종의 흡족한 경외감으로서, 경악이 섞여 있는 모종의 평정이다."[231] 그는 아름다운 것을 사랑에 기초시키고, —그러면서도 그는 사랑과 욕구를 떼어내고자 한다—아름다운 것을 "신체의 섬유들의 완화, 긴장 해소와 이완에, 그러니까 쾌락으로 인한 연화〔軟化〕, 해체, 쇠약, 침체, 사멸, 용해에"[232] 귀착시키고 있다.(251~252면) 그리고 이제 그는 이 설명방식을 상상력이 지성과 결합하여 우리 안에 아름다운 것과 숭고한 것의 감정을 일으킬 수 있는 경우들에 의해서뿐만 아니라, 또한 상상력이 감관의 감각들과 결합하여 그러한 감정을 일으킬 수 있는 경우들에 의해 확인하고 있다—우리 마음의 현상에 대한 이러한 분석은 심리학적 소견으로서는 극히 훌륭한 것이며, 경험적 인간학의 가장 인기 있는 탐구들에 풍부한 재료를 제공한다. 또한 우리 안의 표상들은 객관적으로 한낱 감성적인 것이든 아니면 전적으로 지성적인 것이든 간에, 주관적으로는 쾌락이나 고통과—이 양자가 제아무리 인지하기 어렵다 해도—결합될 수 있다는 것은 부정할 수 없다. (왜냐하면 표상들은 모두 생명감을 촉발하며, 어떠한 표상도 주관의 변양인 한에서 생명감에 무관할 수는 없으니 말이다.) 그뿐만 아니라, **에피쿠로스**[233]가 주장했듯이, **언제나**[234] **쾌락**과 **고통**은, 그것이 **무릇**[235] 상상에서 시작된 것이든 또는 심지어는 지성의 표상들에서 시작된

231) Burke, 같은 책, Part IV, §vii.

232) Burke, 같은 책, Part IV, §xix.

233) Epikuros(BC 341~271)가 명시적으로 모든 쾌락과 고통이 신체적인 것이라고 주장했는지는 분명하지 않으나, 쾌락과 고통이 감각에 의거하고 있다고 보았다(Diogenes Laertius, *X: Epikuros*, 124 참조)는 점에서 그렇게 볼 수도 있다. 「인간학 강의」 Collins: XXV, 202: "인간에서 모든 쾌락은 신체적인 것이라고 에피쿠로스는 말한다" 참조.

234) A판: **"모든"**.

것이든, 결국은 신체적이라는 것도 부정할 수 없다. 왜냐하면, 생명은 신체적 기관의 감정이 없다면 한낱 자기의 실존의 의식일 뿐, 안녕과 불편 V278
의 감정, 다시 말해 생명력의 촉진과 장애의 감정은 아닐 것이기 때문이다. 마음은 그 자신만으로 전적으로 생명(즉 생명원리 자신)이며, 그 방해들이나 촉진은 마음 밖에서 그러면서도 인간 자신 안에서, 그러니까 그의 신체와의 결합에서 찾아지지 않으면 안 되니 말이다.

그러나 만약 사람들이 대상에서의 흡족을 전적으로, 이 대상이 자극 B130
〔매력〕이나 감동에 의해서 쾌락을 준다는 데에 둔다면, 사람들은 우리가 내리는 미감적 판단에 동의할 것을 **다른** 어느 누구에게도 요구해서는 안 될 것이다. 왜냐하면 이러한 문제에 관해서는 각자 누구나 자기의 사적 감관에 문의하는 것이 당연할 것이기 때문이다. 그러나 그럴 경우 취미의 일체의 검열은 전적으로 중지된다. 그렇지 않으면 다른 사람들이 그들의 판단의 우연한 합치에 의해 제공하는 실례를 우리에 대해 찬동하라는 **지시명령**으로 만들 수밖에는 없을 것이니 말이다. 아마도 우리는 역시 그러한 원리에는 반대하여, 자신의 안녕에 대한 직접적인 감정에 기인하는 판단을 다른 사람의 감관에 종속시키기보다는 자기 자신의 감관에 종속시키는 자연스러운 권리를 주장할 것이다.

그러므로 취미판단이 **자기중심적**인 것으로 간주될 것이 아니라, 그것의 내적 본성상, 다시 말해 다른 사람들이 그들의 취미에 대해 제공하는 실례 때문이 아니라 그 판단 자신 때문에 필연적으로 **다원적**인 것으로 간주되어야만 한다면, 그리고 사람들이 취미판단을 모든 사람이 마땅히 그에 동의해야 할 것을 동시에 요구할 수 있는 그러한 판단으로 인정할 만하다면, 그러한 판단의 기초에는 사람들이 마음의 변화의 경험적 법칙들에 대한 탐지를 통해서는 결코 도달할 수 없는 어떤 (객관적인 것이든 주관적인 것이든 간에) 선험적인 원리가 놓여 있지 않으면 안 된다. 왜냐하

235) A판: "**제아무리**".

면 이러한 경험적 법칙들은 어떻게 판단이 되는가를 인식하게 해줄 뿐, 어떻게 판단되어야만 하는가를 지시명령하지 않으며, 그것도 그 지시명령이 **무조건적**일 정도로 지시명령하지는 않기 때문이다. 그러나 취미판단은 그와 같은 지시명령을 전제하고 있다. 취미판단은 흡족이 어떤 표상과 **직접적으로** 연결되어 있음을 요구하는 것이니 말이다. 그러므로 미감적 판단들의 경험적 해설이 보다 고차적인 연구를 위한 재료를 수집하기 위한 시작이 될는지는 모르겠다. 그러나[236] 이러한 능력에 대한 하나의 초월적 해
B131 설 역시 가능하며,[237] 이것은 본질적으로 취미 비판에 속하는 것이다. 왜냐하면, 선험적 원리들을 가지지 않고서는 취미는 다른 사람들의 판단들을 재단할 수도 없으며, 또 다소나마 권리의 외양을 가지고서 다른 사람들의 판단들에 관해 시인 또는 부인의 **판결들**[238]을 내릴 수도 없기 때문이다.

미감적 판단력에 속하는 나머지 부분에는 무엇보다도 먼저 다음의 순수한 미감적 판단들의 연역이 포함된다.[239]

V279

순수 미감적 판단들의 연역[240]

§30

자연 대상들에 관한 미감적 판단들의 연역은 자연에서 우리가 숭고하다고 부르는 것을 지향할 필요는 없고, 단지 미적인 것을 지향하면 된다

미감적 판단의 모든 주관에 대한 보편타당성의 요구〔권리주장〕는, 어

---

236) A판: "**그래서**".

237) A판: "**그리고** 이것은".

238) A판: "**판단들**".

239) B판 추가.

240) A판: "**제3권**. 미감적 판단들의 연역". A판의 이 제목은 교정을 맡아본 Kiesewetter가 수정해넣은 것이었으나(Kiesewetter에게서 받은 1790. 3. 3 자 편지: AA XI, 139와 그에게 보낸 1790. 4. 20 자 편지: AA XI, 154 참조), B판을 낼 때 칸트가 이를 다시 정정했다.

떤 선험적 원리에 기반해야만 하는 판단으로서, 하나의 연역(즉 그것의 과도한 주장〔월권〕에 대한 정당화)을 필요로 한다. 이 연역은 미감적 판단이 곧 **객관의 형식**에서의 흡족 또는 부적의함에 관련할 때에는 그 판단의 해설 위에 덧붙여지지 않으면 안 되는 **것이다**.[241] 자연의 미적인 것에 관한 취미판단들은 그와 같은 것들이다. 왜냐하면 이 경우에 합목적성은 어디까지나 객관과 객관의 형태 안에 그 근거를 가지고 있는 것이기 때문이다. 비록 그 합목적성이 객관과 다른 대상들과의 관계를 개념들에 따라서 (인식판단을 위해) 제시해주는 것이 아니라, 그 형식이 마음 안에서 개념들의 **능력**[242]에도 또한 (포착의 능력과 동일한 것인) 개념들의 현시의 **능력**[243]에도 **적합함을 보여주는**[244] 한에서, 일반적으로 이 형식의 포착에만 관련되어 있지만 말이다. 그래서 사람들은 또한 자연의 미적인 것에 관해서 자연의 형식들의 이러한 합목적성의 원인에 관한 여러 가지 질문들을 던질 수 있다. 예컨대, 왜 자연은 그토록 낭비적으로 미를 온갖 곳에, 심지어는 인간의 눈—저 미는 인간의 눈에 대해서만 합목적적인 바—이 드물게만 미치는 대양의 바닥에까지도 흩어놓았는가 등등을 사람들은 어떻게 설명하려 할 것인가? B132

그러나 자연의 숭고한 것은—그것에 관해서 우리가 객관적 합목적성으로서의 완전성의 개념이 섞여 있지 않은 순수한 미감적 판단을 내린다면 말이다. 객관적 합목적성으로서의 완전성의 개념이 섞여 있는 경우에 그것은 하나의 목적론적 판단이겠다—전적으로 무형식적인 또는 무형태적인 것임에도 순수한 흡족의 대상으로 간주될 수 있으며, 주어진 표상의 주관적 합목적성을 보여줄 수가 있다. 이제 여기에서 제기되는 물음은, 과연 이러한 유의 미감적 판단에 대해서도, 그 판단에서 사고되는

241) A판: "**것이겠다**".
242) 곧, 지성.
243) 곧, 상상력. B55=V232 · B74=V244 등 참조.
244) A판: "**적합한**".

것에 대한 해설 외에, 그것의 어떤 (주관적) 선험적 원리에 대한 주장의 연역이 또한 요구될 수 있는가 어떤가 하는 것이다.

V280 이 물음에 대한 답변은, 자연의 숭고한 것은 단지 비본래적으로만 그렇게 불리는 것이며, 〔숭고한 것이란〕 본래적으로는 한갓 인간의 자연본성에서의 사유방식〔성향〕에만 또는 차라리 이 사유방식〔성향〕의 토대에
B133 만 부여되어야만 한다는 것이다. 보통은 무형식적이고 비합목적적인 대상에 대한 포착이 순전히 이런 사유방식〔성향〕을 의식할 기연을 주며, 이렇게 해서 대상은 주관적으로-합목적적으로 **사용**되지만, 대상 **그 자신만으로서** 그리고 그 형식으로 인하여 그렇게 판정되는 것은 아니다. (그것은 말하자면 所與된 것이 아니라, 受容된 目的의 形象이다.) 그래서 자연의 숭고한 것에 관한 판단들에 대한 우리의 해설은 동시에 그에 대한 연역이었던 것이다. 왜냐하면, 우리가 그러한 판단들에서의 판단력의 반성을 분해했을 때, 우리는 그러한 판단들에는 인식능력들[245)]의 합목적적인 관계를 발견했던바, 이 관계는 목적들의 능력(즉 의지)의 기초에 선험적으로 놓여 있지 않으면 안 되는 것으로서, 그래서 그 자신이 선험적으로 합목적적인 것이고, 이것은 곧 그 연역, 다시 말해 그러한 판단들의 보편적이고-필연적인 타당성에 대한 주장의 정당화**를 함유하고 있기**[246)] 때문이다.

그러므로 우리는 단지 취미판단들, 다시 말해 자연사물들의 미에 관한 판단들의 연역만을 찾으면 될 것이고, 그렇게 하면 전체 미감적 판단력을 위한 과제를 전반적으로 충분하게 수행한 것이 될 것이다.

---

245) 곧, 상상력과 이성.
246) A판: "정당화**이기**".

§31
취미판단들의 연역의 방법에 대하여

어떤 종류의 판단들의 연역, 다시 말해 정당성 보증의 임무는 그 판단이 필연성을 주장할 때에만 대두한다. 판단이 주관적인 보편성을, 다시 말해 모든 사람의 동의를 요구할 때도 그러한 경우이다. 〔이 경우〕 그럼에도 불구하고 그것은 인식판단이 아니라, 단지 주어진 대상에 대한 쾌 또는 불쾌의 판단일 뿐으로, 다시 말해 그것은 일관되게 모든 사람에게 타당한 주관적 합목적성을 과도하게 주장하는 판단이되, 그 주관적 합목적성은 사상〔事象〕의 어떤 개념에 기초하고 있지 않다는 것인데, 왜냐하면 그것은 취미판단이기 때문이다. B134

후자[247]의 경우에 우리는 눈앞에 어떠한 인식판단, 즉 지성에 의한 **자연** 일반의 개념을 기초에 두는 이론적 인식판단도, 이성에 의해 선험적으로 주어지는 것인 **자유**의 이념을 기초에 두는 (순수한) 실천적 인식판단도 갖지 않으며, 그러므로 우리는 어떤 사상〔事象〕이 무엇인가를 표상하는 판단도, 또 내가 어떤 사상〔事象〕을 만들어내기 위해서는 무엇인가를 실행해야만 한다는 판단을 타당성의 면에서 선험적으로 정당화해야 할 필요가 없다. 그렇기에 대상의 형식에 대한 경험적 표상의 주관적 합목적성을 표현하는 하나의 **단칭**판단이 판단력 일반에 대해 **보편타당성** V281
을 가지고 있음이 밝혀질 수만 있으면, 어떤 것이 한낱 (감관감각이나 개념 없이) 판정될 때 적의할 수 있음이 어떻게 가능한가, 또 **인식** 일반을 B135
위한 어떤 대상의 판정이 보편적 규칙들을 갖는 것이나 마찬가지로, 어떤 한 사람의 흡족이 다른 모든 사람에 대해서 규칙으로 통보되어도 좋다는 것이 어떻게 가능한가를 설명할 수 있다.

그런데 이 보편타당성이 다른 사람들에서 그들의 감각하는 방식에 대

247) 곧, 취미판단.

한 투표와 설문에 기초하지 않고, 이를테면 (주어진 표상에 대한) 쾌의 감정에 관해 판단하는 주관의 자율에, 다시 말해 그 자신의 취미에 의거해 있으며, 그럼에도 불구하고 개념들에서 도출되어서는 안 되는 것이라고 한다면, 그러한 판단은—취미판단이 실제로 그러하듯—이중적인, 그러면서도 논리적인 특유성을 갖는다. 곧 그것은 **첫째로** 선험적 보편타당성을 갖는바, 그러면서도 그것은 개념들에 따른 논리적 보편성이 아니라, 단칭판단의 보편성이다. **둘째로** 그것은 (항상 선험적인 근거들에 의거하지 않을 수 없는) 필연성을 가지는바, 그러나 이 필연성은 어떠한 선험적인 증명근거들에 의존하고 있지 않다. 그러하니 취미판단이 누구에게나 요구하는 찬동은 어떤 선험적 증명근거의 표상을 통해 강제될 수 있는 것이 아닐 것이다.

그 점에서 취미판단이 모든 인식판단과 구별되는 이런 논리적 특유성들에 대한 풀이는, 우리가 여기서 당초에 취미판단의 모든 내용, 곧 쾌의 감정을 추상하고, 한낱 미감적 형식만을 논리학이 지정하는 것과 같은 객관적 판단들의 형식과 비교해보면, 그것만으로도 이 특이한 능력의 연
B136 역을 위해 충분할 것이다. 그러므로 우리는 취미의 이러한 특징적인 속성들을 먼저 실례들을 통해 해명함으로써 파악하기 쉽게 하고자 한다.

§32
취미판단의 첫째 특유성

취미판단은, 마치 객관적인 것처럼, **모든 사람의** 동의를 요구주장하면서 그 대상을 흡족의 관점에서 (미〔아름다움이〕라고) 규정하는 것이다.
V282 "이 꽃은 아름답다"고 말하는 것은 그 꽃 자신이 모든 사람의 흡족을 요구주장한다고 단지 따라 말하는 것과 똑같다. 꽃은 그 향기의 쾌적성을 가지고서는 전혀 아무런 요구주장도 하지 않는다. 이 향기는 어떤 사람은 즐겁게 하지만, 다른 어떤 사람에게는 두통을 일으킨다. 이제 이로

부터 사람들은, 미란 꽃 자신의 속성으로 간주될 수밖에 없는 것으로, 사람들이 꽃에 관해 판단하고자 할 때, 이 속성이 서로 다른 사람들과 서로 다른 수많은 감관들을 따르는 것이 아니라, 오히려 서로 다른 사람과 감관들이 이 속성을 따르지 않으면 안 된다고 추측할 수밖에 없지 않겠는가? 그럼에도 사정은 그렇지가 않다. 왜냐하면 바로 취미판단이란 어떤 사상〔事象〕이 그것을 받아들이는 우리의 방식을 따르는 그러한 성질의 면에서만 그 사상을 아름답다고 부른다는 데에서 성립하는 것이기 때문이다.

게다가 주관의 취미를 증명해야 하는 각 판단에 대해서는 주관이 독자적으로, 경험을 통해 다른 사람들의 판단 사이를 더듬고 다니면서, 동일 B137
한 대상이 그들에게 흡족한지 부적의한지를 미리 알아볼 필요 없이, 판단을 내려야 한다는 것이 요구되며, 그러니까 어떤 사물이 가령 실제로 보편적으로 적의하기 때문에, **자기의 판단을**[248] 모방으로서 **언표해야** 하는 것이 아니고, 선험적으로 **언표해야**[249] **함**[250]이 요구된다. 그러나 그때 사람들은 객관의 인식을 위한 원리를 함유하고 있는 선험적인 판단이 그 객관의 개념을 함유하지 않으면 안 된다고 생각해야만 할 터이다. 그러나 취미판단은 전혀 개념들에 기초하고 있지 않으며, 도무지 인식판단[251]이 아니라 단지 하나의 미감적 판단일 따름이다.

그래서 한 젊은 시인은 자기의 시가 아름답다〔미적이다〕는 신조를 대중의 판단에 의해서도, 자기의 친구들의 판단에 의해서도 굽히려고 하지 않는다. 그리고 만약 그가 그들의 말에 귀를 기울인다면, 그것은 그가 자기의 시를 다르게 판정하기 때문이 아니라, 오히려, 비록 전체 대중이 (적어도 그의 관점에서는) 그릇된 취미를 가지고 있음에도 불구하고, 그

---

248) B판 추가.

249) AA에 따름. B판: "**부인해야**".

250) A판: "**따라서** 선험적으로 **언표되어야 할 것이**".

251) AA에 따름. Kant: "인식".

가 박수를 받고 싶다는 그의 욕구 안에서 (그 자신의 판단에 반하여) 일반의 형편없는 생각에 영합해야 할 이유를 발견하기 때문인 것이다. 오로지 나중에 가서, 그의 판단력이 연마됨으로써 더욱 예리해지게 되면, 그는 자진해서 자기의 이전 판단을 버리는데, 그것은 그가 전적으로 이성에 의거하는 자신의 판단들의 편에 서는 것과도 같다. 취미는 **순전히**[252] 자율**만**[253]을 요구주장한다. 타인의 판단들을 자기 판단의 규정근거로 삼는 것은 타율일 터이다.

B138 사람들이 옛사람의 작품들을 당연히 전범으로 칭송하고, 그것들의 저자들을, 마치 작가들 중에서도 민중들에게 자신의 선례에 의해 법칙들을 수립하는 모종의 귀족인 양, 고전적이라고 부른다는 사실은 취미의 원천들이 후험적임을 지시하고, 각 주관의 취미의 자율성을 반박하는 것처럼
V283 보인다. 그러나 사람들은, 지금까지 종합적 방법의 최고의 철저성과 세련미의 거의 불가결한 전범으로 간주되는 옛날의 수학자들이 우리 편에서는 모방적 이성을 증명하는 것이고, 최대의 직관을 가지고서도 개념들의 구성에 의해 엄밀한 증명들을 자기 자신으로부터 만들어낼 수 없는 이성의 무능력을 증명하는 것이라고 능히 말할 수도 있겠다. 만약 각각의 주관이 언제나 전적으로 자기의 조야한 자연적 소질에서 시작해야만 한다면, 그리고 만약 뒤따라오는 사람들을 한낱 모방자들로 만들기 위해서가 아니라, 오히려 자기의 수행방식을 통해 다른 사람들로 하여금 그들 자신 안에서 원리들을 찾고, 그렇게 함으로써 그들의 고유한, 흔히는 보다 좋은 길을 얻도록 시사점을 주기 위해서, 다른 사람들이 그들의 시도들을 각각의 주관에게 앞장서 보여주지 않는다 한다면, 우리의 힘들이 제아무리 자유롭게 사용된다 할지라도, 그 힘들의 사용이 그리고 (자기의 모든 판단을 선험적인 공통의 원천에서 길어내지 않으면 안 되는) 이성의 사용조차도 잘못된 시도에 빠지지 않는 것은 하나도 없을 것이다. 누구나 각

252) B판 추가.
253) B판 추가.

기 자기의 처신에 대해 스스로 책임을 지고 있으며, 자기 범행의 죄를 교 B139
사이든 선행자이든 다른 사람에게 전가할 수 없기 때문에, 틀림없이 각 자가 자기의 처신의 규칙을 자기 자신으로부터 이끌어내지 않으면 안 되는, 종교에서조차도, 사람들이 그것들을 성직자 또는 철학자들에게서 배워 얻었거나 아니면 자기 자신에게서 취했거나 간에, 보편적 지시규정들에 의해서는 덕이나 신성성의 실례에 의해서만큼의 성취를 결코 이루지 못한다. 〔그러나〕 역사상에 드러난 그런 실례가 윤리성의 고유한 그리고 근원적인 이념으로부터 (선험적으로) 나온 덕의 자율성을 없어도 되게 만들거나 이것을 기계적인 모방으로 변환시키지는 않는다. 어떤 범례적인 창시자의 산물들이 다른 사람들에게 가질 수 있는 모든 영향에 대해서는 모방이 아니라, 선행한 것에 관한 **계승**이라고 함이 올바른 표현이다. 이것이 의미하는 바는 단지, 저 창시자 자신이 길어냈던 원천으로부터 길어낸다는 것, 그리고 선행자에게서는 단지 거기서 선행자가 취한 방식만을 보고 배운다는 것이다. 그러나 취미의 판단은 개념과 지시규정들에 의해 규정될 수 있는 것이 아니기 때문에, 모든 능력과 재능들 가운데서 취미는 바로 문화의 진보과정에서 가장 오랫동안 찬동을 얻었던 것의 실례들을 가장 많이 필요로 하는 것이다. 이 취미가 이내 다시 천박해지고 최초 시도의 그 조야함으로 되돌아가지 않도록 하기 위해서는 말이다.

§33 B140 V284

취미판단의 둘째 특유성

취미판단은, 마치 한낱 **주관적**인 것처럼, 증명근거들에 의해서는 전혀 규정될 수 없다.

누군가가 어떤 건물이나 조망이나 시를 아름답다고 보지 않는다면, **첫째로** 그는 백 사람이 모두 한목소리로 그것을 높이 찬양해도 내심으로는 그에 찬동을 보내지 않는다. 물론 그는 무취미한 자로 간주되지 않기 위해서, 그것이 그에게도 적의한 것처럼 가장할지도 모르고, 더 나아가 그는 과연 자신이 취미를 일정한 종류의 대상들을 충분히 많이 앎으로써 충분히 도야했는가를 의심하기 시작할 수도 있다. (다른 사람들은 모두 도시로 보는 멀리에 있는 어떤 것을 자기는 숲으로 보고 있다고 믿는 어떤 사람이 자기 자신의 시각의 판단에 의심을 품는 것처럼 말이다.) 그러나 그럼에도 그는 다른 사람들의 찬동이 미의 판정에 대한 타당한 증명을 전혀 제공하지 못한다는 것을 명료하게 통찰하는 바이다. 또 그는, 경우에 따라서는 다른 사람들이 그를 대신해서 보고 관찰**할 수도 있으**며[254], 많은 사람들이 한결같게 본 것이 그것을 다르게 보았다고 믿는 그에게 이론적, **그러니까 논리적**[255] 판단을 위한 충분한 증명근거가 되기는 하겠으나, 결코 다른 사람들에게 적의했던 것이 미감적 판단의 근거가 될 수는 없다는 것
B141 도 명료하게 통찰하는 바이다. 우리에게 불리한 다른 사람들의 판단이 당연히 우리로 하여금 우리의 판단에 관해 숙고하도록 할 수 있기는 하지만, 그것이 결코 우리의 판단이 맞지 않다는 것을 확신시켜줄 수는 없다. 그러므로 취미판단을 누구에겐가 강요할 수 있는 경험적 **증명근거**는 없다.

둘째로, 일정한 규칙들에 따르는 선험적 증명은 더더욱이나 미에 관한 판단을 규정할 수 없다. 누군가가 나에게 그의 시를 읽어주거나 또는 어떤 연극을 보여주는데, 그것이 결국에는 내 취미에 맞지 않는다면, 그가 **바토**[256]나 **레싱**[257] 또는 그보다 더 옛날의 더 유명한 취미 비평가들과

---

254) A판: "관찰**하며**".

255) B판 추가.

256) Charles Batteux(1713~1780). 계몽주의 시대 프랑스의 미학자, 비평가. 주저는 『공통의 원리로 환원되는 미적 기예들(*Les beaux-arts réduits à un même principe*)』(1746, 독일어 번역본 1751)로 여기서 그는 모든 예술의 공통의 원리는 자연의 모방임을 입증하고자 했고, 이런 그의 생각이 동시대인에게 큰 영향을 미쳤으나 당시에도 이미 적지 않은 반론(예컨대, M. Mendelssohn) 또한 있었다.

257) Gotthold Ephraim Lessing(1729~1781). 독일 계몽주의를 대표하는 시인, 극작가, 비평가, 사상가. 그는 평론집 *Laokoön, oder, über die Grenzen der Malerei und*

그들에 의해 세워진 규칙들을 자기 시가 미적이라는 논거로 끌어댄다 해도, 또 바로 나에게 적의하지 않은 어떤 구절들이 (취미 비평가들에게서 제시되어 있고 일반적으로 인정되어 있는 것 같은) 미의 규칙들과 아주 잘 부합한다 해도, 나는 나의 귀를 막고, 어떠한 논거와 어떠한 이성논변도 듣고 싶어 하지 않으며, 나의 판단이 선험적인 증명근거들에 의해서 규정되어야 한다기보다는 차라리, 비평가들의 저 규칙들이 잘못된 것이거나, 적어도 이 경우에는 적용되지 않는다고 생각할 것이다. 나의 판단은 취미 V285
의 판단이고 지성이나 이성의 판단이어서는 안 되는 것이니 말이다.

이것이 사람들이 이러한 미감적 판정능력에 바로 취미라는 이름을 붙였던 주요한 이유 중의 하나인 것으로 보인다. 무릇 누군가가 나에게 어떤 요리의 모든 성분들을 열거하고, 각 성분에 대해 그것들 각각이 보통 B142
때 나에게 쾌적한 것임을 주목하게 하고, 또 게다가 이걸 먹는 것이 건강에 좋음을 당연하게 찬양한다 해도, 나는 이러한 모든 논거에 대해서는 귀머거리가 되어, **나의** 혀와 나의 입으로 그 요리를 시식하고, 그에 따라서 (보편적 원리들에 따라서가 아니라) 나의 판단을 내리는 것이다.

사실 취미판단은 반드시 언제나 객관에 대한 단칭판단으로 내려진다. 지성은 객관을, 흡족하게 하는 것이라는 점에서, 다른 사람들의 판단과 비교하여, 예컨대 '모든 튤립은 아름답다'와 같은 하나의 전칭판단을 만들 수가 있다. 그러나 그런 경우에 그것은 하나의 취미판단이 아니라, 객관과 취미의 관계를 어떤 종류의 사물들 일반의 술어로 만드는 하나의 논리적 판단이다. 그러나 내가 주어진 하나하나의 튤립을 아름답다고 보는, 다시 말해 그 튤립에 대한 나의 흡족이 보편타당하다고 보는 판단은 다만 취미판단이다. 그러나 이러한 판단의 특유성은, 그것이 한낱 주관

Poesie(1766)을 통해 근대 예술론을 펴는 한편, 시집 *Nathan der Weise*(1779), 산문집 *Ernst und Falk. Gespräche für Freymäurer*(1778~80), *Die Erziehung des Menschengeschlechts*(1780) 등을 통해 교회와 세속의 권력에 대항하여 인간의 이성과 관용, 자유와 인간의 존엄성 사상을 폈다. 그는 괴테, 실러에 앞서 독일 근대문학의 개척자로 평가받는다. 칸트 또한 그를 당대의 대표적 극작가로 꼽았다.

적 타당성만을 가짐에도 불구하고, **모든** 주관에 대해서, 마치 그 판단이 인식근거에 의거하고 있는, 그리고 하나의 증명에 의해서 강제될 수 있을, 객관적인 판단이라면, 언제나 일어날 법한 그러한 권리주장을 한다는 데에 있다.

B143

§34
취미의 객관적 원리란 있을 수 없다

사람들은 취미의 원리를 그 조건 아래에 어떤 대상의 개념을 포섭한 다음에 추론을 통해 그 대상이 아름답다는 것을 도출할 수 있는 하나의 원칙이라고 이해할 것이다. 그러나 그런 것은 단적으로 불가능한 것이다. 왜냐하면 나는 대상의 표상에서 직접적으로 쾌감을 느껴야만 하는 것으로, 쾌감은 어떤 증명근거에 의해서 나에게 떠맡겨질 수 있는 것이 아니기 때문이다. 그러므로 비평가들은, **흄**이 말하는 바와 같이[258], 요리사들보다 더 그럴듯한 논변을 펼 수는 있지만, 그들은 요리사들과 같은 운명을 갖는다. 그들은 자기들의 판단의 규정근거를 증명근거들의 힘에
V286 서 기대할 수 있는 것이 아니라, 모든 지시규정과 규칙들을 거부한 채, 오로지 자기 자신의 (쾌 또는 불쾌의) 상태에 관한 주관의 반성에서만 기대할 수 있을 뿐인 것이다.

그러나 그럼에도 비평가들이 우리의 취미판단들을 바로잡고 확장을

---

258) Hume의 소론 "The Sceptic"(수록: *Essays Moral, Political and Literary*, 1742, Ch. XVIII. J. G. Sulzer의 독일어 번역본, 1756) 참조: "정신적 취미에는 원리들에 근접하는 무엇인가가 있다. 비평가들은 요리사나 행위자들보다 더 그럴듯하게 추리하고 논변할 수 있다. 그러나 우리는, 이러한 동질성이 미와 가치의 정서에 고려할 만한 다양성이 있다는 것을 방해하지 않음을 볼 수 있으며, 또 교육 · 습관 · 선입견 · 기분 · 기질 등이 이런 종류의 취미를 자주 변화시킴을 볼 수 있다." 또 Hume은 같은 책의 또 다른 소론 "Of the Standard of Taste"에서 "정신적 취미와 신체적 취미의 매우 큰 유사성"을 지적하기도 한다.

가져오기 위해 논변을 펼 수 있고 펴야만 할 것이 있으니, 그것은 이런 종류의 미감적 판단들의 규정근거를 보편적으로 사용할 수 있는 정식〔定式〕으로 명시하는 것 같은 불가능한 일이 아니라, 이런 〔미감적〕 판단들에서의 인식능력들[259]과 그것들의 과업들에 관해 탐구하고, 또 주어진 B144
표상에서 그[260] 형식이 그 표상의 대상의 미라는 것이 위에서[261] 지적한 교호적인 주관적 합목적성[262]을 실례들에서 분석해내는 일이다. 그러므로 취미 비판 자신은 우리에게 객관을 주는 표상에 관해서는 단지 주관적인 것이다. 곧 취미 비판은 주어진 표상에서의 지성과 상상력의 서로에 대한 교호적 관계를 (선행하는 감각이나 개념과 관계함이 없이), 그러니까 이 두 능력들의 일치 또는 불일치를 규칙들 아래로 보내서, 이 능력들을 그것들의 조건들에 관하여 규정하는 기술〔기예〕 또는 학문이다. 이러한 것을 단지 실례에서만 보인다면 취미 비판은 **기술**이고, 그러한 판정의 가능성을 인식능력 일반으로서의 이 능력들의 본성으로부터 도출한다면, 취미 비판은 **학문**이다. 초월적 비판으로서 이 후자와만 우리는 여기서 관계한다. 〔학문으로서의〕 취미 비판은 취미의 주관적 원리를 판단력의 선험적 원리로서 발전시키고 정당화하여야 한다. 기술로서 비판은 한낱 생리학적인 (여기서는 심리학적인) 규칙들, 그러니까 그에 따라 취미가 실제로 작동하는 경험적 규칙들을 (그것들의 가능성에 관해서는 숙고함 없이) 취미의 대상들의 판정에 적용하고자 할 뿐이며, 미적 기예〔예술〕의 산물들을 비판한다. **저** 〔학문으로서의〕 비판이 그 산물들을 판정하는 능력 자신을 비판하는 것과 같이 말이다.

---

259) 곧, 상상력과 지성.

260) 곧, 주관적 합목적성.

261) 특히 "형식적 주관적 합목적성으로서의 미"(B46=V228)를 설명하고 있는 위의 §15 참조.

262) 미적인 것은 "반성적 판단력이 인식 일반과 관계 맺으면서 합목적적으로 조율"(B83=V249)될 때, 다른 관점에서 보자면, '자유로운 상상력'이 '합법칙적인 지성'에 부합하여 그 아래에 포섭되는 "감정"(B146=V287 참조), 곧 쾌감에서 현시된다.

B145

§35

취미의 원리는 판단력 일반의 주관적 원리이다

취미판단은 논리적 판단과 구별되는데, 그것은 후자가 어떤 표상을 객관의 개념들 아래에 포섭하는 것에 반해, 전자는 그것을 전혀 어떤 개념 아래 포섭하지 않는다는 데에 있다. 그렇지 않다면 〔즉 취미판단이 표상을 어떤 개념 아래 포섭한다면〕 필연적 보편적 찬동이 증명들에 의해 강제될 수 있을 것이니 말이다. 그럼에도 불구하고 취미판단은 보편
V287 성과 필연성을 내세운다는 점에서는 후자와 비슷하다. 그러나 객관의 개념들에 의해서는 아니고, 따라서 한낱 주관적인 보편성과 필연성을 내세우는 것이다. 무릇 한 판단에서 개념들은 그것의 내용(즉 객관의 인식에 속하는 것)을 이루는 것이지만, 취미판단은 개념들에 의해서 규정될 수 있는 것이 아니기 때문에, 단지 판단 일반의 주관적 형식적 조건에 기초할 뿐이다. 모든 판단들의 주관적 조건은 판단하는 능력 자신, 바꿔 말해 판단력이다. 이 판단력은, 어떤 표상에 의해 하나의 대상이 주어지는 그런 표상에 대해 사용될 때, 두 표상력의 부합을 필요로 한다. 곧 (직관 및 직관의 잡다의 합성[263]을 위한) 상상력과 (이 합성[264]의 통일 표상으로서의 개념을 위한) 지성의 부합을 필요로 한다. 그런데 이 경우 판단의 기초에 아무
B146 런 객관의 개념도 놓여 있지 않기 때문에, 이 판단은 단지 상상력 자신을 (그에 의해 한 대상이 주어지는 표상에서), 지성이 일반적으로 직관으로부터 개념들에 이르는 조건들 아래에[265] 포섭하는 데에서만 성립할 수 있다. 다시 말해, 상상력이 개념 없이 도식화한다[266]는 바로 그 점에 상상력의

263) '포착'으로 읽자고 제안하는 이도 있다.

264) '포착'으로 읽자고 제안하는 이도 있다.

265) AA: "조건 아래에". 여기서 "조건"이란 곧 도식이겠다.

266) '도식화'란 기본적으로 '개념의 감성화'이다. 그러니까 엄밀한 의미에서 '개념 없이 도식화한다'는 것은 일어날 수 없는 일이다. 그러므로 이 말은 표상을 '규정된(확정된) 개념 없이 직관적으로 그려낸다' 정도를 뜻한다. "미적인 것은 무규정적인 지성개

자유가 성립하기 때문에, 취미판단은 교호적으로 생기를 넣어주는 **자유 속에 있는**〔자유로운〕 상상력과 **합법칙성**과 함께 있는〔합법칙적인〕 지성을 한낱 감각하는 데에 의거하며, 그러므로 대상이 자유롭게 유희하는 그 인식능력을[267] 촉진하도록 대상을 (그에 의해 그 대상이 주어지는) 표상의 합목적성에 따라서 판정하게 하는 감정에 의거한다.[268] 그리고 주관적 판단력으로서 취미〔심미〕는 포섭의 원리를 함유하되, 그것은 직관들을 **개념들** 아래에 포섭하는 원리가 아니라, 직관들의 또는 현시들의 **능력**(다시 말해, 상상력)을 개념들의 **능력**(다시 말해, 지성) 아래로, **자유 속에 있는** 전자가 **합법칙성 속에 있는** 후자와 부합하는 한에서, 포섭하는 원리이다.

이제 이러한 권리근거를 취미판단들의 연역을 통해 찾아내기 위해서는, 단지 이러한 종류의 판단들의 형식적 특유성들이, 그러니까 그 판단들에서 순전히 논리적 형식만이 고찰되는 한에서, 우리에게 실마리로 쓰인다.

§36 B147

취미판단들의 연역의 과제에 대하여

객관 일반의 개념은 그 객관의 경험적 술어들을 함유하고 있는 대상

념의 현시"(B75=V245)이다.

267) AA: "인식능력들을". 칸트 원문대로 읽으면 상상력, 그러나 AA에 따라 읽으면 상상력과 지성이겠다.

268) 취미판단에서 쾌의 감정은 "판단력의 두 인식능력들, 즉 상상력과 지성의 조화로운 유희를 주관 안에 일으키는 감각"(「제1서론」: XX224=H30)이다. 그런데 "순전한 반성에서 지성과 상상력은 부합하여 교호적으로 각자의 과업을 촉진"(XX221=H26)한다. 다시 말해 "주어진 표상에서 한쪽의 포착능력과 다른 쪽의 현시능력은 교호적으로 촉진적이며, 그러한 경우에 이 관계는 이러한 순전한 형식을 통해 감각을 일으키는바, 이 감각이, 그 때문에 감성적/미감적이라고 일컬어지고, 주관적 합목적성으로서 (개념 없이) 쾌의 감정과 결합되어 있는 판단의 규정근거인 것이다."(XX224=H30 이하)

V288 의 지각과 직접적으로 결합되어 인식판단이 될 수 있고, 그렇게 함으로써 하나의 경험판단이 산출될 수 있다. 그런데 이 경험판단의 기초에는, 직관의 잡다를 하나의 객관의 규정으로 생각하기 위해, 그 직관의 잡다를 종합적으로 통일하는 선험적 개념들이 놓여 있다. 이 개념들(즉 범주들)은 하나의 연역을 요구하거니와, 그것은 또한 순수 이성 비판에서 주어졌고, 그로써 '선험적 종합 판단들은 어떻게 가능한가?'라는 과제의 해결이 성취될 수 있었다. 그러므로 이 과제는 순수 지성과 그것의 이론적 판단들의 선험적 원리들에 관련된 것이었다.

그러나 지각에는 쾌(또는 불쾌)의 감정과, 객관의 표상에 수반되어 이 표상에 술어 대신으로 쓰이는 흡족 또한 직접적으로 결합될 수 있고, 그리하여 인식판단이 아닌 미감적 판단이 생길 수 있다. 만약 이 미감적 판단이 한갓된 감각판단이 아니라, 이러한 흡족을 누구에게나 필연적인 것
B148 으로 요구하는 형식적 반성판단이면, 그러한 미감적 판단의 기초에는 무엇인가가 선험적 원리로서 놓여 있지 않으면 안 된다. 그 원리는 어떤 경우에나, (그러한 종류의 판단들에게는 객관적 원리가 불가능한 것일 터이므로), 한낱 주관적인 것이겠지만, 그것은 또한 주관적 원리로서 연역을 필요로 한다. '하나의 미감적 판단이 어떻게 필연성을 요구주장할 수 있는가' **가 이해되**기[269] 위해서는 말이다. 무릇 이 점에 우리가 지금 다루고 있는 '취미판단들은 어떻게 가능한가?' 하는 과제가 기초해 있고, 그러므로 이 과제는 **미감적** 판단들에서 순수한 판단력의 선험적 원리들에 관련해 있다. 다시 말해, 그러한 미감적 판단들에서 판단력은 (이론적 판단들에서처럼) 객관적 지성개념들 아래에 한낱 포섭만 해야 하는 것도 아니고, 하나의 법칙 아래 서 있는 것도 아니며, 오히려 자기 자신에게 주관적으로 대상[270]이자 법칙[271]인 것이다.

---

269) A판: "있는가를 **이해하기**".
270) 곧, 내용, 즉 '미'.
271) 곧, 형식, 즉 '합목적성'.

이 과제는 다음과 같이 표상될 수도 있다. 즉 순전히 어떤 대상에 대한 **자신의** 쾌의 감정으로부터, 그 대상의 개념들에서 독립적으로, 이 쾌감이 **다른 모든 주관에서도** 동일한 객관의 표상에 부수하는 것이라고 선험적으로, 다시 말해 타인의 동의를 기다릴 필요 없이, 판정할, 그런 판단이 어떻게 가능한가?

취미판단들이 종합판단임은 쉽게 통찰할 수 있다. 취미판단들은 객관의 개념은 물론 그 직관[272)]까지도 넘어서서, 전혀 인식이 아닌 것, 곧 쾌(또는 불쾌)의 감정을 술어로서 저 직관에 덧붙이는 것이니 말이다. 그러나 취미판단들이 비록 (표상과 결합되어 있는 **자신의** 쾌의) 술어는 경험적 B149
이지만, 그럼에도 불구하고 **모든 사람의** 동의를 요구주장한다는 점에서, V289
선험적 판단들이거나 또는 그러한 것으로 간주되고자 한다는 사실은 마찬가지로 이미 그 요구주장의 표현들 속에 함유되어 있다. 그리하여 판단력 비판의 이 과제는 초월철학의 일반적 문제, 즉 '선험적 종합 판단들은 어떻게 가능한가?'에 종속되는 것이다.

§37

취미판단에서 대상에 대해 본래 무엇이 선험적으로 주장되는가?

어떤 대상에 대한 표상이 쾌감과 직접적으로 결합되어 있다는 것은 오직 내적으로만 지각될 수 있을 뿐이며, 만약 사람들이 이것만을 지적하고자 한다면, 그것은 한낱 경험적인 판단을 줄 터이다. 왜냐하면 나는 선험적으로는 (쾌 또는 불쾌의) 특정한 감정을 어떠한 표상과도 결합할 수 없기 때문이다. 의지를 규정하는 선험적인 원리[273)]가 이성 안에 기초로 놓여 있는 경우를 제외하고는 말이다. 무릇 (도덕적 감정에서의) 쾌감은 그것으로부터의 결과이기는 하지만, 바로 그렇기 때문에 이 쾌감은 취미

272) 곧, 감각내용(질료).
273) 곧, 도덕법칙.

에서의 쾌감과는 전혀 비교될 수가 없다. 도덕적 감정에서의 쾌감은 법칙에 대한 일정한 개념을 요구하는 데 반하여, 취미에서의 쾌감은 일체의 개념에 앞서서 순전한 판정과 직접적으로 결합되어 있어야만 하는 것
B150 이기 때문이다. 그래서 또한 모든 취미판단들은 흡족의 술어를 개념과 결합하는 것이 아니라, 하나의 주어진 개별적인 경험적 표상과 결합하기 때문에 단칭판단들이다.

그러므로 하나의 취미판단에서 판단력을 위한 보편적 규칙으로서 선험적으로, 누구에게나 타당한 것으로, 표상되는 것은 쾌감이 아니라, 마음에서 어떤 대상의 한갓된 판정과 결합되어 있는 것으로 지각되는 **이 쾌감의 보편타당성**이다. 내가 어떤 대상을 쾌감을 가지고 지각하고 판정한다는 것은 하나의 경험판단이다. 그러나 내가 어떤 대상을 아름답다고 본다는 것, 다시 말해 그러한 흡족을 누구에게나 필연적인 것으로 감히 요구해도 좋다고 하는 것은 하나의 선험적[274] 판단이다.[275]

274) 곧, 경험에서 독립적인.

275) 뜻하는 바가 분명하지는 않다. 예컨대 '이 장미는 아름답다'는 판단 자체가 지각에 의거한다는 점에서는 '경험판단'이지만, 이 '아름답다'는 흡족의 '쾌감의 보편타당성'을 누구에게나 요구주장할 수 있다는 점에서는 '선험적 판단'이라고 해석해야 할 것 같다. 취미판단의 선험적 근거에 대한 칸트의 당 의 회의적인 생각은 이미 『순수이성비판』(A21=B35 이하)에서도 읽을 수 있는바, C. L. Reinhold에게 보낸 편지(1787. 12. 28 자: X, 514)에서 표명한 생각의 변화 후에도 상당 기간 흔들렸던 것으로 보인다: "사람들은 취미를 정당화할 선험적 근거들을 가지고 있지 않다"(Refl.. 623: XV, 270); "감성의 보편적 명제들에 따라서 보편적으로 적의한 것을 사람들은 단지 후험적으로만 경험에 의해서 통찰할 수 있다"(「논리학 강의」 Philippi: XXIV, 347); "물론 어떤 것이 사상〔事象〕의 자연본성 중에 놓여 있어, 이로부터 우리는, 어떤 것이 공중의 감관에 대해서, 다시 말해 단지 쾌적할 뿐만 아니라 아름답다고 선험적으로 판단할 수 있는 것이다"(「인간학 강의(Menschenkunde)」: XXV, 1095).

§38
취미판단들의 연역

순수한[276] 취미판단에서 대상에 대한 흡족이 대상의 형식에 대한 한갓
된 판정과 결합되어 있다는 사실이 시인된다면, 우리가 마음에서 이 대 V290
상의 표상과 결합되어 있다고 느끼는 것은 판단력에 대한 그 형식의 주
관적 합목적성 외의 다른 것이 아니다. 그런데 판단력은 판정의 형식
적 규칙들과 관련해 일체의 질료(감관감각이든 개념이든)를 떠나 오로지 B151
(어떤 특수한 감관양식에도 어떤 특수한 지성개념에도 **대비한**[277] 것이 아닌) 판
단력 일반의 사용의 주관적 조건들[278]에만, 따라서 모든 인간에게서 (가
능한 인식 일반을 위해 필요한 것으로) 전제될 수 있는 그런 주관적인 것[279]
에만 지향될 수 있으므로, 어떤 표상의 이러한 판단력의 조건들과의 합
치는 선험적으로 누구에게나 타당한 것으로 상정될 수 있지 않으면 안
된다. 다시 말해 감성적 대상 일반의 판정에서 쾌감, 바꿔 말해 인식능력
들[280]의 관계에 대한 표상의 주관적 합목적성은 누구에게나 당연히 감히
요구될 수 있는 것이다.※

※ 미감적 판단력의 한낱 주관적인 근거들에 의거하는 판단들에 대한 보편적 동의를 요구주장하는 것이 정당화되기 위해서는, 다음과 같은 것을 시인하는 것으로 충분하다. 즉 1) 모든 인간에게 있어서 이 능력의 주관적 조건들은, 이 판단에서 활동하게 된 인식력들[281]의 인식 일반과의 관계에 관한 한, 한가지이다. 이것은 참이지 않으면 안 된다. 그렇지 않다면 인간들이 서로 자

---

276) 어떤 개념이나 감각도 섞여 있지 않은 순정하게 형식적인, 그러니까 자유미를 판정하는, 곧 부수미를 판정하는 것('응용적' 취미판단)이 아닌. 위 B49=V229의 '순수한' 취미판단의 정의 참조.

277) A판: "**국한된**".

278) 곧, 자유로운 상상력의 유희와 합법칙적인 지성의 부합 조건들.

279) 곧, 선험적으로 형식적인 것.

280) 곧, 상상력과 지성.

281) 곧, 상상력과 지성.

B152 주해

이 연역은 개념의 객관적 실재성을 정당화할 필요는 없는 것이기 때문에 이렇게 쉬운 것이다. 미란 객관의 개념이 아니고, 취미판단은 인식판단이 아니니 말이다. 취미판단이 주장하는 바는 단지 우리는 우리가 우리 안에서 마주치는 판단력의 동일한 주관적 조건들을 보편적으로 어떤 사람에게서나 전제할 수 있는 권리를 가지고 있다는 것뿐이며, 또한 우리는 이 조건들 아래에 주어진 객관을 올바르게 포섭했다고 하는 것뿐이다. 그런데 비록 이 후자는 논리적 판단력에는 부수되지 않는 불가피한 난점들을 갖기는 하지만,—이 논리적 판단력에서는 개념들 아래
V291 에 포섭하지만, 미감적 판단력에서는 객관의 표상된 형식에서 교호적으로 서로 화합하는 상상력과 지성의, 한낱 느낄 수 있는 관계 아래에 포섭하는 것이어서, 이 경우에는 포섭이 쉽게 기만할 수 있으니 말이다—그렇다고 그 때문에 판단력의 보편적 동의를 기대하는 요구의 정당성이 아무것도 훼손되지는 않는다. 이 요구주장은 단지, 주관적인 근거에서 누구에게나 타당하게 판단하는 원리의 옳음에 귀착하는 것이다. 왜냐하면, 저러한 원리 아래로의 포섭의 옳음과 관련한 난점과 의심에 대해 말하자면, 그러한 포섭이 미감적 판단 일반의 이러한 타당성에 대한 요구주장의 정당성을, 그러니까 그 원리 자신을 의심스럽게 만들지는 않기 때문이다. 그것은 논리적 판단력의 그 원리 아래로의 (비록 그렇게 자주 그리고 쉽게 일어나지는 않지만) 잘못된 포섭이 객관적인 그 원리를 의심스럽게

기들의 표상들을, 심지어 인식을 전달할 수도 없을 것이기 때문이다. 2) 이 판단은 순전히 이 관계(그러니까 판단력의 **형식적 조건**)만을 고려한 것으로 순수한 것이다. 다시 말해 그 규정근거로서 객관의 개념들과도 감각들과도 혼합되어 있지 않은 것이다. 이 후자와 관련해서 설령 잘못 이 있다 해도, 그것은 단지 법칙이 우리에게 주는 권능을 어떤 특수한 경우에 올바르지 않게 적용한 것에 관한 것일 뿐, 그로 인해 권능 일반이 폐기되는 것은 아니다.

만들 수 없는 것과 똑같은 이치이다. 그러나 "자연을 취미의[282] 대상들의 총괄로서 선험적으로 상정하는 일이 어떻게 가능한가?"라는 물음이 있을 것 같으면, 이 과제는 목적론과 관계를 갖는 것이다. 왜냐하면, 우리의 판단력에 대해서 합목적적인 형식들을 세움은 자연의 개념에 본질 B153
적으로 부수하는 자연의 목적으로 간주될 수밖에 없을 것이기 때문이다. 그러나 이러한 상정이 옳은가는 아직도 매우 의심스럽지 않을 수 없다. 그에 반해 자연미들의 현실성은 경험에서 **공공연한**[283] 것이다.

§39
감각의 전달가능성에 대하여

감각이 지각의 실재적인 것으로서 인식에 관계된다면, 그것은 감관감각이라고 일컬어지며, 만약 누구나 우리 것과 똑같은 감관을 갖는다는 것을 상정한다면, 감관감각의 특종적인 질은 오직 똑같은 방식으로 일관되게 전달될 수 있는 것으로 표상되겠지만, 이것은 감관감각에 대해서는 절대로 전제되지 못한다. 그래서 후각이 결여되어 있는 사람에게는 이 종류의 감각은 전달될 수가 없고, 또한 그에게 후각이 없지는 않다고 해도, 과연 그가 한 송이의 꽃에 대해서 우리가 그것에 대해서 가지는 것과 똑같은 감각을 가지는지는 확신할 수가 없다. 그러나 우리는 감관들의 동일한 대상에 대한 감각에서의 **쾌적함** 또는 **불쾌적함**과 관련해서는 사람들이 한층 더 차이가 난다고 생각하지 않을 수 없으며, 그와 같은 대상들에서의 쾌감이 누구에게나 승인될 것이라고는 절대로 요구될 수 없다. 이러한 종류의 쾌감은, 감관을 통해 마음 안으로 들어오는 것이고, 그러 V292
므로 그때 우리는 수동적이기 때문에, **향수**〔享受〕의 쾌감이라고 부를 수

282) A판: "자연을 **또한** 취미의". 여기서 "또한"은 자연은 '인식 대상들의, 곧 존재하는 대상들의 총괄'인데, "또한"이라는 뜻이겠다.

283) A판: "**한갓된**".

있다.

B154 그에 반해 어떤 행위에서 그 행위의 도덕적 성질 때문에 느끼는 흡족은 향수의 쾌감이 아니라, 자기활동의 쾌감이며, 이 자기활동이 그의[284] 규정〔사명〕의 이념에 적합함의 쾌감이다. 윤리적 감정이라고 일컬어지는 이 감정은 그러나 개념들을 필요로 하고, 자유로운 합목적성이 아니라, 법칙적인 합목적성을 현시하며, 그러므로 그것은 또한 다름 아니라 이성을 매개로 해서만, 그리고 그 쾌감이 누구에게나 동종적인 것이라 한다면, 아주 명확한〔일정한〕 실천적 이성개념들에 의해서만 보편적으로 전달될 수 있다.

이성논변적인 관조의 쾌감으로서 자연의 숭고한 것에 대한 쾌감은 물론 보편적 참여〔공감〕에 대한 요구주장을 하기는 하지만, 그것은 이미 하나의 다른 감정, 곧 그의[285] 초감성적 규정〔사명〕의 감정을 전제로 한다. 이 감정은, 아주 애매하다고 할지라도, 도덕적 토대를 갖는 것이다. 그러나 다른 사람들이 이 감정을 고려하여, 자연의 황량한 크기를 바라보면서 흡족을 느낄 것이라는 것을,—진정 이러한 흡족은 오히려 위협적인 그러한 광경에 귀속시킬 수 없다—나는 단적으로 전제할 권리가 없다. 그럼에도 불구하고 나는, 적당한 기연이 있을 때마다 저러한 도덕적 소질들이 고려되어야 한다는 관점에서, 저러한 흡족도 누구에게나 감히 요구할 수 있다. 그러나 나는 오직 그 자신 다시금 이성의 개념들 위에 기초되어 있는 도덕법칙을 매개로 해서 그리할 수 있을 따름이다.

B155 그에 반해 미적인 것에서의 쾌감은 향수의 쾌감도, 법칙적 활동의 쾌감도 아니고, 이념들에 의한 이성논변적 관조의 쾌감도 아니며, 순전한 반성의 쾌감이다. 어떤 목적이나 원칙을 표준으로 가짐이 없이, 이 쾌

284) 원문 "seiner" 앞의 남성 명사는 '향수(Genuß)'뿐이므로, 이걸 지시한다고 해야 하겠으나, '자기활동을 하는 자'로 해석하여 지시하게 할 수도 있을 것이다.

285) 원문 "seiner"가 지시하는 것 역시 분명하지는 않으나 숭고한 것에서 '쾌감을 느끼는 자'를 지시하는 것으로 보아야 할 것 같다.

감은 직관의 능력인 상상력에 의해서, 개념들의 능력인 지성과 관련하여, 판단력의 수행절차를 **매개로**[286], 대상에 대한 보통의 포착에 수반한다. 이런 수행절차는 판단력이 극히 보통의 경험을 위해서도 밟지 않을 수 없는 것이다. 다만, 판단력은 저러한 수행절차를 이 경우[287]에는 경험적 객관적 개념을 위해서, 그러나 저 경우에는 (미감적 판정에서) 순전히, 표상이 자유로운 상태에 있는 두 인식능력의 조화로운 (주관적-합목적적) 작업에 적합함을 지각하기 위해서, 다시 말해 그 표상상태를 쾌감을 가지고 감각하기 위해서 밟**지 않을 수 없**다는[288] 것이 다를 뿐이다. 이러한 쾌감은 필연적으로 누구에게서나 동일한 조건들에 의거한 것일 수밖에 없다. 왜냐하면 이 조건들은 인식 일반을 가능하게 하는 주관적인 조건들이며, 또한 취미에 필요한 이 인식능력들의 균형은, 사람들이 누 V293
구에게나 전제할 수 있는 것으로, 보통의 건전한 지성에게도 필요한 것이기 때문이다. 바로 이렇기 때문에 취미를 가지고 판단하는 이도 (만약 그가 이 의식에서 착오에 빠지지 않아, 질료를 형식으로, 매력을 미로 받아들이지만 않는다면) 역시 주관적 합목적성을, 다시 말해 객관에서의 그의 흡족 B156
을 다른 모든 사람에게 감히 요구하고, 그의 감정을 보편적으로 전달가능한 것으로 그것도 개념들의 매개 없이 전달가능한 것으로 상정해도 좋은 것이다.

§40
일종의 共通感으로서 취미에 대하여

판단력의 반성보다도 오히려 순전히 그 반성의 결과만이 주목될 때에는, 사람들은 흔히 판단력에게 감〔각〕[289]이라는 이름을 붙여, 진리감

286) A판: "**통해**".

287) 아주 보통의 경험을 위한 경우.

288) A판: "밟**아야** 한다는".

〔각〕, 예절감〔각〕, 정의감〔각〕 등에 대해 얘기한다. 그러나 물론 사람들은, 이러한 개념들이 자리를 가질 수 있는 곳은 감〔각〕이 아니며, 더욱이 감〔각〕은 보편적 규칙들을 표명할 최소한의 능력도 가지고 있지 않다는 것, 오히려 만약 우리가 감〔각〕들을 넘어 보다 상위의 인식들로 올라갈 수 없다면, 우리의 생각 속에 진리, 예의 바름, 미 또는 정의에 대한 이러한 종류의 표상이 떠오를 수 없을 것이라는 것을 알고 있으며, 적어도 당연히 알고 있어야 마땅하다. **보통의〔평범한〕 인간 지성**, 그것은 한낱 건전한 (아직 교화되지 않은) 지성으로서, 사람들이 인간이라는 명칭을 요구주장하는 자에게 언제나 기대할 수 있는 최소한의 것으로 간주하는 것이거니와, 그래서 그것은 보통〔공통〕감〔각〕(共通感)이라는 명칭이 붙여
B157 지는 모욕적인 영예 또한 갖는다.[290] **'보통〔의〕'**이라는 말은 (이 경우 실제로 애매함을 함유하는 우리말[291]에서뿐만 아니라, 다른 여러 언어에서도) 사람들이 어디서나 마주치는, 그것을 소유한다는 것이 단적으로 공적이 된다거나 장점이 되는 것이 아닌 것인, 凡俗한 것과 같은 것을 의미하는 바, 그런 뜻으로 말이다.

그러나 **共通**感 이라는 말로는 **공통〔공동체〕적** 감〔각〕[292]의 이념을 뜻하지 않으면 안 된다. 다시 말해, **이를테면〔흡사〕** 전체 인간 이성에 자기의 판단을 의지하고, 그렇게 함으로써 자칫 객관적이라고 여겨질 수 있는 주관적인 사적 조건들로 인해 그 판단에 해로운 영향을 줄지도 모르는 환상에서 벗어나기 위하여, 자기의 반성에서 다른 모든 사람의 표상방식을 사유 속에서 (선험적으로) 고려하는, 하나의 판정능력의 이념을 뜻
V294 하지 않으면 안 된다. 그런데 이런 일은, 사람들이 자기의 판단을 다른 사람의 실제적이라기보다는 오히려 한낱 가능적인 판단들에 의지해보고,

289) 원어: Sinn.
290) 위의 §20 참조.
291) 곧, 독일어 'gemein'.
292) 원어: **gemeinschaftlicher** Sinn.

또 한낱 우리들 자신의 판정에 우연적으로 부수하는 제한들을 사상〔捨象〕하여 스스로 타자의 위치에 서봄으로써 일어난다. 그리고 이런 일은 다시금 사람들이 표상의 상태에서[293] 질료, 다시 말해 감각인 것을 가능한 한 제거하고, 오로지 자기의 표상이나 자기의 표상 상태의 형식적인 특유성들에만 주의를 기울임으로써 성취된다. 그런데 이러한 반성의 조작은 우리가 **보통의** 감〔관〕이라고 부르는 능력에다 귀속시키기에는 아마도 너무나 기교적인 것으로 보인다. 그러나 그것이 그렇게 보이는 것 B158
은 사람들이 그것을 추상적인 정식으로 표현하는 경우뿐인바, 사람들이 보편적인 규칙으로 쓰일 만한 판단을 찾는 경우에는 매력과 감동을 사상〔捨象〕하는 것보다 그 자체로 더 자연스러운 일은 없다.

다음과 같은 보통의 인간 지성의 준칙들[294]은 취미 비판의 부분들로서 여기에 속하는 것이 아니기는 하지만, 그럼에도 취미 비판의 원칙들을 해명하는 데 쓰일 수 있을 것이다. 즉 1. 스스로 사고하기, 2. 모든 타자의 위치에서 사고하기, 3. 항상 자기 자신과 일치하게 사고하기. 첫째의 것은 **선입견 없는** 사유방식의 준칙이고, 둘째의 것은 **확장된** 사유방식의 준칙이며, 셋째의 것은 **일관된** 사유방식의 준칙이다. 첫째의 것은 결코 **수동적**이지 않은 이성의 준칙이다. 수동적 이성으로, 그러니까 이성의 타율로의 성벽을 **선입견**이라 일컫는다. 그리고 모든 선입견 중에서 가장 큰 것은, 지성이 **자기**[295] 자신의 본질적 법칙에 의해 자연의 기초에 놓는 규칙들에 자연이 종속하지 않는다고 생각하는 것, 다시 말해 **미신**이다. 미신으로부터의 해방을 **계몽**※이라 일컫는다. 왜냐하면, 비록 이 계몽이

※ 계몽이란 命題上으로는 쉬우나, 實際上으로는 어렵고 서서히 실행될 수 있는 일이라는 것을 쉽게 아는 바이다. 무릇, 자기의 이성을 가지고 수동적이

---

293) A판: "**우리의** 표상의 상태에서".

294) 이에 관해서는 『인간학』, B166=VII228; 「인간학 강의」 Busolt(WS 1788/89): XXV, 1480; Refl., 1508: XV, 820~22 등 참조.

295) A판에 따름. B판: "**자연**".

B159 라는 명칭이 선입견 일반으로부터의 해방이라 해도 걸맞기는 하지만, 그럼에도 미신은 특별히 (顯著한 意味에서) 선입견이라고 불려 마땅한 것이기 때문이다. 미신은 〔우리를〕 맹목에 빠뜨리고, 심지어는 맹목을 의무
V295 로서 요구하기까지 하는바, 이러한 맹목은 타자들에게 인도받으려는 필요욕구, 그러니까 수동적 이성의 상태[297]를 특히 눈에 띄게 만드는 것이니 말이다. 사유방식의 둘째 준칙에 관해 말하자면, 우리는 그의 재능들을 크게 (특히 밀도 있게) 사용할 수 없는 자를 제한된—**편협한**, '**확장된**'의 반대—자라고 부르는 데에 익숙해 있다. 그러나 여기서 얘기가 되는 것은 인식의 능력이 아니라, 그것을 합목적적으로 사용하는 **사유방식**이다. 그 사람의 천부의 자질이 도달하는 범위와 정도가 제아무리 작다고 해도, 만약 그가 다른 많은 사람들이 마치 괄호 안에 묶이듯 묶여 있는 판단의 주관적인 사적 조건들을 벗어날 수 있어서, (그가 다른 사람들의 입장에 바꿔 서봄으로써만 규정할 수 있는) **보편적인 입장**에서 자기 자신의 판단을 반성한다면, 그러한 사유방식은 그가 **확장된 사유방식**을 가진 인사
B160 임을 보여주는 것이다.[298] 셋째 준칙, 곧 **일관된** 사유방식은 가장 도달하

지 않고, 항상 스스로 법칙수립적이려고 하는 것은 단지 자기의 본질적인 목적에만 부합하려 하고, 자기의 지성을 넘어서 있는 것은 알려고 하지 않는
B159 사람에게는 아주 쉬운 일이지만, 지성을 넘어서 있는 것을 알려고 하는 노력은 거의 막을 수가 없고, 이런 지식욕을 충족시킬 수 있다고 자신 있게 약속하는 다른 사람들이 결코 없지도 않을 것이므로, (본래적인 계몽을 형성하는) 한낱 소극적인 것[296]을 사유방식 안에 (특히 공적인 사유방식 안에) 보존하거나 조성하는 일은 매우 어려울 수밖에 없다.

---

296) 곧, 지성을 넘어서 있는 것을 알려고 하는 노력을 방지하는 일.

297) 칸트는 "계몽이란 무엇인가?"를 규정하는 자리에서 이를 미성숙의 상태라고 말한 바 있다. "계몽이란 사람이 자기 탓인 미성숙으로부터 벗어남이다. 미성숙이란 타자의 지도 없이는 자신의 지성을 사용하지 못하는 무능력이다. 그리고 그 미성숙의 원인이 지성의 결여에 있는 것이 아니라, 타자의 지도 없이 자신의 지성을 사용하고자 하는 결단과 용기의 결여에 있다면, 그 미성숙은 자기 탓이다. 그러므로, '果敢히 分別하라!' '너 자신의 지성을 사용할 용기를 가지라!'는 것이 계몽의 표어이다."(VIII, 35)

기 어려운 것으로서, 앞서의 두 준칙들의 결합에 의해서만, 그리고 그 두 준칙들을 번번이 준수하여 능숙하게 된 후에라야만 도달될 수 있는 것이다. 우리는 이 준칙들의 첫째의 것을 지성의 준칙, 둘째의 것을 판단력의 준칙, 셋째의 것을 이성의 준칙이라고 말할 수 있을 것이다.—

이 여담으로 벗어났던 가닥을 다시 이어 나는 말하거니와, 취미는 건전한 지성보다 훨씬 더 정당하게 共通感 이라고 불릴 수 있다. 그리고 만약 사람들이 감〔각〕이라는 말을 순전한 반성이 마음에 미친 작용결과에 대해서 사용하고자 한다면, 그때 감〔각〕이란 쾌의 감정을 뜻하므로, 지성적 판단력보다는 오히려 미감적/감성적 판단력이 공통적 감〔각〕[※]이라는 이름을 가질 수 있다. 그뿐 아니라 사람들은 취미를 주어진 표상에서의 우리의 감정을 개념의 매개 없이 **보편적으로 전달가능하게** 하는 것을 판정하는 능력이라고 정의할 수도 있겠다.

자기의 사상을 전달하는 인간의 숙련성 또한, 개념들에다가 직관들을 B161
덧붙이고, 직관들에다가 **다시금**[299] 개념들을 덧붙여, 이것들이 하나의 인
식으로 합류하게 하기 위해서는 상상력과 지성의 관계를 필요로 한다.
그러나 그때에 두 마음의 능력들의 부합은 **법칙적**이다, 즉 일정한 개념
들의 강제 아래에 있다. 오직 자유롭게 있는 상상력이 지성을 일깨우고, V296
지성이 개념들 없이 상상력으로 하여금 합규칙적인 유희를 하도록 할 때
에만, 표상은 사상〔思想〕으로서가 아니라, 마음의 합목적적 상태의 내적
감정으로서 전달〔공유〕된다.

그러므로 취미는 주어진 표상과 (개념의 매개 없이) 결합되어 있는 감정

※ 취미는 美感的/感性的 共通感, 건전한 지성은 論理的 共通感이라고 칭할 수도 있겠다.

---

298) 이의 반대편에 서 있는 자가 "자기 자신의 취미에 이미 충분해"해서 타인의 훌륭한 시나 그림이나 음악을 모조리 나쁘게 보아 비난하고 조롱하기까지 하는 "미감적 이기주의자"(*Anth*, B7=VII129)이다.

299) B판 추가.

들의 전달가능성을 선험적으로 판정하는 능력이다.

만약 사람들이 자기의 감정의 순전한 보편적 전달가능성이 그 자체로 이미 우리에 대하여 하나의 관심을 동반하지 않을 수 없다는 것—그러나 사람들이 이것을 한낱 반성적인 판단력의 성질로부터 추론할 권리는 없지만—을 받아들여도 좋다면, 어떻게 해서 취미판단에서 감정이 이를테면〔흡사〕 의무[300]로서 누구에게나 요구되는가가 이해될 수 있겠다.

§41

미적인 것에 대한 경험적 관심에 대하여

그에 의해 어떤 것이 아름답다고 언명되는 취미판단이 **그 규정근거로**
B162 **서** 어떠한 이해관심도 가져서는 안 된다 함은 위에서[301] 충분히 밝혀졌다. 그러나 이로부터, 취미판단이 순수한 미감적 판단으로 주어진 후에, 그것에 어떠한 이해관심도 결합될 수 없다는 결론이 나오는 것은 아니다. **그러나**[302] 이 결합은 언제나 단지 간접적일 수 있을 것이다. 다시 말해, 어떤 대상에 관한 순전한 반성의 흡족과 그 대상의 **실존에 대한 쾌감**이—이 쾌감이 모든 관심의 본질이거니와—연결될 수 있기 위해서는, 취미가 무엇보다도 먼저 어떤 다른 것과 결합된 것으로 표상되지 않으면 안 된다. 왜냐하면, '可能한 것에서 *存在*하는 것을 推論함은 妥當하지 않다'는 (사물들 일반에 대한) 인식판단에서 말해지는 것이 이 미감적 판단에〔도〕 타당하니 말이다. 그런데 이 다른 것은 경험적인 어떤 것, 곧 인간의 자연본성에 고유한 경향성일 수도 있고, 지성적[303]인 어떤 것, 즉 이성에 의해서 선험적으로 규정될 수 있는 의지의 속성 같은 것일 수도 있

300) "이 흡족에 따르는 선택은 형식상 의무의 원리에 종속해 있다."(*Anth*, B191=VII244) 참조.

301) 위의 §§2~5, 특히 B16=V211 참조.

302) C판: "그럼에도".

303) 차라리 '실천이성적'인 것이라 하겠다.

다. 이 양자는 어떤 객관의 현존에 대한 흡족을 함유하고, 그래서 그것들은 이미 그 자체로 그리고 어떠한 이해관심에 대한 고려 없이도 적의했던 것에 대한 하나의 이해관심의 기초가 될 수 있다.[304)]

경험적으로는 미적인 것은 오직 **사회**에서만 관심거리이다. 그리고 만약 사람들이 사회로의 추동[305)]을 인간에게[306)] 자연본성적인 것이라고, 또 사회에 대한 유능함과 성벽〔性癖〕을, 다시 말해 **사교성**을 사회를 이루도록 규정된 피조물인 인간의 요건에, 그러므로 **인간성**에 속하는 속성이라 V297
고 시인한다면, 사람들이 또한 취미를 자기의 **감정**마저 다른 모든 사람 B163
들에게 전달할 수 있게 해주는 모든 것을 판정하는 능력[307)]으로, 그러니까 모든 사람의 자연적 경향성이 요구하는 것을 촉진하는 수단으로 보지 않아야 할[308)] 것은 틀림없는 일이다.

무인도에 버려진 사람은 그 자신 홀로는 자기의 움막이나 자기 자신을 꾸미거나 꽃들을 찾아내거나 하지 않으며, 더구나 단장하기 위해 꽃들을 재배하는 일은 없을 것이다. 오직 사회에서만 그에게 한낱 인간이 아니라 자기 나름으로 세련된 인간이고자 하는 생각이 떠오른다.[309)] (이

304) "미적인 것 그 자신만으로는 아무런 이해관심도 지니지 않고, 곧 그것의 현존은 우리에게 아무 상관이 없는 것이나, 그럼에도 그것에 대한 흡족이 생기는 것이므로, 미적인 것이란 우리가 관심을 갖는 것에 대한 감정을, 다시 말해 인식 일반과의 지성과 감성의 조화를 불러일으키는 데서 성립하는 것이 틀림없다."(Refl.. 1931: XVI, 160)

305) 곧, "자기를 전달하고자 하는 추동"(「인간 역사」: AA VIII, 110).

306) A판: "인간**들**에게".

307) "취미는 (이를테면 형식적 감관으로서) 자기의 쾌 또는 불쾌의 감정을 타인들에게 전달함을 지향하며, 이 전달함을 통해 그 자신이 쾌를 갖도록 촉발되어, 그에 대한 흡족(洽足)을 타인들과 공동으로(사회적으로) 감각하는 감수성을 함유한다."(*Anth*, B191=VII244) 참조

308) 요령부득의 구절이다. "보아야만 할"로 고쳐 읽어야 할 것 같다.

309) "온전히 홀로 있을 때 누구도 자신이나 자기 집을 단장하거나 청소하지 않는다. 또한 그는 그러한 일을 자기 식구들(처자들)에 대응해서 하는 것이 아니라, 자신을 유리하게 보이기 위해 오직 남들에 대응해서 한다."(*Anth*, B186=VII240) 그러나 취미가 사회를 전제하는 것만은 아니고, 오히려 "취미가 우리 인간을 사교적으로 만든다."(「인간학 강의」 Collins: XXV, 187)

것이 문명화의 시작이다.) 무릇 사람들은 자기의 쾌감을 다른 사람들에게 전달하고 싶어 하고, 그런 일에 능숙한 자를 세련된 인간이라고 판정하며, 또 만약 어떤 객관에서 다른 사람들과 공동으로 흡족을 느낄 수 없을 경우에는, 그 객관에서 만족을 얻지 못하는 자를 세련된 인간이라고 판정한다. 또한 누구나 보편적 전달에 대한 고려를, 그것이 마치 인간성 자신에 의해 구술된 어떤 근원적인 계약에서 나오는 것인 것처럼, 모든 사람에게 기대하고 요구한다. 그래서 물론 시초에는 단지 매력들만이, 예컨대 자기 몸에 바르기 위한 (카리브인들의 로코우[310]와 이로쿼이족[311]의 진사〔辰砂〕와 같은) 채료〔彩料〕나 꽃, 조개껍데기나 아름다운 빛깔의 새의 깃들만이 사회에서 중요시되지만, 그러나 세월이 가면서, 전혀 아무런 쾌락도, 다시 말해 아무런 향수의 흡족도 동반하지 않은 (통나무배, 의복 등등에서의) 아름다운 형식들도 중요시되고, 많은 관심과 결합되어, 마침
B164 내 최고점에 이른 문명화는 거의 이런 형식들로부터 정련된 경향성의 주요작품을 만들고, 감각들은 오직 보편적으로 전달될 수 있는 그만큼만 가치가 있는 것으로 간주된다.[312] 그러나 그런 경우에, 비록 누구나 그러한 대상에서 갖는 쾌감이 단지 보잘 것이 없고, 또 그것만으로는 눈에 띄는 관심거리가 되지 못한다 해도, 그 쾌감이 보편적으로 전달가능하다는 이념은 그 쾌감의 가치를 거의 무한하게 증대시킨다.

그러나 이러한 사회에로의 경향성에 의해 간접적으로 미적인 것에 부수하는, 그러니까 경험적인 관심은 여기에서 우리에게 중요하지 않다. 우리는 비록 단지 간접적일지라도 취미판단과 선험적으로 관계를 가짐직한 것만을 중요시하지 않으면 안 된다. 왜냐하면, 비록 취미판단과 결합되어 있는 관심이 이러한 형식에서 드러난다 할지라도, 취미는 우리의

---

310) 카리브 연안과 남미 해안의 원주민들이 Achiote(Bixa orellana)나무에서 추출한 채료로서 17~18세기에는 몸을 색칠하는 데 광범위하게 사용되었다.

311) 위의 §2의 각주 참조.

312) "그러므로 취미는 사회적으로 선택하는 능력이다. 〔…〕 취미가 보편적이면 보편적일수록 국민은 그만큼 더 문화화된다."(「인간학 강의」 Mrongovius: XXV, 1326)

판정능력이 감관의 향수로부터 윤리감정으로 이행함을 드러낼 것이기 때문이다. 그리고 이렇게 해서 사람들은 취미를 합목적적으로 발휘하도록 보다 잘 지도받을 뿐만 아니라, 모든 법칙수립이 의존하지 않으면 안 V298 되는 인간의 선험적 능력들의 연쇄의 중간항[313]이 그런 것으로서 현시될 것이다.[314] 이제 사람들이 취미의 대상과 취미 자신에 대한 경험적 관심에 대해서 아마도 말할 수 있는 바는, 취미는 경향성에 예속되는 것이므로, 경향성이 제아무리 정련된다 해도, 경험적 관심은 역시 사회에서 최 B165 대의 다양성과 최고의 단계에 달하는 모든 경향성이나 열정과 융합되기 쉬우며, 미적인 것에 대한 관심은, 그것이 이에[315] 기초하고 있는 경우에는, 쾌적한 것으로부터 좋은〔선한〕 것으로의 단지 매우 애매한 이행을 제공할 뿐이라는 것이다. 그러나 취미가 그 순수성에서 취해진다면, 그럼에도 혹시 이러한 이행이 그 취미에 의해 촉진될 수 있지 않을까 하는 문제를 연구해야 할 이유를 우리는 갖는다.

§42

미적인 것에 대한 지성적 관심에 대하여

인간의 내적 자연 소질이 인간을 그리로 몰아가는 모든 일들을 기꺼이 인간성의 최종 목적, 곧 도덕적으로-좋은〔선한〕 것에 지향시키고자 했던 사람들이, 미적인 것 일반에 관심을 갖는 것을 하나의 선한 도덕적 성격의 표시로 간주했던 것은 선량한 의도에서 일어났던 일이다. 그러나 그들에 대해서 다른 사람들이 경험을 끌어대면서 다음과 같이 어긋나게

---

313) 곧, 판단력.

314) 자연법칙 수립의 기초인 의식 일반(Bewußtsein überhaupt)이나, 도덕법칙의 수립의 기초인 양심(Gewissen)은 곧 공동의 의식, 함께 앎(conscientia: Mitwissen)에 의거하는 것으로 이것들은 공통감(Gemeinsinn)의 형성을 전제하는 것이겠다. 이런 의미에서도 이론적 지성과 실천적 이성은 판단력에서 접점을 얻는다.

315) 곧, 미적인 것이 그 관심에.

말하는 것은 근거 없는 일이 아니었다. 그들의 경험인즉, 취미의 명인들도 단지 자주 그럴 뿐만이 아니라 오히려 통상적으로 허영심이 많고, 완고하고, 타락한 열정에 빠져 있어서, 아마도 윤리적 원칙들에 대한 충실함이 다른 사람들에 비해 더 뛰어나다고 주장할 수 없을 것이라는 것이다. 그리하여 미적인 것에 대한 감정은 단지 (실제로도 그러한 것과 같이)
B166 도덕적인 감정과 종적으로 구별될 뿐만 아니라, 또한 사람들이 미적인 것과 결합시킬 수 있는 관심도 도덕적 관심과 합일되기 어려우며, 결코 내적 친화성에 의해서 합일될 수 없는 것으로 보인다.

그런데 물론 나 역시 기꺼이 시인하는바, **예술〔기예〕의 미적인 것**—나는 이것에 장식을 위한, 그러니까 허영을 위한 자연미들의 인공적 사용도 포함시킨다—에 대한 관심이 도덕적-좋음〔선〕에 충실하다거나 또는 오로지 그것에 경도된 사유방식〔성향〕을 증명하는 것은 전혀 아니다. 그러나 그에 반해 내가 주장하는 바는, **자연**의 미에 대한 **직접적〔무매개적〕인 관심**을 갖는 것은—한갓 그것을 판정하기 위해 취미를 갖는 것이 아니라—항상 선한 영혼의 표지〔標識〕라는 것과, 만약 이 관심이 습
V299 관적인 것이라면, 그것이 **자연의 정관**〔靜觀〕과 기꺼이 결합될 때, 그것은 적어도 도덕적 감정에 호의적인 마음의 정조〔情調〕를 가리킨다는 것이다. 그렇지만 사람들이 상기해야 할 것은, 자연의 아름다운 **형식들**이 내가 여기서 본래 생각하는 것인 반면에 자연이 그토록 풍부하게 저러한 형식들과 결합시키곤 하는 **매력들**은 여전히 제쳐놓고 있다는 점이다. 무릇 그러한 매력들에 대한 관심도 직접적〔무매개적〕인 것이기는 하지만, 경험적[316]인 것이니 말이다.

야생의 꽃과 새, 그리고 곤충 등의 아름다운 형태를 홀로 (그리고 자기가 주목한 바를 다른 사람들에게 전달하고자 하는 의도 없이) 바라보면서, 그것들을 경탄하고 사랑하며, 설령 그것들로 인해 그에게 다소간에 손해가

316) 곧, 감각적.

일어나고, 더욱이 그것들로부터 어떤 이익을 얻을 가망이 없다 해도, 그
것들이 자연에서 통틀어 사라지는 것을 안타깝게 생각할 사람은 자연의 B167
미에 대해서 직접적〔무매개적〕이고도 지성적인 관심을 가지고 있는 것
이다. 다시 말해 자연의 산물은 그 형식의 면에서뿐 아니라, 그것의 현존
재도 그에게 적의하되, 그때 거기에서 감관적 매력이 한몫을 한다거나,
그가 어떤 목적을 그것과 결합한다거나 하는 일은 없는 것이다.

그러나 여기서 주목할 만한 것은, 만약 사람들이 이 아름다운 것의 애호가를 몰래 속여서, (생화와 아주 똑같이 만들 수 있는) 조화들을 땅에 꽂아놓거나, 인공적으로 조각한 새들을 나뭇가지들 위에 올려놓았는데, 그가 바로 그 기만을 발견했다고 한다면, 그가 앞서 그것들에 대해 가졌던 직접적〔무매개적〕인 관심은 곧장 사라지겠지만, 아마도 다른 관심, 곧 남들의 눈을 위해 그것으로 그의 방을 장식하려는 허영의 관심이 대신 생길 것이라는 사실이다. 자연이 저러한 미를 만들어냈다는, 이러한 생각이 〔그 자연의 미에 대한〕 직관과 반성에 수반하는 것은 틀림없으며, 이러한 생각 위에만 사람들이 자연의 미에 대해 갖고 있는 직접적〔무매개적〕인 관심이 기초한다. 그렇지 않다면 일체의 이해관심이 없는[317] 순전한 취미판단이 남거나, 아니면 단지 하나의 간접적인, 곧 사회와 관련된 이해관심과 결합되어 있는 취미판단만이 남을 것인데, 후자는 도덕적으로-좋은〔선한〕 사유방식의 어떤 확실한 징후도 보여주지 못하는 것이다.

비록 형식의 면에서는 예술미가 자연미를 능가하는 일이 있지만, 유
독 **직접적〔무매개적〕인 관심을 불러일으킨다는**[318] 점에서, 예술미에 대해 자 B168
연미가 갖는 우월성은 자기의 윤리적 감정을 교화한 모든 사람의 순화되
고 철저한 사유방식〔성향〕과 합치한다. 만약 미적 기예〔예술〕의 산물들
에 관해 매우 정확하고 섬세하게 판단할 수 있는 취미를 충분하게 가진
어떤 인사가 허영과 어쨌든지 사회적인 기쁨들을 보존하고 있는 저런 미 V300

317) 그러니까 도덕적으로-좋은 것에도 관심이 없는.

318) A판: "**자연미에 대해서만 직접적〔무매개적〕인 관심을 갖는다는**".

들을 만날 수 있는 방을 기꺼이 버리고, 자연의 아름다운 것으로 나아가, 이것에서 이를테면 그가 결코 온전히 발전시킬 수 없는 사유과정에서 자기의 정신을 위한 희열을 발견한다면, 우리는 이러한 그의 선택 자체를 경의를 가지고 볼 것이고, 그 인사 안에, 어떤 예술통이나 애호가도 그들의 대상들에 대해 갖는 관심으로 인해 주장할 수는 없는, 하나의 아름다운 영혼을 전제할 것이다.—순전한 취미의 판단에서는 서로 거의 우열을 다툴 수 없는 두 가지 객관들[319]이 이제 그처럼 서로 다르게 평가되는 차이점은 무엇인가?

우리는 한갓된 미감적/감성적 판단력이라는 능력을 가지고 있는바, 이 능력은 개념 없이도 형식들에 관해 판단하고, 그러한 형식들의 순전한 판정에서 흡족을 발견하는 능력이다. 그러한 흡족을 우리는 동시에 누구에게나 규칙으로 삼는데, 이러한 판단은 어떤 관심에 기초하지도 않고, 어떤 관심을 만들어내지도 않는 것이다.—다른 한편 우리는 또한 지
B169 성적 판단력이라는 능력도 가지고 있는바, 이 능력은 (실천적 준칙들이 스스로 보편적 법칙수립의 자격을 가지는 한에서) 실천적 준칙들의 순전한 형식들에 대하여 흡족을 선험적으로 규정하는 능력이다. 그러한 흡족을 우리는 누구에게나 법칙으로 삼는데, 이러한 우리의 판단은 어떠한 관심에도 기초하고 있지 않지만, **그럼에도 어떤 관심을 만들어내는 것이다.** 전자의 판단에서의 쾌 또는 불쾌는 취미의 쾌 · 불쾌라고 일컫고, 후자의 것은 도덕 감정의 쾌 · 불쾌라고 일컫는다.

그러나 여기서 또한 이성의 관심을 끄는 것은, 이념들—이것들에 대해 이성은 도덕 감정에서 직접적인 관심을 생기게 한다—도 객관적 실재성을 갖는다는 사실, 다시 말해 자연은 적어도 자기의 산물들이 모든 이해관심으로부터 독립적인 우리의 흡족—우리는 이 흡족을 선험적으로 누구에게나 법칙으로 인식하되, 이것을 증명 위에 정초할 수는 없다

---

319) 곧 자연미와 예술미.

—과 합법칙적으로 합치함을 상정할 그 어떤 근거를 자신 안에 함유하고 있다는 어떤 흔적을 보인다거나 어떤 암시를 준다는 사실이다. 그래서 이성은 자연이 이와 비슷한 합치를 표출하는 것마다에 관심을 갖지 않을 수 없는 것이다. 따라서 마음은 **자연**의 미에 동시에 관심이 끌리지 않고서는 그것에 관해 숙려할 수가 없다.[320] 그러나 이런 관심은 그 친족성의 면〔친족관계〕에서 보면 도덕적인 것이다. 자연의 미적인 것에 관심을 가지는 이는, 그가 앞서 이미 윤리적으로-좋은〔선한〕 것에 대한 그의 관심을 충분히 기초 닦은 한에서만, 자연의 미적인 것에 대하여 그러한 관심을 가질 수 있는 것이다. 그러므로 자연의 미에 직접적〔무매개 V301
적〕으로 관심을 갖는 이는 적어도 선한 도덕적 마음씨의 소질이 있다고 B170
추정할 이유가 있다.

이렇게 미감적 판단들을 도덕 감정과의 친족성에 기초하여 해석하는 것은, 자연이 그의 아름다운 형식들에서 우리에게 형상적으로 말해주는 암호문을 참되게 풀이한 것이라고 여기기에는 지나치게 현학적인 것으로 보인다고 사람들은 말할 것이다. 그러나 첫째로 자연의 미적인 것에 대한 이러한 직접적인 관심은 실제로 평범한〔보통적인〕 것이 아니라, 그 사유방식이 선한 것에 대하여 이미 수련되어 있거나 이러한 수련을 특히 잘 수용할 수 있는 이들에게만 고유한 것이다. 그리고 그 다음으로는 순수한 취미판단과[321] 도덕 판단을 유비해보면, 취미판단은 어떠한 이해관심에도 매이지 않고 흡족을 느끼도록 하고, 그 흡족을 동시에 선험적으로 인간성 일반에 어울리는 것으로 표상하는 것이며, 도덕 판단은 이와 똑같은 것을 개념에 의해 하는 것인바, 분명하고 섬세한 숙고를 일부러 하지 않아도 전자의 대상에서나 후자의 대상에서나 동등한 직접적인 관심에 이른다. 단지 전자는 자유로운 관심이고, 후자는 객관적 법칙에 기

320) "아름다운 사물들은, 인간이 세계에 알맞으며, 사물들에 대한 그의 직관도 그의 직관의 법칙들과 일치함을 보여준다."(Refl., 1820a: XVI, 127)

321) AA에 따라 원문의 'mit'를 'und'로 고쳐 읽음.

초한 관심이라는 것이 다를 뿐이다. 여기에, 그의 아름다운 산물들에서 기예로서, 한낱 우연적으로가 아니라, 오히려 이를테면 의도적으로, 합법칙적인 배열에 따라서 그리고 목적 없는 합목적성으로서 자신을 내보이는 자연에 대한 경탄이 덧붙여진다. 이 목적을 우리는 외부에서는 어
B171 디서도 만나지 못하므로, 자연스레 우리 자신 안에서, 그것도 우리의 현존의 최종 목적을 이루는 것 안에서, 곧 도덕적 규정〔사명〕 안에서 찾는 것이다. (그러나 그러한 자연합목적성의 가능성의 근거에 대한 심문은 비로소 목적론에서 다루어질 것이다.)[322]

순수한 취미판단에서 미적 기예〔예술〕에 대한 흡족은 아름다운 자연에 대한 흡족과 마찬가지로 직접적인 이해관심과 결합되어 있지 않다는 것 역시 쉽게 설명될 수 있다. 무릇 미적 기예는 〔우리를〕 속이는 데까지 이르는 아름다운 자연의 모방으로서, (그렇다고 여겨진) 자연미로서의 효과를 내는 것이거나, 또는 의도적으로 우리의 흡족을 뚜렷이 겨냥하고 있는 기예인데, 이런 산물에 대한 흡족은 직접적으로는 취미에 의해서 생길 터이지만, 이 흡족은 그 기초에 놓여 있는 원인에 대한, 곧 결코 그 자체로서가 아니라 그것의 목적에 의해서 관심을 일으킬 뿐인 하나의 기예에 대한, 간접적 관심 이외에 다른 어떤 관심도 환기시키지[323] 않을 것이기 때문이다. 어쩌면 사람들은, 이것은 또한 자연의 객관이 그 객관의 미에 도덕적 이념이 동반되는 한에 있어서만, 그 미에 의해 관심을
V302 일으킬 때의 경우라고 말할 것이다. 그러나 직접적으로 관심을 일으키는 것은 이런 것[324]이 아니라, 오히려 자연의 객관의 미가 그러한 동반의 자격을 갖는다고 하는 그것의 성질 그 자체, 즉 미에 내면적으로 속하는 그 성질 자체이다.

아름다운 자연에서 매력들은 흔히 아름다운 형식과 이를테면 융합되

322) 특히 아래 §§81~84, §87 참조.

323) AA에 따라 읽음.

324) 곧, 자연의 객관의 미에 도덕적 이념이 동반하는 것.

어 마주치거니와, 이러한 매력들은 (색조에서는) 빛의 변양들에 속하거 B172
나, 또는 (음조에서는) 울림의 변양들에 속하는 것이다. 무릇 이것들은 한낱 감관감정뿐만 아니라 또한 감관들의 이러한 변양들의 형식에 관한 반성도 허용하는데, 이를테면 자연이 우리에게 인도하는 어떤 언어, 보다 높은 의미를 가지고 있는 것처럼 보이는 어떤 언어를 자신 안에 함유하고 있는 유일한 감각들이다. 그리하여 백합의 하얀 색은 마음으로 하여금 순결의 이념을 가지게 하는 듯이 보이고, 빨강부터 보라까지의 일곱 가지 색깔들[325]도 그 순서에 따라 1. 숭고, 2. 용감, 3. 솔직, 4. 친절, 5. 겸양, 6. 강직, 7. 상냥함의 이념들을 가지게 하는 듯이 보인다. 새들의 노래는 유쾌함과 자기의[326] 실존에 대한 만족을 알려준다. 자연의 의도가 그러하든 그렇지 않든지 간에, 적어도 우리는 자연을 그렇게 해석하는 것이다. 그러나 이 경우 우리가 미에 대해서 가지는 이러한 관심은 철두철미, 그것이 자연의 미여야 할 것을 요하며, 사람들이 속았다는 것, 그것이 단지 기예〔인공〕라는 것을 알아채자마자 관심은 전적으로 사라지고, 그리하여 심지어는 그럴 경우 그것에서 취미는 아무런 미적인 것도 발견할 수 없고, 또 시각은 아무런 매력적인 것을 발견할 수 없는 것이다. 고요한 여름 저녁 부드러운 달빛이 비치는 적막한 숲 속에서 우는 밤꾀꼬리의 매혹적으로 아름다운 울음소리보다도 시인들에게 더 높이
찬양받은 것이 무엇이 있을까? 그러나 그러한 새의 노랫소리가 없는 곳 B173
에서, 어떤 익살스런 객주가 전원의 공기를 향유하기 위해 그의 집에 투숙한 손님들을, 이 밤꾀꼬리의 울음소리를 (갈대나 피리를 입에 물고) 아주 자연과 똑같이 흉내 낼 줄 아는 장난꾸러기 소년을 숲 속에 숨겨놓음으로써, 속여서 그 손님들을 크게 만족시켰다는 실례가 있다. 그러나 이것이 사기임을 알자마자, 어느 누구도 먼저는 그토록이나 매력적으로 여겼던 이 노랫소리를 더 참고 듣지 못할 것이다. 이것은 다른 모든 새의 노

325) 곧, 무지개의 일곱 빛깔. 빨강, 주황, 노랑, 초록, 파랑, 남, 보라.

326) 원문은 'seiner'이나 'ihrer'로 고쳐 읽어야 할 것이다.

래에 있어서도 마찬가지이다. 우리가 미적인 것 그 자체에서 직접적인 **관심**을 가질 수 있기 위해서는, 그것은 자연이거나 우리에게 자연이라고 여겨지는 것이어야만 한다. 우리가 다른 이들에게 그들도 그것에 대해 관심을 가져야 한다고 요구할 경우에는 더욱더 그러하다. 이러한 일은,
V303 아름다운 자연에 대한 아무런 **감정**—무릇 우리는 자연을 보는 데에서의 관심의 감수성을 이렇게 부른다—도 가지지 않고, 먹고 마시면서 순전한 감관감각들의 향수에만 머무는 자들의 사유방식〔성향〕을 우리가 거칠고 비천한 것으로 간주할 때에, 실제로 일어난다.

§43

기예 일반에 대하여

1. 행함(行)이 작동이나 작용 일반(作用)과 구별되듯이, **기예**는 **자연**과
B174 구별되며, 기예의 산물 내지 귀결은 **작품**(作品)으로서, 작용결과(結果)인 자연의 것과는 구별된다.

올바르게 말해 사람들은 자유에 의한 만들어냄만을, 다시 말해 그 행위의 기초에 이성을 두고 있는 의사에 의한 만들어냄만을 기예라고 불러야 할 것이다. 무릇 비록 사람들이 꿀벌들의 산물(즉 규칙적으로 지어진 밀랍판들)을 기예의 작품이라고 즐겨 부르기는 하지만, 그렇다 해도 이것은 단지 기예와의 유비로 인해 일어나는 일이다. 곧, 꿀벌들이 그들의 노동을 자신의 이성적 성찰에 기초하고 있지 않다는 것을 생각해내자마자, 사람들은 이내 그것은 꿀벌들의 자연본성의(즉 본능의) 산물이요, 기예로서 그것은 단지 꿀벌들의 창조자에게 귀속된다고 말한다.

때때로 일어난 일이거니와, 늪지를 탐색할 적에 잘 다듬어진 나무 조각과 마주치면, 사람들은 그것을 자연의 산물이라고 하지 않고, 기예의 산물이라고 말한다. 그 산물을[327] 만들어낸 원인은 이 산물이 그 형식을 그 덕택에 갖게 되는 하나의 목적을 생각했던 것이다. 그렇지 않으면 아

마도 사람들은, 그 작용결과가 그것의 원인에 의해 꼭 **사고**되어야 할 필요까지는 없지만, 그 산물의[328] 원인에 있어서 그것의 표상이 그것의[329] 현실성보다 선행하지 않으면 안 되는 그런 성질을 갖는 모든 것에서도—꿀벌의 경우에서조차 그러하듯이—하나의 기예를 볼 것이다. 그러나 어떤 것을 자연의 작용결과와 구별하기 위하여 단적으로 기예의 작품이라고 부른다면, 그때 사람들은 어느 경우에나 그것을 인간의 작품이라는 의미로 말하는 것이다.

2. 기예는 인간의 숙련성으로서 학문과 구별되고(즉 **할 수 있음**과 **앎**은 B175
구별되고), 실천적인 능력으로서 이론적 능력과도 구별되며, 기술로서 이론과도 구별된다(토지 측량술과 기하학이 구별되듯이 말이다). 그리고 또 무엇이 행해져야만 하는가를 사람들이 알기만 하면, 그러므로 욕구된 결과를 충분히 인지하기만 하면, 곧바로 **할 수 있는** 것도 역시 기예라고 부르
지 않는다. 사람들이 그것을 완벽하게 인지하고 있다고 해도, 그렇다고 V304
아직은 곧바로 그것을 만들 수 있는 숙련성은 가지고 있지 못한 것만이 그런 한에서 기예에 속하는 것이다. **캄퍼르**[330]는 가장 좋은 구두는 어떻게 만들어져야 하는가를 매우 정확하게 기술하고 있으나, 그는 틀림없이 아무런 구두도 만들 수는 없었다.※

※ 나의 지방에서, 보통 사람은, 가령 콜럼버스와 그의 달걀과 같은 과제가 주어지면, **"그것은 기예가 아니다. 그것은 단지 지식일 뿐이다"**고 말한다. 다시 말해, 만약 사람들이 그것을 **안다**면, 사람들은 그것을 **할 수 있다**는 것이다. 그는 마술사의 모든 겉보기의 기예들에 대해서도 똑같이 말한다. 그에 반해 그는 줄타기 곡예사의 기예들을 기예라고 부르는 것은 전혀 부인하지 않을 것이다.

---

327) 원문의 'derselben'을 AA에 따라 'desselben'으로 고쳐 읽음.

328) 원문의 'ihrer'를 AA에 따라 'seiner'로 고쳐 읽음.

329) 원문의 'ihrer'를 AA에 따라 'seiner'로 고쳐 읽음.

330) Peter Camper(1722~1789). 네덜란드의 해부학자, 의학자. 여기서 언급되고 있는 저술은 그의 『구두의 최상의 형식에 관한 논고(*Abhandlung über die beste Forme der Schuhe*)』(Berlin 1783)로 보인다. 아래 §82의 각주 참조. Kant는 『학부들의 다툼』(1798)에서(AA VII, 89)도 그를 언급하고 있다.

3. **기예**는 또한 **수공**〔手工〕과도 구별된다. 전자는 **자유로운** 기예라고 일컫고, 후자는 노임〔勞賃〕기예라고 일컬을 수 있다. 사람들은 전자를 마치 그것이 단지 유희로서, 다시 말해 그 자신만으로 쾌적한 작업으로서 합목적적으로 성과를 거둘(성공할) 수 있는 것처럼 보고, 후자는 그것이 노동으로서, 다시 말해 그 자신만으로는 쾌적하지 못하고(수고스럽고)
B176 오직 그것의 결과(예컨대 노임)로 인해 유혹적인 작업으로서, 그러니까 강제적으로 부과될 수 있는 것으로 본다. 동업조합의 서열표에서 시계공은 기예가로 간주되어야 하나, 그에 반해 대장장이는 수공인으로 간주되어야 할 것인지 어떤지를 판정하는 데는 우리가 여기서 취하고 있는 것과는 다른 관점, 곧 이들 직업의 기초에 놓여 있지 않으면 안 되는 재능들의 비율관계가 필요하다. 또한 이른바 일곱의 자유 기예[331] 가운데에도 학문 속에 넣어야 할 것이 몇 개 있지 않은가, 또한 수공[332]과 비교될 수 있는 것도 다수 있지 않은가 하는 문제에 대해서는 나는 여기서 논의하지 않으려 한다. 그러나 모든 자유로운 기예들에서도 어떤 강제적인 것 내지는, 사람들이 그렇게 부르듯이, 어떤 **기계성**이 필요하며, 이 기계성이 없으면 기예에서는, 자유로워야만 하고 그럴 때에만 작품에 생기를 불어넣는 **정신**이 전혀 아무런 형체를 가지지 못하고 전적으로 증발해버릴 것이라는 점—예컨대, 시예술에서의 언어의 정확성, 언어의 풍부성 및 음운과 운율—을 상기시키는 것은 쓸데없는 일이 아니다. 최근의 많은 교육자들은 자유로운 기예에서는 모든 강제를 제거하고, 그것을 노동에서 순전한 유희로 변환시킬 때, 가장 잘 촉진할 수 있다고 믿고 있으니 말이다.

331) 중세 초기 수도원의 기초 교육과정을 구성한 7 자유 학과(artes liberales). 곧, 3학(Trivium)인 문법학(Grammatik), 수사학(Rhetorik), 변증학(Dialektik)과 4과(Quadrivium)인 산수(Arithmetik), 음악(Musik), 기하(Geometrie), 천문학(Astronomie).

332) C판: "수공인".

§44
미적 기예[예술]에 대하여

미적인 것의 학문은 없고, 단지 비판이 있을 뿐이며, 미적 학문〔미학〕
은 없고 단지 미적 기예〔예술〕가 있을 뿐이다. 전자[333)]에 관해서 말할 것 B177
같으면, 그러한 학문에서 어떤 것이 아름답다고 간주되어야 하는가 그렇
지 않은가 하는 것은 학문적으로, 다시 말해 증명근거들에 의해 결정되
어야 할 것이고, 그러므로 미에 대한 판단은, 만약 그것이 학문에 속하 V305
는 것이라면, 취미판단일 수가 없을 것이기 때문이다. 후자[334)]를 두고 말
하자면, 그 자체가 미적이어야만 한다는 학문이란 무물〔無物〕이다. 만약
사람들이 학문이라는 그것에서 근거와 증명을 묻는다면, 세련된 취미의
언사(재치 있는 말)로 처리될 것이니 말이다—**미적 학문들**이라는 통상적
인 표현을 야기했던 것은 의심할 여지없이 다름 아니라 다음과 같은 사
정이다. 즉 사람들은 완전무결한 미적 기예에는, 예컨대 고대 언어들에
대한 지식, 고전작가로 여겨지는 작가들에 대한 박학, 역사, 고대유물에
대한 지식 등과 같은 많은 학문이 필요하다는 것을 아주 올바르게 깨닫
게 되었고, 그 때문에 이러한 역사적 학문들을, 그것들이 미적 기예를 위
한 필수적인 준비와 토대를 이루고 있으니까, 부분적으로는 또한 이러한
역사적 학문들 안에 미적 기예의 산물들(즉 웅변술과 시예술)에 대한 지식
까지도 포함됨으로 해서, 용어의 혼동이 일어나 미적 학문이라고까지 불
렀던 것이다.

만약 기예가 어떤 가능한 대상의 **인식**에 알맞게 순전히 그 대상을 현
실화하기 위해 그에 필요한 행위들만을 수행한다면, 그러한 기예는 **기계
적** 기예이다. 그러나 기예가 쾌의 감정을 직접적인 의도로 삼는다면, 그 B178
것은 **미감적** 기예라고 일컫는다. 이 미감적 기예는 **쾌적한** 기예이거나

---

333) 곧, '미적인 것에 대한 학문'.

334) 곧, '미적 학문〔미학〕'.

미적 기예이다. 전자는 쾌가 순전한 감각으로서의 표상들에 수반하는 것이 그것의 목적일 때의 기예이고, 후자는 **인식방식**으로서의 표상들에 수반하는 것이 목적일 때의 기예이다.

쾌적한 기예들은 한낱 향수〔향략〕만을 목적으로 하는 기예이다. 식탁에 둘러앉은 동료들을 즐겁게 해줄 수 있는 모든 매력들, 즉 흥겹게 이야기를 한다든가, 동료들을 자유분방하고 활기찬 대화 속으로 끌어넣는다든가, 해학과 웃음으로 동료들을 어떤 흥겨운 기분에 젖게 한다든가 하는 것이 그러한 것들이다. 이러한 경우에는, 흔히 그렇게들 말하듯이, 많은 것들을 아무렇게나 지껄이는 수가 있고, 누구도 자기가 말하는 것에 책임지려 하지 않는데, 그것은 그것이 노리는 바가 단지 순간적인 흥겨움에 있을 뿐이고, 뒤에 되풀이하여 생각하고 얘기하기 위한 지속적인 소재에 있지 않기 때문이다. (향수〔향락〕를 위해 식탁을 장식하는 방식이나, 심지어는 대연회에서의 식사 중의 음악도 무릇 이런 것에 속한다. 이런 음악은 묘한 것으로서, 일종의 쾌적한 소음으로서만 사람들의 마음의 기분을 유쾌하게 유지하게 하는 것이어야 하고, 또한 누구도 그 악곡에 조금의 주의도 기울이
V306 지 않는 것이어서, 이웃 간의 자유로운 대화를 도와줄 뿐이다.) 이런 것들로는 그 밖에도 눈에 띄지 않게 시간을 보내도록 하는 것 외에 다른 아무런 이해관심도 갖지 않는 모든 유희들이 있다.

B179 그에 반해 미적 기예는 그 자체로 합목적적이고, 비록 목적이 없지만 그럼에도 사교적 전달을 위해 마음의 힘들의 배양을 촉진하는 표상방식이다.

쾌의 보편적 전달가능성은 이미 그 개념 안에, 이 쾌는 순전한 감각으로부터의 향수의 쾌가 아니라, 반성의 쾌여야 함을 지니고 있다. 그리하여 미적 기예로서 미감적 기예는 감관감각이 아니라 반성적 판단력을 표준으로 갖고 있는 그러한 기예이다.

§45

미적 기예[예술]는, 그것이 동시에 자연인 것처럼 보이는 한에서, 하나의 기예이다

미적 기예〔예술〕의 산물에서 사람들은 그것이 기예이고 자연이 아님을 의식하지 않을 수 없다. 그럼에도 그러한 산물의 형식에서의 합목적성은 자의적인 규칙들의 일체의 강제로부터 자유로워서 마치 그 산물이 순전한 자연의 산물인 것처럼 보이지 않으면 안 된다. 이러한 우리의 인식능력들의 유희에서의, 동시에 합목적적이어야만 하는, 자유의 감정에, 어떠한 개념에 기초하지 않고서 그것만으로도 보편적으로 전달가능한 쾌감이 의거하고 있다. 자연은 그것이 동시에 예술인 것처럼 보였을 때 아름다운 것이었다. 그리고 예술은 우리가 그것이 예술임을 의식할 때도 우리에게 자연인 것처럼 보일 때에만 아름답다고 불릴 수 있는 것이다.

무릇 우리는 보편적으로, 자연미에 관해서든 예술미에 관해서든, **순전한 판정에서**—감관감각에서도 아니고, 개념에 의해서도 아니라—**적의한 것은 아름답다**고 말할 수 있다. 그런데 기예〔예술〕는 항상 무엇인가를 만들어내려는 일정한 의도를 가지고 있다. 그러나 만약 이것이 쾌를 수반해야 하는 순전한 감각(즉 순수하게 주관적인 어떤 것)이라면, 이러한 산물은 판정에서 단지 감관감정을 매개로 해서만 적의할 것이다. 그 의도가 일정한 객관을 만들어내는 것을 지향하고 있다면, 그 의도가 기예에 의해 달성될 때에, 객관은 오로지 개념들에 의해서만 적의하게 될 것이다. 그러나 이 두 경우 다 기예는 **순전한 판정에서** 적의한 것이 아니라, 다시 말해 미적 기예로서 적의한 것이 아니라, 기계적 기예로서 적의한 것이겠다. B180

그러므로 미적 기예〔예술〕의 산물에서 합목적성은, 비록 의도적일지라도, 의도적으로 보여서는 안 된다. 다시 말해 미적 기예는, 비록 사람들이 그것을 기예라고 의식하고 있다 할지라도, 자연으로 간주될 수 있 V307

지 않으면 안 된다. 그러나 기예의 산물이 자연으로 나타나는 것은, 기예의 산물은 규칙들에 따름으로써만 마땅히 그것이어야 할 산물이 될 수 있는 만큼 그 규칙들과 **정확**하게 합치되지만, 거기에는 **고심함**이 없고, **격식이 엿보이는 일이 없으며**,[335] 다시 말해 규칙이 예술가의 눈앞에 아른거려서 그의 마음의 능력들을 속박했다는 흔적을 보이는 일이 없다고 하는 데에 있다.

§46

B181 미적 기예[예술]는 천재의 기예이다

천재란 기예에 규칙을 주는 재능(천부의 자질)이다. 이 재능은 기예가의 선천적인 생산적 능력으로서 그 자신 자연에 속하므로, 사람들은 또한 "**천재**란 선천적인 마음의 소질(*才質*)로서, **그것을 통해** 자연은 기예에게 규칙을 주는 것이다"라고 표현할 수도 있겠다.

또한 이러한 정의에 어떠한 사정이 있든, 그리고 이러한 정의가 한낱 자의적이건, 또는 사람들이 **천재**라는 말에 보통 결합시키는 개념에 적합한 것이건 아니건—이것은 다음의 조항(§)에서 해설되어야 할 점이다—사람들은 이미, 여기에서 받아들여진 이 말의 의미에 따르면, 미적 기예들이 필연적으로 **천재**의 기예들로 간주되지 않으면 안 된다는 것을 미리 증명할 수 있다.

무릇 어떠한 기예라도 규칙들을 전제하고 있거니와, 어떤 산물을 기예적이라고 일컬어야 할 때, 그것은 이 규칙들을 정초로 해서 비로소 가능한 것으로 표상된다. 그러나 미적 기예〔예술〕의 개념은 그것의 산물의 미에 관한 판단이 어떤 **개념**을 규정근거로 갖는, 그러니까 그 산물이 가능하게 되는 방식의 개념을 기초에 두는, 그 어떤 규칙으로부터 이끌

---

335) B판 추가.

어내지는 것을 허용하지 않는다. 그러므로 미적 기예가 그 산물을 성립 B182
시키기 위해 따라야만 하는 규칙을 스스로 생각해낼 수는 없다. 그럼에도 불구하고 선행하는 규칙이 없이는 어떤 산물을 결코 기예라고 일컬을 수 없으므로, 주관 안의 자연이 (그리고 주관의 능력들의 조율을 통해) 기예에게 규칙을 주는 것임에 틀림없다. 다시 말해, 미적 기예는 단지 천재의 산물로서만 가능하다.

이로부터 사람들은 다음과 같은 것을 알 수 있다. 1. 천재란 어떠한 특정한 규칙도 주어지지 않는 것을 만들어내는 **재능**이다. 즉 그것은 어떤 규칙에 따라서 배울 수 있는 것에 대한 숙련의 소질이 아니다. 따라서, V308
원본성〔독창성〕이 천재의 제일의 속성이지 않으면 안 된다.[336] 2. 원본적이지만 무의미한 것도 있을 수 있으므로, 천재의 산물들은 동시에 범형, 다시 말해 **본보기적**이지 않으면 안 된다. 그러니까 그 자신은 모방에 의해서 생긴 것이 아니지만, 다른 사람들에게는 모방할 수 있는 것, 다시 말해 판정의 표준이나 규칙으로 쓰일 수 있는 것이지 않으면 안 된다. 3. 천재는 그의 산물을 어떻게 성립시키는가를 그 자신 **기술하거나**[337] 학문적으로 공표할 수는 없고, 오히려 **자연**으로서 규칙을 주는 것이다. 그래서 하나의 산물의 창시자는 그 산물이 그의 천재에 힘입고 있지만, 그 자신은 그러한 이념들이 어떻게 그에게 떠오르는지를 알지 못하며, 또한 그는 그와 같은 이념들을 임의로 또는 계획적으로 생각해내어 다른 사람들에게 똑같은 산물들을 만들어낼 수 있도록 지시규정에 담아 전달할 힘을 가지고 있지 않다. (그래서 무릇 아마도 천재[338]라는 말은 守護神[339], 즉
특유한, 인간에게 태어날 때 부여된 수호적이며 지도적인, 저 원본적 이념들도 B183
그것의 영감에서 나온, 정신에서 유래했을 것이다.)[340] 4. 자연은 천재를 통해

---

336) 인식능력의 원본성으로서의 천재에 대해서는 『인간학』, B159~B164=VII224~VII227 참조.

337) B판 추가.

338) 원어: 독일어 Genie.

339) 원어: 라틴어 genius.

학문에 대해서가 아니라, 기예에 대해서 규칙을 지시규정하며, 그것도 기예가 미적 기예〔예술〕여야 하는 한에서 그러하다.

§47

천재에 대한 위 설명의 해명과 확인

천재란 **모방정신**에 전적으로 대립해 있어야 한다[341)]는 점에는 누구나 의견이 일치하는 바이다. 무릇 배운다는 것은 모방한다는 것 이상의 아무것도 아니므로, 제아무리 큰 능력이라고 하더라도 그것이 학습력(수용력)인 한 그것을 천재라고 할 수는 없다. 그러나 설령 스스로 생각하고 지어내며, 다른 사람들이 생각한 것을 포착할 뿐만 아니라, 기예와 학문을 위해 많은 것을 발견한다고 할지라도, 이것 또한 (한낱 배우고 모방하는 것 이상은 결코 아무것도 할 수 없기 때문에 **둔재**라고 일컬어지는 자와 반대되는) 그러한 (흔히는 위대한) **머리**〔**수재**〕를 **천재**라고 부르기 위한 정당한 근거가 되지 못한다. 왜냐하면, 바로 그러한 것도 배울 **수 있는** 것일 터이므로 규칙에 따른 탐구와 탐색의 자연스런 도정 위에 있는 것이고, 모방을 부지런히 함으로써 얻을 수 있는 것과 종적으로 구별되는 것이 아니기 때문이다.[342)] 그래서 사람들은 **뉴턴**이 그의 자연철학의 원리들에 대한 불후의
B184 저작[343)]에서 논술한 것을, 그러한 것을 찾아내는 데에 제아무리 위대

---

340) 천재에 대한 유사한 설명을 칸트는 「인간학 강의」에서 반복하고 있다. Friedländer 강의록(1775/76): XXV, 554 이하; Pillau 강의록(1777/78): XXV, 781 이하; Menschenkunde(1781/82〔?〕): XXV, 1055 이하 참조.

341) 칸트는 인간학 강의에서도 여러 차례(XXV, 945 · 1055 등) "영국인" 철학저술가 Alexander Gerard(1728~1795)를 인용하여 "천재의 최대의 속성은 생산적 상상력이며, 그것은 모방정신과 가장 크게 구별되는 것이다"고 말하고 있다. Gerard의 출세작은 *Essay on Taste*(1759)이며, 그의 『천재론(*Essay on Genius*)』(1771)의 독일어 번역본 *Versuch über das Genie*는 1776년에 출간되었다.

342) 가르치고 배울 수 있는 학예와 가르치고 배울 수 없는 천재의 재능의 비교는 칸트 인간학 강의에 자주 등장하는 주제이다. XXV, 556~7 · 1061 · 1310~11 · 1493~4 등 참조.

한 두뇌가 필요했다 할지라도, 모두 능히 배울 수 있다. 그러나 사람들은 시예술을 위한 지시규정들이 제아무리 상세하고 그 범 가 제아무리 탁월 하다고 할지라도, 우리는 재기 넘치게 시 짓기를 배울 수는 없다. 그 이 V309
유는, **뉴턴**은 그가 기하학의 제일의 원리들로부터 그의 위대하고 심원한 발견들에 이르기까지 밟지 않으면 안 되었던 모든 단계들을 자기 자신에게뿐만 아니라 다른 모든 사람들에게 아주 눈에 잘 보이게 그리고 따라할 수 있도록 명확하게 제시할 수 있겠지만, 어떤 **호메로스**나 **빌란트**도[344] 그의 상상이 넘치고 그러면서도 동시에 사상이 충만한 이념들이 어떻게 하여 그의 머리에 떠올라 함께 모이는가를 밝힐 수가 없다는 데에 있다. 왜냐하면, 그 자신도 그것을 알지 못하므로 그것을 다른 사람에게 가르쳐줄 수 없기 때문이다. 그러므로 학문적인 것에서는 최고의 발견자도 신고〔辛苦〕를 무릅쓰는 모방자나 제자와 단지 정도상에서만 구별될 뿐이나, 그에 반해 자연이 미적 기예를 위한 자질을 부여한 사람과는 종적으로 구별된다. 그렇다고 해서 이 점에, 인류가 그토록 많은 덕을 입고 있는 저 위대한 인사들을 미적 기예를 위한 그들의 재능에서 자연의 총아인 이들에 비해 낮게 평가해야 할 이유가 있는 것은 아니다. 저들[345]의 재능은 인식과 그에 의존하는 모든 유익함이 점점 진보하여 보다 크게

---

343) 곧, Newton(1646~1727)의 『자연철학의 수학적 원리(*Philosophiae Naturalis Principia Mathematica*)』(1687).

344) 칸트는 Homeros에 대해서는 초기작 『미와 숭고의 감정에 관한 관찰』(1764)에서부터 자주 언급하고 있다. II, 208 · 212 · 215 등 참조. 또한 칸트는 천재의 실례로 Pope, Milton, Shakespeare 등에 대해서 인간학 강의 곳곳에서 언급하고 있으며, Christoph Martin Wieland(1733~1813)에 대해서도 논리학 강의 등 곳곳에서(XXIV, 357 · 811 · 946 참조) 얘기하고 있다. 초기 독일 고전주의 문학의 대표자로 평가받는 빌란트는 교양소설의 효시라 할 수 있는 *Geschichte des Agathon*(1776~7) 등의 창작뿐만 아니라 호머, 셰익스피어 등의 작품 번역 작업을 하는 한편, 당시 최고로 영향력 있던 잡지 *Teusche Merkur*의 편집인(1773~1790)으로 활동했다. 그의 사위이자 칸트 추종자인 Karl Leonhard Reinhold는 이 잡지의 부편집인으로서 칸트 철학의 확산에 크게 기여하였다.

345) 곧, 학문하는 인사들.

완성되게 하기 위해, 또한 동시에 똑같은 지식을 다른 사람들에게 가르
치기 위해 형성된 것으로, 바로 이 점에서 그들은 천재들이라고 일컬어
B185 질 영예를 얻는 이들에 비해 더 큰 장점을 갖는다. 왜냐하면 기예에는 한
계가 그어져 있어서 천재들에게는 그 기예가 어딘가에서 정지하기 때문
이다. 기예는 그 한계를 더 이상 넘어설 수가 없고, 어쩌면 이미 오래 전
부터 도달되어 있어서, 더 이상 확장될 수도 없는 것이다. 게다가 그러한
기예의 숙련성은 전달될 수가 없고, 자연의 손으로부터 각자에게 직접적
으로 분여되는 것이어서, 자연이 언젠가 또 다른 사람에게 다시금 똑같
은 자질을 부여할 때까지, 그 숙련성은 각자와 함께 사멸하며, 또 다른
사람은 그가 자각하고 있는 재능을 유사하게 발휘하기 위해서는 하나의
실례만을 필요로 하기 때문이다.

천부의 자질이 (예술로서의) 기예에게 규칙을 주지 않으면 안 되는 터에
서, 도대체 이 규칙은 어떤 종류의 것인가? 그것은 어떤 정식〔定式〕으로
작성되어 지시규정으로 쓰일 수는 없는 것이다. 그렇지 않으면 미적인 것
에 관한 판단은 개념들에 따라 규정될 수 있는 것일 터이니 말이다. 오히
려 그 규칙은 실적, 다시 말해 산물로부터 추상되지 않으면 안 된다. 다른
사람들은 이 산물을 **모방**의 범형이 아니라, **계승**의 범형으로 삼아, 이 산
물에 비추어 자기 자신의 재능을 시험해볼 수 있는 것이다.[346] 어떻게 이
런 일이 가능한가는 설명하기가 어렵다. 예술가의 이념들은 그의 제자의
비슷한 이념들을 불러일으킨다. 만약 자연이 그 제자에게도 비슷한 비율
의 마음의 능력들을 베풀어주었다면 말이다. 그래서 예술의 범형들은 이
V310 러한 이념들을 후진에게 전하는 유일한 전도수단들이다. 이런 일은 순전
B186 한 기술〔記述〕만으로써는 일어날 수 없겠고, (특히 언어 예술들의 분과에서
그러한바) 또한 언어 예술들에서도 옛날의, 죽은, 지금은 단지 학술어로
만 보존되어 있는 말들로 쓰인 범형들만이 고전적인 것이 될 수 있다.

---

346) 모방은 그 수법은 유사하되 원본성〔독창성〕이 있으나, 모조란 복제이다. 「조각글」 920: XV, 405 참조.

기계적 기예와 미적 기예〔예술〕는, 전자는 근면과 학습의 순전한 기예이고, 후자는 천재의 기예로서, 서로 아주 다르기는 하지만, 그럼에도 규칙들에 따라서 파악되고 준수될 수 있는 어떤 기계적인 것이, 그러므로 어떤 **모범적인 것**이 기예의 본질적 조건을 형성하고 있지 않는 미적 기예〔예술〕란 없다. 왜냐하면 예술에서는 무엇인가가 목적으로 생각되지 않으면 안 되며, 그렇지 않으면 사람들은 그 산물을 전혀 어떤 예술에도 귀속시킬 수가 없고, 그것은 한낱 우연의 산물일 것이기 때문이다. 그러나 어떤 목적을 실현하기 위해서는 일정한 규칙들이 요구되는바, 사람들은 이 규칙들에서 벗어나서는 안 된다. 그런데 재능의 원본성은 천재의 특성의 (유일한 것은 아니라도) 본질적인 요소를 이루는 것이므로, 천박한 자들은 일체의 규칙들의 강제적 규제와 결별할 때에, 자기의 피어나는 천재를 보다 잘 보일 수 있다고 믿으며, 사람들은 훈련된 말보다는 광포한 말을 타고서 보다 두각을 잘 드러낸다고 믿는다. 〔그렇지만〕 천재는 단지 예술의 산물들을 위한 풍부한 **재료**를 공급할 수 있을 뿐이다. 그 재료의 가공과 **형식**은 그것을 판단력 앞에서 합격할 수 있게끔 사용하기 위해서는 훈련을 통해 도야된 재능을 필요로 한다. 그러나 누군가[347)]가 매우 면밀한 이성적 연구의 사안에서조차 마치 천재인양 말하고 결정한 B187
다면, 그것이야말로 참으로 가소로운 일이다. 마술사는 연막을 펴서 사람들이 아무것도 분명하게 판정할 수 없고, 그럴수록 더욱더 상상에 잠길 수 있도록 한다. 대중은 그들이 걸출한 통찰을 분명하게 인식하고 파악할 수 없는 것은 새로운 진리들이 그들에게 대량으로 밀려들고 있으되, 그에 반해 (그 원칙들을 정연하게 설명하고 엄격하게 검토함으로써) 그 세세한 점들을 안다는 것은 그들에게는 어설픈 짓으로 보여서 그렇다고, 진심으로 생각한다. 사람들은 이러한 마술사를 더 조소해야 하는지, 대

347) 천재열광자들, 예컨대 J. G. Hamann(1730~1788), J. G. Herder(1744~1803), F. H. Jacobi(1743~1819)와 그 외에도 '질풍노도'를 이끈 다수 인사들을 염두에 둔 것으로 보인다. 「조각글」 771: XV, 336~8 참조.

중을 더 조소해야 하는지를 잘 알지 못한다.

V311

§48
천재와 취미의 관계에 대하여

미적 대상들을 그러한 것으로 **판정하기** 위해서는 **취미**가 필요하나, 미적 기예〔예술〕 그 자신을 위해서는, 다시 말해 그러한 대상들을 **만들어내기 위해서는**[348] **천재**가 필요하다.

천재를 예술에 대한 재능으로 간주하고—이것은 천재라는 말의 특유한 의미가 지니고 있는 것이지만—이러한 관점에서 그것을, 함께 모여 그러한 재능을 이루고 있는 것이 틀림없는 능력들로 분해하고자 한다면,
B188 그것을 판정하는 데는 취미만이 필요한 자연미와 그것이 가능하기 위해서는—그와 같은 대상을 판정하는 데 있어서는 이러한 가능성도 고려되지 않으면 안 되는바—천재를 필요로 하는 예술미 사이의 차이를 정확하게 규정하는 것이 꼭 필요하다.

자연미는 하나의 **아름다운 사물**이며, 예술미는 사물에 대한 하나의 **아름다운 표상**이다.

하나의 자연미를 그러한 것으로 판정하기 위해서 나는 그 대상이 어떠한 사물이어야 하는가에 대한 개념을 미리 가지고 있을 필요가 없다. 다시 말해 나는 질료적 합목적성(목적)을 꼭 알아야 할 필요는 없고, 오히려 그러한 판정에서는 목적에 대한 앎 없이 순전한 형식이 그것만으로서 적의한 것이다. 그러나 대상이 예술의 산물로서 주어져 있고, 그러한 것으로서 아름답다고 언명되어야만 한다면, 예술은 언제나 그 원인(과 그것의 인과성) 안에 하나의 목적을 전제하고 있기 때문에, 그 사물이 어떤 것이어야만 하는가에 대한 개념이 그 기초에 먼저 놓여 있지 않으면 안

348) C판에 따름.

된다. 그리고 한 사물 안에서 잡다한 것이 그 사물의 내적 규정과, 즉 목
적과 합치함이 그 사물의 완전성이므로, 예술미의 판정에서는 동시에 그
사물의 완전성이 고려되어야만 하지만, 자연미를 (자연미로서) 판정함에
서는 그러한 점은 전혀 문제가 되지 않는다. ―특히 자연의 생명 있는 대
상들, 예컨대 사람이나 말을 판정함에서는, 그러한 것들의 미에 관해 판
단하기 위해서는, 객관적 합목적성도 보통 함께 고려되기는 하지만, 그 B189
런 경우 역시 그 판단은 더 이상 순수-미감적인, 다시 말해 순전한 취미
판단은 아니다. 자연은 더 이상 예술처럼 보이는 것으로서 판정되는 것
이 아니라, 실제로 (비록 초인간적인 것이기는 하지만) 예술**인** 한에서 판정
되는 것이다. 그리고 목적론적 판단이 미감적 판단의 토대 및 조건이 되 V312
는바, 미감적 판단은 이를 고려하지 않을 수 없다. 그러한 경우에, 예컨
대 "저 이는 아름다운 여자이다"라고 말할 때, 사람들이 실제로 생각하
는 것은 '자연이 그녀의 형태에서 여성적인 체형상의 목적들을 아름답게
보여주고 있다'는 것에 다름 아니다. 왜냐하면, 대상이 그런 식으로 논리
적으로-조건 지어진 미감적 판단에 의해 생각되기 위해서는, 우리는 순
전한 형식을 넘어서 하나의 개념을 내다보지 않으면 안 되기 때문이다.

예술은 자연에서 추하거나 적의하지 않은 사물들을 아름답게 묘사한
다는 데에 바로 그 특장이 있다. 광포함들, 질병들, 전쟁의 폐허들, 그리
고 그와 같은 것들은 **재화[災禍]이지만**,[349] 매우 아름답게 묘사될 수 있고,
회화〔繪畫〕로도 표상될 수 있다. 오로지 한 종류의 추함만은 자연대로
표상되어서는 일체의 미감적 흡족이, 그러니까 예술미가 파괴될 수밖에
없으니, 그것은 곧 **구토**를 일으키는 추함이다. 왜냐하면, 이 기묘한, 순
전히 상상에 의거하는 감각에서 대상은, 이를테면 우리가 그 대상의 향
수를 강력하게 거부함에도 불구하고 마치 그 대상의 향수를 강요하는 것 B190
처럼 표상되기 때문에, 우리의 감각에서 그 대상의 기교적인 표상과 이

349) B판 추가.

대상 자신의 자연본성은 더 이상 구별되지 않으며, 그때 저 기교적인 표상이 아름답게 여겨질 수는 없기 때문이다. 또한 조각예술도 그 산물에 있어서 기예가 자연과 거의 혼동되기 때문에, 추한 대상들의 직접적인 표상을 그 조형물에서 배제하고, 그 대신에 예컨대 (아름다운 수호신에서) 죽음을, (군신〔軍神〕에서) 상무적 기상을 각별하게 적의한 어떤 우의〔寓意〕나 상징속성[350]들을 통해, 그러니까 순전히 미감적인 판단력에 대해서가 아니라 이성의 해석을 매개로 해서 간접적으로만 표상하는 것을 허용해왔다.[351]

어떤 대상에 대한 아름다운 표상은 본래 단지 하나의 개념을 현시하는 형식일 따름으로, 이 형식을 통해 그 개념은 보편적으로 전달되는 것인바, 이에 대해서는 이만큼만 언급해둔다.—그러나 이 형식을 예술의 산물에 주기 위해서는 순전히 취미만이 필요한데, 예술가는 이 취미를 예술이나 자연의 여러 가지 사례들에 따라 훈련하고 교정한 후에, 자기의 작품을 이 취미에 맞추고, 또 이 취미를 충족시키기 위한 수많은, 흔히는 수고로운 시도들을 되풀이한 후에 그를 만족시키는 이런 형식을 발견하게 되는 것이다. 그래서 이러한 형식은 말하자면 영감이나 마음의 힘들의 자유로운 약동에서 비롯하는 것이 아니라, 오히려 그것을 사상
B191 V313 〔思想〕에 맞추되 마음의 힘들의 유희에서 자유를 훼손하는 일이 없도록
천천히 그러나 고심하면서까지 개선해나가야 하는 것이다.

그러나 취미는 한낱 판정능력일 뿐, 생산적 능력이 아니다. 그 때문에 취미에 맞는 것이 바로 예술의 작품은 아니다. 그것은 배울 수 있고 정확하게 준수하지 않으면 안 되는 규칙들에 따르는 산물, 즉 유용한 기계적인 기예에 속하거나 또는 심지어 학문에 속하는 산물일 수도 있다. 그러나 사람들이 이러한 산물에게 주는 적의한 형식은 단지 전달의 운반체[352]

350) 원어: Attribut.

351) Lessing도 그의 평론집 *Laokoön, oder, über die Grenzen der Malerei und Poesie*(1766)에서 비슷한 견해를 피력하였다.(Kap. 2 참조)

이며, 말하자면 개진〔開陳〕의 수법인바, 사람들은 다른 점들에서는 일정한 목적에 매여 있지만 이 개진의 점에서는 어느 정도 자유롭다. 그리하여 사람들은, 식기나 도덕 논문, 심지어는 설교조차도, **꾸민** 것처럼 보여서는 안 되겠지만, 예술의 이러한 형식을 그 자체로 가져야 한다고 요구하는 것이다. 그렇다고 해서 사람들이 이런 것들을 예술의 작품이라고 부르지는 않을 것이다. 그러나 시, 음악, 화랑 그리고 이와 같은 것은 예술 작품에 들어간다. 그런데 우리는 의당 예술 작품이어야 하는 어떤 작품에서 왕왕 취미 없는 천재를, 또 다른 어떤 작품에서는 천재 없는 취미를 찾아볼 수 있다.

§49 B192

천재를 이루는 마음의 능력들에 대하여

적어도 부분적으로는 예술로 분명히 입증될 것으로 기대하는 어떤 산물들에 대해서 사람들은, 그것들에서 취미와 관련해서는 아무런 비난할 점을 발견하지 못함에도 불구하고, 그것들에는 **정신**이 결여되어 있다고 말한다. 어떤 시는 정말로 산뜻하고 우아할 수 있으나, 정신이 결여되어 있을 수 있다. 어떤 이야기는 정확하고 정연하나, 정신이 결여되어 있다. 어떤 축하 연설은 철저하고 동시에 엄숙하지만, 정신이 결여되어 있다. 회화〔會話〕도 즐거움은 없지 않지만, 정신은 결여되어 있는 것이 많다. 심지어 어떤 귀부인에 대해서도 사람들은, 그녀는 예쁘고 사근사근하고 얌전하지만, 정신을 결여하고 있다고 말하는 수가 있다. 그러면 도대체 여기서 정신이라는 말이 뜻하는 바는 무엇인가?

정신이란 미감〔/학〕적 의미에서는 마음에서 생기를 일으키는 원리를 말한다. 그러나 이 원리가 영혼에 생기를 주기 위해 사용하는 것, 즉 이

352) 원어: Vehikel.

원리가 그러기 위해 사용하는 재료는 곧 마음의 힘들을 합목적적으로 약동하게 하는 것, 다시 말해 스스로 유지해가며 또 그러한 힘들을 스스로 증강해가는 유희를 하게끔 하는 것이다.

V314 이제 나는 이 원리가 다름 아니라 **미감적 이념들**을 현시하는 능력이
B193 라고 주장하는 바이다. 그런데 나는 미감적 이념이라는 말로 많은 것을 사고하도록 유발하지만 그럼에도 어떠한 특정한 사유, 다시 말해 어떠한 특정한 **개념**도 그것에 충전할 수 없는, 따라서 어떠한 언어도 그에는 온전히 이를 수 없고 설명할 수가 없는, 그러한 상상력의 표상을 뜻한다. ─이러한 미감적 이념은 **이성이념**의 대립물(대응물)이고, 이성이념은 거꾸로 그에는 어떠한 **직관**(즉 상상력의 표상)도 충전할 수 없는 개념이라는 것을 쉽게 알 수 있는 바이다.

(생산적 인식능력으로서) 상상력은 곧 현실적인 자연이 그에게 준 재료로부터 이를테면 또 다른 자연을 창조해내는 데 매우 강력한 힘을 가지고 있다. 경험이 우리에게 너무나 일상적으로 여겨질 때, 우리는 상상력과 더불어 즐기며, 또한 이러한 경험을 개조하기도 한다. 이때 우리는 여전히 유비적 법칙들에 따르기는 하지만, 그럼에도 한층 높이 이성에 자리 잡고 있는 원리들에도 따른다. (그리고 이 원리들은 지성이 경험적 자연을 포착할 때 따르는 원리들과 꼭 마찬가지로 우리에게는 자연적인 것이다.) 이 경우에 우리는 (저 능력[353]의 경험적 사용에 부속되어 있는) 연합의 법칙에서 우리의 자유를 느낀다.[354] 이 법칙에 따라 우리에게 물론 자연으로부터 재료가 주어지기는 하지만, 이 재료는 우리에 의해 다른 어떤 것, **곧** 자연을[355] 능가하는 것으로 개작될 수가 있는 것이다.

사람들은 상상력의 그와 같은 표상들을 **이념들**이라고 부를 수 있다.[356] 그것은 한편으로는, 그것들이 경험의 한계 너머에 있는 어떤 것에

353) 곧, 상상력.

354) C판: "그래서 이".

355) A판: "**전적으로** 다른 어떤 것 **그리고** 자연을".

이르려고 적어도 애쓰고 있고, 그리하여 이성개념들(즉 지성적 이념들)을 현시하는 데 접근하고자 하며, 이러한 일이 이 이성개념들에게 객관적 B194
실재성의 외양을 주기 때문이며, 또 다른 편으로 더욱 중요하게는, 내적 직관들로서 그러한 이념들에는 어떠한 개념도 온전히 충전할 수가 없기 때문이다. 시인[357]은 눈으로 볼 수 없는 존재자들의 이성이념들, 즉 천국, 지옥, 영원, 창조 등과 같은 것들을 감성화하고자 감히 시도하며, 또 경험에서 실례를 볼 수 있기는 한 것, 예컨대 죽음, 질투와 모든 패악, 또한 사랑과 명예 등과 같은 것들을 경험의 경계를 넘어서, 최고의 것에 이르러 이성의 선례를 좇으려고 열망하는 상상력을 매개로, 자연에서는 실례를 볼 수 없을 만큼 완벽하게 감성화하고자 감히 시도한다. 그래서 본래 미감적 이념들의 능력이 최고도로 발휘될 수 있는 것은 시예술이다. 그러나 이 능력은 그것 자체만을 고찰하면 본래 단지 (상상력의) 한 재능이다.

그런데 어떤 개념의 근저에 상상력의 표상이 놓이면, 이 표상은 그 개 V315
념을 현시하게 되나, 그 자체만으로는 결코 하나의 특정한 개념 안에 총괄될 수 없을 만큼 많은 것을 생각하게 하는 기연이 되며, 그러니까 그 개념 자신을 무제한하게 미감적으로 확장하게 되는데, 그래서 이런 경우에 상상력은 창조적이고, 지성적 이념들의 능력(즉 이성)을 작동시켜서, 곧 하나의 표상을 기연으로 해서, 그 표상 안에서 포착되고 분명하게 **될**[358]
수 있는 것 이상의 것을 생각하도록—물론 이러한 것은 대상의 개념에 B195
속하는 것이지만—하는 것이다.

어떤 주어진 개념 자신을 현시하는 것이 아니라, 단지 상상력의 부차적 표상들로서, 이 개념과 연결되어 있는 결과들 및 이 개념과 다른 개념

356) 「인간학 강의」 Pillau: XXV, 782; 「인간학 강의」 Busolt: XXV, 1494 참조.

357) John Milton(1608~1674)을 지칭하는 것으로 보인다.(「인간학 강의」 Collins: XXV, 164 참조.)

358) A판: "**생각될**".

들의 친족성을 표현하는 것일 뿐인 형식들을 사람들은, 그 개념이 이성이념이어서 충전하게 현시될 수 없는 하나의 대상의 (미감적) **상징속성들**이라고 부른다. 그래서 발톱 안에 번갯불을 가지고 있는 주피터 신의 독수리는 강력한 하늘의 왕의 상징속성이고, 공작은 화려한 하늘의 왕비의 상징속성이다. 이러한 상징속성들은, **논리적 속성들**[359]과 같이, 창조의 숭고함과 장엄함에 대한 우리 개념 속에 들어 있는 것을 표상하는 것이 아니라, 오히려 상상력에게, 말로 규정되는 개념으로 표현할 수 있는 이상의 것을 생각하게 하는 다수의 유사한 표상들 너머에까지 확장될 기연을 주는 다른 어떤 것을 표상한다. 그리고 이러한 상징속성들은 저 이성이념에게 논리적 현시 대신으로 쓰이는 **미감적 이념**을 주는데, 그러나 그것은 본래, 그 미감적 이념이 마음에게 유사한 표상들의 광대한 분야에 대한 전망을 열어줌으로써 마음에 생기를 불어넣기 위한 것이다. 그러나 예술은 이러한 일[360]을 (보통 상징속성이라는 명칭이 사용되는) 회화나 조각예술에서만 하는 것이 아니라, 시예술과 웅변술도 그 작품들에 생기
B196 를 불어넣는 정신을 또한 오로지 대상들의 미감적 상징속성들로부터 얻는데, 이 미감적 상징속성들은 논리적 속성들과 제휴하여 상상력을 약동하게 하고, 그때에, 비록 미발전된 방식으로나마 하나의 개념 속에, 그러니까 하나의 규정된 언어표현 속에 총괄될 수 있는 이상의 것을 생각하도록 하는 것이다.—나는 간략하게 하기 위해서 약간의 실례만을 드는 것으로 제한할 수밖에 없다.

대왕[361]은 그의 한 편의 시에서 다음과 같이 심회를 표현하고 있다: "불평 없이 생을 떠나자. 그리고 아무런 회한도 없이. 그때에도 아직 우리의 선행으로 가득 찬 세상을 남겨두고. 그처럼 태양은 하루의 운행을

359) 원어: logische Attribute.

360) 곧, 마음에 생기를 불어넣는 일.

361) 곧, 칸트가 살던 시기 Preußen의 프리드리히 대왕(Friedrich der Große = Friedrich II: 1712~1786〔재위: 1740~1786〕).

마친 후에도, 아직 온화한 빛을 하늘에 펴는데, 태양이 대기에 던지는 마 V316
지막 빛살은 이 세상의 안녕을 위한 마지막 탄식이다."[362] 이렇게 그는 생애의 마지막에서도 하나의 상징속성을 통해 그의 세계시민적 마음씨의 이성이념에 생기를 불어넣고 있다. 이 상징속성은 상상력이 (청명한 저녁이 마음속에 불러일으키는 맑게 갠 여름날의 온갖 쾌적함들을 상기하면서) 저 표상에 덧붙여주는 것이며, 이 상징속성은 어떠한 말로도 표현할 수 없는 수많은 감각과 부차적 표상들을 환기시켜주는 것이다. 다른 한편으로는 거꾸로 지성적 개념조차도 감관들의 표상의 상징속성으로 쓰일 수 있어서, 초감성적인 것의 이념에 의해 이 감관들의 표상에 생기를 불어넣어줄 수 있는 것이다. 그러나 그것은 다만, 초감성적인 것의 의식에 주
관적으로 부수되는 미감적인 것이 그러한 목적으로 사용되는 경우에서 B197
그러한 것이다. 그래서 예컨대 어떤 시인[363]은 아름다운 아침을 묘사하여, "해가 솟아올랐다. 평안이 덕에서 흘러나오듯이"[364]라고 말하고 있다. 사람이 단지 사유 속에서라도 유덕한 자의 위치에 서보면, 덕의 의식

---

362) 독일의 계몽절대군주 프리드리히 대왕은 문학은 프랑스문학을 최고로 쳐, 그 자신 프랑스어로만 글을 썼고, 궁정에서도 프랑스어만 사용하도록 명령하였다. 여기서 칸트는 프리드리히 대왕의 프랑스어 시 「마샬 케이스에게. 루크레티우스 제3권의 모방(Au Maréchal Keith, Imitation du troisième livre de Lucrèce)」 종장을 독일어로 옮겨놓고 있다. 그러나 이 독일어 번역문이 칸트 자신의 것인지는 확실하지 않다. 대왕의 원문은 *Oeuvres de Fredéric de Grand*, Berlin 1846, X, 203 참조:

Oui, finissons sans trouble, et mourons sans regrets,
En laissant l'Univers comblé de nos bienfaits.
Ainsi l'Astre du jour, au bout de sa carrière,
Répand sur l'horizon une douce lumière,
Et les derniers rayons qu'il darde dans les air
Sont les derniers soupirs qu'il donne à l'Univers.

363) 곧, Johann Phillip Lorenz Withof(1725~1789). 1770년 이후 Duisburg 대학의 역사학, 웅변술, 도덕학 교수로서 수많은 산문과 시를 남겼으며, 의사로서도 활동하였다.

364) Withof의 시 "Sinnliche Ergötzungen in neun Gesängen"의 한 구절(수록: *Academische Gedichte*, Leipzig 1782, Erster Teil, S.70)로 원문에는 "덕에서(aus Tugend)" 대신에 "선량함에서(aus Güte)"라고 되어 있다.

은 마음속에, 특정한 개념에 맞는 어떠한 표현으로도 온전히 이를 수 없는, 숭고하고 평온한 많은 감정과 기쁜 미래에 대한 무한한 전망을 펼쳐준다.※

한마디로 말하면, 미감적 이념은 어떤 주어진 개념에 수반되는 상상력의 표상이다. 이 표상은 상상력의 자유로운 사용에서는 매우 다양한 부분표상들과 결합되어 있어서, 그것은 특정한 개념을 표시하는 말로는 표현될 수가 없다. 그러므로 이 표상[368]은 하나의 개념에 형언할 수 없는 많은 것을 덧붙여 생각하게 하며, 이러한 형언할 수 없는 것의 감정이 인식능력들[369]에 생기를 불어넣어주며, 한갓된 문자인 언어에 정신을 결합시켜주는 것이다.

B198 그러므로 (일정한 비율로) 통합되어 **천재**를 형성하는 마음의 능력들은 상상력과 지성이다. 다만, 상상력이 인식을 위해 사용될 때 상상력은 지

※ "나는 현존하며, 현존했으며, 현존하게 될 모든 것이니, 죽을 수밖에 없는 어떠한 자도 나의 장막을 벗겨본 일이 없노라."—아마도 (어머니 **자연**) **이시스**[365] 신전의 이 명문〔銘文〕보다 더 숭고한 말도 없었을 것이며, 하나의 사상이 이보다 더 숭고하게 표현된 일도 없었을 것이다. **세그너**[366]는 **재치 있는**, 그의 자연이론의 앞장 장식 그림에서 이 이념을 이용한 바 있는데, 그것은 그가 이 신전[367]으로 이끌려고 했던 그의 생도의 마음을 미리 신성한 경외감으로 채워 엄숙한 주의를 가지게 하기 위함이었다.

---

365) Isis. 또는 Ise(t)라고도 불리는 고대 이집트의 여신. 땅의 신 Geb과 하늘의 여신 Nut의 딸로 Osiris의 여동생이자 아내이고, Horus의 어머니. 이집트인들은 이시스를 '사랑의 여신', '바다의 여신', '신의 어머니', '태양의 어머니'로 숭배하였으며, 이 여신에게 자식들의 가호를 빌었다. 이시스는 또한 모든 비밀과 미래에 일어날 일을 아는 마술사로도 여겨져, 어느 신보다도 현명한 것으로 간주되었다.

366) Johann Andreas Segner(1704~1777). Göttingen의 물리학자, 수학자. 여기서 언급된 책은 *Einleitung in die Naturlehre*(Göttingen 1770: 개정3판. 초판 1746, 재판 1754)로 장식 그림은 Daniel Heumann의 작품.

367) 곧, 그의 자연이론.

368) C판에 따라 관계대명사를 "die"로 읽음. A · B판의 "der"는 마땅히 지시할 만한 것이 없음.

369) 곧, 상상력과 지성.

성의 강제 아래 놓이고, 지성의 개념에 맞아야 하는 제한을 받아야 하지만, 미감적 관점에서는 상상력은 자유로워, 개념과의 저런 일치를 넘어 V317
서, 지성이 그의 개념에서는 고려하지 않았던, 꾸밈이 없고 내용이 풍부한 미발전된 재료를 오히려 지성에게 제공한다. 그러하되 지성은 이 재료를 객관적으로 인식을 위해 사용하기보다는, 주관적으로 인식하는 힘들에 생기를 불어넣기 위해, 그러므로 간접적으로는 인식을 위해서도 사용하는 것이다. 그 때문에 천재는 본래, 어떠한 학문도 가르쳐줄 수 없고, 어떠한 근면으로도 배울 수 없는, 주어진 개념에 대한 이념들을 찾아내고 다른 한편 이 이념들을 위한 **표현**을 꼭 집어내는 행운의 관계에서 성립하는 것으로, 이 표현을 통해 저 이념에 의해 일으켜진 주관적 마음의 정조가 다른 사람들에게 전달될 수 있는 것이다. 이 후자의 재능[370] 이야말로 본래 사람들이 정신이라고 부르는 것이다. 무릇 어떤 표상에서의 마음의 상태 중 형언할 수 없는 것을 표현하고, 표현적으로 전달 가능하게 만들기 위해서는, 그 표현이 언어에 있든 회화에 있든 조소에 있든, 빠르게 지나가는 상상력의 유희를 포착하여, **규칙들의**[371] 강제 없이 전달 B199
되는 하나의 개념—이 개념은 바로 그 때문에 원본〔독창〕적이며, 동시에 어떤 선행하는 원리나 실례로부터 추론될 수 없었던 새로운 규칙을 개시한다—속에 통합하는 능력을 필요로 하기 때문이다.

☆ ☆ ☆

이러한 분석을 한 다음 사람들이 **천재**라고 부르는 것에 대한 위에서 제시한 설명을 되돌아보면, 우리는 다음의 사실을 알게 된다. **첫째로**, 천재는 예술에 대한 재능이지 학문에 대한 재능이 아니다. 학문에서는 분명하게 알려진 규칙들이 선행하고, 그것이 학문상의 수행절차를 규정하

370) 곧, "이념들을 위한 표현을 꼭 집어내는" 재능.
371) B판 추가.

지 않으면 안 되는 것이다. **둘째로**, 예술의 재능인 천재는 목적으로서의
산물에 대한 규정된 개념, 그러니까 지성을 전제하지만, 또한 이 개념을
현시하기 위한 재료, 다시 말해 직관에 대한 (비록 무규정적이기는 하지만)
B200 표상도 전제하며, 그러니까 상상력의 지성과의 관계를 전제한다. **셋째
로**, 천재는 규정된 **개념**을 현시하면서 전제된 목적을 실행하는 데서 드
러난다기보다는, 오히려 그러한 의도를 수행하기 위한 풍부한 재료를 함
유하고 있는 **미감적 이념들**을 개진하고 표현하는 데서 드러난다. 그러니
까 천재에게 상상력은 규칙들의 일체의 지도로부터 자유로우며, 그럼에
도 주어진 개념을 현시하기 위한 합목적적인 것으로 표상된다. 마지막으
V318 로 **넷째로**, 상상력이 지성의 법칙성과 자유롭게 합치할 때 저절로 이루
어지는, 무의도적인, 주관적 합목적성은 이 두 능력의 균형과 조율을 전
제한다. 그러나 그러한 균형과 조율은 규칙들—그것들이 학문의 것이든
기계적 모방의 것이든—을 준수함으로써 생겨나는 것이 아니라, 주관의
자연본성만이 만들어낼 수 있는 것이다.

이러한 전제들에 의하면, 천재란 주관이 그의 인식능력들을 **자유롭게** 사용하는 데서 드러나는 천부적 자질의 범형적 원본성〔독창성〕이다. 그렇기에 천재의 산물은 (가능한 학습이나 교습에서가 아니라 천재에서 기인한다고 할 수 있는 점에서) 다른 천재에게는 모방의 실례가 아니라—왜냐하면 그 경우에 그 산물에서의 천재적 요소와 그 작품의 정신을 이루는 요소는 사라져버릴 것이기 때문이다—계승의 실례인 것이다. 다른 천재는 그 실례를 통해 그 자신의 원본성〔독창성〕의 감정이 일깨워져, 규칙들의 강제로부터 벗어난 자유를 예술 속에서 행사하는바, 그를 통해 예술은 그 자신 새로운 규칙을 얻고, 이 새로운 규칙을 통해 그 재능은 범형적인 것으로 드러난다. 그러나 천재는 자연의 총아이고, 그러한 것을 사람들은 단지 드문 현상으로 보지 않으면 안 되기 때문에, 천재의 실례는 다른 우수한 두뇌들에 대해 하나의 유파, 다시 말해 저 천재의 정신의 산물들과 그것들의 특유성에서 사람들이 이끌어낼 수 있는 한에서의 규칙들에

따르는 방법적 지도〔指導〕를 만들어낸다. 이들에게는 그러한 한에서 예
술이란 자연이 하나의 천재를 통해서 규칙을 준 모방인 것이다.

그러나 천재가 이념을 약화시키지 않고서는 능히 제거할 수 없었기 B201
때문에 기형으로 허용할 수밖에 없었던 것까지도 제자가 모두 **본뜬다**면,
이런 모방은 **모작**〔模作〕이 된다. 이러한[372] 용기는 천재에게서만 공적
이 되는 것이다. 그리고 표현에 있어서의 어떤 **대담성**과 도대체가 보통
의 규칙으로부터 여러 가지 벗어남은 천재에게는 대략 어울리지만, 결코
모방할 것이 못되고, 오히려 언제나 그 자체로서는 사람들이 제거하고자
해야만 하는 흠결인 것이다. 그러나 이러한 흠결에 대해 천재는 이를테
면 특권을 가지고 있는데, 그것은 그의 정신적 약동의 모방할 수 없는 성
격이 소심한 조심성에 의해 해를 입을 것이기 때문이다. **기교적 수법**〔매
리즘〕은 또 다른 종류의 모작이다. 그것은 곧 모방자로부터 가능한 한
멀리 떨어지기 위해, 그렇다고 동시에 **범형적**이 될 만한 재능도 소유하
고 있지 않으면서, 순전히 **특유성**(원본성) 일반의 모작인 것이다. 물론 자
기의 사상을 모아서 개진하는 방식(方式)은 일반적으로 두 가지가 있다.
하나는 **수법**(美感的/感性的 方式)이라고, 다른 하나는 **방법**(論理的 方式)
이라고 일컫거니와, 전자는 현시에 있어서 통일의 **감정** 이외에 다른 표 V319
준척도를 가지고 있지 않으나, 후자는 그 경우에 일정한 **원리들**을 준수
한다는 점에서 그것들은 서로 구별된다. 그러므로 예술에 대해 타당한
것은 전자뿐이다. 그러나 예술의 산물이 **기교수법적**이라고 일컬어지는
것은, 그 산물에서 이념의 개진이 특이성을 **노리고** 있고, 그 이념에 알맞 B202
지 않게 이루어질 때만이다. 단지 자기를 보통사람과 (그러나 정신은 결여
한 채) 구별하기 위해, 화려하게 꾸민다(멋부린다)거나, 과장하고 허세부
리는 것은, 자신이 하는 이야기를 자기가 듣는다는 말을 듣는 사람이나,
또는 남의 이목을 끌기 위해 무대 위에 올라가 있는 것처럼 거동하는 자

372) 곧, 기형을 허용하는.

의 행동거지와 비슷한 것으로, 이러한 것은 항상 자신이 서투른 사람이라는 것을 폭로하는 것이다.

§50
미적 기예[예술]의 산물들에서 취미와 천재의 결합에 대하여

미적 기예〔예술〕의 사안들에 있어서 무엇이 더 중요한가, 즉 천재가 드러나는 것이 더 중요한가, 아니면 취미가 드러나는 것이 더 중요한가 하는 것이 문제가 된다면, 그것은 예술에 있어서 상상력이 판단력보다도 더 중요한가 어떤가를 묻는 것과 똑같은 일이다. 무릇 기예는 전자와 관련해서는 **재기 넘치는**〔정신이 풍부한〕 기예라고 불릴 만하나, 후자와 관련해서만 **미적** 기예라고 불릴 수 있으므로, 후자는 적어도 불가피한 조건(不可缺的 條件)으로서 사람들이 기예를 미적 기예〔예술〕로 판정함에 있어서 중시해야만 하는 가장 뛰어난 것이다. 미를 위해 반드시 필요한 것은 이념들이 풍부하고 원본적인 것이라는 것보다 오히려 저러한 상상
B203 력이 자유로운 가운데서 지성의 합법칙성에 부합하는 것이다. 왜냐하면, 전자가 제아무리 풍부하다 해도 그것이 무법칙적인 자유 가운데 있다면 무의미한 것밖에는 만들어내지 못할 것이나, 판단력은 상상력을 지성에 순응시키는 능력이기 때문이다.

취미는 판단력 일반이 그러하듯이 천재의 훈육(또는 훈도)이며, 천재의 날개를 자르고, 천재를 교화 연마시키는 것이다. 그러나 취미는 동시에 천재가 합목적적이기 위해서는 어디에 그리고 어디까지 자기를 확장하여야만 하는가를 천재에게 지도한다. 그리고 취미는 사상내용 안에 명료함과 질서정연함을 투입함으로써, 이념들을 견고하게 만들고, 이념들로 하여금 지속적인 그리고 동시에 또한 보편적인 찬동을 얻고 다른 사람들이 계승하고 언제나 진보하는 문화〔개화〕의 힘을 갖게 만든다. 그러므로
V320 만약에 어떤 〔예술〕산물에서 이 두 가지 속성이 상충하여 어떤 것이 희

생되어야만 한다면, 그것은 차라리 천재 쪽에서 일어나지 않으면 안 될 것이다. 그리고 예술의 사안들에 있어서 자기 자신의 원리들로부터 발언하는 판단력은 지성을 파괴하기보다는 차라리 상상력의 자유와 풍요를 파괴하는 것을 허용할 것이다.

그러므로 예술을 위해서는 **상상력**, **지성**, **정신** 그리고 **취미**가 요구된다 하겠다.※

§51 B204

미적 기예[예술]들의 구분에 대하여

사람들은 일반적으로 미를—자연미가 됐든 예술미가 됐든—미감적 이념들의 **표현**이라고 부를 수 있다. 다만, 예술에서는 이 이념이 객관에 대한 하나의 개념에 의해 유발되지 않으면 안 되지만, 아름다운 자연에서는 대상이어야 할 것에 대한 개념 없이도 주어진 직관에 관한 순전한 반성이, 저 객관이 그것의 **표현**으로 간주될 이념을 환기하고 전달하는 데 충분하다는 점이 다를 뿐이다.

그러므로 만약 우리가 예술들을 구분하고자 한다면, 그를 위해서 우

※ 앞의 세 능력들은 넷째 능력에 의해 비로소 **통합**을 얻는다. **흄은** 그의 역사책[373)]에서 영국인들에게, 영국인들은 그들의 작품에 있어서 앞의 세 속성들을 **떼어서** 고찰하면 그것들을 가지고 있다는 증거의 면에서 세상 어느 국민에 비해 조금도 뒤지지 않음에도, 그것들을 통합하는 속성에서는 이웃인 프랑스인들에게 뒤떨어짐에 틀림없다는 사실을 알려주고 있다. B204

---

373) David Hume, *The History of England from the Invasion of Julius Caesar to The Revolution in 1688*, 6 vols. 1754~62; 완결판 8 vols. London 1778. 칸트가 언급하고 있는 대목인 Charles II와 James II 치세기의 영국의 예술과 문학에 대한 흄의 요약 평가 참조.(복간본: ed. by W. B. Todd, Indianapolis 1983, Vol. VI, Chap. LXXI, pp.542f.) 이 책의 독일어 번역본(*Geschichte von Großbritannien*, Bde. 6, Breßlau/Leipzig 1762~1771)은 J. J. Dusch에 의해 출간되었다. 이에 관해 칸트는 「인간학 강의」에서도 언급하고 있다.(AA XXV, 399 참조.)

리가 적어도 시험적으로 선택할 수 있는 원리로는, 사람들이 상호간에
가능한 한 완전하게, 다시 말해 그들의 개념에 의해서뿐만 아니라 감각
에 의해서도, 자신을 전달하기 위해, 말할 때 사용하는 표현의 방식과 예
B205 술의 유비보다 더 편한 것은 없다.[※]—이러한 표현은 **말**, **몸짓** 그리고 **소**
리(음절, 동작 그리고 억양) 속에 있다. 이 세 종류의 표현이 결합해서만 말
하는 자의 뜻이 완벽하게 전달된다. 왜냐하면 사상과 직관 그리고 감각은
이를 통해 동시에 그리고 통합되어 다른 사람들에게 옮겨지기 때문이다.

V321 그러므로 오직 세 종류의 예술, 즉 **언어**예술, **조형**예술 그리고 (외적
감관인상들인) **감각들의 유희의** 예술이 있을 따름이다. 사람들은 이 구분을 이분법적으로도 할 수 있겠는데, 그렇게 하면 예술은 사상표현의 예술이나 직관들의 예술로 구분되겠고, 후자는 다시금 순전히 직관들의 형식에 의한 예술과 직관들의 질료(즉 감각)에 의한 예술로 구분되겠다. 그러나 이 경우에 구분은 너무 추상적이고 보통의 개념들에 그다지 알맞지 않은 것으로 보일 터이다.

1. **언어**예술은 **웅변술**과 **시예술**이다. **웅변술**은 지성의 과업을 상상력의 자유로운 유희로 추진하는 예술이며, **시예술**은 상상력의 자유로운 유희를 지성의 과업으로 수행하는 예술이다.

그러므로 **웅변가**는 하나의 과업을 내걸고, 마치 그것이 한낱 이념들
과의 **유희**인 것처럼 수행하여, **청중들**[374]을 즐겁게 한다. **시인**은 한낱 이
념들과의 즐거운 **유희**를 내걸지만, 그럼에도 지성에 대해서는 마치 그가
B206 그 과업을 추진하는 것을 의도로 가졌던 것과 똑같은 결과가 나온다. 두
인식능력들, 즉 감성과 지성은 비록 서로 없어서는 안 되는 것이기는 하

※ 독자는 예술의 가능한 구분에 대한 이러한 기획을 의도된 이론이라고 판정하지는 않을 것이다. 그것은 사람들이 할 수 있고 또 해야만 하는 여러 가지 시도들 중 하나일 따름이다.

374) A판에 따름. B판: "**관중들**".

지만, 그럼에도 강제와 상호간의 침해 없이는 통합될 수 없는 것인데, 이것들의 결합과 조화는 무의도적인 것처럼 그리고 저절로 그렇게 된 것처럼 보이지 않으면 안 된다. 그렇지 않으면 그것은 **미적** 기예〔**예술**〕가 아니다. 그래서 예술에서는 일체의 가식적인 것과 고심의 흔적을 피해야만 한다. 왜냐하면 예술은 다음과 같은 이중적 의미에서 자유로운 기예여야 하기 때문이다. 즉 예술은 하나의 보수를 받는 과업으로서 그 크기가 일정한 척도에 따라 판정되고 강제되고 또는 지불되는 노동이 아니라는 의미에서 자유로운 기예일 뿐만 아니라, 또한 마음이 종사함에도 그 경우에 어떤 다른 목적을 바라다보지 않고서 (보수와 무관하게) 충족과 고무을 느낀다는 의미에서 자유로운 기예인 것이다.

그러므로 웅변가는 그가 약속하지 않은 어떤 것, 곧 상상력의 즐거운 유희를 주기는 하지만, 그가 약속하는 것과 그가 내건 과업, 곧 지성을 합목적적으로 종사하게 하는 일은 다소 저버린다. 그에 반해 시인은 거의 약속하는 바가 없고, 순전히 이념들과의 유희를 내걸지만, 과업다운 어떤 것, 곧 지성에게 유희하면서 영양을 공급하고 상상력을 통해 지성의 개념들에게 생기를 주는 일을 수행한다. **그러니까 실제에 있어서 웅변가는 자기가 약속한 것보다 더 적은 일을 하고, 시인은 자기가 약속한 것보다 더 많은 일을 하는 것이다.**[375)]

2. **조형**예술들 내지 이념들을 (말들에 의해 환기되는, 순전한 상상력의 표 B207
상들에 의해서가 아니라) **감관직관**에서 표현하는 예술들은 **감관적 진상** V322
의 예술이거나 **감관적 가상**의 예술이다. 전자는 **조소**라고 일컫고, 후자는 **회화**라고 일컫는다. 양자는 공간상의 형태들을 이념들에 대한 표현으로 삼는다. 앞의 것은 형태들을 두 감관, 즉 시각과 촉각—비록 이 후자는 미와 관련한 것은 아니지만—에 대해서 인지할 수 있게 하며, 뒤의 것은 오직 시각에 대해서만 인지할 수 있게 한다. 미감적 이념(原型, 원상

375) B판 추가.

〔原象〕)은 상상력에서 조소와 회화, 양자 모두의 기초에 놓여 있다. 그러나 이 미감적 이념의 표현을 이루는 형태(模型, 모상〔模像〕)는 그 입체적 연장에 있어서 (대상 자신이 실존하는 대로) 주어지거나, 아니면 이 형태가 눈에 그려지는 방식에 따라서 (평면상의 그것의 외견에 따라) 주어진다. 또는 전자의 경우에서도, 현실적 목적에 대한 관계가 반성의 조건이 되기도 하고, 단지 그러한 목적의 외관이 반성의 조건이 되기도 한다.

조형예술의 제1의 종류인 **조소**에는 **조각예술**과 **건축예술**이 속한다. **전자**는 **자연 속에 실존할 수 있는** 그대로의 사물들의 개념들을 입체적으로 (그러면서도 예술인 만큼 미적 합목적성을 고려하면서) 현시하는 예술이
B208 고, **후자**는 단지 **기예에 의해서만** 가능한 사물들—그리고 이 사물들의 형식은 그 규정근거로 자연이 아니라 자의적인 목적을 갖는바—을 이러한 의도를 위하여, 그러면서도 동시에 미감적-합목적적으로 현시하는 예술이다. 후자에 있어서는 기예적 대상의 일정한 **사용**이 주요사안으로서, 미감적 이념들은 이 주요사안을 조건으로 가지며 이에 제한된다. 전자에서는 미감적 이념들의 순전한 **표현**이 주요의도이다. 그래서 인간, 신, 동물들 따위의 조상〔彫像〕들은 전자의 종류에 속하지만, 신전이나 공공집회를 위한 호화 건물이나, 주택, 개선문, 명예를 기념하기 위해 세워진 기둥이나 비석들 따위는 건축예술에 속한다. 그뿐만 아니라 모든 가구류(목수의 제작품 등 사용을 위한 물건들)도 건축예술에 **넣을**[376] 수 있다. 왜냐하면 산물이 일정한 사용에 적합한 것이 **건축물**의 본질을 이루니 말이다. 그에 반해 오로지 보기 위해 만들어졌고 그 자체만으로 적의해야 하는 순전한 **조형물**은 입체적 현시로서 자연의 순전한 모방이지만, 그럼에도 미감적 이념들이 고려되어 있다. 그렇다 해도 이 경우에는 **감관적 진상**이 기예와 자의의 산물로 보이지 않을 정도로 그렇게 지나치게 두드러져서는 안 된다.

---

376) A · C판에 따름. B판: "**선정될**".

조형예술의 제2의 종류인 **회화예술**은 **감관적 가상**을 기예적으로 이념 V323
들과 결합시켜서 현시하는 것인데, 이것을 나는 **자연**의 미적 **묘사**의 예
술과 자연 **산물들**의 미적 **편성**의 예술로 구분하겠다. 전자는 **본래적인** B209
회화이고, 후자는 **원예술**이겠다. 무릇 전자는 단지 입체적 연장의 가상
만을 주는데, 후자는 이 입체적 연장을 진상대로, 그러나 한낱 그 형식들
을 바라볼 때의 상상력의 유희라는 목적 외에 다른 목적들을 위한 이용
과 사용에 대한 가상만을 주기 때문이다.※ 후자는 다름 아니라 대지를,
자연이 그것을 우리 보기에 그렇게 현시하는 것과 똑같이 다양하게 (풀,
꽃, 덤불, 나무, 심지어는 하천, 구릉, 계곡들로) 장식하는 것으로, 다만 자연
과는 다르게 일정한 이념에 맞춰 편성하는 것이다. 그러나 입체적 사물 B210
들의 미적 편성도 회화와 마찬가지로 눈에 대해서만 주어질 뿐이고, 촉
각의 감관은 그러한 형식에 대하여 아무런 직관적인 표상도 만들어주지
못한다. 나는 이밖에 넓은 의미의 회화에 양탄자와 장식물, 그리고 한낱
관람에만 쓰이는 모든 아름다운 가구들에 의한 방 꾸밈도 넣었으면 한
다. 또한 취미에 따른 장신구(즉 반지, 담배통 등)의 예술도 넣었으면 한
다. 왜냐하면, 온갖 꽃들이 있는 화단, (부인의 멋진 옷도 포함해서) 온갖
장식품을 갖춘 방은 화려한 축제 때에는 일종의 회화를 이루는바, 이것

※ 원예술이 일종의 회화예술로 간주될 수 있다는 것은, 원예술이 그 형식들을 입체적으로 현시함에도 불구하고, 의아스러운 것으로 보인다. 그러나 원예술은 그 형식들을 실제로는 자연으로부터 (즉 나무, 덤불, 풀, 꽃을 적어도 맨 처음에는 숲과 들에서) 취하는 것으로, 그런 한에서 가령 조소와 같은 기예가 아니며, 또한 (가령 건축예술과 같이) 대상 및 대상의 목적에 대한 개념을 그 편성의 조건으로 갖는 것이 아니라, 한낱 바라보는 데에 있어서 상상력의 자유로운 유희이기 때문에, 어떠한 특정한 주제를 갖지 않는, (공기, 땅, 물을 빛과 그림자에 의해 즐거움을 주도록 편성하는) 순전히 미감적인 회화와 그런 한에서 합치한다—도대체가 독자는 이것을 단지 예술들을 하나의 원리—이것은 이 경우 (언어의 유비에 따라) 미감적 이념들을 표현하는 원리여야만 한다—아래서 결합하려는 시도로만 판정하고, 이러한 결합의 결정적이라고 간주되는 도출로는 보지 않을 것이다.

은 (가령 역사나 자연지식을 **가르치는 것**을 의도로 갖지 않는) 본래 의미의 회
화와 마찬가지로 한낱 바라보기 위해서만 현존하여, 상상력으로 하여금
이념들과 자유롭게 유희하는 가운데에서 즐기게 하며, 특정한 목적 없
이 미감적 판단력에 종사하게 하기 때문이다. 이런 모든 장식에 있어서
V324 세공〔細工〕은 언제나 기계적인 면에서는 아주 다르고, 또 매우 서로 다
른 기예가들을 필요로 할 수도 있다. 그럼에도 취미판단은 이러한 예술
에 있어서 아름다운 것에 관해서는 그러한 한에서 한가지로 규정되어 있
다. 곧, 그것은 (목적에 대한 고려 없이) 단지 형식들만을 눈앞에 드러나는
그대로, 그것들이 상상력에 미치는 작용결과에 따라서, 개별적으로 또는
묶어서 판정하는 것이다.—그러나 어떻게 조형예술이 언어에서의 몸짓
B211 에 (유비적으로) 들어갈 수 있는가는 다음의 사실에 의해 정당화된다. 즉
예술가의 정신은 이런 형태들을 통해 그가 무엇을 어떻게 생각했는가에
대해 입체적인 표현을 주어, 사상〔事象〕 자신으로 하여금 이를테면 광대
몸짓으로 말하도록 하는 것이다. 그것은 생명 없는 사물들의 근저에 그
것들의 형식에 맞는 정신을 두어, 이 정신으로 하여금 그 사물들에서 말
하도록 하는 우리의 공상의 매우 통상적인 유희인 것이다.

3. (외적인 것에 의해 산출되지만, 그럼에도 보편적으로 전달되어야만 하는) **감각들의 미적 유희**의 예술은 그 감각이 속하는 감관의 정조〔情調〕(긴장)의 여러 가지 정도의 균형, 다시 말해 그 감관의 율조〔律調〕[377] 이외에는 아무런 것과도 관계할 수 없다. 그리고 낱말의 이러한 넓은 의미에서 이 예술은 청각의 감각들과 시각의 감각들의[378] 기예적 유희, 그러니까 **음악**과 **색채예술**로 구분될 수 있다.—여기서 주목할 만한 것은, 이 두 가지 감관은 인상들을 매개로 외적 대상들에 대한 개념들을 얻기 위해 필요한 만큼의 인상들에 대한 수취력 외에도 이 수취력과 결합되어 있는 특수한 감각의 능력도 가지고 있으나, 사람들은 이 감각에 대해 그것이

377) 원어: Ton. 곧, 음조와 색조.
378) A판: "감각들의 **율조와의**".

감관을 기초로 가지고 있는지 반성을 기초로 가지고 있는지를 제대로 결
정할 수 없다는 점과, 그럼에도 감관은 보통 객관의 인식을 위한 사용과
관련해서는 전혀 아무런 결함이 없고, 오히려 특출하게 섬세함에도 불구
하고, 이러한 감응성은 때때로 결함이 있을 수가 있다는 점이다. 다시 말 B212
하면, 어떤 색채나 음(음향)이 한낱 쾌적한 감각들인지 아니면 그 자체로
이미 감각들의 미적 유희인지, 그리고 그것이 그러한 미적 유희로서 미
감적 판정에서 형식에 대한 흡족을 동반하는 것인지 어떤지를 확실하게
말할 수가 없다. 만약 사람들이 빛의 진동의 속도나 또는 두 번째 종류의
것, 즉 공기의 진동의 속도를 생각한다면, 이 속도는 우리의 모든 능력을
훨씬 넘어가 있는 것이어서, 이 진동들에 의한 시간구분의 균형을 직접
지각하면서 판정할 수는 없기에, 사람들은 이러한 진동들이 우리 신체의
탄력 있는 부분들에 미치는 **효과**만이 감각될 뿐이고, 이 진동들에 의한
시간구분은 간취되지도 않고, 판정 안으로 들어오지도 않는다. 그러니까 V325
색채와 음들에는 그것들의 구성의 미가 아니라 단지 쾌적함이 결합되어
있다고 믿어야 할 것이다. 그러나 그에 반해 사람들이 **첫째로** 음악에 있
어서 이러한 파동들의 균형과 그 판정에 관하여 말할 수 있는 수학적인
요소를 생각하고, 또 당연한 일이지만 색채의 대조를 음악과의 유비에
의해 판정한다면, 그리고 **둘째로** 드문 예이기는 하지만 세상에서 최고로
좋은 시각을 가지고서도 색채들을 구별하지 못하고, 최고로 예리한 청각
을 가지고서도 음들을 구별하지 못했던 사람들의 예를 참고로 하고, 또
한 이러한 구별을 할 수 있는 사람들에게는 색도〔色度〕나 음계상의 여러
가지 강도에서 (한낱 감각의 정도가 아니라) 변화된 질의 지각이 있다는 것 B213
을 참고하여, **또한**[379] 이들 색도와 음계의 수가 **개념적으로** 구별될 수 있
도록 규정되어 있음을 생각한다면, 이 두 감각들을 한낱 감각인상들이
아니라 수많은 감각들의 유희에서 형식을 판정한 결과로 보지 않을 수

379) C판: "더 나아가".

없을 것이다. 그러나 음악의 기초를 판정함에 있어서 이런 견해와 저런 견해가 보여주는 차이는 그 정의를 단지 다음과 같은 정도로 변화시킬 것이다. 즉 사람들은 음악을, 우리가 한 것처럼, (청각에 의한) 감각들의 아름다운 유희라고 설명하거나 또는 **쾌적한** 감각들의 아름다운 유희라고 설명할 것이다. 전자의 설명방식에 따를 때만 음악은 전적으로 **미적** 기예〔예술〕로 표상되고, 후자의 설명방식에 따르면 그것은 (적어도 부분적으로는) **쾌적한** 기예로 표상된다.

§52

동일한 산물에서 미적 기예[예술]들의 결합에 대하여

웅변술은 **연극**에서 그 주제와 대상의 회화적 현시와 결합될 수 있고, 시는 **노래**에서 음악과, 그러나 노래는 **가극**에서 동시에 회화적(무대적) 현시와 결합될 수 있으며, 음악에서의 감각들의 유희는 **무용**에서 형태들의 유희와 결합될 수 있다. 기타 등등. 또한 숭고한 것의 현시도, 그것이
B214 예술에 속하는 한, **운문의 비극**, **교훈시**, **성악극**에서 미와 통합될 수 있다. 그리고 이러한 결합들에서 예술은 더욱더 기예적이 되는데, (그토록 다양한 여러 가지 종류의 흡족이 서로 교차함으로써) 과연 더 아름답게 되는
V326 지 어떤지는 이런 경우들의 몇몇에 있어서는 의심스럽다. 그럼에도 모든 예술에서 본질적인 것은 관찰과 판정에 대한 합목적적인 형식에 있거니와, 이 경우 쾌는 동시에 교화이며, 정신을 이념들에 맞게 하여, 정신으로 하여금 더욱더 많이 그러한 쾌와 즐거움을 감수하게 만드는 것이다. 그러하니 본질적인 것은 감각의 질료(즉 매력이나 감동)에 있는 것이 아니다. 이 경우에는 한낱 향수〔향락〕만이 목표가 되거니와, 향수는 이념에 아무것도 남기지 않는 것으로, 정신을 우둔하게 만들고, 대상을 **차츰**[380]

380) B판 추가.

역겹게 만들고, 그리고 마음으로 하여금 이성의 판단에서 자기의 반목적적인 기분을 의식함으로써 자기 자신에 불만족하게 하고, 언짢아하게 만든다.

도덕적 이념들만이 자립적인 흡족을 동반하는바, 만약 예술들이 가까이든 멀리든 이러한 도덕적 이념들과 결합되지 않는다면, 후자가 예술의 종국의 운명인 것이다. 그때에는 예술들은 단지 기분풀이에 쓰일 뿐이고, 자기 자신에 대한 마음의 불만족을 그를 통해 불식시키기 위해, 그것을 이용하면 할수록 그러한 기분풀이를 더욱더 필요로 하게 되고, 그 결과 사람들은 점점 더 쓸모없고 자기 자신에 점점 더 불만족스럽게 된다. 그러나 사람들이 자연의 미들을 관찰하고 판정하고 경탄하는 데에 일찍이 익숙해진다면, 일반적으로 이 자연의 미들이야말로 전자의 의도에 대 B215
해 가장 유익한 것이다.

§53
미적 기예[예술]들 상호간의 미감적 가치의 비교

모든 예술 가운데서 (그 근원을 거의 전적으로 천재에게 힘입고[381], 지시규정이나 실례들에 의한 지도를 가장 적게 받으려 하는) **시예술**이 최상의 지위를 주장한다. 시예술은 상상력을 자유롭게 함으로써, 그리고 어떤 주어진 개념의 경계 안에서 이 개념에 부합하는 무한히 다양한 가능한 형식들 중에서, 이 개념의 현시를 어떠한 언어적 표현도 그에 온전히 충전되지 못하는 충만한 사상내용과 연결시키고, 그러므로 미감적으로 이념들로 고양되는 형식들을 제시함으로써, 마음을 확장시켜준다. 시예술은 마음으로 하여금 자유롭고 자발적이며 자연규정으로부터 독립적인 자신의 능력을 느끼게 함으로써 마음을 강화시켜준다. 이 마음의 능력은 현상으

381) AA XXV, 1543 · 1554: "사람들은 시인은 타고나야 한다고 말한다".

로서 자연이 경험에서는 감관에 대해서도 지성에 대해서도 스스로 제시
해주지 않는 어떤 견해들에 따라 자연을 고찰하고 판정하며, 그러므로
자연을 초감성적인 것을 위하여 그리고 이를테면 초감성적인 것의 도식
V327 으로 사용하는 능력인 것이다. 시예술은 그것이 임의로 생기게 한 가상
과 더불어 유희하되, 그럼에도 이 가상을 가지고 기만하지는 않는다. 왜
냐하면 시예술은 자신이 하는 일 자체를 순전한 유희라고 공언하지만,
B216 그럼에도 이 유희는 지성에 의해 그리고 지성의 과업들을 위해 합목적적
으로 사용될 수 있기 때문이다. ―웅변술은, 그것이 설득하는 기술, 다시
말해 아름다운 가상을 통해 속이는 기술(辯論術)로 이해되고, 순전한 능
변(달변과 화술)으로 이해되지 않는 한에서는, 일종의 변증술이고, 변증
술이란 웅변가의 이익을 위해 사람들의 마음을 판정에 앞서 사로잡아 이
들에게서 자유를 빼앗는 데 필요한 만큼의 것만을 시예술로부터 빌려 쓰
는 것으로, 그러므로 이것은 법정을 위해서도 설교단〔說教壇〕을 위해서
도 권장할 만한 것이 못된다.[382] 왜냐하면, 시민적 법률, 개개인의 권리
가 문제가 된다거나 또는 그들의 의무를 올바로 알고 양심적으로 준수하
도록 사람들의 마음을 지속적으로 교화하고 규정하는 것이 문제가 될 때
에는, 넘치는 기지와 상상력의 자취를 보이는 것만 해도 그러한데, 그 위
에 더구나 사람들을 설득하고 **누군가의**[383] 이익을 위해 사람들을 현혹시
키는 기술의 자취를 보인다는 것은 그처럼 중대한 과업의 존엄성을 훼손
하는 일이기 때문이다. 무릇 설령 웅변술이 때때로 그 자체로는 정당하
고 칭찬받을 만한 의도들을 위해 적용될 수 있다고 해도, 비록 그 행동은
객관적으로 합법칙적이라 해도, 이런 식으로 준칙들과 마음씨는 주관적
으로 타락하는 것이기 때문에, 웅변술은 역시 배척해야 할 것이 된다. 정
당한 것은 행하는 것만으로 충분하지 않고, 그것이 정당하기 때문이라는
오로지 그 근거에서 실행해야 하는 것이니 말이다. 또한 이러한 종류의

382) 참조 AA XXV, 1280: "설교단에게 웅변술은 최고로 유해하다".

383) A판: "**자기의**".

인간의 관심사에 대한 순전한 분명한 개념이 실례들에서의 생생한 현시 B217
와 결합되고, 또 언어의 화음의 규칙들이나 이성의 이념들을 위한 표현의 품위의 규칙들—이것들이 함께 능변을 이루거니와—에 위배되지 않는다면, 그러한 개념은 이미 **그 자체로**[384] 사람들의 마음에 충분한 영향을 미치므로, 여기에다 또 설득의 장치를 더할 필요는 없겠다. 이러한 장치는 패악과 착오의 변명이나 은폐에도 똑같이 사용될 수 있기 때문에, 기술적인 책략으로 인한 은밀한 의혹을 전적으로 근절할 수는 없다. 시예술에서는 모든 것이 성실하고 정직하게 행해진다. 시예술은 상상력과의 순전한 즐거운 유희만을, 그것도 형식의 면에서 지성의 법칙들과 일치되게 수행하고자 함을 공언하는 것으로서, 감성적 현시에 의해 지성을 급습하여 옭아넣고자 하는 것이 아니다.※

※ 한 편의 아름다운 시는 나에게 언제나 순수한 즐거움을 주었으나,[385] 그에 반해 로마의 민중연설가[386]나 요즈음의 의회[387] 또는 설교단의 연설가의 가 V328
장 훌륭한 연설을 읽으면 항상 술책적인 기술에 대한 시인할 수 없는 불유쾌한 감정이 섞여 있었음을 나는 고백하지 않을 수 없다. 이러한 술책적인 기술은 사람들을 기계로 보고, 중요한 일들에 있어 냉정히 숙고해보면 그 일들에서 중요한 것은 모두 잃어버리고 마는 판단으로 사람들을 움직일 줄 아는 것이다. 웅변과 능변—합하여 수사술〔修辭術〕—은 미적 기예에 속한다. 그러나 연설술(辯論術)은 사람들의 약점을 자기의 의도를 위하여—이 의도가 제아무리 선의의 것이거나 또는 실제로 선하다고 하더라도—이용하는 B218
기술이므로, 전혀 **존경**받을 만한 것이 못된다. 또한 이 연설술은 아테네에 있어서나 로마에 있어서나 국가가 파멸에 직면해 있고, 진정한 애국심이 소멸했던 시기에 최고조에 달했던 것일 뿐이다. 사안을 명료하게 통찰하여, 풍부하고 순수한 언어를 자유자재로 구사할 수 있으며, 자기의 이념들을 능히 현시할 수 있는 풍요로운 상상력을 갖추고 참된 선에 대한 마음으로부터 우

384) A판: "**그것만으로**".
385) AA XXV, 1281 참조.
386) 칸트는 그 대표적 예로 로마의 Cicero, 아테네의 Demosthenes를 꼽고 있다. XXV, 988f. 참조.
387) 칸트는 특히 당대의 영국 의회를 염두에 두고 있다. XXV, 989 참조.

V328 B218 **마음을 자극〔매료〕하고 움직이는 것이 문제라면**, 나는 시예술 다음에
는 언어예술들 가운데서 시예술에 가장 가깝고 또한 그것과 아주 자연스
럽게 합일할 수 있는 것, 곧 **소리예술**〔음악〕을 놓고 싶다. 무릇 소리예술
은 개념 없이 오로지 감각들만으로 말하고, 그러니까 시와 같이 숙고를
위한 무엇인가를 남겨놓지 않음에도 불구하고, 그러나 그것은 마음을 보
다 다양하게, 그리고 비록 한낱 일시적이기는 하지만, 보다 내면적으로
움직이기 때문이다. 그러나 소리예술은 물론 교화라기보다는 향수〔향
락〕이며,—여기서 부차적으로 유발되는 사상의 유희는 한낱 이를테면
기계적인 연합의 작용결과이다—이성에 의해 판정된다면, 다른 어떤 예
술보다 더 적은 가치를 갖는다. 그래서 그것은 여느 향수〔향락〕와 마찬
가지로 보다 빈번한 바뀜을 요구하며, 권태를 낳지 않고서는 여러 번의
B219 반복을 견뎌내지 못한다. 그처럼 보편적으로 전달될 수 있는 이 예술의
자극〔매력〕은 다음의 사실들에 의거하는 것으로 보인다. 즉 연관된 언어
의 모든 표현은 그 표현의 의미에 적합한 음조를 가진다는 사실, 그리고
이 음조는 다소간에 화자의 정서를 표시하며, 반대편으로는 또한 청자
에게도 그러한 정서를 만들어내, 이 정서가 거꾸로 청자 안에 그러한 음
조를 가진 언어로 표현되는 이념 또한 환기한다는 사실, 그리고 변조〔變
調〕는 이를테면 어떤 사람에게나 이해되는 보편적인 감각의 언어인바,
소리예술은 이러한 변조를 그것만으로써 전체적으로 강조하여, 곧 정서
의 언어로 구사하고, 그렇게 하여 연합의 법칙에 따라 이 변조와 자연스
V329 럽게 결합되어 있는 미감적 이념들을 전달한다는 사실, 그러나 저 미감
적 이념들은 어떠한 개념도 규정된 사상도 아니기 때문에, 이러한 감각

러나오는 왕성한 관심을 갖고 있는 이야말로 演說에 能熟한 善한 사람,[388] 즉 기술은 없지만 감명이 넘치는 연설가이다. 그것은 **키케로**가 가지고 싶어 했지만, 그 자신이 그 이상에 언제나 충실하게 머무르지는 않았던 것이다.

---

388) 원어: vir bonus discendi peritus. 이 말은 Marcus Porcius Cato(BC 234~149)에서 유래한다. H. Jordan 편, *M. Catonis Fragmenta*, Leipzig 1860, 80면 참조.

들을 합성하는 형식(즉 화음과 선율)만이, 언어 형식 대신에, 그러한 감각들의 균형 잡힌 조율—이 조율은 음조의 경우에는, 음조들이 동시에 또는 또한 잇따라 결합되는 한에서, 동일한 시간에 있어서 공기의 진동수의 비례에 의거하기 때문에, 수학적으로 일정한 규칙 아래서 이루어질 수 있다—을 매개로, 형언할 수 없이 풍요한 사상의 하나의 연관된 전체라는 미감적 이념을, 악곡에서 지배적인 정서를 형성하고 있는 일정한 주제에 맞춰 표현하는 데 쓰일 뿐이라는 사실 등 말이다. 이러한 수학적 형식은 비록 규정된 개념에 의해 표상되지는 않지만, 흡족은 오로지 이 B220
러한 수학적 형식에 달려 있으며, 서로 수반하거나 뒤따르는 그처럼 많은 감각들에 관한 순전한 반성은 이 흡족을 이러한 감각들의 유희와 연결시켜, 누구에게나 타당한 이 유희의 미의 조건으로 삼는다. 그리고 이러한 수학적 형식만이 그것에 따라서 취미가 모든 사람의 판단에 관해 미리 발언할 권리를 감히 주장해도 좋은 바로 그것이다.

그러나 음악이 만들어내는 자극〔매력〕과 마음의 움직임에 대해 수학은 확실히 최소한의 관여도 하지 않는다. 오히려 수학은 단지 인상들의 결합과 바뀜에 있어서 이들 인상의 균형의 불가피한 조건(不可缺的 條件)이며, 이에 의해 이 인상들을 총괄하는 것과, 이 인상들이 서로 파괴하는 것을 저지하여, 이 인상들과 화합되는 정서에 의해서 마음의 연속적인 움직임과 고무에 부합하도록 하며, 그와 함께 상쾌한 자기 향수〔향락〕와 부합하도록 하는 것이 가능하게 된다.

그에 반해 예술들의 가치를 그것들이 마음에 가져다주는 교화에 따라서 평가하고, 인식을 위해 판단력에서 모일 수밖에 없는 능력들의 확장을 척도로 취한다면, 음악은 한낱 감각들과 유희하는 것인 한에서, 예술들 가운데서 가장 낮은 (또한 동시에 쾌적함에 따라 평가되는 예술들 가운데서는 아마도 가장 높은) 자리를 차지한다. 그러므로 조형예술들은 이 관점에 B221
서는 음악보다 훨씬 앞선다. 왜냐하면, 조형예술들은 상상력으로 하여금 자유로우면서도 동시에 지성에 적합한 유희를 하도록 함으로써, 하나의 작품을 완성해가면서 동시에 하나의 과업을 수행하는바, 이 작품은 지성 개념들에게, 그것들의 감성과의 합일을 촉진하고, 그렇게 해서 이를테면 상위 인식력들의 세련성을 촉진하는, 하나의 지속적인 그리고 그것 자신
V330 만으로도[389] 훌륭한 운반체로 기여하기 때문이다. 이 두 가지 예술[390]은 전적으로 서로 다른 길을 걷는다. 전자는 감각들로부터 무규정적 이념들로의 길을 걸으나, 후자는 규정된 이념들로부터 감각들로의 길을 걷는다. 후자는 **지속적인** 인상의 예술이고, 전자는 단지 **과도적인** 인상의 예술이다. 상상력은 전자는 다시 불러와 쾌적하게 즐길 수 있다. 그러나 후자는 전적으로 소멸하거나, 만약 의사 없이 상상력에 의해 반복되어도, 우리에게 쾌적하기보다는 오히려 성가시다. **그 밖에도 음악에는 어느 정도 세련성의 결여가 따라 다닌다. 음악은 특히 악기의 성질상 그 영향을 사람들이 바라는 이상으로 (이웃에까지) 멀리 퍼뜨려, 이를테면 자기를 강요한다. 그러니까 음악회 밖에 있는 사람들의 자유를 침해하는 것이다. 이러한 짓은 눈에게 말을 거는 예술들은 하지 않는 짓이다. 사람들이 그런 인상을 받아들이고 싶지 않으면 눈**
B222 **을 돌려버리기만 하면 되니 말이다. 음악의 경우는 널리 퍼지는 향기에 의해서 즐거워하는 것과 사정이 거의 같다. 향수 뿌린 손수건을 주머니에서 꺼내는 이는 그의 주위 가까이에 있는 모든 이들에게 그들의 의지에 거슬려 접대하고, 그들이 호흡하고자 하면 동시에 향수를 향유하도록 그들에게 강요한다. 그래서 이러한 짓은 유행에도 뒤떨어진 것이다.**[※391] —조형예술들 가운데서 나는 **회화**에게

※ [392] **가정 예배에서 찬송가 부르기를 권장했던 사람들은, 그들이 이웃들에게 함께 부를 것을 강요하거나**[393]**, 아니면 사색하는 일을 포기할 것을 강요하는**[394] **것이기 때문에, 그들이 그러한 소란스러운 (바로 그렇기에 보통은 위선적인) 예배로 말미암아 공중에게 큰 괴로움을 끼친다**[395]**는 사실을 고려하지 않았던 것이다.**[396]

389) AA: "지성개념들 자신에게도".
390) 곧, 음악과 조형예술.
391) B판 추가.
392) 이 각주 전체 B판 추가.
393) C판: "강요했거나".

우선권을 주었으면 하는데, 그것은 한편으로 소묘예술[397]로서 회화는 여타의 모든 조형예술의 기초에 놓이며, 다른 한편으로 회화는 여타의 예술에게 허용되어 있는 것보다도 훨씬 더 이념들의 영역으로 파고 들어가서, 직관의 분야까지도 이 이념들에 맞춰 더욱 확장할 수 있기 때문이다.

[§54][398]
주해

한낱 판정에서 적의한 것과 **쾌락[즐거움]을 주는** (감각에서 적의한) 것 사이에는, 우리가 자주 지적했듯이, 하나의 본질적인 차이가 있다. 후자는 사람들이 전자와 같이 그렇게 누구에게나 요구할 수 있는 어떤 것이 아니다. 쾌락은 (그 원인이 설령 이념들 안에 있다 할지라도) 항상 인간의 전체적 생의, 그러니까 또한 신체적 평안의, 다시 말해 건강의 촉진의 감정 V331
에 있는 것으로 보인다. 그런 만큼, 모든 쾌락은 근본에 있어서는 신체적 B223
감각이라고 칭한 **에피쿠로스**는 그런 한에서는 아마 틀린 것이 아닐 것이며, 다만 그가 지성적 흡족과 심지어는 실천적 흡족까지도 쾌락에 넣었다면 그는 스스로를 오해했던 것이다.[399] 후자의 구별[400]을 염두에 둘 때

394) C판: "강요한".

395) C판: "끼쳤다".

396) 칸트는 향수(香水)가 주변에 퍼지듯이 듣는 이의 의사와 상관없이 듣게 만드는 음악의 성격에서 취미의 사회성을 말하면서도(XXV, 1325~6 참조), 이웃의 노랫소리가 자신의 평온과 쾌적함을 앗아감에 대해 불평을 토로하기도 했다(1784. 7. 9 자 편지: X, 391 참조).

397) 칸트는 Apelles(기원전 4세기)와 Anton Raphael Mengs(1728~1779)의 소묘에 대해 여러 곳에서 얘기하고 있다.(XXV, 1000~1 · 1543 참조)

398) AA에 따름. 칸트 원문에는 "§54"가 없으나, 앞에 "§53"이, 뒤에 "§55"가 있는 것을 볼 때, 이 자리에 "§54"를 넣는 것이 합당하겠다.

399) 칸트의 에피쿠로스와 루크레티우스의 '쾌락'에 대한 더 상세한 해석은 XXV, 421 · 1078~9 참조.

사람들은 다음과 같은 사례들을 설명할 수가 있다. 즉 어떻게 해서 어떤 쾌락은 그것을 느끼는 사람에게 부적의할 수 있는가(가령 가난하나 선량한 사람이 자기를 사랑하지만 인색한 아버지의 유산을 받고 느끼는 기쁨과 같이), 또 어떻게 심한 고통이 그것을 겪는 사람에게 오히려 적의할 수 있는가(미망인이 공로가 많은 자기 남편의 죽음에 대해서 느끼는 슬픔과 같이), 또는 어떻게 어떤 쾌락은 그 위에 적의할 수도 있으며(가령 우리가 추구하는 학문에서의 쾌락과 같이), 또 (예컨대 증오, 질투, 복수욕 같은) 어떤 고통은 그 위에 부적의하기도 할 수 있는가 하는 등의 사례들 말이다. 여기서 흡족 또는 부적의〔不適意〕는 이성에 의거하며, **시인** 또는 **부인**과 한가지이다. 그러나 쾌락과 고통은 (그것이 어떠한 근거에서 나오든지 간에) 단지 감정에 또는 가능한 **평안함**과 **불편함**에 대한 전망에 의거할 수 있을 따름이다.

(아무런 의도도 기초에 가지고 있지 않은) 감각들의 모든 전변하는 자유로운 유희는 쾌락을 주는데, 그것은 그러한 유희가 건강의 감정을 촉진하기 때문이다. 그런데 우리는 이성의 판정에서는 이러한 유희의 대상에 대해서 그리고 이러한 쾌락에 대해서조차 흡족을 느낄 수도 있고 느끼지 않을 수도 있다. 그리고 이러한 쾌락은 정서로까지 올라갈 수 있는데, 그것은 우리가 그 대상 자체에 대해서 아무런 이해관심을 가지지 않고, 적어도 그 정서의 정도에 비례할 만큼의 이해관심을 가지지 않는다 할지라도 그러하다. 우리는 그러한 유희를 **사행유희**〔도박〕, **음조유희**〔연주〕, **사상유희**〔기지〕로 구분할 수가 있다. **첫째 것**은 허영심의 관심이든 이기심의 관심이든 하나의 **관심**을 필요로 하지만, 그 관심은 우리가 그 요
B224 행을 얻으려고 꾀하는 방식에 대한 관심에 비하면 훨씬 크지가 않다. **둘째 것**은 한낱 **감각들**의 전변만을 필요로 하며, 이 감각들은 각기 정서와의 관계를 가지되, 정서의 정도에 이르지 못한 채 미감적 이념들을 환기한다. **셋째 것**은 한낱 판단력에서 표상들의 전변으로부터 생겨나는 것으

400) 곧, 지성적 흡족과 쾌락의 구별.

로, 이 전변에 의해 어떤 관심을 동반하는 사상이 산출되지는 않지만, 그럼에도 마음은 생기를 얻는다.

사람들이 관심 있는 의도를 그 기초에 둘 필요가 없음에도 유희들이
얼마나 쾌락을 주는 것임에 틀림없는가를 우리의 모든 저녁모임들이 보
여주는 바다. 유희가 없으면 거의 어떤 저녁모임도 즐거울 수 없으니 말
이다. 그러나 이 경우에는 희망, 공포, 환희, 분노, 경멸 등의 매 순간마
다 **그 역할을**[401] 바꿔가면서, 유희한다. 그리고 이러한 정서들은 매우 발 V332
랄해서, 일종의 내적 운동인 그런 것으로 인해 신체에 있어서의 전체적
생명운용이 촉진되는 것처럼 보이고, 이것은 비록 무엇인가를 얻고 배
우는 것이 없기는 하지만, 그로 인해 산출된 마음의 활기가 증명하는 바
와 같다. 그러나 사행유희는 아름다운 유희가 아니므로, 우리는 여기에
서 이것은 제쳐놓으려 한다. 이에 반해 음악과 웃음의 소재는 미감적 이
념들이나 지성표상들을 갖고 있는 유희의 두 가지 종류이다. 물론 이런
지성표상들에 의해서는 종내 아무런 것도 사고되지 않고, 그런 지성표상
들은 한낱 그것들이 전변함으로써만, **그럼에도**[402] 발랄하게 쾌락을 줄 수
있는 것이다. 이로써 이 유희들이 상당히 명료하게 인식시켜 주는 바는,
이 두 유희에서의 생기를 불러일으킴은, 비록 그것이 마음의 이념들에
의해 환기되는 것이라 하더라도, 한낱 신체적인 것일 뿐이며, 또 이 유희
에 대응하는 내장의 운동으로 인한 건강의 감정이 활발한 모임에서 매우
세련되고 재기 넘친다고 칭송받는 쾌락의 전체를 이룬다는 사실이다. 음
조나 기지의 착상들에서 조화의 판정은 그것들의 미를 운반하는 필수적
인 매체로 쓰일 뿐인바, 이런 판정이 아니라, 오히려 신체에서 촉진된 생
명운용, 내장과 횡격막을 운동시키는 정서, 한마디로 말해 (그러한 기연이 B225
아니었더라면 보통은 느낄 수 없는) 건강의 감정이 쾌락을 이루는 것이며,
이러한 쾌락을 사람들은 영혼을 통해서도 신체를 잡을 수 있고, 또 영혼

401) B판 추가.
402) B판 추가.

을 신체의 의사로 사용할 수 있음에서 발견하는 것이다.

음악에서는 이 유희가 신체의 감각으로부터 (정서들의 객관들에 대한) 미감적 이념들로 나아가며, 그런 다음 이 이념들로부터 다시, 그러나 통합된 힘을 가지고서 신체로 되돌아온다. (음악과 마찬가지로 차라리 미적 기예라기보다는 쾌적한 기예에 넣는 것이 마땅할) 해학에서는 유희가 사상들에서부터 시작되지만, 이 사상들은 다 함께, 감성적으로 표현되려고 하는 한에서, 신체도 일하게 만든다. 그리고 지성은 이러한 〔감성적〕 현시에서 그가 기대했던 것을 발견하지 못하면 갑자기 이완하기 때문에, 사람들의 이 이완의 결과를 신체에서 기관들의 **진동**[403]을 통해 느끼는데, 이 진동이 기관들의 평형의 회복을 촉진하여 건강에 유익한 영향을 미치는 것이다.

활기 있고, 포복절도할 웃음을 일으키는 모든 것에는 무엇인가 비합리적인 것이 들어 있지 않으면 안 된다. (그러므로 이러한 것에서 지성은 그 자체로는 아무런 흡족을 발견할 수 없는 것이다.) **웃음은 긴장된 기대가 갑자기 아무것도 아닌 것으로 변환하는 데서 일어나는 정서이다.** 이 변환은 지성에게는 확실히 즐거운 것이 아니지만, 그럼에도 바로 간접적으로 일
V333 순간 매우 활기 있는 즐거움을 주는 것이다. 그러므로 그 원인은 틀림없
이 표상의 신체에 대한 영향과 신체의 마음에 대한 교호작용에 있다. 그
것도[404] 표상이 객관적으로 쾌락의 대상인 한에서 그러한 것이 아니라,
B226 —도대체가 어긋난 기대가 어떻게 쾌락을 줄 수 있겠는가?—오로지 그
러한 변환이 표상들의 순전한 유희로서 신체에서 생명력들의 **평형**[405]을 만들어냄으로써만 그러한 것이다.

누군가가 다음의 애기를 한다고 하자: 한 인도인이 수라트[406]에서 한

---

403) A판: "**진동들**".

404) A판: "그것도 (**가령 큰 거래이익에 대한 소식을 듣는 사람의 경우에서처럼**) 표상이".

405) A판: "**유희**".

406) Surat. 2007년 현재 인구 400만의 인도 Bombay 북쪽에 위치에 항구도시로 17~18세

영국인의 식탁에 초대받아 맥주병을 열자 맥주가 모두 거품으로 변하여 솟아나오는 것을 보고, 고함을 지르며 감탄을 발하고서, "대체 무엇이 그렇게 감탄스러운가?"라는 영국인의 질문에, 그 인도인은 "나는 그것이 밖으로 나오는 것에 대해 놀라는 것이 아니라, 어떻게 당신이 그것을 안에다 잡아넣을 수 있었을까에 대해 놀라고 있다"고 대답하였다.[407] 이런 얘기를 들으면 우리는 웃는다. 그리고 이것은 우리에게 진짜 쾌감을 느끼게 한다. 그리고 이것은 우리가 우리 자신이 이 무지한 사람보다 무언가 현명하다는 것을 알게 되기 때문이라거나, 그렇지 않으면 지성이 우리에게 이 점에서 무엇인가 흡족한 것을 알려주기 때문이 아니라, 우리의 기대가 긴장되었다가 갑자기 아무것도 아닌 것으로 사라져버리기 때문인 것이다. 또는 어떤 부자 친척의 상속인이 고인을 위하여 장례식을 아주 장엄하게 치루고 싶어 하나, 그것을 제대로 할 수 없다고 하소연하면서, (말하기를) "내가 곡하는 사람들에게 슬픈 모습을 보여달라고 돈을 많이 주면 줄수록, 그들은 그만큼 더 기쁜 모습을 보인다"고 한다면, 이 얘기를 듣고 우리는 소리 내서 웃는다. 그리고 그 이유는 하나의 기대가 갑자기 아무것도 아닌 것으로 변환하는 데에 있다. 여기서 충분히 주의해야만 할 바는, 그 기대가 기대되었던 어떤 대상의 **적극적인**[408] 반대로 변환되어서는 안 되고,—적극적인 반대는 언제나 무엇인가이며, 흔히 슬픔을 줄 수도 있으니 말이다—아무것도 아닌 것으로 변환하지 않으면 안 된다는 점이다. 왜냐하면, 누군가가 우리에게 어떤 이야기를 들려주어 큰 기대를 불러일으키되, 우리가 끝에 가서 그 이야기가 거짓임을 통찰한다면, 그것은 우리를 부적의하게 만들기 때문이다. 예컨대, 크게 비탄하여 하룻밤 사이에 백발이 되었다고 하는 사람들에 대한 이야기

기 당시에는 영국 동인도회사의 거점도시로서 매우 번성하였다.

407) 칸트는 「인간학 강의」에서는 샴페인을 주제로 유사한 예를 들고 있다. XXV, 144 이하 참조.

408) B판 추가.

와 같은 것이 그러하다. 그에 반해, 만약 그와 같은 얘기에 응해서 다른 익살꾼이 어떤 상인의 비탄을 자못 상세하게 얘기해주어, 그 상인이 상
B227 품으로 된 그의 전 재산을 싣고 인도에서 유럽으로 돌아오는 도중, 격렬한 폭풍우를 만나 모든 것을 물속으로 내던져버리지 않을 수 없게 되었는데, 그는 그로 인해 그날 밤중에 그의 **가발**이 백발이 될 정도로 비탄에 젖었다고 한다면, 우리는 웃는다. 그리고 그것은 우리에게 쾌락을 주는데, 그것은 우리가 다른 점에서는 우리에게 무관한 한 대상을 잘못 파악한 것을, 또는 오히려 우리가 뒤쫓은 이념을, 마치 하나의 공과 같이, 순전히 잡아서 붙들어두려 하면서 한동안 이리저리 치고 있기 때문인 것이
V334 다. 여기서 쾌락을 일깨우는 것은 거짓말쟁이나 멍청이를 물리쳐버리는 일이 아니다. 왜냐하면, 진지하게 들려준 후자의 이야기는 그 자체만으로도 좌중을 밝은 웃음으로 몰아넣지만, 전자의 얘기는 보통은 **주의**[409)]할 가치도 없겠기 때문이다.

주목할 만한 것은, 이런 모든 경우에서 농담은 한순간 속일 수 있는 어떤 것을 언제나 자신 속에 함유하고 있지 않으면 안 된다는 점이다. 그래서 가상이 아무것도 아닌 것으로 사라지면, 마음은 다시 그것을 한 번 더 시험해보기 위하여 회고하고, 그렇게 하여 긴장과 이완이 급속히 서로 뒤따름으로써 마음은 끌려갔다 당겨졌다 하면서 동요상태에 놓이게 된다. 그리고 이 동요상태는, 이를테면 현〔絃〕을 당기고 있던 것이 (서서히 풀리지 않고서) 갑자기 벗겨졌기 때문에, 일종의 마음의 운동 및 이 운동과 조화하는 내부적인 신체 운동을 야기하지 않을 수 없는데, 이 신체 운동이 무의지적으로 지속되어 피로가 생기지만, 그때 명랑함(즉 건강을 가져다주는 운동의 효과) 또한 생기게 하는 것이다.

무릇 만약 사람들이, 우리의 모든 사상들에는 동시에 신체의 기관들에 있어서 하나의 운동이 조화 있게 결합되어 있다고 상정한다면, 마음

409) A판: "**노력**".

이 그의 대상을 관찰하기 위해 또는 이러한 관점으로 또는 저러한 관점으로 그처럼 갑작스레 전환하는 데에 어떻게 우리의 내장의 탄력 있는 부분들의 교호적인 긴장과 해이가—이것은 횡격막에 전달되는바—대응할 수 있는가를 상당히 잘 이해할 수 있다. (간지럼을 타는 사람들이 느끼는 교호적인 긴장과 해이처럼 말이다.) **그때 폐는** 공기를[410] 빠른 간격으로 내뱉으며, 그렇게 해서 건강에 유익한 운동을 일으킨다. 그리고 이러한 운동만이,—마음 가운데서 일어나는 것이 아니라,—사실은 아무것도 표상하는 것이 없는 하나의 사상에 대한 쾌락의 본래의 원인이다.— "하늘은 우리에게 인생의 수많은 고난에 대하여 균형을 맞추기 위해서 두 가지 것을 주었으니, 그것은 곧 **희망**과 **수면**이다"라고 **볼테르**는 말했다.[411] 그는 거기에다 또한 **웃음**을 더할 수도 있었을 것이다. 이성적인 이들에게서 웃음을 일으킬 수 있는 수단이 쉽게 마련되기만 한다면, 그리고 신비적 명상가들처럼 **머리를 썩여가면서**, 천재들처럼 **목숨을 걸고서**, 또는 감상적인 소설가들처럼 (또한 아마도 그와 같은 도덕가들처럼) **가슴을 앓아가면서** 고안해내는 재능이 흔한 것에 비해, 웃음을 일으키는 데에 필요한 기지나 또는 익살〔좋은 기분〕의 원본성〔독창성〕이 그렇게 드물지만 않다면 말이다. B228

그러므로 내 생각에, 사람들은 **에피쿠로스**가 말한바, 모든 쾌락은 그것이 비록 미감적 이념들을 일깨우는 개념들에 의해 유발되는 것이라 할지라도 **동물적**, 다시 말해 신체적 감각이라는 것을 충분히 용인할 수 있을 것이다. 그러나 그것을 용인한다고 해서 도덕적 이념들에 대한 존경의 **정신적** 감정이 조금도 손상되지 않는다. 그러한 **감정**[412]은 쾌락이 아 V335

410) A판: "**교호적인 긴장과 해이는** (간지럼을 타는 사람들이 느끼는 교호적인 긴장과 해이처럼 말이다) 공기를".

411) Voltaire, *Henriade*, 1728, canto VII: "L'un est doux sommeil et l'autre l'espérance (하나는 달콤한 수면 그리고 다른 하나는 희망)". 칸트는 같은 예를 「인간학 강의」에서도 들고 있다. XXV, 1319 참조.

412) A판: "**존경**".

니라, 우리로 하여금 쾌락의 필요욕구를 극복하게 하는 (우리 안에 있는 인간성의) 일종의 자기존중인 것이다. 아니 그로 인해 이것보다 덜 고귀한 **취미**의 감정조차 조금도 손상되지 않는다.

이 양자의 합성물에서 나오는 어떤 것은 **소박성**으로 나타나는바, 소박성은 또 다른 본성이 된 위장술에 대항해 있는 인간성에 근원적으로
B229 본성적인 솔직성의 발로인 것이다. 사람들은 자기를 위장할 줄 모르는 단순성에 대해 웃기도 하지만, 또한 저러한 위장술을 여기서 저지하는 자연본성의 단순성에 대해 기뻐하기도 한다. 사람들은 기교를 부려 아름답게 보이려고 주의 깊게 다듬은 언사의 예절을 기대했다. 그런데 보라. 있는 것은 사람들이 마주치리라 전혀 기대하지 못했던, 그것을 보여준 자 역시 그것을 드러내 보일 것을 전혀 생각하지 않았던 무염〔無染〕 무구〔無垢〕한 자연본성이다. 보통 우리의 판단에서 매우 중요한 의미를 가지는, 아름다우나 거짓된 가상이 이 경우에 갑자기 아무것도 아닌 것으로 변환한다는 사실, 이를테면 우리 자신 안에 있는 악동이 적나라하게 드러난다는 사실은 마음의 운동을 서로 상반되는 두 방향으로 만들어내며, 이 운동이 동시에 신체를 건강에 좋게 진동시킨다. 그러나 취해진 어떤 예절보다도 무한히 더 훌륭한 어떤 것이, 즉 사유방식의 순정성(적어도 그에 대한 소질)이 인간의 자연본성에서 완전히 소실되지 않았다는 사실은 판단력의 이러한 유희 안에 진지함과 존중심을 섞어넣는다. 그러나 그것은 단지 잠깐 동안 나타나는 현상이고, 위장술의 덮개가 곧 다시 벗겨지기 때문에, 거기에는 동시에 애정 깊은 감동인 연민이 섞여든다. 이러한 감동은 유희로서 그러한 선의의 웃음과 매우 잘 결합될 수 있고, 또한 실제로도 보통 그와 결합하며, 동시에 또한 그러한 웃음을 위한 소재를 제공하는 이에 대하여, 그가 아직도 세간지〔世間智〕에 따라 영리하게 굴지 못하고 있다는 당혹스러움을 보상해주고는 한다. ―그래서 **소박하다**는 기술은 일종의 모순이다. 그러나 어떤 지어낸 인물을 빌려서 소박성을 표상하는 것은 충분히 가능하며, 드물기는 하지만 미적인 기예이

다. 다만 사교술을 잘 구사하지 못하기 때문에 자연본성을 꾸미지 않고 있는 솔직한 단순성이 소박성과 혼동되어서는 안 된다. B230

기분을 돋우어주며, 웃음에서 오는 쾌락과 거의 친족이고, 정신의 원본성〔독창성〕에 속하되, 그러나 바로 예술의 재능에는 속하지 않는 것으로 **익살스러운**〔좋은 기분〕 기법을 꼽을 수 있다. 좋은 의미에서 **익살**〔좋은 V336
기분〕은 곧 임의로 어떠한 마음성향으로 전환할 수 있는 재능을 의미하는데, 여기서는 모든 사물이 보통과는 전혀 다르게 (심지어는 거꾸로), 그러면서도 그러한 기분 가운데 있는 일정한 이성원리들에 따라서 판정된다. 그러한 변화에 무의지적으로 지배당하고 있는 사람은 **변덕스럽다**[413]. 그러나 그러한 변화를 자의로 그리고 합목적적으로 (웃음을 일으키는 대조를 매개로 생기 있게 현시하기 위해서) 받아들일 수 있는 사람과 그런 사람의 말투는 **익살스럽다**고 일컫는다. 그러나 이러한 기법은 미적 기예보다는 쾌적한 기예에 속한다. 왜냐하면 미적 기예의 대상은 언제나 그 자체로 약간의 품격을 보이지 않으면 안 되며, 그래서 취미가 판정함에서 그러하듯이, 현시함에서도 일정한 진지함을 요구하기 때문이다.

---

413) C판: "**변덕스럽다**고 일컫는다".

B231 V337

미감적 판단력 비판
제2절
미감적 판단력의 변증학

§55

변증적이어야 할 판단력은 우선 이성추리적[1]이지 않으면 안 된다. 다시 말해, 그러한 판단력의 판단들은 보편성을, 그것도 선험적으로 요구하는 것이지 않으면 안 된다.※ 왜냐하면 그러한 판단들의 대립에 변증학이 성립하기 때문이다. 그래서 (쾌적한 것과 불쾌적한 것에 관한) 미감적 감관판단들의 불일치는 변증적이지 않다. 또한 취미판단들의 상충도, 각자
B232 가 한낱 자기 자신의 취미에만 의거하는 한, 취미의 변증학을 이루지 않는다. 왜냐하면 아무도 자기의 판단을 보편적 규칙으로 삼으려고 생각하

※ 보편적임을 통보하는 판단은 어느 것이나 이성추리적 판단(理性的으로 推理하는 判斷)이라 일컬을 수 있다. 왜냐하면 그러한 한에서 그런 판단은 이성추리에서 대전제로 쓰일 수 있기 때문이다. 그에 반해 이성판단(理性的으로 推理된 判斷)이라고 불릴 수 있는 것은 오직 이성추리의 결론으로서, 따라서 선험적으로 근거지어진 것으로 생각되는 판단뿐이다.

1) 원어: vernünftelnd. 『순수이성비판』에서는 주로 '궤변적'(B397 이하 참조) 또는 '변증적'(B432 이하 참조)으로 옮기고, 위에서(B154=V292 등)는 '이성논변적'으로 번역했으나 여기서는 이렇게 옮기는 것이 합당할 것 같다.

지는 않기 때문이다. 그러므로 취미에 관계할 수 있는 변증학의 개념으로는, (취미 자신이 아니라) 이 취미 **비판**의—이 비판의 **원리들**에 관한—변증학의 개념만이 남는다. 이는 곧 취미판단 일반의 가능성의 근거에 관해 서로 상충하는 개념들이 자연스럽게 그리고 불가피하게 등장하기 때문이다. 그러므로 취미의 초월적 비판은 미감적 판단력의 변증학이라는 명칭을 갖는 한 부문을 함유할 것이다. 이 능력[2]의 원리들의 이율배반이 발견되고, 이 이율배반이 취미의 합법칙성을, 그러니까 또한 취미의 내적 가능성을 의심스럽게 만드는 한에서 말이다.

§56 V338

취미의 이율배반의 표상

취미에 대한 첫째 상투어는, 몰취미한 사람은 누구나 이것을 가지고 비난에 대해 자기 방어를 생각하는 명제, 즉 '**누구나 자기 자신의 취미를 가지고 있다**'에 함유되어 있다. 이것은, 이러한 〔취미〕판단의 규정근거는 한낱 주관적(쾌락 또는 고통)이며, 이러한 판단은 타인의 필연적 동의를 요구할 권리를 갖지 못한다고 말하는 것과 똑같다.

취미에 대한 둘째 상투어는, 취미판단이 누구에게나 타당하다고 언명할 권리가 있음을 용인하는 사람들조차 사용하는 것으로, '**취미판단에** B233
관해서는 논의할 수 없다'는 것이다.[3] 이것은, 어떤 취미판단의 규정근

---

2) 곧, 미감적 판단력.

3) 칸트는 일찍부터(1772/73 겨울학기, Collins 「인간학 강의」록 참조) 취미의 보편성을 강조했다. "취미는 보편적이다. 취미는 모종의 합치를 보여준다. 사람들이 논의할 때, 사람들은 취미에 대한 우리의 판단이 타인에게도 타당해야 함을 증명하고자 한다. 사람들은 취미에 대해서 논쟁하지는 않는다. 취미에서는 어느 누구도 타인의 판단을 따를 것을 요구하지 않기 때문이다. 취미 안에 보편적으로 적의한 것이 아무것도 없다면, 그것은 하나의 감정일 터이다. 참된 취미에 대해서는 논의할 수 있지 않으면 안 된다. 그렇지 않으면 그것은 취미가 아니다. '趣味에 關해서는 論議할 수 없다(de gustu non est disputandum)'는 것은 무지하고 비사교적인 자들의 명제이다."(XXV, 180); 또

거는 객관적일지도 모르지만, 그것은 규정된〔일정한〕 개념들로 환원될 수가 없으며, 그러니까 비록 취미판단에 관해서는 충분히 그리고 당연히 **논쟁**할 수 있다고 할지라도, 그 판단 자체에 관해서는 증명에 의해 **결정**할 수 없다고 말하는 것과 똑같다. 무릇 **논쟁한다**는 것과 **논의한다**는 것은, 그것들이 판단들의 상호 저항을 통해 그 판단들의 일치를 만들어내려고 한다는 점에서는 한가지이지만, 후자는 이러한 일을 증명근거로서의 규정된 개념들에 따라 생겨나게 하기를 희망하고, 그러니까 **객관적 개념들**을 판단의 근거로 받아들인다는 점에서는 서로 다르다. 그러나 이러한 일[4]이 하기 어려운 것으로 간주될 경우에는, 논의한다는 것도 마찬가지로 하기 어려운 일로 판정된다.

사람들은 이 두 상투어 사이에, 속담처럼 유포되어 있지는 않지만 그럼에도 누구나 생각 속에 가지고 있는 하나의 명제, 곧 '**취미에 관해서는 논쟁할 수 있다**(비록 논의할 수는 없지만)'가 빠져 있음을 쉽게 알 것이다. 그러나 이 명제는 맨 처음 명제의 반대를 함유하고 있다. 무릇 어떤 것에 관해서 논쟁한다는 것이 허용되어야 한다면, 거기에는 상호간에 합치할 수 있다는 희망이 있지 않으면 안 되며, 그러니까 사람들은 한낱 사적 타당성만을 갖지 않고, 그러므로 한낱 주관적이지만은 않은, 판단의 근거들을 기대할 수 있지 않으면 안 되기 때문이다. 그럼에도 이에 대해서 앞서의 원칙: '**누구나 자기 자신의 취미를 가지고 있다**'는 정면으로 대립한다.

B234 그러므로 취미의 원리에 관해서 다음의 이율배반이 나타난다.

1) **정립**: 취미판단은 개념들에 기초하지 않는다. 왜냐하면, 그렇지 않다면 그것에 대해 논의(증명을 통해 결정)하게 될 것이기 때문이다.

2) **반정립**: 취미판단은 개념들에 기초한다. 왜냐하면, 그렇지 않다면
V339 그 상이성에도 불구하고 그것에 대해서는 결코 논쟁하지 (이 판단에 대해

1772/73 겨울학기, Parow: XXV, 378 참조.

4) 곧, 객관적 개념들을 판단의 근거로 받아들이는 일.

다른 사람들의 필연적 일치를 요구하지) 못하게 될 것이기 때문이다.

§57
취미의 이율배반의 해결

모든 취미판단의 근저에 놓여 있는 저러한 원리들—이것들은 다름 아니라 위의 분석학에서 소개된 취미판단의 두 가지 특유성이지만[5]—사이의 상충을 제거할 가능성은, 사람들이 이러한 종류의 판단에서 객관을 관계시키는 개념이 미감적 판단력의 두 준칙에 있어서 한 가지 의미로 취해지고 있지 않음을 지적하고, 판정의 이러한 이중적 의미 내지 관점은 우리의 초월적 판단력에는 필연적인 것이지만, 이것을 서로 혼동하는 데서 생기는 가상 또한 자연스런 환상으로서 불가피한 것임을 지적하는 것밖에는 없다.

취미판단은 어떤 한 개념과 관계 맺지 않으면 안 된다. 그렇지 않으면 그것은 모든 사람에 대한 필연적 타당성을 절대로 주장할 수가 없을 것 B235
이기 때문이다. 그러나 그렇다고 해서 취미판단이 하나의 개념**으로부터** 바로 증명될 수 있어야 하는 것은 아니다. 왜냐하면 하나의 개념은 규정될 수 있는 것도 있고, 그 자체로는 규정되어 있지 않은 것이면서 또한 동시에 규정될 수 없는 것일 수도 있기 때문이다. 지성개념은 전자의 종류의 것으로, 지성개념은 그에 대응할 수 있는 감성적 직관의 술어들에 의해 규정될 수 있다. 그러나 모든 저러한 직관의 기초에 놓여 있는 초감성적인 것에 대한 초월적 이성개념은 후자의 종류의 것인바, 그러므로 이성개념은 더 이상 **이론적으로**[6] 규정될 수가 없다.

그런데 취미판단은 감관의 대상들과 관계하지만, 그것은 대상들의 한 **개념**을 지성에 대해 규정하기 위한 것이 아니다. 취미판단은 인식판단

5) 위의 §32, §33 참조.

6) B판 추가.

이 아니기 때문이다. 그래서 취미판단은, 쾌의 감정과 관련되어 있는 직관적 개별적 표상으로서, 단지 사적 판단일 뿐으로, 그런 한에서 취미판단은 그 타당성의 면에서 판단하는 개인에게만 국한될 것이며, 그 대상은 **나에게는** 흡족의 대상이지만, 다른 사람에게는 사정이 다를 수도 있다.—누구나 자기의 취미를 가지고 있다.

그럼에도 불구하고 의심할 여지없이 취미판단 안에는 객관의 (동시에
또한 주관의) 확장된 관계가 함유되어 있으며, 이 관계에 기초해서 우리는
이런 종류의 판단들을 누구에게나 필연적인 것으로 연장하며, 그래서 이
V340 러한 연장에는 어떤 개념인가가 필연적으로 그 기초에 있지 않으면 안 된
B236 다. 그러나 그것은 전혀 직관에 의해 규정되는 개념이 아니며, 이 개념
에 의해서는 아무것도 인식되지 않고, 그러니까 취미판단에 대해서는 **어**
떠한 증명도 수행될 수 없다. 그러나 그와 같은 개념은, 감관의 대상으로
서, 그러니까 현상으로서 대상의 (그리고 또한 판단하는 주관의) 기초에 놓
여 있는 초감성적인 것에 대한 순전한 순수한 이성개념이다. 무릇 그러한
고려를 하지 않는다면, 취미판단의 보편타당성에 대한 요구주장은 구출
될 수 없을 터이다. 또 만약 취미판단이 기초하고 있는 개념이 가령 완전
성에 대한 단지 한낱 혼란된 지성개념으로, 이 개념에 대응해서 아름다운
것의 감성적 직관을 부가할 수 있다면, 취미판단을 증명 위에 정초한다는
것이 적어도 그 자체로는 가능할 터이지만, 이것은 정립에 모순된다.

그러나 만약 내가 다음과 같이 말한다면, 모든 모순은 사라진다. 즉 취미판단은 (판단력에 대한 자연의 주관적 합목적성의 근거 일반의) 한 개념[7]에 기초하고 있지만, 이 개념은 그 자체로는 규정될 수 없고 인식에 쓸모도 없는 것이기 때문에, 이 개념으로부터는 객관과 관련하여 아무것도 인식될 수도 증명될 수도 없다; 그러나 취미판단은 바로 그 개념에 의해서 동시에 모든 사람에 대한 타당성을—물론 누구에게나 직관에 직

7) 곧, '초감성적인 것'.

접 수반하는 단칭판단으로서이지만—얻는바, 그것은 이 취미판단의 규
정근거가 아마도 인간성의 초감성적 기체라고 간주될 수 있는 것에 대한 B237
개념 가운데 놓여 있기 때문이라고 말이다.

이율배반의 해결에서 관건은, 서로 상충하는 것처럼 보이는 두 명제
가 사실은 모순되는 것이 아니라, 오히려 병립할 수 있다는 가능성뿐이
다. 설령 이 명제들의 개념의 가능성을 설명하는 일이 우리 인식능력을
넘어선다고 할지라도 말이다. 이처럼 보이는 가상이 또한 자연스럽고,
인간 이성에게는 불가피하다는 사실, 그와 함께, 이러한 가상이 그 가상
적 모순이 해결된 후에는 〔우리를〕 속이지 않을지라도, 여전히 남아 있
는 이유가 이로부터 이해될 수 있다.

우리는 곧 어떤 판단의 보편타당성이 그에 기초하지 않을 수 없는 개
념을 상충하는 두 판단에서 한 가지 의미로 취하면서도, 그 개념에 대해
대립하는 두 술어로 언표하고 있는 것이다. 그래서 정립에서는 "취미판
단은 **규정된** 개념들에 기초하지 않는다"고 말해야 했을 것이며, 반면에
반정립에서는 "취미판단은, **규정되지 않은** 개념—곧 현상들의 초감성 V341
적인 기체에 대한—이기는 하지만, 하나의 개념에 기초한다"고 말해야
했다. 그렇게 되면 이들 사이에는 아무런 상충도 없을 터이다.

취미에 대한 주장들과 반대주장들에 있어서의 이러한 상충을 제거하
는 것 이상의 일을 우리는 할 수가 없다. 그에 따라 취미의 판단들을 지 B238
도하고, 검사하고, 증명할 수 있을 터인 취미의 규정된 객관적 원리를 수
립한다는 것은 절대로 불가능하다. 왜냐하면 그럴 경우 그것은 취미판단
이 아닐 것이기 때문이다. 주관적 원리, 곧 우리 안의 초감성적인 것에
대한 규정되지 않은 이념만이 우리 자신에게도 그 원천이 숨겨져 있는
이 능력의 수수께끼를 풀 수 있는 유일한 열쇠로서 지시될 수 있을 뿐,
무엇에 의해서도 더 이상은 파악될 수가 없다.

여기서 제시되고 조정된 이율배반의 기초에는 취미의 올바른 개념,
곧 한낱 반성적인 미감적 판단력의 취미개념이 놓여 있다. 그리고 거기

에서는 상충하는 것처럼 보이는 두 원칙들이 합일되었는데, 그것은 **양
자가 참일 수 있기** 때문이고, 그것으로 충분하다. 그에 반해, 몇몇 사람
들이 그러하듯이, 취미의 규정근거로 (취미판단의 기초에 놓여 있는 표상의
개별성을 이유로 해서) **쾌적성**이 상정된다거나, 또는 다른 사람들이 (취미
판단의 보편타당성을 이유로 해서) 하려고 하듯이, **완전성**의 원리가 상정되
어 취미의 정의가 그것에 맞춰진다면, 그로부터 하나의 이율배반이 생겨
나는데, 이 이율배반은 서로 (그러나 한낱 모순적이기만 한 것이 아니라) 반
대되는 **양 명제가 거짓임**을 지적하는 것 외의 방식으로는 절대로 조정될
B239 수가 없으며, 그것은 그때 그 각 명제를 정초하고 있는 개념이 자기 모순
적임을 증명하는 것이다. 그러므로 사람들이 알 수 있는 바는, 미감적 판
단력의 이율배반의 제거는 비판이 순수 이론 이성의 이율배반을 해결함
에 있어 따랐던 것과 비슷한 길을 취한다는 사실과, 그리고 바로 이 경우
에도 그리고 실천 이성 비판에서도 이율배반들은 우리의 의지에 반하여
감성적인 것 너머를 보도록 강요하고, 초감성적인 것 속에서 우리의 모
든 선험적 능력들의 합일점을 찾도록 강요한다는 사실이다. 왜냐하면 이
성을 자기 자신과 일치시키는 또 다른 방책이 없기 때문이다.

주해 I

V342 초월철학에서는 이념들을 지성개념들과 구별해야 할 계기가 매우 자
주 있으므로, 그 구별에 알맞은 술어들을 도입하는 일이 유용할 수 있다.
내가 몇 개의 술어를 제안한다 해도 사람들이 그에 반대하지는 않으리라
믿는다.—가장 일반적인 의미에서 이념들이란 (주관적인 또는 객관적인)
어떤 원리에 따라 한 객관과 관계 맺는 표상들이다. 그럼에도 그것들은
그런 한에서 결코 대상의 인식이 될 수는 없다. 이념들은 인식능력들(상
상력과 지성) 상호간의 합치의 한낱 주관적 원리에 따라 한 직관과 관계
맺어지고, **미감적** 이념들이라고 일컬어지거나, 또는 객관적 원리에 따라

한 개념과 관계 맺어지되, 결코 대상의 인식을 제공할 수는 없어, **이성이념들**이라고 일컬어진다. 이런 경우에 그 개념은 **초험적** 개념으로, 지성개념과는 구별된다. 지성개념의 근저에는 항상 충전하게 대응하는 경험 B240
이 있을 수 있으며, 그것은 그 때문에 **내재적**이라고 일컬어진다.[8)]

미감적 이념은 인식이 될 수 없다. 왜냐하면 그것은 (상상력의) 하나의 **직관**으로서, 이것에 충전한 개념은 결코 발견될 수가 없기 때문이다. **이성이념**도 결코 인식이 될 수 없다. 왜냐하면 그것은 (초감성적인 것에 대한) 하나의 **개념**을 함유하고 있으되, 이 개념에 적합한 하나의 직관은 결코 주어질 수 없기 때문이다.

그런데 나는 사람들이 미감적 이념은 상상력의 **해설불가능한** 표상이라고, 반면에 이성이념은 이성의 **입증불가능한** 개념이라고 부를 수 있으리라 믿는다. 이 양자에 대해서는, 그것들은 가령 전혀 근거 없는 것이 아니라, 오히려 (이념 일반에 대해 위에서 설명한 바대로) 그것들이 속해 있는 인식능력들의 모종의 원리들에 (전자는 주관적 원리들에, 후자는 객관적인 원리들에) 따라서 산출되었다는 사실이 전제되어 있다.

지성개념들은 그 자체로 항상 입증가능한 것이어야만 한다. (**입증한다는 말이, 해부학에서처럼, 한낱 현시한다는 것을 뜻한다면 말이다.**)[9)] 다시 말해, 지성개념들에 대응하는 대상은 항상 직관에—순수한 직관이든 경험적 직관이든—주어질 수 있어야만 한다. 그를 통해서만 지성개념들은 인식이 될 수 있기 때문이다. **크기**라는 개념은 선험적인 공간직관에서, 예컨대 직선 따위에서 주어질 수 있으며, **원인**이라는 개념은 물체들의 불가투입성이나 충돌 따위에서 주어질 수 있다. 그러니까 양자는 경험적 직관을 통해 증거를 댈 수 있다. 다시 말해, 이 양자에 대한 사상은 실례에서 지
시(입증, 제시)될 수 있다. 그리고 이런 일은 일어날 수 있어야만 한다. 그 V343
렇지 않을 경우에는 사람들은, 그 사상이 공허하지나 않은지 어떤지, 다

8) '초험적'/'내재적'의 의미 구별에 대해서는 『순수이성비판』, A327=B383 참조.
9) B판 추가.

시 말해 아무런 객관도 없는 것이나 아닌지 어떤지를 확신할 수가 없다.

B241 사람들은 보통 논리학에서는 입증〔논증〕 가능한 것이나 입증〔논증〕 불가능한 것이라는 표현을 단지 **명제들**에 관해서만 사용한다. 그러나 거기서 전자는 단지 간접적으로 확실한 명제, 후자는 **직접적으로 확실한** 명제라는 명칭으로 표시하는 것이 더 좋을 수 있겠다. 왜냐하면, 만약 그러한 말이 증명할 수 있는 참인 명제와 증명할 수 없는 참인 명제를 뜻한다면, 순수철학도 그런 두 종류의 명제들을 가지고 있기 때문이다. 그러나 만약 사람들이 그 말의 뜻을 전적으로 포기하지 않으려 한다면, 순수철학도 철학으로서 선험적인 근거들에 의해 증명할 수는 있지만, 입증할 수는 없다.[10] 그 말의 뜻에 따르면 입증하다(明示하다, 現示하다)는 (증명에 있어서든 또한 한낱 정의에 있어서든) 그 개념을 동시에 직관에서 현시한다는 것을 일컫는 것이다. 이것은[11], 만약 직관이 선험적 직관이라면, 그 개념을 구성한다[12]라는 것을 일컬으며, 그러나 직관이 경험적이라고 하더라도, 객관의 제시는 있는 것이며, 이 제시에 의해 그 개념에게 객관적 실재성이 보증되는 것이다. 그래서 사람들은 해부학자에 대해서, "해부학자는 인간의 눈에 대해서 먼저 논변적으로 진술했던 개념을 이 기관을 분해함으로써 직관화할 때, 인간의 눈을 입증한다"고 말한다.

이에 따라서 모든 현상들 일반의 초감성적 기체〔基體〕라는 이성개념이나, 도덕법칙과 관련하여 우리의 의사의 기초에 놓여 있지 않으면 안 되는 것, 곧 초월적 자유라는 이성개념은 이미 그 종〔種〕의 면에서 입증 불가능한 개념이자 이성이념이다. 그러나 덕은 그 정도의 면에서 이러한 것이다. 왜냐하면, 전자에는 그 자체로 전혀 아무것도 그 성질상 경험에서 대응하는 것이 주어질 수 없지만, 후자에서는 저 원인성[13]의 어떠한

10) 참조: "명증적인 증명만이 직관적인 한에서 입증이라고 일컬어질 수 있"고, "그러므로 수학만이 입증들을 포함한다."(*KrV*, A734=B762)

11) 원문의 'welche'는 'welches'로 고쳐 읽는 것이 합당할 것 같다.(AA V, 538 참조)

12) 이에 대한 더욱 상세한 설명은 『순수이성비판』, A713=B741 이하 참조.

13) 곧, 자유.

경험산물도 이성이념이 규칙으로 지시규정한 정도에 도달하지 못하기 때문이다.

이성이념에서 **상상력**이 그의 직관들을 가지고서 주어진 개념에 도달 B242
하지 못하듯이, 미감적 이념에 있어서 **지성**은 그의 개념들에 의해 상상
력이 주어진 표상과 결합시키는 상상력의 전체 내적 직관에 결코 도달하
지 못한다. 그런데 상상력의 어떤 표상을 개념들에게로 가져간다는 것은
그것을 **해설한다**는 것을 말하는 것이므로, 미감적 이념은 (자유롭게 유희
하는) 상상력의 **해설불가능한** 표상이라고 부를 수 있다. 이런 종류의 이
념에 대해서는 아래에서도 약간 더 언급할 기회를 가질 것이기에, 지금
은 단지 다음의 주의만을 해둔다. 즉 이성이념들과 미감적 이념들, 이 두 V344
종류의 이념들은 그들의 원리들을 가지고 있지 않으면 안 되는데, 그것
도 양자가 그것들을 이성 가운데에, 곧 전자는 이성 사용의 객관적 원리
들 가운데에, 후자는 이성 사용의 주관적 원리들 가운데에 가지고 있지
않으면 안 된다는 점 말이다.

이에 따라서 사람들은 **천재**를 또한 **미감적 이념들**의 능력이라고 설명할 수도 있다. 이렇게 함으로써, 천재의 산물들에서는 왜 숙고된 목적이 아니라 (주관의) 자연본성이 예술(아름다운 것을 만들어냄)에게 규칙을 수립하는 것인가 하는 근거가 밝혀진다. 무릇 아름다운 것은 개념들에 따라서 판정되어서는 안 되고, 개념들 일반의 능력[14]과 합치하기 위한 상상력의 합목적적인 정조〔情調〕에 따라서 판정되어야만 하므로, 규칙이나 지시규정이 아니라 주관 안의 순전한 자연본성인 것만이 누구에게나 흡족하지 않으면 안 된다 하는 정당한 요구주장을 해야 할 예술에 있어서 저러한 미감적인, 그러나 무조건적인 합목적성의 주관적 척도로 쓰일 수 있는 것이다. 그러나 주관 안의 순전한 자연본성인 것은 규칙들이나 개념들 아래서 파악될 수 없는 것, 다시 말해 (어떠한 지성개념도 도달하지

---

14) 곧, 지성.

못하는) 우리의 모든 능력의 초감성적 기체이다. 따라서 이것과 연관하여 우리의 모든 인식능력들을 부합시키는 것이 우리의 자연본성의 예지적
B243 인 것에 의해 주어지는 최종의 목적인 것이다. 사람들이 어떠한 객관적 원리도 지시규정할 수 없는 이러한 미감적인 그러나 무조건적인 합목적성의 기초에 하나의 주관적이면서도 보편타당한 선험적 원리가 놓이는 것도 이렇게 해서만 가능한 것이다.

주해 II

여기에서 다음과 같은 중요한 주의점이 저절로 나온다. 곧 순수 이성의 **이율배반에는 세 가지 종류**가 있는데, 이것들은 이성으로 하여금 감관의 대상들을 사물들 그 자체로 간주하는 보통은 매우 자연스러운 전제를 버리도록 강제하고, 오히려 대상들을 한낱 현상들로 간주하게 하며, 이러한 대상들의 근저에 하나의 예지적 기체〔基體〕(즉 그에 대한 개념은 단지 이념일 뿐으로, 어떠한 본래적인 인식도 허용하지 않는, 초감성적인 어떤 것)를 놓도록 강제한다는 점에서는 모두 합치한다는 사실 말이다. 이러한 이율배반이 없다면 이성은 결코 그와 같이 그의 사변의 분야를 그토록 좁히는 원리를 받아들이고, 그렇지 않으면 매우 빛나는 그토록 수많은 희망들이 사라질 수밖에 없는 희생을 하려고 결심할 수가 없을 것이다. 왜냐하면, 이러한 손실의 보상으로 실천적인 점에서 그만큼 더 큰 사
V345 용이 이성에게 열린 지금에조차, 이성은 고통 없이 저러한 희망들을 포기하고 옛날의 애착에서 벗어날 수는 없는 것처럼 보이기 때문이다.

세 종류의 이율배반이 있음은, 그 각각이 (상위 인식능력들로서) 자기의 선험적 원리들을 가지고 있을 수밖에는 없는 세 인식능력들, 즉 지성, 판단력, 이성이 있는 데에 그 근거가 있다. 왜냐하면 이성은, 이 원리들 자신과 그것들의 사용에 관하여 판단하는 한에서, 이 원리들 모두에 관하
B244 여 주어진 조건 지어진 것에 대해 무조건적인 것〔무조건자〕을 확고하

게 요구하지만, 그럼에도 만약 사람들이 감성적인 것을 사물들 그 자체에 속하는 것으로 간주하여, 오히려 순전한 현상인 이 감성적인 것의 근저에 어떤 초감성적인 것(우리 밖의 그리고 우리 안의 자연의 예지적 기체)을 사상〔事象〕 그 자체로 놓지 않는다면, 이러한 무조건자는 결코 발견되지 않기 때문이다. 그렇기에 여기에 1. **인식능력에 대해서**는 무조건자에까지 이르는 지성의 이론적 사용에 관한 이성의 이율배반, 2. **쾌 · 불쾌의 감정에 대해서**는 판단력의 미감적 사용에 관한 이성의 이율배반, 3. **욕구능력에 대해서**는 그 자체로 법칙수립적인 이성의 실천적 사용에 관한 이율배반이 있다. 이 모든 능력들이 자기의 상위의 선험적 원리들을 갖고, 이성의 불가피한 요구에 따라서, 이 원리들에 따라 또한 **무조건적으로** 판단하고 자기의 객관을 규정할 수 있지 않으면 안 되는 한에서 이러한 이율배반은 있는 것이다.

두 개의 이율배반, 즉 저러한 상위 인식능력들의 이론적 사용의 이율배반과 실천적 사용의 이율배반에 관해서는 우리는, 만약 그와 같은 판단들이 현상들로서의 주어진 객관들의 하나의 초감성적 기체를 고려하지 않는다면, 그러한 이율배반이 **불가피함**과, 그러나 그에 반해 그런 초감성적 기체를 고려하는 일이 일어나자마자, 그러한 이율배반이 **해결**을 이미 다른 곳[15]에서 지적하였다. 이제 이성의 요구에 따라서 판단력을 사용함에 있어서의 이율배반과 여기에서 주어지는 그것의 해결에 대해서 말하자면, 그것을 피하는 수단은 다음 두 가지 중 하나밖에는 없다. 그 **한 가지**는, 미감적 취미판단의 기초에 어떤 선험적 원리가 놓여 있다는 것을 부정하는 일이다. 그렇게 되면[16] 보편적 동의의 필연성에 대한 모든 요구주장은 근거 없는 공허한 망상일 것이고, 하나의 취미판단 B245
이 올바르다고 간주될 만한 것은 단지 많은 사람들이 그 판단에 관해 합

15) 곧, 『순수이성비판』 중 특히 A490=B518 이하, 『실천이성비판』 중 특히 A206=V114 이하 참조.

16) AA에 따름.

치하는 일이 **일어나기** 때문인 한에서이며, 그리고 이러한 일이 일어나는 것은 본래 사람들이 이 일치의 배후에 하나의 선험적 원리를 **추정하**
V346 **기** 때문이 아니라, (미각에 있어서처럼) 주관들이 우연히도 동형적으로 조직되어 있기 때문인 것이다. **또 한 가지**는, 취미판단은 본래 하나의 사물에서 드러나는, 그리고 이 사물 안의 잡다한 것의 하나의 목적과의 관계에서[17] 드러나는 완전성에 관한 숨겨진 이성판단으로, 그러니까 취미판단은 근본에 있어서 목적론적임에도 불구하고, 단지 이러한 우리의 반성에 부수하는 혼란 때문에 미감적 판단이라고 불린다고 상정해야만 하는 일이겠다. 이럴 경우에 사람들은 초월적 이념들에 의한 이율배반의 해결은 불필요하고 헛된 것이라고 선언할 수 있을 것이며, 그렇게 해서 순전한 현상들로서가 아니라 오히려 사물들 그 자체로서의 감관들의 객관들과 저런 취미법칙들을 합일시킬 수도 있을 것이다. 그러나 전자든 후자든 이런 돌파구가 얼마나 효력이 없는가는 취미판단들을 해설하는 여러 곳에서 지적된 바 있다.

그러나 사람들이 우리의 연역에 대해, 그것이 비록 아직 모든 점에서 충분히 밝혀지지는 않았지만, 적어도 올바른 길을 걷고 있다는 것만이라도 용인한다면, 세 개의 이념들이 나타난다. 즉 **첫째로** 더 이상의 규정이 없는, 자연의 기체로서의 초감성적인 것 일반의 이념, **둘째로** 우리의 인식능력들에 대한 자연의 주관적 합목적성의 원리로서의 초감성적인 것의 이념, **셋째로** 자유의 목적들의 원리로서의 그리고 윤리적인 것에서 이것들과 저것[18]의 합치의 원리로서의 초감성적인 것의 이념 말이다.

---

17) 원문의 "die Beziehung"을 "an der Beziehung"으로 고쳐 읽음.

18) 우리말 어순으로는 '이것들'은 '목적들'로, '저것'은 '자유'를 지시하는 것으로 볼 수 있으나, 원문의 어순에서는 '이것'에 해당하는 것이 '자유'이고, '저것'에 해당하는 것이 '목적들'일 터인데, '저것'이 단수로 되어 있어서, 이 지시어들이 무엇을 지시하는지가 불확실하다.

§58 B246

미감적 판단력의 유일한 원리로서 자연 및 예술의 합목적성의 관념론에 대하여

사람들을 무엇보다도 먼저 취미의 원리를, 취미는 항상 경험적인 규정근거들에 따라서, 그러므로 단지 후험적으로 감관들을 통해 주어지는 규정근거들에 따라서 판단한다는 데에 둘 수 있거나, 또는 취미는 선험적인 근거에서 판단한다는 것을 용인할 수 있다. 전자는 취미 비판의 **경험주의**이겠고, 후자는 **이성주의**이겠다. **전자**에 따르면 우리의 흡족의 객관은 **쾌적한** 것과 구별되지 않겠고, **후자**에 따르면, 판단이 규정된 개념들에 의거할 경우, **좋은**〔선한〕 것과 구별되지 않을 것이다. 그렇게 해서 모든 **미**는 이 세상에서 부정되어버리고, 그 대신에 아마도 앞서 말한 두 종류의 흡족의 모종의 혼합물을 위한 특수한 명칭만이 남을 것이다. 그러나 우리는, 흡족의 선험적인 근거들도 있으며, 그러므로 그러한 근거 V347 들이, **규정된 개념들** 안에서 파악될 수 없음에도 불구하고, 이성주의의 원리와 양립할 수 있음을 밝혔다.

그에 반해 취미 원리의 이성주의는 합목적성의 **실재론**의 이성주의이거나 **관념론**의 이성주의이다. 그런데 취미판단은 인식판단이 아니고, 미 B247 는 그 자체로만 보면 객관의 성질이 아니기 때문에, 취미 원리의 이성주의는, 이 판단에서 합목적성이 객관적인 것으로 사고된다는 점에, 다시 말해 그 판단이 이론적으로, 그러니까 또한 논리적으로—비록 단지 혼란한 판정에서일지라도—객관의 완전성에 관계한다는 점에 세워질 수는 결코 없고, 그 판단이 단지 **미감적으로** 상상력에서의 객관의 표상이 판단력 일반의 본질적 원리들과 주관 안에서 합치하는 것에 관계한다는 점에 세워질 수 있을 뿐이다. 따라서 이성주의의 원리에 따른다 해도, 취미판단 및 취미판단의 실재론과 관념론의 구별은 단지, 전자의 경우에는 저러한 주관적 합목적성이 우리의 판단력과 합치하는, 자연(또는 예술)의 실제적인(의도적인) **목적**으로 상정되고, **후자의 경우에는**[19] 자연 및 특수한 법칙들에 따라 산출된 자연의 형식들에 관하여 판단력의 필요욕구와의 합목적적인 합치가, 목적 없이, 저절로 그리고 우연적으로 출현하는 것으로 상정하는 데에 세워진다.

자연의 미감적 합목적성의 실재론은, 사람들이 곧, 아름다운 것을 만들어내는 데 그 기초에는 그것을 만들어내는 원인 안에 그것의 이념이, 곧 우리의 상상력을 위한 하나의 **목적**이 놓여 있었다고 상정하고 싶어
B248 하므로, 유기적 자연 나라의 아름다운 형상들을 아주 잘 변호하고 있다. 풀꽃, 나무꽃, 아니 온갖 식물들의 형태들, 그 자신의 사용에는 불필요하나, 우리의 취미를 위해서는 마치 정선된 것 같은, 갖가지 종류의 동물들의 사랑스러운 형상들 말이다. 특히 우리의 눈에 그토록 흡족하고 매력적인 (꿩, 갑각류, 곤충들에서, 보잘것없는 풀꽃들에서까지도 볼 수 있는) 색채의 다양성과 조화 있는 합성은, 한낱 이러한 피조물의 표면에 관계할 뿐, 이러한 표면에서도 이러한 피조물의 내적 목적들에 필요할 수도 있겠는 모양에는 결코 관계하지 않으므로, 전적으로 외적으로 보는 것을 목적으
V348 로 하고 있는 것처럼 보인다. 이런 것들은 우리의 미감적 판단력에 대한 자연의 실제적 목적들을 상정하는 설명방식에게 큰 무게를 준다.

그에 반해 이러한 것을 상정하는 것에 대해서는 이성이, 언제나 원리들의 불필요한 증가는 가능한 한 방지하라는 자기의 준칙[20]에 의해 저항할 뿐만 아니라, 자연은 그의 자유로운 형성작용들에서 어디서나, 우리의 판단력의 미감적 사용을 위해서 흡사 만들어지기나 한 것처럼 보이는 형식들을 기계적으로 산출하는 성벽을 매우 많이 보여준다. 그러므로 자연은 한낱 자연으로서의 그의 기계성 이상의 어떤 것이 필요하다고 추정할 조금의 근거도 제공하지 않되, 이러한 기계성에서 보면 그러한 형식
B249 들은 그것들의 기초에 놓여 있는 이념 없이도 우리의 판정에 대해서는

19) B판 추가.

20) 원문에는 "준칙들"로 되어 있다.

합목적적일 수 있는 것이다. 그러나 나는 자연의 **자유로운 형성**이라는 말로 **정지 상태에 있는** 어떤 **액체**에서 그것의 일부분이 (때로는 순전히 열물질의 부분만이) 증발하거나 분리됨으로써 남는 부분이 응고하여 일정한 형태 또는 직조(모양 또는 짜임새)를 취하게 되는 형성작용을 뜻하거니와, 이런 형태나 직조는 물질이 종적으로 다르면 그에 따라 다르지만, 동일한 물질에서는 정확하게 동일하다. 그러나 이렇기 위해서는 사람들이 참된 액체라는 말로 항상 뜻하는 것, 곧 물질은 액체 속에 온전히 용해되어 있다는 것, 다시 말해 물질이 액체 속에서 한낱 떠도는 고체의 부분들의 순전한 혼합물로 간주되어서는 안 된다는 것이 전제된다.

그리하여 형성작용은 **응집**에 의해서, 다시 말해 갑작스런 응고에 의해서, 즉 액체 상태로부터 고체 상태로의 점차적인 이행에 의해서가 아니라, 오히려 이를테면 하나의 비약에 의해 일어나며, 이러한 이행은 **결정화**〔結晶化〕[21]라고도 한다. 이러한 종류의 형성작용의 가장 비근한 실례는 결빙〔結氷〕하는 물로서, 물에서는 먼저 60° 각도로 접합하는 곧은 작은 빙선〔氷線〕들이 만들어지고, 이 작은 빙선들의 각 점에 다른 빙선들이 덧붙여짐으로써 마침내 전체가 얼음이 된다. 그러므로 이 동안에 작은 빙선들 사이에 있는 물은 점차로 굳어지는 것이 아니라, 그것은 온전히 얼음처럼 차면서도 마치 훨씬 더 뜨거운 온도에 있는 것인 양 완전
히 액체로 있는 것이다. 응고되는 순간에 갑작스레 발산되는 분리물질은 B250
상당량의 열소〔熱素〕로서, 그것은 물이 순전히 액체로 있기 위해서만 필요했던 것이므로, 그것이 소실되어도 지금 생긴 이 얼음이 조금 전에 얼음 속에 있던 액체의 물보다 조금도 더 차지는 않다.

결정형〔結晶形〕을 가지는 많은 염류〔鹽類〕나 암석류도 물에—어떠한
매개물에 의해서인지는 모르나—용해된 지질〔地質〕에서 나온다. 그와 V349
마찬가지로 정육면체의 방연광〔方鉛鑛〕, 홍은광〔紅銀鑛〕 등 많은 광물

21) 이에 대해서는 물리학 및 화학에 관한 조각글 Nr. 45a: AA XIV, 401~2 참조.

의 결정 형상들도 추측하건대 물속에서 그리고 부분들이, 무엇인가 어떤 원인에 의해서 이 〔물이라는〕 운반체를 버리고 일정한 외적 형태로 서로 통합됨으로써, 응집하여 형성되는 것이다.

그러나 순전히 열에 의해 액체가 되고 냉각에 의해 고체 형태를 취한 모든 물질들도 그 단층〔斷層〕을 보면 내적으로는 일정한 짜임새를 보이고 있다. 그래서 이로부터, 만약 그러한 물질들 자신의 중량이나 공기 접촉이 방해받지 않았더라면, 그 물질들이 외적으로도 종적으로 특유한 그것들의 형태를 보였을 것이라고 판단된다. 그와 같은 것을 사람들은 융해된 후에 외적으로는 굳어 있으나 내부는 아직도 액체인 몇몇 금속에서, 내부의 아직 액체인 부분을 유출시키고 이번에는 내부에 잔류하는
B251 다른 부분을 천천히 응집시킴으로써, 관찰한 바 있다. 섬광광석〔閃光鑛石〕, 휘철광〔輝鐵鑛〕, 산석〔霰石〕과 같은 많은 광물의 결정〔結晶〕들은 예술이 언제든 생각해내고 싶어 하는 매우 아름다운 형태들을 자주 보여준다. 그리고 안티파로스[22] 섬의 동굴에 있는 장관도 순전히 석고층을 뚫고 스며 나오는 물의 산물일 따름이다.

액체는 어느 모로 보나 일반적으로 고체보다 더 오래된 것이다. 그리고 식물이나 동물의 몸들도, 액체의 영양물질이 정지 상태에서 어떤 형식을 취하는 한에서, 이러한 액체의 영양물질로부터 형성된 것이다. 이러한 영양물질은 물론 동물의 몸들에서는 무엇보다도 먼저 어떤 근원적인, 목적들을 지향하는 소질—이 소질은 아래의 제2편에서[23] 밝혀질 것이지만, 미감적으로가 아니라 목적론적으로 실재론의 원리에 따라서 판정되지 않으면 안 된다—에 따라서, 그러나 그와 함께 또한 아마도 물질들의 친족성의 일반적 법칙에 따라 응집하고 자유롭게 형성되는 것이기도 하다. 그런데 여러 종류의 기체의 혼합인 대기 중에 용해된 수분은,

---

22) Antiparos: 그리스 영내 에게 해에 있는 Paros 섬 옆의 작은 섬. 종유(鍾乳)동굴로 유명하다.

23) 특히 아래의 §73, §81에서.

열의 소실로 인해 대기에서 분리될 때는, 눈 모양들을 낳거니와, 이 눈의
모양들은 그때의 공기의 혼합의 차이에 따라서 흔히 매우 기예적인 것처
럼 보이는 매우 아름다운 모양을 띤다. 그와 꼭 마찬가지로, 유기조직을
판정하는 목적론적 원리를 조금도 훼손하지 않고서도, 능히 다음과 같이
생각될 수 있다. 즉 풀꽃들, 새털들, 조개들의 형태와 색채의 미에 관해
말할 것 같으면, 이 미는 자연과 자연의 능력에 돌릴 수 있으며, 이 자연 B252
의 능력은 그러한 미를 지향하는 특수한 목적 없이 자유롭게, 화학적인
법칙들에 따라서, 유기조직에 필요한 물질의 침전에 의해서 또한 미감 V350
적-합목적적으로 자신을 형성하는 능력인 것이다.

그러나 자연의 미적인 것에서 합목적성의 **관념성**의 원리가, 우리가
미감적 판단 자신에 있어서 항상 기초에 두고 있는 원리로서, 그리고 우
리에게 자연의 목적의 실재론을 우리의 표상력을 위한 설명근거로 사용
하는 것을 허용하지 않는 원리로서 곧장 증명하는 바는, 우리는 미 일반
을 판정함에 있어 판정의 선험적 표준을 우리 자신 안에서 찾으며, 미감
적 판단력은 어떤 것이 아름다운가 그렇지 않은가 하는 판단에 관해서
그 자신 법칙수립적이라는 사실이다. 이런 일은 자연의 합목적성의 실재
론을 받아들이면 생길 수 없다. 왜냐하면, 그런 경우에 우리는 우리가 무
엇을 아름답다고 보지 않을 수 없는가를 자연으로부터 배워야만 할 것이
고, 취미판단은 경험적 원리들에 종속되어 있을 것이기 때문이다. 무릇
그러한 판정에 있어서 관건은 자연이 무엇인가 또는 자연이 우리에게 목
적으로서 무엇인가 하는 것이 아니라, 우리가 자연을 어떻게 받아들이는
가 하는 것이다. 만약 자연이 우리의 흡족함을 위해 그의 형식들을 형성
했다고 하면, 그것은 언제나 자연의 객관적 합목적성이겠고, 상상력의
자유로운 유희에 의거하는 주관적 합목적성이 아닐 것이다. 주관적 합목 B253
적성에서는 우리가 호의를 가지고 자연을 받아들이는 것이지, 자연이 우
리에게 호의를 보이는 것이 아니다. 자연의 어떤 산물들을 판정할 때 우
리의 마음의 능력들[24]의 관계에서 내적 합목적성을 지각할 기회를, 그것

도 어떤 초감성적 근거에서 필연적이며 보편타당한 것이라고 언명되어야 할 합목적성으로서 지각할 기회를 자연이 우리를 위해 가지고 있다는 자연의 속성은 자연목적일 수 없으며, 더구나 우리에 의해 자연목적으로 판정될 수는 없다. 왜냐하면, 그렇지 않다면 그러한 자연목적에 의해 규정될 터인 판단은 타율성을 그 기초에 갖는 것이겠고, 취미판단에 어울리게 자유로운 것도, 자율성을 그 기초에 갖는 것도 아닐 것이기 때문이다.

미적 기예〔예술〕에서 합목적성의 관념론의 원리는 더욱 분명하게 인식될 수 있다. 왜냐하면, 이 경우에 합목적성의 미감적 실재론은 감각을 통해—이런 경우에 기예는 미적인 것이 아니라 한낱 쾌적한 기예일 것이다—상정될 수 없다는 점을 예술은 아름다운 자연과 공동으로 가지기 때문이다. 그러나 미감적 이념들에 의한 흡족은 특정한 목적들의 달성에 (기계적으로 의도된 기예와 같이) 의존해서는 안 되며, 따라서 원리의 이성론에서조차 목적들의 실재성이 아니라 관념성이 그 기초에 놓여 있다는
V351 것은, 예술 자체는 지성과 학문의 산물이 아니라, 천재의 산물로 보아야
B254 만 하며, 그러므로 예술이 특정한 목적들의 이성이념들과는 본질적으로 구별되는 **미감적** 이념들을 통해 그 규칙을 얻는다는 사실에 의해서도 이미 명백하다.

현상들로서의 감관의 대상들의 **관념성**이 이 대상들의 형식들이 선험적으로 규정될 수 있다는 가능성을 설명하는 유일한 방식인 것과 마찬가지로, 자연과 예술의 미적인 것을 판정함에 있어서는 합목적성의 **관념론** 또한, 그 아래에서만 비판이 누구에게나 타당성을 선험적으로 요구하는, (그럼에도 객관에서 표상되는 그 합목적성의 기초를 개념들 위에 두지 않고서) 취미판단의 가능성을 설명할 수 있는 유일한 전제이다.

24) 곧, 상상력과 지성.

§59
윤리성의 상징으로서 미에 대하여

우리의 개념들의 실재성을 밝히는 데는 언제나 직관들이 요구된다. 경험적 개념들일 경우에는 그 직관들을 **실례들**이라고 일컫는다. 그것들이 순수 지성개념들일 경우에는 직관들을 **도식들**이라고 부른다. 그러나 사람들이, 이성개념들, 다시 말해 이념들의 객관적 실재성을, 그것도 이념들의 이론적 인식을 위해서, 밝혀야 한다고 요구한다면, 그것은 불가능한 어떤 것을 욕구하는 것이다. 왜냐하면 이념들에 적합한 직관은 절대로 주어질 수가 없으니 말이다.

감성화로서의 모든 **현출**〔現出〕[25](현시, 生生한 表現[26])은 두 가지 중 하나로서 **도식적**이거나 **상징적**이다. 전자의 경우에는 지성이 파악하는 개념에 대응하는 직관이 선험적으로 주어진다. 후자의 경우에는 오직 이성만이 사고할 수 있고, 그에 적합한 어떠한 감성적 직관도 있을 수 없는 개념의 근저에, 그것을 가지고 판단력이 도식화에서 준수하는 방식에 한낱 유비적으로 수행하는 직관이 놓인다. 다시 말해 이 경우 판단력의 수행방식은 그 개념과 한낱 이 수행방식의 규칙의 면에서 일치할 뿐, 직관 자체의 면에서 일치하는 것이 아니며, 그러니까 한낱 반성의 형식 면에서 일치하는 것일 뿐, 내용의 면에서 일치하는 것이 아니다. B255

'**상징적**'을 **직관적** 표상방식에 대립시킨다면, 이러한 용어 사용은 근래의 논리학자들[27]에 의해서도 채용되고 있는 것이기는 하지만, 의미를 곡해한 올바르지 않은 것이다. 왜냐하면 상징적 표상방식은 단지 직관적 표상방식의 한 종류이기 때문이다. 후자의 (즉 직관적) 표상방식이 곧 **도**

---

25) 원어: Hypotypose.

26) 원어: subiectio sub adspectum. 직역하자면 '視野에/觀察下에 둠'.

27) Chr. Wolff, *Psychologia empirica*, Frankfurt · Leipzig 1738, §289; Baumgarten, *Metaphysica*, §620(= Kant, AA XV, 32) 참조.

V352 **식적** 표상방식과 **상징적** 표상방식으로 구분될 수 있는 것이다. 양자는 현출들, 다시 말해 현시(現示)들이지, 순전한 **기호표시들**, 다시 말해 수반하는 감성적 기호들에 의한 개념들의 표시들이 아니다. 감성적 기호들은 객관의 직관에 속하는 것은 전혀 아무런 것도 함유하고 있지 않고, 단지 개념들을 상상력의 연합의 법칙에 따라서, 그러니까 주관적 의도에
B256 서, 재생하는 수단으로 쓰일 뿐이다. 그와 같은 것들은 개념들을 위한 순전한 **표현들**로서, 말들이거나 가시적인 (대수학의, 심지어는 몸짓의) 기호들이다.※

그러므로 사람들이 선험적 개념들의 근저에 놓는 모든 직관들은 **도식들**이거나 **상징들**로서, 그 가운데 전자는 개념의 직접적 현시들을, 후자는 간접적 현시들을 함유한다. 전자는 이러한 일을 입증적으로 하고, 후자는 유비에 의하여—이 유비를 위해서 사람들은 경험적 직관들을 이용하기도 한다—하는바, 유비에 있어서 판단력은 이중의 과제, 즉 첫째로는 개념을 감성적 직관의 대상에 적용하고, 그 다음에 둘째로는 저 직관에 관한 반성의 순전한 규칙을 하나의 전혀 다른 대상—전자의 대상은 이 대상의 단지 상징일 따름이다—에 적용하는 일을 수행한다. 그래서 한 군주국가가 내국법에 의해 통치되는 경우에는 영혼이 있는 신체로 표상되는데 반하여, 단독적인 절대적 의지에 의해 통치되는 경우에는 (가령 손절구와 같은) 순전한 기계로 표상되는데, 그러나 두 경우 모두 단지 **상징적으로** 표상되는 것이다. 왜냐하면 하나의 전제국가와 손절구 사이에는 아무런 유사성도 없지만, 이 양자와 이 양자의 인과성에 관해 반
B257 성하는 규칙 사이에는 충분히 유사성이 있기 때문이다. 이 과제는 더욱

※ 인식의 직관적인 것은 (상징적인 것이 아니라) 논변적인 것과 대립시켜야만 한다.[28] 무릇 전자는 **입증**에 의한 **도식적**인 것이거나, 순전한 **유비**에 따르는 표상으로서 **상징적**인 것이다.

28) 이 양자의 상세한 구별에 대해서는 『순수이성비판』, A68=B93 등 참조.

더 깊이 연구할 만한 가치가 있음에도 불구하고, 지금까지는 그다지 다루어지지 않았다. 그러나 이 자리가 이 문제에 오래 머무를 곳은 아니다. 우리의 언어는 유비에 의한 그와 같은 간접적 현시들이 얼마든지 있거니와, 이런 간접적 현시에 의해 표현은 개념에 대한 본래적인 도식이 아니라, 반성에 대한 한낱 상징만을 함유한다. 그래서 **기초**(지주, 기반), **의존하다**(위로부터 지지받는다), ~에서 **결론이 나오다**('귀결하다' 대신에), **실체**(**로크**가 표현하고 있듯이[29], 우유적인 것들의 담지자)라는 말들과 그 밖에도 무수한 다른 말들은 도식적 현출이 아니라, 상징적 현출들이며, 직접적 직관에 의해서가 아니라 단지 직관과의 유비에 의한, 다시 말해 직관의 대상에 대한 반성을 전혀 다른 개념으로, 즉 그에는 아마도 결코 어떠한 V353
직관도 대응할 수 없는 개념으로 번역함에 의한, 개념들을 위한 표현들인 것이다. 만약 순전한 표상방식을 이미 인식이라고 불러도 좋다면,—표상방식이 대상이 그 자체로 무엇인가를 이론적으로 규정하는 원리가 아니라, 대상의 이념이 우리에 대해서 그리고 그 이념의 합목적적 사용에 대해서 무엇이 되어야만 하는가를 실천적으로 규정하는 원리인 경우에 이런 일은 충분히 허용된다—신에 대한 우리의 모든 인식은 한낱 상징적이다. 그리고 신에 대한 인식을 오로지 세계존재자들에서만 그 객관적 실재성을 증명할 수 있는, 지성, 의지 따위의 속성들과 함께 도식적인 것으로 여기는 사람은 의인관에 빠지는 것이니, 그것은 마치 그가 모든 직관 B258
적인 것을 배제할 때에는 이신론에 빠지는 것과 마찬가지이다. 이신론에 의해서는 실천적 관점에서도 인식되는 것이 어디서나 아무것도 없다.

이제 나는 말하거니와, 미적인 것은 윤리적으로-좋은〔선한〕 것의 상징이며, 그리고 또한 (누구에게나 자연스럽고, 또 누구나 다른 사람에게 의무로서 요구하는 관계의) 이러한 관점에서만 미적인 것은 다른 모든 사람들의 **동의**[30]를 요구함과 함께 적의한 것이다. 이때 우리의 마음은 동시에

29) Locke, *An Essay concerning Human Understanding*(1690), Bk. II, Chap. XXIII, 2 참조.

감관인상들에 의한 쾌의 한갓된 수용을 넘어선 어떤 순화와 고양을 의식하며, 다른 사람의 가치도 그들의 판단력의 비슷한 준칙에 따라서 평가하는 것이다. 이것이 바로 앞 항(§)[31]에서 지적한 바와 같이, 취미가 바라보는 **예지적**인 것으로, 이것에 우리의 상위의 인식능력들조차 부합하는 것이며, 이것이 없다면 이 상위의 인식능력들의 자연본성 사이에는, 취미가 제기하는 요구들과 비교할 때, 순전한 모순들만이 생길 터이다. 이 능력[32]에 있어서 판단력은 경험적 판정에서와는 같지 않게 자신이 경험법칙들의 타율성에 종속되어 있다고 보지 않는다. 즉 판단력은 그처럼 순수한 흡족의 대상들에 관해서는 자기 자신에게 법칙을 수립하거니와, 이것은 이성이 욕구능력에 관해서 그렇게 하는 것과 꼭 마찬가지이다. 그리고 판단력은 주관에서의 이러한 내적 가능성으로 인해서, 또한 그것과 합치하는 자연의 외적 가능성으로 인해서도, 주관 자신 안에 그리고
B259 주관 밖에 있는 어떤 것에, 자연도 아니고 자유도 아니면서, 그러나 자유의 근거와, 곧 초감성적인 것과 연결되어 있는 어떤 것에 자신이 관계 맺어져 있음을 본다. 그리고 이 초감성적인 것에서 이론적인 능력은 실천적인 능력과 우리에게 알려져 있지 않은 어떤 공통적인 방식으로 결합되어 통일된다. 우리는 이러한 유비의 몇몇 점들을 들면서, 동시에 그것들의 상이함에 대해서도 주의해두고자 한다.[33]

V354 1. 미적인 것은 **직접적으로** 적의하다. (그러나 단지 반성적 직관에서 그러하며, 윤리성처럼 개념에서 그러한 것이 아니다.) 2. 미적인 것은 **일체의 이해관심 없이** 적의하다. (윤리적으로 선한 것은 필연적으로 어떤 관심과 결합되어 있기는 하지만, 그것은 흡족에 관한 판단에 선행하는 그러한 관심이 아니라, 그러한 판단을 통해 비로소 일으켜지는 관심이다.) 3. 상상력의 (그러므로

30) A판: "**규정**".

31) 아마도 §57.

32) 곧, 취미의 능력.

33) 이와 관련해서는 칸트 「인간학 강의」: XXV, 33 · 195~6 · 387 · 1104; 「형이상학 강의」: XXVIII, 676 등 참조.

우리 능력의 감성의[34]) **자유**는 미적인 것의 판정에서 지성의 합법칙성과 일치하는 것으로 표상된다. (도덕 판단에서 의지의 자유는 보편적 이성법칙들에 따르는 의지의 자기 자신과의 합일로 생각된다.) 4. 미적인 것의 판정의 주관적 원리는 **보편적**인 것으로, 다시 말해 누구에게나 타당한 것으로 표상되지만, 어떠한 보편적 개념에 의해서도 인지되지 않는 것으로 표상된다. (도덕성의 객관적 원리도 보편적인 것으로, 다시 말해 모든 주관들에 대해서, 동시에 또한 같은 주관의 모든 행위들에 대해서 보편적인 것으로 설명되며, 그때에 어떤 보편적인 개념을 통해 인지되는 것으로 설명된다.) 그래서 도 B260
덕 판단은 일정한 구성적 원리의 능력이 있을 뿐만 아니라, **오로지** 준칙들의 기초를 그러한 구성적 원리들과 그것들의 보편성에 둠으로써만 가능한 것이다.

이러한 유비에 대한 고려는 보통의 지성〔상식〕에서도 통상적인 일이고, 우리는 자주 자연이나 예술의 아름다운 대상들을 윤리적 판정을 기초에 두고 있는 것으로 보이는 이름들로 부른다. 우리는 건물이나 나무들을 장엄하다, 화려하다고 부르는가 하면, 들판을 미소 짓고 있다, 유쾌하다고 부르기도 한다. 색깔들조차도 무구〔無垢〕하다, 겸손하다, 귀엽다라고 부르는데, 이것은 색깔들이 도덕 판단들에 의해 일으켜진 마음 상태의 의식과 유비적인 것을 함유하고 있는 감각들을 유발하기 때문이다. 취미는 자유롭게 유희하는 상상력도 지성에 대해서 합목적적으로 규정될 수 있는 것으로 표상하고, 심지어는 감관의 자극 없이도 감관들의 대상들에서 자유로운 흡족을 발견하는 일을 가르쳐줌으로써, 이를테면 감관의 자극으로부터 습관적인 도덕적 관심으로의 이행을 너무 억지스러운 비약 없이 가능하게 하는 것이다.

34) 이 대목을 "우리 감성의 능력의"로 고쳐 읽자고 제안하는 이도 있다.

B261

§60

부록

취미의 방법론에 대하여

학문에 선행하는 비판을 요소론과 방법론으로 구분하는 것은 취미 비
V355 판에는 적용되지 않는다. 왜냐하면, 미적인 것의 학문은 있지도 않고, 있을 수도 없으며, 취미판단은 원리들에 의해 규정될 수 있는 것이 아니기 때문이다. 무릇 그 객관을 현시함에 있어 **진리**를 겨냥하는, 모든 기예에 있어서의 학문적인 것에 대해 말하자면, 이것은 미적 기예〔예술〕의 불가피한 조건(不可的 條件)이기는 하지만, 미적 기예 자신은 아니다. 그러므로 미적 기예에 대해서는 단지 **수법**(方式)만이 있고, **교수법**(方法)은 없다.[35] 장인은 도제가 무엇을 어떻게 이루어내야 하는가를 시범을 보이지 않으면 안 된다. 그리고 장인이 그 아래에서 최종적으로 자기의 수행절차를 밟은 일반적 규칙들은 도제를 지시규정한다기보다는 오히려 그 수행절차의 주요한 계기들을 그때그때 상기시켜주는 데 쓰일 수 있다. 그럼에도 이 경우에 어떤 이상이 고려되지 않으면 안 되는데, 기예는 비록 그 실행에 있어서 이 이상에 온전히 도달하지는 못한다 할지라도, 이 이상을 염두에 두지 않으면 안 된다. 오로지 도제의 상상력을 주어진 개념
B262 에 적합하도록 일깨우고, 이념이 미감적인 것이어서 그 개념 자신이 도달할 수 없는 것인 이념에는 표현이 불충분함을 주의시키고, 예리한 비판을 가함으로써만, 도제 앞에 제시된 실례들이 도제에 의해 곧장 원형으로 간주된다든지, 가령 더 높은 규범이나 자신의 판정에는 따를 필요가 없는 모방의 범형으로 간주되는 일이 방지될 수 있으며, 또 그래야만 천재도, 그리고 천재와 함께 상상력 자신의 자유도 합법칙성 안에서 질식하는 일이 방지될 수 있을 것이다. 상상력의 자유가 없으면 미적 기예

35) 위의 B201=V318 이하 참조.

〔예술〕는 가능하지 않으며, 그것을 판정하는 올바른 자기 고유의 취미도 결코 가능하지가 않다.

미적 기예의 완전성의 최고도가 목표인 한, 모든 미적 기예를 위한 예비학은 지시규정들에 있는 것이 아니라, 사람들이 人文〔間〕的 敎養[36]이라고 부르는 소양에 의해 마음의 능력들을 교화하는 데 있는 것으로 보인다. 추측하건대 **인문〔간〕성**은 한편으로는 보편적인 **참여의 감정**을, 다른 한편으로는 자기 자신을 가장 진솔하게 그리고 보편적으로 **전달**[37]할 수 있는 능력을 의미하기 때문이다. 이 속성들이 함께 결합하여 인간성에 적합한 **사교성**[38]을 이루며, 이 사교성에 의해 인간성은 동물의 제한성과 구별된다. **법률적**인 사교성〔사회생활〕을 향한 왕성한 추동에 의해 한 민족은 영속적인 공동체를 형성하거니와, 그러한 추동이 자유와 (그러므로 또한 평등과) 강제(즉 공포보다는 오히려 의무에서 나오는 존경과 복종) B263
를 합일시키려는 어려운 과제를 둘러싸고 있는 크나큰 곤란들과 싸웠던 시대와 민족[39]이 있었다. 그러한 시대와 그러한 민족은 가장 도야된 부 V356
분의 이념과 가장 조야한 부분의 이념을 교호적으로 전달하는 기예를, 또 전자의 확장성과 세련성을 후자의 자연적 소박성과 원본성〔독창성〕에 맞추는 일을, 그리고 이렇게 하여 고도의 문화와 자족적인 자연 사이를 매개하는 수단을 먼저 찾아내지 않으면 안 되었으니, 이 수단은 보편적인 인간의 감〔각〕인 취미에 대해서도 올바른, 그러나 어떠한 보편적인 규칙에 따라서도 제시될 수 없는 척도를 이룬다.

후대에 와서 저러한 범례가 없어서는 곤란할 것이다. 왜냐하면, 후대

---

36) 원어: humaniora. '人文'을 어원 그대로 '인간의 무늬〔紋〕', 곧 인간을 인간이도록 하는 것으로 이해할 때 인문적인 것은 인간적인 것(의 핵심)이고, 그런 이해에서 인문성은 곧 인간성이다.

37) 독일어 낱말의 원의를 살필 때, 참여(Teilnehmung)란 '부분을 취함'을, 전달(mitteilen)은 '부분을 함께함'이라 할 수 있으니 양자는 한 사태의 양면이라 볼 수 있다.

38) A판에 따름. B판: **"행복"**.

39) 고대 그리스 국가를 지칭하는 것으로 보인다. AA XXIV, 183 참조.

는 점점 저 자연과 멀어져, 마침내, 자연의 항존하는 실례들을 갖지 않고서는, 최고의 문화의 법률적인 강제와 자기 자신의 가치를 느끼고 있는 자유로운 자연의 힘과 올바름이 동일한 민족에서 운 좋게 합일한다는 것을 거의 이해할 수 없을지도 모르기 때문이다.

그러나 취미는 근본에 있어서 윤리적 이념들의 감성화를 (양자에 관한 반성의 모종의 유비에 의해서) 판정하는 능력이고, 또한 취미가 한낱 각자의 사적 감정에 대해서뿐만 아니라, 인간성 일반에 대해서 타당하다고 언명하는 쾌는 바로 이러한 판정능력으로부터, 그리고 그 위에 기초하고 있는, 윤리적 이념들에서 나오는 감정—이것을 도덕 감정이라고 일컫는
B264 다—에 대한 보다 큰 감수성에서 유래하는 것이므로, 취미를 정초하기 위한 참된 예비학은 윤리적 이념들의 발달과 도덕 감정의 교화라는 것이 명백해진다. 이러한 도덕 감정과 감성이 일치하게 될 때에만 진정한 취미가 일정불변의 형식을 취할 수 있을 것이니 말이다.

판단력 비판
제2편
목적론적 판단력 비판

B265 V357

§61 B267 V359

자연의 객관적 합목적성에 대하여

초월적 원리들[1]에 따라서 사람들은 자연의 주관적인 합목적성을 그 특수한 법칙들 안에서 인간의 판단력으로 파악가능하고, 특수한 경험들을 자연의 한 체계**로**[2] 연결가능하다고 상정할 충분한 근거를 가지고 있다. 그렇다면 그때 자연의 많은 산물들 가운데는, 마치 그것들이 전적으로 본래 우리 판단력을 위해 마련되기나 한 것처럼, 판단력에 알맞은 종적 형식들[3]을 함유하고 있는 그러한 것들도 있을 수 있다고 기대될 수 있다. 이 형식들은 그 다양성과 통일성에 의해 (이 능력[4]이 사용될 때에 작동하는) 마음의 힘들을 이를테면 강화하고 흥겹게 해주는 데 쓰이고, 그래서 사람들은 이것들에 **미적〔아름다운〕** 형식들이라는 이름을 붙인다.

그러나 자연의 사물들이 서로서로 목적에 대한 수단으로 쓰이며, 그것들[5]의 가능성 자신이 오로지 이런 종류의 인과성[6]에 의해서만 충분하게 이해될 수 있다는 사실에 대해서 우리는 그 근거를 감관의 대상들의 총괄로서의 자연이라는 보편적 관념 안에서는 전혀 가지고 있지 못하다. 무릇 위의 경우[7]에서 사물들의 표상은 우리 안에 있는 어떤 것이므로, B268
우리의 인식능력들의 내적으로 합목적적인 정조〔情調〕에 알맞고 유용한 것으로 전적으로 능히 선험적으로 생각될 수 있겠다. 그러나 우리의 목적들도 아니고, (우리가 지성적 존재로 받아들이지 않는) 자연에 속하는 것

1) 앞의 서론 V, 특히 BXXX 이하=V182 참조.

2) A판: "한 체계 **안에서**".

3) 원문은 "형식". 이를 선행사로 갖는 아래 관계문장의 동사가 복수이므로 복수 명사로 고쳐 읽는 것이 합당하다고 보아 AA에 따름.

4) 곧, 판단력.

5) 곧, 자연사물들.

6) 곧, 상호 목적을 위한 수단의 관계.

7) 곧, 자연의 주관적 합목적성의 경우.

도 아닌 목적들이 그럼에도 어떻게 하나의 특수한 종류의 인과성을, 적어도 전적으로 고유한 자연의 합법칙성을 이룰 수가 있는가 또는 이루어야만 하는가는 선험적으로 몇몇 근거를 가지고서는 전혀 추정할 수가 없다. 더더욱이나 경험조차도 그러한 것[8]의 현실성을 우리에게 증명할 수가 없다. 그런 경우에는 어떤 이성논변〔궤변〕이 선행해 있음이 틀림없는 것이니, 이 이성논변〔궤변〕은 단지 목적이라는 개념을 사물의 자연〔본
V360 성〕 안에 집어넣어 작동하게 한 것으로, 그것을 객관들 및 객관들의 경험인식들로부터 끄집어낸 것이 아니다. 그러므로 이성논변〔궤변〕은 자연을 객관적인 근거에서 인식하기보다는, 오히려 자연을 우리 안에 있는 표상들을 연결하는 주관적인 근거와의 유비에 의해서 파악하기 위해 이 목적 개념을 이용하는 것이다.

게다가 자연사물들을 가능하게 하는 원리로서의 객관적 합목적성은 자연개념과 **필연적으로** 연관되어 있는 것과는 거리가 멀어서, 오히려 그것은 사람들이 (자연의) 사물들 및 그것들의 형식의 우연성[9]을 그로부터 증명하기 위하여 주로 끌어대는 바로 그것이다. 무릇 사람들이 예컨대
B269 새의 골격, 그것들의 뼛속이 비어 있는 것, 운동하기 위한 날개의 위치와 방향을 조정하기 위한 꼬리의 위치 등등을 열거할 때에, 사람들은 다음과 같이 말한다. 즉 이 모든 것은 순전히 자연 안에서의 作用 連結[10]의 면에서 보고, 또 다른 특수한 종류의 인과성, 곧 목적들의 인과성(目的 連結[11])의 도움을 받지 않는다면, 최고로 우연적이라는 것이다. 다시 말해,

---

8) 원문의 'derselben'을 단수로 보아 위의 '특수한 종류의 인과성'으로 새기는 것이 합당하겠으나, 복수로 본다면 '목적들'을 지시한다고 하겠다.

9) 곧, 기계적 필연성이 아닌.

10) 원어: nexus effectivus. 칸트의 '연결' 개념에 대해서는 『순수이성비판』, B201 주 참조. 칸트의 "경험의 제2유추", 곧 "인과성의 법칙에 따른 시간계기의 원칙"(*KrV*, A189=B232 이하)은 순전히 이 '작용인적 연결' 원칙만을 지시한다. 아리스토텔레스의 '작용〔운동〕인: αἰτία ποιητική〔κινητική〕 (causa efficiens)'에 상응한다고 볼 수 있다.

11) 원어: nexus finalis. 앞의 B34=V220의 각주 참조.

자연을 순전한 기계성〔기계조직〕으로 본다면, 바로 그러한 원리에 따른 통일에 부딪치지 않고서도, 수천 가지 다른 방식으로도 형성될 수 있었을 터이고, 그러므로 그런 통일성을 위한 근거를 자연개념 밖에서 마주칠 것을 기대하는 것은 무방하겠으나, 자연개념 안에서는 최소한의 근거라도 마주칠 것을 기대해서는 안 된다는 것이다.

그럼에도 불구하고 목적론적 판정이, 적어도 문제성 있게는, 당연히 자연연구에 끌어들여진다. 그러나 그것은 단지 자연을 목적들에 따르는 인과성과의 **유비**에 따라 관찰과 탐구의 원리들 아래 끌어넣기 위한 것일 뿐, 주제넘게 감히 자연을 그에 따라 **설명**하고자 그러는 것이 아니다. 그러므로 목적론적 판정은 반성적 판단력에 속하는 것이지, 규정적 판단력에 속하는 것이 아니다. 그럼에도 목적들에 따른 자연의 결합들과 형식들의 개념은, 자연의 순전한 기계성에 따른 인과성 법칙들이 충분하지 못한 곳에서는, 자연의 현상들을 규칙들 아래로 보내기 위한, 적어도 **또 하나의 원리**이다. 무릇 우리가 목적론적 근거를 끌어들이는 것은, 우리가 마치 객관의 개념이 (우리 안에가 아니라) 자연 안에 있는 것인 양 객관의 개념에 객관에 관한 인과성을 귀속시키거나, 또는 오히려 그러한 인 B270
과성—그 같은 것을 우리는 우리 안에서 마주치는데—의 유비에 따라 그 대상의 가능성을 표상하고, 그러니까 자연을 자신의 능력에 의한 기술[12]적인 것으로 생각하는 곳에서이다. 이에 반해, 우리가 자연에 그러한 작용방식을 부여하지 않을 때에는 자연의 인과성은 맹목적인 기계성으로 표상될 수밖에 없을 터이다. 그에 반해 만약 우리가 자연의 근저에 **의도적으로** 작용하는 원인들을 놓고, 그러니까 목적론의 기초에 현상들 V361
—자연은 그 특수한 법칙들에 따라서 이 현상들에 귀속하는 것으로 생각될 수 있다—의 순전한 **판정**만을 위한 **규제적** 원리뿐만 아니라, 자연의 산물들을 그 원인들로부터 **도출**하는 하나의 **구성적** 원리를 놓는다면,

12) '기술(Technik)'의 더 상세한 의미에 대해서는 아래 B321=V390 참조.

자연목적의 개념은 더 이상 반성적 판단력이 아니라 규정적 판단력에 속하는 것일 터이다. 그러나 그럴 경우에는 자연목적의 개념은 사실상 (형식적 주관적 합목적성으로서의 미의 개념과 같이) 전혀 판단력에 특유하게 속하는 것이 아니라, 이성개념으로서 새로운 인과성을 자연과학에 도입하는 것이다. 이런 인과성을 우리는 단지 우리 자신으로부터 빌려와 다른 존재자들에게 부여하는 것이다. 다른 존재자들을 우리와 동류라고 받아들이려 하지는 않으면서도 말이다.

B271 V362

제1부
목적론적 판단력의 분석학

§62
질료적 합목적성과 구별되는, 한낱 형식적인, 객관적 합목적성에 대하여

하나의 원리에 따라 그려지는 모든 기하학적 도형들은 다양하고, 자주 경탄스러운 객관적 합목적성을 보여준다. 즉 많은 문제들을 단 하나의 원리에 따라, 그리고 또한 문제들 하나하나를 그 자체로 무한히 다른 방식으로 해결하는 데 유능함의 합목적성을 보여준다. 여기에서 합목적성은 분명히 객관적이고 지성적이고, 그러나 한낱 주관적이고 미감적/감성적이지 않다. 왜냐하면, 이 합목적성은 그 도형이 목적하는 많은 형태들을 산출하는 데 적합함을 표현하는 것이며, 이성에 의해 인식되고 있기 때문이다. 그러함에도 이 합목적성이 대상 개념 자신을 가능하게 하는 것은 아니다. 다시 말해 대상 개념 자신은 이러한 사용을 고려해서만 가능한 것으로 여겨지는 것이 아니다.

B272 원과 같은 단순한 도형 안에도 수많은 문제의 해결을 위한 기초가 놓여 있는데, 이들 문제 하나하나에도 갖가지 채비가 필요할 테지만, 그 해

결은 이 도형의 무한히 많은 탁월한 속성들 중 하나로서 이를테면 저절로 나온다. 예컨대, 주어진 밑변과 그것의 대각〔對角〕으로 하나의 삼각형을 구성〔作圖〕하는 것이 문제라면, 그 과제는 무규정적이다. 다시 말해 이 과제는 무한히 다양한 방식으로 해결된다. 그러나 원은 이 조건에 맞는 모든 삼각형에 대한 궤적으로서 그 모든 해결 방식을 포괄한다. 또는 두 직선이 서로 교차하되, 한 직선의 두 부분으로 이루어진 직사각형이 다른 직선의 두 부분으로 이루어진 직사각형과 같아야 한다면, 이 과제의 해결은 언뜻 보아 많은 어려움을 가지고 있다. 그러나 원 안에서 교차하며 그 원둘레가 각각을 한정하는 모든 직선은 저절로 이런 비율로 V363
분할된다. 또한 다른 곡선들은 그 곡선들의 구성을 이루는 규칙에서는 전혀 생각되지 않았던 다른 합목적적인 해결들을 제공한다. 모든 원뿔곡선들은 그 자체로 그리고 서로 비교할 때 다수의 가능한 문제들을 해결하기 위한 원리들을 풍부하게 가지고 있다. 비록 그 개념을 규정하고 있는 설명은 단순하지만 말이다. — "도대체 이런 지식이 무엇에 쓸모가 있다는 말인가?" 하는 편협한 이들의 물음에 오도 이 없이, 옛날의 기하학 B273
자들이 가진, 이런 종류의 선들의 이런 속성들을 탐구한 열의를 마주한다는 것은 참으로 기쁜 일이다. 예컨대, 그들은 포물선의 속성을 탐구했는데, 지상에서의 중력의 법칙을 알지 못한 채로 그러했는바, 〔이를 알았다면〕 그것은 그들에게 그 포물선의 속성들을 (그것들의 방향이 운동 중에는 중력과 평행하다고 볼 수 있는) 무거운 물체들의 탄도〔彈道〕에 적용하는 일을 제공했을 터이다. 또는 그들은 타원의 속성을 탐구했는데, 천체에도 중력이 있다는 것을 **예상하지**[13] 못하고, 또 천체로 하여금 자유 운동 중에서 이런 궤적을 그리도록 만드는 중력의 법칙이 인력점으로부터 여러 가지 거리에서 작용하는 것을 알지 못한 채로 그리하였다. 이런 점에서 그들은, 그들 자신은 의식하지 못한 채 후손들을 위해 일하는 한편,

13) A판: "**예감하지**".

그들이 그러면서도 그 합목적성을 온전히 선험적으로 그 필연성에서 서
술할 수 있었던, 사물들의 본질에 있는 합목적성에서 기쁨을 누렸다. 그
자신이 이 학문[14]의 대가였던 **플라톤**은 우리가 일체의 경험 없이도 발
견할 수 있는 사물들의 그러한 근원적 성질에 대하여, 그리고 존재자들
의 조화를 그것들의 초감성적 원리—여기에는 수의 속성들도 덧붙여지
는데, 이것들을 가지고 마음은 음악에서 유희한다—로부터 길어낼 수 있
는 마음의 능력에 대하여 열광했는데, 이 열광이 그로 하여금 경험개념
들을 넘어서 이데아들에 이르도록 하였는바,[15] 이데아들은 그에게는 오
로지 모든 존재자들의 근원과의 지성적 통교〔공통성〕를 통해서만 설명할
B274 수 있는 것으로 보였다. **아낙사고라스**가 경험대상들과 그것들의 목적결
합으로부터 추론했던 것을 **플라톤**이 순수한, 인간의 정신에 내재하는 직
관으로부터 이끌어내려고 생각하여,[16] 측정술〔기하학〕을 모르는 자들을
그의 학원에서 추방했다는 것은 놀라운 일이 아니다. 왜냐하면, 합목적적
이며, 마치 우리의 사용을 위해 의도적으로 그렇게 마련되어 있는 것 같은
성질을 가진, 그러면서도 우리의 사용을 고려함 없이도 사물들의 본질에
근원적으로 속하는 것으로 보이는 것의 필연성 속에 바로, 우리 밖에 있다
기보다는 우리 자신의 이성 안에 있는, 자연에 대한 커다란 경탄의 근거가
V364 놓여 있기 때문이다. 그러나 이 경우에 이 경탄이 오해로 인하여 점차로
황홀에까지 높아진다 해도, 그것은 가히 용서할 만한 일이다.

그러나 이 지성적 합목적성은, 비록 그것이 (미감적/감성적 합목적성처럼 주관적이지 않고) 객관적이라 하더라도, 그럼에도 불구하고 그 가능성

14) 곧, 기하학.

15) 특히 Platon, *Phaidon*, 74d9~e4; *Menon*, 97 참조. 또한 칸트의 이에 대한 언급과 이해에 대해서는 『순수이성비판』, A313=B369/370 참조.

16) Sokrates의 말을 통한 Anaxagoras(ca. BC 500~428)의 이론에 대한 비판은 *Phaidon*, 97b~99d 참조. 이 대목에서 아낙사고라스를 "이성으로는 아무것도 착수하지 않으며, 사물들의 질서와 관련한 전혀 아무런 근거도 제시하지 않고, 모든 것을 공기와 에테르와 물에 돌리는"(*Phaidon*, 98b/c) 사람이라고 서술하고 있다.

의 면에서 한낱 형식적인 합목적성—질료적인 합목적성이 아니라—으로서 이해될 수 있다. 다시 말해, 그것은 그것의 기초에 어떤 목적을 둘 것이 없는, 그러니까 그를 위한 목적론을 필요로 하지 않는, 합목적성으로서 능히, 그러나 단지 일반적으로만 이해될 수 있다. 원의 도형은 지성에 의해 한 원리에 따라서 규정된 직관이다. 내가 임의로 취해 개념으로 기초에 놓는 이 원리의 통일은, 마찬가지로 한낱 표상으로서, 더구나 선험적으로 내 안에서 마주쳐지는 직관의 형식에 (즉 공간에) 적용이 되면, 저 개념의 구성의 결과로 나오는 수많은 규칙들의 통일성을 이해가 B275
능하게 만든다. 이러한 규칙들은 여러 가지 가능한 관점에서 합목적적이지만, 이 합목적성의 근저에 어떤 **목적**이나 합목적성의 어떤 또 다른 근거를 놓을 필요가 없다. 이러한 사정은 내가 어떤 한계 안에 둘러싸여 있는 나 밖의 **사물들**의 총체에서, 예컨대 한 정원에서 수목들, 화단들과 통로들 등의 질서정연함을 마주칠 때와는 다르다. 이러한 것들을 나는 나의 임의의 **규칙에 따라 만들어진**[17] 공간 한정으로부터 선험적으로 이끌어낼 것을 바랄 수는 없는 것이다. 무릇, 이러한 것들은 인식될 수 있기 위해서는 경험적으로 주어지지 않으면 안 되는 실존하는 사물들이지, 어떤 원리에 따라 선험적으로 규정된 내 안에 있는 순전한 표상이 아니다. 그래서 후자의 (경험적인) 합목적성은 **실재적**인 것으로서 한 목적 개념에 의존되어 있다.

그러나 또한 어떤, 비록 사물들의 본질에서 (그 사물들의 개념들이 구성될 수 있는 한에서) 지각되는 것인 한, 합목적성에 대한 경탄의 근거는 자못 충분히, 그것도 정당한 것으로 통찰될 수 있다. 다양한 규칙들의 (한 원리로부터의) 통일성이 이런 경탄을 불러일으키는바, 이 다양한 규칙들은 모두 종합적이며, 예컨대 원과 같은 객관의 **개념**에서 나오는 것이 아니라, 오히려 이 객관이 직관에 주어지는 것을 필요로 한다. 그러나 그로

17) B판 추가.

인해 이 통일성은 마치 규칙들의 어떤, 우리의 표상력과는 구별되는 외
B276 적 근거를 경험적으로 갖는 것 같은 외관을 얻으며, 그러므로 객관이 지
성에 고유한, 규칙들의 필요에 합치하는 것은 그 자체로는 우연적이며,
그러니까 오로지 명시적으로 그것을 지향하는 목표에 의해서만 가능한
V365 것 같은 외관을 얻는다. 그런데 바로 이 조화는, 이런 모든 합목적성에도
불구하고 경험적으로가 아니라 선험적으로 인식되기 때문에, 우리로 하
여금 저절로 다음과 같은 생각에 이르게 한다. 즉 (개념에 적합한 상상력에
의한) 공간 규정만이 객관을 가능하게 했던바, 공간은 내 밖에 있는 사물
들의 성질이 아니라, 내 안에 있는 순전한 표상방식이고, 그러므로 나는
내가 **한 개념에 알맞게** 그리는 도형 속에다가, 다시 말해 나에게 외적으
로 주어지는 것—그것이 무엇이든지 간에—에 대한 나 자신의 표상방
식 속에다가 **합목적성을 집어넣는** 것이며, 이 나에게 외적으로 주어지는
것으로부터 합목적성을 경험적으로 배우게 되는 것이 아니고, 따라서 저
합목적성을 위해 내 밖의 객관에 있는 어떠한 특수한 목적도 필요로 하
지 않는다는 것이다. 그러나 이런 성찰은 이미 이성의 비판적 사용을 요
구하는 것으로, 그러니까 그 속성들에 따르는 대상의 판정에 있어 곧바
로 함유되어 있을 수는 없기 때문에, 후자[18]가 나에게 직접적으로 제공
하는 것은 다름 아니라 이질적인 (심지어는 그것들이 자체로 이종적인 것으
로 가지고 있는) 규칙들을 한 원리 안에서 통합하는 것뿐이다. 이때 그 원
리는 그를 위해 나의 개념 밖에 그리고 도대체가 나의 표상 밖에 선험적
B277 으로 놓여 있는 특수한 근거를 필요로 하지 않지만, 그럼에도 나에 의해
선험적으로 진실한 것으로 인식된다. 무릇 **감탄**이란 한 표상 및 그 표상
에 의해 주어진 규칙이 이미 마음 안에 기초로 놓여 있는 원리들과 합일
하지 않는 데서 마음이 받는 충격이며, 그러므로 이 충격은 과연 우리가
옳게 보았는가 또는 옳게 판단했는가 하는 의심을 낳는다. 그러나 **경탄**

18) "대상의 판정"으로 보아야 할 듯하다.

은 이러한 의심이 사라졌음에도 언제나 다시 나타나는 감탄이다. 따라서 후자[19]는 (현상들로서의) 사물들의 본질에서 관찰된 저 합목적성의 전적으로 자연적인 작용결과로서, 또한 그러한 한에서 비난받을 수 없는 것이다. 왜냐하면, (공간이라고 일컬어지는) 감성적 직관의 저 형식이 개념들의 능력(즉 지성)과 합일함은 단지, 그것이 바로 이러하고 저러하지 않기 때문에, 우리에게 설명이 되지 않을 뿐만 아니라, 그 위에 또한 마음을 확장시켜, 저 감성적 표상들 너머에 놓여 있는 무엇인가를 이를테면 **예상하게**[20] 하는데, 이 가운데서, 비록 우리에게 알려져 있지는 않지만, 저 일치의 궁극적인 근거가 마주쳐질지도 모르니 말이다. 한낱 우리의 선험적인 표상들의 형식적 합목적성이 문제가 될 때에는, 우리가 이런 궁극적인 근거를 아는 것이 꼭 필요한 것은 아니긴 하지만, 그것을 내다보지 않을 수 없다는 것만으로도 우리로 하여금 그렇게 하도록 강요하는 대상에 대한 경탄을 동시에 불어넣는다.

이미 언급한 기하학적 형태들이나 수들의 속성들이 온갖 인식사용에 V366 B278
대해 가진 그것들의 구성의 단순성에서는 기대하기 어려운 모종의 선험적 합목적성 때문에 사람들은 흔히 그것들을 **미**라고 부르며, 예컨대 원의 속성이 이런저런 방식으로 발견된다면, 원의 이런저런 **아름다운** 속성에 대해서 말한다. 그러나 그것은 그에 의해 우리가 그 속성을 합목적적이라고 발견하는 미감적/감성적 판정이 아니라, 즉 한낱 **주관적**인 합목적성을 우리 인식능력들의 자유로운 작동에서 나타내는 그런 개념 없는 판정이 아니라, 객관적 합목적성을, 다시 말해 온갖 (무한히 다양한) 목적들을 위한 유능성을 분명하게 인식시켜주는 개념들에 의한 지성적 합목적성이다. 사람들은 그러한 속성을 수학적 도형의 미라기보다는 오히려 **상대적 완전성**[21]이라고 불러야만 할 것이다. **지성적인 미**라는 명명도 일

19) 곧, 경탄.
20) A판: "**예감하게**".
21) 위의 §15 논의 참조.

반적으로는 걸맞은 것으로 허용될 수 없다. 왜냐하면, 그렇지 않으면 미라는 말이 일정한 모든 의미를 잃을 수밖에 없거나 지성적인 흡족이 감성적인 흡족에 대해 갖는 우위성을 잃을 수밖에 없을 것이니 말이다. 그러한 속성들의 이런 **입증**〔시위〕에 의해 개념들의 능력인 지성과 개념들을 현시하는 능력인 상상력이 선험적으로 강화되었음—이런 일은 이성이 끌어오는 정밀성과 함께 그것의 우아함이라고 불린다—을 느끼기 때문에, 오히려 사람들은 이런 **입증**을 아름답다고 부를 수 있다. 이 경우에
B279 그래도 적어도 그 흡족은, 비록 그 근거가 개념들 속에 있다 할지라도, 주관적인 것이고, 그때 그 완전성은 객관적 흡족을 수반하니 말이다.

§63

내적 합목적성과 구별되는 자연의 상대적 합목적성에 대하여

경험이 우리의 판단력을 이끌어 객관적 질료적 합목적성의 개념에, 다시 말해 자연의 목적의 개념에 이르게 하는 것은 오로지 원인과 결과의 관계가 판정될 수 있을 때뿐이다.※ 그리고 이런 관계를 우리가 법칙
V367 적인 것으로 통찰할 수 있다고 보는 것은, 우리가 결과의 이념을 그 원인의 원인성의 근저에, 이 원인 자신의 기초에 놓여 있어 저 결과를 가능하게 하는 조건으로 놓음으로써이다. 그러나 이런 일은 두 가지 방식으로 일어날 수 있으니, 우리가 결과를 직접적으로 기예의 산물로 보거나, 또는 단지 다른 가능한 자연존재자들의 기예를 위한 재료로 봄으로써 일어

※ 순수 수학에서는 사물들의 실존이 아니라, 사물들의 가능성[22], 곧 사물들의 개념들에 대응하는 직관의 가능성이 문젯거리가 되고, 그러니까 원인과 결과는 전혀 문젯거리가 될 수 없으므로, 따라서 거기서 주목된 합목적성을 한낱 형식적인 것으로 보아야지, 결코 자연목적으로 보아서는 안 된다.

---

22) 곧, 사물들의 실존 가능성이 아니라 "내적 가능성"(B45=V227).

난다. 그러므로 우리가 결과를 목적으로 보거나 또는 다른 원인들의 합목적적인 사용을 위한 수단으로 봄으로써 일어난다. 후자의 합목적성은 (인간을 위한) 유용성, 또는 (모든 다른 피조물을 위한) 유익성이라 일컫는 B280 것으로, 한낱 상대적인 것이다. 반면에 전자는 자연존재자의 내적 합목적성이다.

하천들은 예컨대 식물의 성장에 이로운 갖가지 토양을 운반하여 때로는 내륙의 가운데에, 또 흔히는 하구에 쌓아놓는다. 밀물은 여러 해변에 있는 이 진흙을 육지로 밀어 올리거나 해안에 쌓아놓는다. 그리고 특히 인간이 그를 도와 썰물이 그것을 다시 날라 가지 못하도록 하면, 비옥한 땅이 증가하고, 전에는 어패류가 서식하던 곳을 식물계가 차지한다. 이런 식의 대부분의 육지의 확장은 자연 스스로가 이루어왔고, 비록 느리기는 하지만 아직도 계속 그렇게 하고 있다. [23]—그런데 문제가 되는 것은, 이런 일이 인간에 대한 유용성을 함유하고 있다고 해서, 그것이 과연 자연의 목적이라고 판정할 수 있는가 어떤가 하는 점이다. 왜냐하면, 육지에 증가한 이익만큼을 해양피조물들에게서는 빼야 할 것이므로, 식물계 자신에 대한 유용성만을 계산에 넣을 수는 없기 때문이다.

또는 어떤 자연사물들이 다른 피조물들—이것들을 **목적들**[24]로 전제하는 경우에—을 위한 수단으로서 유익성을 갖는다는 한 사례를 든다면, 가문비나무에게는 모래땅보다 더 번식하기에 좋은 땅은 없다. 그런데 태고의 바다는 육지로부터 퇴각하기 전에 우리의[25] 북부 지역에 그토록 많은 모래 지대를 남겨 놓아서, 그 밖의 모든 경작에는 아무 쓸모없는 이 B281 땅 위에 광대한 가문비나무숲이 펼쳐질 수 있었는데, 어리석게도 그것을 절멸시켰기 때문에 우리는 자주 우리 선조들을 비난하고 있다. 그런데 여기서 물을 수 있는 것은, 이렇게 태고에 모래 지대를 쌓아놓은 것이 과

23) A판에서는 여기서부터 새로운 문단이 시작되어 아래 문단과 이어져 있다.
24) A판에 따름. B판: "**수단**".
25) 곧, 독일의.

연 그 위에서 가능한 가문비나무숲을 위한 자연의 목적이었는가 하는 것이다. 만약 우리가 이 숲을 자연의 목적으로 받아들인다면, 저 모래밭도 그러한 것으로 받아들여야 하지만, 다시금 저 태고의 해변과 그것의 퇴각이 그를 위한 수단이었던, 상대적인 목적임을 용인해야만 한다는 것은 명백하다. 왜냐하면, 목적결합의 상호 종속적인 항들의 계열에서 각 중
V368 간 항은 그에 대해 그것의 최근의 원인이 수단인 목적으로—비록 궁극목적으로는 아닐지라도—간주되지 않을 수 없기 때문이다. 마찬가지로, 일단 소, 양, 말 등이 이 세상에 있어야만 한다면, 지상에는 풀이 자라지 않을 수 없고, 낙타들이 번성하여야만 한다면, 사막에 수송나물들도 자라지 않을 수 없다. 또는 늑대, 호랑이, 사자가 있어야만 했다면, 이런저런 초식동물들도 다수가 마주쳐지지 않으면 안 되었다. 그러니까 유익성에 기초하는 객관적 합목적성은 사물들 그 자체의 객관적 합목적성이 아니다. 마치, 바다의 근저에 하나의 목적을 놓지 않고, 결과 곧 모래밭을 기예의 작품으로 보지 않는다면, 모래밭 그것만으로는 바다라는 그것의 원인으로부터의 결과라고 파악할 수 없는 것처럼 말이다. 이런 합목적성은 한날 상대적 합목적성으로서, 그것이 부여되는 사물 자신에게는 한낱
B282 우연적인 합목적성이다. 그리고 비록 위에서 든 사례들 가운데 여러 종류의 풀들은 그것 자신만으로는 자연의 유기적 산물로서, 그러니까 정교한 것으로 판정되어야 함에도 불구하고, 그것들을 먹고 사는 동물들과의 관계에서는 한낱 조야한 재료로 보인다.

게다가 인간이 자기의 인과성의 자유로 말미암아 자연사물들을 그의 자주 어리석은 의도들에 (즉 다채로운 새의 깃털들은 그의 의복의 장식품에, 색깔 있는 흙이나 식물들의 즙은 화장품에) **더 유익한**[26] 것으로 생각하고, 또 때때로는 합리적인 의도에서 말은 타는 데에, 황소는 그리고 미노르카[27]

---

26) A판: "**유익한**".

27) Menorca: 지중해상에 있는 스페인에 속하는 작은 섬. 옆에 있는 큰 섬은 마요르카(Mallorca).

에서는 심지어 당나귀와 돼지는 밭을 가는 데에 **더 유익한** 것으로 생각한다면, 이런 경우에도 우리는 결코 (이러한 사용에 대한) 하나의 상대적인 자연목적을 상정할 수가 없다. 왜냐하면, 인간의 이성은 사물들을, 그 자신이 자연에 의해 그렇게 하도록 결코 예정된 바 없었던 그의 자의적인 착상과 합치시킬 줄을 알고 있기 때문이다. 인간이 응당 지상에서 살아야 한다는 것을 우리가 받아들일 **때에**만, 적어도 인간이 동물로서 그리고 (비록 아무리 낮은 정도에서라도) 이성적인 동물로서조차도 생존하는 데 꼭 필요한 수단들 또한 없어서는 안 될 것이다. 그러나 그때에는 이러한 인간의 생존을 위해서 불가결한 자연사물들도 자연목적들로 간주될 수밖에 없을 것이다.

이로부터 우리가 쉽게 알 수 있는 것은, 외적 합목적성(즉 한 사물의 다
른 사물들에 대한 유익성)은 오직, 그 한 사물로부터 곧바로든 우회적으로 B283
든 유익함을 얻은 것의 실존이 그 자신 자체로 자연의 목적이라는 전제
아래에서만 하나의 외적 자연목적으로 여겨질 수 있다는 사실이다. 그러
나 저런 사실은 순전한 자연고찰에 의해서는 결코 결정될 수 없으므로,
나오는 결론은, 상대적인 합목적성은 비록 그것이 가설적으로 자연목적 V369
을 고지해주기는 하지만, 그럼에도 어떤 절대적인 목적론적 판단을 정당
화하지는 못한다는 것이다.

눈은 추운 지방에서는 씨앗들을 동해〔凍害〕로부터 보호한다. 눈은 (썰매에 의해서) 사람들의 통교를 쉽게 한다. 라플란드[28]인은 거기서 이런 통교를 작동시키는 동물(순록)을 찾아냈는데, 이 동물은 스스로 눈 밑에서 뜯어내야 하는 마른 이끼로 충분히 먹을 것을 구할 수 있음에도 불구하고, 쉽게 길들여지고, 그것들이 얼마든지 누릴 수 있는 자유를 기꺼이 포기한다. 같은 한대지방의 다른 **민족들**[29]에게는 바다는 동물들을 풍부하게 가지고 있는 저장고인바, 이 동물들은, 그것들이 제공하는 식료와 의

28) 스칸디나비아 반도 북부 지방(노르웨이, 스웨덴, 핀란드, 러시아 4개국에 걸쳐 있음).
29) B판 추가. A판대로 읽으면 "다른 이들에게는".

류 그리고 바다가 그들의 주거를 위해 이를테면 띄워 보내주는 목재 외에도[30], 그들에게 그들의 움막을 따뜻하게 해줄 연료를 공급한다. 무릇 여기에는 자연이 어떤 한 목적에 대하여 갖는 그토록 많은 관계들이 경탄스러울 만큼 모여 있다. 그리고 이 목적은 그린란드인, 라플란드인, 사모예드인[31], 야쿠트인[32] 등등이다. 그러나 우리는 왜 도대체 인간이 그
B284 곳에 살아야만 하는가를 알지 못한다. 그러므로 대기 중의 수증기가 눈의 형식이 되어 떨어지며, 바다가 좀 더 따뜻한 지방에서 자란 목재를 떠밀어 보내는 조류를 가지고 있고, 기름기가 충만한 커다란 바다동물들을 가지고 있는 것은, **바로** 이러한 모든 자연산물들을 조달하는 원인의 기초에 어떤 가련한 피조물을 위한 이익이라는 관념이 놓여 있기 **때문**이라고 말한다면, 그것은 매우 대담하고 자의적인 판단일 것이다. 왜냐하면, 이 모든 자연유용성이 없다고 할지라도, 우리는 이런 성질을 위한 자연원인들의 충분함에 대해 아무것도 아쉬워하지 않을 것이니 말이다. 오히려 그러한 소질을 요구하는 것만으로도 그리고 자연에 그러한 목적을 기대하는 것은 (아무튼 인간 상호간의 극심한 불화만 해도 그들을 그처럼 황량한 지역들까지로 흩어지게 할 수 있었을 것이므로) 주제넘고 경솔한 일로 생각될 것이다.

§64
자연목적들로서 사물들의 특유한 성격에 대하여

한 사물이 오직 목적으로서 가능하다는 것을 통찰하기 위해서는, 다시 말해, 그 사물의 기원의 원인성을 자연의 기계성에서가 아니라 그 작

30) 이 문장은 요령부득이다. "그리고 바다가 그들의 주거를 위해 이를테면 띄워 보내주는 목재" 대목은 올바르게 삽입된 것으로 볼 수 없다.
31) 우랄 산맥 동쪽 북극해 연안 시베리아에 사는 사람들.
32) 바이칼 호 주변 시베리아에 사는 사람들.

용 능력이 개념들에 의해 규정되는 어떤 원인에서 찾을 수밖에 없다는 V370
것을 통찰하기 위해서는 다음의 사실이 요구된다. 즉 그 사물의 형식은
순전한 자연법칙들에 따라서, 다시 말해 우리에 의해, 감관의 대상들에
적용된, 지성을 통해서만 인식될 수 있는 그러한 법칙들에 따라서 가능
한 것이 아니라, 그 형식의 경험적 인식조차도, 그것의 원인과 결과의 면 B285
에서 보아, 이성의 개념들을 전제로 한다는 것이 요구된다. 사물 형식의
이 **우연성**은 이성과의 관계에서, — 자연산물의 각각의 형식에서도 그
형식의 필연성을 인식하지 않을 수 없는 이성은, 비록 그 자연산물의 산
출과 연결되어 있는 조건들만을 통찰하고자 해도, 그럼에도 저 주어진
형식에서 이 필연성을 상정하지 않을 수 없으므로, — 그 자연산물의 원
인성을, 그것이 마치 바로 그 우연성 때문에 오로지 이성에 의해서만 가
능한 것처럼, 상정하는 근거이다. 그러나 이때에 이 원인성은 목적들에
따라 행위하는 능력(의지)이다. 그리고 오로지 이 능력으로 인해서 가능
한 것으로 표상되는 객관은 단지 목적으로서만 가능한 것으로 표상될 것
이다.

만약 누군가가 아무도 살지 않는 것처럼 보이는 땅에 하나의 기하학
적 도형이, 그것도 정육각형이 그려져 있는 것을 지각한다면, 그의 반성
은, 그 도형의 개념에서 작업함으로써, 그 도형을 산출하는 원리의 통일
을, 비록 애매하게일망정, 이성을 매개로 알아챌 것이며, 그렇게 해서 이
이성을 좇아 모래가, 인근의 바다가, 바람이 또는 그가 알고 있는 발자국
을 가진 동물들이나 그 밖의 이성이 없는 여느 원인이 저러한 형태를 가
능하게 한 근거라고 판정하지는 않을 것이다. 왜냐하면, 그에게는 오로
지 이성에서만 가능한 그러한 개념과 합치할 우연성은, 마치 그런 우연 B286
성에 대해서는 전혀 아무런 자연법칙이 없는 것이나 마찬가지인 것처럼
무한히 크게 보이기 때문이다. 따라서 한낱 기계적으로 작용하는 자연
안의 어떤 원인이 아니라, 이성만이 줄 수 있고 그것에 대상을 대조할 수
있는 개념으로서 그러한 객관의 개념만이 그러한 결과의 원인성도 함유

할 수 있고, 따라서 이 결과는 어디까지나 목적으로서, —그러나 자연목적으로서는 아니고—다시 말해 **기예**의 산물로서 간주될 수 있다. (나는 人間의 足跡을 본다.[33])

그러나 그럼에도 불구하고 우리가 자연산물로 인식하는 어떤 것을 목적으로도, 그러니까 **자연목적**으로 판정하기 위해서는, 가령 여기에 전혀 모순이 없다고 하면, 이미 그 이상의 것이 요구된다. 나는 잠정적으로 말해두거니와, 한 사물은 **자기 자신이〔그것 스스로가〕(비록 이중적 의미에서**
V371 **이기는 하지만)**[34] **원인이자 결과이면** 자연목적으로서 실존한다. 왜냐하면, 여기에는 하나의 인과성이 있는데, 이 인과성은 자연의 근저에 하나의 목적을 놓지 않고서는 자연의 순전한 개념과는 결합될 수 없고, 그러나 그럴 경우에도 모순 없이 생각될 수는 있으나, 개념적으로 파악될 수는 없기 때문이다. 우리는 자연목적이라는 이 이념의 규정을 온전히 분석하기 전에, 우선 사례를 통해 해명하고자 한다.

첫째, 한 그루의 나무는 알려져 있는 자연법칙에 따라서 다른 또 한 그루의 나무를 낳는다. 그러나 그 나무가 산출한 나무는 동일한 유〔類〕
B287 이다. 그래서 그 나무는 **유**의 면에서 보면 자기 자신을 산출하는 것으로, 그 유 안에서 그 나무는 한편으로는 결과로서, 다른 한편으로는 원인으로서 자기 자신에 의해 끊임없이 만들어내지고 또 마찬가지로 자기 자신을 빈번히 만들어내면서, 유로서 한결같이 존속한다.

둘째, 한 그루의 나무는 또한 **개체**로서도 자기 자신을 산출한다. 이러한 종류의 작용결과를 우리는 단지 성장이라고 부르기는 하지만, 이 성장은 기계적 법칙들에 따르는 다른 여느 양적인 신장과는 전적으로 구별

33) "vestigium hominis video." Marcus Vitruvius Pollio(ca. BC 80/70~25: 로마의 작가이자 건축가)의 *De Architectura*, VI, 1에 Aristippus(ca. BC 435~366: 소크라테스의 제자로 퀴레네 학파의 창시자)가 로도스 섬 해안에 착륙하여 기하학적 도형을 보고 소리친 말로 인용되어 있다. 이 사례는 Cicero, *De re publica*, I, 29에서도 이용되고 있는데, 키케로는 "플라톤 또는 다른 사람이 한 말"이라고 적고 있다.

34) B판 추가.

되며, 비록 다른 명칭이기는 하지만, 생식과 같은 것으로 간주될 수 있다고 하는 의미로 받아들여져야만 한다. 그 나무가 자신에게 부가하는 물질을 이 식물은 미리 그의 외부의 자연기계성이 공급할 수 없는 종적으로–특유한 질로 가공하여, 그 배합의 면에서 볼 때 그 자신의 생산물인 재료에 의해서 자기 자신을 계속 형성해나간다. 무릇 이 재료는, 그 나무가 그의 외부의 자연에서 얻은 그 성분으로 보면, 단지 추출물로 간주될 수밖에 없지만, 그럼에도 이 원재료를 분해하고 새롭게 합성하는 데에 이런 종류의 자연존재자들의 분해 및 형성의 능력의 원본성〔독창성〕과 마주칠 수 있는 것이니, 온갖 기예가 자연존재자들을 분해해서 **얻는**[35)]요소들로부터, 또는 자연이 자연존재자들의 영양을 위해 공급하는 재료로부터, 식물계의 저러한 생산물들을 재생하려고 시도할 때, 그 온갖 기예는 저런 원본성과는 거리가 무한히 멀다.

셋째, 이 피조물의 한 부분은 또한, 한 부분의 유지가 다른 부분의 유 B288
지에 교호적으로 의존하는 식으로, 자기 자신을 산출한다. 다른 나무의 가지에 접목된 어떤 나뭇잎의 눈은 이종의 그루터기에 자기 종의 식물을 만들어내며, 이것은 다른 나무줄기에 접지〔接枝〕해도 마찬가지이다. 그래서 우리는 동일한 나무에서도 각각의 가지 또는 잎을 한낱 이 나무에 접지되거나 접아〔接芽〕된 것으로, 그러니까 단지 다른 나무에 부착하여
기생하는, 스스로 독립해 있는 나무로 볼 수 있다. 동시에 잎들은 나무 V372
의 산물들이기는 하지만, 거꾸로 나무를 유지해주기도 한다. 왜냐하면, 반복해서 나뭇잎을 떼어냄은 나무를 죽게 만들 것이고, 나무의 성장은[36)] 나뭇잎들의 줄기에 대한 작용에 의존하고 있기 때문이다. 피조물들이 상해를 입은 경우, 인접한 부분의 유지를 위해 필요한 어떤 부분의 결손은 나머지 부분들에 의해 보충되는 경우에서의 자연의 자조〔自助〕〔능력〕, 어떤 부분들이 결손이나 장애가 일어남으로 인해서 전혀 새로운 방식으

35) B판 추가.
36) A판: "이 나뭇잎들의".

로 형성되어 현존하는 것을 유지하고 변태적 피조물을 만들어내는 경우에서의 성장 중의 불구나 기형, 이런 것에 관해서는 여기서 단지 지나가는 길에 언급해두고자 한다. 이런 것들은 유기적 피조물들의 매우 놀라운 특성들에 속하지만 말이다.

B289

§65
자연목적들로서 사물들은 유기적 존재자들이다

앞 조항(§)에서 열거한 성격에 따르면 자연산물이면서도 동시에 오직 자연목적으로서 가능하다고 인식해야만 할 사물은 자기 자신에 대하여 교호적으로 원인과 결과의 관계를 가질 수밖에 없는데, 이것은 다소 비본래적이고 불명확한 표현으로서, 이 표현은 어떤 명확한 개념으로부터 도출될 필요가 있다.

인과결합은, 순전히 지성에 의해 사고되는 한에서, 언제나 하향적으로 진행하는 (원인들과 결과들의) 계열을 이루는 연결이다. 그리고 그 자신이 결과들로서 다른 사물들을 원인들로 전제하는 사물들은 거꾸로 동시에 이 다른 사물들의 원인들일 수 없다. 이 인과결합을 우리는 작용하는 원인들의 결합(作用 連結)이라고 부른다. 그러나 이에 반해 (목적들이라는) 이성개념에 따른 인과결합도 생각할 수 있는데, 이 인과결합은, 사람들이 그것을 계열로 본다면, 상향적으로도 하향적으로도 의존성을 수반할 것이고, 이 의존성에서 일단 결과로 지칭된 사물은 그럼에도 상향적으로는 그것이 그것의 결과인 사물의 원인이라는 이름을 얻는다. 실천적인 것에 있어서는 (곧, 기예에 있어서는) 이러한 연결이 쉽게 발견된다.
B290 예컨대 가옥은 임대료로 들어올 돈의 원인이기는 하지만, 그럼에도 역으로 이 가능한 수입에 대한 표상이 그 가옥 건축의 원인이었다. 그러한 인
V373 과연결은 목적인들의 연결(目的 連結)이라고 불린다. 어쩌면 전자는 실재적 원인들의 연결, 후자는 관념〔이념〕적 원인들의 연결이라고 부르는 것

이 더 알맞을지 모르겠다. 왜냐하면 이런 명명에서는, 이 두 종류의 인과성 외에 더 이상의 것은 있을 수 없다는 것이 동시에 파악되기 때문이다.

그런데 자연목적으로서의 사물에 대해 **첫째로** 요구되는 것은, 그 부분들이 (그것들의 현존과 형식의 면에서) 오로지 그것들의 전체와의 관계에 의해서만 가능하다는 사실이다. 왜냐하면, 그 사물 자신이 하나의 목적이고, 따라서 그 안에 함유되어 있어야 할 모든 것을 선험적으로 규정해야 하는 어떤 한 개념 또는 이념 아래에 포섭되어 있기 때문이다. 그러나 한 사물이 오로지 이런 방식으로만 가능한 것으로 생각되는 한, 그것은 한낱 기예의 작품, 다시 말해 그것의 질료(즉, 부분들)와는 구별되는 이성적 원인의 산물일 따름이다. (부분들을 조달하여 결합하는) 이런 원인의 인과성은 그것에 의해 가능한 전체에 대한 이념을 통해—그러니까 그 사물의 밖에 있는 자연에 의해서가 아니라—규정되는 것이다.

그러나 자연산물로서의 한 사물이 자기 자신 안에 그리고 자기의 내적 가능성 안에 또한 목적들에 대한 관계를 함유하고 있어야 한다면, 다시 말해 단지 자연목적으로서 가능하고, 그 사물 밖의 이성적 존재자들의 개념들의 인과성 없이도 가능해야 한다면, **둘째로** 요구되는 것은, 그 B291
사물의 부분들은 상호간에 교호적으로 그 형식의 원인이자 결과가 됨으로써 하나의 전체의 통일로〔전체라는 하나로〕 결합되어야 한다는 사실이다. 왜냐하면 그런 방식으로만, 역으로 (교호적으로) 전체의 이념이 다시금 모든 부분들의 형식 및 결합을 규정하는 일이 가능하기 때문이다. 즉 원인으로서가 아니라, — 왜냐하면 그런 경우에 사물은 기예의 산물일 것이니 말이다—그 사물을 판정하는 사람에 대해, 주어진 질료 안에 함유되어 있는 모든 잡다한 것의 형식 및 결합의 체계적 통일의 인식근거로서 말이다.

그러므로 자체로 그리고 그것의 내적 가능성의 면에서 자연목적으로 판정되어야만 할 물체에 대해서 요구되는 것은, 그것의 부분들이 서로서로 모두 그 형식의 면에서나 결합의 면에서 교호적으로 만들어내고, 그렇게 해서 하나의 전체를 자신의 원인성에서 만들어내는 일이다. 그리고 이 전체의 개념은 다시금 역으로 (개념들에 따라 그러한 산물에 알맞은 인과성을 소유할 터인 한 존재자에 있어서) 어떤 원리에 따른 그 전체의 원인일 수 있겠고, 따라서 **작용하는 원인들**의 연결은 동시에 **목적인들에 의한 작용결과**로 판정될 수도 있겠다.

자연의 그러한 산물에서 각 부분은, 그 부분이 오로지 여타 모든 부분들에 **의해서**만 현존하는 것과 똑같이, **다른 부분을 위해서** 그리고 **전체를 위해서** 실존하는 것으로, 다시 말해 도구(기관)로서 생각된다. 그러나
V374 이것으로는 충분하지가 않다. (왜냐하면, 각 부분은 기예의 도구일 수도 있겠
B292 고, 그렇기에 오직 목적 일반으로서 가능한 것으로 표상될 수도 있겠으니 말이다.) 오히려 각 부분은 다른 부분들을 (따라서 각 부분이 다른 부분들을 교호적으로) **만들어내는** 기관으로 생각된다. 이러한 기관은 기예의 도구일 수는 없고, 오히려 오직 도구들을 위해 (기예의 도구들을 위해서도) 모든 재료를 공급하는 자연의 도구일 수 있을 뿐이다. 그럴 경우에만 그리고 그 때문에 그러한 산물을 **유기적인** 그리고 **자기 자신을 유기화하는 존재자**로서 **자연목적**이라고 부를 수 있다.

하나의 시계에서 한 부분은 다른 부분들의 운동의 도구이지만, **하나의 톱니바퀴가**[37] 다른 톱니바퀴를[38] 만들어내는 작용하는 원인은 아니다. 한 부분은 다른 부분을 위해서 현존하지만, 다른 부분에 의해서 현존하는 것은 아니다. 그래서 시계 및 시계의 형식을 만들어내는 원인도 자연 안에 (〔시계라는〕 이 물질 속에) 함유되어 있는 것이 아니라, 자연 밖에 있는, 자기의 원인성에 의해 가능한 전체의 이념들에 따라 작용할 수 있는 어떤 존재자 안에 함유되어 있다. 그래서 시계에서 한 톱니바퀴가 다른 톱니바퀴를 **만들어내지 못하는 것과 마찬가지로**[39], 더욱이나 하나의 시계

---

37) B판 추가.

38) A판: "**부분들을**".

39) A판: "**만들어내지도 못하고**".

가 다른 물질들을 이용해서 (유기화해서) 다른 시계들을 만들어내지 못한다. 그래서 하나의 시계는 상실된 부분을 스스로 대체하지 못하고, 또는 처음 만들어질 때의 결함을 다른 부분들의 협력을 받아 보충하지도 못하며, 또는 고장이 났을 때 가령 스스로 수리하지도 못한다. 이에 반해 이런 모든 것을 우리는 유기적 자연에서는 기대할 수 있다. ―그러므로 유기적 존재자는 한낱 기계가 아니다. 무릇 기계는 단지 **운동하는 힘**만을 B293
가지나, **유기적 존재자는**[40] 자기 안에 **형성하는 힘**을 소유하고, 그것도 그런 힘을 갖고 있지 않은 물질들에게 **유기적 존재자가**[41] 전달해주는 (물질들을 유기화하는) 그런 힘, 그러므로 스스로 번식하며 형성하는 힘을 가지고 있다. 이런 힘은 운동능력(기계성)만으로는 설명될 수 없는 것이다.

사람들이 유기적 산물들에서의 자연〔본성〕과 그 능력에 대해, 이것을 **기예의 유비물**이라고 부른다면,[42] 그것은 너무 과소하게 말하는 것이다. 왜냐하면, 그때 사람들은 자연 밖의 기예자〔기술자〕(어떤 이성적 존재자)를 생각하게 되기 때문이다. 오히려 자연은 자기 자신을 유기화하는 바 그것의 유기적 산물의 모든 종에서, 전체적으로는 한 가지 본보기에 따르는 것이지만, 상황에 따라서 자기보존이 필요로 하는 적절한 변형을 하면서 유기화하는 것이다. 사람들이 그것을 **생명의 유비물**이라고 부른다면, 어쩌면 이 불가해한 속성에 좀 더 가까이 다가설 것이다. 그러나 그때에 사람들은 순전한 물질〔질료〕인 물질에게 그것의 본질과는 상충하는 어떤 속성을 부여하거나(물활론), 물질에게 어떤 이종적인, 그러면서 물질과 **통교〔상호작용〕하는** 원리(영혼)[43]를 덧붙일 수밖에 없을 것이 V375

40) B판에서 삽입된 낱말 "**기계**(='sie')"를 C판에서 수정(='es')한 것에 따름.

41) C판에서 수정(='es')한 것에 따름. A · B판에서는 "**기계가**(='sie')".

42) 가령 유신론자(Theist)처럼.

43) S. Maimon은 이 말을 "물질 일반(즉 모든 실재하는 객관들의 질료)에 거주하면서 이에 작용하는 힘", 이를테면 "세계영혼(Weltseele)"이라고 해석한 바 있는데(칸트에게 보낸 1790. 5. 15 자 편지: XI, 174 참조), 칸트 또한 "하나의 유기체 안의 비물질적인 운동 원리는 그것의 영혼"인데, 사람들은 이것을 "세계영혼"이라고 생각할 수 있다고 쓴 적이 있다.(『유작』: XXII, 97 참조)

다. 그러나 후자에 대해서는, 그러한 산물이 자연산물이어야 한다면, 사람들은 유기적 물질을 저 영혼의 도구로 이미 전제하고, 그러므로 저 유기적 물질을 조금도 파악할 수 없게 만들거나, 영혼을 이 공작물의 기예자로 만듦으로써 자연의 (물체적 자연의) 산물을 빼앗을 수밖에 없다. 그
B294 러므로 정확히 말해, 자연의 유기〔조직〕화는 우리가 알고 있는 어떠한 인과성과의 유비성도 가지고 있지 않다.※ 자연의 미는, 대상들에 대한 **외적** 직관에 관한 반성과의 관계에서만, 그러니까 단지 표면적인 것의 형식 때문에 대상들에 덧붙여지는 것이므로, 정당하게 기예의 유비물이라고 부를 수 있다. 그러나 **자연목적들**로서만 가능하고, 그렇기 때문에 유기적 존재자들이라고 일컬어지는 그런 사물들이 소유하는 것과 같은 **내적인 자연완전성**은 우리에게 알려져 있는 어떠한 물리적인 능력, 다시 말해 자연능력의 유비에 의해서도 생각되고 설명될 수 있는 것이 아니다. 정말이지, 우리 자신도 아주 넓은 의미에서는 자연에 속하므로, 내적인 자연완전성은 인간의 기예에 정확하게 맞는 유비에 의해서조차도 결코 생각되고 설명될 수 있는 것이 아니다.

그러므로 그 자체 자연목적으로서의 사물 개념은 지성 또는 이성의

※ 사람들은 역으로, 그 역시 현실에서보다는 이념에서 마주치는 어떤 결합을 앞서 말한 직접적인 자연목적들과의 유비를 통해 밝힐 수도 있다. 그래서 최근에 기도된, 한 위대한 민족을 하나의 국가로 전면적으로 개편[44]하는 데에서 유기〔조직〕화라는 낱말은 자주 행정기구들 등등 및 전반적인 국체〔國體〕에 대해서 매우 적절하게 쓰였다. 왜냐하면, 각 지체〔肢體〕는 물론 그러한 전체 속에서 한낱 수단일 뿐만 아니라, 동시에 목적이기도 해야 하며, 각 지체는 전체를 가능하게 하기 위해 협력함으로써, 전체의 이념에 의해서 다시금 그의 지위와 기능이 규정되어야 하기 때문이다.

44) 미합중국의 건립을 염두에 둔 것으로 보인다. 1776년에 13개 주가 연합하여 독립을 선언한 미국은 1788년에 9개 주가 합중국헌법을 인준함으로써 1789년에 상원, 하원과 더불어 대통령이 집무를 시작하였다. 그러나 이 대목을 프랑스 민족과 프랑스대혁명의 프랑스를 지시하는 것으로 보아야 한다고 해석하는 이도 있다.

구성적 개념은 아니지만, 목적들 일반에 따르는 우리의 인과성과의 먼 B295
유비에 따라 이런 종류의 대상들[45]에 관한 탐구를 이끌고, 이런 대상들
의 최상의 근거에 관해 숙고하는 반성적 판단에 대해서는 규제적 개념이
될 수 있다. 후자는 물론 자연이나 자연의 저 원근거에 대한 앎을 위한
것이 아니라, 오히려 우리 안에 있는 실천적 이성능력을 위한 것이고, 이
이성능력과의 유비에서 우리는 저 합목적성의 원인을 고찰했던 것이다.

그러므로 유기적 존재자들은, 우리가 그 자체만으로 그리고 다른 사물
들과의 관계없이 고찰한다 해도, 오직 자연의 목적들로서만 가능하다고
생각될 수 있는, 자연 안의 유일한 존재자들이다. 그러므로 그것들은 먼 V376
저 **목적**—실천의 목적이 아니라 **자연의** 목적인—개념에게 객관적 실재
성을 마련해주고, 그렇게 함으로써 자연과학에 대해 어떤 목적론으로의,
다시 말해 하나의 특수한 원리에 따르는 객관들의 판정방식으로의 근거
를 마련해주는 유일한 존재자들이다. 그렇지 않고서는 사람들은 자연과
학에 그러한 것을 도입하는 것을—그러한 종류의 인과성의 가능성을 선
험적으로는 전혀 통찰할 수 없으므로—절대로 정당화하지 못할 것이다.

§66

유기적 존재자들에서의 내적 합목적성을 판정하는 원리에 대하여

이 원리는, 동시에 유기적 존재자의 정의이기도 한 것으로, '**자연의
유기적 산물은 그 안에서는 모든 것이 목적이면서 교호적으로 수단이기** B296
도 하다'는 것이다. 유기적 산물에서는 아무것도 쓸데없는 것은 없고, 무
목적적인 것이 없으며, 또 맹목적인 자연기계성으로 치부할 수 있는 것
은 없다.

이 원리는 그 기연으로 보면 경험에서, 곧 방법적으로 채용되어 관찰

45) 곧, 유기적 존재자들.

이라고 일컬어지는 것에서 도출될 수 있는 것이기는 하다. 그러나 이 원리가 그러한 합목적성에 대해서 언명하는 보편성과 필연성 때문에 그것이 한낱 경험근거들에만 의거할 수는 없고, 무엇인가 선험적 원리를—그것이 비록 한낱 규제적이고, 또 저 목적들이 오로지 판정자의 이념 중에 있고, 작용하는 원인 어디에도 있지 않다 할지라도—그 기초에 가질 수밖에 없다. 그래서 우리는 위에서 말한 원리를 유기적 존재자들의 내적 합목적성을 판정하는 **준칙**이라고 부를 수 있다.

식물과 동물들의 분해가들이 그것들의 구조를 연구하기 위하여, 또 왜 그리고 무슨 목적으로 그러한 부분들이, 왜 그 부분들의 그러한 위치와 결합이 그리고 바로 이 내적 형식이 그것들에게 주어졌는가 하는 근거들을 통찰할 수 있기 위하여, '그러한 피조물에는 아무것도 **쓸데없는** 것은 없다'는 저 준칙을 불가피하게 필연적인 것으로 받아들이고, 또한 이 준칙을 '**아무것도 우연히** 일어나지 **않는다**'는 일반 자연이론의 원칙과 똑같이 내세운다는 것은 주지의 사실이다. 실제로 그들은 일반 물리학의 원칙과 결별할 수 없듯이 이 목적론적 원칙과도 결별할 수가 없다.
B297 왜냐하면, 물리학적 원칙을 버릴 경우에는 도대체가 어떠한 경험도 남지 않을 터이듯이, 목적론적 원칙을 버릴 경우에는 우리가 일찍이 자연목적이라는 개념 아래에서 목적론적으로 생각했던 종류의 자연사물들을 관찰하기 위한 어떠한 실마리도 남지 않을 터이기 때문이다.

V377 무릇 이 개념[46)]은 이성을 여기서는 우리를 더 이상 만족시켜 주지 못할 자연의 순전한 기계성과는 전혀 다른 사물들의 질서로 이끈다. 하나의 이념이 자연산물의 가능성의 기초에 놓여 있어야만 한다. 그러나 이 이념은, 물질이 그 자신만으로는 합성의 일정한 통일성을 제공할 수 없는 사물들의 다수성인 것 대신으로, 표상의 절대적 통일성이기 때문에, 만약 이념의 저 통일성이 합성의 그러한 형식의 인과성의 자연법칙을 선

---

46) 곧, '자연목적들'이라는 개념.

험적으로 규정하는 근거로서도 쓰일 수 있어야 한다면, 자연의 목적은 자연의 산물 속에 있는 **모든 것**에 미치지 않으면 안 된다. 무릇 우리가 일단 그와 같은 작용결과를 **전체적으로** 자연의 맹목적인 기계성을 넘어서 하나의 초감성적인 규정근거와 관련시키면, 우리는 그 작용결과도 전적으로 이 원리에 따라서 판정하지 않으면 안 되며, 그러한 사물의 형식이 부분적으로는 기계성에 의존적인 것이라고 받아들여야 할 아무런 근거도 없다. 그럴 경우에는 이종적인 원리들이 뒤섞여 판정의 확실한 규칙이 남아 있지 않게 될 터이니 말이다.

예컨대 동물의 몸에서 많은 부분들이 순전히 기계적인 법칙에 따른 B298
응고체들—가죽, 뼈, 털과 같은—로 이해될 수 있다는 것은 언제든 있을 수 있는 일이다. 그럼에도 그에 알맞은 물질을 모아서 이것을 그렇게 변양하여 **형성하고**[47], 마땅한 자리에 위치시키는 원인은 언제나 목적론적으로 판정되지 않으면 안 된다. 그래서 동물의 몸에서 모든 것은 유기적인 것으로 보아져야만 하며, 모든 것은 또한 그 사물 자신과의 어떤 관계에서는 다시금 기관인 것이다.

§67

목적들의 체계로서의 자연 일반에 관한[48] 목적론적 판정의 원리에 대하여

우리는 위에서 자연사물들의 **외적** 합목적성에 대하여, 이 외적 합목적성은 자연사물들을 동시에 자연의 목적들로서 그것들의 현존의 설명근거로 이용하고, 그리고 관념상에서 그것들의 우연히 합목적적인 작용결과들을 목적인들의 원리에 따른 그것들의 현존의 근거로 이용할 아무런 충분한 정당성도 제공하지 못한다고 말했다. 그래서 우리는 **하천들**

47) B판 추가.

48) AA은 "자연 일반**의**"로 고쳐 읽고 있다.

을, 그것들이 내륙지방에서의 민족들의 통교를 촉진하기 때문에, **산악들**을, 그것들이 하천들을 위한 원천들을 함유하고, 이 원천을 보존하기 위해 비가 오지 않는 시기를 대비하여 눈을 비축하고 있기 때문에, 또한 이
V378 물들을 흘려보내고 육지를 건조하게 하는 육지의 **비탈**을 그 때문에 곧바
B299 로 자연목적들로 여길 수는 없다. 왜냐하면, 비록 지구 표면의 이 형태가 식물계 및 동물계의 발생과 유지를 위해 매우 필요했다고 해도, 이 형태는 우리가 그것[49]의 가능성을 위해 목적들에 따르는 인과성을 받아들이지 않을 수 없다고 볼 아무런 것도 그 자체로는 가지고 있지 않기 때문이다. 바로 이것은 인간이 자기의 생활필수품이나 오락을 위해 이용하는 식물에 대해서도 타당하고, 인간이 일부는 자기의 식품으로, 또 일부는 자기의 사역〔使役〕에 여러모로 사용할 수 있고, 그리고 대부분은 없어서는 안 되는 동물들, 예컨대 낙타, 소, 말, 개 등등에 대해서도 타당하다. 우리가 그 자체만으로는 목적으로 볼 이유를 갖지 않는 사물들에 대해서는 그 외적인 관계가 단지 가설적으로만 합목적적인 것이라고 판정될 수 있다.

어떤 사물을 그것의 내적 형식 때문에 자연목적이라고 판정하는 것은 이 사물의 실존을 자연의 목적으로 여기는 것과는 전혀 다른 일이다. 후자를 주장하기 위해서 우리는 한낱 가능한 목적의 개념뿐만 아니라, 자연의 궁극목적(目標)에 대한 인식을 필요로 하거니와, 이것은 우리의 모든 목적론적 자연인식을 훨씬 뛰어넘는, 자연의 어떤 초감성적인 것과의 관계를 필요로 한다. 왜냐하면, 자연 자신의 실존의 목적은 자연 너머에서 찾아야만 하기 때문이다. 한낱 하나의 풀줄기의 내적 형식은 순전히 목적들의 규칙에 따라서 가능한 그것의 기원을 우리 인간의 판정능력에
B300 대해 충분하게 증명할 수 있다. 그러나 사람들이 이에서 눈을 돌려, 다른 자연존재자들이 이것을 사용하는 점만을 본다면, 그러므로 내적 유기

49) 곧, 식물계 및 동물계.

조직에 대한 고찰은 그만두고, 어떻게 풀이 가축에게, 그리고 어떻게 가축이 인간에게 그의 실존〔생존〕을 위한 수단으로 필요한가 하는 외적인 합목적적 관계들만을 본다면, 사람들은 도대체 왜 인간이 실존하는 것이 필요한지를—이것은 뉴홀랜드[50]인이나 포이어랜드[51]인을 염두에 둔다면 대답하기가 그다지 쉽지 않을 것이다—알지 못한다. 그렇게 해서 사람들은 어떠한 정언적 목적에도 이르지 못하고, 오히려 이런 모든 합목적적인 관계는 점점 더 멀리 밖에 두는 조건에 의거하는바, 이 조건은 무조건적인 것(궁극목적으로서 어떤 사물의 현존재)으로서 전적으로 물리적-목적론적 세계고찰의 밖에 놓여 있다. 그러나 그러하면 그러한 사물 역시 자연목적이 아니다. 왜냐하면, 그것은 (또는 그것의 전체 유는) 자연산물로 볼 수 없기 때문이다.

그러므로 자연목적으로서의 물질의 개념을 필연적으로 수반하는 것은, 유기화된 한에서의 물질뿐이다. 물질의 이 특수한 형식은 동시에 자연의 산물이기 때문이다. 그러나 이 개념은 이제 목적들의 규칙에 따르 V379
는 하나의 체계로서의 전체 자연이라는 이념에 필연적으로 이르며, 이제 자연의 모든 기계성은 (적어도 이 이념에서 자연현상들을 시험해보기 위해서) 이성의 원리들에 따라 이 이념 아래 종속되지 않으면 안 된다. 이성의 원리는 이 이념에게 단지 주관적인 것으로서, 다시 말해 준칙으로서 종사
하니, 곧 '세계 내의 모든 것은 무엇인가를 위하여 좋은 것이며, 세계 안 B301
에 쓸데없는 것이란 없다.' 그리고 사람들은 자연이 그것의 유기적 산물들에서 보여주는 실례를 통해 자연 및 자연의 법칙들에 대해서 전체적으로는 합목적적인 것만을 기대할 정당성을 얻는다, 아니 기대하도록 불러내진다.

이 원리가 규정적 판단력을 위한 원리가 아니라, 단지 반성적 판단력

50) 오스트레일리아의 17~18세기의 명칭.

51) 남아메리카의 남단에 인접해 있는 군도. 오늘날 동쪽은 아르헨티나에 속하는 Tierra del Fuego이고, 서쪽은 칠레에 속하는 Magallanes이다.

을 위한 것이며, 이 원리는 규제적이지 구성적이 아니라는 것, 그리고 우리는 이 원리를 통해 단지 자연사물들을 이미 주어져 있는 규정근거와 관련하여 하나의 새로운 법칙적 질서에 따라서 고찰하고, 자연학을 하나의 다른 원리, 곧 목적인의 원리에 따라서, 그러면서도 자연의 인과성의 기계성의 원리를 해치는 일 없이, 확장할 실마리를 얻을 뿐이라는 것이 자명하다. 그 밖에, 이 원리에 따라 우리가 판정한 어떠한 것이 과연 **의도적으로** 자연의 목적인지 어떤지, 풀들이 과연 소나 양을 위해 현존하는 것인지 어떤지, 그리고 과연 이것과 여타의 자연사물들이 인간을 위하여 현존하는 것인지 어떤지는 이 원리를 통해 결코 결정되지 않는다. 우리에게 불편하고, 특수한 관계에서는 목적에 어긋나는 사물들조차도 이런 측면에서 능히 고찰할 수 있다. 그래서 우리는 예컨대, 인간의 의복, 모발, 침대 속에서 인간을 괴롭히는 해충은 현명한 자연설비의 면에서 보면 청결을 위한 동인이고, 청결은 그 자신만으로도 이미 건강 유지의 중요한 수단이라고 말할 수도 있겠다. 또는 아메리카의 황무지에서
B302 야만인들을 그토록 살기 어렵게 만들고 있는 모기와 여타 무는 곤충들은 그만큼, 이 미개한 사람들에게는 습지를 간척하고, 통풍을 막는 밀림을 간벌하며, 그렇게 함으로써 또한 토지 개간을 통하여 그들의 거주를 동시에 더욱 건강하게 만들 활동의 자극이라고 말할 수도 있겠다. 인간의 내부의 유기조직 안에 있으면서 인간에게 반자연적인 것으로 보이는 것조차도, 그것을 이런 식으로 취급한다면, 사물들의 목적론적 질서에 대한, 즐거운, 때로는 교훈적인 조망을 주는바, 이러한 원리 없이 한낱 물리적인 고찰만으로는 이런 조망에 이르지 못할 터이다. 몇몇 사람들이 촌충을 그것의 숙주인 인간이나 동물들에게 이를테면 그 생명기관의 어
V380 떤 결함을 보충하기 위해 주어져 있다고 판단하는 바와 같이, 나는 꿈들은—비록 우리가 그걸 기억하는 일은 매우 드물지만, 꿈 없는 잠은 결코 없다—자연의 합목적적인 배열이 아닐까 하는 물음을 던지고자 한다. 꿈들은 곧 모든 신체적인 운동하는 힘들이 이완되었을 때 상상력 및 상

상력의 매우 바쁜 활동—이것은 이 상태에서는 대부분 흥분에까지 올라간다—을 매개로 해서 생명기관들을 깊은 내면에서 움직이는 데에 기여하기 때문이다. 가령 상상력은 포식해서 이런 운동이 더욱더 필요한 경우에도 밤잠 중에 더욱더 활발하게 작동하는 것이 보통이다. **따라서**[52] 우리가 꿈 때문이라고 불평하는—그러나 꿈은 실제로는 어쩌면 치료제일 B303 것이다—이런 내면적으로 운동하는 힘과 지치게 하는 불안정이 없다면, 잠 자신은 건강한 상태에서도 아마 생명의 온전한 소실일 터이다.

일단, 유기적 존재자들이 제공하는 자연목적들에 의해 자연에 대한 목적론적인 판정이 자연이 목적들의 대체계라는 이념을 우리에게 정당화했다면, 자연의 미 또한, 다시 말해 자연의 현상들을 포착하고 판정하는 데서 자연과 우리 인식능력들의 자유로운 유희가 일치함 또한 이런 식으로 인간이 그것의 한 항인 체계로서의 자연 전체에서 자연의 객관적 합목적성으로서 간주될 수 있다. 우리는, 자연이 유용한 것을 넘어서 또한 미와 매력을 그토록 풍부하게 베풀어준 것을[53] 우리에 대해 갖는 호의※로 간주할 수 있으며, 우리는 그 때문에 자연을 사랑하고, 또한 자연

※ 미학의 부문[54]에서, 우리는 자연의[55] 형식에서 전적으로 자유로운 (이해관심 없는) 흡족함을 갖기 때문에, "**우리는 아름다운 자연을 호의를 가지고 바라본다**"고 말했다. 왜냐하면, 순전한 취미판단에서는 이 자연미들이 어떤 목적을 위해 실존하는가, 즉 우리에게 하나의 쾌감을 불러일으키기 위해 실존하는가, 아니면 목적들로서 우리와는 아무런 관계없이 실존하는가 하는 점은 전혀 고려되지 않기 때문이다. 그러나 목적론적 판단에서 우리는 이런 관계에도 주목한다. 그리고 그때 우리는, 자연이 그토록 많은 아름다운 형태들을 진열함으로써 우리를 교화하도록 촉진하고자 한 것을 **자연의 호의로 간주할** 수 있다.

52) B판 추가.

53) AA에 따라 원문 "sie"를 "es"로 고쳐 읽음.

54) 위의 §5 참조.

55) A판: "**이** 자연의".

B304 의 헤아릴 수 없는 굉장함을 경의를 갖고 고찰하며, 이러한 고찰 중에서 우리 자신이 고귀해짐을 느낄 수 있다. 마치 자연이 원래 이런 의도에서 그의 장엄한 무대를 펼쳐놓고 꾸며놓기나 한 것처럼 말이다.

우리가 이 조항(§)에서 말하고자 하는 것은 다름 아니라, 우리가 일단 자연에서, 오로지 목적인들의 개념에 따라서만 우리에 의해 생각될 수 있는 산물들을 만들어내는 어떤 능력을 발견했다면, 우리는 더 나아가서
V381 또한, 맹목적으로 작용하는 원인들의 기계성을 넘어서 이것들을 가능하게 하는 다른 어떤 원리를 찾아내는 일을 필연적인 것으로 만들지는 않는 산물들(또는 그것들의, 비록 합목적적인, 관계)까지 그럼에도 목적들의 체계에 속하는 것이라고 판정해도 좋다는 것이다. 왜냐하면, 전자의 이념[56]은, 그 근거에 관하여 말할 것 같으면, 이미 우리로 하여금 감성세계를 넘어가게 하며, 그때에는 도대체가 초감성적 원리의 통일성이 자연존재자들의 어떤 종[57]들에 대해서뿐만 아니라, 체계로서 자연 전체에 대해서도 같은 방식으로 타당하다고 볼 수밖에 없기 때문이다.

§68

자연과학의 내적 원리로서 목적론의 원리에 대하여

한 학문의 원리들은 그 학문에 내적이어서 토착적(家內的 原理)이라고 부르거나, 또는 오직 그 학문의 밖에서만 그 자리를 찾을 수 있는 개념들
B305 위에 기초하고 있어서 **외지에서 온**(外來的) 원리들이다. 후자의 원리들을 함유하고 있는 학문들은 그 학설의 기초에 차용정리들(補助命題들)을 두고 있다. 다시 말해 이 학문들은 다른 학문으로부터 어느 한 개념을 그리고 그와 함께 〔내용〕배열의 근거를 빌리고 있다.

학문은 각기 독자적으로 하나의 체계이다. 그리고 학문에서 원리들에

56) 곧, 목적인들의 개념.
57) 곧, 유기체.

따라 짓고 그러므로 기술적으로 처리하는 것으로는 충분하지가 않고, 오히려 각 학문은 독자적으로 존립하는 건물로서, 또한 건축술적으로 착수되어야 한다. 각 학문은 개축물 같이 그리고 다른 건물의 한 부분으로 다루어져서는 안 되고, 오히려 하나의 전체로서 독자적으로 다루어져야 한다. 비록 나중에는 이 건물에서 저 건물로의 또는 교호적인 이행통로가 세워질 수 있다 하더라도 말이다.

그러므로 만약 사람들이 자연 안에서의 합목적성을 설명하기 위해 자연과학에 대해 그리고 자연과학의 맥락 안에 신의 개념을 **끌어들이고**[58], 그러고나서 이 합목적성을 신이 존재한다는 것을 증명하기 위해 다시금 이용한다면, 두 학문 중 어느 것도 내적으로 존립하지 못하며, 하나의 기만적인 순환논증이 두 학문의 한계를 서로 교착시킴으로써 두 학문 각각을 불확실하게 만든다.

자연의 목적이라는 개념은 이런 혼란을 이미 충분히 예방하여, 자연과학과 자연과학으로 하여금 그 대상들을 **목적론적**으로 판정하게 하는 기연〔유인동기〕을 신의 고찰과, 그러므로 **신학적** 도출과 뒤섞지 않도록 한다. 우리는 저 표현[59]을 자연의 배열에 있어서 신적 목적의 개념과 혼동한다거나, 결국은 자연에서의 저 합목적적인 형식들을 하나의 현명한 세계창시자로부터 도출하는 데에 이를 수밖에 없으므로, 오히려 후자의 표현[60]이 더 적절하고, 경건한 영혼에게 더 알맞은 표현이라고 참칭한다거나 하는 것을 중요치 않은 일로 보아서는 안 되며, 오히려 조심스럽게 그리고 겸손하게 바로 단지 우리가 아는 만큼만을 말하는 표현, 곧 자연의 목적이라는 표현에 국한해야만 한다. 왜냐하면, 우리는 자연의 원인에 대해 묻기도 전에, 자연에서 그리고 자연의 산출 과정에서 자연 중에 알려져 있는 경험법칙들에 따라 산출되는 그러한 산물들을 발견하는

B306 V382

58) C판: "끌어넣고".
59) 곧, 자연의 목적.
60) 곧, 신적 목적.

바, 이 법칙들에 따라서 자연과학은 그 대상들을 판정하고, 그러니까 또한 목적들의 규칙에 따르는 그 대상들의 인과성도 자연 자신 속에서 찾지 않으면 안 되기 때문이다. 그래서 자연과학은 그 개념들에 어떠한 경험도 부합할 수 없는 것을, 그리고 자연과학이 완성된 후에나 비로소 감히 시도해볼 권한을 갖게 되는 것을, 자연과학 자신 안에 토착적인 원리로 끌어넣기 위해, 그 한계를 뛰어넘어서는 안 된다.

선험적으로 입증되고, 그러므로 그 가능성의 면에서 경험의 일체의 참가 없이도 보편적인 원리들로부터 통찰되는 자연의 성질들은, 비록 그것들이 기술적인 합목적성을 동반한다 할지라도, 그럼에도 그것들은 단적으로 필연적이기 때문에, 물리학의 물음들을 해결하는, 물리학에 속
B307 하는 방법으로서의 자연의 목적론에 결코 포함시킬 수 없다. 산술적, 기하학적 유비들과 또한 보편적 기계적 법칙들은, 제아무리 그것들에서 외견상 전적으로 상호 독립적인 여러 가지 규칙들이 한 원리 안에서 통합되어 있다는 것이 우리에게 기이하고 경탄할 만한 것으로 나타난다 할지라도, 그 때문에 물리학에 목적론적 설명근거들이 있음을 주장할 권리를 함유하고 있지 않다. 그리고 그 유비들과 법칙들이 자연사물들 일반의 합목적성에 대한 일반 이론에서 함께 고찰될 만하다고 하더라도, 이것[61]은 다른 곳에, 곧 형이상학에 속할 것이고, 자연과학의 내적 원리를 이루지 못할 터이다. 목적론적 **판정방식**을 자연이론의 원리로 그 대상들의 고유한 부류에 대하여 사용하는 것은 유기적 존재자들에 있어서 자연목적들의 경험적 법칙들과 함께 허용될 뿐만 아니라 불가피함에도 불구하고 말이다.

무릇 물리학은 정확히 자기의 한계 안에 머무르기 위해서, 자연목적들이 **의도적인가, 무의도적인가** 하는 물음을 전적으로 도외시한다. 왜냐
V383 하면 그것은 남의 일(곧 형이상학의 일)에 간섭하는 것이기 때문이다. 우

---

61) 곧, 자연의 사물들의 합목적성에 대한 일반 이론.

리가 오로지 목적들의 이념 아래서만 원리로 생각할 수 있는 자연법칙들에 따라서만 유일하게 **설명할 수 있는**, 그리고 순전히 이런 방식으로 그 내적 형식의 면에서 심지어는 단지 내면적으로만 **인식할 수 있는** 대상들이 있다는 것으로 충분하다. 그러므로 사람들이 물리학에 속하지 않는 어떤 것, 곧 초자연적인 원인을 우리의 인식근거들 안에 섞어넣고자 하려는 듯한 최소한의 월권에 대한 혐의라도 받지 않기 위해서, 사람들은 목적론에서 자연에 대해, 마치 자연에서의 합목적성이 의도적인 것처럼 말하기는 하지만, 그럼에도 동시에 사람들이 자연에, 다시 말해 물질에 이 의도를 부가한다는 식으로 말하는 것이다. 이렇게 말함으로써 사람들이 지적하고자 하는 바는, (저절로 이미 어느 누구도 생명 없는 재료에 낱말의 본래적 의미에서 의도를 부가하지는 않을 것이므로, 이에 관해서는 어떤 오해도 생길 수 없기 때문에) 여기서 이 낱말[62]은 단지 반성적 판단력의 원리를 의미할 뿐, 규정적 판단력의 원리를 의미하는 것이 아니고, 그러므로 인과성의 어떤 특수한 근거를 도입해야 하는 것이 아니라, 단지 이성의 사용을 위해 기계적 법칙들에 따르는 것과는 다른 탐구 방식을 덧붙여, 자연의 모든 특수한 법칙들을 경험적으로 찾아내는 데서조차 기계적 법칙들에 따르는 탐구방식이 불충분함을 보완하기 위한 것이라는 점이다. 그래서 목적론이 물리학에 끌려들어가는 한에서, 사람들이 목적론에서 자연의 지혜, 절약, 조심, 자혜에 대해 말하는 것은 전적으로 옳다. 그렇다고 해서 자연에서 어떤 지성적 존재자를 만든 것도 아니고,—이런 일은 불합리하니 말이다—또한 감히 또 다른 지성적 존재자를 자연 위에 공장

B308

장으로 놓고자 하는 것도 아니다. 이런 일은 주제넘은※ 일일 것이기 때 B309

※ 'vermessen〔주제넘은〕'이라는 독일어 낱말은 훌륭하고도 뜻 깊은 말이다. 사람들이 자기의 (지성의) 역량을 가늠하는 것을 잊고 내리는 판단은 때로는 매우 겸손하게 들릴 수도 있지만, 큰 요구들을 하고 있는 것이고, 매우 주제

62) 곧, '의도'.

문이다. 오히려 이로써 단지, 자연의 어떤 산물들이 그에 따라 탐구될 수 밖에는 없는 규칙을 시야에 두기 위해서는, 이성의 기술적 사용에서의 우리의 인과성과의 유비에 따르는, 자연 인과성의 한 방식이 표시되어야 할 것이다.

그럼에도 왜 목적론은 보통 이론적 자연과학의 고유한 한 부문을 이
루지 않고, 신학을 위한 예비학 내지는 이행단계로서 끌어대지는가? 이
V384 런 일은, 자연의 기계성에 따르는 자연의 연구를 우리가 우리의 관찰이
나 실험들에 종속시킬 수 있는 것에 고정시키기 위해 일어난다. 그래서
우리는 자연과 같게, 적어도 법칙들의 유사성의 면에서, 그것을 스스로
만들어낼 수 있겠다. 왜냐하면, 사람들은 개념들에 따라서 스스로 만들
어낼 수 있고, 성취할 수 있는 것만큼만 완벽하게 통찰하는 것이기 때문
이다. 그러나 유기조직은, 자연의 내적 목적으로서, 기예에 의한 유사한
B310 현시의 모든 능력을 무한히 넘어간다. 그리고 외적인, 합목적적인 것으
로 여겨지는 자연설비들(예컨대, 바람, 비, 등등)에 관해서 말할 것 같으면,
물리학은 물론 그것들의 기계성을 고찰한다. 그러나 자연설비들의 목적
들과의 관계가 원인에 필연적으로 속하는 하나의 조건이어야 하는 한에
서, 이 관계를 물리학은 전혀 현시할 수 없다. 왜냐하면, 연결의 이런 필
연성은 전적으로 우리의 개념들의 결합과 관계되는 것이지, 사물들의 성
질과 관계되는 것이 아니기 때문이다.

넘은 것이기도 하다. 사람들이 신의 지혜를 찬양한다고 사칭하는 대부분의 판단들은 이런 종류의 것들인데, 사람들은 창조와 유지의 작품들 중 신의 지혜의 근저에, 워낙은 궤변가 자신의 지혜를 영예롭게 할, 의도들을 놓음으로써 그렇게 한다.

제2부
목적론적 판단력의 변증학 B311 V385

§69

판단력의 이율배반이란 무엇인가

규정적 판단력은 독자적으로는 **객관들의 개념들**을 기초 짓는 어떤 원리도 가지고 있지 않다. 규정적 판단력은 자율이 아니다. 왜냐하면, 그것은 단지 원리들인, 주어진 법칙들 또는 개념들 아래에서 **포섭하는 것**이기 때문이다. 바로 이 때문에 그것은 또한 그 자신의 이율배반의 위험이나 그 원리들의 상충에 내맡겨져 있지 않다. 그래서 범주들 아래에서 포섭하는 조건들을 함유한 초월적 판단력은 독자적으로는 **법칙정립적**이 아니고, 지성의 법칙인 주어진 개념에 실재성(적용[63])이 주어질 수 있는, 감성적 직관의 조건들[64]을 일컫는 것일 따름이다. 이에 관해서 초월적 판단력은 결코 자기 자신과의 불일치에 (적어도 원리들의 면에서는) 빠질 수가 없었던 것이다.

그러나 **반성적** 판단력은 아직 주어져 있지 않은, 그러므로 사실은 대 B312 상들에 대한 반성의 원리일 따름인, 법칙 아래에 포섭해야만 한다. 우리에게는 이런 반성을 위한 법칙이나 또는 눈앞에 나타나는 경우들을 위한 원리로서 충분할 어떤 객관의 개념이 객관적으로는 전혀 없는 데도 말이다. 그런데 원리들 없이는 인식능력들의 어떠한 사용도 허용될 수 없으므로, 반성적 판단력은 그러한 경우들에서 그 자신에게 원리로 쓰일 수밖에 없다. 그러나 이 원리는 객관적인 것이 아니고, 의도를 위해 충분한 객관에 대한 어떠한 인식근거도 근저에 둘 수 없기 때문에, 인식능력들의 합목적적 사용을 위한, 곧 어떤 종류의 대상들을 반성하는, 한낱 주관적인 원리로서 쓰여야만 한다. 그러므로 그러한 경우들과 관련하여 반성

63) 곧, 객관적 타당성.

64) 곧, 순수 지성개념의 도식 및 원칙들.

V386 적 판단력은 자기의 준칙들을, 그것도 경험에서 자연법칙들의 인식을 위해 필연적인 준칙들을 가지고 있어서, 그 판단력이 경험적 법칙들에 따라서 자연을 한낱 알기만 하기 위해서라도 그러한 개념들이 꼭 필요할 때는, 그 준칙들을 매개로 그러한 개념들에 이른다. 비록 그러한 개념들이 이성개념들일지라도 말이다.—반성적 판단력의 이 필연적인 준칙들 사이에 이제 하나의 상충, 그러니까 하나의 이율배반이 생길 수 있다. 변증성〔학〕은 이 위에 근거하고 있다. 서로 상충하는 두 준칙들 각각이 인식능력들의 자연본성에 그 근거를 가지면, 이 변증성〔학〕은 자연적〔자
B313 연스러운〕 변증성〔학〕이라고 부를 수 있고, 또한 불가피한 가상이라고 부를 수 있다. 이 가상이 기만하지 못하도록, 사람들은 비판에서 이 가상을 폭로하고 해결하지 않으면 안 된다.

§70

이 이율배반의 표상

이성이 외감의 대상들의 총괄〔총체〕인 자연을 다루는 한, 이성은 법칙들에 기초할 수 있는바, 이 법칙들을 지성은 부분적으로는 스스로 선험적으로 자연에 지시규정하고, 부분적으로는 경험에서 나타난 경험적 규정들에 의해 광대하게 확장할 수 있다. 전자의 종류의 법칙들, 곧 물질적 자연 일반의 **보편적** 법칙들의 적용을 위해서 판단력은 반성의 어떠한 특수한 원리도 필요로 하지 않는다. 왜냐하면, 그 경우에는 하나의 객관적 원리가 지성에 의해 주어져 있으므로, 판단력은 규정적이기 때문이다. 그러나 오직 경험을 통해 우리가 알 수 있는 특수한 법칙들에 관해 말하자면, 그것들 가운데에는 매우 큰 다양성과 이종성이 있을 수 있어서, 판단력은 단지 자연의 현상들 속에서 하나의 법칙을 탐구하고 탐지하기 위해서라도 그 자신에게 원리로 쓰이지 않을 수 없다. 왜냐하면, 판단력은 자연의 일관된 합법칙성에 따르는 연관된 경험인식을, 즉 경험의

법칙들에 따르는 자연의 통일을 단지 희망만이라도 해야 한다면, 그러한 법칙이 실마리로 필요하기 때문이다. 그런데 특수한 법칙들의 이런 우연 B314
적인 통일의 경우에는 다음과 같은 일이 일어날 수 있다. 즉 판단력은 그의 반성에서 두 준칙으로부터 출발하는바, 그중 하나는 순전한 지성이 선험적으로 판단력에 제공하는 것이고, 다른 하나는 특수한 경험들에 의해 야기되는 것인데, 특수한 경험들이 이성을 작동시켜 하나의 특수한 원리에 따라 물체적 자연과 그 법칙들에 대해 판정하도록 하는 것이다. 이때에, 이 두 가지 준칙들은 아마도 병립할 수 없을 것 같은 외양을 갖 V387
고, 그러니까 판단력을 그의 반성의 원리에서 헷갈리게 하는 변증성〔학〕이 출현하는 일이 일어난다.

판단력의 **첫째 준칙**은 〔다음의〕 **정립**〔명제〕이다. 즉 물질적 사물들과 그것들의 형식들의 모든 산출은 순전히 기계적 법칙들에 따라서 가능한 것으로 판정되어야 한다.

둘째 준칙은 〔다음의〕 **반정립**〔반대명제〕이다. 즉 물질적 자연의 몇몇 산물들은 한낱 기계적인 법칙들에 따라서 가능한 것으로 판정될 수가 없다. (그것들의 판정은 전혀 다른 인과성의 법칙, 곧 목적인들의 법칙을 필요로 한다.)

만약 탐구를 위한 이 규제적 원칙들을 이제 객관들 자신을 가능하게 하는 구성적인 원리로 전화시키면, 그것들은 다음과 같이 될 것이다.

정립: 물질적 사물들의 모든 산출은 순전히 기계적 법칙들에 따라 가능하다.

반정립: 물질적 사물들의 몇몇 산출은 순전히 기계적 법칙들에 따라 B315
서는 가능하지 않다.

이 후자의 질에서, 즉 규정적 판단력을 위한 객관적 원리들로서 이 원칙들은 서로 모순되고, 그러니까 이 두 명제들 중 하나는 필연적으로 거짓일 것이다. 그러나 그때 그것은 이율배반이기는 하겠지만, 그럼에도 판단력의 이율배반은 아니고, 이성의 법칙수립에서의 상충이겠다. 그러나 이성은 이 원칙들의 이것도 저것도 증명할 수가 없다. 왜냐하면, 우리는 순전한 경험적인 자연법칙들에 따르는 사물들의 가능성에 대해서는 어떠한 선험적인 규정적 원리도 가질 수가 없기 때문이다.

이에 반해 처음에 제시된 반성적 판단력의 준칙에 대해 말할 것 같으면, 이 준칙은 실제로 전혀 아무런 모순도 함유하고 있지 않다. 무릇, 내가 "나는 물질적 자연 안에서의 모든 사건들을, 그러니까 또한 자연의 산물들로서의 모든 형식들을, 그 가능성의 면에서, 순전히 기계적 법칙들에 따라 **판정하지** 않으면 안 된다"고 말한다면, 그로써 나는, "**그것들은 기계적 법칙들에 따라서만** (다른 모든 종류의 인과성은 배제하고) **가능하다**"는 것을 말하는 것이 아니고, 오히려 그것이 단지, "나는 항상 그것들에 관해 순전히 자연의 기계성의 **원리에 따라 반성해야 하며**, 그러니까 내가 할 수 있는 한에서, 이것을 탐구**해야만 한다**. 왜냐하면, 이 기계성을 탐구의 기초에 놓지 않고서는 본래적인 자연인식은 전혀 있을 수 없기 때문이다"는 것을 알리고자 한다. 그런데 이것은 둘째 준칙이 그때그때의 기연〔機緣〕에서, 곧 몇몇의 자연형식들에서 (그리고 이런 자연형식
B316 V388 들을 기연으로 해서 심지어는 전체 자연에서) 자연의 기계성에 따른 설명과는 전혀 다른 하나의 원리를, 곧 목적인들의 원리를 추적하고, 그에 관해 반성하는 것을 방해하지는 않는다. 왜냐하면, 첫째 준칙에 따른 반성은 이에 의해 폐기되지 않고, 오히려 사람들이 할 수 있는 한 그 준칙을 준수할 것이 지시명령되고 있으니 말이다. 또한 이에 의해 자연의 기계성에 따라 저 형식들이 가능하지 않을 것이라고 말하는 것이 아니다. 주장되는 것은 단지, **인간 이성**은 이 준칙[65]을 준수함에 있어, 그리고 이런 식으로는 결코 자연목적의 특수성을 이루는 것의 근거는 조금도 찾아낼 수 없겠지만, 그러나 아마도 자연법칙들에 대한 또 다른 인식들은 찾아낼 수 있으리라는 것뿐이다. 이때, 우리에게 알려져 있지 않은 자연 자

65) 곧, 첫째 준칙.

신의 내적 근거 안에서 동일한 사물들에서의 물리적-기계적 결합과 목적결합이 하나의 원리 안에서 연관되어 있지 않을까 어떨까 하는 문제는 미결로 남는다. 단지, 우리 이성은 그 결합들을 그러한 원리 안에서 통합시킬 수 없다는 것과, 그러므로 판단력은 (사물들 자체를 가능하게 하는 객관적 원리를 좇는) 규정적 판단력으로서가 아니라, (주관적 근거에 의한) **반성적** 판단력으로서, 자연에서의 어떤 형식들을 위해서는 자연기계성의 원리와는 다른 어떤 원리를 그 형식들을 가능하게 하는 원리로 생각하지 않을 수 없다는 것만이 결정되어 있다.

§71 B317

위의 이율배반을 해결하기 위한 준비

우리는 자연의 순전한 기계성에 의해서는 유기적 자연산물들의 산출이 불가능함을 결코 증명할 수 없다. 왜냐하면, 단지 경험적으로 인식될 뿐이기에 우리에게는 우연적인 특수한 자연법칙들의 무한한 다양성을 우리는 그 제일의 내적 근거에서 통찰할 수 없고, 그래서 자연을 가능하게 하는 내적인, 일관적으로 충분한 원리—이것은 초감성적인 것에 놓여 있다—에 절대로 이를 수가 없기 때문이다. 그러므로 자연의 생산적 능력이 우리가 목적들의 이념에 따라 형성되고 결합된 것으로 판정하는 것에 대해서도, 우리가 한낱 자연의 기계체제만을 필요로 한다고 믿는 것에 대해서와 똑같이 충분한 것이지 않은가 어떤가, 그리고 실제로 (우리가 필연적으로 그렇게 판정할 수밖에 없는바) 본래적인 자연목적들인 사물들에 대해서, 물질적 자연이나 그것의 예지적 기체〔基體〕에 결코 함유되어 있을 수 없는, 전혀 다른 종류의 근원적 인과성〔원인성〕이, 곧 하나의 건축술적인 지성이 그 기초에 놓여 있는가 어떤가, 이에 관해서는, 인과 V389
성 개념에 있어서, 이 인과성 개념이 선험적으로 특화되어야 할 때는, 매우 좁게 제한되어 있는 우리의 이성은 절대로 아무런 정보도 줄 수가 없

B318 다. —그러나 우리 인식능력들에 대하여는, 자연의 순전한 기계성이 역
시 유기적 존재자들의 산출을 위한 어떠한 설명근거도 제공할 수 없다
는 것 또한 의심할 여지없이 확실하다. 그러므로 목적인들에 따르는 사
물들의 그토록 분명한 연결에 대해서 기계성과는 구별되는 하나의 인
과성이, 곧 목적들에 따라서 행위하는 (지〔오〕성적) 세계원인의 인과성
이 생각될 수밖에 없다는 것은 **반성적 판단력에 대해서는** 전적으로 옳
은 원칙이다. 이 원칙은 그러면서도 **규정적 판단력에 대해서는** 매우 성
급하고 입증할 수 없는 것이겠다. 전자의 경우에 이 원칙은 판단력의 순
전한 준칙으로서, 여기서 저 인과성의 개념은 사람들이 그것의 실재성
을 결코 인정하고자 기도하지 않는 순전한 이념으로서, 오히려 단지 사
람들은 그것을 모든 기계적인 설명근거들에 대해서 언제나 열려 있으
며, 감성세계에서 이탈하지 않는 반성의 실마리로 이용한다. 후자의 경
우에 원칙은 객관적인 원리로서, 그것은 이성이 지시규정하고, 판단력
이 그것에 규정적으로 종속하지 않으면 안 되는 것이겠다. 그러나 이때
판단력은 감성세계를 넘어서 초절적인 것으로 잘못 들어가 아마도 헤매
게 될 것이다.

그러므로 본래 물리적인(기계적인) 설명방식의 준칙과 목적론적인(기
술적인) 설명방식의 준칙 사이에 있는 듯이 보이는 이율배반은, 사람들이
B319 반성적 판단력의 원칙을 규정적 판단력의 원칙과 혼동하고, (특수한 경험
법칙들에 관한 우리의 이성사용에 대해 한낱 주관적으로만 타당한) 전자의 **자
율성**을 지성에 의해 주어진 (보편적인 또는 특수한) 법칙들을 따르지 않으
면 안 되는 후자의 **타율성**과 혼동하는 데에서 기인한 것이다.

§72

자연의 합목적성에 관한 여러 가지 체계들에 대하여

자연의 어떤 사물들(즉 유기적 존재자들)과 그것들의 가능성에 관해서

는 목적인들의 개념에 따라 판단되어야만 한다는 원칙이 옳음은, 우리가 그것들의 제일의 근원에 관한 연구에까지 올라가지 않은 채, 그러한 사물들의 성질을 관찰을 통해 알기 위해서 하나의 **실마리**를 요구하기만 하는 경우에도, 아직 어느 누구도 의심한 일이 없다. 그러므로 이 원칙이 V390
한낱 주관적으로만 타당한가만이, 다시 말해 한낱 우리 판단력의 준칙인가, 또는 자연의 객관적 원리인 것으로서, 그에 따라 자연에 (순전한 운동법칙들에 따르는) 자연의 기계성 외에 다른 종류의 인과성이, 곧 목적인들의 인과성이 귀속하고, 이 목적인들 아래에 (움직이는 힘들의) 저 운동법칙들은[66] 단지 중간원인들로서 종속해 있는 것인가 하는 것만이 물음이 될 수 있다.

그런데 우리는 이 물음 내지 과제를 사변에 대해서는 전적으로 미결정 · 미해결로 남겨둘 수 있겠다. 왜냐하면, 만약 우리가 순전한 자연인식의 한계 안에서의 사변으로 만족한다면, 우리는 인간의 힘이 미치는 B320
한 자연을 연구하고 자연의 가장 깊이 숨겨진 비밀들을 탐지하기 위해서는 저 준칙들로 충분하기 때문이다. 만약 우리가 자연의 탐구를—비록 우리가 아직도 그다지 멀리까지 나가지는 못했지만—포기하거나 잠시 중지하고, 먼저, 자연과학에서 저 낯선 자가, 곧 자연목적들의 개념이 어디로 끌고가는가를 탐지하고자 시도한다면, 우리가 목적인들의 저 개념을 매개로 어쩌면 자연조차도 뛰어넘어서 그 목적인들 자신을 원인 계열의 최고점에 연결시킬 수도 있겠다는 것은, 그러므로 아마도 우리 이성의 어떤 예감이거나 자연이 우리에게 주는 이를테면 눈짓이다.

그런데 여기에서 물론 저 다툴 것 없는 준칙은 쟁론의 넓은 들을 여는 과제로 넘어가지 않을 수 없겠다. 즉 자연에서의 목적연결은 자연에 대한 어떤 특수한 종류의 인과성을 **증명하는** 것인지 어떤지, 또 이 목적연결은, 그 자체로 그리고 객관적 원리들의 면에서 고찰하면, 오히려 자연

66) 이 대목을 AA에 따라 읽으면, “저 운동법칙들(즉 움직이는 힘들)은”.

의 기계성과 한가지가 아닌지, 내지는 동일한 근거에 의거하고 있는 것이 아닌지 하는 쟁론 말이다. 〔그러하되〕 다만, 이 근거가 많은 자연산물들에서 우리가 탐구하기에는 대개 너무 깊이 숨어 있기 때문에, 우리는 하나의 주관적 원리, 곧 기예의 원리, 다시 말해 이념들에 따르는 인과성을 가지고, 그것을 유비적으로 자연의 근저에 놓는 것을 시도한다. 그리고 이 궁여지책은 많은 경우에는 성공하기도 하고, 몇몇 경우에는 실패
B321 한 것처럼 보이기는 하지만, 어떠한 경우에도 자연 자신의 한낱 기계적인 법칙들에 따르는 인과성과는 다른 어떤 특수한 작용방식을 자연과학 안으로 끌어들이는 것을 정당화하지는 못한다. 우리가 자연의 산물들에서 발견하는바 유사목적〔목적 비슷한 것〕으로 인한 자연의 처리방식(즉 인과성)을 우리는 기술이라고 부르고, 이것을 **의도적** 기술(志向的 技術)과 **무의도적** 기술(自然的 技術)로 구분하고자 한다. 전자는 목적인들에 따르
V391 는 자연의 생산적 능력이 특수한 종류의 인과성으로 간주되어야 함을 의미할 것이고, 후자는 이 특수한 종류의 인과성이 근본적으로는 자연의 기계성과 전적으로 동일한 것이며, 자연을 판정하는 한낱 주관적인 조건일 뿐인, 우리의 기예의 개념들 및 그 규칙들과의 우연적인 합치가 특수한 종류의 자연산출로 잘못 해석되는 것임을 의미할 것이다.

이제 우리가 목적인들과 관련한 자연설명의 체계들에 대해 논할 때에 사람들이 충분히 주의해야 할 것은, 이 체계들은 모두 교조적으로는, 다시 말해 사물들을 가능하게 하는 객관적 원리들에 관해서는, 의도적으로 작용하는 원인들에 의해서건 순정하게 무의도적으로 작용하는 원인들에 의해서건 간에 상호 충돌하지만, 가령 그러한 합목적적인 산물들의 원인에 관해 판단하는 주관적 준칙에 관해서는 충돌하지 않는다는 사실이다. 후자의 경우에는 **상반되는** 원리들도 능히 통합될 수 있겠으나, 전자의
B322 경우에는 **모순-대립적인** 원리들은 서로를 폐기하여 병존할 수 없다.

자연의 기술에 관한, 다시 말해 목적들의 규칙에 따르는 자연의 생산력에 관한 체계는 두 가지이다. 즉 자연목적들의 **관념론**의 체계이거나

실재론의 체계이다. 관념론은 자연의 모든 합목적성은 **무의도적**이라는 주장이고, 실재론은 자연의 (즉 유기적 존재자들에서의) 몇몇 합목적성은 **의도적**이라는 주장이다. 그리고 이로부터 가설로 기초 지어진 귀결도, 즉 자연의 기술은, 자연 전체와의 관계에서 자연의 다른 모든 사물들에 관해 볼 때도, 의도적이라는, 다시 말해 목적이라는 것으로 이끌어내질 수 있을 터이다.

1. 무릇 합목적성—여기서 이것은 언제나 객관적 합목적성을 뜻한다
—의 **관념론**은 자연 산물들의 합목적적 형식에서의 자연규정의 **우발성**
의 관념론이거나 **숙명성**의 관념론이다. 전자의 원리는 물질의 그 형식의
물리적 근거와의 관계, 곧 운동법칙들에 관련하고, 후자의 원리는 물질
의 자기의 그리고 전체 자연의 **초물리적** 근거와의 관계에 관련한다. **우**
발성의 체계는 **에피쿠로스**나 **데모크리토스**[67]에게 귀속되는데, 문자 그대
로 받아들이면 분명하게 불합리하므로, 우리가 이에 **머무를**[68] 필요가 없
다. 이에 반해 숙명성의 체계—훨씬 오래된 것으로 보임에도 불구하고,
사람들은 이의 창시자를 **스피노자**라고 한다[69]—는 우리의 통찰이 미치
지 못하는 어떤 초감성적인 것을 끌어대는데, 반박하기가 그렇게 쉽지 B323
않다. 근원적 존재자라는 이 체계의 개념이 전혀 이해될 수 없기 때문에
그렇다. 그러나 이 체계에서 세계에서의 목적결합은 무의도적인 것으로
받아들일 수밖에 없으며,—그것은 하나의 근원적 존재자로부터 도출되 V392
지만, 그의 지성으로부터가 아니라, 그러니까 그의 의도로부터 도출되는
것이 아니라, 그의 본성 및 그에게서 유래하는 세계통일의 필연성으로부
터 도출되는 것이니 말이다—그러니까 합목적성의 숙명론이 동시에 합

---

67) 이와 관련해서는 Aristoteles, *Physica*, II, 2: 194a 18~20 참조: "고대 사상가를 주의해보면, 자연학은 오로지 질료〔물질〕만을 취급한다고 생각할 수 있겠다. 즉 엠페도클레스와 데모크리토스는 단지 가볍게 형식〔형상〕과 본질을 건드렸을 뿐이다."

68) A판: "**체류할**".

69) 이와 관련해서는 특히 Spinoza, *Ethica*, Part I, Prop. XVII: "신은 순전히 그의 본성의 법칙들에 따라 행위하며, 누구에 의해서도 강요당하지 않는다"와 그에 대한 주해 참조.

목적성의 하나의 관념론인 것만은 명백하다.

2. 자연의 합목적성의 **실재론** 또한 물리적이거나 초물리적이다. **전자**는 자연에서의 목적들을 의도에 따라 행위하는 능력의 유비물 위에, 즉 (물질 안에 있는, 또는 살아 있게 하는 내적 원리, 즉 세계영혼에 의한) **물질의 생명** 위에 기초 지으며, **물활론**[70]이라고 일컫는다. **후자**는 자연에서의 목적들을 의도를 가지고 만들어내는 (근원적으로 살아 있는) 지성적 존재자인 우주의 원〔原〕근거로부터 도출하는 것이니, **유신론**이다.※

B324 §73

위에서 말한 체계들 중 어느 것도
그것이 감히 주장한 것을 성취하지 못한다

저 모든 체계들은 무엇을 하고자 하는가? 그것들은 자연에 관한 우리의 목적론적 판단들을 설명하고자 하면서 일에 착수하여, 그 일부는 우리의 목적론적 판단들의 진리를 부인하여, 그러니까 그것들을 (기술로 표상된) 자연의 관념론으로 설명하고, 다른 일부는 그것들을 참이라고 인정하여, 하나의 자연의 가능성을 목적인들의 이념에 따라 밝힐 것을 약속한다.

※ 이에서 보는바, 순수 이성의 대개의 사변적 사안에 있어, 교조적 주장들에 관해 말하자면, 철학 학파들은 일반적으로 어떤 물음에 관해 가능한 모든 해결들을 시도했다. 그렇듯 사람들은 자연의 합목적성에 관해 때로는 **생명 없는 물질**이나 **생명 없는 신**을, 때로는 **살아 있는 물질**이나 **살아 있는 신**을 이를
B324 위해 시도하였다. 우리에게 남은 일은, 만약 그런 일이 필요하다면, 이런 모든 객관적인 **주장들**을 떠나서, 우리 판단을 순전히 우리 인식능력들과 관련하여 비판적으로 검토하여, 이 인식능력들의 원리에 교조적이지 않은, 그럼에도 확실한 이성 사용을 위해 충분한, 준칙의 타당성을 부여하는 것뿐이다.

---

70) 물활론과 관련한 칸트의 또 다른 논의는 『자연과학의 형이상학적 기초원리』: AA IV, 544 참조.

1. 자연에서의 목적인들의 관념론을 위해 싸우는 체계들은 무릇 한편으로는 목적인들의 원리에서 (그에 의해서 자연사물들이 합목적적으로 실존하는) 운동법칙들에 따르는 인과성을 허용하기는 하지만, 이 체계들은 이 인과성에서 **지향성〔의도성〕**을, 다시 말해 이 인과성이 의도적으로 이 V393
와 같은 자연사물들을 합목적적으로 만들어내도록 정해져 있다는 것을, 바꿔 말해 하나의 목적이 원인이라는 것을 부인한다. 이것이 **에피쿠로스**의 설명방식인바, 이에 따르면 자연의 기술과 순전한 기제〔기계조직〕의 차이는 전적으로 부정되고, 산출된 산물들과 우리의 목적 개념과의 합 B325
치, 그러니까 기술에 대해서뿐만 아니라, 심지어 이 산출의 원인들의 운동법칙들에 따른 규정, 그러니까 그 기제〔기계조직〕에 대해서조차도 맹목적인 우연을 설명근거로 받아들인다. 그러므로 아무것도, 우리의 목적론적 판단에서의 가상조차도 설명되지 못하고, 그러니까 목적론적 판단에서의 소위 관념론이라는 것도 결코 밝히지 못한다.

다른 한편 **스피노자**는 자연목적들의 가능성의 근거에 대한 일체의 물음으로부터 우리를 해방시키고, 이런[71] 이념에서 일체의 실재성을 앗으려 한다. 그렇게 하기 위해 그는 자연목적들 일반을 산물들로 보지 않고, 하나의 근원존재자에게 내속하는 우유성들로 보아, 저 자연사물들의 기체인 이 존재자에게 자연사물들에 대한 원인성〔원과성〕이 아니라 한낱 자존성을 부여하고, (이 근원존재자 및 이 근원존재자에게 내속하는 우유성들인 모든 자연사물들의 무조건적인 필연성 때문에) 자연형식들에게 모든 합목적성에 요구되는 근거의 통일을 보장하긴 하지만, 동시에 그것 없이는 어떠한 **목적통일**도 생각할 수 없는, 자연형식들의 우연성을 박탈한다. 그리고 우연성과 함께, 자연사물들의 원근거에서 일체의 지성을 제거하는 것과 똑같이, 모든 **의도적인 것**을 제거한다.

그러나 **스피노자주의**는 자기가 의욕한 것을 성취하지 못하고 있다. 스

71) 곧, '자연의 목적들'이라는.

피노자주의는 자연사물들의 목적연결—**스피노자주의**는 이것을 부인하지 않는다—의 설명근거를 제시하고자 하여, 자연사물들 모두가 그것에
B326 내속하는 주체〔실체〕의 통일〔하나임〕만을 거명한다. 그러나 사람들이 그것에게 세계존재자들을 위한 이런 실존 방식을 용인한다고 해도, 그렇다고 저 존재론적 통일이 곧바로 **목적통일**인 것도 아니고, 이 목적통일을 파악할 수 있도록 해주는 것도 결코 아니다. 후자[72]는 곧 전적으로 특수한 종류의 통일로서, 그것은 한 주체(근원존재자) 안에서의 사물들(세계존재자들)의 연결에서는 전혀 나오지 않고, 오히려 어디까지나 지성을 가지고 있는 한 **원인**과의 관계를 수반하는 것으로, 사람들이 이 모든 사물들을 하나의 단순한 주체 안에서 통합할 때조차도 결코 어떤 목적관계를 서술하는 것은 아니다. 사람들이 이 사물들 아래서 첫째로 하나의 **원인**으로서의 실체의 내적 **작용결과들**을, 둘째로 **이 실체의 지성에 의한** 원인으로서의 실체의 내적 작용결과들을 생각하지 않는 한 그러하다. 이러한 형식적 조건들이 없으면 모든 통일은 순전한 자연필연성이고, 우리
V394 가 서로 밖에 있는 것으로 표상하는 사물들에게 비록 통일이 부여된다고 해도, 그것은 맹목적 필연성이다. 그러나 만약 사람들이 이 학파가 (사물들 자신의 본질에 대하여) 사물들의 초월적 완전성—이 완전성에 의해 모든 사물들은 그러한 사물이고 다른 사물이 아니기 위해 필요한 모든 것을 그 자체에 가지는바—이라고 하는 것을 자연의 합목적성이라고 부르고자 한다면, 그것은 개념 대신에 말을 가지고 하는 어린애 같은 장난이다. 왜냐하면, 만약 모든 사물들이 목적들로 생각되어야 한다면, 그러므로 사물인 것이 목적인 것과 한 가지라면, 근본적으로 특별히 목적으로 표상되어야 할 만한 것이란 아무것도 없으니 말이다.

B327 이로부터 충분히 알 수 있는바, **스피노자**는 자연에서의 합목적적인 것에 대한 우리의 개념들을 모든 것을 포섭하는 (그러면서도 동시에 단순한)

72) 곧, 목적통일.

존재자 안의 우리 자신의 의식으로 환원하고, 저 형식[73]을 한낱 후자의[74] 통일에서 찾음으로써, 자연의 합목적성의 실재론이 아니라 한낱 관념론을 주장할 의도를 가지고 있었음이 틀림없으나, 그럼에도 스스로 이를 성취할 수 없었으니, 그것은 기체의 통일〔하나의 기체〕이라는 한갓된 표상은 결코 단지 무의도적인 합목적성이라는 이념을 생기게 할 수 없기 때문이다.

2. 자연목적들의 **실재론**을 한낱 주장할 뿐만 아니라, 그것을 설명까지 하려고 잘못 생각하는 사람들은 특수한 종류의 인과성을, 곧 의도적으로 작용하는 원인들의 인과성을, 적어도 그 가능성의 면에서는 통찰할 수 있다고 믿는다. 그렇지 않으면 그들이 저 자연목적들을 설명하고자 시도할 수 없을 터이다. 무릇 아무리 대담한 가설이라도 그 〔가설의〕 권한을 위해서는 적어도 근거로 받아들이고 있는 것의 **가능성**이 **확실**해야만 하며, 그러한 것의 개념에 객관적 실재성을 보증할 수 있어야만 한다.

그러나 생명 있는 물질—이 개념은 모순을 함유하고 있다. 왜냐하면 무생명성, 즉 惰性이 물질의 본질적 성격을 이루는 것이니 말이다—의 가능성은 결코 생각될 수가 없다. 살아 있는 물질의 가능성 및 하나의 동
물로서의 전체 자연의 가능성은 오로지(크게 본 자연의 합목적성의 가설을 B328
위해), 합목적성이 작게 본 자연의 유기조직에서 경험 중에 우리에게 현시되는 한에서만, 궁색하게나마 사용될 수 있기는 하지만, 결코 선험적으로 그 가능성의 면에서 통찰될 수는 없다. 그러므로 유기적 존재자에게서 자연의 합목적성을 물질의 생명으로부터 도출하려고 하면서, 이 생명을 다시금 다른 것 아닌 유기적 존재자들에게서 인지한다면, 그러므로
그 같은 경험 없이는 합목적성의 가능성에 대한 어떠한 개념도 가질 수 V395

73) 곧, 합목적적인 것의 형식.

74) 원문: "der letztern". 그러니까 이에 따르면 '자연'으로 읽을 수도 있다. AA는 이를 "des letztern"으로 고쳐 읽어 '모든 것을 포섭하는 (그러면서도 동시에 단순한) 존재자'를 지시하는 것으로 보고 있다.

없다면, 그것은 설명에서 순환논법에 빠진 것이다. 그러므로 물활론은 자기가 약속한 것을 성취하지 못한다.

끝으로 **유신론**도 목적론을 위한 열쇠인 자연목적들의 가능성을 역시 교조적으로는 근거 지을 수가 없다. 비록 유신론이 근원존재자에게 부여하는 지성을 통해 자연의 합목적성을 관념론에서 가장 잘 벗어나게 하고, 자연목적들의 산출을 위한 하나의 의도적인 인과성을 도입한다는 점에서는 자연목적들의 어떤 설명근거보다도 우월하지만 말이다.

무릇, 목적통일의 근거를 자연을 넘어 일정한 방식으로 정립하는 것이 정당화되기 위해서는, 무엇보다도 먼저, 규정적 판단력에 충분하게, 물질의 순전한 기계성에 의해서는 물질에서의 목적통일이 불가능함이 증명되지 않으면 안 될 터이다. 그러나 우리가 들춰내어 말할 수 있는 것은 오로지, 우리 인식능력들의 성질과 제한으로 (우리는 이 〔물질의〕 기계
B329 성에 대해서도 그 제일의 내적 근거를 통찰하지 못하므로) 우리는 어떤 방식으로든 물질에서 특정한 목적관계들의 원리를 찾아서는 안 되고, 우리에게는 세계원인인 최상의 지성에 의한 판정방식 외에 자연목적들로서의 자연 산물들의 산출을 판정하는 어떠한 방식도 남아 있지 않다는 것이다. 그러나 이것은 단지 반성적 판단력을 위한 근거일 뿐, 규정적 판단력을 위한 것이 아니며, 절대로 어떤 객관적 주장을 정당화할 수는 없는 것이다.

§74
자연의 기술 개념을 교조적으로 다루는 것이 불가능한 원인은 자연목적의 설명불가능성이다

우리가 만약 어떤 개념을 이성의 원리를 이루는, 객관에 대한 어떤 다른 개념 아래 함유되어 있는 것으로 보고, 그 개념을 이에[75] 맞게 규정한다면, 우리는 그 개념을—그것이 비록 경험적으로 조건 지어져 있다 할

지라도—교조적으로 처리하는 것이다. 그러나 만약 우리가 어떤 개념을 단지 우리의 인식능력과의 관계에서만, 그러니까 그 개념을 생각하는 주관적 조건들과의 관계에서만, 그것의 객관에 대해 무엇인가를 결정하려고 기도함이 없이 본다면, 우리는 개념을 순전히 비판적으로 처리하는 것이다. 그러므로 어떤 개념을 교조적으로 처리하는 것은 규정적 판단력에 합법칙적인 것이고, 비판적으로 처리하는 것은 순전히 반성적 판단력에 합법칙적인 것이다.

무릇 자연목적으로서의 한 사물에 대한 개념은 자연을 오로지 이성에 의해서만 생각할 수 있는 인과성 아래에 포섭하여, 이 원리에 따라 객관에 대해 경험에서 주어진 것에 관해 판단하기 위한 개념이다. 그러나 이 개념을 규정적 판단력을 위해 교조적으로 사용하기 위해서는 우리는 이 개념의 객관적 실재성을 우선 보장받지 않으면 안 될 것이다. 그렇지 않으면 우리는 어떤 자연사물도 그 개념 아래 포섭할 수 없을 것이기 때문이다. 그러나 자연목적으로서의 사물의 개념은 경험적으로 조건 지어진, 다시 말해 오직 경험에서 주어진 어떤 조건 아래서만 가능한 개념이기는 하지만, 그럼에도 경험에서 추상될 수 없는, 오히려 오직 하나의 이성원리에 따라서 대상을 판정함에서 가능한 개념이다. 그러므로 이 개념은 그러한 원리로서 그 객관적 실재성이 (다시 말해, 이 개념에 따라 한 객관이 가능함이) 전혀 통찰될 수 없고, 교조적으로 정초될 수 없다. 그리고 우리는 이 개념이 한낱 하나의 궤변적이고 객관적으로 공허한 개념(詭辯的 槪念)인지, 아니면 하나의 이성개념, 인식을 기초 짓는, 이성에 의해 확증되는 개념(推理된 槪念)[76]인지를 알지 못한다. 그러므로 이 개념은 규정적 판단력에 대해서 교조적으로 다루어질 수 없다. 다시 말해, 자연목적들로 간주된 자연의 사물들이 그 산출을 위해 (의도들에 따르는) 전적으로 B330 V396

75) 곧, 이성의 원리에.

76) '궤변적 개념(conceptus ratiocinans)'과 '추리된 개념(conceptus ratiocinatus)'의 구별에 관해서는 『순수이성비판』, A311=B368 참조.

특수한 인과성을 필요로 하는지 어떤지는 결정될 수 없을 뿐만 아니라,
B331 그런 것에 대해서는 결코 물을 수도 없다. 왜냐하면, 자연목적의 개념은
그 객관적 실재성에 대해서는 입증될 수 있는 것이 전혀 아니니 말이다.
(다시 말해, 이 개념은 규정적 판단력에 대해 구성적인 것이 아니라, 반성적 판
단력에 대해 한낱 규제적이다.)

이 개념이 그러하지 않다[77]는 것이 명백한 것은, **자연산물**의 개념으로
서 이 개념이 자연필연성을 자기 안에 포함하고 있으면서도, 또한 동시
에 목적으로서는 바로 그 동일한 사물에서 (순전한 자연법칙들과의 관계에
서는) 객관의 형식의 우연성을 자기 안에 포함하고 있기 때문이다. 따라
서 만약 여기에 아무런 모순도 없으려면, 〔자연목적의 개념은〕 자연에서
의 사물의 가능성을 위한 근거와 함께, 또한 이 자연 자신을 가능하게 하
는 근거 및 이 자연이 경험적으로 인식될 수 없는 자연(감성적)인 어떤
것과, 그러니까 우리에게 전혀 인식될 수 없는 어떤 것과 관계 맺는 것
을 가능하게 하는 근거를 함유하고 있지 않으면 안 된다. 사람들이 자연
에서의 사물의 가능성을 결정하고자 할 때, 자연기계성의 인과성과는 다
른 종류의 인과성에 따라 그것이 판정될 수 있기 위해서는 그렇다. 그러
므로 사람들이 객관을 이성에 의해 고찰하면, 자연목적으로서 사물의 개
념은 (비록 그것이 반성적 판단력에게는 경험의 대상들과 관련해 내재적이라 할
V397 지라도) 규정적 판단력에게는 초절적이고, 그러니까 규정적 판단력에게
는 이 개념에 객관적 실재성이 부여될 수 없기 때문에, 이로부터 이해할
B332 수 있는 바는, 사람들이 자연목적들의 개념 및 목적인들에 의해 연관 맺
고 있는 전체로서의 자연의 개념을 교조적으로 취급하기 위해 제아무리
어떠한 기획을 한다고 할지라도, 그 모든 체계들은 어떤 것을 객관적으
로 긍정하는 결정을 내릴 수도 없고 객관적으로 부정하는 결정을 내릴
수도 없다는 것이다. 왜냐하면, 만약 사물들이 한낱 문제성 있는 어떤 개

77) 곧, 입증될 수 없다.

념 아래 포섭된다면, 그 개념의 종합적 술어들은 (예컨대 여기서는, 우리가 사물들의 산출을 위해 생각하는 자연의 목적이 의도적인가 무의도적인가 하는) 바로 그와 같은 (문제성 있는) 판단들—이것이 긍정적인 것이든 부정적인 것이든 간에—을 객관에 대해 내릴 수밖에 없기 때문이다. 그때 우리는 과연 우리가 무엇인가에 관해서 판단하는 것인지 아무것도 아닌 것에 관해서 판단하는 것이지를 알지 못하니 말이다. (기예의) 목적들에 의한 인과성 개념은 물론 객관적 실재성을 가지고 있고, 자연의 기계성에 따른 인과성의 개념도 마찬가지이다. 그러나 목적들의 규칙에 따르는 자연 인과성 개념은, 더구나 우리에게 경험에서 전혀 주어질 수 없는 존재자 개념, 곧 자연의 원근거인 그러한 존재자의 개념은 물론 모순 없이 생각될 수 있기는 하지만, 그럼에도 교조적 규정을 위해서는 쓸모가 없다. 왜냐하면, 그런 개념은 경험에서 이끌어내지지도 않고, 경험의 가능성을 위해 필요하지도 않은 것이므로, 그런 개념에는 그 객관적 실재성이 무엇에 의해서도 보증될 수 없기 때문이다. 그러나 이런 일이 일어난다 해도, 어떻게 내가 신적 기예의 산물들로 확정적으로 제시된 사물들을 또한 자
연 산물들 속에 산입시킬 수 있겠는가? 자연은 그러한 것들을 자기의 법 B333
칙들에 따라 만들어낼 수가 없다는 것이 자연과는 다른 원인을 끌어대지 않을 수 없게 한 것이 아니던가?

§75
자연의 객관적 합목적성 개념은 반성적 판단력을 위한 이성의 비판적 원리이다

내가 "자연의 어떤 사물들의 산출이, 또는 전체 자연의 산출도, 의도들에 따라 행위하도록 규정된 한 원인에 의해서만 가능하다"고 말하느냐, 또는 "**내가 나의 인식능력들의 특유한 성질에 따라** 저 사물들의 가
능성 및 그것들의 산출에 관해 판단할 수 있는 것은, 내가 이런 산출을 V398

위해, 의도들에 따라 작용하는 한 원인, 그러니까 어떤 지성의 인과성과 유비해서 생산적인 어떤 존재자를 생각할 때뿐이다"라고 말하느냐는 전혀 다른 것이다. 전자의 경우에 나는 객관에 관해서 무엇인가를 결정하고자 하며, 상정된 개념의 객관적 실재성을 밝힐 책무가 있다. 후자의 경우에는 이성이 나의 인식능력들의 사용을 그것들의 특유성에 맞게 그리고 그것들의 범위 및 경계의 본질적 조건들에 맞게 규정할 뿐이다. 그러므로 첫째 원리는 규정적 판단력을 위한 **객관적** 원칙이고, 둘째 원칙은
B334 한낱 반성적 판단력을 위한 주관적 원칙, 그러니까 이성이 반성적 판단력에게 부과하는 반성적 판단력의 준칙이다.

우리가 자연을 그 유기적 산물들에서라도 계속적인 관찰을 통해 탐구하고자 한다면, 우리에게는 곧 자연의 근저에 의도라는 개념을 놓는 것이 불가결하게 필요하다. 그러므로 이 개념은 이미 우리 이성의 경험적 사용을 위해서도 단적으로 필수적인 준칙이다. 일단 자연을 연구할 그러한 실마리가 채택되고 입증이 된 마당에서는, 우리가 판단력의 이 준칙을 또한 자연 전체에 대해서도 적어도 시험해보지 않을 수 없다는 것은 명백한 일이다. 왜냐하면, 자연의 기계성의 내면에 대한 우리의 통찰의 제한으로 인해 그렇지 않으면 우리에게 숨겨져 있을 자연의 많은 법칙들이 이 준칙에 따라 발견될 수도 있을지 모르겠기 때문이다. 그러나 후자의 사용[78]에 대해서 판단력의 저 준칙은 유용하기는 하지만, 불가결하지는 않다. 왜냐하면, 우리에게 자연은 전체로는 유기적인 것—위에서 언급한 이 말의 가장 좁은 의미에서—으로 주어져 있지 않으니 말이다. 이에 반해, 오로지 의도적으로 그러그러하게 형태 지어져 있고 다르게는 형태 지어져 있지 않은 것으로 판정될 수밖에 없는 자연의 산물들에 대해서는, 그 내적 성질에 대한 경험인식만이라도 얻기 위해서, 반성적 판단력의 저 준칙이 본질적으로 필요하다. 왜냐하면, 자연산물들이 유기적

78) 곧, 저 준칙을 자연 전체에 대해서도 시험해보는 일.

사물들이라는 사상조차도 의도를 가진 **산출이라는 사상이**[79] 이 사상과 결 B335
합해 있지 않고서는 불가능하기 때문이다.

무릇 그 실존이나 형식을 우리가 어떤 목적이라는 조건 아래에서 **가능한 것으로**[80] 표상하는 사물의 개념은 사물의 우연성—자연법칙들의 면에서 볼 때—개념과 불가분적으로 결합되어 있다. 그래서 우리가 오로지 목적들로서만 가능하다고 보는 자연사물들도 세계 전체의 우연성에 대한 뛰어난 증명이 되며, 그것들은 세계 전체가 세계 밖에 실존하는, 그것 V399
도 (저 합목적적인 형식으로 인해) 지성적인 존재자에게 의존해 있고, 그것으로부터 기원한다는 유일한, 보통의 지성〔상식〕에게나 똑같이 철학자에게도 타당한, 증명근거이다. **그러므로**[81] 목적론은 그의 탐구들에 대한 해명의 완성을 신학 외에서는 발견하지 못하는 것이다.

그러나 이제 최고로 완벽한 목적론이라도 결국 무엇을 증명하는가? 목적론은 가령 그러한 지성적 존재자가 현존하는 것을 증명하는가? 아니다. 그러므로 우리는 우리의 인식능력들의 성질상, 경험을 이성의 최상의 원리들과 결합시켜서는, 그러한 세계의 가능성을 절대로 이해할 수 없다는 것, 그래서 우리는 세계의 하나의 **의도적으로-작용하는** 최상의 원인을 **생각한다는**[82] 것 이상은 아무것도 증명하지 못한다. 그러므로 우리는 '하나의 지성적 근원존재자가 있다'는 명제를 객관적으로 입증할
수가 없고, 자연에서의 목적들에 관한 반성에서 우리 판단력의 사용을 B336
위해 단지 주관적으로만 입증할 수 있을 뿐인데, 이 자연에서의 목적들은 하나의 최고의 원인이라는 의도적 인과성의 원리 이외의 원리에 따라서는 생각될 수 없는 것이다.

만약 우리가 최상위 명제를 교조적으로, 목적론적 근거들로부터 입증

79) A판: "**산출의 사물들이**".

80) A판: "**가능하다고**".

81) A판: "**그리고**".

82) A판: "**생각할 수 있다는**".

하려고 한다면, 우리는 벗어날 수 없는 어려움에 사로잡히게 될 것이다. 왜냐하면, 이 추론의 기초로는 '세계에서 유기적 존재자들은 다름 아닌 의도적으로-작용하는 원인에 의해서만 가능하다'는 명제를 놓을 수밖에 없기 때문이다. 그러나 우리는 이 사물들을 오로지 목적들의 이념 아래에서만 그것들의 인과결합에서 추적하고, 이 인과결합을 그 합법칙성에 따라 인식할 수 있기 때문에, 우리는 또한 바로 이러한 것을 모든 사고하고 인식하는 존재자에게도 필연적인, 그러니까 한낱 우리 주관에게만이 아니라 객관에 부착된 조건으로 전제한다는 것, 이것을 우리는 이 경우 불가피하게 주장하고자 하지 않을 수 없을 것이다. 그러나 우리는 그러한 주장을 관철하지는 못한다. 왜냐하면, 우리는 자연에서의 목적들을 의도적인 목적들로 본래적으로 **관찰하는** 것이 아니라, 단지 자연의 산물들에 관해 반성하면서 이 개념을 판단력의 실마리로서 덧붙여 **사고하는** 것이므로, 그 목적들은 객관에 의해 우리에게 주어지는 것이 아니니 말이다. 그뿐 아니라 우리에게는 그러한 개념을 객관적 실재성의 면에서 납득할 만한 것으로 정당화하는 일이 선험적으로 불가능하다. 그러
B337 므로 단적으로 남는 것은 오직 주관적 조건들에, 곧 우리의 인식능력들에 알맞은 반성적 판단력의 주관적 조건들에 의거하는 명제로, 사람들이 그것을 객관적으로 교조적으로 타당한 것으로 표현한다면, '신이 있
V400 다'는 것이겠다. 그러나 이제 **우리 인간에게는**[83] 단지 다음과 같은 제한된 정식〔定式〕만이 허용된다. 즉 '우리가 수많은 자연사물들의 내적 가능성에 대한 우리 인식에조차 그 기초에 놓을 수밖에 없는 합목적성을 생각하고 파악할 수 있으려면, 우리는 자연사물들을 그리고 도대체가 세계를 (하나의 신이라는) 지〔오〕성적 원인의 산물이라고 표상하는 수밖에는 없다.'

이제 만약 우리 판단력의 불가피하게 필연적인 준칙에 기초하는 이

83) A판: "**인간인 우리에게는**".

명제가 모든 **인간적** 의도에 있어서 우리 이성의 사변적 사용이나 실천
적 사용을 모두 완전하게 충족시켜준다면, 우리가 이 명제를 보다 상위
의 존재자들에게 타당하게, 곧 순수한 객관적인 근거들—유감스럽게도
우리 능력을 넘어서는—에서 증명할 수 없다고 해서, 우리가 무엇을 잃
는 것인지를 나는 알고 싶다. 곧, 우리가 유기적 존재자들과 그것들의 내
적 가능성을 자연의 한낱 기계적 원리들에 따라서는 결코 충분하게 알게
될 수 없고, 더더욱이나 설명할 수 없다는 것은 아주 확실하다. 그것도, B338
언젠가 **뉴턴** 같은 사람이 나타나 하나의 풀줄기의 산출이나마 의도가 질
서를 세워준 것이 아닌 자연법칙들에 따라 파악할 것을 착상한다거나 기
대하는 것도 인간에게는 불합리하고, 사람들은 이런 통찰을 인간에게서
는 절대 거부할 수밖에 없다고 대담하게 말할 수 있을 만큼 확실하다. 그
러나 그때에도 우리가, 자연 속에는, 만약 우리가 보편적인 우리에게 알
려져 있는 법칙들을 특수화하는 데서 자연의 원리에까지 침투해 들어갈
수 있다고 한다면, 유기적 존재자들의 가능성의 충분한 근거가, 그것들
의 산출의 근저에 어떤 의도를 놓지 않고서도, (그러므로 자연의 순전한 기
계성에서), 전혀 숨겨져 **있을 수** 없다고 판단한다면, 이것 또한 주제 넘은
일이다. 대체 우리는 이것을 어디에서 알려 한다는 말인가? 순수 이성의
판단이 문제가 되는 곳에서는 개연성이란 전혀 도외시된다.—그러므로
우리는, 우리가 정당하게 자연목적들이라고 부르는 것의 기초에 의도들
에 따라서 행위하는 존재자가 세계원인으로서 (그러니까 창시자로서) 놓여
있는가 어떤가 하는 명제에 관해서 객관적으로는, 긍정적으로든 부정적
으로든, 전혀 판단할 수가 없다. 단지 확실한 것은, 만약 우리가 적어도
우리 자신의 자연본성이 우리가 통찰하도록 허용한 바에 따라 (즉 우리
이성의 조건들과 경계들에 따라) 판단해야 한다면, 우리는 단적으로 저 자
연목적들의 가능성의 기초에 하나의 지성적 존재자 외에 다른 어떤 것도
놓을 수 없다는 사실이다. 이것만이 우리의 반성적 판단력의 준칙에, 따
라서 주관적인, 그러나 인류에게 소홀히 할 수 없게 부수해 있는 근거에 B339 V401

맞는 것이다.

§76
주해

이 고찰은 초월철학에서는 상세하게 다룰 가치가 충분히 있는 것이지만, 여기서는 (여기서 논술하는 것의 증명을 위해서가 아니라) 해명을 위해서 단지 삽화적으로만 다룬다.

이성은 원리들의 능력으로서, 그 극한적인 요구에서는 무조건자를 향해 있다. 이에 반해 지성은 언제나 다만 주어지지 않으면 안 되는 어떤 조건 아래에서만 이성에게 봉사한다. 그러나 그것들의 객관적 실재성이 주어지지 않으면 안 되는 지성의 개념들 없이는 이성은 전혀 객관적으로 (종합적으로) 판단할 수가 없으며, 이론적 이성으로서 독자적으로는 절대로 아무런 구성적 원리를 함유하지 못하고, 한낱 규제적 원리만을 함유한다. 우리가 이내 알게 되는바, 지성이 뒤따를 수 없는 곳에서, 이성은 초절적이 되며, 근거 지어진 이념들—규제적 원리들로서의—에서 자신을 드러내기는 하지만[84], 객관적으로 타당한 개념들에서 자신을 드러내는 것은 아니다. 그러나 지성은 이성과 보조를 취할 수 없으면서도,—객관들의 타당성을 위해서는 꼭 필요할 터인바—이성의 저 이념들의 타당성을 주관에만, 그것도 이런 유의 모든 주관에 보편적으로 국한한다. 다시 말해 지성은 저 이념들의 타당성을, 우리 (인간의) 인식능력의 자연본성에 따라, 또는 일반적으로 **우리가** 유한한 이성적 존재자 일반의 능력에서 **얻을** 수 있는 개념에 따라 그렇게밖에는 달리 생각할 수 없고 또 달리 생각해서는 안 된다고
B340 하는 조건에 국한한다. 그러한 판단의 근거가 객관에 놓여 있다고 주장하지는 않으면서도 말이다. 우리는 실례들을 들고자 하는데, 이 실례들은 너

---

84) AA에 따름. 칸트 원문대로 읽으면, "먼저 근거 지어진 이념들—규제적 원리들로서의—에서 자신을 드러내고".

무나 중요하기는 하나 **매우 어려워서**[85], 여기서 곧바로 입증된 명제들로 독자에게 들이대지는 못하지만, 독자에게 숙고할 재료를 제공하고, 여기에서 우리의 본래 과제인 것의 해명을 위해 기여할 수 있는 것이다.

사물들의 가능성과 현실성을 구별하는 것은 인간 지성에게는 불가피하게 필연적인 일이다. 그 구별의 근거는 주관 및 주관의 인식능력들의 자연본성 안에 있다. 왜냐하면, 이 인식능력들의 실행을 위해서 두 가지 전혀 이질적인 요소들, 즉 개념들에 대해서 지성, 개념들에 대응하는 객관들에 대해서 감성적 직관이 필요하지 않다면, (가능적인 것과 현실적인 것 사이의) 그러한 구별은 없을 터이기 때문이다. 곧 우리의 지성이 직관 V402
인 것이라면, 지성은 현실적인 것 외에는 아무런 대상도 갖지 못할 터이다. (한낱 대상의 가능성과 관련한) 개념들과 (우리에게 무엇인가를 주는, 그럼에도 그에 의해 그것이 대상으로 인식되지는 않는) 감성적 직관들 둘 다 사라질 터이다. 무릇, 그러나 한낱 가능적인 것과 현실적인 것에 대한 우리의 모든 구별은, 전자가 단지 우리의 개념과의 관계에서 그리고 일반적으로 사고하는 능력과의 관계에서 사물의 표상의 설정을 의미한다면, 후자는 (**이 개념 밖에**)[86] 사물 그 자체의 정립을 의미한다는 사실에 의거한다. 그러므로 가능한 사물들과 현실적 사물들의 구별은 한낱 주관적으로만 인간의 지성에 타당한 그런 구별이다. 우리는 곧 어떤 것이 있지 않아도 그것을 언제나 사유 속에 가질 수 있고, 그것에 대한 아무런 개념을 가지고 있지 않아도 주어진 것으로 표상하기 때문이다. 그러므로 사물들이 현실적이지 않으면서도 가능할 수 있다는 명제, 그러므로 순전한 가능성으로부터는 현실성이 전혀 추론될 수 없다는 명제는 인간 이성에 전적으로 B341
옳게 타당하지만, 그렇다고 이 구별이 사물들 자신 안에 놓여 있다는 것을 증명하지는 않는다. 왜냐하면, 이것이 그로부터 추론될 수 없다는 것, 그러니까 저 명제들은 물론, 감성적으로-조건 지어져 있는 것인 우리의

85) B판 추가.
86) B판 추가.

인식능력들이, 감관의 객관들도 다루는 한, 물론 객관들에도 타당하기는 하지만, 그러나 사물들 일반에는 타당하지 않다는 사실은, 어떤 무엇인가(원근거)를 무조건적으로 필연적으로 실존하는 것으로 받아들이라는 이성의 부단한 요구로부터 분명해지기 때문이다. 이러한 원근거에서는 가능성과 현실성이 전혀 더 이상 구별되어서는 안 될 것이며, 또 그 이념에 대해서 우리 지성은 절대 아무런 개념도 가지지 않을 것이니, 다시 말해 지성이 그러한 사물과 그러한 사물의 실존 방식을 어떻게 표상해야만 하는가를 알 수 없으니 말이다. 만약 지성이 그것을 **사고한다**면—지성이 그것을 어떻게 사고하든지 간에—그것은 한낱 가능한 것으로만 표상되고 있기 때문이다. 지성이 그것을 직관에서 주어진 것으로 의식한다면, 그것은 현실적인 것으로, 이 경우 가능성에 대해서 무엇인가가 사고되지 않는다. 그래서 절대필연적인 존재자라는 개념은 불가결한 이성이념이기는 하지만, 인간 지성에게는 도달할 수 없는 문제성 있는 개념이다. 그럼에도 이 개념은 그 특유한 성질에 따르는 우리 인식능력들의 사용을 위해 타당하고, 그러니까 객관에 대해 그리고 인식하는 존재자 각각에 대해서는 타당한 것이 아니다. 왜냐하면, 나는 인식하는 존재자 각각에게서 사고와 직관을 그의 인식능력을 행사하는, 그러니까 사물들의
V403 가능성과 현실성의, 두 가지 서로 다른 조건들로서 전제할 수 없기 때문이다. 이런 구별이 일어나지 않는 지성이 있다면, 그런 지성에게는 '내가 인식하는 모든 객관들은 **있다**(실존한다)'고 일컬을 수 있겠다. 그리고 실존하지 않는 몇몇 객관들의 가능성, 다시 말해 그것들이 실존한다면,
B342 그것들의 우연성, 그러므로 또한 이 우연성과 구별되는 필연성은 그러한 존재자의 표상에는 전혀 들어올 수가 없을 터이다. 그러나 우리의 지성에게 여기서 자기의 개념들을 가지고 이성과 겨루는 것이 그토록 어려운 것은 오로지, 인간의 지성인 우리의 지성에게는 이성이 객관에 속하는 것으로 보아 원리로 삼고 있는 것이 초절적이라(다시 말해, 그의 인식의 주관적 조건들에 따라서는 불가능하다)는 데에 있다.—그런데 이런 때는 언

제나, 우리는 모든 객관들을, 이 객관들의 인식이 지성의 능력을 넘어서는 경우에는 인식 능력을 행사하는 주관적인, 우리의 (다시 말해, 인간의) 자연본성에 필연적으로 부착해 있는 조건들에 따라 사고한다는 준칙이 타당〔유효〕하다. 그리고 만약 이런 방식으로 내려진 판단들이 (초절적 개념들에 대해서도 다를 수 없는 바처럼) 객관을 그 성질 그대로 규정하는 구성적 원리들일 수 없다면, 그래도 그것은 규제적인, 그 행사에 있어서 내재적이고 확실하며, 인간의 의도에 알맞은 원리들로 남을 것이다.

이성이 자연에 대한 이론적 고찰에서 자연의 원근거의 무조건적 필연성이라는 이념을 상정하지 않을 수 없듯이, 실천적 고찰에서도 자기 자신의 (자연에 대한) 무조건적 원인성, 다시 말해 자유를 전제하는데, 그것은 이성이 자기의 도덕적 지시명령을 의식하기 때문이다. 그러나 무릇 이 경우 의무로서의 행위의 객관적 필연성은〔객관적으로 필연적인 행위는〕, 그 행위의 근거가 자연에 있고, 자유에 (다시 말해, 이성의 원인성에) 있지 않다면, 그 행위가 사건으로서 가질 터인 필연성과 대립하며, 도덕적으로–단적으로–필연적인 행위는 물리적으로는 전적으로 우연적인 것으로 간주된다. (다시 말해, 필연적으로 일어났**어야 할** 일이 자주 일어나지 않는다.) 그렇기에 명백한 것은, 도덕법칙들이 지시명령〔계명〕으로 (그리고 이에 맞는 행위들이 의무로) 표상될 수밖에 없고, 이성이 이 필연성을 **존** B343
재(일어나는 것)를 통해서가 아니라, 존재–당위〔존재해야 할 것〕를 통해 표현하는 일은 단지 우리 실천 능력의 주관적 성질에서 기인한다는 사실이다. 이런 일은, 만약 이성이 (이성을 자연의 대상들에 적용하는 주관적 조건인) 감성 없이 그 자신의 원인성의 면에서, 그러니까 하나의 예지적인, 도덕법칙과 일관되게 합치하는 세계에 있는 원인으로서 고찰된다면, 일 V404
어나지 않을 터이다. 이런 예지적 세계에서는 당위와 행함 사이에, 우리에 의해서 가능한 것에 대한 실천적 법칙과 우리에 의해서 현실적인 것에 대한 이론적 법칙 사이에 아무런 구별도 없을 것이기 때문이다. 그런데 예지적 세계에서는 모든 것이 (어떤 선한 것으로) 가능하다는 단지 그 때문에 현실적일 터이다. 이런 예지적 세계는, 그리고 이런 예지적 세계의 형식적 조건인 자유조차도, 우리에게는 초절적 개념으로서, 그것은 하나의 객관과 그것의 객관적 실재성을 규정하는 구성적 원리로서는 쓸모가 없다. 그럼에도 후자[87]는 우리의 (부분적으로 감성적인) 자연본성과 능력의 성질상 우리에 대해서 그리고 감각세계와 결합되어 있는 모든 이성적 존재자들—우리가 이 이성적 존재자들을 우리의 이성의 성질대로 표상하는 한—에 대해서 하나의 보편적인 **규제적 원리**로 쓰인다. 이 규제적 원리는 원인성의 **형식**으로서의 자유의 성질을 객관적으로 규정하지 않고, 오히려, 그것도 마치 이런 일이 일어난 양, 그에 못지 않은 타당성을 가지고서 저 이념[88]에 따르는 행위들의 규칙을 모든 사람에 대하여 지시명령으로 만든다.

마찬가지로 사람들은 우리의 당면한 경우에 관해서도 다음과 같은 것을 용인할 수 있을 것이다. 즉 만일 우리의 지성이 보편적인 것으로부터
B344 특수한 것으로 나아갈 수밖에 없고, 그러므로 판단력이 그 아래에 저 특수한 것을 포섭할 수 있는 보편적 법칙을 가지지 않고서는 특수한 것에 대해서 아무런 합목적성을 인식할 수가 없으며, 그러니까 아무런 규정적 판단을 내릴 수 없는, 그런 방식의 것이 아니라면, 우리는 자연기계성과 자연의 기술, 다시 말해 자연에서의 목적연결 사이에 아무런 구별도 발견하지 못할 터이다. 그러나 이제 특수한 것은, 그 자체로, 보편적인 것에 대해서 어떤 우연적인 것을 함유하고, 그럼에도 불구하고 이성은 자연의 특수한 법칙들을 결합함에 있어 또한 통일성을, 그러니까 법칙성을 —우연적인 것의 이 법칙성을 합목적성이라고 일컫거니와—요구하되, 저 특수한 법칙들이 자기 안에 우연적인 것을 함유하고 있는 점에서 볼 때 특수한 법칙들을 보편적인 법칙들로부터 도출하는 것은 선험적으로 객관의 개념을 규정함으로는 불가능하다. 그렇기에 자연의 산물들에 있

87) 곧, 자유.

88) 곧, 자유의 이념.

어서의 자연의 합목적성 개념은 자연에 관한 인간의 판단력에 대해서는 필연적인, 그러나 객관들 자체의 규정에는 관계하지 않는 개념일 것이고, 그러므로 판단력을 위한 이성의 주관적 원리일 것이다. (구성적인 것이 아니라) 규제적인 것으로서 이 원리는 우리 **인간의 판단력**에 대해서는 마치 그것이 객관적 원리인 것처럼 필연적으로 타당하다.

§77 V405
우리에게 자연목적 개념을 가능하게 하는 인간 지성의 특유성에 대하여

우리는 위의 주해에서 우리의 (그것도 상위의) 인식능력들의 특유성들을 언급했거니와, 이것들을 쉽사리 객관적 술어들로 사상〔事象〕들 자체에 전용하려는 유혹을 받는다. 그러나 이 특유성들은 이념들에 들어맞는 것으로, 경험에서는 이런 이념에 알맞은 대상이 주어질 수 없고, 그렇기 B345
에 이 이념들은 경험을 추궁하는 데 규제적 원리들로만 쓰일 수 있겠다. 자연목적의 개념에 관해서도 사정은 마찬가지이니, 그러한 술어의 가능성의 원인에 대해 말할 것 같으면, 그 원인은 오로지 이념 안에만 놓여 있을 수 있다. 그러나 이 이념에 의거해 나온 결과(즉 산물 자체)는 그럼에도 자연 안에 주어져 있어서, 자연의 인과성이라는 개념은, 목적들에 따라 행위하는 존재자 개념으로서, 자연목적의 이념을 자연목적의 구성적 원리로 삼고 있는 것처럼 보인다. 그리고 이 점에서 자연목적의 이념은 다른 모든 이념들과는 구별된다.

그러나 이 구별은 이 이념이 지성을 위한 이성원리가 아니라, 판단력을 위한, 그러니까 오로지 지성 일반을 경험의 가능한 대상에 대해 적용하기 위한 이성원리라는 데에 있다. 그것도, 판단이 규정적이 아니라, 한낱 반성적일 수 있는 경우에, 그러니까 대상이 경험 중에서 주어지기는 하지만, 그것에 관해서는 이 이념에 맞춰 결코 **규정적**으로 (하물며 온전히 알맞게) **판단할** 수가 없고, 단지 그 대상에 관해서 반성할 수 있을 뿐인 경우에 말이다.

그러므로 현안은 판단력과 관련한, 판단력이 자연의 사물들에 관해 반성할 때의 **우리의** (인간의) 지성의 특유성에 관한 것이다. 그러나 만약 그러하다면, 이 경우 그 기초에는 우리 인간의 지성과는 다른 가능한 지
B346 성의 이념이 있지 않으면 안 된다. (그것은 우리가 『순수이성비판』에서, 우리의 직관을 한 특수한 종류의 직관, 곧 단지 현상들로서의 대상들에만 타당한 직관으로 간주해야만 했을 때, 다른 가능한 직관을 염두에 두지 않을 수 없었던 것과 같다.[89]) 이래야만 우리는 다음과 같이 말할 수 있다. 즉 어떤 자연산물들은 우리 지성의 특수한 성질상 **우리에 의해** 그것들의 가능성의 면에서 볼 때 의도적으로 그리고 목적들로 산출된 것으로 **간주될 수밖에 없다**고. 그러면서도 우리는 목적의 표상을 자기의 규정근거로 갖는 하나
V406 의 특수한 원인이 실제로 있을 것을 요구하지는 않으며, 그러니까 우리는, 인간의 지성과는 다른 (보다 고차적인) 지성이 자연의 기계성에서도, 다시 말해 오직 하나의 지성이 원인으로 상정되지는 않는 인과결합에서도, 자연의 그러한 산물들을 가능하게 하는 근거와 마주칠 수 있음을 부인하지는 않는다고.

그러므로 여기에서 중요한 것은 **우리의** 지성의 판단력에 대한 관계인데, 우리는 곧 이 관계에서 다른 가능한 지성들과 구별되는 우리 지성의 특유성인 우리 지성의 성질의 어떤 우연성을 주목하기 위해, 이 우연성을 찾아낸다.

이 우연성은 판단력이 지성개념들의 **보편적인** 것 아래에 포섭해야 할 **특수한** 것에서 아주 자연스럽게 발견된다. 왜냐하면, 특수한 것은 **우리**
B347 **의** (인간의) 지성의 보편적인 것에 의해서 규정되어 있지 않기 때문이다. 그리고 서로 구별되면서도 공통의 징표에서 합치하는 사물들이 얼마나

89) 우리 인간의 감성적 직관과 그와 대비되는 근원적 직관으로서의 지성적 직관의 구별에 대해서는 『순수이성비판』, 특히 B72 참조.

다양한 방식으로 우리의 지각에 나타날 수 있는가는 우연적인 일이다. 우리의 지성은 개념들의 능력, 다시 말해 논변적인 지성으로, 자연에서 이 지성에게 주어져 그의 개념들 아래 보내질 수 있는 특수한 것이 몇 종류이고 얼마나 다를 수 있는가는 우연적인 일일 수밖에 없다. 그러나 인식에는 직관도 필요한바, **직관의 온전한 자발성**의 능력은 감성과는 구별되고, 감성에는 전적으로 의존해 있지 않은 인식능력, 그러니까 가장 일반적인 의미에서 지성일 것이므로, 우리는 (소극적으로, 곧 한낱 논변적이 아닌) **직관적** 지성을 생각해볼 수도 있다. 이러한 지성은 보편적인 것에서 특수한 것으로, 그리고 그런 식으로 개별적인 것으로 (개념들을 통해) 나가는 것이 아니고, 이러한 지성에게는 **특수한** 법칙들에 따르는 그 산물들에서 자연이 지성과 일치하는 저 우연성을 마주치지도 않을 것이다. 이 우연성이야말로 우리 지성에게 자연의 잡다한 것을 인식의 통일로 보내는 일을 그토록 어렵게 만드는 것이다. 그러나 우리의 지성이 오직 자연징표들의 우리의 개념들의 능력과의 매우 우연적인 합치를 통해서만 성취할 수 있는 이 일을 직관하는 지성은 할 필요가 없다.

그러므로 우리 지성은 판단력에 대해 고유성을 가지니, 지성에 의한 B348
인식에서 보편적인 것에 의해 특수한 것은 규정되지 않으며, 이 특수한 것은 그러므로 저 보편적인 것으로부터 도출될 수 있는 것이 아니라는 것이다. 그럼에도 불구하고 자연의 잡다성에 있어서의 이 특수한 것은 V407
그 아래에 포섭될 수 있기 위해서는 보편적인 것과 (개념들과 법칙들을 통해) 부합해야만 하는데, 이러한 부합은 그러한 상황에서는 매우 우연적이고, 판단력을 위한 일정한 원리도 없는 것일 수밖에 없다.

그럼에도 불구하고 무릇 자연의 사물들의 판단력과의 그러한 부합—이 부합을 우리는 우연적인 것으로, 그러니까 단지 그러한 부합에 지향된 목적에 의해서만 가능한 것으로 표상하거니와—의 가능성을 적어도 생각할 수 있기 위해서는 우리는 동시에 하나의 다른 지성을 생각하지 않으면 안 되며, 이 지성과의 관계에서 그리고 이 지성에 부여된 모든 목적에 앞서 우리는 자연법칙들과 우리의 판단력과의 저 부합을, 즉 우리의 지성에게는 오직 목적들이라는 결합수단을 통해서만 생각될 수 있는 저 부합을 **필연적인** 것으로 표상할 수 있는 것이다.

우리 지성은 곧 그의 인식에서, 예컨대 어떤 산물의 원인에 대한 인식에서 **분석적으로-보편적인** 것(개념들)으로부터 특수한 것(주어진 경험적 직관)으로 나가지 않을 수 없다는 특성을 갖는다. 그러므로 이 경우 지성은 직관의 잡다에 대해서는 아무것도 규정하는 바가 없고, 오히려 이
B349 러한 규정을 경험적 직관을—대상이 자연산물일 때—개념 아래 포섭하는 판단력에게 기대하지 않으면 안 된다. 그러나 이제 우리는 또 하나의 지성을 생각할 수 있으니, 이 지성은 우리의 지성과는 같지 않게 논변적이지 않고 직관적이므로, 이 지성은 **종합적으로-보편적인** 것(하나의 전체 그 자체에 대한 직관)으로부터 특수한 것으로, 다시 말해 전체로부터 부분들로 나아간다. 그러므로 이 지성과 이 지성의 전체에 대한 표상은 전체의 일정한 형식을 가능하게 하기 위한 부분들의 결합의 **우연성**을 자기 안에 함유하고 있지 않다. 〔그러나〕 우리 지성은 이런 우연성을 필요로 한다. 우리 지성은 보편적으로 생각된 근거들인 부분들로부터 귀결들인 그 근거들 아래 포섭될 수 있는 여러 가지의 가능한 형식들로 나아갈 수밖에 없으니 말이다. 이에 반해 우리 지성의 성질상 자연의 실재적인 전체는 단지 부분들의 경합하는 운동력들의 작용결과로 간주되어야 한다. 그러므로 우리가 우리의 논변적 지성에 의거해 전체의 가능성을 부분들에 의존해 있는 것으로 표상하지 않고, 직관적(원형적[90]) 지성의 기준에 따라 부분들의 가능성을 (그것들의 성질과 결합의 면에서) 전체에 의존해 있는 것으로 표상한다면, 이런 일은 우리 지성의 바로 그와 같은 특유성에 따라 일어날 수가 없다. 그래서 전체가 부분들의 연결을 가능하게 하는 근거를 함유하지 않고,—이런 일은 논변적 인식방식에서는 모순이겠

---

90) 원어: urbildlich.

다—단지, 전체라는 **표상**이 전체라는 것의 형식을 가능하게 하고 전체 에 필요한 부분들의 연결을 가능하게 하는 근거를 함유하는 것이다. 그러나 그때에 그 **표상**이 자기의 가능성의 **원인**으로 간주되는 전체는 결과(**산물**)이겠고, 어떤 원인의 규정근거가 순전히 그 원인에서 나오는 결과의 표상일 때, 그러한 원인의 산물을 목적이라고 일컬으므로, 이로부터 나오는 결론은, 만약 우리가 자연의 산물들을 물질의 자연법칙들의 인과성과는 다른 인과성에 따라서, 곧 단지 목적들 및 목적인들의 인과성에 따라서만 가능한 것으로 표상한다면, 그것은 한낱 우리 지성의 특수한 성질로부터의 귀결이라는 것과, 이 원리는 이러한 산출방식에 따르는 그러한 사물들 자신—현상들로 고찰된다 해도—의 가능성에 관계하는 것이 아니라, 그러한 사물들에 대한 우리의 지성에게 가능한 판정에 관계한다는 것이다. 이때 우리는 동시에, 왜 우리가 자연학에서 목적들에 따르는 인과성에 의한 자연 산물들의 설명에 만족하지 못하는가를, 우리가 곧 그런 설명에 있어서는 자연산출을 한낱 그것을 판정하는 우리 능력에만, 다시 말해 반성적 판단력에만 맞게 판정할 것을 요구하고, 규정적 판단력을 위해 사물들 자신에게 맞게 판정할 것은 요구하지 않기 때문임을 통찰한다. 또한 이 경우에 그러한 原型 知性[91]이 가능함을 증명할 필요는 전혀 없고, 단지, 우리는 우리의 논변적인, 형상들을 필요로 하는 지성(模型 知性[92]) 및 그러한 성질의 우연성을 〔저 원형 지성에〕 마주 세움으로써 (原型 知性이라는) 저 이념에 이르게 된다는 것, 그리고 이 이념 또한 아무런 모순을 함유하지 않는다는 것만을 증명하면 된다. B350 V408 B351

만약 우리가 이제 물질의 전체를 그 형식의 면에서 부분들과 이 부분들이 스스로 결합하는 힘들 및 능력들—이 부분들이 서로 전달하는 다른 물질들을 덧붙여 생각해서—의 산물로 본다면, 우리는 이 전체의 기계적 산출방식을 표상하는 것이다. 그러나 이런 방식으로는 목적으로서

91) 원어: intellectus archetypus. 『순수이성비판』, A695=B723 참조.

92) 원어: intellectus ectypus.

의 전체 개념이 나오지 않는다. 이것의 내적 가능성은 어디까지나 전체
라는 이념을 전제하는 것이고, 우리가 하나의 유기체를 〔그렇게〕 표상
하지 않을 수 없듯이, 부분들의 성질과 작용방식은 바로 이런 전체의 이
념에 의존하고 있다. 그러나 이로부터, 방금 지적되었듯이, 그러한 물체
의 기계적 산출이 불가능하다는 결론이 나오지는 않는다. 왜냐하면 이
것은 다음과 같이 말하는 것과 같겠기 때문이다. 즉 잡다의 연결에 있어
서 그러한 통일은, 통일의 이념이 동시에 통일을 산출하는 원인이지 않
고서는, 다시 말해 의도적 만들어냄이 없이는, **어떤 지성에게나** 불가능
V409 하다(다시 말해, 모순적이다)고 표상될 수밖에 없다고. 그럼에도 불구하고,
만약 우리가 물질적 존재자들을 사물들 그 자체로 간주할 정당성을 갖는
다면, 이런 결론이 실제로 나올 터이다. 왜냐하면 그때에는, 자연형성물
B352 들을 가능하게 하는 근거를 이루는 통일은 오로지 공간의 통일뿐일 터인
데, 공간은 산출들의 실재근거가 아니라, 단지 형식적인 조건일 따름이
기 때문이다. 물론 공간은 그 안에서 어떤 부분도 전체와의 관계를 떠나
서는—그러므로 전체의 표상이 부분들의 가능성의 기초에 놓여 있다[93)]
—규정될 수 없다는 점에서 우리가 찾고 있는 실재근거와 약간 유사성
이 있다. 그럼에도 적어도, 물질적 세계를 순전한 현상으로 보고, (현상
이 아닌) 사물 그 자체로서의 어떤 것을 기체〔基體〕로 생각하며, 그러나
이 기체의 근저에 대응하는 지성적 직관—그것이 우리의 직관은 아닐지
라도—을 놓는 일이 가능하기는 하므로, 우리 자신이 그 일원인 자연에
대하여 비록 우리에게 인식되지는 않지만 어떤 초감성적 실재근거가 생
길 터이다. 그러므로 그러한 자연에서 우리는 감관의 대상으로서 필연적
인 것을 기계적 법칙들에 따라서 고찰하지만, 특수한 법칙들의 일치와
통일, 그리고 이 특수한 법칙들에 따르는, 우리가 저 기계적 법칙들에 대
해서는, 우연적인 것이라고 판정할 수밖에 없는 형식들의 일치와 통일을

93) 본질적으로 '하나'인 전체 속에서만 그 부분들이 생각될 수 있는, 순수직관으로서의 공간에 대한 설명은 『순수이성비판』, A25=B39 참조.

자연에서 이성의 대상들로 (아니 체계로서의 자연전체로) 동시에 목적론적 법칙들에 따라서 고찰하겠다. 우리는 자연을 두 가지 원리에 따라서, 기계적 설명방식이 목적론적 설명방식에 의해, 마치 양자가 서로 모순이나 되는 것처럼 배제됨 없이 판정하겠다.

이로부터 우리가 흔히 쉽게 추측은 할 수 있었지만, 확신을 가지고 주
장하고 증명하기는 어려웠던 것도 통찰될 수 있은즉, 합목적적 자연산물 B353
들의 기계적 도출 원리는 목적론적 원리와 병립할 수 있기는 하지만, 이
후자를 결코 없어도 되는 것으로 만들 수는 없겠다. 다시 말해, 사람들은
우리가 자연목적으로 판정하지 않을 수 없는 사물(즉 유기적 사물)에서 모
든 알려져 있는 그리고 아직도 발견될 수 있는 기계적 산출의 법칙들을
시험해볼 수도 있고, 그로써 훌륭한 진전을 얻을 것을 희망해도 좋지만,
그러한 산물의 가능성을 위해서는 기계적 산출과는 전혀 다른 산출근거,
곧 목적들에 의한 인과성의 산출근거를 불러들이는 일을 면할 수가 없
다. 그리고 절대로 어떠한 인간적 이성도 (정도의 면에서 제아무리 우리의
이성을 넘어선다 해도, 질의 면에서 우리의 이성과 유사할 터인, 어떠한 유한한
이성도) 단 하나의 풀잎의 산출이라도 한낱 기계적 원인들에 의해 이해하
기를 희망할 수는 없다. 무릇 그러한 대상의 가능성을 위한 원인들과 결 V410
과들의 목적론적 연결은 단지 경험을 실마리로 해서 이 가능성을 연구하
기 위해서조차도 판단력에게는 전적으로 불가결한 것이다. 그리고 현상
들로서의 외적 대상들에 대해서는 목적들과 관계되는 충분한 근거는 전
혀 마주칠 수가 없다. 오히려 자연 가운데 놓여 있는 이 근거는 오로지
자연의 초감성적 기체에서 찾지 않으면 안 된다. 그러나 우리에게 이 기
체에 대한 모든 가능한 통찰은 차단되어 있다. 그렇다고 한다면, 목적결 B354
합들을 위한 자연 자신으로부터 끌어낸 설명근거를 얻는다는 것은 우리
에게는 단적으로 불가능한 것이다. 그러니 인간 인식능력의 성질상 그러
한 목적결합을 위한 최상의 근거를 세계원인으로서의 어떤 근원적 지성
에서 찾는 것은 필연적인 일이다.

§78

자연의 기술에서
물질의 보편적 기계성의 원리와 목적론적 원리의 통합에 대하여

자연의 산출들에 있어서 자연의 기계성을 빠뜨리지 않으며, 자연의 산출들을 설명함에 있어 그것을 간과하지 않는다는 것은 이성에게는 한없이 중요한 일이다. 왜냐하면 자연의 기계성 없이는 사물들의 자연본성에 대한[94] 어떠한 통찰도 성취될 수 없기 때문이다. 설령 사람들이 최고의 건축가가 자연의 형식들을 예부터 있는 그대로 직접 창조했다거나, 자연의 행정〔行程〕에서 동일한 범형에 따라 연속적으로 자신을 형성해가는 자연의 형식들을 예정해놓았다고 함을 용인한다고 할지라도, 그에 의해 자연에 대한 우리의 인식이 조금도 촉진되지 않는다. 왜냐하면, 우리는 저 〔최고〕 존재자의 행위방식과 자연존재자들을 가능하게 할 원리들을 함유해야 할 저 존재자의 이념들을 전혀 알지 못하며, 이것으로부터, 즉 위로부터 아래로 내려가면서(선험적으로)는 자연을 설명할 수 없기 때문이다. 그러나 우리가 경험의 대상들의 형식들로부터, 그러므로 아래에서 위로 올라가면서(후험적으로), 우리는 이 형식들에서 합목적성
B355 을 마주칠 것을 믿기 때문에, 이 합목적성을 설명하기 위해, 목적들에 따라 작용하는 하나의 원인을 불러들이고자 한다면, 우리는 전적으로 동어반복적으로 설명하는 것이겠고, 말로써 이성을 기만하는 것이겠다. 우리가 이런 설명방식을 가지고서 초절적인 것으로 빠져들어가, 자연지식[95]이 거기까지 우리를 따라올 수 없으면 이성은 시적으로 몽상하는 유혹에 빠지는바, 이것을 방지하는 것이야말로 바로 이성의 가장 중요한 사명임은 언급할 필요도 없는 일이다.

V411 다른 측면에서 보면, 자연의 산물들에서 목적들의 원리를 간과하지

94) AA에 따름. 원문대로 읽으면, "자연본성에서".

95) C판: "자연인식".

않는 것 또한 똑같이 이성의 필연적인 준칙이다. 왜냐하면, 비록 이 원리가 자연 산물들의 발생방식을 우리가 더 잘 파악할 수 있도록 해주지는 않지만, 자연의 특수한 법칙들을 탐구하기 위한 하나의 발견적 원리이기 때문이다. 이것은, 사람들이 자연 자신을 그에 따라 설명하기 위해 이 원리를 사용하려 하지 않는다고 해도 그러하다. 비록 자연 산물들이 의도적인 목적통일을 명백하게 현시한다고 해도, 사람들이 그런 한에서 자연 산물들을 언제나 단지 자연목적들이라고 부를 뿐, 다시 말해 자연을 넘어서 자연 산물들의 가능성의 근거를 찾지는 않으니 말이다. 그럼에도 종내에는 이 가능성에 대한 물음이 제기될 수밖에 없으므로, 그러한 산물들에 대해서는 자연 속에서는 발견되지 않는 특수한 종류의 인과성을 생각하는 것이, 자연원인들의 기계조직이 그 자신의 인과성을 가지는 것이나 마찬가지로, 역시 필연적이다. 물질이 기계조직에서 가질 수 있는 더 많은 다른 형식들의 수용성을 위해서는 그 밖에도 어떤 원인— B356
그러므로 이것이 물질일 수는 없다—의 자발성이 덧붙여질 수밖에 없는데, 이 자발성이 없으면 저 형식들의 어떠한 근거도 제시될 수 없으니 말이다. 물론 이성은 이 발걸음을 내딛기 전에 조심스럽게 수행절차를 밟아야 하며, 자연의 모든 기술을, 다시 말해 우리의 순전한 포착에 대하여 (정규의 물체들에서처럼) 그 자체로 형태의 합목적성을 보여주는, 자연의 생산적 능력을 목적론적인 것으로 설명하려고 해서는 안 되고, 오히려 언제나 그런 한에서 한낱 기계적으로-가능한 것으로 보아야 한다. 그러나 그것을 넘어 목적론적 원리를 전혀 배제하고, 자연형식들의 가능성을 그 형식들의 원인들에 의해 이성적 연구를 함에 있어 합목적성이 전혀 부정할 수 없게 다른 종류의 인과성과의 관계로 나타나는 경우에도 언제나 순전한 기계성을 좇고자 하는 것은, 이성을 환상에 빠지도록 만들고, 전혀 생각될 수도 없는 자연능력이라는 환영 가운데서 헤매도록 만들 수밖에 없는 것이니, 이는 자연기계성을 전혀 고려하지 않은 한낱 목적론적 설명방식이 이성을 몽상하도록 했던 것이나 꼭 마찬가지이다.

자연의 동일한 사물에서 두 원리[96]는 한 원리를 다른 원리로부터 설명(연역)하는 원칙들로 연결되지 못한다. 다시 말해 규정적 판단력을 위한 교조적이고 구성적인 자연통찰의 원리들로 통합되지 못한다. 만약 내
B357 가 예컨대 구더기에 대해, 그것을 물질의 순전한 기계성의(물질의 요소들이 부패에 의해 흩어질 때 그 자신만으로 성립되는 새로운 형성의) 산물로 보아
V412 야 한다고 상정하면, 나는 이제 목적들에 따라 활동하는 인과성인 그 동일한 물질로부터 바로 그 동일한 산물을 도출할 수가 없다. 거꾸로, 만약 내가 동일한 산물을 자연목적으로 상정하면, 나는 그 산물의 기계적 산출방식에 의지하여 그러한 산출방식을 그 가능성의 면에서 보아 그 산물의 평가를 위한 구성적 원리로 상정할 수 없고, 그래서 두 원리를 통합할 수가 없다. 왜냐하면, 한 설명방식은 다른 설명방식을 배제하고, 그것은, 객관적으로 그러한 산물의 가능성의 두 근거가 유일한 근거에 의거하되, 우리가 이것을 고려하지 않는다고 가정해도 그러하다. 두 원리에 따라 자연을 판정함에 있어 두 원리의 합일을 가능하게 한다고 하는 원리는 두 원리의 외부에 (그러니까 가능한 경험적인 자연표상 밖에) 놓여 있으면서도 이것의 근거를 함유하고 있는 것 안에, 그러니까 초감성적인 것 안에 놓여 있지 **않으면 안 되며**, 두 설명방식 중 어느 것이나 이것과 관계 맺어지지 **않으면 안 된다**. 그런데 우리는 이것에 대해서는, 그것이 경험적 법칙들에 따르는 자연의 판정을 가능하게 하는 한 근거라는 불명확한 개념 외에는 아무것도 가질 수 없고, 그 밖에 그것을 어떤 술어에 의해서도 더 상세하게 규정할 수가 없으므로, 이 두 원리의 통합은 **규정적** 판단
B358 력에 대해 주어진 법칙들에 따라 산물의 가능성을 **설명**(釋明)하는 근거에 의거할 수는 없고, 단지 **반성적** 판단력에 대해 그 가능성을 **해설**(解說)[97] 하는 근거에 의거할 수 있을 뿐이라는 결론이 나온다. ―왜냐하면, 설명

96) 곧, 기계성의 원리와 목적들의 원리.

97) 이런 용어들의 구별과 사용법에 관해서는 『순수이성비판』, A729 이하=B757 이하 참조.

한다는 것은 원리로부터 도출한다는 것을 일컫는 것이고, 그러므로 사람들은 그 원리를 분명하게 인식하여 제시할 수 있어야 하기 때문이다. 그런데 자연의 기계성의 원리와 목적들에 따르는[98] 자연의 인과성의 원리는 하나의 동일한 자연산물에서 유일한 상위 원리 안에 연관되어 있고, 그 원리로부터 공통적으로 유래하지 않으면 안 되는 것이기는 하다. 그렇지 않으면 이 두 원리는 자연고찰에 있어서 병립할 수 없을 것이니 말이다. 그러나 만약 이 객관적으로–공통적인, 그러므로 또한 이에 의존하고 있는 자연연구의 준칙의 공통성도 정당화하는 원리가, 지시될 수는 있으나, 결코 명확하게 인식될 수 없고, 당면한 경우의 사용을 위해 분명하게 제시될 수 없는 종류의 것이라면, 그러한 원리로부터는 저 두 이질적인 원리들에 따라 가능한 자연산물의 가능성에 대한 어떠한 설명도, 다시 말해 어떠한 분명하고 명확한 도출도 이끌어내지지 않는다. 그런데 이제 한편으로는 기계적인, 다른 한편으로는 목적론적인 도출의 공통의 원리는 우리가 현상으로서의 자연의 근저에 놓을 수밖에는 없는 **초감성적인** 것이다. 그러나 이것에 대해 우리는 이론적 관점에서는 조금도 긍정적으로 규정된 개념을 가질 수가 없다. 그러므로 어떻게 해서 (자기의 V413
특수한 법칙들에 따르는) 자연이 그러한 것[99]을 원리로 해서 우리에 대해서 하나의 체계를 이루며, 이 체계가 물리적 원인들의 산출의 원리에 따 B359
라서도 목적인들의 원리에 따라서도 가능한 것으로 인식될 수 있는가는 결코 설명되지 않는다. 단지, (항상 자연존재자에 대해 권리를 주장하는) 기계성의 원리에 따라, 목적론적 원칙들에 의지함이 없이는, 우리에 의해 그 가능성이 생각될 수 없는 자연의 대상들이 나타나는 일이 일어날 경우에, 사람들은 자연산물을 판정하는 원리들 사이에서 현출하는 것으로 보이는 상충에 부딪침 없이, 안심하고 (자연산물의 가능성이 어느 편의 원리에 의해 우리의 지성에 인식될 수 있는가에 따라) 이 두 원리에 의거해 자연

98) AA에 따라 "목적들에 따르는"을 덧붙여 읽는다.
99) 곧, 초감성적인 것.

법칙들을 탐구해도 좋다는 것이 전제될 따름이다. 왜냐하면, 적어도 두 원리가 객관적으로도 한 원리에서 합일될 수 있다는 가능성은—이 두 원리는 하나의 초감성적 근거를 전제하고 있는 현상들에 관계하는 것이므로—보증되어 있기 때문이다.

그러므로 비록 자연의 기계성이, 그리고 자연의 목적론적 (의도적) 기교성이, 동일한 산물과 그것의 가능성에 관해, 특수한 법칙들에 따르는 자연의 하나의 공통의 상위 원리 아래에 종속할 수 있다 해도, 이 원리는 **초험적**인 것이므로, (유기적 물질들이 그러하듯이) 이러한 산물의 내적
B360 가능성조차 목적들에 따르는 인과성에 의해서만 **이해되는** 경우에도, 우리는 우리 지성의 제한성으로 인하여 두 원리를 동일한 자연산출의 **설명**에서 통합할 수가 없다. 그러므로 상술한 목적론의 원칙, 즉 인간 지성의 성질상 자연 안의 유기적 존재자들의 가능성을 위해서는 의도적으로 작용하는 원인 이외의 어떠한 원인도 상정될 수 없고, 자연의 순전한 기계성은 이러한 자연산물들을 설명하는 데 전혀 충분할 수 없다는 원칙을 고수한다. 그렇다고 그러한 사물들 자신의 가능성에 관해서 이 원칙을 통해 어떤 결정을 내리고자 하지 않고서도 말이다.

곧 이 원칙은 단지 반성적 판단력의 준칙일뿐, 규정적 판단력의 준칙이 아니다. 그래서 그것은 단지 우리에 대해서 주관적으로만 타당하고, 이런 종류의 사물들의 가능성에 대해서 객관적으로 타당한 것이 아니다. (이 경우 두 가지 산출방식이 아마도 하나의 동일한 근거에서 연관될 수는 있겠다.) 더 나아가 목적론적으로 생각된 산출방식에 덧붙여져야 할, 거기에서 동시에 마주칠 수 있는 자연의 기계성에 대한 개념이 없이는 그러한
V414 산출은 전혀 자연산물로 판정될 수 없겠다. 그렇기 때문에 위의 준칙은 동시에 사물들을 자연목적들로 판정하는 데서 두 원리를 통합하는 필연성을 수반하되, 한 산출방식을 다른 산출방식으로 전적으로 또는 부분적으로 대치하기 위한 것이 아니다. 왜냐하면, (우리에 의해 적어도) 단지 의도에 따라 가능한 것으로 생각되는 것 대신에 기계성이 상정되는 것

도 아니고, 기계성에 따라 필연적인 것으로 인식되는 것 대신에 어떤 목 B361
적을 규정근거로 필요로 하는 우연성이 상정되는 것도 아니며, 단지 한 산출방식(기계성)을 다른 산출방식(의도적인 기교성)에 종속시키는 것뿐으로, 이런 일은 자연의 합목적성의 초월적 원리에 따라 충분히 일어날 수 있기 때문이다.

무릇 목적들이 어떤 사물들의 가능성의 근거로 생각되는 곳에서는, 사람들은, 그 작용법칙이 **그 자체로는** 목적을 전제하는 아무런 것도 필요로 하지 않고, 그러니까 기계적이면서도 의도적인 작용결과들의 종속적인 원인일 수 있는 수단들도 상정하지 않을 수 없다. 그래서 자연의 유기적 산물들에서는 말할 것도 없고, 또 우리가 무한히 많은 유기적 산물들로 인하여, 특수한 법칙들에 따르는 자연원인들의 결합에서 의도적인 것을 이제 또한 (적어도 허용된 가설에 의해) 자연 전체(세계)에 대한 반성적 판단력의 **보편적 원리**로 상정하는 때에는 더더욱 자연의 산출들에 있어 기계적 법칙들과 목적론적 법칙들의 대대적인, 심지어는 보편적인 결합이 생각된다. 자연의 산물들을 판정하는 원리들을 혼동하거나 한 원리를 다른 원리로 대치시킴이 없이도 말이다. 왜냐하면, 목적론적 판정에서 물질은, 그것이 취하는 형식이 단지 의도에 따라 가능한 것으로 판정되는 경우에조차도, 그것의 자연본성상 기계적 법칙들에 따라서 저 표상된 목적에도 수단으로서 종속될 수 있기 때문이다. 그럼에도 불구하고, B362
이런 합일의 근거는 이 원리나 저 원리(기계성이나 목적결합)인 것이 아니라 자연의 초감성적 기체인 것에 **놓여**[100] 있으되, 이 기체에 대해서 우리는 아무것도 알지 못하므로, 우리의 (인간의) 이성에게 그러한 객관들의 가능성의 두 표상방식은 융합될 수가 없고, 우리는 그 가능성을 목적인들의 연결에 따라서 하나의 최상의 지성에 기초하는 것으로 판정하는 것 외에 달리 할 수가 없다. 그러므로 이에 의해 목적론적 설명방식이 손실

100) B판 추가.

을 입는 것은 아무것도 없다.

그러나 이제, 자연의 기계성이 자연에서의 모든 궁극의도를 위한 수단으로서 얼마만한 일을 하는가는 전적으로 무규정적이며 우리의 이성
V415 으로서는 영원히 규정할 수 없는 것이기도 하다. 그리고 위에서 언급한 바, 자연 일반의 가능성의 예지적 원리로 보아서, 자연은 어디까지나 보편적으로 일치하는 두 가지의 법칙들(물리적 법칙들과 목적인들의 법칙들)에 따라 가능하다고 상정될 수 있다. 그럼에도 불구하고 우리는 이런 일이 어떻게 일어나는가를 전혀 통찰할 수는 없다. 그렇기 때문에 우리는 또한 우리에게 가능한 기계적 설명방식이 어디까지 나아가는가도 알지 못한다. 단지 확실한 것은, 우리가 기계적 설명방식으로 제아무리 멀리까지 전진해간다 해도, 그것은 우리가 일단 자연목적들로 인정하는 사물들에 대해서는 언제나 불충분하며, 그러므로 우리는 우리 지성의 성질상
B363 저러한[101] 근거들을 모두 하나의 목적론적 원리 아래 종속시키지 않으면 안 된다는 사실뿐이다.

그런데 이 점에, 자연의 모든 산물들과 생기〔生起〕들은 가장 합목적적인 것들조차도 우리의 능력—우리는 이 능력의 경계를 이런 연구방식 내에서는 제시할 수가 없지만—이 미치는 한, 기계적으로 설명해야 한다는 권리가 기초하며, 또한 기계성의 원리에 따르는 자연연구가 우리의 이론적 이성사용에 대해 갖는 중요성으로 보아, 그런 것들을 기계적으로 설명해야 할 사명이 기초한다. 그러나 이때 이 점에, 우리는 우리가 이성의 목적의 개념 아래에서만 연구 자체를 위해 내놓을 수 있는 자연의 모든 산물들과 생기들을 우리 이성의 본질적 성질에 따라, 저 기계적 원인들에도 불구하고, 결국 목적들에 따르는 인과성에 종속시킬 수밖에 없다는 사실을 시야에서 결코 놓치지 말아야 할 권리와 사명이 기초한다.

101) 곧, 기계적.

부록[102)]

목적론적 판단력의 방법론[103)] B364 V416

§79

목적론은 자연이론에 속하는 것으로 다루어져야만 하는가

각각의 학문은 모든 학문의 백과 안에서 일정한 위치를 가져야만 한다. 그것이 하나의 철학적 학문이라면, 그것에게는 그 위치가 백과의 이론적 부문에나 실천적 부문 안에 지정되어야 하고, 만약 그것이 첫 번째 부문 안에 자리를 갖는다면, 그것이 경험의 대상일 수 있는 것을 고구하는 한에서는, 자연이론(따라서 물체론, 영혼론 그리고 일반 세계학[104)]) 안에나 또는 (경험의 모든 대상들의 총괄〔총체〕인 세계의 원근거의) 신〔神〕이론 안에 그 위치가 지정되지 않으면 안 된다.

이제 제기되는 물음은, '목적론에는 어떤 위치가 마땅한가?'이다. 그것은 (본래적으로 이른바) 자연과학에 속하는가, 아니면 신학에 속하는가? 둘 중의 하나일 수밖에 없다. 왜냐하면, 어떤 학문도 한 에서 다른 쪽으로의 이행로에 결코 속할 수가 없기 때문이다. 이런 이행로란 단지 체계의 분절〔관절〕이나 유기조직을 의미할 뿐, 이 체계 내에서의 어떤 자리를 의미하지 않으니 말이다.

비록 목적론이 신학에서 매우 중요하게 사용될 수 있다 할지라도, 목 B365

---

102) "부록"이라는 말 B판 추가.

103) 『순수이성비판』과 『실천이성비판』에서 '방법론'은 '요소론'에 대응하는 것이었다. 이를 고려할 때 『판단력비판』의 경우는 앞 부분의 '분석학'과 '변증학'을 요소론으로 간주하면 되겠다. 목적론적 판단력의 요소론이 자연의 합목적성의 판정에서 목적론적 판단력이 하는 기능의 요소들을 밝히는 것이라면, 이 방법론은 자연의 목적론적 체계의 궁극목적을 밝힘으로써 목적론적 체계의 완전성의 구도를 서술한다.

104) 원어: Weltwissenschaft. '우주론', '존재자론' 등으로 옮겨도 무방하겠으나, Kosmologie, Wesenslehre와 구별하기 위해 새 어휘를 쓴다.

적론이 신학에 그것의 일부로서 속하지 않는다는 것은 그 자체로서 명백하다. 왜냐하면, 목적론은 자연산출물들과 그것들의 원인을 대상으로 삼기 때문이다. 그리고 설령 목적론이 자연 밖에 또 자연 위에 위치한 근거(즉 신적 창시자)를 후자[105]라고 지칭한다 해도, 목적론은 이런 일을 규정적 판단력에 대해서 하는 것이 아니라, (단지 세계 안의 사물들의 판정을 규제적인 원리로서 그러한 이념에 의해 인간 지성에 알맞게 지도하기 위해) 한낱 자연을 고찰하는 반성적 판단력에 대해서만 하는 것이다.

V417 그러나 목적론은 또한 마찬가지로 자연과학에 속하는 것으로도 보이지 않는다. 자연과학은 자연작용들에 대해 객관적 근거들을 제시하기 위해서, 한낱 반성적 원리들이 아니라, 규정적 원리들을 필요로 하니 말이다. 실제로도 사람들이 자연을 목적들의 상호 관계에 따라 고찰함으로써 자연의 이론을 위해서나 또는 자연 현상들의 작용 원인들에 의한 기계적 설명을 위해서 얻는 것은 아무것도 없다. 자연의 산물들에 자연의 목적들을 세우는 것은, 그 자연의 산물들이 목적론적 개념들에 따라 한 체계를 형성하는 한에서, 본래 한 특수한 실마리에 따라 작성된 자연기술〔記述〕에 속하는 것일 따름이다. 여기서 이성은 훌륭한, 교시적인, 그리고 실천적으로 여러 가지 의도에서 합목적적인 일을 수행하기는 하지만, 이런
B366 형식들의 발생과 내적 가능성에 관해서는 전혀 아무런 해명도 주지 못하는바, 바로 이것이야말로 이론적 자연과학의 본래 문젯거리인 것이다.

그러므로 학문으로서 목적론은 결코 교설에 속하는 것이 아니라, 단지 비판에 속하는 것[106]이며, 그것도 한 특수한 인식능력, 곧 판단력의 비판에 속하는 것이다. 그러나 목적론〔적 판단력〕이 선험적 원리들을 함유하고 있는 한, 목적론〔적 판단력〕은 어떻게 자연에 관해 궁극원인들의 원리에 따라서 판단이 내려져야만 하는가 하는 방법을 제시할 수 있고,

---

105) 곧, 자연산출물들의 원인.

106) 그러니까 목적론은 그 성격상 "방법에 대한 논구로서, 하나의 학문 체계 자체가 아니"(*KrV*, BXXII)며, 그렇기에 "교설"이 아니라 일종의 "초월적 비판"(*KrV*, B26)이다.

제시해야만 한다. 그래서 목적론[적 판단력]의 방법론은 이론적 자연과학에서의 수행방식에 대해서, 그리고 또한 이것이[107] 형이상학에서 신학의 예비학으로서 신학에 대해 가질 수 있는 관계에 대해서 적어도 소극적[108]인 영향을 미친다.

§80
사물을 자연목적으로 설명하는 데 있어서 기계성의 원리의 목적론적 원리 아래로의 필연적 종속에 대하여

모든 자연산물들에 대한 설명을 순전히 기계적 방식으로 **끝내는 권한**은 그 자체 전적으로 제한이 없다. 그러나 그것만으로 **족해하는 능력**은, 우리의 지성이 자연목적으로서의 사물들과 관계하는 한, 우리 지성의 성질상 매우 제한적일 뿐만 아니라 또한 분명히 한계가 있다. 곧 그렇기에, B367
판단력의 원리의 면에서는 전자[109]의 수행방식만으로써는 후자들[110]의 설명을 위해 아무것도 세울 수 없고, 그러니까 그러한 산물들의 판정을 우리는 항상 동시에 목적론적 원리에 종속시킬 수밖에 없다.

그래서 자연산물들을 설명하기 위해 개연성이 있을 수 있는 데까지 V418
자연 기계성을 뒤쫓는다는 것은, 정말이지 그 길 위에서 자연의 합목적성을 만나려는 이런 시도를, 그것이 **그 자체로** 불가능하기 때문이 아니라, 단지 인간인 **우리에게** 불가능한 것이기 때문에, 포기한다는 것은 이성적이고, 정말이지 소득 있는 일이다. 이것이 가능하기 위해서는 감성적 직관 외에 또 다른 직관이 요구될 터이고, 또 그로부터 특수한 법칙

107) 원문 'diese'는 문장상으로는 '자연과학'을 지시해야 하는데, 그럴 경우 내용적으로는 '목적론적 사고에 영향 받은 자연과학'으로 이해해야 할 터이다. 차라리 '목적론'을 지시하는 것으로 하면 좋았을 것이다.

108) 그러니까, 규제적인 또는 발견적(heuristisch)인.

109) 곧, 기계적 설명.

110) 곧, 자연목적으로서 사물들.

들에 따르는 현상들의 기계성에 대한 근거까지도 제시될 수 있는 자연의 예지적 기체에 대한 규정된 인식이 요구될 터인데, 이런 것은 모두 우리 인식을 전적으로 넘어서는 일이니 말이다.

그러므로 자연연구가의 노고가 순전한 낭비로 끝나지 않기 위해서는, 그는 의심할 여지없이 자연목적들로서 그것들의 개념이 기초되어 있는 사물들(즉 유기적 존재자들)을 판정함에 있어서 언제나 어떤 근원적인 유기조직을 기초에 두지 않으면 안 된다. 다른 유기적인 형식들을 만들
B368 어내기 위해서나, 또는 그 자신의 형태들을 새로운 형태들—이것들은 언제나 저 목적으로부터 그리고 저 목적에 맞게 나오는 것이거니와—로 발전시키기 위해서 저 기계성 자신을 이용하는 근원적 유기적 조직 말이다.

비교 해부학에 의거해 유기적인 자연물들의 위대한 창조를 면밀히 조사하고, 거기에 하나의 체계 비슷한 어떤 것이 있는지 어떤지를, 그것도 산출원리에 따라서 그런지 어떤지를 살펴보는 것은 상찬할 만한 일이다. 그렇지 않으면, 우리는 (유기적 자연물들의 산출에 대한 통찰을 위해 아무런 해명도 해주지 못하는) 한갓된 판정원리에 머무를 수밖에 없고, 무기력하게 이 분야에서 **자연통찰**에 대한 모든 권리주장을 포기할 수밖에 없으니 말이다. 그토록 많은 유의 동물들의 어떤 공통의 도식에서의 일치성은—이 도식은 단지 그 골격에서뿐만 아니라 여타 부분의 배열에 있어서도 기초에 놓여 있는 것으로 보이며, 여기서 놀라울 만큼 간단한 기본구조가 어떤 부분은 단축하고 다른 부분은 신장하고, 또 이런 부분은 감싸고 저런 부분은 펼쳐냄으로써 그토록 다양한 종들을 만들어낼 수 있었는 바—이 〔동물들의〕 경우도 자연의 기계성의 원리—이것이 없다면 도대체가 자연과학은 있을 수 없거니와—를 가지고 무엇인가를 세울 수 있겠다는, 비록 약하기는 하지만, 한 줄기 희망의 빛을 우리 마음에 던진다. 형식들의 이런 유비는, 그 형식들이 온갖 상이성에도 불구하고 공동의 원형에 준거해서 산출되어 있는 것처럼 보이는 한에서, 그것들이 공

동의 시조로부터 산출된 실제로 친족이라는 추측을 강화시킨다. 한 유의 B369
동물이 다른 유의 동물로, 그 안에서 목적들의 원리가 가장 잘 보증되는 V419
것으로 보이는 한 유, 곧 인간으로부터 해파리에 이르고, 이것으로부터
이끼류에까지 이르며, 마침내는 우리가 식별할 수 있는 가장 낮은 자연
의 단계, 즉 천연의 물질에 단계적으로 접근함으로써 말이다. 이 천연의
물질과 그것들의 힘들에서 (물질이 결정체를 산출하는 데 영향을 미치는 그런
법칙과 같은) 기계적 법칙들에 따라서, 우리가 유기적 존재자들에서는 파
악할 수 없으므로 그를 위해 하나의 다른 원리를 생각할 수밖에 없다고
믿는, 자연의 전 기술이 유래한 것처럼 보인다.

여기에서 무릇 자연의 **고고학자**에게는, 자연의 상고[上古]의 혁명적
변화들의 남아 있는 흔적들에서, 그에게 알려져 있거나 추측한 일체의
자연 기계성에 따라, 피조물들의 저 대가족을—만약 언급한바 전반적으
로 연관적인 친족성이 어떤 기초를 가지고 있어야 한다면, 무릇 사람들
은 이런 것을 생각하지 않을 수 없다—생겨나도록 하는 자유가 있다. 그
는 (마치 하나의 거대한 동물처럼) 그야말로 혼돈한 상태에서 생겨난 지구
라는 모태로 하여금, 시초에는 덜 합목적적인 피조물들을 낳게 하고, 이
것들로 하여 다시금 그들의 산출 장소와 상호 관계에 더 알맞게 만들어
진 다른 피조물들을 낳게 할 수 있다. 그렇게 하여 마침내 이 자궁 자신
은 굳어져 고정화하고, 그 소생들을 일정한, 더 이상 변종하지 않는 종 B370
들로 한정시키겠고, 다양성은 저 풍요한 형성력의 작업의 마지막에 나타
난 그대로 남아 있을 때까지 말이다.—그럼에도 그는 결국에는 이 보편
적 어머니에게 이 모든 피조물 위에 합목적적으로 세워진 유기조직을 부
가하지 않을 수 없으며, 그렇지 않고서는 동물나라와 식물나라의 산물
들의 목적 형식은 그 가능성의 면에서 전혀 생각될 수가 없다.※ 그러나

※ 이런 종류의 가설을 사람들은 이성의 대담한 모험이라고 부를 수 있을 것이며, 매우 명민한 자연연구가들 가운데에서조차 때때로 이런 모험이 머리를 스치지 않았던 사람이 거의 없을 것이다. 왜냐하면 이런 모험은, 유기적인

V420 그렇게 되면 그는 설명근거를 단지 더 멀리 밀어둔 것으로, 저 두 나라
B371 의 산출을 목적인의 조건으로부터 독립적으로 이루었다고 감히 주장할 수가 없다.

유기체의 유의 어떤 개체들이 우연히 받게 된 변화에 관해서도, 사람들이 그것들의 그처럼 변이된 성격이 유전적으로 생식력 안에 받아들여진 것으로 본다면, 그 변화는 종의 자기보존을 위해 종 안에 근원적으로 있는 합목적적 소질이 계기를 얻어 발전한 것이라고밖에는 달리 적절하게 판정할 수가 없다. 왜냐하면, 자기와 같은 것을 낳는다는 것은, 유기적 존재자의 일관된 내적 합목적성이 있는 경우에는, 목적들의 그러한 체계 안에서도 미발전된 근원적 소질들의 어느 것에도 속하지 않는 것은

존재자가 천연의 무기적 물질의 기계조직에 의해 산출된다고 하는 自發的發生[111]처럼 불합리하지는 않기 때문이다. 자발적 발생이라는 것은 언제나 가장 일반적인 의미에서 單一發生[112]이라 할 것이다. 어떤 유기체가 다른 유기체로부터, 비록 이런 종류의 존재자들 가운데서 종적으로는 구별되는 것이라 하더라도, 산출되는 것이라고 하는 한에서는 말이다. 예컨대, 모종의 수서〔水棲〕동물들은 차츰 소택〔沼澤〕동물들로, 그리고 이로부터 몇 세대의 생식을 거쳐 육서〔陸棲〕동물들로 형성돼간다는 것이다. 선험적으로는, 즉 순전한 이성의 판단에서는 이것이 상충되지 않는다. 그러나 경험은 이에 대한 실례를 하나도 보여주지 않는다. 경험에 따르면 오히려 우리가 알고 있는 모든 생식은 同種發生[113]으로, 무기물로부터의 낳기와는 대립되는 單一
V420 발생일 뿐만 아니라, 유기조직 자신 안에서 산출자와 동종의 산물을 만들어내기도 하는 것이며, 자연에 대한 우리의 경험인식이 미치는 범위 내에서는, 異種發生[114]이란 어디서도 마주쳐지지 않는다.

---

111) 원어: generatio aequivoca. '애매한 발생', '자연(적) 발생' 또는 '우연적 발생'이라고 옮길 수도 있겠다. 생명의 기원에 대한 '자발적 발생(spontaneous generation)'을 주장하는 사람들은 한 사물이 본질적으로 전혀 다른 것으로부터 나온다고 생각한다. 예컨대 썩은 고기에서 파리가 발생한다는 것이다. 『순수이성비판』에서는 범주의 자발적 발생의 불합리성이 논의되고 있다.(*KrV*, B167; A835=B863 참조)

112) 원어: generatio univoca.

113) 원어: generatio homonyma.

114) 원어: generatio heteronyma.

아무것도 생식력에 받아들이지 않는다는 조건과 아주 밀접하게 결합되어 있기 때문이다. 무릇 만약 우리가 이 원리를 벗어난다면, 지금 한 종에서 마주칠 수 있는 형식의 다수의 요소들도 마찬가지로 우연적이고 무목적적인 근원을 가지지나 않는가 하는 것을 확실하게 알 수 없다. 그리고 유기적 존재자에 있어서 그것의 번식에서 보존되는 것 중 어느 것도 비합목적적인 것으로 판정하지 않는다는 목적론의 원리는 그 때문에 그 적용이 매우 신뢰할 수 없을 수밖에 없으며, 오로지 원종〔原種〕—그러나 우리는 이 원종을 더 이상 알지 못한다—에 대해서만 타당할 수밖에 없다.

흄은 그러한 모든 자연목적에 대하여 목적론적 판정의 원리, 다시 말해 하나의 건축술적 지성을 상정할 필요가 있다고 보는 사람들에 대하여 다음의 이의를 제기한다.[115] 즉 도대체 어떻게 그러한 지성이 가능한가, 다시 말해 동시에 실행하는 힘을 가진 지성의 가능성을 이루는 갖가지 능력들과 속성들이 어떻게 그처럼 합목적적으로 하나의 존재자 안에 모여 있을 수 있었는가를 사람들은 똑같은 권리를 가지고 물을 수 있다는 것이다. 그러나 이런 반론은 무실〔無實〕한 것이다. 왜냐하면, 자기 자신 안에 목적들을 함유하고 있으며 그것들을 통해서만 이해될 수 있는 사물의 최초의 산출에 대한 물음을 둘러싸고 있는 전체 난점은 이 산물 안에서 **서로 외적인** 다양한 것을 결합하는 근거의 통일에 대한 되물음에 기인해 있기 때문이다. 여기서 만약 이 근거가 단순한 실체로서의 만들어내는 원인의 지성 안에 놓여진다면, 저 물음은, 목적론적인 것인 한에서, 충분히 대답될 것이다. 그러나 만약 이 원인을 한낱 서로 외적인 수많은 실체들의 집합인 물질 안에서 찾는다면, 물질 형성의 내적으로 합목적적인 형식을 위한 원리의 통일은 전혀 없을 것이고, 우리 지성에 의해 오로지 목적들로만 파악될 수 있는 산출들에 있어서 물질의 **전제**〔專制〕란 의

B372 V421

115) Hume, *An Enquiry concerning Human Understanding*, Sect XI: 「특수한 섭리에 대하여 그리고 미래의 상태에 대하여」 및 이와 관련된 *Dialogues concerning Natural Religion*, Part V 참조.

미 없는 낱말이다.

그래서 그 최상의 근거에 대해 하나의 지성을 용인하지 않고서 물질의 객관적-합목적적인 형식들을 위해 그것들을 가능하게 하는 하나의
B373 최상의 근거를 찾는 이들은, 순전히 모든 합목적성의 저 조건, 즉 근거의 **통일〔하나임〕**을 이끌어내기 위해, 세계 전체를 기꺼이 모든 것을 포괄하는 유일의 실체로 만들거나(범신론), 아니면 (이것에 대한 단지 좀 더 확정적인 설명일 뿐이지만) 유일한 **단순 실체**에 내속하는 수많은 규정들의 총괄로 만들기(**스피노자주의**)[116]에 이른다. 여기서 그들은 과제의 **하나의** 조건, 곧 목적관계[117]에서의 통일을 단순 실체라는 한낱 존재론적인 개념에 의거해 충족시키고는 있지만, **또 다른** 조건, 곧 이 단순 실체와 그것의 결과인 **목적**과의 관계—이 관계에 의해 저 존재론적 근거는 이 물음을 위해 좀 더 자세히 규정되어야 하는바—에 대해서는 아무런 언급이 없으며, 그러니까 **전체** 물음에는 전혀 대답하고 있지 않다. 또한 만약 우리가 사물들의 저 원근거를 단순 **실체**로 표상하지 않는다면, 그리고 이 실체에 근거하고 있는 자연형식들의 종적 성질에 대한, 곧 목적통일에 대한 이 실체의 속성을 하나의 **지적**[118] 실체의 속성[119]으로 표상하지 않지만 이 **지적**[120] 실체의 후자[121]와의 관계를 (우리가 목적으로서만 가능하다고 생각하는 모든 것에서 우리가 발견하는 우연성으로 인해) 하나의 **인과성**의 관계로 표상하지 않는다면, 이 물음은 (우리 이성에 대해서는) 단적으로 대답되지 않은 채로 남는다.

116) Spinoza, *Ethica*, I, prop. 14~15 참조. '유일한 단순 실체'는 '낳는 자연(natura naturans)', 그것 안에 있는 '규정들의 총괄'은 '낳아진 자연(natura naturata)'이라고 설명될 수 있겠다.(같은 책, prop. 29, scholium)

117) C판: "목적결합".

118) A판: "**예지적**".

119) AA에 따라 읽음.

120) A판: "**예지적**".

121) 곧, 자연형식들.

§81 B374

자연목적을 자연산물로 설명하는 데 있어서 기계성이 목적론적 원리에 동반함에 대하여

앞 항(§)에 따르면 자연의 기계성이 그것만으로는 유기적 존재자의 가능성을 생각하기에 충분하지가 않고, 오히려 (적어도 우리의 인식능력의 성 V422
질상) 의도적으로 작용하는 원인에 근원적으로 종속되지 않으면 안 되듯이, 마찬가지로 그러한 유기적 존재자의 순전한 목적론적 근거는, 만약 자연산물의 기계성이 그에 동반하지 않는다면, 그 유기적 존재자를 동시에 자연의 산물로 고찰하고 판정하기에는 족하지 않다. 자연산물의 기계성은 이를테면 의도적으로 작용하는 원인의 도구로서, 그럼에도 이러한 원인의 목적들에 자연은 그 기계적 법칙들에 있어서 종속해 있는 것이다. 전혀 다른 두 종류의 인과성의 그러한 합일의 가능성, 즉 보편적 합법칙성 중에 있는 자연과 이 자연을 특수한 형식에 제한하는 이념의 합일 가능성을—자연 자신으로는 이를 위한 아무런 근거도 함유하고 있지 않거니와—우리 이성은 이해하지 못하는 바이다. 즉 그 합일의 가능성은 자연의 초감성적 기체〔基體〕 안에 놓여 있는 것으로, 우리는 그것에 대해, 그것은 존재자 자체이며, 우리는 한낱 그것의 현상만을 안다는 것 외에 아무것도 긍정적으로 규정할 수는 없다. 그러나 우리가 이 자연(現
象體)에 속하는 것으로, 그리고 이 자연의 산물로 받아들이는 모든 것은 B375
또한 기계적 법칙들에 따라 자연과 연결된다고 생각하지 않을 수 없다는 원리는, 그럼에도 불구하고 효력이 있다. 왜냐하면, 이런 종류의 인과성이 없다면 유기적 존재자들은 자연의 목적들이기는 하지만 자연산물은 아닐 터이기 때문이다.

그런데 이런 존재자들 산출의 목적론적 원리가 받아들여진다면—도대체가 그럴 수밖에는 없는 일이지만—사람들은 **기회원인설〔성〕**[122]이나 **예정설〔성〕**[123]을 그러한 존재자들의 내적으로 합목적적인 형식의 원인의 기초로 놓을 수가 있다. 전자에 따르면 최상의 세계원인은, 그 이념에 맞춰서, 교접의 기회가 있을 때마다 거기에서 섞이게 되는 물질에 직접적으로 유기적 형성을 부여하는 것이겠다. 후자에 따르면 최상의 세계원인은 이러한 자기의 지혜의 시초 산물들 안에 단지 소질들만을 집어넣었겠고, 이 소질에 의해 유기적 존재자는 자기와 같은 것을 만들어내고, 종은 자기 자신을 부단히 보존하며, 또한 개체들의 쇠퇴는 그것들의 파괴에서 작동한 자연본성에 의해 동시에 연속적으로 보충될 것이다. 만약 사람들이 유기적 존재자들의 만들어냄의 기회원인설을 받아들인다면, 이 경우에 모든 자연은 전적으로 상실될 것이고, 그와 함께 그러한 종류의 산물들의 가능성에 관해 판단하는 일체의 이성사용도 상실될 것이다. 그래서 사람들은, 철학이 무엇이라도 문제인 사람이라면 어느 누구도 이런 체계는 받아들이지 않을 것이라고 전제할 수 있다.

B376 그런데 **예정설**은 다시금 두 가지 방식으로 태도를 취할 수 있다. 예정
V423 설은 곧 자기와 같은 것에 의해 낳아진 개개의 유기적 존재자를 그 자기와 같은 것의 **추출물**로 보거나 **생산물**로 본다. 순전한 추출물을 낳는 체계는 **개체적 전성**〔前成〕 체계 또는 **개전설**〔開展說〕[124]이라고 일컬으며, 생산물을 낳는 체계는 **후성**〔後成〕 체계라고 부른다.[125] 이 후자는 **유적**〔類的〕 **전성** 체계라고 부를 수도 있다. 왜냐하면 낳는 자의 생산 능력이 그 종족에게 분여된 내적 합목적적 소질들에 따라서, 그러므로 종적 형식이 潛在可能的으로 앞서 형성되어 있었기 때문이다. 이에 따라 사람들

122) Arnold Geulincx(1624~1669); Nicolas Malebranche(1638~1715), 『진리탐구론(*De la recherche de la vérité*)』(Paris 1674/5) 참조.

123) G. W. Leibniz(1646~1716), 「자연의 신체계(Systeme nouveau de la nature)」(1695); Christian Freiherr von Wolff(1679~1754); Alexander Gottlieb Baumgarten (1714~ 1762) 참조.

124) 원어: Evolutionstheorie. 이 '개전설'은 후에 등장한 다윈의 진화론과는 다르다.

125) 『순수이성비판』에서는 순수 지성개념의 형성에 대해 전성 체계 또는 후성 체계로 설명하려는 입장을 비판하고 있다.(*KrV*, B167~8 참조)

이 이 개체적 전성의 대립 이론을 **내전설**〔內展說〕[126] (또는 포장〔包裝〕설)이라고 부르는 것이 더 좋을 수 있겠다.

개전설의 옹호자들[127]은 개개 개체가 직접적으로 창조자의 손에서 나오게 하기 위해 자연의 형성하는 힘에서 제외시키거니와, 그러면서도 그들은 감히 이런 일이 기회원인설의 가설에 따라서, 교접이란 한낱 형식적인 일로, 그런 형식성 아래에서 하나의 최상의 지성적 세계원인은 그때그때마다 직접 손으로 맹아를 형성하고, 모체에게는 단지 그것의 발아〔開展〕와 양육만을 맡기기로 작정한 것이 되게끔 그렇게 일어나도록 하려고는 하지 **않겠다**[128]. 개전설의 옹호자들은 전성에 대해 지지 선언한 B377
것이라 하겠다. 초자연적으로 세계의 시초에서 또는 경과에서 그와 같은 형식들을 발생하게 하는 것이 마치 한 가지가 아닌 양 말이다. 그리고 오히려 그때그때의 창조에 의해, 세계의 시초에서 형성된 배아가 발달될 때까지 장구한 세월 동안 자연의 파괴하는 힘들로부터 해를 입지 않고 무사히 보존되기 위해 요구되는 수많은 초자연적인 조치들이 절약되지 않고, 또한 언제인가 발달될 터인 무수하게 많은 그러한 미리 형성된 존재자들과 그와 함께 똑같은 수만큼의 창조들도 그로써 불필요하고 무목적적인 것이 되지 않는 양 말이다. 그럼에도 불구하고 그들은 여기에서 일체의 자연설명이 없어도 되는 온전한 초물리학에 빠지지 않기 위해 최소한 무엇인가를 자연에 맡기고자 했다. 그럼에도 그들은 심지어 그들이 (사람들이 도저히 자연의 목적들이라고 여길 수는 없는) 기형아들에게서 경탄할 만한 합목적성—비록 이런 합목적성은 해부학자[129]로 하여금 무목적

---

126) 원어: Involutionstheorie.

127) M. F. Ledermüller, *Physikalische Beobachtungen derer Saamen thiergens*, Nürnberg 1756; Moses Mendelssohn, *Briefe, die neueste Literatur betreffend*(1759~ 1765), 26~28. Brief; Ch. Bonnet, *Betrachtungen über die Natur*, Leipzig 1766, S.160 등.

128) A판: **"않는다"**.

129) Johann Friedrich Blumenbach(1752~1840)를 지칭하는 것으로 보인다. Blumenbach

적인 합목적성인 그러한 것을 못마땅해하고, 의기소침한 경탄을 느끼게 할 것을 노린 것이었겠지만—을 발견할[130] 때조차도, 그들의 초물리학을 고집했지만 말이다. 그러나 그들도 잡종의 산출을 단적으로 전성 체
V424 계에 맞춰 넣을 수는 없었고, 오히려 그들이 배아의 최초의 영양수단으
B378 로 쓰일 기계적 속성 이외에는 아무것도 인정하지 않았던 수컷의 정자에게 합목적적인 형성력을 더하여 승인하지 않을 수 없었다. 그럼에도 그들은 같은 유의 두 피조물의 산출의 전체 산물에 대해서는 둘 중 어느 쪽에도 그 같은 형성력을 용인하려 하지 않았다.[131]

이에 반해 사람들이 **후성**의 변호자[132]에게서 그가 전자[133]에 비해 그의 이론을 증명하기 위한 경험근거들과 관련하여 가지고 있는 큰 장점을 알지 못한다 할지라도, 이성은 이미 애 부터 그[134]의 설명방식에 특별한 선호를 가지고 끌려갈 것이다. 왜냐하면, 그 설명방식은 자연을, 사람들이 근원적으로 목적들의 인과성에 따라서만 가능한 것으로 표상할 수 있는 사물들에 대하여, 적어도, 번식에 관한 한, 자기 자신을 만들어내는 것으로, 즉 한낱 전개시키는 것이 아닌 것으로 보고, 그리하여 초자연적인 것을 되도록 최소한으로 써서 제일의 시초로부터 뒤따라 나오는 일체

는 *Über den Bildungstrieb*(Göttingen 1781 · 1789)에서 이에 대한 회의를 표명하고 있다.(S.105~6 참조) 칸트는 Blumenbach를 후성설의 대표자로 꼽는다. 아래 B378 이하=V424 참조.

130) AA: "발견했을".

131) 일찍이 Locke도 기형이나 잡종의 종 분류에 관심이 컸으며, 그는 후성설에 가까이 섰다.(*An Essay concerning Human Understanding*, III, VI, §17, §§22~23 참조.)

132) J. L. L. C. de Buffon, *Allgemeine Historie der Natur nach allen ihren besonderen Theilen abgehandelt*, Hamburg · Leipzig 1752~1782, 이에 대해서는 AA II, 115; XIV, 370. 또 P. L. M. de Maupertuis, *Briefe des Herrn von Maupertuis wegen ihrer Fürtrefflichkeit aus dem Französischen übersetzt*, Hamburg 1752, Brief Nr. XVII, 이에 대해서는 AA II, 115; XV, 389; XXVIII, 50. 또 J. G. Herder, *Ideen zur Philosophie der Geschichte der Menschheit*, Theil 1.2, Liga · Leipzig 1784, 이에 대해서는 칸트의 서평: AA VIII, 45~66 참조.

133) 곧, 전성설의 옹호자.

134) 곧, 후성설의 변호자.

의 것을 자연에 맡기기 때문이다. (그러나 이 제일의 시초에 관해서는 아무런 것도 규정함이 없이 말이다. 물리학은 도대체가 원인들의 어떤 연쇄를 가지고 시도하든 이 제일의 시초에서 좌절한다.)

이 후성설에 관해서는 궁정고문관 **블루멘바흐**[135] 씨보다, 이 이론을 증명하고 이 이론 적용의 진정한 원리들을 정립하기 위해서, 한편으로는 이 이론의 너무 주제넘은 사용을 제한함으로써 더 많은 공헌을 한 사람이 없다. 그는 이런 형성들의 모든 물리적 설명방식을 유기 물질로부 B379
터 시작한다. 무릇 천연의 물질이 기계적 법칙들에 따라 근원적으로 자기 자신을 형성했고, 무생물의 자연으로부터 생명이 생겨났으며, 물질이 자기 자신을 보존하는 합목적성의 형식에 저절로 적응할 수 있었다는 따위의 것을 정당하게도 그는 이성에 반하는 것이라고 언명하고 있다. 그러나 그는 동시에 자연의 기계성에게도 근원적인 **유기조직**이라는 우리로서는 탐구할 수 없는 이 **원리** 아래서 규정될 수 없는, 그러면서도 동시에 오인할 여지가 없는 몫을 남겨준다. 그리고 이러한 몫에 대한 물질의 능력은 그에 의해 (물질에 보편적으로 내재하는, 한낱 기계적인 **형성력**과 구별되어) 유기체 안에 있는 하나의 (이를테면 전자의 보다 높은 지도와 지시 아래 있는) **형성충동〔추동〕**이라고 이름 붙여진다.

§82 V425

유기적 존재자들의 외적인 관계들에서 목적론적 체계에 대하여

나는 외적 합목적성을 자연의 한 사물이 다른 사물에 대해 목적에 대

135) Johann Friedrich Blumenbach(1752~1840). 괴팅겐 대학의 해부학, 비교 동물학 교수. 인류학 사상에서 칸트와 상호 영향을 주고받았으며 대표 저술은 *Handbuch der Naturgeschichte*(1779), *Über den Bildungstrieb*(1781 · 1789) 등. 칸트는 여기서 그의 형성충동론을 염두에 두고서 말하고 있다. Kant는 『학부들의 다툼』(1798)에서 (AA VII, 89)도 그를 언급하고 있다.

해 수단으로 쓰이는 데서의 그런 합목적성이라고 이해한다. 무릇 아무런 내적 합목적성을 가지고 있지 않거나 또는 자신의 가능성을 위해 어떤 내적 합목적성을 전제하지 않는 사물들, 예컨대 흙, 공기, 물 등은 그럼에도 외적으로는, 다시 말해 다른 존재자들과의 관계에서는 매우 합목
B380 적적일 수 있다. 그러나 이런 존재자들은 항상 유기적 존재자, 다시 말해 자연목적들이 아니면 안 된다. 그렇지 않다면 저 사물들도 수단으로 판정될 수는 없을 것이기 때문이다. 그래서 물, 공기, 흙을 산악의 퇴적을 위한 수단으로 볼 수는 없다. 왜냐하면, 산악이란 것 그 자체는 목적에 따라 자신의 가능성의 근거를 요구하는 것이라고는 전혀 아무런 것도 함유하고 있지 않고, 그러므로 이런 관계에서 산악의 원인이 결코 (산악에 유용하겠다는) 수단이라는 술어로써 표상될 수는 없다.

외적 합목적성은 내적 합목적성 개념과는 전적으로 다른 개념이다. 내적 합목적성은 어떤 대상의 현실성 자신이 목적이냐 아니냐에 상관없이 그 대상의 가능성과 결합되어 있다. 사람들은 한 유기적 존재자에 대해서는 "그것은 무엇을 위해 현존하는가?"를 묻지만, 한낱 자연의 기계성의 작용결과로 인식하는 사물들에 대해서는 그렇게 묻는 것이 쉽지 않다. 왜냐하면 전자에 있어서 우리는 이미 그것의 내적 가능성을 위해 목적들에 따른 인과성, 즉 창조하는 지성을 표상하고, 이 활동적 능력을 이 능력의 규정근거, 즉 의도와 관련시키고 있기 때문이다. 유기조직의 내적 합목적성과 연관되어 있는 단 하나의 외적 합목적성이 있는데, 그러한 유기적 존재자가 어떤 종점을 위해 실존했어야만 하는가를 물을 필요는 없으며, 그럼에도 불구하고 이 외적 합목적성은 수단의 목적에 대
B381 한 외적 관계에 쓰인다. 이것이 자기 종의 번식을 위한 상호 관계 맺음에서의 양성〔兩性〕의 유기조직이다. 왜냐하면 여기서는 여전히 한 개체에서와 꼭 마찬가지로, "왜 그러한 한 쌍이 실존하지 않으면 안 되었는가?"[136]를 물을 수 있기 때문이다. 이 물음에 대한 답변은, 비록 유기적 전체를 단 하나의 몸 안에 형성하는 것은 아니지만, 이 한 쌍이 최초로

하나의 **유기화하는** 전체를 형성한다는 것이다.

무릇 어떤 사물이 무엇을 위해 현존하는가라는 물음이 제기되면, 그 대답은 두 가지이다. 하나의 대답은 그 사물의 현존재와 그 사물의 산출은 의도들에 따라 작용하는 원인과는 전혀 아무런 관계도 가지고 있지 않다는 것으로, 이 경우에 사람들은 언제나 그것들이 자연의 기계성으로 V426
부터 유래한다고 이해한다. 또 하나의 대답은, (하나의 우연적인 자연존재자로서) 한 사물의 현존재를 위한 어떤 의도적인 근거가 있다는 것인데, 이러한 사상을 유기적 사물이라는 개념과 분리시킨다는 것은 어려운 일이다. 왜냐하면, 우리는 일단 이러한 사물의 내적 가능성의 밑바탕에 목적인의 인과성과 이 인과성의 기초를 이루는 이념을 놓지 않을 수가 없으므로, 이것의 산물의 실존도 목적이라고밖에는 달리 생각할 수 없기 때문이다. 그 결과의 표상이[137] 동시에 그 결과를 산출하기 위한 지성〔오성〕적[138] 작용 원인의 규정근거인 그런 표상된 결과가 **목적**이라고 일컬어진다. 그러므로 이 경우에 사람들이 말할 수 있는 바는, "그러한 자연존재자의 실존의 목적은 그 자신 안에 있다, 다시 말해 그러한 자연존재자는 한낱 목적이 아니라 **궁극목적**이기도 하다"는 것이거나, 또는 "이 궁극목적은 그 자연존재자의 밖에 다른 자연존재자 안에 있다, 다시 말 B382
해 그 자연존재자는 합목적적으로 실존하되 궁극목적으로서는 아니고, 오히려 필연적으로 동시에 수단으로서 실존한다"는 것이다.

그러나 우리가 전체 자연을 면밀하게 점검해보면, 우리는 자연인 한에서 자연 안에는 창조의 궁극목적이라는 특권을 주장할 수 있는 어떤 존재자도 없다는 것을 발견하게 된다. 그리고 사람들은 게다가, 어쩌면 자연에게는 **최종 목적**일 수도 있는 어떤 것도, 사람들이 생각해낼 만한 온갖 규정과 속성들을 갖추어주고 싶은 만큼 갖추어주고 나서도, 역시

---

136) 이 물음과 관련해서는 칸트 「인간 역사」: AA VIII, 110 참조.

137) A판: "**그 결과가**".

138) 원어: verständig. 이 경우는 차라리 "예지적(intelligibel)"으로 이해해야 할 것이다.

자연물인 것으로서는 결코 **궁극목적**일 수 없다는 것을 선험적으로 증명할 수 있다.

식물계를 보면서, 사람들은 처음에는 거의 온 땅에 퍼져 있는 식물의 측량할 수 없는 번식 능력으로 말미암아 그것을 자연이 광물계의 형성에서 보여주는 것과 같은 자연의 기계성의 순전한 산물로 간주하는 사상에 이를 수가 있다. 그러나 식물계에서의 형언할 수 없이 지혜로운 유기조직을 좀 더 자세히 앎은 우리를 이런 사상에 집착하게 내버려두지 않고, "이 피조물들은 무엇을 위해 현존하는가?" 하는 물음을 유발한다. 〔이에 대해〕 만약 사람들이 "그것은 이 식물계를 통해 영양을 취하는 동물계를 위한 것이며, 그로 인해 동물계는 그토록 다양한 종류가 지상에 퍼질 수 있었다"고 대답한다면, "그러면 대체 이 초식동물들은 무엇을 위해 현존하는가?" 하는 물음이 다시금 제기된다. 그 대답은 대략 "생명을
B383 가진 것들에서만 영양을 취할 수 있는 육식동물들을 위해서이다"일 것이다. 마침내 물음은 "이것들 및 앞서 말한 자연계들[139)]은 무엇을 위해 좋은가?" 하는 것이다. 〔그 답은〕 "인간을 위해서"이다. 그리고 인간의 지성이 그에게 가르쳐주는 저 모든 피조물들의 다양한 사용을 위해서이
V427 다. 인간은 이 지상에서 창조의 최종 목적이다. 왜냐하면, 인간이야말로 목적을 이해할 수 있고, 합목적적으로 형성된 사물들의 집합으로부터 그의 이성에 의해 목적들의 체계를 만들 수 있는 지상의 유일한 존재자이기 때문이다.

사람들은 또한 기사 **린네**[140)]와 함께 외견상 반대되는 것처럼 보이는 길을 걸어 다음과 같이 말할 수도 있을 것이다. 즉 초식동물들은 식물들의[141)]

---

139) 곧, 식물계와 초식동물계.

140) Carl von Linné(1707~1778). 스웨덴의 식물분류학자. 그는 지상의 식물들의 분류를 처음으로 시도하였으며, 현대식물학의 아버지라 일컬어진다. 180여 권의 저술을 남겼는데, 그 가운데서도 주저로 꼽히는, 1735년에 초판이 나오고 1766년에 12판이 나온 『자연의 체계(*Systema Naturae*)』(Stockholm)는 식물분류학의 교본이 되었다. 이원적인 라틴어 식물 분류 명칭법이라든지, 남(♂)·여(♀) 표시는 그의 제안이다.

수많은 종들이 질식할 만큼 식물계가 무성하게 자라는 것을 조절하기 위해 현존하고, 육식동물들은 저것들의 탐식〔貪食〕을 제한하기 위해 현존하며, 끝으로 인간은 이것들을 뒤쫓고 감소시킴으로써, 자연의 산출력과 파괴력들 사이에 모종의 균형이 세워지게 하기 위해 현존한다고 말이다. 그렇게 해서 인간은 어떤 관계에서는 목적으로 존중받을지도 모르겠지만, 다른 관계에서는 다시금 단지 수단의 지위밖에는 갖지 못할 터이다.

만약 사람들이 지상의 피조물들의 다양한 유에서의, 그리고 합목적적으로 구성된 존재자들인 이것들의 외적인 상호 관계에서의 객관적인 합
목적성을 원리로 삼는다면, 이런 관계에서 다시금 모종의 유기조직과 목 B384
적인들에 따르는 모든 자연계의 한 체계를 생각하는 것은 이성에 알맞은 일이다. 그러나 여기서 경험은 이성의 준칙과는 공공연하게 모순되는 것처럼 보인다. 특히, 그러한 체계가 가능하기 위해 필요하고, 또한 우리가 인간 이외의 어디에도 둘 수 없는, 자연의 최종 목적과 관련해볼 때 그러하다. 오히려 많은 동물류 가운데 하나인 이것에 관해서 자연은 파괴력으로부터도 산출력으로부터도 아무런 예외를 만들지 않았고,[142] 모든 것을 목적 없는, 자연의 기계성에 종속시키기 때문이다.

지상의 자연존재자들의 합목적적인 전체를 위한 배열에서 의도적으로 갖추어져 있어야만 하는 첫 번째 것은 실로 그것들의 거소〔居所〕, 즉 그것들이 그것들의 존속을 위해 가져야만 할 지반과 생활필수품일 것이다. 그러나 모든 유기적 산출의 이 기반의 성질에 대한 더 상세한 앎은 다름 아니라 전혀 무의도적으로 작용하는, 심지어는 산출과 질서와 목적들을 조장하기보다는 오히려 황폐하게 하는 원인들을 알려줄 따름이다. 육지와 바다는 그것들이, 그리고 그 위에 또 그 속에 있던 모든 생물

141) 칸트 원문 'derselben'을 'desselben', 곧 '식물계의'로 고쳐 읽자고 제안하는 사람들도 있다.

142) 일찍이(1755) 칸트는 "창조의 걸작처럼 보이는 인간 자신도 이런 법칙에서 예외가 아니다"(「일반 자연사 및 천체 이론」: AA I, 318)라고 말한 적이 있다.

들이 마주쳤던 극심한 온갖 황폐화의 기념물들을 간직하고 있을 뿐만 아니라, 육지와 바다의 구성 구조, 즉 육지의 지층과 바다의 경계들이 혼돈 상태에서 활동하는 자연의 거칠고 폭력적인 힘들의 산물인 것 같은 외관

B385 V428 을 전체적으로 가지고 있다. 지금은 육지들의 형태, 구조, 비탈이 하늘에서 내리는 비를 받고, (갖가지 산물들을 위한) 다양한 종류의 지층 사이의 수맥들과 하천들의 흐름을 위해 합목적적으로 배열되어 있는 것처럼 보일지라도, 그것들에 대한 더 자세한 연구는 그것들이 부분적으로는 화산 폭발의 결과이고, 부분적으로는 홍수의 결과이며, 또는 대양의 융기들의 결과로 성립한 것에 지나지 않는다는 것을 증명한다. 그것은 이런 형태의 최초의 산출에 있어서나, 특히 이 형태의 나중의 변형과 함께 동시에 최초의 유기적 산출물들의 몰락에 대해서도 마찬가지이다.※ 이제 만약 이 모든 생물들을 위한 거소, 즉 (육지라는) 자궁과 (바다라는) 모태가 다

B386 름 아니라 그 산출의 전혀 무의도적인 기계성만을 보여주는 것이라면, 어떻게 그리고 무슨 권리로 우리는 이 최종 산물들에 대해서 다른 기원을 요구하고 주장할 수 있는가? (**캄퍼르**[144]의 판단에 따르면) 저 자연황폐

※ 자연기술〔自然記述〕에 대해 일찍이 채택되었던 명칭 **자연사**[143]가 여전히 사용되어야 한다면, 사람들은 이 명칭이 문자적으로 알려주는 바, 곧 지구의 이전의 **옛** 상태—이에 대해 사람들은 비록 확실성을 기대해서는 안 된다 해도, 상당한 근거를 가진 추측은 해볼 수 있다—의 표상을, 기예와 대비하여 **자연의 고고학**이라고 부를 수 있다. 조각된 돌들 따위가 기예에 속하듯이, 고고학에는 화석들이 속할 것이다. 무릇, 상당히 느리게이기는 하지만, 사람들은 실제로 그러한 탐구를 (지구 이론〔지학〕이라는 명칭 밑에서) 부단히 하고 있으므로, 이 명칭은 한낱 상상적인 자연탐구에 주어진 것이 아니라, 자연 자신이 우리에게 권유하고 촉구하는 그러한 자연탐구에 주어진 것이다.

---

143) 자연사(historia naturalis)란 "물체와 그 속성들에 대한 역사적 인식으로서, 이에서 사람들은 물체의 모든 종들이 속하는 유들을 알게 된다"(Johann Peter Eberhard, *Erste Gründe der Naturlehre*, 1759, §5).

144) P. Camper(1722~1789). 위의 §43의 각주 참조. 네덜란드의 해부학자 겸 의사. 주저는 『해부학 · 병리학 개론(*Demonstrationes anatomico-pathologicae*)』(전2권,

들의 잔재들에 대한 아주 상세한 검토가 증명해주는 것처럼 보이듯이, 비록 인간은 이런 혁명들 속에 휩쓸려 들어가지는 않았다 할지라도, 인간은 여타 지상생물들에 의존되어 있는 만큼, 일단 다른 생물들을 보편적으로 지배하는 자연의 기계성이 용인된다면, 인간 또한 그 지배 아래 들어가 있는 것으로 간주될 수밖에 없다. 비록 인간의 지성이 (적어도 대부분은) 그를 자연의 황폐들 속에서 구출해낼 수 있다 할지라도 말이다.

그러나 이 논증은 이 논증을 세우게 된 의도가 함유한 것보다 더 많은 것을 증명하는 것으로 보인다. 곧 그것은, 인간이 자연의 최종 목적이 아니며, 바로 그 근거에서 지상의 유기적인 자연사물들의 집합이 목적들의 체계일 수 없다는 것을 증명할 뿐만 아니라, 전에는 자연목적들로 간주되었던 자연산물들조차도 자연 기계성 외에 다른 기원을 갖지 않는다는 것을 증명하는 것처럼 보인다.

그러나 위에서 유기적 자연존재자들의 기계적 산출방식과 목적론적 V429
산출방식의 원리들의 이율배반을 해결할 때 우리는 다음의 사실을 알았
다. 즉 이 원리들은 자기의 특수한 법칙들—이 법칙들의 체계적 연관성
을 풀 열쇠가 우리에게는 없다—에 따라 형성하는 자연에 대해서는 한
낱 반성적 판단력의 원리들일 따름이다. 곧 이 원리들은 자연존재자들 B387
의 기원을 그 자체로 규정하는 것이 아니라, 우리는 우리의 지성과 이성의 성질에 따라서 이런 종류의 존재자들에 있어서는 그 기원을 목적인들에 따르지 않고서 달리는 생각할 수가 없다고 말할 따름이다. 그리하여 유기적 자연존재자들을 기계적으로 설명하려는 최대로 가능한 노력, 아니 대담한 시도가 허용될 뿐만 아니라, 우리는 또한 이성에 의해 그렇게 하도록 요구받는다. 그럼에도 불구하고 우리는, 우리가 우리 지성의 특수한 방식과 제한의 주관적 이유에서 (가령, 산출의 기계성은 목적들에 의한 기원 자체에 모순되기 때문이 아니라) 그러한 기계적 설명에 결코 만족할 수

Amsterdam 1760~62).

없다는 것을 안다. 그리고 우리는, 마지막으로 (우리 밖의 또한 우리 안의) 자연의 초감각적 원리에서 자연의 가능성을 표상하는 이 두 방식의 합일 가능성이 놓여 있을 수 있다는 것을 안다. 목적인들에 따르는 표상방식은 단지 우리 이성사용의 주관적 조건일 따름이기에 말이다. 이성이 대상들을 한낱 현상들로 판정하여 알고자 하지 않고, 이 현상들 그 자신을 현상들의 원리들과 함께 초감성적인 기체와 관련지을 것을 요구하며, 그렇게 함으로써 현상들을 통일하는 모종의 법칙들이 가능함을 발견하고자 할 때는 그러하다. 법칙들은 (이성도 가지고 있는 초감성적인) 목적들에 의하지 않고서는 달리 표상될 수가 없는 것이다.

B388

§83

하나의 목적론적 체계인 자연의 최종 목적에 대하여

우리는 앞 조항에서, 우리가 인간을 모든 유기적 존재자들과 같이 한낱 자연목적으로뿐만 아니라, 이성의 원칙들에 따르면, 여기 지상에서는 그것과 관계해서 여타 모든 자연사물들이 목적들의 체계를 이루는, 자연의 **최종 목적**으로, 비록 규정적 판단력에 대해서는 아니지만, 반성적 판단력에 대해서는, 판정할 충분한 이유를 가지고 있음을 보여주었다. 그런데 만약 인간의 자연과의 연결에 의해 목적으로 촉진되어야 할 것이
V430 인간 자신 안에서 마주쳐져야 한다면, 그것은 자선을 베푸는 자연에 의해 충족될 수 있는 유의 목적일 수밖에 없거나, 아니면 인간이 그것을 위해 자연을 (외적으로 그리고 내적으로) 사용할 수 있는 온갖 목적들에 대한 유능성[145]과 숙련성이다. 전자의 자연의 목적은 인간의 **행복**이고, 후자의 목적은 인간의 **문화**〔교화〕[146]일 것이다.

행복 개념은 인간이 가령 자기의 본능들로부터 추상해내고, 그래서

145) 원어: Tauglichkeit.
146) 원어: Kultur.

자기 자신 안에 있는 동물성에서 가져오는 그런 것이 아니고, 인간이 그 상태를[147] 순전히 경험적인 조건들 아래서—불가능한 일이기는 하지만—이념에 합치시키고자 하는, 한 상태의 순전한 **이념**이다. 인간은 이런 이념을 스스로 입안하며, 그것도 상상력 및 감관들과 얽혀 있는 그의 지성을 가지고서 아주 여러 가지 방식으로 입안한다. 게다가 인간은 이 지성을 매우 자주 변경하기 때문에, 설령 자연이 인간의 자의에 전적으로 종속되어 있다고 할지라도, 자연이 이 같은 흔들리는 개념[148]과 또한 각자가 자의적으로 앞세우는 목적에 합치하기 위해 어떤 일정한 보편적이고 확고부동한 법칙을 가질 수는 절대로 없을 것이다.[149] 그러나 우리가 이 개념을 우리 인류가 전반적으로 합치하는 진정한 자연적 필요〔수준으〕로 낮추고자 하거나, 또는 다른 한편으로 구상된 목적들을 이룰 수 있는 숙련성을 〔그에 맞게〕 한층 더 높이고자 할 때조차도, 인간이 행복으로 생각하는 것, 그리고 실제로 인간 자신의 최종의 (자유의 목적이 아니라) 자연목적인 것은 인간에 의해서는 결코 달성되지 않을 것이다. 왜냐하면 인간의 자연본성은 소유와 향유에 있어서 어디선가 멈추어 충족되는 그런 종류의 것이 아니니 말이다. 다른 한편으로 자연이 인간을 그의 특수한 총아로 삼아 모든 동물들에게보다 자비로운 호의를 베풀었다는 것은 어림없는 얘기이다. 오히려 자연은 인간을 그것의 위해〔危害〕한 작용들에서, 즉 흑사병, 기아, 수재〔水災〕, 동해〔凍害〕, 크고 작은 다른 동물들의 습격 등등에서 다른 모든 동물이나 마찬가지로 보호하지 않고 있는 것이다. 더욱이, **인간 안에 있는**[150] **자연소질들**의 부조리는 인간으로 B389

147) 원문의 'den letzteren'을 이렇게 새겨야 할 것 같다.

148) 곧, 수시로 바뀌는 행복 개념.

149) "행복이라는 〔…〕 매우 불확정적인 개념"(『윤리형이상학 정초』: B46=IV418); "행복을 향한 욕구에서는 〔…〕 오로지 질료가 문제되기 때문이다"(『실천이성비판』: A46=V25); "행복이란 우리가 개념화할 수 없는 일종의 이상이다"(「인간학 강의」: XXV, 1081) 등 참조.

150) B판 추가.

B390 하여금 자신이 지어낸 병폐에 빠지게 하고, 자신과 동류의 다른 인간들
을 지배의 압박과 전쟁의 만행 등으로 곤경에 빠뜨리고, 그 자신 힘이 있
는 한 자신과 같은 인류를 파괴하는 데 전력을 다한다.[151] 그리하여 우리
밖의 자연이 제아무리 자비롭다 해도, 그리고 자연의 목적이 우리 인종
의 행복을 지향해 있다고 할지라도, 이런 자연의 목적은 지상에서의 자
연의 체계 안에서는 달성될 수가 없을 터이다. 우리 안의 자연〔본성〕이
저런 자비로운 자연을 받아들이지 못하니 말이다. 그러므로 인간은 언제
나 단지 자연목적들의 연쇄 중의 한 항일 따름이다. 인간은, 그가 자기
V431 자신을 어떤 목적에 맞출 때, 자연이 인간을 자연의 소질 중에서 그렇게
규정한 것처럼 보이는 많은 목적에 대해서는 물론 원리이지만, 여타 항
들의 기계성 안에 있는 합목적성을 보존하기 위한 수단이기도 하다. 지
성을, 그러니까 스스로 자신의 의사대로 목적들을 세울 수 있는 능력을
가진 지상의 유일한 존재자로서 인간이 자연의 주인[152]이라 호칭되고,
또 사람들이 자연을 목적론적 체계로 볼 때는, 인간은 그의 사명의 면에
서 자연의 최종 목적이기는 하다. 그러나 그것은 언제나 조건적으로만,
곧 인간이 그것을 이해하고, 자연과 그 자신에게 그러한 목적관계를 부
여할 의지를 가지고 있으며, 그러한 목적관계가 자연에 대해 독립적으로
스스로 충분하다는, 그러니까 전적으로 자연 중에서 찾아져서는 안 되는
궁극목적일 수 있다는 조건 아래서만 그러하다.

그러나 우리가 적어도 자연의 저 **최종 목적**을 인간의 어느 점에 놓아
B391 야 할 것인가를 알아내기 위해서, 우리는 자연이 인간으로 하여금 그 자
신이 궁극목적이기 위해 행하지 않으면 안 될 것에 대한 준비를 시키기
위해 수행할 수 있는 것이 무엇인가를 찾아내서, 그것을 오로지 자연에
게만 기대할 수 있는 사물들에 그 가능성이 의거하고 있는 다른 모든 목

151) 인간의 비사교성에 대해서는 「보편사의 이념」 제4명제(AA VIII, 20 이하) 참조.

152) "인간은 본래 자연의 목적이고, 이 점에서 지상에 살고 있는 어떠한 것도 인간의 경쟁자일 수는 없다."(「인간 역사」: VIII, 114)

적들과 분리시키지 않으면 안 된다. 지상에서의 행복은 후자[153] 같은 종류의 것으로, 그것은 자연에 의해 인간의 안팎에서 가능한 모든 목적들의 총괄을 의미한다. 그것은 지상에서 인간의 모든 목적들의 질료로서, 그것은 만약 인간이 그것을 그의 전체 목적으로 삼는다면, 그로 하여금 그 자신의 실존에 궁극목적을 두고 그에 부합하는 것을 못하게 만들 것이다. 그러므로 자연에서 인간의 모든 목적들 중에서 남는 것은 오로지 형식적인 주관적 조건, 곧 유능성의 조건뿐이다. 유능성이란 도대체가 스스로 목적들을 세우고 (자기의 목적을 규정함에 있어서 자연에 의존하지 않고서) 자연을 자기의 자유로운 목적들 일반의 준칙들에 알맞게 수단으로 사용할 수 있음을 말한다. 즉 그것은 자연이 그것의 밖에 놓여 있는 궁극목적에 관하여 이행할 수 있는 것이고, 그러므로 이것은 자연의 최종 목적으로 간주될 수 있다. 이성적 존재자의 임의적인 목적들 일반에 대한 (따라서 그의 자유에 있어서의) 유능성을 산출하는 것이 **문화**이다. 그러므로 문화만이 사람들이 인류를 고려하여 자연에 부가할 이유를 갖는 최종 목적일 수가 있다. (인간 자신의 지상에서의 행복이나 또는 인간의 밖에 있는 무이성적인 자연 안에 질서와 일치를 수립하는 실로 가장 귀중한 도구라는 것이 B392
최종 목적일 수는 없다.)

그러나 개개 문화가 이런 최종 목적이기에 충분한 것은 아니다. **숙련성**의 문화[교화]는 물론 목적들 일반을 촉진하는 유능성의 가장 귀중한 주관적 조건이다. 그러나 그럼에도 자기의 목적들을 규정하고 선택하는 V432
데 있어서 **의지**[154]를 촉진하는 데는 충분하지가 못하다. 그러나 이것은 목적들을 위한 유능성의 전체 범위에 본질적으로 속하는 것이다. 사람들이 훈도(훈육)의 문화[교화]라 부를 수 있을 유능성의 조건은 소극적인 것으로, 의지를 욕구의 전제로부터 해방시키는 데 있다. 욕구로 말미암아 우리는 무엇인가 자연사물에 매여, 우리 자신을 충동[추동]의 족쇄에

153) 곧, '오로지 자연에게만 기대할 수 있는 사물들에 그 가능성이 의거하고 있는 목적들'.
154) A판: "**자유**".

내맡김으로써 스스로 선택할 능력이 없게 된다. 욕구는 자연이 우리 안에 있는 동물성의 사명을 소홀히 하거나 훼손하는 일이 없게 하기 위하여, 우리에게 단지 지도원리 대신에 부여한 것이다. 그럼에도 우리는 이성의 목적들이 요구하는 대로 이 욕구를 조이거나 느슨하게 하고, 늘리거나 줄일 수 있게끔 충분히 자유롭다.

숙련성은 인류에게 있어서 인간 사이의 불평등에 의하지 않고서는 아마도 발전될 수 없을 것이다. 대다수의 사람들은 생활필수품들을 말하자면 기계적으로, 특별한 기술을 필요로 하지 않고서, 학문이니 예술이니
B393 하는 문화의 덜 필수적인 요소를 다루는 다른 사람들의 여유로움과 한가로움을 위해 공급하고, 이들에 의해서 압박과 쓰라린 노동, 그리고 향유라고는 거의 없는 상태에 붙잡혀 있게 되지만, 이 계급에게도 상류계급의 문화의 많은 것이 점차 보급되기 때문이다. 그러나 문화가 진보해 가면서—이 진보의 절정을, 없어도 되는 것에 대한 성벽〔性癖〕이 없어서는 안 될 것을 저해하기 시작할 때는, 사치라고 일컫는다—병폐들이 양 에서 똑같이 강력하게 자란다. 즉 한 에서는 외부의 폭력이, 다른 쪽에서는 내부의 불만이 자란다. 그러나 비참한 재난도 인류의 자연적 소질들의 발전과 결합되어 있고, 자연 자신의 목적은, 비록 그것이 우리의 목적은 아닐지라도, 이 재난에서 달성된다.[155] 오로지 그 아래서만 자연이 이 자기의 궁극의도를 달성할 수 있는 형식적 조건은 인간 상호간의 관계 속의 체제인바, 서로 간에 상충하는 자유의 붕괴에 대해서는 **시민사회**라고 일컫는 전체로서의 합법적 권력이 대치된다.[156] 왜냐하면, 오로지 그 안에서만 자연소질들의 최대의 발전이 일어날 수 있기 때문이다.[157] 그럼에도 그것[158]을 위해서는, 비록 인간이 그것을 찾아낼 만큼

155) "인간의 비사교적 사교성"으로 인한 인간의 자연소질의 개발에 대해서는 「보편사의 이념」: AA VIII, 20 이하 참조.

156) 「보편사의 이념」 제5명제: AA VIII, 22 이하 참조.

157) Ch. I. C. de Saint-Pierre, *Projet pour rendre la Paix perpétuelle en Europe*, Utrecht 1713; J. J. Rousseau, "Extrait du projet de paix perpétuelle de Monsieur l'Abbé

영리하고 그것의 강제에 기꺼이 복종할 만큼 지혜롭다고 해도, **세계시민적** 전체가, 다시 말해 서로 해를 끼치는 작용을 할 위험 속에 있는 모든 국가들의 한 체계가 필요할 것이다.[159] 그러한 체계가 없을 경우 그리고 특히 권력을 장악하고 있는 국가들에서의 명예욕, 지배욕, 소유욕이 B394 V433 그러한 입안〔기획〕의 가능성조차도 반대하는 장애가 있을 때는 **전쟁**—전쟁에서는 때로는 국가들이 쪼개져 더 작은 국가들로 해체되기도 하고, 때로는 한 국가가 다른, 더 작은 국가들을 합병하여 보다 큰 전체를 형성하려고도 한다—은 불가피하다. 전쟁은 무의도적인 (고삐 풀린 열정이 불러일으킨) 시도이면서도 최상 지혜의 깊이 숨겨진, 어쩌면[160] 의도적인 시도로서, 국가들의 자유와 더불어 합법칙성을, 그리고 그로써 국가들의 도덕적으로 정초된 체계의 통일성을 세우고, 그렇지 못하면 준비라도 하려는 시도이다. 그리고 그것이 인류에게 안겨주는 아주 무서운 고난들과 평화 시에 그를 위한 지속적인 준비가 끼치는 어쩌면 더 큰 고난들에도 불구하고, 전쟁은 오히려 (그 사이에 국민 행복의 안정상태에 대한 희망은 점점 더 멀어지지만) 문화에 기여하는 온갖 재능들을 최고도로 발전시키는 동기이다.[161]

경향성들의 훈육에 대해서 말하자면, 동물류 중의 하나라는 우리 규정의 관점에서 볼 때 자연소질들은 경향성들에 대해 전적으로 합목적적이지만, 이 경향성들은 인간성의 발전을 매우 어렵게 만든다. 그러나 문화에 대한 이 둘째 필요요소와 관련해서도 우리로 하여금 자연 자신이

---

de Saint-Pierre"(1761); 이에 대한 칸트 AA VIII, 24 · XV, 210 · XXV, 764 등 참조.

158) 곧, 시민사회.

159) 「보편사의 이념」 제7명제: AA VIII, 24 이하; 「이론과 실천」, III: AA VIII, 307 이하; 『영원한 평화』 제2확정조항: AA VIII, 354 이하; 『윤리형이상학』 법이론, §61: AA VI, 350 이하 참조.

160) B판 추가.

161) 「보편사의 이념」 제7명제: AA VIII, 24 이하; 『영원한 평화』 제1추가조항: AA VIII, 360 이하 참조.

제공할 수 있는 것보다 더 고차의 목적들을 수용하도록 하는 수련을 위
B395 한 자연의 합목적적 노력이 드러난다. 그것의 이상화에 이르기까지의 취
미의 세련화, 그리고 허영을 위한 자양분이 되는 학문상의 사치가 그로
인해 산출된 만족할 줄 모르는 다수의 경향성들을 우리 위에 쏟아붓는
해악의 과중함은 이론의 여지가 없는 일이다. 그러나 그에 반해 우리 안
의 동물성에 더 많이 속하며 우리들의 더 고차적인 규정의 수련에 가장
많이 반하는 경향성들의 조야함과 광포함(즉 향락의 경향성들)을 점점 더
극복하고, 인간성의 발전에 자리를 만들어주고자 하는 자연의 목적 또한
오인되어서는 안 된다. 보편적으로 소통되는 쾌에 의해 그리고 사회에
대한 순화와 세련화를 통해, 비록 인간을 윤리적으로 개선시키지는 못해
도 개화시키기는 하는 미적 기예〔예술〕와 학문들은 감각적 성벽〔性癖〕
의 폭군적 지배를 제법 잘 극복하고, 그렇게 함으로써 인간에게 이성만
V434 이 권력을 가져야 하는 지배 체제를 준비해준다. 그런가 하면 한편으로
는 자연이, 한편으로는 인간의 완강한 이기심이 우리에게 끼치는 해악은
동시에 영혼의 힘들을 분기시키고 고양하고 단련하여, 그러한 해악에 굴
복하지 않고, 보다 높은 목적들을 위한 우리 안에 숨겨져 있는 유능성을
느끼도록 해주는 것이다.※

※ 만약 우리에게서 인생이 가지는 가치가 한낱 **사람들이 즐기는 것**(즉 모든 경
B396 향성들의 총계인 자연적 목적, 즉 행복)에 따라서만 평가된다면, 우리에게 인
생이 어떤 가치를 가지는가는 쉽게 결정될 수 있다. 그 가치는 영〔零〕 이하로
떨어진다. 무릇, 실로 누가 동일한 조건들 아래서, 또는 또한 새로운 (자연의
행정〔行程〕에 맞춰) 자신이 입안한, 그러나 한낱 향락만을 겨냥하려는, 계획
에 따라서 새로운 인생에 발을 내딛으려 하겠는가? 자연이 우리와 공유하는
목적들에 따라 이끌어진 인생이 자신 안에 함유하는 것에 따를 때 인생이 어
떤 가치를 갖는가는 위에서 지적하였다. 그런 인생은 **사람들이** (한낱 즐기는
것이 아니라) **행하는 것**에서 성립하거니와, 거기에서 우리는 언제나 단지 불
확정〔무규정〕적인 궁극목적을 위한 수단일 따름인 것이다. 그러므로 아마도
남는 것은 우리가 우리 인생 자신에게, 우리가 단지 행할 뿐만 아니라, 자연
에 의존하지 않고서도 합목적적으로 행하는—그리하여 자연의 실존조차도

§84 B396

세계의 현존재, 다시 말해 창조 자신의 궁극목적에 대하여

궁극목적이란 자신의 가능성의 조건으로서 다른 어떤 것도 필요로 하
지 않는 그런 목적이다.

자연의 합목적성에 대하여 자연의 순전한 기계성이 설명근거로 받아
들여질 때는, 무엇을 위하여 사물들이 세계 안에 현존하는가를 사람들은
물을 수가 없다. 왜냐하면 그럴 경우에는 그러한 관념론적 체계에 따라
서 단지 (그런 것을 목적으로 생각하는 것은 객관 없는 순전한 궤변이 될) 사물
들의 물리적 가능성만이 문젯거리가 되기 때문이다. 사람들이 사물들의
이 형식을 우연으로 해석하든 맹목적인 필연으로 해석하든, 어느 경우에
나 저 물음은 공허하겠다. 그러나 우리가 세계 안에서의 목적결합을 실 B397
재적인 것으로 그리고 이 결합에 대하여 하나의 특수한 종류의 인과성
을, 곧 **의도적으로 작용하는** 원인을 상정한다면, 우리는 무엇을 위해 세
계의 사물들(유기적 존재자들)이 이런 혹은 저런 형식을 가지며, 다른 사
물들에 대한 이런 혹은 저런 관계 속에 자연에 의해 놓여 있는가 하는 물
음에 머물러 있을 수가 없다. 오히려 실제로 사물들에서 발견되는 그러
한 형식들의 가능성의 원인으로 간주될 수밖에는 없는 한 지성이 생각되
므로, 바로 그 같은 지성에 있어서도, 이 생산적 지성으로 하여금 이런 V435
종류의 작용을 하도록 규정할 수 있었고, 그렇기에 그와 같은 사물들이
그 때문에 현존하는 궁극목적인 것인 객관적 근거를 묻지 않을 수 없다.

내가 위에서 말한바, 궁극목적은 무조건적인 것이기 때문에, 자연이
야기하고 그것의 이념에 따라 산출하기에 충분한 그런 목적이 아니다.
왜냐하면, 자연 자신 안에서 발견되는 규정근거가 언제나 다시금 조건
지어진 것이 아닐 터인 그런 것은 (감각적 존재자로서의) 자연 안에는 없기

단지 이 조건 아래서만 목적일 수 있는—것에 의해 부여하는 가치뿐이다.

때문이다. 이 말은 우리 밖의 자연(즉 물질적 자연)에 대해서뿐만 아니라, 우리 안의 자연(즉 사고하는 자연)에 대해서도 타당하다. 물론 〔후자의 경우〕 내가 내 안에서 자연인 것만을 고찰한다는 것을 뜻한다. 그러나 한 사물, 즉 자기의 객관적 성질로 인하여 필연적으로 지성적 원인의 궁극목적으로 실존해야만 하는 것은 목적들의 순서에 있어서 순전히 자기의
B398 이념 외에 다른 어떤 외부의 조건에는 의존되어 있지 않은 종류의 것이어야만 한다.

그런데 우리는 이 세계 안에 그것의 인과성이 목적론적인, 다시 말해 목적들을 지향하는 단 한 종류의 존재자들을 가지고 있다. 이 존재자들은 동시에, 그에 따라 그것들이 스스로 목적들을 규정해야만 하는 법칙이 그것들 자신에 의해 무조건적이고 자연 조건들에서 독립적인 것으로, 그러나 그 자체로 필연적인 것으로 표상되는 그런 성질을 갖는 것이다. 이런 종류의 존재자가 〔바로〕 인간이다. 그러나 예지체로 간주된 인간이다. 자연존재자 중 유일하게 이 존재자에게서 우리는 초감성적인 능력(즉 **자유**)과 또한 인과성의 법칙을, 이 법칙이 최고의 목적으로 앞세울 수 있는 인과성의 객관(즉 세계 안의 최고선)과 함께, 이 존재자의 고유한 성질의 측면에서 인식할 수 있다.[162)]

이제 도덕적 존재자로서 인간에 대해서는 (그러하니 세계 안의 모든 이성적 존재자에 대해서는) "무엇을 위해 (무슨 目的을 爲해) 그것이 실존하는가"를 더 이상 물을 수가 없다. 그의 현존은 자신 안에 최고의 목적 자체를 가지며, 그는 그가 할 수 있는 한, 이 최고 목적에 전체 자연을 복속시킬 수 있으며, 적어도 이 최고 목적에 반하여 그가 자연의 어떤 영향에 복속되지 않도록 자신을 지켜야만 한다. ―무릇 세계의 사물들이 그것들의 실존의 면에서 의존적인 존재자로서, 어떤 목적들에 따라 활동하는

---

162) '목적' 개념은 실천 이성에서만 의미 있게 규정될 수 있는 것인 만큼, 도덕적 존재자로서의 인간에게만 유효하다는 논지에 대해서는 「목적론적 원리들의 사용」: VIII, 182 이하; 『이성의 한계 안에서의 종교』: VI, 60 이하 등 참조.

최상의 원인을 필요로 한다면, 인간이야말로 창조의 궁극목적이다. 왜냐
하면 인간이 없으면 서로서로 종속적인 목적들의 연쇄가 완벽하게 기초
되지 못할 것이니 말이다. 오로지 인간에서만, 또한 도덕성의 주체인 이 B399
인간에서만 목적들에 관한 무조건적인 법칙수립〔입법〕을 찾을 수 있으
며, 그러므로 이 무조건적인 법칙수립만이 인간으로 하여금 전체 자연이 V436
목적론적으로 그에 종속하는 궁극목적일 수 있게 하는 것이다.※

※ 이 세계에서 이성적 존재자들의 행복이 자연의 목적일 수도 있겠다. 그럴 경우 행복은 자연의 **최종** 목적이기도 하겠다. 적어도 사람들은 왜 자연이 그렇게 꾸며져 있어서는 안 되는가를 선험적으로 통찰할 수는 없다. 왜냐하면 자연의 기계성에 의해 이런 결과는, 적어도 우리가 통찰할 수 있는 한에서는, 능히 가능할 것이기 때문이다. 그러나 도덕성과 도덕성에 종속하는, 목적들에 따르는 인과성은 절대적으로 자연원인들에 의해서는 불가능하다. 왜냐하면 행위하도록 규정하는 이 인과성의 원리는 초감성적이고, 그러므로 목적들의 순서에 있어서, 자연에 대하여 단적으로 무조건적이고, 이로 인해서만 이 인과성의 주체로 하여금 전체 자연이 종속해 있는 창조의 **궁극목적**으로서 자격을 가지게 하는 유일 가능한 것이기 때문이다.―그에 반해 **행복**은, 앞 조항〔§〕에서 경험을 증거로 하여 지적했듯이, 다른 피조물에 비해 우월성을 갖는 인간에 대해서는 결코 **자연의 목적**이 아니다. 〔하물며〕 행복이 **창조의 궁극목적**이라는 것은 어림도 없는 일이다. 인간들이 행복을 언제나 자신의 최종의 주관적인 목적으로 삼을 수는 있다. 그러나 내가 "무엇을 위하여 인간들은 실존해야만 하는가?" 하고 창조의 궁극목적을 물을 때 문제가 되는 것은 객관적인 최상의 목적으로서, 어찌하여 이 최상의 목적을 최고 이성은 그의 창조를 위하여 필요로 하겠는가 하는 것이다. 무릇 이에 대해 사람들이 "저 최상의 원인이 자선을 베풀 수 있는 존재자들이 실존하기 위하여"라고 대답한다면, 사람들은 인간의 이성 자신이 행복이라는 그의 가장 절실한 소망을
종속시키는 조건(곧 자기 자신의 내적인 도덕적 법칙수립과의 합치)에 모순된 B400
다. 이것은 다음의 사실을 증명하는 바이다. 즉 행복은 단지 조건적인 목적일 수 있을 뿐이며, 그러므로 인간은 오로지 도덕적인 존재자로서 창조의 궁극목적일 수 있다. 그러나 인간의 상태에 대해서 말할 것 같으면, 행복은 오로지 그의 현존의 목적인 저 목적과의 합치에 비례한 귀결로서만 결합되어 있는 것이다.

B400 ## §85

물리신학에 대하여

물리신학[163)]은 (단지 경험적으로 인식될 수 있는) 자연의 **목적들**로부터
자연의 최상의 원인 및 그것의 속성들을 추리하려는 이성의 시도이다.
도덕신학(윤리신학)은 자연 안에 있는 이성적 존재자들의 (선험적으로 인식
될 수 있는) 도덕적 목적으로부터 저 원인과 저것의 속성들을 추리하려는
시도라 하겠다.

전자는 자연스럽게 후자에 선행한다. 무릇 만약 우리가 세계 안의 사
물들로부터 세계원인을 **목적론적으로** 추리하고자 한다면, 자연의 목적
V437 들이 우선 주어져 있어야만 하고, 그런 연후에 우리는 이 목적들에 대해
하나의 궁극목적을, 그 다음에 이 궁극목적에 대해 이 최상 원인의 인과
성의 원리를 찾아야 하기 때문이다.

사람들이 우리가 자연의 산물들의 여러 가지에서 마주치는, 합목적적
B401 작용 가능성의 근거를 물어야 할 이유 없이도, 목적론적 원리에 따라 자
연에 대한 많은 탐구들이 생길 수 있고 생길 수밖에 없다. 그럼에도 사람
들이 이에 대한 개념을 갖고자 한다면, 우리는 그것에 대해 한낱 반성적
판단력의 준칙 외에 그 이상의 어떤 통찰도 절대로 갖지 못한다. 그 준칙
은 곧, 우리에게 단 하나의 자연의 유기적 산물이 주어져 있다 할지라도,
우리는 우리의 인식능력의 성질에 따라서 그에 대한 근거로서는 자연 자

---

163) 원어: Physikotheologie. 아래에서 언급되는 도덕신학(Moraltheologie) 또는 윤리신학(Ethikotheologie)과 더불어 자연(적) 신학(natürliche Theologie)의 한 가지. 이 구별과 칸트의 신학 분류에 대해서는 『순수이성비판』 A632=B660의 규정 참조. "**자연(적) 신학**은 이 세계에서 마주치는 성질들, 곧 질서와 통일성으로부터 세계창시자의 속성들과 현존을 추리한다. 그런데 이 세계 내에는 두 종류의 원인성, 곧 자연과 자유 및 그것의 규칙이 있는 것으로 받아들여져야만 한다. 그래서 자연적 신학은 이 세계로부터 최고 예지자로 올라가거니와, 최고 예지자란 모든 자연적 질서와 완전성의 원리이거나 모든 도덕적 질서와 완전성의 원리다. 전자의 경우에 그것은 **물리신학**이라고 일컬어지고, 후자의 경우에 **도덕신학**이라고 일컬어진다."

신—전체 자연이든 자연의 이 부분[164]이든—의 원인이라는 근거, 즉 지성에 의해 그 산물의 원인성을 함유하는 원인이라는 근거 외에는 다른 것을 생각할 수 없다는 것이다. 〔그 준칙은〕 하나의 판정원리로서, 이것에 의해 우리가 자연사물들 및 그것들의 근원을 설명하는 데 조금도 전진하지 못하기는 하지만, 그럼에도 그것은 우리에게 자연을 넘어서 약간의 전망을 열어주어, 그렇지 않았다면 아무런 결실도 맺지 못할 근원존재자라는 개념을 어쩌면 좀 더 상세히 규정할 수 있도록 해준다.

이제 나는 말하거니와, 물리신학은 제아무리 밀고 나간다 해도 창조의 **궁극목적**에 대해서는 우리에게 아무것도 열어주는 것이 없다. 왜냐하면, 물리신학은 궁극목적에 대한 물음에까지 이르지도 못하기 때문이다. 그러므로 물리신학은 지성적 세계원인 개념을 주관적으로 우리 인식능력의 성질에만 적합한, 우리가 목적들에 따라서 이해할 수 있는 사물들을 가능하게 하는 개념으로 변호할 수는 있지만, 그러나 이 개념을 이론적인 관점에서도 실천적 관점에서도 더 이상 규정할 수는 없다. 그래서 B402
물리신학의 시도는 신학을 세우려는 그의 의도를 달성하지 못하고, 언제나 단지 물리적 목적론에 머무른다. 왜냐하면, 물리신학에 있어 목적관계는 언제나 단지 자연 안에서 조건적인 것으로 고찰되고 또 고찰되어야만 하며, 그러니까 자연 자신이 무엇을 위하여 실존하는가 하는 목적은—이 목적의 근거는 자연 밖에서 찾아야만 할 것인데—전혀 문의조차 할 수 없기 때문이다. 그럼에도 저 높은 지성적 세계원인이라는 규정된 개념은, 그러니까 하나의 신학의 가능성은, 이 목적이라는 규정된 이념에 달려 있다.[165]

이 세계 안의 사물들은 무엇을 위하여 서로 유용한가, 한 사물 안의 잡다함은 이 사물 자신에게 무엇을 위해 좋은가, 심지어, 모종의 사물들

164) 곧, 유기적 산물.

165) 물리신학적 신 존재 증명의 불가능성에 대해서는 『순수이성비판』, A620~630=B648~658 참조.

이 (목적들로서) 실존해야만 한다는 조건 아래서는 세계 안의 어떤 것도 좋지 않은 것은 없고, 모든 것이 **자연 안의** 무엇인가를 위해 좋다고 상정할 수 있는 근거를 우리는 어떻게 가지고 있는가, 이러한 물음들에서 그
V438 러니까 우리 이성은 판단력을 위해서 판단력이 불가피하게 목적론적으로 판정하는 객관을 가능하게 하는 원리를 자신의 능력 안에 가지고 있는데, 그것은 다름 아니라 자연의 기계성을 지성적 세계창시자의 건축술에 종속시키는 원리이다. 목적론적 세계고찰은 이 모든 문제를 아주 훌륭하게 그리고 지극히 경탄스럽게 처리한다. 그러나 (최고 예술가로서의) 지적 세계원인이라는 저 개념을 **규정하는** 자료들, 그러니까 원리들은 한낱 경험적이기 때문에, 이 원리들은 경험이 우리에게 그 세계원인의 작용결과들에서 개시하는 것 이상으로는 아무런 속성도 추리하지 못한다.
B403 또한 이 경험은 결코 전체 자연을 체계로서 포괄할 수 없으므로, 자주 (외견상으로) 저 개념[166]과 그리고 서로 모순되는 증명근거들과 부딪치지 않을 수 없다. 그러나 경험은, 우리가 비록 그 전체 체계를,—이 체계가 순전한 자연과 관련하는 한—경험적으로 개관할 능력이 있다 할지라도, 우리를 자연을 넘어서 자연의 실존 자신의 목적으로, 그리하여 저 높은 예지자라는 특정한 개념으로 고양시킬 수는 없다.[167]

물리신학이 해결해야 할 과제를 축소한다면, 그 해결은 쉬워 보인다. 곧 사람들이 **신성**이라는 개념을, 지성적 존재자가 하나가 있든 여럿이 있든, 수많은 그리고 매우 위대한, 그러나 가능한 최대의 목적과 일치하는 자연 일반을 세우는 데 필요한 모든 속성들은 가지고 있지는 않은, 우리가 생각하는 모든 지성적 존재자에 대해 써버린다면, 또는 이론에서 증명근거들이 해내는 것의 결함을 자의적인 부가물을 가지고 보완하는 것을 아무렇지도 않게 생각하고, 또 사람들이 단지 **많은** 완전성을—이때 많다는 것이

166) 곧, '지적 세계원인'이라는.

167) 유사한 논증을 Hume에서도 볼 수 있다. *Dialogues concerning Natural Religion*, Part II · V 참조.

우리에게 무슨 의미가 있는가?—상정할 근거밖에는 가지고 있지 않은 곳
에서 **모든 가능한** 완전성을 전제할 권한이 있다고 여긴다면, 물리적 목적
론은 하나의 신학을 정초한다는 명성을 뽐내며 주장하게 된다. 그러나 만
약, 대체 무엇이 우리로 하여금 저런 보완을 하게 하며, 게다가 보완할 권
리를 주는가를 제시할 것을 요구받는다면, 우리가 이성의 이론적 사용의
원리들에서 우리를 변호하기 위한 근거를 찾아보았자 그것은 헛된 일이 B404
다. 이성의 이론적 사용은 경험의 객관을 설명하기 위해서는 이 객관에다
가 속성들을 그것들이 가능하기 위한 경험적 자료들이 마주칠 수 있는 것
이상으로 덧붙여서는 안 된다는 것을 철두철미 요구하니 말이다. 좀 더 자
세히 검토해보면, 전적으로 상이한 이성사용(즉 실천적 사용)에 의거하고 있
는, 최고 존재자라는 이념이 본래부터 우리에게 선험적으로 근저에 놓여
있어, 이 이념이 우리로 하여금 자연 안의 목적의 근원근거에 대한 물리적
신학[168]의 결함 있는 표상을 신성이라는 개념에 이르기까지 보완하도록 V439
몬다는 것을 알게 될 것이다. 그리고 우리는 이 이념을, 그와 함께 하나의
신학을 물리적 세계지의 이론적 이성사용에 의해 성립시켰다고, 또 그 이
념의 실재성을 증명했다고 잘못 상상하지도 않을 것이다.

우리는 옛 사람들이 그들의 신들을 한편으로는 능력의 면에서 다른 한
편으로는 의도와 의향의 면에서 매우 다양하게 서로 다르되, 모든 신들이,
심지어 주신〔主神〕조차도 예외 없이, 언제나 인간과 같은 방식으로 제한
된 것으로 생각했다고 해서 크게 비난할 수는 없다. 왜냐하면, 그들이 자
연에서 사물들의 설비와 진행을 고찰했을 때, 그들은 기계적인 것 이상의
어떤 것을 사물들의 원인으로 상정하고, 그들이 초인간적인 것으로 생각
할 수밖에는 없었던 모종의 상위의 원인들의 의도들을 이 세계의 기계장
치의 배후에서 추측할 만한 충분한 근거를 발견하긴 했으니 말이다. 그러
나 그들은 선과 악, 합목적적인 것과 반목적적인 것이 자연 안에, 적어도 B405

168) A판에 따름. B판: "목적론".

우리의 통찰로는, 매우 뒤섞여 있음을 발견했고, 그럼에도 그들이 증명하지 못한, 근저에 놓여 있는 지혜롭고 자비로운 목적들을[169] 최고의 완전한 창시자라는 자의적인 이념을 위해 감히 은밀하게 상정할 수는 없었다. 그 때문에 최상의 세계원인에 대한 그들의 판단은, 그들이 곧 이성의 순전한 이성적 사용의 준칙을 일관되게 따르는 한, 달리는 내려질 수가 없었다. 물리학자로서 동시에 신학자이고자 했던 다른 사람들은 이성이 요구하는, 자연사물들의 원리의 절대적 통일성을 한 존재자의 이념에 의거해 마련해 주는 데서 이성에 대한 충족을 발견하려고 생각했다. 유일한 실체인 이 한 존재자 안에서 저 자연사물들은 모두 단지 내속하는 규정들일 따름이다. 이 실체는 물론 지성에 의해 세계의 원인이 되지는 않지만, 그럼에도 주체로서의 이 실체 안에서 세계존재자들의 모든 지성은 마주칠 수 있을 터이다. 따라서 〔그것은〕 목적들에 따라 어떤 것을 산출하는 하나의 존재자는 아니지만, 그럼에도 그것 안에서 모든 사물들은 그것들이 그것의 한낱 규정들인 주체의 통일성으로 인하여 아무런 목적과 의도 없이도 필연적으로 서로 합목적적으로 관계 맺고 있을 수밖에 없을 터이다. 이렇게 해서 그들은, 다수의 합목적적으로 결합되어 있는 실체들의 도출하기 매우 어려
B406 운 통일성을 **하나의 실체에 대한** 인과적 의존성 대신에 **하나의 실체 안에서의** 내속의 통일성으로 변환시킴으로써, 목적인의 관념론을 도입하였다. 그 결과 이 체계는 내속하는 세계존재자들의 측면에서 보면 **범신론**으로서, 그리고 근원존재자로서 유일하게 자존하는 주체의 측면에서 보면 (후
V440 의) **스피노자주의**[170]로서, 자연의 합목적성의 제일 근거에 대한 물음을 해결했다기보다는, 오히려 이 물음이 무의미하다고 선언한 셈이다. 자연의 합목적성이라는 개념이 자기의 모든 실재성을 빼앗기고, 사물 일반이라는 보편적인 존재론적 개념의 순전한 오해로 되어버렸으니 말이다.

그러므로 이성사용의 순전히 이론적인 원리들—물리신학은 오로지

169) A판: "**유일한** 최고의".

170) "신은 만물의 내재적 원인이다."(Spinoza, *Ethica*, I, Prop. XVIII)

이 원리들에 기초하고 있거니와—에 따라서는 우리가 자연을 목적론적으로 판정하는 데 충분한 신성이라는 개념은 결코 도출될 수가 없다. 왜냐하면, 우리가 하는 일은 다음의 둘 중 하나이기 때문이다. 하나는, 우리는 모든 목적론을 사물들의 인과결합을 판정함에 있어 판단력의 순전한 착각이라 선고하고, 자연의 순전한 기계성의 유일 원리로 도피하는 것인데, 자연은 그것의 잡다한 규정들에 불과한 그 실체의 통일성으로 인하여 목적들에 대한 하나의 보편적 관계를 함유하고 있는 것처럼 우리에게 보일 따름이다. 또 하나는, 우리가 목적인의 이 관념론 대신에 이런 특수한 종류의 인과성의 실재론 원칙에 충실하게 머물러 있고자 한다면, 우리는 다수의 지성적 근원존재들 또는 단 하나의 근원존재자를 자연목적들의 토대에 둘 수 있다. 그러한즉, 우리는 이 개념을 정초하기 위해서 B407
이 세계 안에서 현실적인 목적결합으로부터 얻어온 경험원리들 외에는 아무것도 가지고 있는 게 없고 보면, 한편으로는 자연이 목적통일성에 관해 많은 실례에서 제시하고 있는 불일치에 대적할 방도를 찾을 수가 없고, 다른 한편으로는 단 하나의 지적 원인이라는 개념을, 우리가 그 개념을 순전히 경험을 통해 정당화된 것으로 도출하는 한, 결코 어떤 한—그것이 어떤 종류의 것이든 (이론적이든 실천적이든)—쓸모 있는 신학을 위하여 충분히 확정적으로 저 경험원리들로부터 끄집어낼 수가 없다.

물리적 목적론은 우리를 하나의 신학을 찾도록 몰기는 하지만, 우리가 제아무리 자연을 경험을 통해 탐색하고, 자연 가운데서 발견되는 목적결합을 이성이념들—이것들은 물리적 과제들에 대해서는 이론적일 수밖에 없는 것이다—을 가지고 도우러간다 할지라도, 물리적 목적론이 신학을 산출하지는 못한다. "우리가 이 모든 〔세계의〕 설비들의 근저에 하나의 위대한 지성, 우리로서는 측량할 수 없는 하나의 지성을 두어 그로 하여금 이 세계를 그의 의도대로 배열하게끔 해도, 만약 자연이 우리에게 궁극의도에 대해 아무것도 말하지 않고 또 언제까지나 말할 수 없다면, 그것이 무슨 소용이 있는가" 하고 사람들이 탄식하는 것은 당연한

일일 것이다. 이 궁극의도 없이는 우리로서는 이러한 모든 자연목적들
의 공통의 관계점도 만들 수 없고, 한편으로는 목적들을 모두 하나의 체
계 안에서 인식하고, 한편으로는 자연에 대해서 목적론적으로 반성하는
우리의 판단력에 기준이 될 수 있는, 그러한 자연의 원인으로서의 최상
B408 V441 의 지성을 우리가 이해하기에 충분한 목적론적 원리를 만들 수도 없다.
그렇게 되면 나는 흩어져 있는 목적들에 대한 하나의 **기예지성**을 가지긴
하겠지만, 본래 이 기예지성의 규정근거를 함유해야 할 궁극목적에 대한
지혜는 갖지 못할 터이다. 궁극목적은 오로지 순수 이성만이 제공할 수
있고—왜냐하면, 세계 내의 모든 목적들은 경험적으로 조건 지어져 있
고, 우연적인 의도로서 이것을 위해 또는 저것을 위해 좋은 것만을 함유
할 뿐, 단적으로 좋은 것은 함유하지 않으니 말이다—이 궁극목적만이
나에게, 자연을 목적론적 체계로 판정하기 위해서 내가 자연의 최상 원
인의 어떤 속성들, 어떤 정도, 어떤 관계를 생각하지 않으면 안 되는가를
가르쳐준다. 그러나 이런 궁극목적이 없는 경우, 어떻게 그리고 무슨 권
리로 나는 나의 보잘 것 없는 세계지에 기초할 수 있는 저 근원적 지성에
대한, 그리고 자기의 이념을 실현하는 이 근원적 존재자의 위력에 대한,
그리고 그것을 실행하는 그의 의지 등에 대한 나의 매우 제한된 개념을
임의대로 확장하고, 전지〔全知〕하고 무한한 존재자라는 이념에 이르기
까지 보완해나갈 수 있을까? 만약 이런 일이 이론적으로 일어나야 하는
것이라면, 이런 일은 내 자신 안에 전지를 전제해야 할 것이다. 그리해야
자연의 목적들을 그 전체의 연관 속에서 통찰하고, 또 그 위에 다른 모든
가능한 계획들을 생각할 수 있으며, 이 계획들과 비교하여 현재의 계획
이 최선의 계획이라고 판정하는 일이 근거를 가지게 될 것이다. 무릇 결
과에 대한 이러한 완성된 지식이 없이는 나는 최상의 원인에 대한 어떠
B409 한 명확한 개념을 추론하여 신학의 토대를 세울 수가 없다. 최상의 원인
에 대한 명확한 개념은 단지 모든 관점에서 무한한 지적 존재자라는 개
념에서만, 다시 말해 신성〔神性〕의 개념에서만 마주칠 수 있는 것이다.

그러므로 우리가 물리적 목적론을 가능한 한 확장한다 해도 위에서 든 원칙에 따라 충분히 말할 수 있는 것은, 우리가 우리 인식능력의 성질과 원리들에 따라 우리에게 알려진 합목적적인 질서 가운데 있는 자연을 다름 아니라 이 자연이 종속되어 있는 어떤 지성의 산물로 생각할 수 있다는 것이다. 그러나 과연 이 지성이 자연의 전체와 그리고 그것이 만들어내는 것과 관련하여 어떤 궁극의도를 가졌는지—이럴 경우 그 궁극의도는 감성세계의 자연 가운데 있지는 않을 것이다—어떤지 하는 문제는 이론적인 자연연구가 우리에게 결코 알려줄 수가 없다. 자연에 대한 지식이 아무리 많아도 미결로 남는 것은, 저 최상의 원인이 어디서나 하나의 궁극목적에 따라 자연의 근원근거인지, 오히려 자기의 자연본성의 순전한 필연성에 의하여 모종의 형식들을 만들어내도록 규정되어 있는 지성으로 인해 (우리가 동물의 경우에 기예본능이라고 부르는 것과 유추해서) 자
V442
연의 근원근거가 아닌지 하는 문제이다. 이 후자의 경우 그렇다고 해서 최상의 원인에게 지혜만이라도 덧붙여야 하는 것이 필요한 것은 아니며, 더구나 그 산물의 완전성을 위해서 요구되는 다른 모든 속성들과 결합되어 있는 최고의 지혜를 덧붙여야 하는 것이 필요한 것도 아니다.

그러므로 물리신학은 하나의 오해된 물리적 목적론으로, 신학을 위한 B410
준비(예비학)로서만 유용하다. 그리고 물리신학은 그것이 의지할 수 있는 별도의 원리가 추가됨으로써만 이러한 의도를 위해 충분하지만, 그 명칭이 보이고자 하는 바와 같이, 그 자체로서는 이러한 의도에 충분하지 못하다.

§86
윤리신학에 대하여

가장 평범한 지성이라도 세계 내의 사물들의 현존과 세계 자신의 실존을 숙고할 때 벗어날 수 없는 하나의 판단이 있다. 곧, 온갖 다양한 피

조물들이 제아무리 위대한 기예적 설비를 갖추고 있고, 제아무리 합목적
적으로 서로 관계 지어진 다양한 연관성을 가지고 있다고 하더라도, 온
갖 다양한 피조물들은, 그리고 이 피조물들의 그토록 많은 체계들—이
것들을 우리는 세계들이라고 잘못 부르고 있는바—의 전체조차도, 만
약 그것들 가운데 인간(이성적 존재자들 일반)이 없다면, 아무런 것도 위하
는 것 없이 현존하는 것이겠다. 다시 말해, 인간이 없으면 전체 창조〔삼
라만상〕는 **한날 황야로서**,[171] 쓸데없고 궁극목적이 없는 것이겠다. 그러
나 또한, 마치 세계를 **고찰할** 수 있는 어느 누군가가 현존하기 위한 것인
양, 그것과의 관계에서 세계 내의 여타 모든 것의 현존이 비로소 그 가
치를 얻는 것이 인간의 인식능력(이론 이성)은 아니다. 왜냐하면, 이런 세
B411 계 고찰이 인간에게 궁극목적 없는 사물들만을 표상시켜준다면, 세계가
인식된다는 사실로부터 세계의 현존에 어떤 가치가 생겨날 수 있는 것은
아니기 때문이다. 그러하니 사람들은 이미 세계의 어떤 궁극목적을 전제
할 수밖에 없고, 이것과 관계해서 세계고찰 자신도 가치를 가지겠다. 또
한 우리가 그것과 관계해서 창조의 궁극목적을 주어진 것으로 생각하는
것이 쾌와 쾌의 합계의 감정도 아니다. 다시 말해, 복 , 향락—그것이 신
체적인 것이든 정신적인 것이든—한마디로 말해 행복에 의거해서 저 절
대적 가치를 평가하지 않는다. 왜냐하면, 인간이 현존할 때, 인간은 행복
을 그 자신의 궁극목적으로 삼는다 함이, 인간은 그러면 도대체 무엇을
위해 현존하는가에 대한, **인간은**[172] 그러면 그의 실존을 편안하게 만들기
위해서 스스로 어떠한 가치를 갖는가에 대한 아무런 개념도 주지 않기
V443 때문이다. 그러므로 자연이 목적들의 원리들에 따르는 절대적인 전체로
고찰된다면, 왜 자연이 인간의 행복과 부합해야만 하는가 하는 이성근거
를 가지기 위해서는, 인간은 이미 창조의 궁극목적으로 전제되지 않으면
안 된다.—그러므로 〔그것과 관계해서 창조의 궁극목적을 생각할 수 있

171) B판 추가.

172) A판: **"인간인 그는"**.

는 것은〕 오로지 욕구능력뿐이다. 그러나 그것은 인간을 자연에 (감성적 충동에 의해) 매이게 만드는 그런 욕구능력이 아니고, 또 그와 관련하여 인간의 가치가 그가 감수〔感受〕하고 향유하는 것에 의거하는 그런 욕구능력이 아니다. 오히려 그것은 인간만이 자기 자신에게 부여할 수 있고, 그가 무엇을 행하는가 하는 것에, 그가 자연의 한 항으로서가 아니라, 자신의 욕구능력의 **자유** 안에서 어떻게 그리고 어떠한 원리들에 따라 행위하는가 하는 것에 있는 가치이다. 다시 말해, 선의지야말로 그것에 의해 B412 인간이 절대적 가치를 가질 수 있고, 또 그것과 관계해서 세계의 현존이 하나의 **궁극목적**을 가질 수 있는 바로 그러한 것이다.

또한 건전한 인간이성의 가장 평범한 판단도, 사람들이 그 판정을 오직 이 물음에만 돌려 그것을 시도해보도록 유발하면, '인간은 도덕적 존재자로서만 창조의 궁극목적일 수 있다'는 것에 완전히 부합한다.[173] 사람들은 다음과 같이 말할 것이다. 즉 이러한 인간이 그토록 많은 재능을 가지고 있고, 그가 그것을 가지고 제아무리 잘 활동하여 그로써 공동체에 유익한 영향을 미치고, 그리하여 자기의 행운상태에 관해서나 타인의 이익에 관해서나 큰 가치를 가지고 있다는 것이, 그가 선의지를 소유하고 있지 않다면, 무슨 소용이 있겠는가 하고 말이다. 사람들이 그러한 인간을 그 내면에서 고찰한다면 그는 경멸스런 객체일 것이다. 그리고 만약 창조가 결코 궁극목적이 없는 것이어서는 안 된다고 하면, 인간으로서 그 역시 창조에 속하는 자인 그러한 인간은 악한 인간으로서 도덕법칙들 아래에 있는 세계 안에서 도덕법칙들에 따라 그의 주관적 목적(즉 행복)—이것은 그의 실존이 궁극목적과 양립할 수 있는 유일한 조건인바[174]—을 잃지 않을 수 없을 것이다.

이제 우리가 세계 내에서 목적배열들을 마주치고, 이성이 불가피하게

---

173) 『실천이성비판』, A233=V129 이하 참조.

174) 한 인격이 도덕성을 전제로 행복을 누림이 최고의 선이다. 『순수이성비판』, A809=B837, 『실천이성비판』, A221=V122 이하 참조.

요구하듯이, 단지 조건적인 목적들을 하나의 무조건적인 최상의 목적,
B413 다시 말해 궁극목적에 종속시킨다면, 사람들이 제일 먼저 쉽게 아는바, 그때 문제가 되는 것은, 자연이 실존하는 한에서, (자연 안에 있는) 자연의 목적이 아니라, 모든 설비를 갖추고 있는 자연의 실존의 목적, 그러니까 **창조의** 최종 **목적**이며, 이 최종 목적에서도 본래 문제가 되는 것은, 그 아래에서만 하나의 궁극목적이 (다시 말해, 세계존재자들을 만들어내기 위한 최고 지성의 규정 근거가) 생겨날 수 있는 최상의 조건이다.

V444 이제 우리는 인간이 오직 도덕적 존재자로서만 창조의 목적이라는 것을 인정하므로, 첫째로, 세계를 목적들에 따라 연관되어 있는 전체로, 그리고 목적인들의 **체계**로 볼 하나의 근거를, 적어도 중요조건을 갖는 바이다. 그러나 특히 우리 이성의 성질상 우리에게 필연적인, 자연목적들과 지성적 세계원인과의 관계에 대하여 목적들의 나라에서 최상의 근거로서의 이 제일의 원인의 자연본성 및 속성들을 생각하고 그렇게 해서 이 제일 원인의 개념을 규정하기 위한 **하나의 원리**를 갖는다. 그러나 물리적 목적론은 이런 일을 할 수 없었으니, 물리적 목적론은 최상의 근거에 대한 단지 막연한, 바로 그렇기 때문에 이론적으로나 실천적으로나 쓸모가 없는 개념들을 유발할 수 있었을 뿐이다.

근원존재자의 원인성이라는 이토록 명확한 원리로부터 우리는 근원존재자를 한낱 자연을 위한 지적존재자 및 법칙수립자로뿐만 아니라, 목
B414 적들의 도덕적인 나라의 법칙수립적 수령으로 생각하지 않을 수 없을 것이다. 이 근원존재자의 지배 아래에서만 가능한 **최고선**, 곧 도덕법칙들 아래에 있는 이성적 존재자들의 실존과 관련해서 우리는 이 근원존재자를 **전지하다**고 생각할 것인데, 그것은 (이성적 세계존재자들의 행위들의 본래적인 도덕적 가치를 이루는) 마음씨의 가장 깊은 내면조차도 근원존재자에게 감추어져 있지 않도록 하기 위해서 그러하다. 또 우리는 이 근원존재자를 **전능하다**고 생각할 것인데, 그것은 근원존재자가[175)] 전체 자연을 이 최고 목적에 적합하게 만들 수 있게 하기 위해서 그러하다. 또 우

리는 이 근원존재자를 **전선하며** 동시에 **정의롭다**고 생각할 것인데, 그것은 (합일하여 **지혜**가 되는) 이 두 속성들이 도덕법칙들 아래에서 최고선으로서의 세계 최상의 원인이라는 원인성의 조건들을 이루기 때문이다. 그리고 그처럼 또한, 그러한 궁극목적과 관련해서 전제되는, **영원성, 편재**〔遍在〕**함** 등과 같은 그 밖의 모든 초월적 속성들도—**무릇 선과 정의는 도덕적 속성들이다**—[176] 이 근원존재자에서 생각하지 않을 수 없는 것들이다.—이렇게 해서 **도덕적** 목적론은 **물리적** 목적론의 결함을 보완하고, 비로소 **신학**을 기초 짓는다.[177] 만약 물리적 목적론이 슬그머니 도덕적 목적론으로부터 빌려오는 것 없이, 논리정연하게 수행해나갈 것 같으면, 그 자신만으로는 어떠한 명확한 개념도 가질 수 없는 **귀신론**을 정초할 수 있을 뿐일 것이니 말이다.

그러나 세계 내의 어떤 존재자들의 도덕적 목적규정을 이유로 세계를
신성〔神性〕으로서의 최상의 원인과 관계시키는 원리는 이런 일을, 한낱 B415
물리적-목적론적 증명근거를 보완하고, 그러므로 이 증명근거를 반드
시 기초에 놓음으로써만 하는 것은 아니다. 오히려 이 원리는 **그 자신만
으로**도 그 일을 하기에 충분하며, 주의를 자연의 목적들로 이끌고, 그 형 V445
식들의 배후에 숨겨져 있는 파악할 수 없을 만큼 위대한 기예의 탐구로
이끌고가, 순수 실천 이성이 제시하는 이념들을 자연목적들에 비추어 부
수적으로 확증을 한다. 왜냐하면, 도덕적 법칙들 아래의 세계존재자들이
라는 개념은 하나의 선험적 원리로서, 인간은 반드시 이 원리에 따라 자
신을 판정하지 않으면 안 되기 때문이다. 더 나아가, 어디에나 의도적으
로 작용하며, 어떤 목적을 향해 있는 하나의 세계원인이 있다면, 저 도덕
적 관계는 물리적 법칙들에 따르는 것과 꼭 마찬가지로 필연적으로 창조
를 가능하게 하는 조건일 수밖에 없다—곧 저 지성적 원인도 하나의 궁

---

175) 칸트 원문은 'er'인데, AA에 따라 'es'로 고쳐 읽음.

176) B판 추가.

177) 『순수이성비판』, A815=B843 이하, 『실천이성비판』, A252=V140 참조.

극목적을 가진다면 말이다—는 것, 이것을 이성은 또한 선험적으로도 사물들의 실존을 목적론적으로 판정하는 데 그에게 필연적인 원칙으로 본다. 이제 오로지 문제가 되는 것은, 과연 우리가 이성—사변 이성이든 실천 이성이든 간에—에 대해서 충분한, 목적들에 따라 행위하는 최상의 원인에게 하나의 **궁극목적**을 부가하는, 근거를 가지고 있는가 하는 점이다. 왜냐하면, 그럴 경우에는 우리 이성의 주관적 성질로 보아, 그리
B416 고 우리가 또 다른 존재자들의 이성을 어떻게 생각하든지 간에, 이 근거는 다름 아니라 **도덕법칙들 아래의 인간** 외에 다른 것일 수 없다는 것이 우리에게는 선험적으로 확실하다고 여겨질 수 있지만, 이에 반해 자연의 목적들은 물리적 질서 안에서 선험적으로는 전혀 인식될 수 없고, 특히 자연이 그러한 목적들 없이 실존할 수 없다는 것은 어떠한 방식으로도 통찰될 수 없는 일이기 때문이다.

주해

어떤 사람을 그의 마음이 도덕적 감각과 조율〔同調〕되는 순간에 두어 보자. 만약 그가 아름다운 자연에 둘러싸여 자기의 현존재를 편안하고 명랑하게 향수하고 있다면, 그는 그에 대해 어느 누구에겐가 감사하고 싶은 필요욕구를 자기 안에서 느낄 것이다. 또는 다른 때에 똑같은 마음 상태에서 그가 자발적인 희생에 의해서만 완수할 수 있고, 완수하고자 하는 의무들에 몰려 있다고 해보자. 그러면 그는 이로써 동시에 명령받은 무엇인가를 수행했고 어떤 지배자에게 복종했다는 필요욕구를 자기 안에서 느낄 것이다. 또는 그가 가령 경솔하게도 자기의 의무에 반하는 짓을 했지만, 그 때문에 사람들에게 책임을 지지는 않게 되었다고 해보자. 그러면 그럼에도 엄중한 자책이 그 안에서 말을 할 것이고, 그것은 마치 그가
V446 그것에 관해 그 앞에서 변명하지 않으면 안 될[178] 재판관의 목소리와도 같은 것이다. 한마디로 말하면, 그는 그가 실존하는 목적을 위해, 이 목

적에 **맞게**[179] 그의 그리고 세계의 원인일, 한 존재자를 갖기 위해서 하나의 도덕적인 지적 존재자를 필요로 한다. 이 감정들의 배후에 동기들을 꾸며내려는 일은 헛된 짓이다. 무릇 이러한 감정들은 가장 순수한 도덕적 마음씨와 직접적으로 연관해 있다. 왜냐하면 **감사, 복종, 공순**(마땅히 받아야 할 징벌에 대한 복속)은 의무에 대한 특수한 마음의 **기분**[180]들이고, B417
자기의 도덕적 마음씨를 확장하고 싶어 하는 마음은 여기서 이 세계에는 없는 한 대상을 자발적으로 생각해내어, 가능한 한 그러한 대상에 대해서도 자기의 의무를 증명해 보이고자 하기 때문이다. 그러므로 그러한 존재자의 실존에 대한 도덕적 필요욕구를 **표상하는 것**[181]은 적어도 가능하고, 또한 그 근거는 도덕적 사유방식에 놓여 있다. 그러한 존재자 아래에서 우리의 윤리성은 더 강해지고, 또한 (적어도 우리의 **표상**[182]상으로는) 더 넓은 범위〔외연〕, 곧 윤리성의 실행을 위한 새로운 대상을 얻는다. 다시 말해, 세계 밖에 하나의 도덕적-법칙수립적 존재자를, 이론적 증명에 대한, 더욱이나 이기적인 이해관심에 대한 일체의 고려 없이, 순수하게 도덕적인, 일체의 외부의 영향으로부터 자유로운 (이 경우 물론 단지 주관적인) 근거에서, 그 자신만으로 법칙수립적인 순수한 실천 이성의 순전한 천거를 받아, 받아들이는 것은 적어도 가능한 일이다. 그리고 비록 마음의 그러한 기분이 드물게 나타나고, 또 오래 머무르는 것이 아니라 덧없이 사라지고, 지속적인 작용결과 없이 또는 그러한 그림자 상 가운데서 표상되는 대상에 관한 다소의 숙고도 없고, 그러한 대상을 분명한 개념으로 파악하려는 노력도 없이 사라져버린다 할지라도, 그러한 기분에 대한 근거, 즉 우리 안의 도덕적 소질은, 세계고찰에서 자연원인들에 의한 세계의 합목적성에 만족하지 않고, 오히려 세계고찰의 근저에 도덕적

---

178) AA에 따름. 칸트 원문대로 읽으면 "안 되었던".
179) A판: "**따라**".
180) A판: "**규정**".
181) B판 추가. 그러니까 A판대로 읽으면 "받아들이는 것".
182) A판: "**표상방식**".

원리들에 따라 자연을 지배하는 하나의 최상의 원인을 놓는 주관적 원리로서 오인할 여지가 없는 것이다.—여기에 다음과 같은 사정이 덧붙는다. 즉 우리는 보편적인 최고 목적을 향하여 노력하도록 도덕법칙에 의해 강요받고 있지만, 그럼에도 우리 자신과 전체 자연은 그러한 목적에 도달할 능력이 없음을 느끼고 있다는 것, 그러나 우리는, 우리가 그러한
B418 목적을 향하여 노력하는 한에서만, 지성적 세계원인—그러한 것이 있다면—의 궁극목적에 알맞게 있다고 판단해도 좋다는 것 말이다. 그리하여 이러한 원인을 받아들일—그것은 아무런 모순 없이 일어날 수 있으므로—실천 이성의 순수한 도덕적 근거가 수중에 있다. 이것은 그 이상의 것은 없지만, 그럼에도 우리가 저러한 노력을 그 작용결과에서 전적으로 허무한 것으로 여기고, 그렇게 함으로써 저 노력에 지치게 만들 위험에서 벗어나게 하기 위한 것이다.

V447 **이**[183] 모든 것을 여기서 요약하여 말하면 결국 단지 다음과 같은 것이 되겠다. 즉 **공포**가 처음으로 **신들**(귀신들)을 만들어낼 수 있었지만, **이성**은 자기의 도덕적 원리들을 매개로 처음으로 **신**의 개념을 만들어낼 수 있었다. (사람들이 자연의 목적론에서, 보통 그러하듯이, 아주 무지하고, 또는 목적론 안에서 서로 모순되는 현상들을 충분히 확증된 원리에 의해 조정하기가 어렵기 때문에 매우 회의적이었을 때조차도 그러했다.) 또한 그의[184] 현존의 내면적인 **도덕적** 목적규정은 자연인식에 부족한 것을 보완했는데, 목적규정은 곧, 그것에 대해 **윤리적**인 것 외에 어떠한 원리도 이성에게 만족을 주지 못하는, 모든 사물들의 현존의 궁극목적을 위해, 전체 자연을 저 유일한 의도—자연은 이 의도를 위한 한낱 도구일 따름이다—에 복속시킬 수 있는 속성들을 가진 최상의 원인(다시 말해, 하나의 **신성**〔神性〕)을 생각하도록 지시함으로써 그렇게 했다.[185]

---

183) B판 추가.

184) 원문의 소유대명사 'sein'이 지시하는 것이 분명하지 않지만, '인간' 정도를 지시하는 것으로 새겨 읽어야 할 것 같다.

§87

신의 현존에 대한 도덕적 증명에 대하여

하나의 **물리적 목적론**[186]이 있는데, 그것은 우리의 이론적인 반성적
판단력에 대해 지[오]성적 세계원인의 현존을 받아들이기에 충분한 증 B419
명근거를 제공한다. 그러나 우리는 우리 자신 안에서 그리고 더 많게는
(자기의 원인성의) 자유를 갖춘 이성적 존재자 일반이라는 개념 안에서 하
나의 **도덕적 목적론**을 발견하지만, 이것은 우리 자신 안의 목적관계가
그 목적관계의 법칙과 함께 선험적으로 규정될 수 있고, 그러니까 필연
적인 것으로 인식될 수 있기 때문에, 이를 위해 우리 바깥에 이 내적 합
법칙성을 위한 어떤 지성적 원인도 필요로 하지 않는다. 그것은 우리가
도형들의 기하학적 속성들에서 (온갖 가능한 기예의 행사를 위한) 합목적적
인 것을 발견하는 경우에도 그 도형들에게 이런 합목적적인 것을 나누어
주는 최고 지성을 내다볼 필요가 없는 것과 마찬가지이다. 그러나 이 도
덕적 목적론은 그럼에도 세계존재자인, 그러므로 세계 내의 다른 사물들
과 결합되어 있는 존재자인 우리와 관계한다. 목적으로서든 또는 우리
자신이 그것의 궁극목적인 대상으로서든 이 세계 내의 다른 사물들에 대
하여 우리가 판정을 내리도록 바로 똑같은 도덕적 법칙들이 우리에게 지
시규정한다. 무릇 도덕적 목적론은 우리 자신의 인과성[원인성]의 목적
들과의 관계, 그리고 게다가 세계 내에서 우리가 의도하지 않으면 안 되
는 궁극목적과의 관계를 다루며, 동시에 세계의 저 윤리적 목적 및 그 목 V448
적 실연의 외적 가능성—이에 대해서는 어떠한 물리적 목적론도 우리
를 지도할 수 없는바—과의 교호적 관계를 다룬다. 이제 이러한 도덕적
목적론에서 다음과 같은 필연적인 물음이 나온다. 즉 과연 도덕적 목적
론은 우리의 이성적 판정으로 하여금, 자연을 도덕적인 내적 법칙수립 B420

185) 「도덕철학 강의」: AA XXVII, 1425 참조.

186) A판: "**신학**".

과 그것의 가능한 실연과의 관계에서도 합목적적인 것으로 표상하기 위해서, 세계를 넘어가 자연의 우리 안에 있는 윤리적인 것과의 저 관계에 대한 하나의 지성적인 최상의 원리를 찾도록 강요하는가? 따라서 물론하고 도덕적 목적론은 있다. 그리고 이것은 한편으로는 자유의 **법칙정립**[187]과 다른 한편으로는 자연의 법칙정립과 필연적으로 연관되어 있는데, 그것은 시민적 법칙수립이, 사람들이 어디에서 그 집행권을 찾아야 하는가 하는 물음과 **연관이**[188] 있는 것과 마찬가지이며, 일반적으로 이성이 어떤 합법칙적인, 단지 이념에 따라서만 가능한 사물들의 질서의 현실성의 원리를 제시해야 하는 모든 경우에 **연관이**[189] 있는 것과 마찬가지이다.— 우리는 저 도덕적 목적론 및 그것의 물리적 목적론과의 관계로부터 출발하여 **신학**에 이르는 이성의 전진을 먼저 다루고, 다음에 이러한 추론방식의 가능성과 설득력에 관해 고찰하고자 한다.

사람들이 어떤 사물들의 (또는 단지 그 사물들의 어떤 형식들의) 현존을 우연한 것으로, 그러니까 단지 다른 어떤 것을 원인으로 해서만 가능한 것으로 받아들인다면, 사람들은 이 인과성에 대하여 최상의 근거를, 그러므로 조건적인 것에 대하여 무조건적인 근거를 물리적인 질서에서든 목적론적인 질서에서든 (作用 連結에 따라서든 目的 連結에 따라서든) 찾을 수 있다. 다시 말해, 사람들은 다음과 같이 물을 수 있다. 즉 어떤 것이
B421 최상의 만들어내는 원인인가, 또는 무엇이 그 원인의 최상의 (단적으로 무조건적인) 목적인가, 다시 말해 무엇이 이 원인이 이 산물 또는 그것의 모든 산물 일반을 만들어내는 궁극목적인가? 물론 이 물음에서, 이 원인은 목적들의 표상을 가질 수 있으며, 그러니까 하나의 지성적 존재자라는 것, 또는 적어도 우리에게 그러한 존재자의 법칙들에 따라 행위하는 자로 **생각될**[190] 수밖에 없다는 것이 전제되어 있다.

---

187) 『순수이성비판』, A424=B452 참조.

188) A판: "**연관되어**".

189) A판: "**연관되어**".

이제, 만약 사람들이 후자의[191] 질서를 따른다면, '만약 어디서건 이성이 선험적으로 제시하지 않을 수 없는 **궁극목적**이 있어야 한다면, 그것은 **도덕법칙들 아래에 있는 인간**(모든 이성적 세계존재자) 이외의 다른 것일 수 없다'※는 것은 가장 평범한 인간이성조차도 직접적으로 찬동하

※ 나는 일부러 '도덕법칙들 **아래에 있는**'이라고 말하는 바이다. 도덕법칙들에 **따르는** 인간, 다시 말해 도덕법칙들에 알맞게 처신하는 인간이 창조의 궁극 V449 목적인 것은 아니다. 왜냐하면, 후자의 표현을 쓰면 우리는 우리가 아는 것 이상을 말하는 것이 될 것이기 때문이다. 그것은 곧, 인간이 도덕법칙들에 항상 알맞게 처신하도록 하는 것은 세계창시자의 권능 아래에 있는 일이라고 말하는 것이 될 것이다. 그러나 이것은 자유와 자연—이것들 중 후자에 대해서만 사람들은 하나의 외적 창시자를 생각할 수 있다—의 개념을 전제하는 것으로, 이 개념은 자연의 초감성적 기체에 대한 통찰과 이 기체는 이 세계에서 자유에 의한 인과성이 가능하게 하는 것과 한가지라는 것에 대한 통찰을 함유하지 않을 수 없는바, 이러한 통찰은 우리 이성의 통찰을 훨씬 넘어 가는 것이다. 오직 **도덕법칙들 아래에 있는 인간**에 대해서만 우리는, 우리의 B422 통찰의 경계를 넘어서지 않고서, 그것의 현존이 세계의 궁극목적이라고 말할 수 있다. 이것은 또한 세계의 행정〔行程〕에 관해 도덕적으로 반성하는 인간 이성의 판단과도 완전히 일치한다. 우리는 무도한 악한이 그의 비행에 대한 마땅한 형벌을 받을 때까지 죽지 않는 것을 보기만 해도, 악에서도 현명한 목적관계를 지각한다고 믿는다. 자유의 인과성에 대한 우리의 개념들에 따르면 선행이나 악행은 우리에게 의거한다. 그러나 세계통치의 최고의 지혜를 우리는, 전자[192]를 위한 기연이, 그러나 양자[193]에 대한 성과가 도덕법칙들에 따라 정해진다는 데에 둔다. 본래 이 점에 신의 영광이 있는 것으로, 그래서 이 영광이 신학자들에 의해 창조의 최종 목적이라고 불리는 것은 부적절한 일이 아니다—하나 더 주의해두어야 할 것은, 우리가 창조라는 말을 쓸 때 그것은 다름 아니라 여기에서 말해진 것, 곧 **세계**의, 또는 세계 내의 사물들(실체들)의 **현존**의 원인을 의미할 뿐이라는 사실이다. 그것은 이 말의 본래 개념이 가지고 있는 것이다.(實體의 現實化가 創造이다.) 그러니까 그것은 자유롭게 작용하는, 따라서 지성적인 원인—이것의 현존을 우리는 무엇보다 먼저 증

190) A판: "**표상될**".

191) 곧, 목적론적.

192) 곧, 선행.

193) 곧, 선행과 악행.

B422 지 않을 수 없는 **원칙**이다. 왜냐하면, (누구나가 그렇게 판단하는바) 세계
V449 가 순정하게 생명이 없거나, 부분적으로 생명이 있긴 하지만 그러나 이
성이 없는 존재자들로 이루어져 있다면, 그러한 세계에는 가치에 대해서
조금이라도 개념을 가지고 있는 존재자는 실존하지 않을 것이므로, 그러
한 세계의 현존재는 전혀 아무런 가치도 가지지 않을 터이기 때문이다.
그에 반해 이성적 존재자들이 있으되, 그것들의 이성이 사물들의 현존의
B423 가치를 단지 자연의 그것들과의 관계(즉 그것들의 안녕)에만 둘 수 있을
뿐, 그러한 가치를 근원적으로 (자유에서) 스스로 창출할 수 없다면, 세계
에는 (상대적인) 목적들은 있겠지만 (절대적인) 궁극목적은 없을 터이다.
그러한 이성적 존재자들의 현존은 언제나 무목적적인 것일 터이니 말이
다. 그러나 도덕법칙들은 어떤 것을 목적으로 조건 없이, 그러니까 궁극
목적이라는 개념이 필요로 하는바 바로 그대로, 이성에 대해 지시규정하
는 특유의 성질을 갖는다. 그러므로 목적관계에서 자기 자신에게 최상의
법칙이 될 수 있는 그러한 이성의 실존만이, 바꿔 말해 도덕법칙들 아래
V450 에 있는 이성적 존재자들의 실존만이 세계 현존의 궁극목적으로 생각될
수 있다. 그에 반해 사정이 이러하지 못하다면, 세계의 현존에는 그 원인
안에 전혀 아무런 목적이 없거나, 아니면 그 기초에는 궁극목적은 없이
목적들만 있거나 할 것이다.

도덕법칙은 우리의 자유를 사용하는 형식적인 이성조건으로서 그 자신만으로, 질료적 조건으로서의 어느 목적에 의존함이 없이,[194] 우리에게 책무를 지운다. 그럼에도 도덕법칙은 우리에게 하나의 궁극목적을, 그것도 선험적으로 규정해주며, 이 궁극목적을 향해 애쓰는 것을 우리의 책무로 지어준다. 그리고 이 궁극목적이 **이 세계에서** 자유에 의해서 가

명하고자 하는바—을 이미 전제하고 있는 것은 아니다.

---

194) "모든 질료적 실천원리들은 그 자체로 모두 동일한 종류의 것이며, 자기 사랑과 자기 행복이라는 보편적 원리에 속"할 뿐이다.(『실천이성비판』, 정리 II: A40=V22)

능한 **최고선**이다.[195]

인간이 (그리고 우리의 모든 개념상 또한 모든 이성적인 유한한 존재자가) 위의[196] 법칙 아래서 자기의 궁극목적을 정립할 수 있는 주관적 조건은 B424
행복이다. 따라서 이 세계에서 가능한 최고의, 그리고 우리가 할 수 있는 한, 궁극목적으로 촉진해야 할 물리적 선은 **행복**, 즉 인간이 행복할 만한 품격으로서의 **윤리성**의 법칙과 일치하는 객관적 조건 아래에서의 행복이다.[197]

그러나 도덕법칙에 의해 우리에게 부과된 궁극목적의 이 두 가지 요건을 우리가, 우리의 모든 이성 능력상, 순전한 자연원인에 의해서 **연결된** 것으로 그리고 위에서 논한 궁극목적의 이념에 알맞은 것으로 표상한다는 것은 불가능하다.[198] 그러므로 만약 우리가 우리의 자유에 자연의 원인성 외에 다른 원인성(수단의 원인성)을 연결시키지 않는다면, 우리의 힘들의 적용에 의한 그러한 목적의 **실천적 필연성**이라는 개념은 그러한 목적 실현의 **물리적 가능성**이라는 이론적 개념과 부합하지 않는다.

따라서 우리가 도덕법칙에 맞는 궁극목적을 세우기 위해서는, 우리는 하나의 도덕적 세계원인(하나의 세계창시자)을 상정하지 않을 수 없다. 그리고 궁극목적이 필연적인 한, 그만큼 (다시 말해 동일한 정도로, 그리고 동일한 근거에서) 도덕적 세계원인도 필연적으로 상정해야 한다. 곧, 신이 있다는 것도 상정해야 한다.※

※ 이 도덕적 논증은 신의 현존에 대한 어떤 **객관적으로**-타당한 증명을 제공하려는 것도 아니고, 신앙에 회의적인 사람에게 어떤 신이 있다는 것을 증명하 B425 V451
려는 것도 아니며, 만약 그가 도덕적으로 일관되게 생각하고자 한다면, 그는 이 명제의 상정을 그의 실천 이성의 준칙 중에 **받아들일 수밖에 없다**는 것을 증명하려는 것이다.—이로써 또한 말하려는 것은, 그들의 도덕성에 맞는 모

195) 「이론과 실천」, I, B: AA VIII, 279 참조.

196) 곧, 도덕적.

197) 『실천이성비판』, A198~199=V110~111; 『순수이성비판』, A809~810=B837~838 등 참조.

198) 『실천이성비판』, A199~203=V111~113 참조.

☆ ☆ ☆

B425 이 증명은 사람들이 쉽게 논리적 정확성의 형식을 맞추어줄 수 있거
V451 니와, 이 증명이 말하고자 하는 것은, 신의 현존을 상정하는 것은 도덕
법칙의 타당성을 인정하는 것과 똑같이 필연적이라는 것, 그러니까, 전
자[200]에 대해서 확신할 수 없는 사람은 후자[201]에 따른 책무들에서 벗어
나 있다고 판단할 수 있는 것이 아니다. 그런 게 아니다! 그럴 경우에는
후자의 준수에 의하여 실현되어야 할, 이 세계에서 궁극목적(도덕법칙들
의 준수와 조화롭게 함께 만나는 이성적 존재자들의 행복, 즉 최고의 세계선)을
의도하는 일은 포기될 수밖에 없을 터이다. 그럼에도 모든 이성적인 자
는 자신이 윤리의 지시규정에 언제나 엄격하게 묶여 있음을 인식하지 않
을 수 없을 터이다. 왜냐하면, 윤리의 법칙들은 형식적이고, (의욕의 질료
인) 목적들을 고려하지 않고서 무조건적으로 지시명령하기 때문이다. 그
러나 실천 이성이 세계존재자들에게 지시규정하는 것과 같은 궁극목적
B426 의 하나의 요건은 (유한한 존재자들인) 세계존재자들의 자연본성에 의해
그들 안에 놓인 불가항력의 목적인바, 이성은 이 목적이 다만 불가침의
조건인 도덕법칙에 복속된 것이거나 또는 도덕법칙에 따라서 보편화된
것임을 알고자 하며, 그래서 이성은 윤리성과 일치하는 행복의 촉진을
궁극목적으로 삼는다. 그런데 이 궁극목적을, (전자[202]와 관련해서 말하자
면) 우리의 능력이 미치는 한, 촉진할 것을 도덕법칙은 우리에게 지시명

든 이성적 세계존재자의 행복을 상정하는 것이 윤리를 **위하여** 필연적이라는 것이 아니라, 그렇게 상정하는 것이 윤리에 **의해** 필연적이라는 것이다. 그러니까 그것은 하나의 **주관적으로**, 도덕적 존재자들에게, 충분한 논증이다.[199]

---

199) 『실천이성비판』, A226~227=V125~126 참조.

200) 곧, 신의 현존.

201) 곧, 도덕법칙.

202) 지시하는 것이 확실하지는 않으나, '행복'으로 보아야 할 것 같다.

령한다. 이러한 노력의 성과야 어떠하든 좋다. 의무의 완수는 진지한 의지의 형식에 있지, 성공의 중간원인들에 있는 것이 아니다.

그러므로 어떤 사람이 한편으로는 그토록 매우 칭송받던 사변적 논증들[203]의 약점 때문에, 다른 한편으로는 자연과 윤리세계[204]에서 그에게 나타나는 수많은 불규칙성 때문에 마음이 움직여 '신은 없다'는 명제를 확신하게 되었다고 가정해보자. 그러나 만약 그가 그 때문에 의무의 법칙들을 한낱 상상적이고, 타당하지 않고, 책무가 없는 것인 것으로 여겨 거리낌 없이 위반하기로 결심하고자 한다면, 그는 자신의 눈에도 무가치한 자로 보일 것이다. 그러한 인간은 그때, 그가 처음에 의심했던 것에 대해 나중에 확신을 가질 수 있었다 해도, 저런 사유방식을 가지고서는 여전히 무가치한 자에 머무를 터이다. 비록 그가 자기의 의무를 그 결과에서 보면 더 요구할 것이 없을 만큼 정확하게 완수했다고 할지라도 그것이 의무를 존중하는 마음씨 없이 공포 때문에 또는 보수를 추구하 V452 B427
는 의도에서 한 것이라면 말이다. 거꾸로, 만약 그가 자기의 의무를 신앙인으로서 그의 의식상 솔직하고 사욕 없이 준수하지만, 그럼에도 불구하고, '신은 없다'는 것을 언제인가 확신할 수 있게 될 경우를 시험 삼아 가정해볼 때마다, 이내 모든 윤리적 책무로부터 해방된다고 믿는다면, 그 안의 내면적 도덕적 마음씨는 오로지 나쁜 상태일 것이 틀림없다.

그러므로 우리는, 신은 없고, (도덕성의 객관에 대해서는 한 가지의 귀결에 이르기 때문에) 또한 내세도 없다고 확고하게 확신하는 (**가령** 스피노자**와 같은**)[205] 성실한 사람을 상정해볼 수 있다. 그런 사람은 그가 행동으로 존중하고 있는 도덕법칙에 의한 그 자신의 내면적 목적규정을 어떻게 판정할까? 그는 도덕법칙의 준수에 대해 그것만으로는 이 세상에서나 다른

203) 곧, 신의 현존에 대한, 예컨대 존재론적, 우주론적, 물리신학적 증명. 『순수이성비판』, A590=B618 이하 참조.

204) 원문 'Sittenwelt'를 'Sinnenwelt'(감성세계)로 고쳐 읽자는 제안도 있다.

205) B판 추가.

세상에서나 아무런 이익도 요구하지 않는다. 오히려 그는 사욕 없이 오로지, 저 신성한 법칙이 그의 전력을 경주하게 하는 선만을 일으켜 세우고자 한다. 그러나 그의 애씀에는 한계가 있다. 그는 자연으로부터 때때로 우연한 협조를 기대할 수는 있지만, 결코 목적에 대한 합법칙적인, 그리고 불변적인 규칙들에 따라 (그의 준칙들이 내면적으로 그러하며 또 그러하지 않을 수 없듯이) 일어나는 부합을 기대할 수는 없다. 그럼에도 그는 이 목적을 실현하는 것에 그가 묶여 있고 촉구되어 있음을 느낀다. 그 사
B428 람 자신은 비록 정직하고 온화하고 호의적이라 하더라도, 그의 주위에는 언제나 사기와 폭력과 질투가 가득 차 있을 것이다. 그리고 그가 자기 외에도 마주치는 성실한 이들도, 그들의 행복할 만한 모든 품격과는 상관없이, 그런 것에는 주목하지 않는 자연에 의해 지상의 여타 동물과 마찬가지로 궁핍과 질병 그리고 불시의 죽음 등 온갖 해악에 복속되고, 또 그런 상태는 언제나 지속되어, 마침내 넓은 묘혈이 그들 모두를 (정직하건 부정직하건 여기서는 아무래도 마찬가지로) 삼켜버리고, 창조의 궁극목적이라고 믿을 수 있었던 그들을 그들이 나왔던 물질의 목적 없는 혼돈의 목구멍 안으로 되던져버릴 것이다.—그러므로 이런 선량한 이는 그가 도덕법칙들을 준수하면서 염두에 두었고 두어야만 했던 목적을 물론 불가능한 것으로 포기하지 않을 수 없을 것이다. 그렇지 않고 그가 여기서도 그의 윤리적인 내면의 사명의 부름에 충실히 머무르려 하고, 윤리 법칙이 그에게 직접적으로 순종하도록 불어넣는 존경을 유일한, 그 높은 요구에 알맞은 이상적인 궁극목적이 무실하다고 해서 약화시키려 하지 않는다면,—이런 일[206]은 도덕적 마음씨에 손상을 입히지 않고서는 일어
V453 날 수가 없다—그는 하나의 **도덕적** 세계창시자, 다시 말해 신의 현존을 상정하지 않을 수 없다. 이러한 일은 그 자체로는 적어도 모순적이지 않으므로, 실천적 관점에서, 다시 말해 적어도 그에게 도덕적으로 지시규

206) 곧, 윤리 법칙에 대한 존경을 약화시키는 일.

정하는 궁극목적의 가능성을 이해하기 위해서, 그는 충분히 이러한 상정 B429
을 할 수 있는 것이다.

§88

도덕적 증명의 타당성의 제한

실천 능력으로서, 다시 말해 우리의 인과성의 자유로운 사용을 이념들(즉 순수한 이성개념들)에 의해서 규정하는 능력으로서 순수 이성은 도덕법칙 안에 우리 행위들의 규제적 원리를 함유하고 있을 뿐만 아니라, 그것[207]을 통해서 또한 동시에, 이성만이 생각할 수 있고, 우리의 행위들을 통해 이 세계에서 저 법칙에 따라서 실현되어야만 할, 객관의 개념 안에 주관적-구성적 원리도 제공한다. 그러므로 도덕법칙들에 따른 자유의 사용에서의 궁극목적의 이념은 주관적-**실천적** 실재성을 갖는다. 우리는 이성에 의해 선험적으로 세계최선을 전력을 다해 촉진하도록 규정되어 있는바, 이 세계최선은 이성적 세계존재자들의 최대의 복이 세계최선[208]에서의 선의 최고 조건과 결합하는 데서, 다시 말해 보편적인 행복이 최고로 합법칙적인 윤리성과 결합하는 데서 성립한다. 이 궁극목적에서 한편은, 곧 행복의 가능성은 경험적으로 조건 지어져 있고, 다시 말해 자연의 성질에 (즉 자연이 이 목적에 합치하는가 하지 않는가에) 의존되어 있
어서, 이론적인 고려에서 보면 문제성이 있으되, 다른 편은, 곧 윤리성 B430
은, 그에 관해서 우리는 자연의 공동작용으로부터 자유로운바, 그 가능성의 면에서 선험적으로 확립되어 있고 교조적으로 확실하다. 그러므로 이성적 세계존재자들의 궁극목적이라는 개념의 객관적 이론적 실재성을 위해서는, 우리가 우리 앞에 선험적으로 세워진 궁극목적을 가지고 있다

207) 곧, 도덕법칙.

208) A, B판의 원문 'demselben'이 C판에서는 'denselben'으로 고쳐져 있는데, 그러니까 C판에 따라 읽으면, "세계존재자들".

는 사실뿐만 아니라, 또한 창조도, 다시 말해 세계 자신도 그 실존상 하나의 궁극목적을 가지고 있다는 사실이 요구된다. 만약 이것이 선험적으로 증명될 수 있다면, 그것은 궁극목적의 주관적 실재성에다 객관적 실재성을 더하는 것이 될 것이다. 무릇, 창조가 도대체가 하나의 궁극목적을 가지고 있다면, 우리는 그것을 그것이 (유일하게 하나의 목적이라는 개
V454 념을 가능하게 하는) 도덕적 목적과 합치함에 틀림없다고밖에는 달리 생각할 수 없으니 말이다. 그런데 물론 우리가 이 세계에서 목적들을 발견하고, 물리적 목적론은 그러한 목적들을 만약 이성에 맞게 판단한다면, 우리로서는 결국 자연 안에 목적 없는 것은 결코 아무것도 없다는 것을 자연탐구의 원리로 상정할 근거를 가진다는 정도에서, 제시한다. 그러나 우리가 자연의 궁극목적을 자연 자신 안에서 찾는다는 것은 헛된 일이다. 그래서 이 궁극목적은, 그것의 이념이 오직 이성 안에 놓여 있는 바대로, 그 객관적 가능성의 면에서조차도 오직 이성적 존재자들 안에서 찾을 수 있고 찾아야만 한다. 그런데 이성적 존재자들의 실천 이성은 이 궁극목적을 제시할 뿐만 아니라, 이 개념을 창조의 궁극목적이 우리에
B431 의해 생각될 수 있는 유일한 조건들과 관련하여 규정해주기도 한다.

이제 물음은, 창조의 궁극목적이라는 개념의 객관적 실재성이 순수 이성의 이론적 요구들에 대해서도 충분하게, 비록 규정적 판단력에 대해서 명증적으로는 아니지만, 그럼에도 이론적-반성적 판단력의 준칙들에 대해서는 충분하게 밝혀질 수 있는가 하는 것이다. 이것은 사람들이 유일한 목적이라는 이념을 매개로 윤리적 목적을 자연목적들과 결합하는 것을 임무로 삼는 사변철학에 대해 요구할 수 있는 최소한의 것이다. 그러나 이 적은 것도 사변철학이 수행할 수 있는 것에 비하면 훨씬 많은 것이다.

이론적-반성적 판단력의 원리에 따르면 우리는 다음과 같이 말할 수 있겠다. 즉 만약 우리가 자연의 합목적적인 산물들에 대해서 자연의 하나의 최상의 원인을 상정할 근거를 가지고 있고, 자연의 현실성에 관한

이 원인의 인과성(즉, 창조)이 자연의 기계성에 요구되는 것과는 다른 종류의 것, 곧 어떤 지성의 인과성으로 생각되지 않으면 안 된다고 하면, 우리는 또한 이 근원존재자에게서 자연 어디에나 있는 목적들을 생각하기에 충분할 뿐만 아니라, 하나의 궁극목적도 생각하기에 충분한 근거를 가질 것이다. 그래서 비록 그러한 존재자의 현존을 밝혀내지는 못하지
만, 적어도 (물리적 목적론에서 그러했던 바대로), 우리가 그러한 세계의 가 B432
능성을 한낱 목적들에 의해서뿐만 아니라, 단지 그와 같은 세계의 실존의 근저에 하나의 궁극목적을 놓음으로써도 이해할 수 있다고 확신하게 된다.

그러나 궁극목적은 한낱 우리의 실천 이성의 개념으로서, 경험의 자료로부터 자연의 이론적 판정을 위해 추리될 수도 없고 또 자연 인식에
관계할 수도 없다. 이 개념은 오로지 도덕법칙들에 따르는 실천 이성에 V455
대해서만 사용될 수 있다. 그리고 창조의 궁극목적은 우리가 법칙들에 따라서만 명확하게 제시할 수 있는 것에, 곧 우리의 순수 실천 이성의 궁극목적에, 그것도 이 이성이 실천적이어야 하는 한에서, 합치하는 그런 세계의 성질이다.—그런데 우리는, 실천적인 관점에서, 곧 우리의 힘들을 그 궁극목적을 실현하는 데 쓰도록 하기 위해서, 우리에게 이 궁극목적을 부과하는 도덕법칙에 의해 이 궁극목적의 가능성, 즉 실행가능성을 상정할 근거를 가지며, 그러니까 또한 (우리의 권능 안에 있지 않은, 실행가능성의 조건에 대한 자연의 협조 없이는 궁극목적의 실현은 불가능할 터이므로) 이 궁극목적과 합치하는, 사물들의 자연본성을 상정할 근거를 가진다. 그러므로 우리는 하나의 세계에서 한 창조의 궁극목적을 생각할 도덕적 근거를 갖는 것이다.

그런데 이것은 아직 도덕적 목적론에서 출발하여 신학에, 다시 말해 B433
도덕적 세계창시자의 현존에 이르는 추론이 아니라, 단지 이런 방식으로 규정되는, 창조의 궁극목적에 이르는 추론일 따름이다. 이제 이 창조를 위해서는, 다시 말해 하나의 **궁극목적**에 맞는 사물들의 실존을 위해

서는, 첫째로 하나의 지성적 존재자가 상정되지 않으면 안 되지만, 둘째로는 (우리가 **목적들**로 판정할 수밖에 없었던 자연사물들의 가능성에 대해서와 같이) 하나의 지〔오〕성적 존재자뿐만 아니라, 동시에 **도덕적**인 존재자가 세계창시자로서, 그러니까 **신**으로서 상정되지 않으면 안 된다는 것, 이 것이 둘째 추론이다. 그리고 이 추론은 그 성질상, 한낱 실천 이성의 개념들에 따르는 판단력에 대해서만 적의한 것으로, 그 자체로서 규정적 판단력에 대해서가 아니라, 반성적 판단력에 대해서 적의한 것임은 누구나 알 수 있는 바이다. 무릇, 비록 우리들에게는 도덕적-실천적 이성이 기술적-실천적 이성과 그 원리들의 면에서 본질적으로 구별되지만, 최상의 세계원인에서도, 그것이 지적 존재자로 상정될 때는, 그리하지 않으면 안 된다는 것, 그리고 궁극목적을 위해서는 한낱 자연의 목적들을 위해서 요구되는 것과는 다른 특수한 종류의 인과성이 요구된다는 것, 그러니까 우리는 우리의 궁극목적에서 창조의 궁극목적을 (결과로서) 상정할 **도덕적 근거**를 가질 뿐만 아니라, 또한 창조의 원근거로서 **도덕적 존재자**를 상정할 도덕적 근거를 갖는다는 것을 우리는 통찰한다고 감히
B434 주장할 수가 없으니 말이다. 그러나 우리는 능히 말할 수 있는바, **우리의 이성능력의 성질상** 그러한, **도덕법칙**과 그 객관에 관계하는, 이 궁극목적 안에 있는, 합목적성의 가능성을, 동시에 도덕적 법칙 수립자인 세계창시자 내지 통치자 없이는 전혀 이해할 수 없다.

V456 그러므로 최고의 도덕적-법칙수립적 창시자의 현실성은, 그것의 현존에 관해서 무엇인가를 이론적으로 규정하지 않고서도, 순전히 우리 이성의 **실천적 사용을 위해서**는 충분하게 밝혀진다. 왜냐하면, 이 이성은 그렇지 않아도 자기 자신의 법칙수립에 의해 우리에게 부과한 그 목적의 가능성을 위해 하나의 이념, 즉 그것에 의해 이성이 세계에 대한 한낱 자연개념에 따르는 준수만으로는 할 수 없는 것에서 비롯하는 장애가 (반성적 판단력에게는 충분하게) 제거되는 하나의 이념을 필요로 하기 때문이다. 이 이념은 이로써 실천적 실재성을 얻는다. 자연을 설명하고 최상의

원인을 규정하기 위해 이론적 관점에서 이 이념에게 그러한 것을 부여할 수 있는 수단이 사변적 인식에게는 전혀 없음에도 불구하고 말이다. 이론적-반성적 판단력에 대해서는 물리적 목적론이 자연의 목적들로부터 충분하게 하나의 지성적 세계원인을 증명하였다. 실천적 판단력에 대해서는 이런 일을 도덕적 목적론이 실천적 관점에서 창조에 대해 부여할 수밖에 없었던 궁극목적이라는 개념을 가지고서 한다. 그런데 도덕적 세계창시자로서 신이라는 이념의 객관적 실재성이 **단지** 물리적 목적들에 의해서는 밝혀질 수 없는 것이기는 하지만, 그럼에도 불구하고, 물리적 목적들의 인식이 도덕적 목적의 인식과 결합된다면, 저 물리적 목적들은 '할 수 있는 한 원리들의 통일을 추구해야 한다'는 순수 이성의 준칙에 의거해 매우 중요한 의미를 갖는다. 그리하여 물리적 목적들은 저 신이라는 이념이 이론적 관점에서 판단력에 대해 준비해[209] 갖고 있는 실재성에 의해 저 이념의 실천적 실재성을 돕는다. B435

여기서 이제 일어나기 쉬운 오해를 방지하기 위해 꼭 주의해야 할 것은, 첫째로 우리는 최고 존재자의 이러한 속성들을 유비적으로만 **생각**할 수 있다는 점이다. 무릇 최고 존재자의 자연본성에 대하여 경험이 우리에게 아무런 유사한 것도 보여줄 수가 없다면, 어떻게 우리가 그에 대해 탐구하고자 하겠는가? 둘째로, 우리는 최고 존재자를 유사한 것[210]에 의해서도 단지 생각할 수 있을 뿐, 그에 따라 **인식**하고, 그 자연본성을 최고 존재자에게 가령 이론적으로 부가할 수는 없다는 점이다. 왜냐하면, 그러한 일은 최상의 세계원인 **자체**가 무엇인가를 통찰하기 위한 우리 이성의 사변적 관점에서의 **규정적**[211] 판단력에게나 해당될 터이니 말이다. 그러나 여기서 오직 문제가 되는 것은, 우리는 우리 인식능력의 성질상 이 최고 존재자를 어떻게 파악해야만 하는가, 그리고 과연 우리는 그것

209) AA: "이미".
210) 원문 'dasselbe'를 AA는 'dieselbe'로 고쳐 읽는데, 그에 따르면 "그것의 자연본성".
211) A판: "**규정된**".

의 실존을, 순수 실천 이성이 그러한 일체의 전제 없이 우리에게 전력을
B436 다해서 실현하도록 선험적으로 부과하는 목적에 역시 오직 실천적 실재성을 부여하기 위해서는, 다시 말해 오직 의도된 결과만을 가능한 것으로 생각할 수 있기 위해서는, 상정해야만 하는가 하는 것이다. 아무튼 저
V457 〔최고 존재자라는〕 개념은 사변 이성에게는 초절적일지도 모르겠다. 또한 우리가 이 개념을 가지고 생각하는 존재자에게 부여하는 속성들도, 객관적으로 사용하자면, 그 안에 하나의 의인화를 숨기고 있을지도 모르겠다. 그러나 이러한 속성들의 사용 의도는 이것들을 통해 우리가 이를 수 없는 그 최고 존재자의 자연본성을 규정하려는 것이 아니라, 우리 자신과 우리 의지를 규정하려는 것이다. 가령 우리는 한 원인을 우리가 결과에 대해서 (그러나 그 결과에 대한[212] 원인의 관계의 점에서만) 가지는 개념에 따라서 명명하지만, 그렇다고 해서 이 원인의 내적 성질을, 우리에게 동일한 원인들에 의해서만 오로지 알려질 수밖에 없고 경험을 통해서 주어지지 않으면 안 되는, 속성들에 의해 내적으로 규정하려는 것은 아니다. 예컨대 우리는, 실제로 신체의 운동들이 생기고, 그 운동들의 원인이 영혼의 표상들 안에 놓여 있기 때문에, 영혼에게 다른 속성들 가운데서도 起動力[213]을 부여하는데, 그렇다고 해서 우리가 운동하는 힘들을 (곧, **견인**,[214] 압박, 충돌, 그러니까 항상 하나의 연장적인 존재자를 전제하는 운동에 의해) 알게 되는 유일한 방식을 영혼에게 부여하고자 하는 것은 아닌 것처럼 말이다.—마찬가지로 우리는 하나의 필연적인 도덕적 궁극목적의 가능성과 실천적 실재성, 다시 말해 실행가능성의 근거를 함유하고 있는 **어떤 것**을 상정하지 않을 수 없을 것이다. 그러나 이것을 우리는 그것에
B437 서 기대되는 결과의 성질상 하나의 현명한, 도덕법칙들에 따라서 세계를 지배하는 존재자라고 생각할 수가 있고, 또 우리 인식능력들의 성질에

212) AA에 따라서 "zu"를 덧붙여 읽음.
213) 원어: vis locomotiva.
214) B판 추가.

따라, 오직 우리의 모든 인식능력들을 넘어서는 이 존재자의 **우리** 실천이성의 객관과의 **관계**만을 표현하기 위해서, 자연과는 구별되는 사물들의 원인으로 생각하지 않을 수 없다. 그러나 그렇다고 이렇게 함으로써 우리는 우리에게 알려진 이러한 종류의 유일한 인과성을, 곧 하나의 지성과 의지를 이 존재자에게 이론적으로 부여하려는 것이 아니다. 더구나 또한 **우리에 대해** 궁극목적인 것에 관련해 이 존재자에서 생각된 인과성을 이 존재자 자신 안에 있는 것으로 보아 자연(과 자연의 목적규정들 일반)에 관한 인과성과 객관적으로 구별하려는 것이 아니다. 오히려 우리는 이 구별을 단지 주관적으로 필연적인 것으로, 우리 인식능력의 성질에 대해서, 그리고 객관적 규정적 판단력에 대해서가 아니라 반성적 판단력에 대해서 타당한 것으로 상정할 수 있을 따름이다. 그러나 실천적인 것이 문제가 될 때는, 우리 인식능력들의 성질상 우리에 의해 어떤 방식으로만 가능하다고 생각될 수 있는 것에 맞게, 즉 목적에 맞게 행위하라는, (영리나 현명을 위한) 그러한 **규제적** 원리는 동시에 **구성적**, 다시 말해 실천적으로 규정적이다. 그에 비해 바로 동일한 원리가 사물들의 객관적
가능성을 판정하는 원리로서는 결코 이론적-규정적(곧, 우리의 사고하는 V458
능력에 귀속하는 유일한 종류의 가능성이 객관에도 귀속한다 하는) 원리가 아 B438
니라, 반성적 판단력에 대한 한낱 **규제적**인 원리이다.

주해

이 도덕적 증명은 새롭게 발견된 증명근거는 아니고, 기껏해야 새롭게 해설된 증명근거일 따름이다. 왜냐하면 이 증명은 인간의 이성능력이 최초에 발아하기 전에 이미 인식능력 안에 놓여 있었고, 이 이성능력이 계속적으로 개발되면서 점점 더 발전되는 것일 뿐이기 때문이다. 인간이 자연의 합목적성을 아직 무관심하게 보아 넘기고, 통상적인 행정〔行程〕 이외의 다른 것은 생각하지 않은 채 자연을 이용했던 시대에, 인간들이

법〔옳음〕과 불법〔그름〕에 관해서 반성하기 시작하자마자, 다음과 같은 판단이 불가피하게 나타날 수밖에 없었다. 즉 설령 한 인간이 그의 생을 마칠 때까지, 적어도 눈에 띄는 바로는, 그의 덕행에 대해서 아무런 행운도 얻지 못했고, 그의 범행에 대해서 아무런 형벌도 받지 않았다 할지라도, 그가 과연 정직하게 처신했는가 거짓되게 처신했는가, 그가 합당하게 처신했는가 난폭하게 처신했는가는 그 결말에 있어서 결코 한 가지일 수가 없다는 판단 말이다. 이것은 마치 그들이 자기 안에서 '결말은 달라야만 한다'는 목소리를 지각하는 것과도 같다. 그러니까 비록 애매한 표상이기는 하지만 그들이 추구해야만 한다는 책무를 느꼈던 어떤 것에 대한 표상이 숨겨져 있었던 것이 틀림없다. 그러나 그러한 결과는 이런 표상과 전혀 부합하지 않았고, 그들이 세계 행정을 일단 사물들의 유일한 질서로 보는 한에서, 그들은 다시금 그들 마음의 저 내면적 목적규정을 이 표상과 합일시킬 줄을 몰랐다. 그런데 그들은 그러한 불규칙성—이것은 사람들이 가령 자연판정의 근저에 원리로 놓고 싶어 할 맹목적 우
B439 연보다도 사람의 마음을 훨씬 더 격분시키거니와—이 조정될 수 있는 방식을 여러 가지로 조잡하게나마 표상했겠지만, 그럼에도 도덕적 법칙들에 따라 세계를 지배하는 최상의 원인 이외에 자연과 그들 내면의 윤리법칙들의 통일을 가능하게 하는 다른 원리를 결코 생각해낼 수가 없었다. 왜냐하면, 그들의 안에 있는 의무로 부과된 하나의 궁극목적과, 그들의 밖에 아무런 궁극목적 없이 있는, 그럼에도 불구하고 저 목적이 그 안에서 실현되어야 할 자연은 모순되기 때문이다. 그런데 그들은 저 세계원인의 내적 성질에 관하여 갖가지 무의미한 것을 궁리해낼 수 있었다. 세계통치에서 저 도덕적 관계는 언제나 동일한 것이었으니, 그것은 가장 미개한 이성에게도, 그 이성이 실천적인 것으로 간주되는 한에서, 보편
V459 적으로 이해가 되는 것이지만, 사변 이성은 그런 미개한 이성과는 도저히 보조를 맞출 수가 없는 것이다. —또한 십중팔구는 이러한 도덕적 이해관심에 의해 처음으로 자연에서의 미와 목적들에 대한 주의가 환기되

었을 것이다. 그리고 그때 자연은 저 〔세계원인이라는〕 이념을 강화하는 데 특별히 기여했지만, 그럼에도 그것을 근거 지을 수는 없었고, 더구나 저 도덕적 이해관심 없이 지낼 수는 없었다. 왜냐하면, 자연의 목적들에 대한 탐구조차도 오직 궁극목적과 관계해서만 직접적 이해관심을 얻는 바, 이러한 직접적 이해관심은, 자연에서 끌어낼 어떤 이익을 고려함 없이, 자연의 경탄에서 대대적으로 나타나는 것이기 때문이다.

§89
도덕적 논증의 효용에 대하여

감성적인 것에 대한 우리의 모든 이념에 관하여 이성을 그 실천적 사용의 조건들에 제한함은, 신의 이념과 관련해서 보자면, 오인할 여지 B440
가 없는 효용을 갖는다. 즉 그것은 **신학**이 신지학〔神智學〕(이성을 혼란시키는 초절적 개념들)으로 잘못 올라가지 못하도록, 또는 (최고 존재자의 의인관[215]적 표상방식의) 귀신론으로 떨어지는 것을 방지하며, **종교**가 **주술**(다른 초감성적 존재자들과 서로 감정과 영향을 주고받을 수 있다는 광신적 망상)[216]이나 또는 **우상숭배**(도덕적 마음씨 이외의 다른 수단에 의해 최고 존재자에게 흡족함을 살 수 있다는 미신적 망상)[217]에 빠지는 것을 방지한다.※

※ 실천적 의미에서 우상신앙이란 언제나, 그 속성에 따르면 도덕성 이외의 어떤 것이, 인간이 행할 수 있는 것 안에서 그것의 의지에 맞는, 그 자신만으로 유효한 조건일 수 있는 그런 속성들을 가진 최고 존재자를 생각하는 종교를 말한다. 왜냐하면, 사람들이 이론적 고려에서는 제아무리 순수하게 그리고 감성적 형상에서 자유롭게 저 〔최고 존재자라는〕 개념을 파악했다고 할지라도, 그 개념은 실천적 고려에서는 그럼에도 하나의 **우상**[218]으로, 다시 말해 그의 의지의 성질로 볼 때 의인관적으로 표상되어 있기 때문이다.

215) 『이성의 한계 안에서의 종교』: AA VI, 168 참조.
216) 『이성의 한계 안에서의 종교』: AA VI, 174~5 참조.
217) 『이성의 한계 안에서의 종교』: AA VI, 170 · 185 참조.

무릇 만약에 감성세계 너머 있는 것에 관해 궤변을 늘어놓는 허영과
불손에 대해 최소한의 것만이라도 이론적으로 (그리고 인식을 확장하면서)
B441 규정하는 것을 용인한다면, 그리고 만약 사람들이 신적 자연의 현존과
성질, 그의 지성과 의지, 그리고 이 양자의 법칙들과 이 법칙들로부터 나
와 세계에 영향을 미치는 여러 속성들을 통찰할 수 있다고 자부하는 것
V460 을 허용한다면, 사람들은 어디에서 그리고 어떤 자리에서 이성의 월권행
위들을 한정하려 하는지 나는 정말 알고 싶다. 왜냐하면, 저런 통찰들이
어디선가 나온다면, 바로 그곳에서 더 많은 통찰이 (흔히 그렇게 생각하듯
이, 사람들이 자기의 숙고를 힘껏 하기만 한다면) 기대될 수 있기 때문이다.
그럼에도 그러한 요구들에 대한 한정이 필요하다면 그것은 어떤 원리에
따라서 일어나야만 할 것이고, 가령 이제까지 그러한 요구들에 의한 모
든 시도가 실패로 끝났음을 우리가 알고 있다는 한낱 그런 근거에서 그
리해서는 안 될 것이다. 왜냐하면 그것은 더 좋은 결과가 나올 가능성에
대해 반증하는 것은 아니니 말이다. 그러나 여기서 가능한 원리는, 초감
성적인 것에 관해서는 전혀 아무런 것도 이론적으로는 (오로지 소극적으
로밖에는) 규정될 수 없다고 상정하는 원리이든가, 아니면, 우리 이성은
아무도 알 수 없을 만큼 거대한, 우리와 우리 후손을 위해 보존된 확장적
지식의 아직 사용하지 않은 광갱〔鑛坑〕을 자신 안에 함유하고 있다고 상
정하는 원리이든가, 이 둘 중의 하나밖에 없다. ―그러나 종교에 관해서
말하자면, 다시 말해 법칙수립자로서 신과 관련해 있는 도덕에 관해서
말하자면, 만약 신에 대한 이론적 인식이 선행하지 않으면 안 된다고 한
다면, 도덕은 신학에 따를 수밖에 없고, 또 이성의 내적인 필연적 법칙수
립 대신에 하나의 최상 존재자의 외적인 자의적 법칙수립이 도입되지[219]
B442 않을 수 없을 뿐만 아니라, 이 법칙수립에서 그 최상 존재자의 자연본성
에 대한 우리의 통찰이 갖는 모든 결함이 윤리적 **주의**〔注意〕[220]에까지도

218) A판: "**이상**".
219) AA에 따름.

뻗쳐, 종교를 비도덕화하고 전도시키지 않을 수 없을 것이다.[221)]

내세의 생에 대한 희망에 관해서는, 만약 우리가 도덕법칙의 지시규정에 따라서 우리 스스로 수행하지 않으면 안 될 궁극목적 대신에, 우리의 사명**을 위한**[222)] 이성판단—그러므로 오직 실천적 관계에서만 필연적인 것으로 또는 상정할 만한 것으로 간주되는—의 실마리를 위해, 우리의 이론적 인식능력에 문의해보면, 영혼론〔심리학〕은 이 점에서, 위에서 신학에 그러했듯이, 우리 사고하는 존재자에 대한 소극적인 개념 외에 더 이상 아무것도 주지 못할 것이다. 곧, 사고하는 존재자의 내감의 어떠한 행위와 현상도 물질주의적으로는 설명될 수 없다는 것, 그러므로 이 내감 현상의 고립된 자연본성에 대해 그리고 그 인격성의 사후의 지속 여부에 대해서는 우리의 전체 이론적 인식능력에 의한 사변적 근거들에서도 어떠한 확장적인 규정적 판단도 우리에게 단적으로 가능하지 않다는 것이다.[223)] 그러므로 이 경우에 모든 것이 실천적 필연적 고려에서 우리의 현존에 대해 목적론적으로 판정하는 일과 우리의 〔사후〕 영속을 상정하는 일이 이성이 우리에게 단적으로 부과한 궁극목적을 위해 필요한 조건으로 위임되어 있으므로, 여기서 동시에 다음과 같은 효용—처
음 볼 때는 손실로 보이지만—이 드러난다. 즉 신학이 우리에게 신지학 B443
이 될 수 없듯이, 이성적 **심리학**〔영혼론〕은 결코 〔지식을〕 확장하는 학 V461
문으로서 **심령학**이 될 수 없다는 것이 드러나며, 또 다른 한편으로는 이성적 심리학〔영혼론〕이 어떤 **물질주의**로 전락하지 않을 것도 보증되어 있다. 오히려 이성적 심리학〔영혼론〕은 한낱 내감의 인간학, 다시 말해 **생〔生〕 중에 있는** 우리의 사고하는 자기에 대한 지식일 따름이며, 그것은 이론적 인식으로서 또한 한낱 경험적인 것에 머무를 따름임이 드러난

220) A판 · C판: "**지시규정**".
221) 「도덕철학 강의」: AA XXVII, 262 참조.
222) A판: "사명**에 관한**".
223) 『순수이성비판』, B419~420 참조.

다. 이에 반해, 우리의 영원한 실존에 관한 물음과 관련해서는, 이성적 심리학〔영혼론〕은 전혀 아무런 이론적 학문이 아니고, 도덕적 목적론의 유일한 추론에 의거하는 것으로, 도대체가 이성적 심리학〔영혼론〕의 전체 사용도 순전히 우리의 실천적 사명[224]으로서의 도덕적 목적론으로 인해 필연적인 것이다.

§90

신의 현존에 대한 도덕적[225] 증명에서 견해의 종류에 대하여

증명이 (대상의 관찰이나 실험에 의한 증명에서와 같이) 증명되어야만 할 것의 직접적인 경험적 현시에 의해서 이끌어지든, 이성에 의해 선험적으로 원리들로부터 이끌어지든, 그 어떤 증명에나 맨 먼저 요구되는 것은, 그 증명이 **신조를 말하지** 않고, **확신시키**며, 또는 적어도 확신을 일
B444 으켜야 한다는 점이다.[226] 다시 말해 그 증명근거 내지 추론은 한낱 찬동의 주관적인 (감성적/미감적인) 규정근거(순전한 가상)가 아니라, 객관적으로 타당한 것이며, 인식의 논리적 근거여야 한다는 점이다. 왜냐하면, 그렇지 않으면 지성은 속임은 당해도 승복하지는 않을 것이기 때문이다. 자연 신학[227]에서 어쩌면 선한 의도에서이기는 하겠지만, 그럼에도 자기

224) 『순수이성비판』, B421 참조.

225) AA: "목적론적".

226) 신조(Überredung)와 확신(Überzeugung)에 대한 보다 상세한 설명은 『순수이성비판』, A820=B848 이하 참조. "견해가 모든 사람에게 타당하다면, 모든 사람이 오로지 이성을 가진 한, 그것의 근거는 객관적으로 충분하고, 그런 견해는 확신이라고 한다. 견해가 오로지 주관의 특수한 성질 안에서만 근거를 가지면, 신조라 한다."(*KrV*, A820=B848) "신조는 순전한 가상이다."(*KrV*, A820=B848) 또한 『논리학』: IX, 73 참조.

227) 원어: natürliche Theologie. 이미 지적한 바처럼 칸트는 많은 경우 이 자연〔적〕 신학을 다시금 물리 신학(physische Theologie)과 도덕 신학(moralische Theologie)으로 나누고 있으므로(『순수이성비판』, A631=B659 이하 참조), 이런 분류에 따르면 이 대목의 '자연 신학'은 '물리 신학'으로 이해해야 할 것이다.

의 약점을 고의로 은폐하고서 이끌어가고 있는 그런 증명은 저런 유의 사이비 증명이다. 그때 사람들은 목적들의 원리에 따르는 자연사물들의 근원에 대한 수많은 증거들을 끌어내고, 인간 이성의 한낱 주관적인 근거, 곧 인간 이성에 고유한 성벽을 이용하는 것이니, 이 성벽이란, 모순 없이 일어날 수만 있으면, 다수의 원리들 대신에 단 하나의 원리를 생각해내고, 이 원리 가운데서 단지 한 개념을 규정하기 위한 다소의 요건이 마주치기만 하면, 자의적인 보완에 의해 한 사물에 대한 개념을 완성하기 위해, 다른 요건들을 덧붙여 생각하는 성벽이다. 무릇 두말할 것도 없이, 우리가 우리에게 하나의 지[오]성적 원인을 암시해주는 그토록 많은 자연에서의 산물들을 마주친다면, 왜 우리는 그 같은 다수의 원인들 대신에 차라리 단 하나의 원인을 생각하지 않으려 할 것인가, 그리고 그 것도 이 단 하나의 원인에 있어서 가령 한낱 위대한 지성, 권능 등이 아 V462
니라, 오히려 전지, 전능을 생각하지 않으려 할 것인가, 한마디로 말해 이 단 하나의 원인을 모든 가능한 사물들을 위해 충분한, 그러한 속성들의 근거를 함유하는 그러한 원인으로 생각하지 않으려 할 것인가? 그리고 그 위에 왜 우리는 이 유일한, 모든 것을 할 수 있는 근원존재자에게 B445
한낱 자연법칙들과 산물들을 위한 지성뿐만 아니라, 또한 하나의 도덕적 세계원인으로서 이 근원존재자에게 최고의 윤리적 실천적 이성을 부여하지 않으려 할 것인가? 개념을 이렇게 완성함으로써 자연통찰에 대해서나 도덕적 지혜에 대해서나 함께 충분한 원리가 제시되고, 그러한 이념의 가능성에 대한 어느 정도나마 근거 있는 반론이 제기될 수 없는데 말이다. 그런데 이 경우에 동시에 마음의 도덕적 동기가 발동하고, 이 도덕적 동기의 활발한 관심이 웅변적인 힘—도덕적 동기는 이러한 힘 또한 가질 만하다—과 함께 더해지면, 이로부터 그 증명이 객관적으로 충분하다는 신조와 (이 증명을 사용하는 대부분의 경우에) 효력이 있기도 한 가상이 나오거니와, 이 가상은 이 증명의 논리적 엄밀성에 대한 일체의 심사를 전적으로 무시할 뿐만 아니라, 마치 그런 심사의 밑바탕에는 불경스런 회의가 놓여 있기나 한 양 그에 대해서 혐오와 반감을 품는다. — 이제 사람들이 통속적인 유용성만을 고려한다면, 이 증명에 반대할 것은 아무것도 없다. 그러나 그럼에도 이 증명이 그 논증 속에 함유되어 있는 이종적인 두 요소로, 곧 물리적 목적론에 속하는 것과 도덕적 목적론에 속하는 것으로 분열하는 것은 막을 수도 없고 막아서도 안 된다. 두 부분
B446 이 함께 용해되어 있으면 그것은, 이 증명의 본래 핵심이 어디 있는가, 그 증명의 타당성이 어떤 가장 예리한 심사에 대해서도 견뎌낼 수 있기 위해서는 어느 부분이 (사람들이 어느 한 부분에서는 우리 이성의 통찰의 약점을 시인하지 않을 수 없을 때에도) 어떻게 개조되지 않으면 안 될 것인가를 알 수 없게 만들기 때문이다. 그래서 그러한 혼동이 만들어낼 수 있는 가상이 제아무리 효력이 있다 할지라도, 그것을 폭로하고, 한낱 신조에 속하는 것을 확신으로 이끄는 것—이 양자는 한낱 정도로가 아니라 종류로 구별되는 찬동의 규정들이다—과 분리함으로써, 이 증명에서의 마음 상태를 전적으로 순정하게 펼쳐 현시하고, 이 증명을 가장 엄격한 심사에 솔직하게 내맡기도록 하는 것은 철학자에게는 (그가 자기에 대한 정직성의 요구에 전혀 개의치 않는다고 하더라도) 의무이다.

그러나 확신에 뜻을 두고 있는 증명도 다시금 두 종류가 있을 수 있으니, 그것은 대상이 **그 자체로** 무엇인가를 결정해야 하는 증명이거나, 아
V463 니면 대상이 그것을 판정하는, 우리에게 필연적인 이성원리들에 따라 **우리**(인간 일반)**에 대해서** 무엇인가를 결정해야 하는 증명이거나이다. (즉 眞理에 依據한 증명이거나 人間에 依據한 증명[228]이거나이며, 후자는 일반적인 의미에서 '인간 일반에 대해서'로 받아들여진다.) 전자의 경우에 증명은 규정적 판단력에 대해 충분한 원리들에 기초하고 있고, 후자의 경우에는 한낱 반성적 판단력에 대해 충분한 원리들에 기초하고 있다. 후자의 경우
B447 에 증명은 한낱 이론적 원리들에 의거해서는 결코 확신에 영향을 미칠

228) 이 두 방식의 증명의 구별과 관련해서는 『순수이성비판』, A739=B767 참조.

수 없다. 그러나 증명이 실천적 이성원리(그러니까 보편적이고 필연적으로 타당한 원리)를 기초로 두고 있으면, 그 증명은 순수한 실천적 관점에서 충분한, 다시 말해 도덕적인 확신을 능히 요구해도 좋다. 그러나 어떤 증명이 한낱 확신에 이르는 도정에서 수행된다면, 다시 말해 확신을 위한 객관적 근거들을 자기 안에 함유하고 있으되, 그 객관적 근거들이 아직 확실성을 위해서는 충분하지 않을지라도, 판단의 한낱 주관적 근거들로 신조를 위해 쓰이는 것만은 아닌 그런 종류의 것이라면, 아직 확신을 시키지는 못한 채, **확신에 영향을 미친다**.

무릇 모든 이론적 증명근거들은 다음 중 어느 하나에 대해서 충분한 것이다. 즉 1.논리적으로-엄밀한 **이성추리**에 의한 증명에 대해서, 또는 이것이 아닌 경우에는, 2.**유비**에 의한 **추리**에 대해서, 또는 이것도 일어나지 않을 것 같은 경우에는, 3.**개연적 의견**〔사견〕에 대해서, 또는 마지막으로, 최소한의 것인, 4.한낱 가능한 설명근거의 상정, 즉 **가정**에 대해서.—이제 나는 말하거니와, 만약 근원존재자가 이 개념의 전체 내용에 알맞은 의미에서 신, 곧 **도덕적** 세계창시자이고, 그러니까 세계창시자에 의해 동시에 창조의 궁극목적이 제시되는바, 이 근원존재자가 실존한다는 명제가 증명되어야 하는 경우에는, 이론적 확신을 일으키는 모든 증 B448
명근거들은 최고도에서부터 최저도에 이르는 저런 종류의 어떤 견해 중의 하나도 생기게 할 수 없다.

1. 보편에서 특수로 나아가는, **논리적으로-정당한** 증명에 관해서 말하자면, 『비판』에서[229] 다음과 같은 것이 충분하게 밝혀졌다. 즉 자연을 넘어서 찾아야만 하는 존재자의 개념에는 우리에게 가능한 어떠한 직관도 대응하지 않고, 그러므로 그 개념이 종합적 술어들에 의해 이론적으로 규정되어야 하는 한에서, 그 개념 자신은 우리에게는 항상 문제성 있는 것으로 남으므로, 단적으로 그 존재자에 대한 (우리의 이론적 앎의 범위

229) 곧, 『순수이성비판』, A592=B620 이하의 '신의 현존에 대한 존재론적 증명의 불가능성에 대하여'에서.

를 조금이라도 확장시켜줄) 어떠한 인식도 생기지 않으며, 또 사물들의 자연본성의 보편적 원리들 아래에는 초감성적인 존재자의 특수한 개념이
V464 포섭되어 전자들[230]로부터 후자[231]가 추론될 수는 전혀 없는데, 그것은 전자의 보편적 원리들이란 오로지 감관의 대상으로서의 자연에만 타당한 것이기 때문이다.[232]

2. 사람들은 이종적인 두 사물에 대하여, 바로 그것들이 이종적이라는
B449 점에서, 그중 하나를 다른 것과의 **유비**※에 의해 **사고**할 수는 있지만, 그

※ (질적인 의미에서) **유비**란 근거들과 귀결들(원인들과 결과들) 사이의 관계의 동일성으로서, 유사한 귀결들의 근거를 함유하는 사물들 및 그것들의 속성들 자체의 종적 차이에도 불구하고, (다시 말해, 이 관계 밖에서 고찰하면) 생
B449 기는 한에서의 동일성이다. 그래서 우리는 동물들의 기예적 행위들을 인간의 기예적 행위들과 비교하여, 우리가 알지 못하는 전자에서의 결과들의 근거를 우리가 알고 인간의 유사한 결과들의 근거(즉 이성)를 가지고서 이성의 **유비물**[233]로 생각하며, 또 그렇게 해서 동시에 동물적인 기예적 능력의 근거를, 본능이라는 명칭 아래서, 이성과 사실상 종적으로 구별하면서도, (해리〔海狸〕의 건축을 인간의 건축과 비교해보아) 그 결과에 대해서는 유사한 관계를 갖는다고 암시하고자 한다. 그러나 그 때문에 나는 인간이 그의 건축을 위해 **이성**을 사용한다고 해서, 해리도 그와 같은 것을 가지고 있음에 틀림이 없다고 추리하고, 그것을 유비에 의한 **추리**라고 부를 수는 없다. 그러나 (우리가 그 근거를 직접적으로 지각할 수는 없는바) 동물들의 유사한 작용방식으로부터, (그에 대해서 우리가 직접 의식하고 있는) 인간들의 작용방식과 비교해보면, 전적으로 옳게도 우리는 **유비에 의해**, 동물들도 (데카르트가 말하고자 한 것처럼, 기계들이 아니라[234]) **표상들**에 따라 행위하며, 그 종적 상이성에도 불구하고 유에서 보면 (생명 있는 존재자들로서) 인간과 일양하다고 추리할 수 있다. 그렇게 추리할 수 있는 권능의 원리는, 동물들을 앞서 얘기한 규정과 관련하여, 우리가 인간들을 외면적으로 그 행위들에 따라서 서로 비교

230) 곧, 자연본성의 보편적 원리들.

231) 곧, 초감성적인 존재자.

232) 『순수이성비판』, A620=B648 이하의 '물리신학적 증명의 불가능성에 대하여' 참조.

233) A · C판에 따름. 원어 'Analogon'이 B판에는 'Anlagen(**소질들**)'로 되어 있다.

234) 「형이상학 강의」: AA XXVIII, 115~6 · 274 · 900 참조.

것들이 이종적이라는 점으로 인하여 하나로부터 유비에 따라 다른 하나를 **추리**할 수는 없다. 다시 말해, 종차의 이러한 징표를 다른 것에다 전 B450
용할 수는 없다.[237] 그래서 나는 물체들 상호간의 교호적인 인력과 척력 V465
에서 작용과 반작용은 동등하다는 법칙과의 유비에 의해, 법의 규칙들에 따르는 공동체 구성원의 상호성도 사고해볼 수는 있으나, 전자의 종적 규정들(즉 물질적 인력과 척력)을 후자에 전용하여 그 규정들을 시민에게 부가하여, 국가라고 일컬어지는 한 체제를 구성할 수는 없다.[238]—마찬가지로 우리는 근원존재자의 인과성을 자연목적들로서의 세계의 사물들에 관련하여, 우리가 기예작품들이라고 부르는 일정한 산물들의 형식들의 근거로서의 어떤 지성과의 유비에 의해 생각할 수는 있다. (왜냐하면, 이런 일은 단지 우리 인식능력을 이론적으로 또는 실천적으로 사용하기 위해서 일어나거니와, 우리는 이 개념[239]을 세계 내의 자연사물들에 관련하여 일정한 원리에 따라 그렇게 사용하지 않을 수 없으니 말이다.) 그러나 우리는, 세
계존재자들 가운데서 기예적이라고 판정되는 작용의 원인에 지성이 부 B451

하는 한에서, 인간과 일양한 것으로 헤아릴 근거의 일양성에 있다. 그것은 同等한 根據[235]이다. 마찬가지로 나는 최상의 세계원인의 인과성을, 세계 내의 그것의 합목적적인 산물들을 인간의 기예작품들과 비교하여, 하나의 지성의 유비에 의해 생각할 수 있지만, 이 지성 안에 이런 속성들을 유비에 의해 B450
서 **추리할** 수는 없다. 왜냐하면, 이 경우에는 그러한 추리법을 가능하게 하는 원리가, 곧 최고 존재자를 인간과 (양측의 인과성에 관련해서) 동일한 유로 헤아릴 根據의 同等性[236]이 바로 결여되어 있기 때문이다. 언제나 감성적으로-조건 지어져 있는 (지성에 의한 것도 똑같이) 세계존재자들의 인과성은, 사물 일반이라는 것 외에는 이것들과 아무런 유개념도 공유하고 있지 않은 어떤 존재자에게 전용될 수가 없는 것이다.

235) 원어: par ratio.
236) 원어: paritas rationis.
237) 『논리학』, §84: AA IX, 133 참조.
238) 『윤리형이상학』, 「법이론」, §E: AA VI, 232~3 참조.
239) 곧, '근원적 존재자'라는.

여되지 않으면 안 된다는 사실로부터 유비에 의해, 자연 자체에 관해 자연과는 전적으로 구별되는 존재자에게도, 우리가 인간에게서 지각하는 것과 똑같은 인과성이 귀속한다고는 결코 추리할 수 없다. 왜냐하면, 이것은 그 결과들에 관해 감성적으로-조건 지어져 있는 원인과 초감성적 근원존재자 자체가 같지 않다는 바로 그 점에 관련이 있는 것으로, 이 점은 근원존재자라는 개념에서 생각되는 것이고, 그러므로 그 개념에 전용될 수가 없기 때문이다.—내가 신적 인과성을 단지 (우리가 감성적으로-조건 지어진 인간 이외의 다른 어떤 존재자에게서도 알지 못하는 능력인) 어떤 지성과의 유비에 의해서 생각해야만 한다는 바로 그 점에, 근원존재자에게는 본래적 의미에서의 지성을 부여하지 말라는 금지명령이 들어 있는 것이다.※

3. **의견**은 선험적 판단들에서는 전혀 생기지 않고,[240] 오히려 사람들은 이것들을 통해 어떤 것을 전적으로 확실하게 인식하거나 전혀 아무것도 인식하지 못하거나 한다. 그러나 우리가 거기에서(이 경우 세계 내의 목
B452 적들에서) 출발하는 주어진 증명근거들이 경험적이라 하더라도, 사람들은 이것을 가지고서 감성세계를 넘어서서는 아무런 의견도 가질 수 없고, 그와 같이 감행된 판단들에는 최소한의 개연성 주장도 승인할 수가 없다. 무릇 개연성[241]은 근거들의 일정한 계열에서 가능한 확실성의 일부이고,—이 계열에서 개연성의 근거들이 충분한 것과 비교되는 것은,

※ 이 〔근원존재자라는〕 개념에서 나오는 이론적 및 실천적 귀결들에 관해서 볼 때, 이 금지명령으로 인해 사람들은 이 존재자와 세계와의 관계를 표상함에 있어 최소한의 것도 잃지 않는다. 이 존재자가 그 자체로 무엇인가를 탐구하고자 하는 것은 표적도 없고 헛된 호기심인 것이다.

240) "순수 이성에 의한 판단들에 있어 의견을 내는 것은 전혀 허용되지 않는다."(*KrV*, A822=B850) 의견이란 "주관적으로도 객관적으로도 충분하지 않은 인식근거에 의한 견해"로서 "임시적인 판단"(*Log*: AA IX, 66)이라 할 수 있다.

241) 『논리학』, 서론, X: AA IX, 81~2 참조.

부분들이 하나의 전체와 비교되는 것과 같다—이에 대해 저 불충분한 근거는 보완될 수 있어야만 하니 말이다. 그러나 동일한 판단의 확실성의 규정근거로서 주어진 근거들은 동종적인 것이어야만 한다. 만약 그렇지 않다면 그것들이 합쳐져 하나의 크기—확실성은 이러한 것이다—를 이루지 못할 것이기 때문이다. 그래서 이러한 증명근거들의 일부는 가능한 경험의 한계 안에, 다른 일부는 일체의 가능한 경험의 밖에 있을 수는 없다. 그러니까, 순전히-경험적인 증명근거들은 어떠한 초감성적인 것에도 이르지 못하고, 그러한 증명근거들의 계열에서 결함은 무엇에 의해서도 보완될 수 없으므로, 그런 것들에 의해 초감성적인 것에 그리고 초감성적인 것의 인식에 이르려는 시도로는 조금도 접근이 이루어지지 못하며, 따라서 경험에서 이끌어낸 논증들에 의한 초감성적인 것에 관한 판단에서도 아무런 개연성은 생기지 않는다. V466

4. 어떤 것이 주어진 현상의 가능성을 설명하기 위한 **가설**[242]로 쓰여야만 한다면, 적어도 그것의 가능성은 온전히 확실하지 않으면 안 된다. 가설에서는 내가 현실성의 인식—이것이 개연적인 주장을 표명하는 의견에서는 여전히 주장되거니와—을 단념하는 것으로 충분하며, 나는 그 이상의 것을 포기할 수는 없다. 내가 어떤 설명의 기초에 놓고 있는 것의 가능성은 적어도 회의에 맡겨져서는 안 되는 것이다. 그렇지 않으면 공허한 망상에 끝이 없을 것이니 말이다. 그러나 모종의 개념들에 따라 규정되는 초감성적 존재자의 가능성을 상정하는 것은 온전히 근거가 없는 전제라 할 것이다. 이런 존재자를 위해서는 인식에서 직관에 의거하는 요소의 면에서 인식의 필수적 조건들 중 하나도 주어져 있지 않고, 그러므로 (오로지 사고의 가능성만을 증명할 수 있을 뿐, 사고된 대상 자체의 가능성은 증명할 수 없는) 한낱 모순율만이 이러한 가능성의 기준으로 남기 때문이다. B453

이상에서 논의한 결말은, 신성〔神性〕으로서 근원존재자의 현존 또는

242) 『논리학』: AA IX, 84~5; 『순수이성비판』, A769=B797 이하 참조.

불사적 정신으로서 영혼의 현존에 대해서는, 이론적 관점에서는, 최소한도의 견해라도 내기 위한 증명이 인간 이성에게는 단적으로 가능하지 않다는 것이다. 그리고 이것은 아주 명확한 근거에서 그러하다. 즉 우리에게는 초감성적인 것의 이념들을 규정하기 위한 재료가 전혀 없어서, 이 재료를 감성세계의 사물들에서 얻어올 수밖에는 없겠는데, 그러나 그러한 재료는 저런 객관에는 단적으로 맞지 않으며, 그런데[243] 감성세계의 모든 규정 없이는 초감성적인 어떤 것이라는 개념 외에 더 남는 것이 없
B454 는바, 이것이 감성세계의 최종 근거를 함유하기는 하지만, 그 근거는 그럼에도 그 초감성적인 것의 내적 성질에 대한 (개념의 확장으로서의) 어떠한 인식도 구성하지 못하기 때문이다.

V467

§91

실천적 신앙에 의한 견해의 종류에 대하여

우리가 한낱 어떤 것이 어떻게 **우리에 대해서**(우리의 표상력들의 주관적 성질에 따라) 인식의 객관(認識可能 한 事物)일 수 있는가에만 주목한다면, 그 경우에 개념들은 객관들과 견주어지는 것이 아니라, 한낱 우리 인식능력들 및 이것들의 주어진 표상에 대한 (이론적 또는 실천적 관점에서의) 가능한 사용과만 견주어진다. 그래서 어떤 것이 인식 가능한 존재자인가 아닌가 하는 물음은 사물들 자신의 가능성에 관한 물음이 아니라, 사물들에 대한 우리의 인식의 가능성에 관한 물음인 것이다.

인식 가능한 사물들은 무릇 세 종류, 즉 **의견의 사상〔事象〕**(意見을 낼 수 있는 것), **사실〔實際 事象〕**(알 수 있는 것)과 **신앙의 사상〔事象〕**(純全히 믿을 수 있는 것)이 있다.

1. 이론적 인식에서 어떤 가능한 경험에서도 전혀 현시될 수 없는 순

243) C판: "그러므로".

전한 이성이념들의 대상들은 그러한 한에서 전혀 **인식 가능한** 사물들이 아니며, 그러니까 그런 사물들에 관해서 사람들은 결코 **의견을 가질** 수 없다. 도대체가 선험적으로 의견을 갖는다는 것은 이미 그 자체로 불합 B455
리하며, 순정한 몽상으로 가는 직행 길이니 말이다. 그러므로 우리의 선험적인 명제는 확실하거나, 아니면 견해를 취할 수 있는 것을 전혀 아무것도 함유하지 않거나이다. 그러므로 **의견의 사상들**은 항상 적어도 그 자체로는 가능한 경험인식의 객관들(즉 감성세계의 대상들)이지만, 이것들은 우리가 소유하고 있는 한갓된 정도의 이 능력에 의해서는 **우리에게는** 불가능한 것이다. 그래서 최근 물리학자[244]들이 말하는 에테르, 즉 다른 모든 물질들에 침투하는 (그것들과 아주 내밀하게 혼합되는) 탄력적인 유동성이라는 것은 순전한 의견적인 것이지만, 그래도 만약 외감들이 최고도로 예리해진다면, 지각될 수도 있는 그런 종류의 것이다. 그러나 그것은 결코 어떠한 관찰이나 실험에서 현시될 수 있는 것은 아니다. 다른 유성들의 이성적인 거주자들을 상정함[245]은 의견적인 것이다. 왜냐하면, 만약 우리가 이것들에 접근해갈 수 있다면, 이런 일은 그 자체로는 가능하므로, 우리는 그런 거주자들이 있는가 없는가를 경험을 통해 결정할 것이기 때문이다. 그러나 우리는 그것들에 결코 그토록 가까이 다가가지 못할 것이고, 그래서 그것은 의견에 머무른다.[246] 그러나 순수한, 신체 없는, 사고하는 정신들이 물질적 우주 안에 있다는 의견을 갖는다 함은, (곧 사람들이 그런 것이라고 주장하는 모종의 **현실적인**[247] 현상들을, 당연한

244) 예컨대 Leonhard Euler(1707~1783). 그의 에테르 이론에 관한 칸트의 또 다른 언급은 AA II, 378; XXIX, 150 참조.

245) Bernard le Bovier de Fontenelle(1657~1757), *Dialogen über die Mehrheit der Welten*. 독역본: Berlin 1780 참조. 이에 대한 칸트의 또 다른 언급은 AA II, 230; XXV, 1236 참조. 칸트의 초기 사변에 관해서는 「일반 자연사 및 천체 이론」(1755): AA I, 351~368 참조.

246) 칸트가 20세기 후반기까지 살았더라면 이러한 예는 들지 않았을 것이다.

247) B판 추가.

V468 일이지만, 거부한다면) 지어낸다 함을 말하는 것으로, 그것은 전혀 의견의
사상이 아니라, 사람들이 한 사고하는 존재자로부터 모든 물질적인 것을
B456 제거하고 그것에게 사고작용만을 남겨둘 때 남아 있는, 순전한 이념이
다. 그러나 그때 과연 사고작용—이것을 우리는 단지 인간에게서만, 다
시 말해 신체와 결합해 있는 것으로만 인지한다—이 남아 있는지 어떤
지를 우리는 결정할 수가 없다. 그러한 사물은 **궤변적 존재자**(不當推理的
存在者[248])이지 **이성존재자**(理性推理的 *存在者*[249])가 아니다. 후자에 대해
서는 그 개념의 객관적 타당성을 적어도 이성적 실천적 사용에 대해서는
충분하게 밝히는 일이 가능하다. 왜냐하면 자기의 고유한 명증적으로 확
실한 선험적 원리들을 가지고 있는 이성의 실천적 사용은 그런 〔이성존
재자라는〕 개념을 요구(요청)까지 하기 때문이다.

2. 그 객관적 실재성이 (순수 이성에 의해서든 경험에 의해서든, 그리고
전자의 경우에는 순수 이성의 이론적 자료에 의해서든 실천적 자료에 의해서
든, 그러나 어떤 경우에든 그것들에 대응하는 직관을 매개로) 증명될 수 있
는 개념들의 대상들은 **사실들**※(事實들[250])이다. (기하학에서) 크기들의
수학적 속성들이 그러한 것이다. 왜냐하면 이러한 속성들은 이론적 이
성사용에 대하여 선험적으로 **현시**될 수 있는 것이니 말이다. 더 나아
B457 가, (자기의 경험이든 증언을 매개로 한 타자의 경험이든) 경험에 의해 밝혀

※ 나는 그것을 당연하다고 생각하는바, 여기에서 나는 '사실'이라는 개념을 이 말의 보통의 의미 이상으로 확장한다. 무릇 사물들과 우리 인식능력들의 관계가 논제일 때, 이 표현을 한낱 현실적인 경험에만 제한해서 쓴다는 것은 필수적인 일이 아니며, 아니 결코 그렇게 할 수 있는 일도 아니다. 사물들을 한낱 일정한 인식방식의 대상들로 논하는 데는 한낱 가능한 경험만으로 이미 충분하기 때문이다.

---

248) 원어: ens rationis ratiocinantis.

249) 원어: ens rationis ratiocinantae.

250) 원어: res facti.

질 수 있는 사물들이나 사물의 속성들 또한 마찬가지로 사실들이다.—그러나 매우 주목할 만한 일은, 심지어 (그 자체로는 직관에서 현시될 수 없는, 그러니까 그 가능성이 이론적으로 증명될 수 없는) 어떤 이성이념마저 사실들 중에 들어 있다는 것이다. 그것이 바로 **자유**의 이념으로, 이 이념의 실재성은 하나의 특수한 종류의 인과성〔원인성〕—이론적으로 고찰하면 이 개념은 초절적이겠다—으로서, 순수 이성의 실천적 법칙에 의해 그리고 이 법칙들에 준거해서 현실적인 행위들에서, 그러니까 경험에서 밝혀진다.—이것은[251] 순수 이성의 모든 이념들 중에서 그것의 대상이 사실이고, '可知的인 것' 중 하나로 계산되지 않으면 안 되는 유일한 이념이다.[252]

3. 순수 실천 이성의 의무에 맞는 사용과 관련해서는 (귀결로서든 근거로서든) 선험적으로 생각될 수밖에 없지만, 그 이론적 사용에 대해서는 초절적인 대상들은 순전히 **신앙의 사상〔事象〕들**이다. 자유에 의해 이 세계에서 실현되어야 할 **최고선**이 그러한 것이다. 이 개념은 우리에게 가능한 어떤 경험에서도, 그러니까 이론적 사용에 대해서는, 그 객관적 실재성이 증명될 수 없지만, **그[개념]의 사용은 저 목적을 가능한 한 최상으로 실현하기 위하여**[253] 실천적 순수 이성에 의해 명령되는 바이고, 그러니까 가능한 것으로 상정되지 않으면 안 된다. 이러한 명령된 결과는, **그 결과를 가능하게 하는 유일하게 우리에게 생각될 수 있는 조건들과 더불어**, 곧 신의 현존 및 영혼의 불사성과 더불어, **신앙의 사상**(信仰事)들이며, 그것도 그렇게 불릴 수 있는 모든 대상들 가운데서 유일한 것들이다.※ 무 V469 B458

※ 그러나 그렇다고 해서 신앙적인 것들이 **신앙조목**은 아니다. 만약 신앙조목이라는 것이 그에 대해 사람들이 (내적으로든 외적으로든) **고백**해야 할 의무

251) 곧, 자유의 이념.

252) "순수 이성의 유일한 사실"로서의 도덕법칙과 그것의 존재 근거로서의 자유의 이념에 대해서는 『실천이성비판』, A55~56=V31 참조.

253) B판 추가.

릇 우리가 단지 다른 사람의 경험으로부터 **증언**을 통해 배울 수 있는 것을 믿을 수밖에 없다 해도, 그렇다고 그것이 또한 그 자체로 신앙적인 것은 아니다. 왜냐하면, 저 증인들의 어떤 **한 사람에게**는 그래도 그것이 자신의 경험이고 사실이었으며, 또는 그러한 것으로 전제되고 있기 때문이다. 게다가 이런 (역사적 믿음〔신앙〕의) 길을 통해 앎에 이르는 것은 가능한 일이이어야 한다. 역사**와 지리**[255]의 객관들은, 우리의 인식능력의 성질상 아는 것이 가능한 모든 것 일반과 마찬가지로, 신앙의 사상들에 속하는 것이 아니라, 사실들에 속한다. 어쨌든지 간에 순수 이성의 대상들
B459 만이 신앙의 사상들일 수 있으되, 순전한 순수 사변 이성의 대상들로서 그러한 것은 아니다. 왜냐하면 순수 사변 이성의 대상들은 확실하게 아예 그런 것으로, 다시 말해 우리에게 가능한 인식의 객관들로 계산될 수 없는 것이니 말이다. 그것들은 이념들, 다시 말해 사람들이 객관적 실재성을 이론적으로 보증할 수 없는 개념들이다. 그에 반해 우리에 의해 실현되어야 할 최고의 궁극목적은 그에 의해서만이 우리가 창조의 궁극목적이기도 할 품격을 얻을 수 있는 것, 즉 우리에게 있어서 실천적 관계에서 객관적 실재성을 갖는 하나의 이념이고 사상〔事象〕이다. 그러나 우리
V470 는 이 개념에 이론적 관점에서는 이 실재성을 마련해줄 수 없기 때문에, 그것은 순수 이성의 순전한 신앙의 사상이다. 그러나 이것과 함께 동시에, 그 아래에서만 우리가, 우리 (인간의) 이성의 성질상, 우리의 자유의 합법칙적 사용의 저 효과가 가능함을 생각할 수 있는 조건들인 신〔의 현

를 질 수 있는 신앙적인 것을 뜻한다면 말이다. 그러므로 자연 신학은 그러한 것을 함유하고 있지 않다. 왜냐하면, 신앙적인 것들은 신앙적인 것으로서 (사실들과 같이) 이론적인 증명에 **기초할**[254] 수 없으므로, 그것은 자유로운 견해이고, 또한 그러한 자유로운 견해로서만 주관의 도덕성과 합일할 수 있기 때문이다.

---

254) A판: "**견해를 기초시킬**".
255) B판 추가.

존〕과 〔영혼의〕 불사성도 신앙의 사상들인 것이다. 그러나 신앙의 사상들에서의 견해는 순수한 실천적 관점에서의 견해, 다시 말해 도덕적 신앙인바, 도덕적 신앙은 이론적 인식에 대해서는 아무것도 증명하지 못하고, 한낱 자기의 의무 준수를 지향하는 실천적인 순수한 이성인식에 대해서만 무엇인가를 증명하며, 사변을 **또는 자기사랑의 원리에 따르는 실천적 영리의 규칙들을**[256] 전혀 확장하지 않는다. 만약 모든 윤리법칙들의 최상 원리가 요청이라면, 동시에 그런 최고의 객관의 가능성, 그러니까 그 B460
아래서 우리가 이 가능성을 생각할 수 있는 조건[257]도 그 원리를 통해 **동시에**[258] 함께 요청되는 것이다. 그런데 그로 인해 이 조건에 대한 인식은 이론적인 인식방식으로서 이 조건들의 현존과 성질에 대한 지식이나 의견이 되는 것이 아니라, 우리 이성의 도덕적 사용에 대한 실천적인 그리고 그것을 위해 명령된 관계에서 한낱 상정인 것이다.

설령 우리가 물리적 목적론이 우리에게 그토록 풍부하게 보여주고 있는 자연의 목적들 위에 하나의 지〔오〕성적 세계원인에 대한 **명확한** 개념을 기초 지을 수 있다고 해도, 이러한 존재자의 현존은 신앙의 사상〔事象〕은 아닐 터이다. 왜냐하면 이러한 존재자는 나의 의무의 완수를 위해서가 아니라 단지 자연의 설명을 위해서 상정된 것이므로, 그것은 한낱 우리 이성에 가장 알맞은 의견이고 가설일 터이기 때문이다. 무릇 저 목적론은 결코 신에 대한 명확한 개념에 이르지 못하고, 그에 반해 이런 개념은 오로지 도덕적 세계창시자라는 개념에서만 마주친다. 왜냐하면, 이 도덕적 세계창시자만이 궁극목적을 제시해주고, 우리는 도덕법칙이 우리에게 궁극목적으로 부과하는 것에, 그러니까 우리에게 의무를 지우는 것에 맞게 우리가 처신하는 한에서만, 우리 자신을 그러한 궁극목적으로 간주할 수 있기 때문이다. 따라서 신이라는 개념은 우리 의무의 궁극

256) B판 추가.

257) 곧, 신의 현존과 영혼의 불사성.

258) C판에서는 삭제.

목적에 도달할 가능성의 조건인 우리 의무의 객관과의 관계 맺음으로써
B461 만 우리의 견해 중에서 신앙의 사상으로 간주될 특권을 얻는다. 이에 반해 바로 이 동일한 개념은 자신의 객관을 사실이라고 간주될 수 있게 만들 수는 없다. 왜냐하면, 비록 의무의 필연성이 실천 이성에 대해서는 충분히 명료하긴 하지만, 그럼에도 의무의 궁극목적에 도달함은, 이 궁극목적이 전적으로 우리의 지배권 안에 있지 않는 한, 단지 이성의 실천적
V471 사용을 위해 상정되는 것일 뿐이고, 그러므로 의무 자신처럼 실천적으로 필연적인 것이 아니기 때문이다.※

※ 도덕법칙이 촉진할 것을 과제로 부과하는 궁극목적은 의무의 근거가 아니다. 왜냐하면 의무의 근거는 형식적인 실천적 원리로서, (의욕의 질료인) 욕구능력의 객관에, 그러니까 어떤 목적에도 개의하지 않고, 정언적으로 이끌고가는 도덕법칙 안에 놓여 있으니 말이다. 오로지 거기에서만 나의 행위들의 내적 도덕적 가치가 성립하는 나의 행위들의 이 형식적 성질(즉 나의 행위들의 보편타당성의 원리 아래로의 종속)은 전적으로 우리의 지배권 안에 있다. 그리고 저 법칙에 따라서 촉진해야 할 의무를 지고 있는 목적들의 가능성 내지 수행불가능성은, 온전히 나의 지배권 안에 있지 않은 어떤 것으로 보아, 도외시할 수도 있고, —왜냐하면, 목적들에는 단지 나의 행위들의 외면적 가치만이 성립하기 때문이다—내가 행하는 것만을 주목할 수도 있다. 그러나 모든 이성적 존재자들의 궁극목적(즉 **의무**[259]와의 일치가 가능한 한에서의 행복)을 촉진하려는 의도는 그 또한 바로 의무의 법칙에 의해 부과된 것이다. 그러나 사변 이성은 이러한 의도의 수행가능성을 (우리 자신의 신체적 능력의 측면에서나 자연의 협력의 측면에서나) 전혀 통찰하지 않는다. 오히려 사변 이
B462 성은 그러한 원인에서, 우리가 이성적으로 판단할 수 있는 한에서, 신〔의 현존〕과 〔영혼의〕 불사성을 상정하지 않고, 우리의 선행의 그러한 성과를 (우리 안과 밖의) 순전한 자연에서 기대하는 것은, 비록 선의에서 나온 것이라 할지라도, 근거없고 무실〔無實〕한 것이라고 여길 수밖에 없다. 그리고 만약 사변 이성이 이러한 판단에 대해 온전한 확실성을 가질 수 있다면, 도덕법칙 자체를 실천적 고려에서의 우리 이성의 순전한 착각으로 여길 수밖에 없다. 그러나 사변 이성은 이런 일이 결코 일어날 수 없고, 반면에 그 대상이 자연을 넘어서 있는 저 이념들[260]은 모순 없이 생각될 수 있음을 온전히 확신하므로,

259) A · C판에 따름. B판에는 "**의도**".
260) 곧, 현존하는 신과 불사적인 영혼.

(行爲로서가 아니라, 態度〔習性〕로서) **신앙**은 이론적 인식으로서는 도달 B462
할 수 없는 것에 대한 견해를 취함에 있어서 이성의 도덕적 사유방식이
다. 그러므로 신앙은 최고의 도덕적 궁극목적의 가능성을 위한 조건으
로 반드시 전제되어야만 할 것을 그 궁극목적에 대한 책무 때문에 참인
것이라고 상정하는 마음의 고정불변적인 원칙이다.※ 물론 그것의 가능
성은 우리에 의해 통찰될 수 없지만, 마찬가지로 그 불가능성도 통찰될 B463 V472
수 없다. (단적으로 그렇게 불리는) 신앙은 그 의도를 촉진함이 의무이되,
그 의도의 실연 가능성이 (따라서 또한 우리에게 생각될 수 있는 유일한 조
건들[262]의 가능성도) 우리에게 **통찰될** 수 없을 때, 그 의도의 달성에 대한

사변 이성은 자기 자신과의 모순에 빠지지 않기 위해서 그 자신의 실천 법칙과 그를 통해 부과되는 과제에 대해, 그러므로 도덕적 고려에서, 저 이념들을 실재적인 것으로 인정하지 않을 수 없을 것이다.

※ 신앙은 도덕법칙의 약속에 대한 하나의 신뢰이다. **그러나 그 약속이라는 것은
도덕법칙 안에 함유되어 있는 그런 것이 아니라, 내가 집어넣은 것, 그것도 도덕적으
로 충분한 근거에서 집어넣은 그런 것이다.**[261] 왜냐하면, 하나의 궁극목적은, 이
성이 동시에 그것의 달성가능성을 비록 불확실하게나마라도 약속하지 않고,
그리하여 그 아래에서만 오로지 우리의 이성이 그 달성가능성을 생각할 수
있는 유일한 조건들에 대한 견해를 정당화해주지 않는다면, 이성의 어떤 법
칙에 의해서도 명령될 수 없기 때문이다. 信仰이라는 말도 이미 이런 것을
표현하고 있다. 단지 의심스러워 보일 수 있는 것은, 어떻게 해서 이 표현이
그리고 이러한 특수한 이념이 도덕철학에 들어왔나 하는 점이다. 그것은 맨 B463 V472
처음에 기독교와 함께 도입된 것이고, 그것의 상정은 아마도 단지 기독교적
언어의 아부적인 모방으로 보일지도 모르겠으니 말이다. 그러나 이 놀라운
종교가 그 극히 간결한 논술에서 철학이 이제까지 제공해줄 수 있었던 것보
다 훨씬 더 명확하고 순수한 윤리 개념들을 가지고 철학을 풍부하게 한 것은
이것이 유일한 경우가 아니다. 그러나 이러한 개념들이 일단 눈앞에 있고 보
면, 이성에 의해 **자유롭게** 시인되고, 그러한 것으로 상정되는 것으로, 이성
은 능히 스스로 이에 이르러, 그것을 도입할 수 있고, 또한 도입하지 않을 수
없을 것이다.

---

261) B판 추가.

262) 곧, 신의 현존과 영혼의 불사성.

하나의 신뢰이다. 그러므로 가능한 지식이나 의견의 대상이 아닌 특수한 대상들에 관계하는 신앙은 전적으로 도덕적이다. (가능한 지식이나 의견의 대상들에 관계하는 경우에는, 특히 역사적인 것에 있어서는, 그것은 경신〔輕信〕이라 일컬어야 할 것이지, 신앙이라고 해서는 안 될 것이다.) 신앙은, 이론적으로 규정적인 판단력을 위한 교조적 증명들이 마주칠 수 있는 것에 대한 견해가 아니고, 우리가 그에 대해 책무를 지고 있다고 간주하는 것에 대한 견해도 아니며, 우리가 자유의 법칙들에 따르는 어떤 의도를 위해 상정하는 것에 대한 자유로운 견해이다. 그러나 그것은 그럼에도 가령
B464 의견처럼 충분한 근거가 없는 것이 아니라, 이성 안에 (비록 이성의 실천적 사용과 관련해서이기는 하지만) **이성의 의도에 대하여 충분하게** 기초하고 있는 것이다. 왜냐하면 이런 신앙이 없다면 도덕적 사유방식은 (도덕성의 객관의 가능성을) 증명하라는 이론 이성의 요구와 충돌할 때에 확고부동함을 갖지 못하고, 실천적 지시명령과 이론적 회의 사이에서 흔들리기 때문이다. **믿을 수 없다〔무신앙적임〕**는 것은 증언 일반을 믿지 않는다는 준칙을 고집한다는 뜻이다. 그러나 **믿지 않는다〔불신앙적임〕**는 것은 저 이성이념들에는 그것들의 실재성에 대한 **이론적** 정초가 결여되어 있기 때문에 그것들의 일체의 타당성을 거부하는 사람을 두고 하는 말이다. 그러므로 그는 교조적으로 판단하는 것이다. 그러나 교조적 **불신앙**은 사유방식을 지배하는 윤리적 준칙과는 양립할 수 없다. (왜냐하면, 망상에 지나지 않는 것이라고 인식되는 어떤 목적을 추구하라고 이성이 명령할 수는 없는 것이니 말이다.) 그러나 **회의적 신앙**은 능히 윤리적 준칙과 양립할 수 있다. 회의적 신앙에게 사변 이성의 근거들에 의한 확신의 결여는 단지 장애일 뿐으로, 사변 이성의 경계에 대한 비판적 통찰은 이 장애로부
V473 터 태도에 미치는 영향을 제거하고, 이 장애 대신에 압도하는 실천적 견해를 세울 수 있다.

☆ ☆ ☆

사람들이 철학에서 어떤 실패한 시도들 대신에 다른 원리를 세우고, 그 원리에 영향력을 부여하고자 한다면, 저 시도들이 어떻게 그리고 왜 B465 실패할 수밖에 없었던가를 통찰하는 것은 아주 큰 충족을 가져다줄 것이다.

신〔의 현존〕, 〔의지의〕 **자유** 그리고 **영혼의 불사성**은 형이상학의 모든 장비들이 그것의 해결을 형이상학의 최종의 유일한 목적으로 삼고 있는 과제이다.[263] 그런데 사람들은, 자유에 대한 이론은 실천철학을 위한 소극적 조건으로만 필요할 뿐인 반면에, 신과 영혼의 성질에 대한 이론은 이론철학에 속하는 것으로서 그 자체로 별도로 밝혀져야 하며, 나중에 이 두 가지[264]가 도덕법칙—이것은 자유의 조건 아래에서만 가능한 것인바—이 명령하는 것과 연결되어 하나의 종교를 성립시킨다고 믿었다. 그러나 사람들은 금방 이러한 시도들은 실패할 수밖에 없었다는 것을 통찰할 수 있다. 왜냐하면 사물들 일반 또는 필연적 존재자의 실존이라는 순전한 존재론적 개념들로부터는 단적으로, 경험에서 주어지고 그러므로 인식에 기여할 수 있는 술어들에 의해 규정되는, 근원존재자에 대한 아무런 개념도 만들어질 수 없기 때문이다. 그러나 자연의 물리적 합목적성에 대한 경험에 기초하고 있는 개념 또한 도덕을 위한, 그러니까 신의 인식을 위한 충분한 증명을 제공할 수 없었다. 꼭 마찬가지로 (우리가 이생에서만 하는) 경험에 의한 영혼 인식도 영혼의 정신적인 불사적인 자연본성에 대한 개념을, 그러니까 도덕을 위해 충분하게, 마련해주지 못했다. 사변 이성 B466 의 학문들을 위한 과제들인 **신학**과 **심령학**은, 그것들의 개념이 우리의 모든 인식능력에 대해 초절적이기 때문에, 어떤 경험적인 자료들이나 술어들에 의하여 성립할 수 없다.—신과 (그것의 불사성과 관련한) 영혼이라는

263) 『순수이성비판』, B7 · A798=B826 참조.

264) 곧, 신과 영혼.

두 개념의 규정은, 그 술어들 자신은 초감성적 근거에서만 가능한 것임에도 불구하고, 경험에서 자신의 실재성을 증명하지 않으면 안 되는 술어들에 의해서만 일어날 수 있다. 왜냐하면 그러해야만 그 술어들이 전적으로 초감성적인 존재자에 대한 어떤 인식을 가능하게 할 것이니 말이
V474 다.—그런데 그러한 것으로 인간 이성에서 마주치는 유일한 개념은 도덕법칙들 아래에, 아울러 저 이성이 이 도덕법칙들을 통해 지시규정하는 궁극목적 아래에 있는 인간의 자유개념뿐이다. 여기서 도덕법칙들은 자연의 창시자에게, 궁극목적은 인간에게 저 양자[265]를 가능하게 하기 위한 필연적 조건을 함유하는 속성들을 부여하는 데 유용하다. 그래서 바로 이 이념[266]으로부터 그것이 아니었으면 우리에게 전적으로 숨겨져 있었을 저 존재자들의 실존과 성질이 추리될 수 있다.

그러므로 한낱 이론적인 길만으로 신〔의 현존〕과 〔영혼의〕 불사성을 증명하려는 의도가 실패하는 근거는 초감성적인 것에 대해서는 (자연개념들의) 이 길로는 전혀 아무런 인식도 가능하지 않다는 사실에 있다. 그
B467 에 반해 (자유개념의) 도덕적 길로는 그것이 성공한다 함은 다음의 근거를 갖는다. 즉 이 경우에는 기초에 놓여 있는 초감성적인 것(자유)이 그로부터 나오는 일정한 인과 법칙에 의해 다른 초감성적인 것(도덕적 궁극목적과 그 목적의 수행가능성의 조건)의 인식을 위한 재료를 마련해줄 뿐만 아니라, 자기의 실재성을 행위들에서 사실로서 드러낸다. 그러나 그것은 바로 그렇기 때문에 다름 아니라 오로지 실천적 관점—이것은 또한 종교가 필요로 하는 유일한 관점이다—에서만 타당한 증명근거를 제시할 수 있는 것이다.

여기서 다음의 점들은 언제나 아주 주목할 만한 것이다. 즉 세 순수 이성이념들인 **신**〔의 현존〕·〔의지의〕 **자유**·〔영혼의〕 **불사성** 가운데서 자유의 이념만이, 자기의 객관적 실재성을 (그것에서 생각되는 인과성을 매

265) 곧, 신과 영혼.
266) 곧, 자유.

개로) 자연에서 그 안에서 가능한 이 이념의 작용결과를 통해 증명하고, 바로 그렇게 함으로써 다른 두 이념의 자연과의 연결을 가능하게 하며, 그래서 세 이념을 서로서로 연결시켜 하나의 종교를 가능하게 하는 초감성적인 것의 유일한 개념이다. 그러므로 우리는, 우리 안에 있는 초감성적인 것의 이념을 규정하고, 그렇게 함으로써 또한 우리 밖에 있는 초감성적인 것의 이념을 규정하여, 비록 오직 실천적 관점에서이기는 하지만, 가능한 인식이 되도록 할 수 있는 원리를 우리 안에 가지고 있다. 물론 저 인식에서 (그 또한 자유에 대해 한낱 소극적인 개념만을 줄 수 있었던) 순전히 사변적인 철학은 절망하지 않을 수 없었다. 그러니까 (모든 무조 B468
건적으로-실천적인 법칙들의 기초개념인) 자유개념은 그 안에서 모든 자연개념(즉 이론적 개념)이 희망 없이 제한되어 있을 수밖에 없을 터일 그 한계들을 넘어 이성을 확장할 수 있다.

☆ ☆ ☆

목적론에 대한 일반적 주해 V475

신의 현존을 단지 **실천적으로**[267] 순수한 이성에 대해 신앙의 사상〔事象〕으로 증명한 도덕적 논증이 철학 안에서 여타의 논증들 가운데서 어떤 지위를 주장하는가 하는 것이 문제일 때, 철학의 전 소유물은 쉽게 어림셈이 되거니와, 그때 여기서 선택의 여지없이, 이성의 이론적 능력은 불편부당한 비판 앞에서는 그의 모든 주장들을 스스로 포기하지 않으면 안 된다는 것이 입증된다.

견해가 온전히 근거 없는 것이지 않아야 한다면, 모든 견해는[268] 무엇보다도 먼저 사실에 기초하지 않으면 안 된다. 그러므로 증명함에서는

267) A판: "**실천적인**".
268) C판에 따름. A · B판을 따라 읽으면, "철학은 모든 견해를".

오직, 사실에서 이끌어내진 귀결의 견해가 이론적 인식을 위한 **앎**〔지식〕으로서 이 사실 위에 정초될 수 있는가, 아니면 실천적 인식을 위한 한낱 **신앙**〔믿음〕으로서 그러한가 하는 유일한 구별만이 생길 수 있다.[269] 모든 사실들은 **자연개념**에 속하든가 **자유개념**에 속한다. 자연개념은 자기의 실재성을 일체의 자연개념들에 앞서 주어지는 (또는 주어질 수 있는) 감관의 대상들에서 증명하며, 자유개념은 자기의 실재성을, 이성이 도덕법칙에서 반박할 여지없이 요청하는, 이성의 인과성〔원인성〕에 의해서 이로 인해 가능한 감성세계 안에서의 어떤 결과와 관련하여 충분하게 드러낸다. 자연개념은 (순전히 이론적 인식에 속하는 것으로서) 그런데 형이상학적으로 그리고 온전히 선험적으로 생각될 수 있든가, 또는 물리적으로,
B469 다시 말해 후험적으로 그리고 오직 일정한 경험에 의해서만 생각될 수 있다. 그러므로 (일정한 경험을 전제하지 않는) 형이상학적 자연개념은 존재론적이다.

그런데 하나의 근원존재자라는 개념으로부터의 신의 현존에 대한 **존재론적** 증명은 그에 의해서만 신의 현존이 일관되게 규정된다고 생각될 수 있는 존재론적 술어들로부터 절대적으로–필연적인 현존을 추리하는 증명이든가, 또는 무엇이 되었든 여느 한 사물의 현존의 절대적 필연성으로부터 근원존재자의 술어들을 추리하는 증명이다. 왜냐하면, 근원존재자가 파생적이지 않기 위해서는, 근원존재자라는 개념에 그것의 현존의 무조건적 필연성과, (이러한 필연성을 표상하기 위해) 그것의 **개념에**[270] 의한 일관된 규정이 필요하기 때문이다. 그런데 사람들은 이 두 가지 요건을 **최고실재 존재자**라는 존재론적 이념의 개념에서 발견한다고 믿었다. 그렇게 해서 두 가지 형이상학적 증명이 생겨났다.

순전히 형이상학적 자연개념을 기초에 두는 (본래–존재론적이라 불리
V476 는) 하나의 증명은 최고실재 존재자라는 개념으로부터 그것의 단적으로

269) 이론적 인식과 실천적 인식의 구별에 관해서는 『논리학』, 서론, 부록: IX, 86~7 참조.
270) A판: "**순전한 개념에**".

필연적인 실존을 추론하였다. 왜냐하면, (그것은) 만약 최고실재 존재자가 실존하지 않는다면, 최고실재 존재자에게 하나의 실재성이, 곧 실존이 결여되어 있다는 것(을 말하는 것)이기 때문이다. ―다른 (사람들이 형이상학적-**우주론적** 증명이라고도 부르는) 증명은 여느 한 사물의 실존의 필연성―우리에게[271]는 자기의식에서 하나의 현존재가 주어지므로, 그러한 것이 반드시 용인되지 않을 수 없거니와―으로부터 최고실재 존재자로서의 그 사물의 일관된 규정을 추론했다. 왜냐하면, 모든 실존하는 것은 B470
일관되게 규정되어 있어야 하되, 단적으로 필연적인 것은 (곧 **우리가** 그러한 것으로, 그러니까 선험적으로 인식해야만 하는 것은) **그것의 개념에 의해** 일관되게 규정되어 있어야만 하며, 그런데 이런 일은 오직 최고실재적 사물이라는 개념 안에서 마주쳐야 할 것이기 때문이다. 이 자리에서 이 두 추론의 궤변을 들출 필요는 없다. 그것은 이미 다른 곳[272]에서 이뤄졌으니 말이다. 다만 주의해둘 것은, 그러한 증명들은 설령 그것들이 온갖 변증적 치밀함으로써 옹호된다 할지라도, 결코 그 학파를 넘어 일반 사회에까지 유포되어 순전한 건전한 지성〔상식〕에게 최소한의 영향이라도 미칠 수 없을 것이라는 점이다.

단지 경험적일 뿐이면서도 감관의 대상들의 총괄인 자연의 한계를 넘어선다고 하는 자연개념을 기초에 두고 있는 증명은 자연의 **목적들**에 의한 증명 이외의 다른 것일 수 없다. 자연의 목적들의 개념은 선험적으로가 아니라 경험에 의해서만 주어지는 것이기는 하지만, 우리가 생각할 수 있는 모든 것 중에서 유일하게 초감성적인 것에 어울리는 그러한 개념인 자연의 원근거, 곧 세계원인으로서의 최고 지성이라는 개념을 약속

---

271) C판에 따름: "uns". A판: "나에게(mir)". B판: "우리가(wir)".

272) 곧, 『순수이성비판』의 초월적 변증학, A592=B620 이하: '신의 현존에 대한 존재론적 증명의 불가능성에 대하여'와 A603=B631 이하: '신의 현존에 대한 우주론적 증명의 불가능성에 대하여'. 칸트는 이미 비판기 이전부터 이들 논증에 대해 비판적이었다. 「신의 현존의 유일 가능한 증명근거」(1763): AA II, 72 이하; 「신 해명」(1755), Prop. VI: AA I, 394~5 참조.

한다. 이러한 것을 이 증명은 또한 실제로 반성적 판단력의 원리들에 따라서, 다시 말해 우리 (인간의) 인식능력의 성질에 따라서 달성한다.—그런데 이 증명이 과연 그 같은 자료들로부터 **최상의**, 다시 말해 독립적인 지성적 존재자라는 이 개념을 신이라는, 다시 말해 도덕법칙들 아래에 있는 세계의 창시자라는 개념으로서, 그러니까 세계의 현존의 궁극목적이라는 이념에 대해서 충분하게 규정적으로 제공할 수 있는가는 문제이며, 우리가 이제 전체 **자연지식**[273)]을 위한 근원존재자라는 이론적으로 충분한 개념을 요구할 수도 있고, 종교를 위해 실천적 개념을 요구할 수도 있지만, 이 모든 것은 이 문제에 달려 있는 것이다.

물리적 목적론에서 끌어낸 이러한 논증은 존중할 만한 것이다.[274)] 이
B471 논증은 상식에 대해서도 매우 섬세한 사상가에 대해서와 똑같은 효과를 내고 있다. 그리고 **라이마루스**[275)]라는 이는 그의 탁월한 저작에서 이 증
V477 명근거를 그의 고유한 철저성과 명료성으로 상론하고 있는바, 그로 인해 그는 불멸의 공적을 얻었다.—그러나 무엇에 의해 이 증명은 마음에 그토록 강력한 영향을 미치고, 특히 냉정한 이성에 의한 판정에서—무릇 자연의 기적 같은 것으로 인한 마음의 감동과 고양은 신조를 갖는 데 요소로 계상할 수 있다—편안하고 전적으로 자신을 맡기는 동의를 불러일으킬까? 물리적 목적들 모두가 세계원인 속에 깊이를 알 수 없는 지성이 있음을 시사하는 것은 아니다. 왜냐하면 그것들은 질문하는 이성의 필요

273) A판: "**자연인식**".

274) 칸트는 『순수이성비판』에서도 물리신학적 증명에 대해서는 호의를 보인 바 있다: "이 증명은 항상 경의로써 언급될 만하다."(*KrV*, A623=B652)

275) Hermann Samuel Reimarus(1694~1768). 계몽주의 시대 독일의 대표적 이신론적 신학자. 『자연 종교의 주요한 진리들(*Die vornehmsten Wahrheiten der natürlichen Religion in zehn Abhandlungen auf eine begreifliche Art erklärt und gerettet*)』(Hamburg 1754)의 저자로서 그가 1744년에 쓴 『신을 이성적으로 숭배하는 자들을 위한 변론(*Apologie oder Schutzschrift für die vernünftigen Verehrer Gottes*)』은 사후 Lessing에 의해 출간되어 큰 반향을 일으켰다고 한다. 칸트도 전비판기에는 상당한 영향을 받았던 것으로 보인다.

욕구를 충족시켜주지 못하기 때문에, 그런 것을 시사하는 것으로는 불충분하니 말이다. (이성이 묻는바) 도대체 저 모든 기예적인 자연사물들은 무엇을 위해서 있는가, 우리는 예나 지금이나 우리가 생각할 수 있는 자연의 최종 목적이지 않으면 안 되는데, 이 인간 자신은 무엇을 위해서 있는가, 이 전체 자연은 무엇을 위해서 있는가, 그리고 그토록 위대하고 다양한 기예의 궁극목적은 무엇인가? 향유하는 것 또는 직관, 고찰, 경탄하는 것—이것도 그에 머문다면, 특수한 종류의 향유에 지나지 않지만—이 세계와 인간 자신이 현존하는 최종의 궁극목적이고, 이를 위해 창조되었다는 것은 이성을 충족시킬 수 없다. 왜냐하면 이성은 인간만이 자신에게 줄 수 있는 인격적 가치를 그 아래에서만 인간과 그의 현존이 궁극목적일 수 있는 조건으로 전제하기 때문이다. (그것만이 하나의 명확한 개념을 가질 수 있는) 인격적 가치가 결여될 때 자연의 목적들은 인간의 조회에 만족을 주지 못하는데, 그것은 특히 자연의 목적들은 완전충분한 (그리고 바로 그렇기 때문에 유일하고, 본디 **최고**라고 불려야 하는) 존재자로서의 최고 존재자에 대한, 그리고 그것들에 따라서 하나의 지성이 세계의 원인이 되는 그런 법칙들[276]에 대한 아무런 **명확한** 개념도 제공할 수 없기 때문이다.

그러므로 물리적-목적론적 증명이 마치 동시에 신학적인 증명인 것 B472
처럼 확신함은 **최고** 지성의 경험적 증명근거들인 양 자연의 목적들의 이념들을 이용[277]하는 데서 기인한 것이 아니다. 오히려 그 추론에는 모든 인간에게 내재하면서 인간을 그토록 깊이 움직이는 도덕적 증명근거가 슬그머니 섞여 들어가 있는 것이다. 이 도덕적 증명근거를 따라 사람들은 자연의 목적들에서 그렇게나 이해할 수 없게 기예적으로 자신을 계시하는 존재자에게 또한 하나의 궁극목적을, 그러니까 지혜를 (비록 자연의 목적들을 지각함으로써 그렇게 할 권리를 갖춘 것이기는 하지만) 부가하고, 그

276) 곧, 도덕법칙들.
277) AA에 따름. 칸트 원문: "노력".

리하여 저 논증에 아직도 부착되어 있는 결함을 자의적으로 보완하는 것이다. **그러므로**[278] 실제로는 도덕적 증명근거만이 확신을 가져다주며, 그
V478 또한 이 확신을 오직 누구나가 내심으로 동의를 느끼는 도덕적 고려에서만 가져다준다. 그러나 물리적-목적론적 증명은 세계를 고찰함에 있어 마음을 목적들의 길로, 그러나 그렇게 해서 하나의 **지성적** 세계창시자로 이끈다는 공적만을 갖는다. 왜냐하면 그때 목적들에 대한 도덕적 관계와 바로 그러한 법칙수립자 및 세계창시자라는 이념이, **신학적**[279] 개념으로서, 비록 이 개념이 순수한 부가물이라 하더라도, 저 증명근거에서 저절로 발전되는 것으로 보이기 때문이다.

보통의 논술에서는 이것으로 끝마칠 수 있을 것이다. 왜냐하면, 보통의 건전한 지성에게는 그가 뒤섞어놓은, 그러나 그가 실제로는 그것들 중 하나로부터만 올바르게 결론을 이끌어내는 여러 가지 원리들을 서로 이종적인 것으로 구별하는 일은, 만약 그것들을 분류하는 것이 많은 숙고를 요할 때는, 일반적으로 어렵기 때문이다. 그러나 신의 현존에 대한 도덕적 증명근거는 본래 또한 **가령**[280] 한낱 물리적-목적론적 증명을 하
B473 나의 완벽한 증명으로 **보완하는** 것만은 아니다. 오히려 그것은 물리적-목적론적 증명에서의 확신의 결여를 **보상**〔대체〕**하는** 특수한 증명이다. 물리적-목적론적 증명이 실제로 수행할 수 있는 일은, 자연의 근거를 판정함에 있어 그리고 경험에 의해서만 우리에게 알려지는, 자연의 우연적인, 그러나 경탄할 만한 질서를 판정함에 있어 이성을, 목적들에 따라 자연의 근거를 함유하는 (우리로서는 우리의 인식능력의 성질상 지성적 원인으로 생각할 수밖에는 없는) 한 원인의 인과성으로 인도하여, 그에 주목하도록 하고, 그렇게 하여 그러나 이성으로 하여금 도덕적 증명을 더 수용하기 쉽게 하는 것뿐이다. 왜냐하면, 후자의 개념[281]을 위해 요구되는 것은

278) A판: "**그래서**".
279) A · C판에 따름. B판: "**이론적**".
280) B판 추가.

자연개념들이 함유하고 가르쳐줄 수 있는 모든 것과는 본질적으로 다르므로, 근원존재자의 개념을 신학을 위해 충분하게 제시하고 그의 실존을 추론하기 위해서는, 앞서의 자연개념들에 전적으로 독립적인 특수한 증명근거와 증명이 필요하기 때문이다.—그래서 도덕적 증명은 (그러나 물론 단지 신의 현존을 이성의 실천적인, 그럼에도 소홀히 할 수 없는 고려에서 증명하는 것이지만), 만약 우리가 이 세계에서 물리적 목적론을 위한 전혀 아무런 재료도 마주치지 못하거나 또는 단지 애매한 재료밖에는 마주치지 못한다면, 언제나 효력을 유지할 것이다. 다음처럼 생각될 수도 있다. 즉 이성적 존재자들은 유기조직의 아무런 분명한 흔적도 보이지 않고, 천연의 물질의 순전한 기계성의 작용결과들만을 보이는 그러한 자연에 둘러싸여 있으며, 그 때문에, 그리고 한낱 우연적으로만 합목적적인 형식들과 관계들의 가변성으로 인해 지성적 창시자를 추론할 아무런 근거도 없는 것으로 보인다고 한다면, 그런 경우에는 물리적 목적론을 위해 V479
서도 아무런 유발요인이 없을 것이라고 말이다. 그럼에도 불구하고 이때 자연개념들을 통해 아무런 지도도 받지 않는 이성은 자유개념에서 그리고 그것 위에 기초하고 있는 윤리적 이념들에서 하나의 실천적으로 충분 B474
한 근거, 즉 이 이념들에 알맞은, 다시 말해 신성〔神性〕으로서의 근원존재자의 개념을 요청하고, 저 자유와 자유의 법칙들에 맞는 궁극목적으로서의 자연을 (우리 자신의 현존재까지도) 요청할, 그것도 실천 이성의 소홀히 할 수 없는 지시명령을 고려하여 요청할 충분한 근거를 발견한다.—그러나 무릇 현실 세계에는 그 안에 있는 이성적 존재자들에게 물리적 목적론을 위한 풍부한 재료가 있다는 사실은—이 사실이 꼭 필연적인 것은 아니나—자연이 이성이념들(즉 도덕적 이념들)에게 어떤 유비물을 제시할 수 있는 한, 도덕적 논증에게는 바람직한 확증이 된다. 왜냐하면, 지성이 가지고 있는 최상의 원인이라는 개념은—그러나 이것만으로 신

281) 여기서 "개념"은 "증명"으로 고쳐 읽어야 한다는 의견도 있다.(AA V, 542 참조.)

학을 위해서는 아직 충분하지 못하지만—그것으로써 반성적 판단력에게는 충분한 실재성을 얻기 때문이다. 그러나 최상의 원인이라는 개념은 그 위에 도덕적 증명을 기초하기 위해 요구되는 것이 아니다. 또 도덕적 증명은 그 자신만으로는 전혀 도덕성을 지시하지 않는 저 개념을 유일한 원리에 따라 진전하는 추론에 의해 보완함으로써 하나의 증명이 되게 하는 데 기여하지도 않는다. 자연과 자유라는 그렇게나 이종적인 두 원리는 단지 서로 다른 두 증명방식을 교부할 수 있을 뿐이다. 그래서 도대체가 도덕적 증명을 자연에서 이끌어내려는 시도는 증명되어야만 할 것에 대해서 불충분하다는 것이 분명해지는 것이다.

만약 물리적–목적론적 증명근거가 추구한 증명에 충분하다면, 그것은 사변 이성을 매우 충족시키는 일이겠다. 왜냐하면, 이 증명근거는 하나의 신지학〔神智學〕을 만들어낼 희망을 줄 터이니 말이다. (곧 사람들은 세계의 성질에 대한 설명을 위해 그리고 동시에 윤리 법칙들의 규정을 위해 충분한 신의 본성과 그 실존에 대한 이론적 인식을 신지학이라고 부르지 않으면 안 될 터이다.) 마찬가지로, 만약 심리학이 그것을 통해 영혼의 불사성에 대
B475 한 인식에 이르기에 충분하다면, 그것은 사변 이성에게 마찬가지로 환영받을 심령학을 가능하게 할 터이다. 그러나 이 양자[282]는, 지적 욕구의 망상에는 제아무리 기꺼운 것일지라도, 사물들의 자연본성에 대한 지식에 기초해야만 할 터인 이론의 관점에서는 이성의 바람을 채워주지 못한다. 그러나 과연 전자가 신학으로서, 그리고 후자가 인간학으로서, 양자가 윤리적 원리, 다시 말해 자유의 원리에 기초해 있고, 그러니까 이성의 실천적 사용에 적합하다면, 그것들의 객관적인 궁극목적을 더 잘 이룩하는지 어떤지는 별개의 문제이다. 우리가 여기서 이 문제를 더 이상 추구할 필요는 없을 것이다.

V480 그러나 물리적–목적론적 증명근거는 신학을 위해 충분하지 못하다.

---

282) 곧, '신지학'과 '심령학'.

왜냐하면 그것은 이 의도를 위해 충분히 규정된 근원존재자의 개념을 주지 못하고 또 줄 수도 없으며, 오히려 사람들은 이 개념을 전적으로 다른 곳에서 취해오거나 아니면 그 결함을 자의적인 부가물을 가지고 대체하지 않으면 안 되니 말이다. 여러분은 자연형식들 및 자연의 관계들의 위대한 합목적성으로부터 하나의 지성적 세계창시자를 추론하는데, 그런데 어떤 정도의 지성을 추론하는가? 여러분이 최고로-가능한 지성을 추론한다고 감히 주장할 수 없다는 것은 의심할 여지가 없다. 왜냐하면 그렇게 하기 위해서는 여러분이 이 세계에서 그 증거들을 지각하고 있는 지성보다도 더 위대한 지성은 생각될 수 없다는 것을 여러분이 통찰하고 있다는 것을 요구할 것이기 때문이다. 그러나 그것은 여러분 자신에게 전지함을 부여함을 의미할 것이다.[283] 마찬가지로 여러분은 세계의 크기로부터 그 창시자의 매우 위대한 위력을 추론하겠지만, 이것이 단지 여러분의 파악력에 대한 상대적인 의미만을 가질 뿐이라는 것, 그리고 여러분은 여러분이 인지하고 있는 한에서 세계의 크기와 비교하기 위한 모든 가능한 것을 인식하고 있지 못하므로, 그토록 작은 척도로는 창시자의 전능을 추리할 수 없다는 것 등에 대해 겸손할 것이다. 그런데 이렇게 해서는 여러분은 신학을 위해 유용한 근원존재자의 규정된 개념에 이르지 못한다. B476 왜냐하면, 이 개념은 오직 어떤 지성과 통합될 수 있는 완전성들의 전체〔모두〕라는 개념에서만 발견될 수 있는데, 한낱 **경험적인** 자료들은 **여러분이**[284] 그에 이르는 데 전혀 아무런 도움도 주지 못할 것이기 때문이다. 그러나 그러한 규정된 개념이 없이는 여러분은 **유일한** 지성적 근원존재자를 추론할 수 없고, (무엇을 위해서든지 간에) 그러한 것을 단지 상정할 수 있을 뿐이다. 그런데 (이성은 그에 대해 아무런 근거 있는 반론을 제기할 것이 없으므로) 여러분이 '그토록 많은 완전성을 마주치는 곳에서는, 사람들은 능히 모든 완전성이 유일한 세계원인 안에 합일되어 있

283) Hume, *Dialogues concerning Natural Religion*, Part II 참조.

284) A · C판에 따름. B판: "**또한**".

다고 상정해도 좋다'고 자의적으로 덧붙이는 것을 사람들은 아주 충분히 용인할 수 있다. 왜냐하면, 이성은 그렇게 규정된 하나의 원리를 가지고 있으면 이론적으로도 실천적으로도 더 잘 해나갈 것이기 때문이다. 그러나 그럼에도 여러분은 도대체가 이 근원존재자라는 개념을 여러분이 증명했다고 **상찬할**[285] 수는 없다. 여러분은 그 개념을 단지 보다 좋은 이성사용을 위하여 상정했을 뿐이니 말이다. 그러므로 **여러분의**[286] 추론의 연쇄의 적확성에 의심을 품는 것은 **신성모독이라고 주장하면서**[287] 그에 대해 비판과 무력한 분노를 터뜨리는 것은 허영적인 과장으로서, 그것은, 사람들이 여러분의 논증에 대하여 자유롭게 토로하는 의심을 사람들은 신성한 진리에 대한 회의로 여기기를 좋아한다면서, 이런 덮개 뒤에서 여러분의 논증의 천박성이 간과되기를 기꺼이 바라는 것이다.

V481 이에 반해 도덕적 목적론은, 물리적 목적론 못지않게 확고하게 기초지어져 있고, 오히려 선험적으로 우리의 이성과 분리될 수 없는 원리들에 의거하고 있음으로써, 우월성을 가진 것으로서, 신학의 가능성을 위해 요구되는 것, 곧 도덕법칙들에 따르는 세계원인으로서의 최상의 원인이라는, 그러니까 우리의 도덕적 궁극목적을 만족시키는 그러한 원인이라는 규정된〔명확한〕 **개념**에 이른다. 이를 위해서는 다름 아니라 그러한
B477 최상의 원인에 속하는 본성적 속성들인 전지, 전능, 편재〔遍在〕 등이 요구되는데, 이러한 속성들은 무한한 도덕적 궁극목적과 결합되어 있는 것으로, 그러니까 이 궁극목적에 충전된〔합치하는〕 것으로 생각될 수밖에 없고, 그리하여 도덕적 목적론은 하나의 신학을 위해 유용한 **유일한** 세계창시자라는 개념을 전적으로 오로지 마련할 수 있다.

그러한 방식으로 하나의 신학은 또한 직접적으로 **종교**에, 다시 말해 **우리의 의무들을 신의 지시명령〔계명〕들로 인식함**에 이른다.[288] 왜냐하

285) A판: "**크게 칭찬할**".
286) A판: "**하나의**".
287) A판: "**헛된 신성모독이라고 하면서**".

면, 우리의 의무와 거기에서 이성에 의해 우리에게 부과되는 궁극목적에 대한 인식이 신의 개념을 처음으로 명확하게 만들어낼 수 있었고, 그러므로 신의 개념은 이미 그 기원에 있어서 이 존재자에 대한 책무와 불가분리적인 것이기 때문이다. 그 대신에, 근원존재자의 개념이 한낱 이론적인 도정에서 (곧 자연의 순전한 원인으로서) 발견될 수 있다 할지라도, 나중에는 철저한 증명에 의해 이 존재자에게 도덕법칙들에 따르는 인과성을 부여한다는 것이 더욱 곤란할 터이고, 어쩌면 자의적인 첨가 없이 그렇게 한다는 것은 전혀 불가능할 것이다. 그럼에도 도덕법칙들에 따르는 인과성 없이는 저 이른바 신학적 개념은 종교를 위한 토대를 이룰 수가 없다. 하나의 종교가 이런 이론적 도정에서 기초 지어질 수 있을 경우조차도, 그러한 종교는 마음씨—종교의 본질적인 요소는 여기에 있거니와—에 관해서는 신의 개념과 신의 현존에 대한 (실천적) 확신이 윤리성의 근본이념으로부터 나오는 그런 종교와는 현실적으로 구별될 터이다. 왜냐하면, 만약 우리가 세계창시자의 전능, 전지 등을 다른 곳으로부터 우리에게 주어진 개념들로 전제할 수밖에 없고, 나중에 의무들에 대한 우리의 개념들을 우리와 그러한 세계창시자와의 관계에 단지 적용하기만 해야 한다면, 이런 의무들에 대한 우리의 개념들은 강제와 강요된 복종이라는 외관을 매우 강하게 동반하지 않을 수 없을 터이기 때문이다. 그 대신에, 만약 윤리 법칙에 대한 존경이 전적으로 자유롭 B478
게, 우리 자신의 이성의 지시규정에 의거해서, 우리의 사명의 궁극목적을 우리에게 표상해준다면, 우리는 이 궁극목적 및 그것의 실연과 부합하는 하나의 원인을 정념적인 두려움과는 전적으로 구별되는 가장 진정한 외경을 가지고서 우리의 도덕적 전망 속에 함께 받아들이고, 그것에 V482

288) 신의 지시명령〔계명〕이기 때문에 우리가 그것을 책무로 여기는 것이 아니라, 우리가 그에 대해 윤리적으로 책무를 갖기 때문에, 그것을 신의 지시명령으로 보지 않을 수 없는 것이다. 이 같은 도덕 신학의 논지를 칸트는 지속적으로 피력하고 있다. 『순수이성비판』, A819=B847; 『실천이성비판』, A233=V129; 『이성의 한계 안에서의 종교』: VI, 153~4; 「유작」: XXI, 13 · 19 · 28 · 37 등 참조.

기꺼이 복종하는 것이다.※

도대체가 왜 신학을 갖는 것이 우리에게 중요한 일인가를 묻는다면, 그것이 우리의 **자연지식**[290] 및 일반적으로 여느 이론을 확장하거나 교정하기 위해서가 아니라, 오로지 종교를 위해서, 다시 말해 이성의 실천적인, 특히 도덕적인 사용을 위해서 주관적 관점에서 필요하다는 것은 아주 분명하다. 이제 신학의 대상의 명확한 개념에 이르는 유일한 논증 자신이 도덕적이라는 사실이 밝혀진다면, 그러한 논증은 신의 현존을 단지 우리의 도덕적 사명을 위해서만, 다시 말해 실천적 관점에서만 충분하게 밝혀주며, 사변은 이 논증에 있어서 결코 자기의 강점을 증명하는 것도 아니고 이 논증을 통해 자기 구역의 범위를 확장하는 것도 아니라는 것이 고백된다 해도, 그것은 낯설지도 않을 뿐만 아니라, 사람들은 이러한
B479 증명근거로부터 나오는 견해가 신학의 궁극목적에 대해 충분하다는 점에 관해서도 아무런 아쉬움이 없을 것이다. 또한 범주들이 여기서 신의 인식을 위해서 사용되고 있으나 이론적인 관점에서(우리가 헤아릴 수 없는 신의 본성 자체가 무엇인가에 대하여)가 아니라, 오로지 실천적 관점에서 사용되고 있음을 사람들이 안다면, 여기서 주장된 하나의 신학의 가능성의 낯설음이나 그것이 갖는, 사변 이성 비판이 범주들에 대해서 말한 것, 즉 범주들은 감관의 대상들에 적용할 때에만 인식을 만들어낼 수 있고, 초

※ 숙려하는 마음이라면 세계의 이성적 창시자라고 하는 명료한 표상에 앞서 느낄 수 있는, **미**[289]에 대한 경탄과 그렇게나 다양한 자연의 목적들로 인한 감동은 **종교적인** 감정과 유사한 어떤 것을 지니고 있다. 그래서 이것들이 순전한 이론적 고찰이 일으킬 수 있는 것보다 훨씬 더 많은 관심과 결합되어 있는 경탄을 불어넣을 때에는, 그것들은 제일 먼저 도덕적인 판정방식과 유비적인 판정방식에 의해서 (우리에게 알려져 있지 않은 원인에 대한 감사와 숭배의) 도덕적 감정을 일으키고, 그럼으로써 도덕적 이념들을 환기하여 마음에 영향을 미치는 것으로 보인다.

---

289) A판: "**미들**".
290) A판: "**자연인식**".

감성적인 것에 적용하면 결코 그럴 수 없다는 것과의 이른바 모순도 사라질 것이다.—이 기회에, 저 매우 필요한, 그러면서도 맹목적인 교조주의자들의 역정을 내게 했던, 이성을 그것의 한계 안으로 되돌려 보낸, 비판 이론에 대한 오해를 종식시키기 위해 나는 여기서 다음과 같은 그에 대한 해명을 덧붙이는 바이다.

내가 한 물체에 **운동력**을 부여하고, 그러니까 그 물체를 **인과성**의 범 V483
주에 의해 사고한다면, 나는 그렇게 함으로써 동시에 그 물체를 **인식한다**. 다시 말해 나는 객관이라는 것으로서의 그 물체의 개념을 감관의 대상으로서의 그 물체에 그 자신만으로 (저 관계[291]를 가능하게 하는 조건으로서) 귀속하는 것을 통해 규정한다. 무릇 내가 물체에게 부여한 운동력이 척력〔斥力〕이라면, 그 물체에게는 (설령 내가 그 물체가 척력을 행사할 다른 물체를 그 물체 곁에 놓지 않는다 할지라도) 공간상의 장소, 더 나아가 하나의 연장〔延長〕, 다시 말해 그 물체 자신 안에 있는 공간, 그 밖에 물체 각 부분의 척력들에 의한 그 공간의 충만, 마지막으로 또한 (물체의 각 부분의 척력의 근거[292]는 그 물체의 연장이 증대되고, 그 물체가 같은 부분을 가지고 이 척력으로 충만시키는 공간이 증가하는 것에 반비례해서 감소될 수밖에 없다는) 이 충만의 법칙이 귀속한다.[293]—그에 반해, 내가 한 초감성적인 존재자를 제일의 **운동자**로, 그러니까 (물질의 운동이라는) 동일한 세계규정
에 관한 인과성의 범주에 의해 사고한다면, 나는 그것을 공간상의 어떤 B480
장소에 있는 것으로 사고해서도 안 되고, 연장적인 것으로 사고해서도 안 된다. 아니 나는 그것을 결코 시간상에 그리고 다른 것들과 함께 동시에 실존하는 것으로 사고해서는 안 된다. 그러므로 나는 이러한 존재자가 근거로서 운동을 가능하게 하는 조건임을 나에게 이해시켜줄 수 있는 어떠한 규정도 전혀 가지고 있지 않다. 따라서 나는 그러한 존재자를 (**제**

291) 곧, 인과성의 관계.
292) 원어: Grund. 이것을 '정도(Grad)'로 고쳐 읽자는 제안도 있다.
293) 『자연과학의 형이상학적 기초원리』, 제2장: IV, 496 이하 참조.

일의[294] 운동자라는) 원인의 술어 그것만으로는 조금도 인식하지 못한다. 나는 단지 이 세계에서의 운동들의 근거를 함유하는 어떤 것에 대한 표상만을 가질 따름이다. 그리고 운동들의 원인으로서의 이 어떤 것[295]과 운동들의 관계는, 그것이 나에게 원인인 사물의 성질에 속하는 것밖에는 아무것도 제공해주지 않으므로, 이 원인이라는 개념을 전적으로 공허하게 만들어버린다. 그러한 이유는 곧, 나는 단지 감성세계에서만 그 객관을 발견하는 술어들을 가지고서 이 술어들의 근거를 함유하고 있음에 틀림없는 어떤 것의 현존에까지 전진해갈 수 있기는 하지만, 초감성적인 존재자라는 이 어떤 것의 개념, 저러한 술어들을 모두 추방하는 그러한 개념의 규정에까지는 전진해나갈 수는 없기 때문인 것이다. 그러므로 내가 인과성의 범주를 **제일의 운동자**라는 개념으로 규정한다면, 나는 그 인과성의 범주를 통해 '신이 무엇인가'를 조금도 인식하지 못하는 것이다. 그러나 만약 내가 세계질서에서, 제일의 운동자의 인과성을 하나의 최상의 **지성**의 인과성으로 **사고할** 뿐만 아니라, 또한 이 개념을 이렇게 규정함으로써 그 지성을 **인식하는** 기연을 얻어낸다면, 어쩌면 더욱 성공을 거두게 될 것이다. 왜냐하면, 그 경우에는 공간과 연장이라는 귀찮은 조건이 탈락하기 때문이다. ─물론 이 세계의 위대한 **합목적성**[296]은 우리로 하여금 이 합목적성을 위한 하나의 최상의 원인과 그것의 인과성
V484 을 하나의 지성에 의한 것으로 **사고**하도록 강요한다. 그러나 그렇게 해서 우리가 최상의 원인에게 이 지성을 **부여**할 권능을 얻는 것은 전혀 아니다. (예컨대 우리는 신의 영원성을 모든 시간상에서의 현존으로 사고하는데,
B481 그렇지 않으면 우리가 하나의 크기로서, 다시 말해 지속으로서의 순전한 현존을 전혀 이해할 수가 없기 때문이다. 또는 신의 편재〔遍在〕를 모든 장소에서의 현존으로 사고하는데, 그것은 서로 밖에 있는 사물들을 위한 〔신의〕 직접적인 현

294) C판에 따름. A · B판: "**전자의**".
295) AA에 따름. 곧, 원문의 'derselben'을 'desselben'으로 고쳐 읽음.
296) A판: "**목적결합**".

전을 쉽게 이해하기 위한 것이다. 그럼에도 불구하고 이런 규정들 중의 하나라도 신에게서 인식된 어떤 것으로 신에게 부여해서는 안 된다.) 만약 내가 의도적인 합목적성에 의해서만 설명될 수 있는 모종의 산물들에 관해서 인간의 인과성을 규정하되, 내가 그 인과성을 인간의 지성이라고 생각함으로써 그렇게 한다면, 나는 거기에 머무를 필요가 없고, 나는 이 술어를 인간의 잘 알려진 속성으로서 인간에게 부여하고 그로써 인간을 인식할 수 있다. 무릇, 직관들은 인간의 감관에 주어지고, 지성에 의해 하나의 개념 아래로 그리고 그와 함께 하나의 규칙 아래로 보내진다는 것, 이 개념은 (특수한 것은 배제한 채) 단지 공통의 징표만을 함유하고 그러므로 논변적인 것이라는 것, 주어진 표상들을 의식 일반 아래로 보내기 위해서 의식 일반에 의해 규칙들이 저 직관들에 앞서 주어진다는 것 등을 나는 알고 있다. 그러므로 나는 이 속성을 그를 통해 내가 인간을 **인식**하는 그러한 속성으로서 인간에게 부여한다. 그러나 이제 내가 하나의 초감성적 존재자(즉 신)를 예지자〔지적 존재자〕로 **사고**하고자 한다면, 이것은 나의 이성사용의 어떤 고려에서 허용될 뿐만 아니라, 불가피한 것이기도 하다. 그러나 그것에게 지성을 부여하고, 지성을 이것의 속성으로 보아, 이 지성에 의해 그것을 **인식**할 수 있다고 우쭐대는 것은 결코 허용될 수 없다. 왜냐하면 그럴 경우 나는 그 아래에서만 내가 지성을 인지하는 저 모든 조건들을 배제하지 않으면 안 되고, 그러니까 오직 인간의 규정을 위해서 쓰이는 술어는 어떤 초감성적인 객관과도 전혀 관련시킬 수 없으며, 그러므로 그렇게 규정된 인과성에 의해서는 '신이 무엇인가'가 전혀 인식될 수 없기 때문이다. 그리고 이러한 사정은 모든 범주들에 있어서도 마찬가지이다. 모든 범주들은, 만약 그것들이 가능한 경험의 대상들에 적용되지 않는다면, 이론적인 고려에서의 인식을 위해서는 전혀 아무 B482
런 의미도 가질 수 없는 것이다. ―그러나 지성과의 유비에 의해서 나는 어떤 다른 고려에서 초감성적 존재자조차, 그렇다고 그것을 이론적으로 인식하고자 하지 않고서도, 사고할 수 있다, 아니 사고하지 않을 수 없다. 곧, 초감성적인 존재자의 인과성의 이러한 규정이 세계 안에서의 어떤 결과, 즉 도덕적으로-필연적인, 그러나 감성적 존재자에게는 실연될 수 없는 의도를 함유하는 어떤 결과와 관계된다면 말이다. 왜냐하면 그
V485 경우에는 신과 신의 현존에 대한 인식(즉 신학)이 순전히 유비에 의해 신에게서 생각되었던 신의 인과성의 속성들과 규정들을 통해서만 가능하며, 이러한 인식은 실천적 관계에서, 그러나 또한 **오직** (도덕적인) **이 관계를 고려해서만** 요구되는 모든 실재성을 가지기 때문이다. —그러므로 하나의 윤리신학은 능히 가능하다. 왜냐하면, 도덕은 신학 없이도 자기의 규칙을 가지고서 존립할 수 있기는 하지만, 바로 이 규칙이 부과하는 궁극목적을 가지고서는, 신학이 없이는, 이 궁극목적에 관해 이성을 어쩔 줄 몰라 하게 하지 않고서는, 존립할 수 없기 때문이다. 그러나 (순수이성의) 신학적 윤리학은 불가능하다. 왜냐하면, 이성이 근원적으로 스스로 수립한 것도 아니고, 그것들의 준수가 이성을 순수 실천 능력으로서 작동시키지도 않은 법칙들은 도덕적일 수 없기 때문이다. 마찬가지로 신학적 물리학〔자연학〕이라는 것도 무물〔無物〕일 터이다. 왜냐하면 그것은 자연법칙들이 아니라, 어떤 최고 의지의 질서배열들을 논술할 터이니 말이다. 그 반면에 하나의 물리적 (본래는 물리적-목적론적) 신학은 적어도 본래적 신학의 예비학으로는 기여할 수 있다. 물리적 신학은 자연목적들의 풍부한 재료를 보여주어 그러한 자연목적들을 고찰함으로써 자연이 제시할 수 없는 궁극목적의 이념에 이르는 기연을 주니 말이다. 그러니까 그것은 이성의 최고의 실천적 사용에 대하여 신의 개념을 충분하게 규정한 신학의 필요욕구를 감지할 수 있게는 하지만, 신학을 만들어내고, 신학을 자신의 증거들 위에 충분하게 근거 지을 수는 없는 것이다.

[덧붙임]

판단력비판 제1서론

판단력비판 서론

I. XX195 H1

하나의 체계로서 철학에 대하여

철학이 개념들에 의한 이성인식의 **체계**라면, 철학은 이미 그로써 순수 이성 비판과는 충분히 구별된다. 순수 이성 비판은 그와 같은 인식의 가능성에 대한 철학적 연구를 함유하고 있기는 하지만, 그러한 체계에 부분으로서 속하는 것이 아니라, 오히려 그러한 체계의 이념을 최초로 입안하고 검사하는 것이다.

체계의 구분은 우선 형식적인 부문과 실질적인 부문으로만 구분할 수 있다. 그 가운데 전자(논리학)는 순전히 사고의 형식만을 규칙들의 한 체계 안에 포괄하고, 후자(실재적 부문)는 사고되는 대상들을, 개념들에 의해 대상들에 대한 이성인식이 가능한 한에서, 체계적으로 고찰한다.

철학의 이 실재적 체계 자신은 이제, 다름 아니라 그 객관의 근원적인 차이에 따라서 그리고 이에 의거하고 있는, 그것이 함유하고 있는 학문의 원리들의 본질적인 상이성에 따라서, **이론**철학과 **실천**철학으로 구분될 수 있다. 그리하여 한 부문은 자연의 철학, 또 다른 부문은 윤리의 철학일 수밖에 없으며, 그중 전자는 경험적 원리들도 함유할 수 있으나, 후자는 (자유는 절대 경험의 대상일 수 없으므로) 결코 선험적인 순수한 원리들 외에 다른 것은 함유할 수 없다.

그러나 그것을 **실천철학**에 끌어넣어야 마땅하다는 의미에서 사람들이, **실천적**이라고 간주해야만 하는 것에 관해서는 하나의 커다란, 학문의 취급방식에조차 매우 불리한 오해가 널리 퍼져 있다. 사람들은 국가
H2 정략, 국가경제, 가정〔家政〕규칙들, 또한 교제의 규칙들, 심신의 안녕과
XX196 섭생을 위한 지시규정들을—왜 모든 직업과 기술들은 들지 않을까?—
실천철학에 넣을 수 있다고 믿어왔다. 왜냐하면 이것들도 모두 실천적 명제들의 총괄을 함유하고 있기 때문이다. 그러나 실천적 명제들은 표상방식의 면에서는 사물들의 가능성과 그 규정들을 함유하는 이론적 명제들과 구별되지만, 그렇다고 내용의 면에서 구별되는 것은 아니며, 오로지 **자유**를 법칙들 아래에서 고찰하는 것만이 실천적 명제이다. 그 나머지[1] 명제들은 모두 사물들의 자연본성에 속하는 것에 대한 이론을, 그 사물들이 우리에 의해 어떻게 하나의 원리에 따라 산출될 수 있는가 하는 것에 적용된 것에 지나지 않는다. 다시 말해, 자의적인 행위—이것은 또한 바로 자연원인들에도 속하는 것이다—에 의한 사물들의 가능성을 표상한 것에 지나지 않는다. 그래서 '어떤 주어진 중량과 형평을 이룰 주어진 힘에 상응하는 지렛대의 비〔比〕를 구하라'는 역학 문제의 해답은 실천적 정식〔定式〕으로 표현되기는 하지만, 이 정식이 함유하는 것은 다름 아니라, '중량과 힘이 평형을 이루고 있다면, 지렛대의 길이는 중량과 힘에 반비례한다'는 이론적 명제이다. 단지 이 비례관계는, 그 발생의 면에서, 저 비례관계의 **표상**이 그 규정근거인 어떤 원인(즉 우리의 의사)에 의해 가능한 것으로 표상되고 있을 뿐이다. 이러한 사정은 한낱 대상들의 산출에만 관계하는 모든 실천적 명제들에 있어서도 마찬가지이다. 자기의 행복을 촉진하라는 지시규정들이 주어져 있고, 예컨대, 그 행

1) 곧, 이른바 '실천적' 명제라고 일컬어지는.

복을 수용할 수 있기 위해서는 사람들이 그 자신의 인격에서〔스스로〕 무
엇을 행해야만 하는가 하는 것만이 문제라고 한다면, 오로지 그러한 행
복을 가능하게 하는 내적 조건들, 즉 자족을 알고, 격정적이지 않기 위
해서 경향성들의 중용을 지키는 것 등등은 주관의 자연본성에 속하는 것
으로 표상되며, 동시에 이러한 평형을 산출하는 방식은 우리 자신에 의 H3
해 가능한 인과성으로, 따라서 모든 것이 우리 자신의 자연본성(원인으로
서의 우리 자신)에 대한 이론과 관련되는 객관의 이론으로부터의 직접적
인 귀결로 표상된다. 그러니까 이 경우 이 실천적 지시규정은 정식의 면
에서는 이론적 지시규정과 구별되지만, 내용의 면에서는 구별되지 않고,
그러므로 이유와 결론의 이런 연결을 통찰하기 위해서 어떤 특수한 종류 XX197
의 철학을 필요로 하지 않는다.—한마디로 말해, 자연이 함유할 수 있
는 것을 원인으로서의 의사에서 도출하는 모든 실천적 명제들은 모두 자
연의 인식인 이론철학에 속하고, 자유에게 법칙을 수립하는 실천적 명제
들만이 내용의 면에서 저런 것들과 종적으로 구별된다. 그래서 사람들은
전자의 명제들에 대해서, 그것들은 **자연철학**의 실천적 부문을 이루는 것
이지만, 후자의 명제들은 유일하게 특수한 **실천철학**을 기초 짓는다고 말
할 수 있다.

주해

철학을 부문별로 정확하게 규정하는 일과 그러한 목적을 위해 단지 귀결이나 그 귀결을 주어진 경우들에 적용한 것일 뿐인 것, 즉 특수한 원리들을 필요로 하지 않는 것을 하나의 체계로서의 철학의 구분 항목으로 놓지 않는 것은 매우 중요하다.

실천적 명제들은 이론적 명제들과 원리들에 관련해서 또는 귀결들에 관련해서 구별된다. 후자의 경우에 그것들은 학문의 한 특수한 부문을 이루는 것이 아니라, 그로부터 나온 특수한 종류의 귀결들로서, 이론적

부문에 속한다. 무릇 자연법칙들에 의한 사물들의 가능성은 자유의 법칙
들에 의한 사물들의 가능성과는 그 원리들의 면에서 본질적으로 구별된
다. 그러나 이 구별은, 후자에 있어서는 그 원인이 의지 안에 있고, 전자
에서는 의지 밖에, 즉 사물들 자신 안에 있다고 하는 점에서 성립하는 것
이 아니다. 왜냐하면, 지성은 대상이 순전한 자연법칙들인 원리들에 의
H4 해 가능하다고 통찰하는바, 만약 의지가 다름 아니라 지성이 통찰하는
이러한 원리들에 따르는 것이라면, 의사〔意思〕의 인과성에 의한 대상의
가능성을 함유하는 명제를 실천적 명제라고 일컬을 수 있을지 모르지만,
그럼에도 그 명제는, 원리의 면에서, 사물들의 자연본성에 관한 이론적
명제들과는 전혀 구별되지 않고, 오히려 그 명제는 하나의 객관의 표상
XX198 을 현실에서 현시하기 위해서는 자기의 원리를 사물들의 자연본성으로
부터 빌려오지 않으면 안 되기 때문이다.

그러므로 그 내용의 면에서 한낱 (의사에 따른 행위에 의한) 표상된 객관의 가능성에만 관계하는 실천적 명제들은 완벽한 이론적 인식의 적용들일 따름이며, 학문의 어떠한 특수한 부문도 이룰 수가 없다. 별도의 학문으로서의 실천적 기하학이란 무물〔無物〕이다. 제아무리 많은 실천적 명제들이 이 순수 학문에 함유되어 있고, 그것들의 대부분이 문제여서 해답을 위한 특수한 지시를 필요로 한다고 할지라도 말이다. '하나의 주어진 직선과 주어진 직각을 가지고 정사각형을 작도〔구성〕하라'는 과제는 하나의 실천적 명제이지만, 이론으로부터의 순수한 귀결인 것이다. 또한 측량술(土地分割法)도 실천적 **기하학**이라는 명칭을 결코 참칭하거나, 기하학 일반의 한 특수한 부문으로 일컬어질 수 없으며, 오히려 기하학의 난외 주석에, 곧 기하학의 과업들을 위한 이용에 속하는 것이다.※

※ 이 순수하고 바로 그 때문에 숭고한 학문은, 초등기하학으로서는, 비록 단지 두 가지이기는 하지만, 그 개념들을 구성하기 위해 도구들, 곧 컴퍼스와 자를 필요로 한다는 것을 인정한다면, 다소나마 그 품위가 손상되는 것으로 보인다. 기하학은 이 구성만을 기하학적이라고 부르고, 그에 반해 고등기하학

경험적 원리들에 의거하는 한에서의 자연의 학문, 곧 본래의 물리학
에서조차, 숨겨져 있는 자연법칙들을 발견하기 위한 실천적 장치들이,
실험 물리학이라는 이름 아래서, 자연철학의 한 부문으로서 실천적 물리
학—이것 역시 마찬가지로 무물〔無物〕이다—이라고 불리는 것은 결코 XX199
정당한 일일 수 없다. 왜냐하면 우리가 실험을 할 때 따르는 원리들은 언
제나 그 자신 자연의 지식으로부터, 그러니까 이론으로부터 얻어질 수밖 H5
에 없는 것이기 때문이니 말이다. 바로 이 같은 것은 우리 안에 일정한
마음 상태를 의사대로 만들어내는 것(예컨대, 상상력을 활동시키거나 억제
하는 마음의 상태, 또는 경향성들을 충족시키거나 약화시키는 일)에 관한 실천
적 지시규정들에도 타당하다. 인간의 자연본성에 관한 철학의 특수한 부
문으로서 실천적 **심리학**이란 것은 없다. 무릇 기술에 의해서 마음의 상
태를 가능하게 하는 원리들은 우리의 자연본성의 성질에 의해 우리의 규
정들을 가능하게 하는 원리들로부터 빌려오지 않으면 안 되며, 그리고
비록 전자의 원리들이 실천적 명제들로 성립한다고 할지라도, 그러한 원
리들은 경험적 심리학의 실천적 부문을 이루는 것이 아니다. 왜냐하면,
그러한 것들은 어떠한 특수한 원리들을 가지지 않고, 오히려 한낱 경험
적 심리학의 난외 주석에 속할 뿐이기 때문이다.

일반적으로 실천적 명제들은 (순수하게 선험적이든 경험적이든 간에) 우리의 의사에 의한 어떤 객관의 가능성을 직접적으로 언표하는 것이면, 항상 자연의 지식에 그리고 철학의 이론적 부문에 속한다. 오직 행위의 규정을 직접, 한낱 그 행위의 형식을 (법칙들 일반에 따라) 표상함으로써,

---

의 구성은 기계적이라고 부른다. 왜냐하면 후자의 개념들의 구성을 위해서는 더 복잡한 기계들이 필요하기 때문이다. 그러나 초등기하학의 도구라고 하는 것도 실제의 도구들(컴퍼스와 자)을 뜻하는 것은 아니다. 이러한 도구들은 결코 수학적으로 정확하게 저런 형태들을 그릴 수는 없겠고, 오히려 이러한 도구들은 모름지기 단지 선험적인 상상력의 가장 단순한 현시방식들을 뜻할 것이다. 선험적인 상상력에는 어떠한 기구도 필적할 수가 없는 것이다.

그 행위로 인해 일으킬 수 있는 객관의 질료는 고려함이 없이, 필연적인
것으로 현시하는 실천적 명제들만이 그것들의 특유한 원리들을 (자유의
이념 안에) 가질 수 있으며, 또 가지지 않을 수 없다. 그리고 비록 이 실천
적 명제들이 바로 이 원리들 위에 의지의 객관의 개념(즉 최고선)을 세운
다 해도, 이 객관은 단지 간접적으로만, 귀결로서, (이제 윤리적이라고 일
컬어질) 실천적 지시규정에 속한다. 또한 그러한 객관의 가능성은 자연의
지식(이론)에 의해서는 통찰될 수가 없다. 그러므로 오직 저러한 실천적
명제들만이 실천철학이라는 이름 아래서 이성인식들의 체계의 한 특수
H6 한 부문에 속하는 것이다.

실행에 대한 그 밖의 모든 명제들은, 그것들이 어떠한 학문에 포함되
XX200 든지 간에, 가령 그 애매성을 고려할 때, 실천적 명제라고 하는 대신에
기술적 명제들이라고 일컬을 수 있다. 왜냐하면 그것들은 사람들이 마땅
히 그렇게 되기를 의욕하는 것을 성취시키는 **기예**에 속하며, 기예란 완
벽한 이론의 경우에는 항상 한낱 귀결일 뿐인 것으로, 어떤 종류의 지시
의 독자적으로 성립하는 부문이 아니기 때문이다. 그렇기에 숙련의 모든
지시규정들은 **기술**※에 속하며, 그러니까 자연의 이론적 지식의 귀결들

※ 여기가 내가 『윤리형이상학 정초』에서[2] 범했던 잘못을 시정해야 할 자리이다. 왜냐하면, 나는 숙련의 명령들에 대해, 그것들은 단지 조건적으로만, 그것도 한낱 가능한, 다시 말해 **미정적** 목적들의 조건 아래에서만 명령한다고 말한 다음에, 그와 같은 실천적 지시규정들을 미정적 명령들이라고 불렀는데, 그러한 표현 중에는 틀림없이 모순이 있기 때문이다. 나는 그러한 것들을 **기술적**, 다시 말해 기예의 명령들이라고 불렀어야 했다. **실용적** 명령들 내지 영리의 규칙들은 **현실적**인, 게다가 주관적으로-필연적인 목적의 조건 아래에서 명령하는바, 이것들도 기술적 명령들 중에 들어가기는 한다. (무릇 영리란, 자유로운 인간을, 그중에서도 게다가 그들 자신 안에 있는 자연적 소질과 경향성들을[3], 자기의 의도들을 위하여 사용할 수 있는 숙련 외에 다른 무엇이던가.) 그

2) 『윤리형이상학 정초』, B40=IV414 이하 참조.

3) 원문의 관사 'der'를 Weischedel 판에 따라 'die'로 고쳐 읽음.

로서 자연의 이론적 지식에 속하는 것이다. 그러나 우리는 앞으로 기술이라는 표현을, 자연의 대상들이 때때로 한낱 단지 **마치** 기예에 기초해서만 가능한 것**처럼 판정되는** 경우에도 사용할 것이다. 이러한 경우들에서 판단들은 이론적이지도 않고, (방금 말한 의미에서의) 실천적이지도 않다. 그러한 판단들은 객관의 성질에 대해서나 객관을 만들어내는 방식에 대해서 아무것도 규정하는 바가 없고, 오히려 그것들에 의해서는 자연 자신이, 그러나 한낱 기예와의 유비에 의해서, 그것도 대상들과의 객관적 관계에서가 아니라, 우리의 인식능력과의 주관적 관계에서 판정되니 말이다. 여기서 이제 우리는 그 판단들 자신은 기술적이라고 부르지 않을 것이나, 그럼에도 판단력의 법칙들에 기초하고 있는 판단력은 기술적이라고 부르고, 또한 이 판단력에 맞는 자연도 기술적이라고 부를 것이다. 이 기술은 어떠한 객관적으로 규정하는 명제들을 함유하고 있지 않으므로, 교설적 철학의 한 부문을 이루지는 않으며, 단지 우리 인식능력의 비판의 부문을 이룬다. XX201

II. H7

철학의 기초에 놓여 있는 상위 인식능력들의 체계에 대하여

철학의 구분이 아니라, **개념에 의한** 우리의 **선험적인** (상위의) **인식능력**의 구분이, 다시 말해 순수 이성 비판이, 그러나 단지 사고하는 능력이라는 면에서 보아—이런 경우 순수한 직관방식은 고려되지 않는다—문제가 되는 경우에는, 사고능력의 체계적 표상은 세 부분으로 나뉘어 나

러나 우리가 자신과 다른 이들의 근저에 놓는 목적, 곧 자기의 행복이 한낱 임의적인 목적에 속하는 것이 아니라는 사실은 이런 기술적 명령이라는 특수한 명칭으로 부르는 것을 정당화한다. 왜냐하면, 과제는, 기술적 명령에서처럼, 어떤 목적의 실현 방식뿐만 아니라, 이 목적 자신(즉 행복)을 형성하는 것이 무엇인가를 규정할 것을 요구하는데, 이런 일은 일반적인 기술적 명령들에서는 기지〔旣知〕의 것으로 전제되어 있지 않으면 안 되기 때문이다.

타난다. 즉 첫째로 **보편**(즉 규칙들)을 인식하는 능력인 **지성**, 둘째로 **특수**를 보편 아래 **포섭**하는 능력인 **판단력**, 그리고 셋째로 특수를 보편에 의해 **규정**하는 (즉 원리들로부터 도출하는) 능력, 다시 말해 **이성**이 그것이다.

XX202 모든 선험적 인식의 (그러니까 또한 그것에서 직관에 속하는 것의) 원천들에 전념했던 순수 이론 이성 비판은 **자연**의 법칙들을 제공하였고, **실천** 이성 비판은 **자유**의 법칙을 제공하였다. 그렇게 해서 전체 철학을 위한 선험적 원리들은 지금 이미 완벽하게 논구된 것으로 보인다.

그러나 무릇 지성이 선험적으로 자연의 법칙들을 제공하고, 그에 반해 이성은 자유의 법칙들을 제공한다면, 유비에 따라서 다음의 것이 기대될 수도 있다. 즉 두 능력들에게 그 연관을 매개하는 판단력 또한 바로 저 두 능력들과 마찬가지로 그 매개작용을 위한 자기의 특유한 선험적 원리들을 내어놓고, 어쩌면 철학의 하나의 특수한 부문을 정초할 것이나, 그럼에도 불구하고 체계로서 철학은 단지 두 부문으로 나뉠 수 있을 뿐이라고 말이다.

그러나 판단력은 특수하기는 하지만, 전혀 자립적이지 않은 인식능력이어서, 그것은 어떤 대상에 대해 지성처럼 개념들을 주지도 않고, 이성처럼 이념들을 주지도 않는다. 판단력은 한낱 다른 곳에서 주어진 개념
H8 들 아래에 포섭하는 능력이기 때문이다. 그러므로 근원적으로 판단력에서 생겨난 개념이나 규칙이 있다고 한다면, 그것은 **자연이 우리의 판단력을 따르는 한에서의 자연**의 사물들에 대한 개념일 수밖에 없을 것이고, 그러므로 자연의 설비가, 특수한 주어진 법칙들을 아직 주어지지 않은 보다 보편적 법칙들 아래에 포섭하는 우리의 능력을 따르고 있다고밖에는 달리 이해할 수가 없는 자연의 그러한 성질에 대한 개념일 수밖에 없을 것이다. 바꿔 말하면, 그것은 자연을 인식하는 우리의 능력을 위한 자연의 합목적성에 대한 개념일 수밖에 없을 것이다. 그런 한에서 그
XX203 것은 우리가 특수를 보편 아래 함유되어 있는 것으로 판정하고, 그것을 자연의 개념 아래 포섭할 수 있기 위해서 필요로 하는 것이다.

무릇 그러한 개념은 **경험적 법칙들에 따르는 체계로서**의 경험의 개념이다. 왜냐하면, 비록 경험은 경험 일반을 가능하게 하는 조건을 함유하고 있는 **초월적** 법칙들에 따라서 하나의 체계를 이루기[4]는 하지만, 그럼에도 특수한 경험에 속하는 **자연 형식들의 그토록 무한한 다양성과 그토록 큰 이질성**은 경험적 법칙들에 의해 가능하므로, 이러한 (경험적) 법칙들에 따르는 체계의 개념은 지성에게는 전혀 낯선 것일 수밖에 없으며, 그러한 전체의 가능성과, 더구나 그 필연성은 이해될 수가 없는 것이기 때문이다. 그럼에도 불구하고 특수한, 항존하는 원리들에 따라 철두철미 연관 지어진 경험은 또한 경험적 법칙들의 이러한 체계적 연관을 필요로 한다.[5] 그것은 판단력이 특수를 보편 아래에 포섭하여, 여전히 경험적이지만, 계속해나가 최상의 경험적 법칙들과 이 법칙들에 알맞은 자연형식들에 이를 때까지 포섭할 수 있고, 그러니까 특수한 경험들의 **집합**을 경험들의 **체계**로 간주할 수 있기 위해서 그러하다. 왜냐하면 이러한 전제 없이는 특수한 경험들의 일관되게 합법칙적인 연관※, 다시 말해 경험적 H9

※ 경험 일반의 가능성은 종합판단들로서의 경험적 인식들의 가능성이다. 그러므로 경험은 (사람들이 보통 믿고 있듯이) 한낱 비교된 지각들로부터 **분석적으로** 끌어내질 수 있는 것이 아니다. 왜냐하면, (객관을 인식하기 위해서) 서로 다른 두 지각들을 하나의 객관의 개념 안에서 결합하는 것이 **종합**으로서, 이 종합은 다름 아니라 현상들의 종합적 통일의 원리들에 따라서, 다시 말해 그에 의해 현상들이 범주들 아래로 보내지는 원칙들에 따라서만 경험적 **인식**, 다시 말해 경험을 가능하게 하기 때문이다. 그런데 이러한 경험적 인식들은 이 인식들이 필연적으로 공통으로 가지고 있는 것(곧 자연의 저 초월적 법칙들)에 따 XX204
라 모든 경험의 분석적 통일을 이루기는 하지만, 경험적 법칙들을 그것들이 가지고 있는 상이성의 면에서도—그리고 여기서 경험적 법칙들의 다양성은 무한에 이를 수 있는바—하나의 원리 아래 결합하는, 하나의 체계로서의 경험의 종합적 통일을 이루는 것은 아니다. 모든 특수한 경험에 관해서 범주인 것은 이제 자연의 합목적성 내지는 판단력이라는 우리의 능력에 대한 자연의

4) 『순수이성비판』, A158=B197 참조.

5) 『순수이성비판』, A645=B673 참조.

통일성은 있을 수 없기 때문이다.

XX204 판단력이 (오로지 그 자신에게 유리하도록) 자연에 대해 추정하고 자연에서 전제하는, 그 자체로서는 (모든 지성개념들에서 보면) 우연적인 이런 합법칙성은 우리가 자연에서 단적으로 **상정**하는 자연의 형식적 합목적성이지만, 이를 통해 자연의 이론적 인식이나 자유의 실천적 원리가 정초되는 것은 아니며, 그럼에도 자연의 판정과 탐구를 위한 하나의 원리가, 즉 특수한 경험들에 대해 보편적 법칙들을 찾기 위한 하나의 원리가 주어진다. 우리는 이 원리에 따라 그러한 보편적 법칙들을 세워 저러한 체계적 연결을 성취하지 않으면 안 된다. 이 체계적 연결은 연관되어 있는 경험에는 필수적이고, 그렇기에 우리는 그것을 선험적으로 상정해야 할 이유를 가지는 것이다.

그러므로 근원적으로 판단력에서 생겨나 판단력에 특유한 개념은 **기예**로서의 자연개념, 바꿔 말해 자연의 **특수한** 법칙들에 관한 **자연의 기술**이라는 개념이다. 이 개념은 아무런 이론도 정초하지 않으며, 또한 논리학과 마찬가지로, 객관들 및 그것들의 성질에 대한 인식을 함유하지도
XX205 않고, 단지 경험법칙들에 의해 가능하게 되는 자연의 탐구를 진척시키기 위한 하나의 원리를 준다. 그러나 이를 통해 자연의 지식이 어떤 특수한 객관적 법칙으로 해서 더 풍부해지는 일은 없으며, 단지 판단력을 위한 하나의 준칙이 세워져, 이 준칙에 따라 자연을 관찰하고, 자연의 형식들을 그것과 대조하도록 할 뿐이다.

그런데 자연과 자유의 인식의 교설적 체계인 철학은 이로써 어떤 새로운 부문을 얻는 것은 아니다. 왜냐하면, 기예로서의 자연이라는 표상은 순전한 이념으로, 이 이념은 우리의 자연탐구에 대하여 그러니까 한

—또한 자연의 특수한 법칙들과 관련해서도—적합성으로, 이것에 의해서 자연은 한낱 기계적인 것으로뿐만 아니라 기술적인 것으로도 표상되는 것이다. 그것은 물론 범주처럼 종합적 통일을 객관적으로 규정하지는 않지만, 그럼에도 자연의 탐구에 실마리로 쓰일 원칙들을 주관적으로 교부한다.

낱 주관에 대하여, 경험적 법칙들 그 자체의 집합 속에 가능한 한 하나의 체계 안에 있는 것 같은 연관을 넣어주는 원리로 쓰이는바, 이것은 우리가 자연에다 이러한 우리의 필요에 대한 어떤 관계를 부가함으로써 그러한 것이기 때문이다. 그에 반해 자연의 기술이라는 우리 개념은 자연을 판정하는 데 있어서 발견적 원리로서 우리의 인식능력의 비판에 속하는 것으로, 이 비판은, 우리가 자연을 그렇게 표상할 어떤 기연〔機緣〕을 가지고 있는가, 이 이념은 어떤 기원을 가지는가, 그리고 그것은 선험적인 원천 속에서 마주칠 수 있는 것인가 어떤가, 또한 그 이념의 사용의 범위와 한계는 어떠한가 하는 것을 알려준다. 한마디로 말해, 그러한 연구는 부문으로서는 순수 이성 비판의 체계에 속하며, 교설적 철학의 체계에 속하지 않는다.

III. H10

인간 마음의 모든 능력들의 체계에 대하여

우리는 인간 마음의 모든 능력들을 예외 없이 세 능력으로 환원할 수
있다. 즉 **인식능력**, **쾌 · 불쾌의 감정**과 **욕구능력**으로 말이다. 그들의 사 XX206
유방식의 철저성으로 인해 그 외의 점에서는 온갖 칭송을 받을 만한 철
학자들도 이 상이성은 단지 외관상으로 그럴 뿐이라고 언명하고, 모든
능력들을 순전한 인식능력으로 돌리려고 꾀했다. 그러나 이런 다양한 능
력들을 하나로 통일시키고자 하는 이러한 시도[6]가, 진정한 철학적 정신
에서 기도된 것이라 해도, 헛된 것임은 아주 쉽게 밝혀질 수 있으며, 이
를 또한 얼마 전부터 사람들[7] 역시 통찰한 것이다. 무릇 표상들이 한낱

---

6) Ch. Wolff, *Vernünftige Gedancken von Gott, der Welt und der Seele des Menschen*, Halle 1720, 3장 참조. 이에 대한 칸트의 비판은 『순수이성비판』, A648=B676; 「형이상학 강의」 Dohna: XXVIII, 674~5 참조.

7) 예컨대 Moses Mendelssohn, *Morgenstunden oder Vorlesungen über das Dasein Gottes*, 1783~1784, 특히 제7강 참조.

객관과 그리고 표상들의 의식의 통일과 관계하여 인식되는 한, 표상들 사이에는 언제나 하나의 큰 구별이 있으며, 또한 표상들의 객관적 관계와 표상들의 한낱 주관과의 관계 사이에도 하나의 큰 구별이 있다. 표상들의 객관적 관계에서 표상들은 동시에 이 객관의 현실성의 원인으로 간주되어 욕구능력에 산입되고, 표상들의 한낱 주관과의 관계에서는 그 자신 자체로 자기의 실존을 주관 안에 한낱 보존하는 근거들이며, 그런 한에서 쾌의 감정과의 관계에서 고찰된다. 후자의 관계는, 설령 그것이 인식을 규정근거로 전제한다고 할지라도, 절대로 인식이 아니며, 또한 인식을 공급하지도 않는다.

H11 한 대상의 인식과 그 대상의 실존에서의 쾌·불쾌의 감정 사이의 연결, 또는 대상을 만들어내는 욕구능력의 규정은 경험적으로 충분히 인지될 수 있기는 하지만, 이러한 연관은 어떤 선험적 원리에 기초하고 있지 않은 것이므로, 그런 한에서 마음의 능력들은 단지 **집합**을 이룰 뿐 체계를 이루지 못한다. 그런데 만약 우리가 하나의 선험적인 인식을, 곧 자유의 이성개념을 이 이성개념의 규정근거로서의 욕구능력과 연결한다면, 쾌의 감정과 다른 두 능력 사이의 선험적인 연결을 찾아내는 것은 성공
XX207 할 수 있고, 이러한 객관적 규정 안에서 동시에 의지규정 안에 함유되어 있는 쾌의 감정을 주관적으로 마주치는 것이 성공할 수 있기는 하다.[8)]그러나 이런 식으로 인식능력은 쾌 또는 불쾌를 **매개로** 욕구능력과 결합되지 않는다. 왜냐하면 쾌 또는 불쾌는 욕구능력에 선행하는 것이 아니라, 오히려 비로소 욕구능력의 규정에 뒤따르거나, 아니면 아마도 이성에 의한 의지의 이런 규정가능성에 대한 감각 이외에 다른 것이 아니므로 아무런 특수한 감정도 아니고, 마음의 속성들 가운데 어떤 특수한 분과를 필요로 하는 특유한 감수성도 아니기 때문이다. 그런데 마음 능력 일반을 분해해보면, 욕구능력의 규정에서 독립적으로, 오히려 욕구능력

8) 『실천이성비판』, A209~214=V116~119; 『윤리형이상학 정초』, B16=IV401 각주의 "존경의 감정"에 대한 설명 참조.

의 규정근거를 제공할 수 있는 쾌의 감정이 모순 없이 주어져 있지만, 이
쾌의 감정이 다른 두 능력과 함께 하나의 체계 안에서 연결되기 위해서
는, 이 쾌의 감정은, 다른 두 능력과 마찬가지로, 한낱 경험적 근거들에 H12
의거하는 것이 아니라, 선험적 원리들에도 의거할 것이 요구되므로, 하
나의 체계라는 철학의 이념을 위해서는 또한 (비록 하나의 교설은 아닐지라
도, 그럼에도) **쾌 · 불쾌의 감정 비판**이, 경험적으로 정초된 것이 아닌 한
에서, 필요할 것이다.

무릇 개념들에 따르는 **인식능력**은 그 선험적 원리들을 순수한 지성
(즉 자연에 대한 지성의 개념) 안에 갖고, **욕구능력**은 순수한 이성 (즉 자유
에 대한 이성의 개념) 안에 갖는바, 마음의 속성들 일반 가운데에는 아직
중간적 능력 내지는 감수성이, 곧 **쾌 · 불쾌의 감정**이 남아 있다. 그것은
상위의 인식능력들 가운데에 중간적인 능력으로 판단력이 있는 것이나
마찬가지이다. 이제 판단력이 쾌 · 불쾌의 감정에 대해 그와 마찬가지로 XX208
선험적 원리들을 함유할 것이라고 추정하는 것보다 더 자연스러운 것이
있을까?

이러한 연결의 가능성에 관해서는 아직 어떤 것도 결정된 것이 없지
만, 그럼에도 여기에는 이미, 쾌의 감정에 대하여 규정근거로 쓰이거나
쾌의 감정 속에서 그 규정근거를 발견할 수 있는, 쾌의 감정에 대한 판단
력의 모종의 적합성이 있음은 오인의 여지없이 분명하다. **개념들에 의한
인식능력의 구분**에서 지성과 이성이 그 표상들을 객관에 관계시켜 객관
에 대한 개념들을 얻는 것이라면, 판단력은 오로지 주관과만 관계하며,
그 자신만으로서는 대상들에 대한 어떠한 개념도 만들어내지 못하는 것
인 한에서 말이다. 그와 마찬가지로, 마음 능력 일반의 일반적 구분에서
인식능력 및 욕구능력이 표상들의 객관적 관계를 함유한다면, 그에 반
해 쾌 · 불쾌의 감정은 단지 주관을 규정하는 감수성만을 함유하고,[9] 그

9) 같은 논지 『미와 숭고의 감정에 관한 관찰』, 1: II, 207; 「인간학 강의」: XXV, 389 참조.

래서 판단력이 어디서나 그 자신만으로 무엇인가를 규정해야 한다면, 그것은 쾌의 감정 이외의 다른 것일 수가 없을 것이며, 또 거꾸로 쾌의 감정이 어디선가 선험적 원리를 가져야 한다면, 그것은 오로지 판단력에서 마주쳐질 수 있을 것이다.

H13

IV.

판단력에 대한 하나의 체계로서 경험에 대하여

우리는 순수 이성 비판에서, 경험의 모든 대상들의 총괄인 전체 자연이 초월적 법칙들에 따르는, 곧 지성 자신이 선험적으로 (곧 현상들이 하나의 의식 안에서 결합되어 경험을 이룬다고 하는, 그 현상들에 대해) 주는 법칙들에 따르는 하나의 체계를 이룸을 보았다. 바로 그 때문에, 보편적 및 특수한 법칙들에 따르는 경험도, 경험 일반이 객관적으로 고찰될 때 가능한 것과 같이, (이념상) 가능한 경험적 인식들의 하나의 체계를 이룸에 틀림없다. 왜냐하면 자연의 통일이, 그것을 모든 현상들의 이러한 총괄에 함유되어 있는 것 모두를 일관되게 결합하는 원리에 따라서, 요구하
XX209 기 때문이다. 그런 한에서 이제 지성의 초월적 법칙들에 따르는 경험 일반은 하나의 체계로 간주될 수 있으며, 한낱 집합으로 간주되어서는 안 된다.

그러나 이로부터, **경험적** 법칙들에 따르는 자연 또한 인간의 인식능력이 **파악할 수 있는** 체계이며, 하나의 경험 안에서 자연의 현상들의 일관된 체계적 연관이, 그러니까 이 경험 자신이 체계로서, 인간에게 가능하다는 결론이 나오지는 않는다. 무릇 경험적 법칙들의 다양성과 이종성이 너무나 커서, 지각들을 그때그때 발견된 특수한 법칙들에 따라 하나의 경험으로 연결하는 것이 비록 부분적으로는 가능할지 모르겠으나, 이 경험적 법칙들 자신을 하나의 공통적 원리 아래서 친족성의 통일을 갖게
H14 하는 것은 결코 가능하지 않을 것이기 때문이다. 곧, 그러한 일이 그 자

체로는 (적어도 지성이 선험적으로 결정할 수 있는 만큼은) 가능하다고 해도, 이러한 법칙들 및 이 법칙들에 적합한 자연형식들의 다양성과 이종성은 무한히 크고, 설령 우리가 초월적 법칙들에 따라 하나의 체계를 전제하지 않을 수 없다 할지라도, 우리에게 그 자연형식들에서 조야한 혼돈적인 집합을 보여줄 뿐, 그러한 체계의 최소한의 흔적도 보여주지 않는다면 말이다.

무릇 **시간과 공간상에서의 자연의 통일**과 우리에게 가능한 경험의 통일은 한가지이다. 왜냐하면 전자는 순전한 현상들(즉 표상방식들)의 총괄이고, 이 총괄은 그것의 객관적 실재성을 오로지 경험 안에서만 가질 수 있는바, 사람들이 전자를 (응당 그래야만 하는 것이지만) 하나의 체계로 생각한다면, 경험도 경험적 법칙들에 따르는 체계로서 가능한 것이 아니면 안 되기 때문이다. 그러므로 저 염려스러운 끝없는, 경험적 법칙들의 이종성과 자연형식들의 이질성은 자연에 귀속되는 것이 아니며, 오히려 특수한 법칙들의 근친성에 의해 보다 보편적인 법칙들 아래서 하나의 경험적 체계로서의 경험이 될 수 있는 자격을 가지게 된다는 것은 하나의 주관적으로-필연적인 초월적 **전제**이다.

이 전제가 무릇 판단력의 초월적 원리이다. 왜냐하면 판단력은 한낱 특수를 (그 개념이 주어져 있는) 보편 아래 포섭하는 능력일 뿐만 아니라, 또한 거꾸로, 특수에 대한 보편을 찾아내는 능력이기도 하기 때문이다. XX210
그러나 지성은 자연에 대한 그의 초월적 **법칙수립**에서 가능한 경험적 법칙들의 온갖 다양성을 사상〔捨象〕한다. 지성은 그의 초월적 법칙수립에서 단지 경험 일반의 가능성의 조건들을 그 형식의 면에서 고찰할 따름이다. 그러므로 지성에서는 특수한 자연법칙들의 근친성의 저 원리를 마주칠 수 없다. 그러나 동일한 보편적 법칙들 아래에서 가지고 있는 상이 H15
한 요소에도 따르는 특수한 법칙들을, 그럼에도 불구하고, 여전히 경험적이기는 하지만 보다 높은 법칙들 아래로 보내는 것이 판단력의 의무이므로, 판단력은 그러한 원리를 자기의 수행방식의 기초에 두지 않을 수 없다. 무릇 자연형식들이 합치하여 공통의 경험적인 그러나 보다 높은 법칙들이 된다 해도 판단력은 그것을 전적으로 우연적인 것으로 볼 것이고, 이런 자연형식들을 더듬고 돌아다님으로써, **특수한 지각들**이 요행히 하나의 경험적 법칙이 될 수 있는 자격을 가지게 된다면, 그것은 더욱 우연적인 일일 것이다. 그러나 다양한 경험적 법칙들이 **전체적인 연관 안에서** 하나의 가능한 경험에서 자연인식의 체계적 통일을 이룬다고 하는 것은, 하나의 선험적 원리에 의해 그러한 형식을 자연 속에 전제하지 않는다면, 한층 더 우연적인 일일 것이다.

유행했던 저 모든 정식들, 즉 '자연은 가장 짧은 길을 간다', **'자연은 헛된 일을 하지 않는다'**, **'자연은 형식들의 다양성에서 비약을 범하지 않는다**(形式들의 連續)', **'자연은 종에 있어서는 풍요롭지만, 그럼에도 유에 있어서는 절약한다'** 등[10]과 같은 것들은 판단력이 체계로서의 경험을 위하여, 그러므로 자기 자신의 필요를 위하여 하나의 원리를 확립하려고 하는 판단력의 초월적 표출 이외의 아무것도 아니다. 지성도 이성도 그러한 자연법칙을 선험적으로 정초할 수는 없다. 무릇, 자연이 순전히 형식적인 그 법칙들—이 법칙들에 의해 자연은 경험 일반의 대상인 것인 바—에서 우리의 지성에 따른다는 것은 충분히 이해되지만, 특수한 법칙들, 그것들의 다양성과 이종성에 관해서는 자연은 우리의 법칙수립적
H16 인식능력의 모든 제한으로부터 자유로우며, 그리고 판단력 자신의 사용
XX211 을 위해, 경험적으로-특수한 것으로부터 항상 마찬가지로 경험적이나
보다 보편적인 것으로 높이 올라가서 경험적인 법칙들을 합일시키는 것이 판단력의 순전한 전제로서, 이 전제가 저런 원리를 세우는 것이다. 경험에 의지해서는 그러한 원리를 결코 기술할 수가 없다. 왜냐하면 그러한 원리의 전제 아래에서만 경험들을 체계적인 방식으로 자리 잡게 하는 것이 가능하기 때문이다.

---

10) 『판단력비판』 본서 서론 V: BXXXI=V182 본문 및 유사한 정식들에 대한 각주 참조.

V.
반성적 판단력에 대하여

판단력은, 주어진 표상에 관해, 그 표상에 의해 가능한 개념을 위해, 모종의 원리에 따라 **반성하는** 순전한 능력이거나, 또는 기초에 놓여 있는 개념을 주어진 경험적 표상에 의해 **규정하는** 능력으로 볼 수 있다. 전자의 경우에 판단력은 **반성적** 판단력이고, 후자의 경우에는 **규정적** 판단력이다. 그런데 **반성한다**(성찰한다)는 것은, 주어진 표상들을 다른 표상들과 또는 자기의 인식능력과, 그에 의해 가능한 개념과 관련해서, 비교하고 대조하는 것이다. 반성적 판단력은 사람들이 판정능력(判別能力)이라고도 부르는 것이다.

'**반성한다**'—이것 자체는 동물들에게서도 일어난다. 동물들에게서는 다만 본능적으로, 곧 반성에 의해서 도달될 개념과 관련해서 일어나는 것이 아니라, 반성에 의해서 규정될 경향성과 관련하여 일어나는 것이기는 하다—는 우리에게 있어서는 '규정한다'와 꼭 마찬가지로 하나의 원리를 필요로 한다. '규정한다'에서는 그 기초에 놓여진 객관의 개념이 판단력에게 규칙을 지정하며, 그러므로 그 원리를 대신한다.

자연의 주어진 대상들에 관한 반성의 원리는, 즉 '모든 자연사물들을 H17
위한 경험적으로 규정된 **개념들**이 발견된다'※는 것이다. 그리고 이것이

※ 이 원리는 일견 종합적 초월적 명제의 외관을 전혀 갖지 않고, 오히려 동어반복적이며 순전한 논리학에 속하는 것처럼 보인다. 무릇, 논리학은 주어진 표상을 다른 표상들과 어떻게 비교할 수 있고, 또 어떻게 그 표상이 여러 가지 표상들과 공유하고 있는 것을 하나의 징표로서 추출하여 보편적으로 사용함으로써 하나의 개념을 만들 수 있는가를 가르쳐주기 때문이다. 그러나 과연 자연이 객관 각각에 대해서, 그 객관과 형식에서 많은 것을 공유하고 있는 비 XX212
교 대상들 외의 다른 많은 대상들을 또한 보여주지 않으면 안 되는가 어떤가에 관해서는 논리학은 아무것도 가르쳐주는 바가 없다. 오히려 논리학을 자연에 적용함을 가능하게 하는 이러한 조건이 자연을 우리의 판단력에 대해

XX212 말하고자 하는 바는, 사람들은 언제나 자연의 산물들에서 우리가 인식할 수 있는 보편적인 법칙들에 따라 가능한 하나의 형식을 전제할 수 있다는 것과 똑같다. 왜냐하면, 만약 우리가 이러한 것을 전제해서는 아니 되며, 우리가 경험적 표상들을 다루는 데 이러한 원리를 기초에 두지 않는다고 한다면, 일체의 '반성한다'는 것은 한낱 되는 대로 하는 맹목적인 것일 것이며, 그러니까 그러한 표상들이 자연에 부합할 것이라는 근거 있는 기대도 사라질 터이기 때문이다.

H18 일반적으로 하나의 경험개념이 그 아래에서 (특수한 경험적 규정 없이) 비로소 가능한, 보편적 자연개념들에 관해 반성은 자연 일반의 개념에서, 다시 말해 지성에서 이미 그것들의 지침을 가지고 있다. 그리하여 판단력은 반성의 특수한 원리를 필요로 하지 않고, 반성을 선험적으로 **도식화**하여, 이 도식들을 모든 경험적 종합에 적용하는바, 이 종합이 없으면 전혀 어떠한 경험판단도 가능하지가 않을 터이다. 여기에서 판단력은 그 반성에 있어서 동시에 규정적이고, 판단력의 초월적 도식성[11]은 동시에 판단력에게 주어진 경험적 직관들을 포섭하는 규칙으로 쓰이는 것이다.

하나의 체계로서 표상하는 원리이다. 이 원리에서 잡다한 것은, 유와 종들로 구분되어, 모든 나타나는 자연형식들을 비교를 통해 (다소간에 보편성을 갖는) 개념들로 보내는 것을 가능하게 한다. 그런데 물론 이미 순수 지성은 (그러나 이것도 종합적 원칙들에 의해) 자연의 모든 사물들을 선험적 **개념들**(즉 범주들)**에 따르는** 하나의 초월적 **체계** 안에 함유되어 있는 것으로 생각할 것을 가르친다. 그러나 경험적 표상들 그 자체를 위해서도 개념들을 찾는 판단력(즉 반성적 판단력)이 또한 그 위에 이러한 일을 위해 상정하지 않을 수 없는 바는, 자연은 그 한계 없는 다양성 속에서 그것을 유와 종들로 구분토록 두었으며, 이 구분이 우리의 판단력에게 자연형식들의 비교에서 일치와 마주칠 수 있도록 하고, 마찬가지로 경험적이지만 보다 보편적인 개념들로 올라감으로써 경험적인 개념들과 그 개념들 상호간의 연관에 이를 수 있도록 한다는 것이다. 다시 말해, 판단력은 경험적 법칙들에도 따르는 하나의 자연 체계를 전제하며, 이것을 선험적으로, 따라서 초월적 원리에 의해 전제한다.

---

11) "초월적 도식"의 도식기능. 이에 대해서는 『순수이성비판』, A137=B176 참조.

그러나 주어진 경험적 직관들을 위해 무엇보다 먼저 발견되어야만 하 XX213
는, 그리고 그에 따라서만 **특수한** 경험이 가능한 어떤 특수한 자연법칙
을 전제하는 그러한 개념들을 위해서는 판단력은 자신의 반성의 특유한,
마찬가지로 초월적인 원리를 필요로 한다. 사람들은 판단력에게 이미 알
려져 있는 경험적 법칙들을 지시하고, 반성을 이미 그에 대한 개념들을
가지고 있는 경험적 형식들과의 순전한 비교로 변환시킬 수는 없는 일이
다. 왜냐하면, 만약 자연이—이것도 생각할 수 있는 일이거니와—자기
의 경험적 법칙들의 큰 상이성 때문에 자연형식들 속에 매우 큰 이종성
을 집어넣고, 그래서 그러한 자연형식들 가운데서 종과 유들의 일치성과
단계적 질서를 끄집어내려는 모든 비교, 또는 적어도 대부분의 비교가
헛된 일이라고 한다면, 어떻게 사람들이 지각들을 비교함으로써 여러 가
지의 자연형식들에 공통적인 것의 경험적 개념들에 이르기를 기대할 수
있을까 하는 것은 의문이기 때문이다. 경험적 표상들의 모든 비교는, 경
험적 법칙들과 이 법칙들에 적합한 **종적** 형식들, 그러나 이 법칙들을 비
교함으로써 다른 법칙들과도 **유적으로-합치하는** 형식들을 자연사물들
에서 인식하기 위해서는, 그럼에도 다음의 것을 전제하는 것이다. 즉 자
연은 자기의 경험적 법칙들에 관해서도 우리의 판단력에 알맞은 모종의
절약과 우리가 파악할 수 있는 어떤 동일형식성을 준수해왔다는 것이다.
그리고 이 전제는 판단력의 선험적 원리로서 모든 비교에 선행하지 않으
면 안 되는 것이다.

그러므로 반성적 판단력은 주어진 현상들을 일정한 자연사물들의 경
험적 개념들 아래로 보내기 위해, 이 주어진 현상들을 도식적으로 처리
하지 않고, **기술적으로** 처리한다. 말하자면 한낱 기계적으로, 마치 도구 XX214
처럼, 지성과 감관들의 지도 아래서 처리하지 않고, **기예적으로**, 자연을
하나의 체계 안에서 합목적적으로 정돈하는, 보편적이지만 동시에 무규 H19
정적인 원리에 따라서, 말하자면 우리의 판단력에 유리하도록, 자연의
특수한 법칙들—이것들에 관해서는 지성은 아무것도 말하지 않는다—

이 하나의 체계로서의 경험의 가능성에 적합하게 취급하는 것이다. 이러한 전제가 없다면 우리는 다양한 가능한 특수한 법칙들의 미로에서 올바른 길을 발견하기를 희망할 수 없을 것이다. 그러므로 판단력 자신이 선험적으로 **자연의 기술**을 자기의 반성의 원리로 삼지만, 판단력은 그럼에도 이것을 설명할 수도 좀 더 자세히 규정할 수도 없고, 그것을 위해 (사물들 그 자체에 대한 인식에서 나오는) 보편적 자연개념들의 객관적 규정근거를 가지고 있는 것도 아니며, 오히려 단지 자기 자신의 주관적 법칙에 따라서, 자기의 필요욕구에 따라서, 그러나 그럼에도 동시에 자연법칙들 일반과 일치해서 반성할 수 있을 뿐이다.

반성적 판단력의 원리에 의해 자연은 경험적 법칙들에 따르는 체계로 생각되지만, 이 반성적 판단력의 원리는 한낱 **판단력의 논리적 사용을 위한** 원리일 뿐으로, 물론 그 기원으로 보면 하나의 초월적 원리이지만, 단지 선험적으로 다양한 자연이 경험적 법칙들 아래서 하나의 **논리적 체계**가 될 수 있는 자격을 가진 것으로 보기 위한 원리일 뿐인 것이다.[12]

한 체계의 논리적 형식은 순전히, 사람들이 상이함을 가진 특수—이 경우 경험적인 것—를 보편 아래 함유되어 있는 것으로, 모종의 원리에 따라 생각함으로써, 주어진 보편적 개념들—이 경우 보편적 개념은 자연 일반이라는 개념이다—을 구분하는 데에서 성립한다. 그런데 이를 위해서는, 사람들이 경험적으로 처리하여 특수로부터 보편으로 올라갈 경우, 잡다한 것을 **분류하는 일**, 다시 말해 각각 일정한 개념 아래 서 있는 다수의 부류들을 상호 비교하는 일이 필요하며, 만약 저 부류들이 공통의 징표에 따른 완벽한 것이라면, 그것들을 보다 높은 부류들(즉 유들)
H20 아래 포섭하는 일이 필요하다. 이렇게 해서 사람들은 전체적인 분류의 원리를 자신 안에 함유하고, (그리하여 최상의 유를 이루는) 그런 개념에 이른다. 그에 반해 사람들이 보편적 개념에서 시작해서, 완벽한 구분에 의

12) 앞의 XX211=H17, 또 『순수이성비판』, A648=B676 이하, 특히 A655=B683 이하 비교 참조.

해 특수한 개념으로 내려간다면, 이러한 행위는 주어진 개념 아래에 있는 잡다한 것을 **특수화**〔종별화〕하는 일이라고 일컬으며, 이때에는 최상의 유에서부터 낮은 유(하위의 유들 내지는 종들)로, 그리고 종들로부터 그 하위의 종들로 계속해서 나아가게 된다. 사람들이 (보통의 언어사용에서처럼) 어떤 보편 아래에 있는 특수를 특수화〔종별화〕하지 않으면 안 된다고 말하는 대신에, 차라리, 보편적 개념 아래에 있는 특수를 끌어옴으로써 **보편적 개념을 특수화한다**고 말하는 편이 더 정확한 표현이다. 무릇, 유는 (논리적으로 고찰해서) 말하자면 질료 내지는 천연의 기체〔基體〕로, 자연은 이것을 다수의 규정을 통해 특수한 종들과 그 하위의 종들로 가공한다. 그래서 사람들은, **자연은** 모종의 원리(또는 하나의 체계의 이념)에 따라 **자기 자신을 특수화**〔종별화〕**한다**고 말할 수 있다. 법학자들이 어떤 원재료들을 특수화한다고 말할 때의 이 말의 용법을 유비해서 말하자면 그렇다.※ XX215

무릇, 반성적 판단력이 자연은 어떤 원리에 따라 자기의 초월적 법칙들을 스스로 **특수화한다**고 전제하지 않는다면, 반성적 판단력이 본성적으로, 전체 자연을 그 경험적 상이성에 따라 **분류하려**고 꾀할 수가 없다는 것은 명백하다. 무릇 이 원리는, 헤아릴 수 없이 다양한 사물들 속에서 가능한 경험적 법칙들에 따라 그 사물들의 충분한 친족성을 만나, 그것을 경험적 개념들(부류들) 아래로 보내고, 이것들을 다시금 보다 보편적인 법칙들(보다 상위의 유들) 아래로 보내고, 이렇게 해서 자연의 하나의 경험적 체계에 도달할 수 있는, 판단력 자신의 능력에 대한 〔자연의〕 적합성의 원리 이외의 다른 것일 수가 없다.—그런데 그러한 분류가 보통의 경험인식이 아니라, 하나의 기예적 인식인 것과 마찬가지로, 자연 H21
도 그러한 원리에 따라 특수화〔종별화〕한다고 생각되는 한 **기예**로 간주되며, 그러므로 판단력은 필연적으로 자연의 **기술**의 원리를 선험적으로

※ **아리스토텔레스 학파**도 **유**를 질료라 불렀으나 **종차**〔種差〕는 형식이라고 불렀다.

지니고 있거니와, 이 자연의 기예는 초월적 지성법칙들에 따르는 **법칙정립**[13]과는 구별된다. 법칙정립은 그 원리를 법칙으로 주장할 수 있으나, 자연의 기예는 그 원리를 단지 필연적 전제로서 주장할 수 있을 뿐이라는 점에서 말이다.[※14]

XX216 그러므로 판단력의 특유한 원리는 다음과 같다: **자연은, 판단력을 위해, 자기의 보편적 법칙들을, 논리적 체계의 형식에 맞춰서, 경험적 법칙들로 특수화**〔종별화〕**한다.**

이제 여기서 자연의 **합목적성** 개념이 생겨나며, 그것도 이성이 아니라 반성적 판단력의 특유한 개념으로서 생겨난다. 목적은 전혀 객관 안이 아니라, 오로지 주관 안에, 그것도 주관의 한낱 반성하는 능력 안에 세워지는 것이니 말이다.—무릇 우리는 어떤 것의 현존재가 그 사물의 표상을 전제하는 것처럼 보이는 것을 합목적적이라고 부른다. 그러나 자연법칙들은, 마치 판단력이 자기 자신의 필요에 따라 기획이라도 한 것 같은 성질을 가지고 있고, 또 그렇게 서로 관련되어 있어서, 자신들의 표상을 자신들의 근거로 전제하고 있는 사물들의 가능성과의 유사성을 갖는다. 그러므로 경험적 법칙들에 의한 자연의 형식들의 특수화에서 판단력은 자기의 원리에 의해 자연의 합목적성을 생각하는 것이다.

그러나 이렇게 해서 이 〔자연의〕 형식들 자신이 합목적적인 것이라고

XX216 ※ **린네**[15]가 하나의 돌을 발견하여 화강암이라고 이름 붙였을 때, 만약 그가 이 돌이 외관상 똑같은 다른 모든 돌과 그 내적 성질에서 구별될 수 있을 것이라고 마음 쓸 수밖에 없었으며, 그러므로 언제나 단지 개별적인, 지성에 대하여 말하자면 고립된 사물들만을 만날 수 있으리라 바랄 수 있었고, 유개념들과 종개념들 아래로 보내질 수 있는 사물들의 부류를 만날 수 있으리라고는 결코 바랄 수 없었다면, 그는 과연 자연의 체계를 구상하는 일을 바랄 수 있었을까?

---

13) 『순수이성비판』, A424=B452 참조. '법칙수립'과 의미상의 차이는 없다.
14) 칸트의 이 주는 본문 문단의 여백에 추기한 것이다. 번역은 AA 정리본에 따름.
15) 『판단력비판』 본서 §82: B383=V427 각주 참조.

생각되는 것이 아니라, 단지 그 형식들 상호의 관계와 이 형식들이 매우 다양함에도 불구하고 경험적 개념들의 어떤 논리적 체계에 적절함이 그러한 것으로 생각되는 것이다.—그런데 자연이 우리에게 이런 논리적 합목적성 이상의 아무런 것도 보여주지 못한다 해도, 우리는 보편적 지성법칙들에 따라서는 그러한 합목적성의 어떠한 근거도 제기할 줄 모르기 때문에, 우리는 물론 이미 그 점에서 자연에 관해 경탄할 이유를 가지겠다. 그러나 이러한 경탄은 가령 초월철학자 외에 다른 사람은 하기가 어려울 것이고, 초월철학자조차도 이러한 합목적성이 具體的으로 증명되는 특정한 경우를 들 수는 없을 터이며, 그것을 단지 일반적으로 생각하지 않을 수 없는 것일 따름이겠다.

VI. XX217 H22

각기 특수한 체계들인 자연형식들의 합목적성에 대하여

자연이 그 경험적 법칙들에서, 경험적 인식의 **하나의 체계로서**의 가능한 경험에 요구되는 그만큼 자기 자신을 특수화한다는 것, 〔이것이 자연의 형식인데〕 자연의 이러한 형식은 논리적 합목적성, 곧 자연이 경험의 전체에서 경험적 개념들의 가능한 연관에 관련하여 판단력의 주관적 조건들에 합치하는 합목적성을 함유하고 있다. 그러나 이제 이러한 사실이 이 논리적 합목적성이 자연의 산물들에서 실재적 합목적성으로 유용하다는, 다시 말해 개별적 사물들을 체계들의 형식에서 산출하는 데 유용하다는 결론을 주는 것은 아니다. 왜냐하면, 개별적 사물들은 언제나 직관상으로는 순전한 집합들이되, **논리적 구분**의 체계에 있어서 다른 법칙들과 연관되어 있는 경험적 법칙들에 따라서 가능할 것이기 때문이다. 그러한 개별적 사물들의 특수한 가능성을 위해 본래 그 위에 세워진 개념이 그러한 가능성의 조건으로서, 그러니까 그러한 개별적 사물들의 기초에 놓여 있는 자연의 합목적성이 상정될 필요 없이도 말이다. 그런 식으로 해서 우리는 흙, 돌, 광물들 등을, 일체의 합목적적 형식 없이, 순전한 집합들로 보지만, 그럼에도 그러한 형식들을 가능하게 하는 내적 성격들과 인식근거들의 면에서는 서로 친근하여, 그것들은 경험적 법칙들 아래에서 자연의 한 체계 안에서 사물들을 분류하는 데 유용하다. 그럼에도 체계의 형식이 **그러한 사물들 자체에서** 지시되는 것은 아니다.

그래서 나는 자연형식들의 **절대적 합목적성**이라는 말로 어떤 것의 가
능성의 기초에 우리의 판단력 중에 있는 그것에 대한 이념이 놓여 있지
H23 않으면 안 되는 성질을 갖는 그러한 것의 외적 형태 또는 내적 구조를 뜻
한다. 왜냐하면 합목적성이란 우연적인 것 그 자체의 합법칙성이기 때문
이다. 자연은 집합으로서의 자기 산물들에 관해서는 **기계적으로, 즉 순
전한 자연으로서** 처리해나간다. 그러나 체계로서의 자기 산물들, 예컨대
결정〔結晶〕체들, 꽃들의 온갖 형태들, 또는 식물과 동물의 내적 구조에
XX218 관해서는 **기술적으로**, 다시 말해 동시에 **기예**로서 처리해간다. 자연존재
자들을 판정하는 이 두 방식의 구별은 순전히 **반성적** 판단력에 의해서만
만들어진다. (이성의 원리들 아래에 있는) **규정적** 판단력이 객관들 자체의
가능성과 관련하여 용인하지 않으며, 아마도 모든 것을 기계적 설명방식
으로 환원하고 싶어 하는 것을 반성적 판단력은 능히 일어나게 할 수 있
으며, 아마도 일어나게 하지 않을 수 없다. 무릇, 객관적 원리들에 따르
는 이성의 과업인 현상에 대한 **설명**은 **기계적**이고, 그 대상에 관한 반성
의 주관적 원리들에 따르는 그 대상에 대한 **판정**의 규칙은 **기술적**인바,
이 양자는 능히 양립할 수 있는 것이다.

그런데 자연의 보편적 법칙들을 특수화하는 데에서의 자연의 합목적성이라는 판단력의 원리는 결코, 그 원리로부터 **그 자체로 합목적적인 자연형식들**의 산출을 추론하는 데에까지는 미치지 못한다. (왜냐하면 합목적적 자연형식들 없이도, 판단력이 요청할 근거를 가졌던, 경험적 법칙들에 따르는 자연의 체계는 가능하기 때문이다.) 그리고 이러한 합목적적인 자연형식들은 오로지 경험을 통해서만 주어지지 않으면 안 된다. 그럼에도

불구하고, 우리는 일단 특수한 법칙들 안에 있는 자연의 근저에 합목적성의 원리를 둘 근거를 가지고 있기 때문에, 우리에게 경험이 자연의 산물들에서 합목적적인 형식들을 보여줄 때에는, 언제나 이 합목적적인 형식들을 자연의 근저에 있는 합목적성이 의거함직한 것과 똑같은 근거에 귀속시키는 것이 **가능**하며, 또한 허용되는 것이다.

비록 이 근거 자신은 초감성적인 것 중에 있고, 우리에게 가능한 자 H24
연통찰들의 권역을 벗어나 있을지도 모르지만, 우리는 경험에서 발견되는 자연형식들의 합목적성을 위해 자연의 합목적성이라는 초월적 원리를 판단력 가운데 준비해둠으로써 이미 얻은 바가 있었다. 이 초월적 원리는 비록 그러한 형식들의 가능성을 설명하는 데 충분하지는 못하지만, 그럼에도 적어도 합목적성이라는 개념처럼 그렇게 특수한 개념을 자연과 자연의 합법칙성에 대하여 적용하는 것을 허용한다. 물론 이 특수한 개념은 객관적인 자연개념일 수가 없고, 한낱 한 마음의 능력[16]과 자연의 주관적 관계에서 얻어온 것이지만 말이다.

VII. XX219

자연의 기술이라는 이념의 근거로서의 판단력의 기술에 대하여

판단력은, 위에서 지적한 바처럼, 기계적인 자연필연성 외에 자연에서 또한 합목적성도 생각하는 것을 비로소 가능하게 하고, 심지어 필연적이게끔 한다. 이러한 합목적성의 전제 없이는 경험적 법칙들에 따르는 특수한 형식들의 일관된 분류에서의 체계적 통일이 가능할 수 없을 터이다. 맨 먼저 지적된 바는, 저 합목적성의 원리는 단지 자연을 구분하고 특수화하는 주관적 원리일 뿐이므로, 그것은 자연산물들의 형식들에 관해서는 아무것도 규정하지 않는다는 것이다. 그러므로 이렇게 해서 이러

16) 곧, 판단력.

한 합목적성은 한낱 개념으로 머무를 터이고, 경험에서 판단력의 논리적 사용의 근저에는, 자연의 경험적 법칙들의 면에서, 자연의 통일이라는 하나의 준칙이 자연의 객관들에 관한 이성사용을 위해서 놓여 있기는 하겠지만, 이러한 특수한 종류의 체계적 통일에 의해서는, 곧 목적의 표상에 따르는 체계적 통일에 의해서는 자연에서 어떠한 대상도 이 대상의
H25 형식에 대응하는 산물로서 주어지지 않을 터이다.—이제 나는 자연의 산물들이 목적들이라는 형식의 관점에서 자연의 **인과성**[원인성]을 자연의 **기술**이라고 부르겠다. 자연의 기술은, 합일하는 방식의 기초에 놓여 있는 개념 없이 다양한 것을 결합하는 인과성에서 성립하는 자연의 기계조직과 대립되는 것이다. 이것은 우리가, 하나의 목적을 지향한 효과를 그 목적의 기초에 놓여 있는 이념 없이도 거둘 수 있는 어떤 기중기들, 예컨대 지렛대, 경사면을 기계라고 부르겠으나, 기예작품이라고는 부르지 않으리라는 것과 거의 마찬가지이다. 왜냐하면, 이런 것들은 목적들을 위해 사용될 수는 있으나, 순전히 목적들과 관계해서만 가능한 것들은 아니기 때문이다.

이제 여기서 제기되는 첫 번째 물음은, "어떻게 해서 자연의 기술이 자연의 산물들에서 **지각**되는가?" 하는 것이다. 합목적성이라는 개념은
XX220 경험의 구성적 개념이 전혀 아니고, 객관의 경험적 **개념**에 속하는 현상의 규정이 아니다. 왜냐하면 그것은 범주가 아니니 말이다. 판단력이, 어떤 주어진 객관의 경험적 직관에 관해 그 직관을 어떤 개념—어떠한 개념인가는 규정되어 있지 않지만—에 보내기 위해서 반성하는 것이든, 아니면 경험개념 자체에 관해 그 경험개념이 함유하고 있는 법칙들을 공통의 원리들에게로 보내기 위해서 반성하는 것이든, 어쨌든 어떤 주어진 객관에 관해서 한낱 반성하는 것인 한에서, 우리는 우리의 판단력에서 합목적성을 지각한다. 그러므로 **판단력**은 본래 기술적이다. 자연은 판단력의 저러한 수행방식에 합치하고 그러한 수행방식을 필연적이게끔 하는 한에서만 기술적인 것으로 표상된다. 우리는 금방, 표상들의 합목적

성에 대한 내적 지각을 가능하게 하는 반성적 판단력 개념이 어떻게 또한 이 개념 아래 함유되어 있는 것으로서의 객관의 표상에도 적용될 수 있는가를 보일 것이다.※

곧 모든 경험적 개념에는 자기활동적인 인식능력의 세 가지 행위, 즉 1.직관의 잡다의 **포착**(捕捉), 2.이 잡다를 한 대상 개념에서 의식하는 **총괄**, 다시 말해 종합적 통일(總括的 統覺), 3.이 개념에 대응하는 대상의 직관에서의 **현시**(展示)가 필요하다. 첫째 행위를 위해서는 상상력이, 둘째 행위를 위해서는 지성이, 셋째 행위를 위해서는 판단력이 요구되는 H26
바[17], 경험적 개념이 문제가 될 때 이 판단력은 규정적 판단력이 되겠다.

그러나 어떤 지각에 관한 순전한 반성에서는, 개념들의 능력인 지성을 위해 어떤 지각을 반성하는 개념이 문제가 아니라, 도대체가 단지 규칙이 문제이므로, 사람들이 능히 알 수 있는 바는, 순전히 반성적인 판단에서 상상력과 지성은 그것들이 판단력 일반에서 서로 대립해 있을 수밖에 없는 관계에서, 그것들이 어떤 주어진 지각에서 실제로 맺고 있는 관계와 비교하여, 고찰된다는 사실이다.

무릇 경험적 직관에서 주어진 객관의 형식이, 상상력에서의 그 객관의 잡다의 **포착**과 지성의 개념—어떤 개념인가는 규정되어 있지 않지만 XX221
—의 **현시**가 합치하는 그런 성질의 것이라면, 순전한 반성에서 지성과 상상력은 합치하여 교호적으로 각자의 과업을 촉진하며, 그 대상은 한낱 판단력에 대해서만 합목적적인 것으로 지각되고, 그러니까 합목적성 자체도 한낱 주관적인 것으로 여겨진다. 도대체가 합목적성을 위해서는 객관에 대한 어떤 규정된 개념이 전혀 요구되지도 않고, 또한 합목적성을

※ 사람들은, 우리가 목적인들을 사물들 속에 집어넣는 것이지, 말하자면 그것들을 사물들의 지각으로부터 끄집어내는 것이 아니라고 말한다.

17) 이 대목의 서술은 본서의 상상력에 대한 규정: "(포착의 능력과 동일한 것인) 개념들의 현시의 능력"(B132=V279), "직관들의 내지는 현시들의 능력(다시 말해, 상상력)"(B146=V287)과 관련하여 주의 깊게 해석되어야 한다.

통해 어떤 규정된 개념이 산출되지도 않으며, 그 판단 자신은 인식판단이 아니다. —그러한 판단은 **미감적 반성-판단**이라고 일컫는다.

그에 반해, 이미 경험적 개념들과 자연의 기계성에 따라 그러한 법칙들이 주어져 있다면, 그리고 판단력이 그러한 지성개념을 이성 및 하나
H27 의 체계를 가능하게 하는 이성의 원리와 비교할 경우, 이러한 형식이 그 대상에서 마주쳐지면, 합목적성은 **객관적**인 것으로 판정되고, 사물은 **자연목적**이라고 일컬어진다. 그 전에는 단지 사물들이 미규정적-합목적적 **자연형식들**로 판정되었을 뿐인데 말이다. 자연의 이러한 객관적 합목적성에 관한 판단은 **목적론적**이라고 일컬어진다. 그것은 하나의 **인식판단**이지만, 그럼에도 단지 반성적 판단력에 속할 뿐, 규정적 판단력에 속하지는 않는다. 왜냐하면 도대체가 자연의 기술이라는 것은 한낱 **형식적**이든 **실재적**이든 단지 사물들과 우리 판단력과의 관계일 뿐이며, 자연의 합목적성이라는 이념은 판단력에서만 마주칠 수 있고, 또 이 이념은 한낱 우리의 판단력과의 관계에서만 자연에 부가되는 것이기 때문이다.

VIII.
판정능력의 미(감)학에 대하여

감성적/미감적 **표상방식**이라는 표현은, 그것에서 표상의 대상—현상으로서의—과의 관계가 그 대상의 인식을 위한 것으로 이해된다면, 전혀 애매하지가 않다. 왜냐하면 그때 '**감성적/미감적**'이라는 표현은, 그러한 표상에는 (주관이 촉발되는 방식인) 감성의 형식이 필연적으로 부수하며, 그래서 이 감성의 형식은 불가피하게 객관에 그러나 오직 현상으로서의—옮겨진다는 것을 의미하기 때문이다. 그래서 초월적 감성학이
XX222 인식능력에 속하는 학문으로서 있을 수 있었다.[18] 그러나 한참 전부터,

---

18) 『순수이성비판』, A19=B33 이하, 「초월적 감성학」 참조.

어떤 표상의 인식능력과의 관계가 아니라, 쾌 · 불쾌의 감정과의 관계를 의미하는 경우에도 어떤 표상방식을 미감적, 다시 말해 감성적이라고 일컫는 습관이 생겼다. 그런데 우리는 흔히 이 〔쾌 · 불쾌의〕 감정을 (이 명칭에 맞게) 또한 감〔각〕(즉 우리 〔마음〕상태의 변양)이라고 부르고 있다. 왜냐하면 우리에게는 다른 표현이 없기 때문이다. 그럼에도 이 감〔각〕은 그것의 규정이 어떤 대상의 **인식**을 위해 사용될 객관적 감〔각〕이 아니다. H28 (왜냐하면 어떤 것을 쾌감으로써 직관한다거나, 그렇지 않으면 인식한다는 것은 표상과 객관과의 순전한 관계가 아니라, 주관의 감수성이기 때문이다.) 그것은 대상들의 인식에는 전혀 아무것도 기여하지 못하는 감〔각〕이다. 바로, 감정의 모든 규정들은 한낱 주관적 의미를 가질 뿐이기 때문에, 가령 인식능력의 감성학이 있는 것처럼, 그렇게 학문으로서 감정의 감성학/미(감)학이 있을 수는 없다. 그러므로 감성적/미감적 표상방식이라는 표현에는, 만약 사람들이 그 표현으로 때로는 쾌 · 불쾌의 감정을 일으키는 표상방식을 뜻하고, 때로는 우리들로 하여금 단지 현상으로서의 대상들만을 인식하도록 하는 감성적 직관이 그 속에서 마주쳐지는 한에서의 인식능력에만 관계하는 표상방식을 뜻한다면, 언제나 불가피한 애매성이 남는다.

그럼에도 이 애매성은, 만약 사람들이 '미감적〔감성적〕'이라는 표현을 직관에 대해서도, 더욱이 지성의 표상들에 대해서도 사용하지 않고, 오로지 **판단력**의 행위들에 대해서만 사용한다면, 제거될 수 있다. **미감적**〔감성적〕 **판단**이란, 만약 사람들이 그것을 객관적 규정을 위해 사용하고자 한다면, 현저하게 모순적이 될 터이므로, 이 표현〔의 사용〕에서 오해는 충분히 방지된다. 왜냐하면 직관들은 감성적일 수 있지만, **판단하는 것**은 단적으로 오직 (넓은 의미에서의) 지성에만 속하고, 미감적으로 또는 감성적으로 **판단한다**는 것은, 이것이 대상의 **인식**이어야 하는 한에서, 그 자체로 모순이기 때문이다. 그런 경우에는 감성이 지성의 과업에 간섭하고, (竊取의 惡行을 통해) 지성에게 잘못된 방향을 정해주는 것이니 말이다. 오히려 **객관적** 판단은 언제나 오직 지성에 의해 내려지는 것

XX223 이고, 그런 한에서 미감적〔감성적〕이라고는 일컬어질 수 없는 것이다. 그
H29 래서 인식능력에 대한 우리의 초월적 감성학은 능히 감성적 직관들에 대해서 얘기할 수 있었지만, 결코 미감적〔감성적〕 판단들에 대해서는 얘기할 수 없었다. 왜냐하면 초월적 감성학은 오직 객관을 규정하는 인식판단들만을 문제 삼으므로, 그 판단들은 모두 논리적이지 않으면 안 되기 때문이다. 그러므로 하나의 객관에 관한 미감적〔감성적〕 판단이라는 명칭에 의해 곧장 지시되는 바는, 어떤 주어진 표상이 하나의 객관과 관계 맺고는 있지만, 그 판단에서는 객관이 규정되는 것이 아니라 주관과 주관의 감정이 규정되는 것으로 이해된다는 사실이다. 무릇 판단력에서 지성과 상상력은 서로 대립적인 관계에서 고찰되고, 또 이러한 관계는 (판단력의 초월적 도식기능에서 그랬던 것처럼) 처음에는 객관적으로, 즉 인식에 속하는 것으로, 고찰될 수 있기는 하지만, 이 두 인식능력의 어느 하나가 다른 것을 동일한 표상에서 촉진하거나 방해하고, 그렇게 함으로써 **마음의 상태**를 촉발하는 한에서, 사람들은 두 인식능력의 이러한 관계를 한낱 주관적으로도 고찰할 수 있고, 그러므로 **감각될 수 있는** 관계로 고찰할 수도 있기—이런 경우는 다른 인식능력을 격리해서 사용할 때는 생기지 않는다—때문이다. 그런데 이 감각은 객관의 감성적 표상은 아니지만, 그럼에도 불구하고 주관적으로는 판단력에 의한 지성개념들의 감성화와 결합되어 있으므로, 이 감각은 저 능력[19]의 어떤 작용에 의해 촉발되는 주관의 상태의 감성적 표상으로서 감성에 집어넣을 수가 있으며, 또 판단작용이 (곧 객관적으로) (상위 인식능력 일반으로서의) 지성의 행위이지 감성의 행위가 아님에도, 판단은 (그 규정근거의 면에서가 아니라, 주관적 작용결과의 면에서) 미감적이라고, 다시 말해 감성적이라고 부를 수 있다.

모든 **규정적 판단**은 **논리적**이다. 그 판단의 술어는 주어진 객관적 개념이니 말이다. 그러나 어떤 주어진 개별적 대상에 관한 한낱 **반성적**인

---

19) 곧, 판단력.

판단은 **미감적일 수 있다.** (그 주어진 개별적 대상과 다른 대상과의 비교에 아직 주목하기 전에) 주어진 직관에 대하여 어떠한 개념도 준비하고 있지 않은 판단력이 (한낱 대상을 포착하는) 상상력을 (개념 일반을 현시하는) 지성 H30
과 대조하여, 판단력의 객관적 사용의 주관적인 한낱 감각될 수 있는 조건 (곧 저 두 능력들 상호간의 부합) 일반을 이루는, 두 인식능력의 관계를 XX224
지각하는 경우에 말이다. 그러나 또한 미감적 감관판단이라는 것도 가능하다. 곧, 예컨대 '이 포도주는 쾌적하다'는 판단에서처럼, 판단의 술어가 전혀 인식능력에 속하지 않아서, 그 술어가 전혀 객관의 개념**일 수가 없을** 경우에 그러하다. 무릇 이런 경우에 술어는 표상이 직접적으로 쾌의 감정과 관계 맺고 있음을 표현하고 있지, 인식능력과 관계 맺고 있음을 표현하는 것이 아니다.

그러므로 미감적 판단은 일반적으로, 그 술어가 결코 인식(즉 객관에 대한 개념)일 수 없는 그러한 판단이라고 설명할 수 있다. (비록 미감적 판단이 인식 일반을 위한 주관적 조건들을 함유하고 있을지라도 말이다.) 그러한 판단에서 규정근거는 감각이다. 그런데 결코 객관에 대한 개념이 될 수가 없는 감각이라고 부르는 것은 단 하나뿐으로, 이 감각은 쾌·불쾌의 감정이다. 이 감각은 한낱 주관적이다. 이에 반해 여타의 모든 감각들은 인식을 위해 사용될 수 있는 것이다. 그러므로 미감적 판단은 그 규정근거가 쾌·불쾌의 감정과 직접 결합되어 있는 감각 중에 놓여 있는 그러한 판단이다. 미감적 감관-판단에서 쾌·불쾌의 감정은 대상의 경험적 직관에 의해 직접적으로 만들어내지는 감각이지만, 미감적 반성판단에서는 판단력의 두 인식능력들, 즉 상상력과 지성의 조화로운 유희를 주관 안에 일으키는 감각이다. 이때 주어진 표상에서 한쪽[20]의 포착능력과 다른 쪽[21]의 현시능력은 교호적으로 촉진적이며, 그러한 경우에 이 관계

20) 곧, 상상력.

21) 곧, 지성. 단 이렇게 해석할 때, 앞의 XX220=H25에서의 지성 규정, 그리고 『판단력비판』 본서 B132=V279, B146=V287에서의 상상력 규정에 주의를 기울여야 한다.

는 이러한 순전한 형식을 통해 감각을 일으키는바, 이 감각이 판단의 규
H31 정근거이고, 그 때문에 판단은 감성적/미감적이라고 일컬어지며, 주관적 합목적성으로서 (개념 없이) 쾌의 감정과 결합되어 있는 것이다.

미감적 감관판단은 질료〔실질〕적 합목적성을 함유하고, 반면에 미감적 반성판단은 형식적 합목적성을 함유한다. 그러나 전자는 인식능력과는 전혀 관계하지 않고, 직접 감관을 통해 쾌의 감정과 관계하므로, 후자만이 판단력의 특유한 원리들 위에 기초하고 있는 것으로 볼 수 있다. 곧 어떤 주어진 표상에 관한 반성이 (판단의 규정근거로서의) 쾌의 감정에 선
XX225 행할 경우, 주관적 합목적성은 그것의 결과에서 **감각되기** 전에 **사고된다**. 그리하여 미감적 판단은 그런 한에서, 곧 그것의 원리들의 면에서, 상위의 인식능력, 그것도 판단력에 속하며, 이 판단력의 주관적이면서도 보편적인 조건들 아래에 대상의 표상이 포섭되는 것이다. 그러나 판단의 한낱 주관적인 조건은 그 판단의 규정근거에 대한 어떠한 규정된 개념도 허용하지 않기 때문에, 이 규정근거는 오직 쾌의 감정에서만 주어질 수 있고, 그렇게 되어, 미감적 판단은 언제나 반성판단이다. 이에 반해, 판단력 안에 통합되어 작용하는 인식능력들[22]과 그 표상의 비교를 전제하지 않는 그러한 판단은 미감적 감관판단으로, 이 미감적 감관판단도 주어진 표상을 (그러나 판단력과 그 원리를 매개로 하지 않고서) 쾌의 감정과 관계시킨다. 이 상이성[23]을 결정하는 징표는 비로소 본론에서 제시될 수 있을 것인데, 그 판단의 보편적 타당성과 필연성에 대한 요구주장에 있다.[24] 왜냐하면, 만약 미감적 판단이 그와 같은 징표를 지니고 있다면, 이 판단은 자기의 규정근거가 **한낱** 쾌 · 불쾌의 **감정에만** 있는 것이 아니라, **동시에** 상위의 인식능력들, 특히 이 경우에는 판단력의 **규칙에도** 있을 수밖에 없다는 것을 주장하고 있는 것이기 때문이다. 그러므로 판단

22) 곧, 상상력과 지성.

23) 곧, 미감적 반성판단과 미감적 감관판단의 상이성.

24) 곧, 『판단력비판』 본서의 §8과 §18.

력은 반성의 조건들에 관해서 선험적으로 법칙수립적이며, **자율**을 증명 H32
한다. 그러나 이 자율은 (자연의 이론적 법칙들에 관한 지성의 자율이나, 자유의 실천적 법칙들에서의 이성의 자율과 같이 그렇게) 객관적으로, 다시 말해 사물들이나 가능한 행위들의 개념들에 의해 타당한 것이 아니라, 한낱 주관적으로만, 감정으로부터 나온 판단에 대해서만, 타당한 것이다. 〔그러하되〕 이러한 판단도 보편타당성을 요구주장할 수 있는 한에서 자기의 기원이 선험적 원리들에 기초하고 있음을 증명한다. 이러한 법칙수립을 사람들은 본래 **자기자율**이라고 불러야만 할 것이다. 여기서 판단력은 자연이나 자유에게가 아니라, 오로지 자기 자신에게 법칙을 수립하는 것으로, 객관들의 개념들을 만들어내는 능력이 아니라, 단지 다른 곳에서 자기에게 주어진 개념들과 눈앞에 나타나는 사례들을 비교하고, 이러한 결합을 가능하게 하는 주관적인 조건들을 선험적으로 제시하는 능력이니 말이다.

바로 이로부터 또한 이해할 수 있는 바는, 왜 판단력은 그 자신만으로, (기초에 놓인 객관의 개념 없이), 한낱 반성적인 판단력으로서 하는 행위에서, 주어진 표상을 그것을 의식하고 있는 자기 자신의 규칙에 관계
시키는 대신에, 반성을 직접적으로, 모든 감각들과 마찬가지로, 항상 쾌 XX226
또는 불쾌를 수반하는 감각에만 관계시키는가 하는 것이다. (이런 일은 다른 상위의 인식능력에서는 일어나지 않는 것이다.) 왜냐하면, 곧 이 규칙 자신이 단지 주관적인 것일 뿐이고, 또 이 규칙과의 합치도 단지 역시 한낱 주관과의 관계만을 표현하는 것에서만, 곧 그 판단의 징표이자 규정근거인 감각에서만 인식될 수 있을 뿐이기 때문이다. 그래서 이 판단은 또한 미감적이라고 일컬어지고, 그러니까 우리의 모든 판단들은 상위 인식능력의 순서에 따라 **이론적** 판단, **미감적** 판단, **실천적** 판단으로 구분될 수 있으며, 이때 미감적 판단이란 상위 인식능력인 판단력의 원리와 관계맺고 있는 반성판단들만을 의미한다. 이에 반해 미감적 감관판단들은 단지 표상들의 내감과의—내감이 감정인 한에서—관계만을 직접 다룰 뿐

이다.

H33 주해

이제 여기서 특히, 쾌란 대상의 **완전성**의 감성적 표상이라는 설명[25)]을 조명할 필요가 있다. 이러한 설명에 따르면 미감적 감관판단이나 반성판단은 항상 객관에 대한 인식판단일 터이다. 왜냐하면 완전성은 대상의 개념을 전제하는 규정이기 때문이다. 그러므로 이 규정에 의해서 대상에다 완전성을 부가하는 판단은 다른 논리적 판단들과 전혀 구별되지 않는다. 구별된다면, 사람들이 감히 주장하듯이, 가령 개념들에 부수하는 혼란성—이 혼란성을 사람들은 부당하게도 감성이라고 부르려 한다[26)]—에 의해서나 이루어질 것이다. 그러나 혼란성은 절대로 판단들의 어떠한 종차도 이룰 수 없는 것이다. 만약 그렇지 않다면, 무한히 많은 지성판단들뿐만 아니라 심지어 이성판단들도 미감적〔감성적〕이라고 일컬어지지 않을 수 없을 것이니 말이다. 왜냐하면, 이런 판단들에서 하나의 객관은 혼란된 개념에 의해 규정되기 때문이다. 예컨대 법〔옳음〕과 불법〔그름〕에 관한 판단들에서처럼 말이다. 법〔옳음〕이 무엇인가에 대해 분명한 개념을 가진 사람은 (심지어 철학자들조차도) 거의 없다.※ 완전성의 감

※ 사람들이 일반적으로 말할 수 있는바, 사물들은 순전히 그 정도의 증감에 의해 다른 것으로 이행하는 질에 의해서는 결코 **종적으로-상이한** 것으로 간주되어서는 안 된다는 것이다. 그런데 개념들의 분명성과 혼란성의 구별에
XX227 서 관건은 오로지, 그 개념들을 향해 있는 주의의 도량에 따른, 징표들에 대한 의식의 정도이다. 그러니까 그런 한에서 하나의 표상방식은 다른 표상방식과 종적으로 상이한 것이 아니다. 그러나 직관과 개념은 서로 종적으로 구별되는 것이다. 왜냐하면 이것들은 서로 이행하지 않기 때문이다. 즉 양자의

---

25) 『판단력비판』 본서 §15 참조.

26) Leibniz, *Meditationes de cognitione, veritate et ideis* 참조. 칸트는 라이프니츠-볼프 학파가 직관(=감성)적 인식과 개념(=지성)적 인식을 뒤섞은 점을 비판한다.

성적 표상이란 명백한 모순이다. 그리고 만약 잡다한 것이 하나로 부합 XX227
함을 완전성이라고 일컬어야 한다면, 그러한 부합이란 개념에 의해서 표 H34
상될 수밖에는 없을 것이며, 그렇지 않으면 그 부합은 완전성이라는 이름을 얻을 수 없을 것이다. 만약 사람들이, 쾌와 불쾌는 (단지 자기의 개념들을 의식하지 못한) 지성에 의한 사물들의 한갓된 인식에 불과하고, 쾌와 불쾌가 우리에게 단지 한갓된 감각들인 것으로 보일 뿐이라고 하고자 한다면, 사람들은 이 쾌와 불쾌에 의한 사물들의 판정을 미감적(감성적)이라고 불러서는 안 되고, 어디서나 지성적이라고 불러야 할 것이며, 감관들은 근본적으로는 다름 아니라 (비록 자기 자신의 행위들을 충분히 의식하지 못한 채로 이기는 하지만) 판단하는 지성일 것이며, 미감적 표상방식은 논리적 표상방식과 종적으로 구별되지 않을 것이다. 그리하여 이 양자의 경계를 명확하게 긋는 것은 불가능할 것이므로, 이러한 명칭의 차이는 전혀 쓸모가 없을 터이다. (세계의 사물들에 대한 이러한 신비한 표상방식은 개념들 일반과 구별되는 어떠한 직관도 감성적인 것으로 승인하지 않으며, 그럴 경우 이러한 표상방식에는 직관하는 지성[28] 이외에는 아무것도 남지

의식과 양자의 징표들의 의식은 제아무리 증감한다 해도 서로 이행하지 않는다. 무릇 (예컨대, 법의 개념과 같은) 개념들에 의한 표상방식이 최고로 불분명해도 그것은 여전히 그 기원이 지성 안에 있음에 관해서는 개념들의 종차를 남기며, 또 직관이 최고로 분명해도 그것이 직관을 조금도 개념에 접근시키는 것은 아니다. 직관의 표상방식은 감성 안에 그 자리를 가지고 있기 때문이다. 또한 논리적 분명성은 미감적/감성적 분명성과 천양지차가 있으며, 그리하여 우리가 대상을 전혀 개념들에 의해 표상화하지 않을지라도, 다시 말해서 그 표상이 직관으로서 감성적일지라도, 미감적/감성적 분명성은 생기는 것이다.[27]

---

27) 『순수이성비판』, A43=B60 이하의 유사한 논변 참조.

28) 칸트의 '논변적인 지성'과 '직관적인 감성'의 엄격한 종적 구별에 대해서는 『판단력비판』 본서 §77과 『순수이성비판』, A51=B75 이하 참조. 그리고 인간에게는 '직관적 지성' 또는 '지성적 직관'은 불가능하며, 오로지 '논변적 지성'과 "파생적"인 것으로서의 '감성적 직관'만이 가능하다는 논변은 『순수이성비판』, B72 참조.

않을 터인데, 이러한 신비한 표상방식에 대해서 이 자리에서 언급할 말은 아무 것도 없다.)

여전히 사람들은 다음과 같은 물음을 제기할지도 모르겠다. 즉 자연의 합목적성이라는 우리의 개념은 **완전성**이라는 개념이 말하는 것과 똑같은 것이 아닌가, 그러므로 주관적 합목적성의 경험적 의식이나 어떤 대상들에서의 쾌의 감정이나, 몇몇 사람들이 쾌 일반을 그렇게 설명하고자 하듯이, 완전성의 감성적 직관이 아닌가?

XX228 이에 대한 나의 대답은 이렇다. 즉 **완전성**이란, 여럿이 모여서 하나를 이루는 한에서, 이 여럿의 순전한 완벽성으로서, 하나의 존재론적 개념으로, 이 개념은 (하나의 집합에서의 잡다의 병렬관계에 의해서나, 동시에 하나의 계열에서의 근거와 귀결로서의 잡다의 종속관계에 의해서) 합성된 것의 전체성(모두)의 개념과 한 가지이며, 쾌 또는 불쾌의 감정과는 조금도 관계가 없다.[29] 어떤 사물의 잡다를 그 사물의 개념에 관계시킴에 있어서의

H35 의 사물의 **이러한** 완전성은 단지 형식적인 것이다. 그러나 내가 (하나의 사물에 그 사물의 동일한 개념 아래 여럿이 있을 수 있는 것 중에서) **하나의** 완전성에 대해 얘기할 때에는, 언제나 하나의 목적으로서의 어떤 것의 개념이 기초에 놓여 있고, 잡다의 하나로의 부합이라는 저 존재론적 개념은 이 목적에 적용되는 것이다. 그러나 이 목적이 언제나 객관의 실존에 대한 쾌를 전제하거나 포함하는 실천적 목적이어야만 하는 것은 아니고, 이러한 목적은 기술에도 속할 수가 있으며, 그러므로 한낱 사물들의 가능성에만 관계하고, 이러한 목적은 사물에서의 **잡다의 그 자체로는 우연적인 결합의 합법칙성**이다. 하나의 정육각형이 가능하다고 할 때에 사람들이 필연적으로 생각하는 합목적성이 하나의 실례가 될 수 있을 것이다. 똑같은 여섯 개의 선들이 하나의 평면상에서 바로 똑같은 각도로 접합한다는 것은 전적으로 우연한 일이다. 왜냐하면 이러한 합법칙적인 결

29) 이에 대한 Wolff의 논변에 대한 칸트의 비판은 「인간학 강의」 Pillau: XXV, 785 참조.

합은 원리로서 그러한 결합을 가능하게 하는 하나의 개념을 전제하기 때문이다. 그런데 자연의 사물들에서 (특히 유기적 존재자들에서) 관찰되는 그와 같은 객관적 합목적성은 객관적이고 질료〔실질〕적인 것으로 생각되며, 필연적으로 (실제적인 것이든 꾸며낸 것이든) 자연의 목적이라는 개념을 동반하는바, 이 자연의 목적이라는 개념과의 관계에서 우리는 사물들에게 또한 완전성을 부가한다. 이러한 사물들에 관한 판단은 목적론적이라고 일컬어지며, 전혀 쾌의 감정을 동반하지 않는바, 그것은 이 쾌를 일반적으로 순전한 인과-결합에 관한 판단에서 찾아서는 전혀 안 되는 것과 마찬가지이다.

그러므로 도대체가 객관적 합목적성으로서의 완전성의 개념은 쾌의 감정과는 전혀 아무런 상관이 없으며, 또 이 쾌는 저 완전성의 개념과는 전혀 아무런 상관이 없다. 완전성의 판정에서는 반드시 객관의 **개념**이 필요하지만, 그에 반해 쾌에 의한 판정에서는 그러한 개념은 전혀 불필요하고, 순전한 경험적 직관이 쾌를 만들어줄 수 있다. 그에 반해 어떤 객관의 주관적 합목적성의 표상은 쾌의 감정과 한가지이기조차 하며—
이를 위해서는 목적관계라는 추상적 개념도 필요하지 않다—그래서 이 H36
주관적 합목적성과 저 객관적 합목적성 사이에는 매우 큰 간극이 있다. XX229
무릇, 주관적으로 합목적적인 것이 과연 객관적으로도 그러한가 하는 문제를 위해서는 실천철학에 대해서뿐만 아니라, 자연의 기술이든 기예의 기술이든, 기술에 대해서도 매우 광범위한 연구가 필요하다. 다시 말해 어떤 사물에서 완전성을 발견하기 위해서는 이성이 필요하고, 쾌적함을 발견하기 위해서는 순전한 감관이 필요하며, 사물에서 미를 만나기 위해서는 주어진 표상에 관한 (일체의 개념을 떠난) 순전한 반성만이 필요한 것이다.

그러므로 미감적 반성능력은 대상의 (완전성에 관해서가 아니라) 단지 주관적 합목적성에 관해서만 판단한다. 여기서 제기되는 물음은, 그때 감각된 쾌 또는 불쾌를 **매개로 해서**만 판단하는가, 아니면 이 쾌 또는 불쾌에 **관해서**조차도 판단하여, 그 판단이 동시에, 대상의 표상과 쾌 또는 불쾌가 결합되어 있을 **수밖에 없게**끔 규정하는가 어떤가 하는 것이다.

위에서 이미 언급했듯이, 이 물음은 여기서 아직 충분하게 결정될 수 없다. 과연 이런 종류의 판단들이, 어떤 선험적인 규정근거에서 도출된다는 자격을 주는 보편성과 필연성을 지니고 있는가 어떤가 하는 문제는 이런 종류의 판단들에 대한 본론에서의 해설[30]에서 무엇보다도 먼저 밝혀지지 않으면 안 되는 것이다. 이 경우에 판단은 쾌 또는 불쾌의 감각을 매개로 해서이기는 하지만, 그럼에도 동시에 이 감각을 주어진 표상과 결합시키는 규칙의 보편성에 관해서도 선험적 인식능력(곧 판단력)에 의해 무엇인가를 규정할 터이다. 그에 반해 판단이, (인식판단도 아니고 반성판단도 아닌) 미감적 감관판단이 그런 경우이듯이, (인식원리의 매개 없이) 표상의 감정과의 관계밖에는 함유하지 않는다면, 모든 미감적 판단들은 한낱-경험적 분과에 속하게 될 것이다.

또한 미리 주의해둘 수 있는 바는, 인식으로부터 쾌 · 불쾌의 감정으로의 이행은 대상들의 **개념들**—이것들이 저 인식과 관계 맺고 있는 한
H37 에서—**에 의해서는** 생기지 않는다는 점과, 그러므로 사람들은 어떤 주어진 표상이 마음에 미치는 영향을 선험적으로 규정하려고 기대해서는 안 된다는 점이다. 우리가 일찍이 실천 이성 비판에서[31], 의욕의 보편적 합법칙성의 표상은 동시에 의지를 규정하면서, 그를 통해 또한 존경의 감정을 일깨우지 않으면 안 된다는 것을 우리의 도덕 판단들 안에, 그것도 선험적으로 함유되어 있는 법칙으로서 주목하였으나 그럼에도 이
XX230 러한 감정을 개념들로부터는 도출할 수 없었다. 그와 마찬가지로, 미감적 반성판단도, 그것을 분해해보면, 그 안에 함유되어 있는, 선험적 원리에 의거하고 있는 개념, 즉 객관들의 개념의 형식적인 그러나 주관적인 합목적성 개념을 명시해줄 것이며, 이 합목적성 개념은 근본적으로는 쾌

30) 곧, 『판단력비판』 본서 §30 이하, '순수 미감적 판단들의 연역'.

31) 『실천이성비판』, '순수 실천 이성의 동기들'(A126=V71 이하) 참조.

의 감정과 한가지이지만, 어떤 개념으로부터도 도출될 수 없는 것이다. 그럼에도 불구하고, 표상력이 어떤 대상에 관한 반성에서 마음을 촉발할 때는, 이 표상력은 저러한 합목적성의 가능성 일반과 관계를 가진다.

이 감정이 감관감각에 수반하는가, 또는 반성에 수반하는가, 또는 의지의 규정에 수반하는가 하는 구별을 도외시하고, 일반적으로 고찰하면 이 감정의 설명은 초월적일 수밖에 없다.※ 이 설명이 말하는 바는 곧

※ 사람들이 경험적인 원리들로 사용하는 개념들이 선험적인 순수한 인식능력과 친족관계에 있다고 추측할 만한 이유를 가지고 있을 때, 그러한 개념들에 대해 하나의 초월적 정의를 시도해보는 일은 유익하다. 그때 사람들은 수학자와 같은 수행절차를 밟는다. 수학자는 자기 과제의 경험적 자료들은 미정으로 남겨두고서, 그 자료의 순전한 종합만을 순수 산술학의 표현〔數式〕들로 가져감으로써 그의 과제의 풀이를 매우 쉽게 한다. 그러나 사람들은 욕구능력에 대한 그와 같은 설명(『실천이성비판』, 머리말, 16면)에 대하여 나에게 이의를 제기하였다. 욕구능력은 **자기의 표상들에 의해 이 표상들의 대상들의 현실성의 원인인 능력**이라고 정의[32)]될 수 없다는 것이다. 그리고 순전한 **소망들**도 욕구들일 터인데, 이것들은 그 객관들을 만들어낼 수 없는 것이라고, 이것들에 대해서 사람들은 분수를 지킨다는 것이 그 이유이다. 그러나 이러한 것은, 욕구능력이 자기 자신과 모순되는 경우에도 욕구능력의 규정들이 있다는 것 이상을 증명하는 것이 아니다. 이것은 물론 경험 심리학에게는 기묘한 현상이다. (가령 선입견이 지성에 미치는 영향이 논리학에는 주목거리인 것처럼 말이다.) 그러나 이러한 현상이, 객관적으로 보아, 욕구능력의 정의에, 곧 욕구능력은, 무엇인가에 의해서 자기의 규정에서 벗어나기 전에, 그 H38
자체로 무엇인가 하는 정의에 영향을 미쳐서는 안 된다. 실제로 인간은 그가 그것을 달성할 수 없다고, 또는 그것이 심지어 절대로 불가능하다는 것을 확 XX231
신하고 있는 어떤 것에 대해서도 매우 강렬하게 그리고 집요하게 욕구할 수가 있다. 예컨대, 이미 일어난 일을 안 일어난 일로 소망한다든지, 우리에게 괴로운 시간이 좀 더 빨리 지나가기를 애타게 욕구한다든지 하는 등 말이다. 도덕을 위해서도 중요한 조항은, 흔히는 소설들에 의해, 때때로는 또한 이 비슷한, 초인적 완전성이나 광신적인 정복〔淨福〕과 같은 신비한 표상들에 의

---

32) 칸트는 『실천이성비판』 초판본(Riga 1788)의 16면(A16=V9)에서 "욕구능력이란 어떤 것의 표상들이 이 표상들의 대상들의 현실성의 원인인 그런 것의 능력이다"라고 정의했다.

이렇다: **쾌**란 그 안에서 어떤 표상이 자기 자신과 부합하는 마음의 **상**
XX231 **태**로서, 이 상태를 순전히 스스로 유지하는 근거이거나—표상에서 서
로 교호적으로 촉진하는 마음의 능력들[34]의 상태는 스스로 유지하는 것
이니 말이다—그 표상의 객관을 만들어내는 근거이다. 전자라면, 그 주
어진 표상에 관한 판단은 미감적 반성판단이다. 그러나 후자라면, 그 판
XX232 단은 미감적-정념적 판단이거나 미감적-실천적 판단이다. 여기서 쉽게
알 수 있는 바는, 쾌나 불쾌는 인식방식이 아니기 때문에 그것 자체만으
로서는 전혀 설명될 수가 없고, 통찰될 것이 아니라 느껴져야 할 것이라
는 것과, 그래서 사람들은 쾌나 불쾌를 하나의 표상이 이 감정을 매개로

해 키워지는 그러한 공허하고 환상적인 욕구들을 단호하게 경계하는 일이다.
그러나 심장을 확장시키기도 하고 오그라들게 만들기도 하는 그러한 공허한
욕망들과 동경들이 마음에 미치는 효과, 마음의 능력들이 쇠잔해짐으로써 일
어나는 마음의 갈증조차도 충분히 증명하는 바는, 마음의 능력들은 실제로
반복적으로 표상들에 의해, 그 객관을 현실화하기 위해, 긴장되지만, 그만큼
자주 마음을 자기의 무능력에 대한 의식에 빠뜨린다는 사실이다. 왜 자연은
우리 안에 공허한 소망이나 동경들—이것들은 확실히 인간의 생에서 중요
H39 한 역할을 하고 있거니와—과 같은 그러한 무익한 힘의 낭비를 위한 소질을
만들어놓았을까 하는 문제에 대한 연구는 인간학에도 중요치 않은 과제가 아
니다. 나에게는 이 점에서도 자연이 다른 모든 점에서와 마찬가지로 그의 조
치를 현명하게 취해둔 것으로 보인다. 왜냐하면 만약 우리가 우리의 힘이 객
관을 만들어내는 데 충분하다는 것을 확신하기 전에는 객관의 표상에 의해서
힘을 소비하는 일이 없도록 규정되어 있다고 한다면, 우리의 힘은 아마 대부
분 이용되지 않은 채로 남아 있을 것이기 때문이다. 무릇 우리는 보통 우리의
힘을 시험해봄으로써만 우리의 힘들을 알게 된다. 그러므로 자연은 힘의 규
정을 객관의 표상과 아직 〔우리가〕 우리의 능력을 알기에 앞서 결합하여놓았
고, 이 우리의 능력은 자주, 마음 자신에게 처음에는 공허한 소망으로 보였던
바로 이러한 노력에 의해 비로소 발휘되는 것이다. 무릇 이러한 본능을 제한
하는 일은 지혜의 의무이지만, 이러한 본능을 근절하는 것은 지혜가 결코 성
공할 수 있는 일도 아니고, 지혜에게 결코 요구되는 일도 아니다.[33]

---

33) 『판단력비판』 본서의 서론, III장 주(BXXII=V177 이하) 비교 참조.
34) 곧, 상상력과 지성.

마음의 능력들의 활동에 미치는 영향에 의해서만 겨우 설명할 수 있다는 것이다.

IX. 목적론적 판정에 대하여

H38

나는 자연의 **형식적** 기술을 직관에서의 자연의 합목적성이라고 이해했으나, 자연의 **실재적** 기술은 개념들에 따르는 자연의 합목적성이라고 이해한다. 전자는 판단력에 대하여 합목적적인 형태들, 다시 말해 형식을 주어, 이 형식의 표상에서 상상력과 지성이 저절로 교호적으로 서로 부합하여 하나의 개념을 가능하게 하도록 하는 것이다. 후자는 자연목적들로서의, 다시 말해, 그것들의 내적 가능성이 하나의 목적을, 그러니까 그 사물들을 산출하는 인과성의 기초에 조건으로 놓여 있는 하나의 개념을 전제하는 그러한 것으로서의 사물들의 개념을 의미한다.

판단력은 직관의 합목적적 형식들을 선험적으로 스스로 제시하고 구성할 수 있는데, 그것은 곧 판단력이 포착을 위해 그러한 형식들을 고안하는 것으로, 그 형식들이 어떤 개념을 현시하는 데 알맞게끔 고안한다. 그러나 목적들, 다시 말해 자신이 (결과로서의) 자기의 대상들의 인과성의 조건들로 간주되는 표상들은, 판단력이 그 목적들에 부합시키기 위해 잡다의 조건들을 문제 삼기 전에, 일반적으로 어디로부터인가 주어지지 않으면 안 된다. 그리고 그것이 자연목적인 경우에는, 어떤 자연사물들이 마치 그것들이 어떤 원인의 산물들이며, 이 원인의 인과성은 오직 객관의 **표상**에 의해서만 규정될 수 있는 것처럼 그렇게 간주될 수 있지 않으면 안 된다. 그러나 무릇 우리는, 어떻게 그리고 얼마나 많은 방식으로 사물들이 그 원인들에 의해서 가능한가를 선험적으로 규정할 수는 없다. 이를 위해서는 경험법칙들이 필수적인 것이다.

자연의 사물들에서의 합목적성은 그 자연의 사물들을 (자연목적들로서)

가능하게 하는 하나의 근거로 간주되는바, 그러한 자연사물들에서의 합목적성에 관한 판단은 **목적론적 판단**이라고 일컫는다. 무릇, 미감적 판단들 자신은 선험적으로 가능하지 않지만, 그럼에도 체계로서의 경험이
H39 라는 필연적 이념 가운데에는 우리의 판단력에 대해 자연의 형식적 합목
XX233 적성이라는 개념을 함유하고 있는 선험적 원리들이 주어져 있어서, 이 원리들에 의해서 선험적 원리들에 기초하고 있는 것으로서 미감적 반성 판단들의 가능성이 선험적으로 밝혀져 있다. 자연은 필연적으로 그 초월적 법칙들과 관련해서 우리의 **지성**에 부합할 뿐만 아니라, 그 경험적 법칙들에서도 **판단력**에 그리고 상상력에 의하여 자연의 형식들을 경험적으로 포착함에 있어서 경험의 법칙들을 현시하는 판단력의 능력에도 부합한다. 이것은 물론 한낱 경험을 위한 것이지만, 이때 자연의 형식적 합목적성이 후자의 일치—판단력과의—와 관련해서 필연적인 것으로 또한 드러난다. 그러나 이제, 목적론적 판정의 객관으로서의 자연은 이성이 목적에 대하여 만들어 갖는 개념에 따라, 그 인과성의 면에서 **이성**과도 합치하는 것으로 생각되어야만 한다. 그런데 이것은 판단력에게만 요구할 수 있는 것 이상의 것이다. 판단력은 직관의 형식을 위한 고유한 선험적 원리들을 함유할 수 있기는 하지만, 사물 산출의 개념들을 위한 그러한 원리들은 함유할 수 없으니 말이다. 그러므로 실재적 **자연목적**이라는 개념은, 판단력 자신만을 단독으로 본다면, 전적으로 판단력의 분야를 넘어서 있는 것이다. 그리하여 하나의 격리된 인식력으로서의 판단력은 단지 두 능력들, 즉 상상력과 지성을 모든 개념에 앞선 하나의 표상에서 관계적으로 고찰하고, 그렇게 함으로써 (상상력을 통해) 대상을 포착함에 있어 인식능력들에 대한 대상의 주관적 합목적성을 지각하므로, 판단력은 단지 개념들에 의해서만 표상될 수 있는, 자연목적들로서의 사물들의 목적론적 합목적성에서 지성을 (경험을 위해서는 도대체가 필수적이지 않은) 이성과 관계 맺게 하여, 사물들을 자연목적들로 표상할 수 있도록 하지 않으면 안 되는 것이다.

자연형식들의 미감적 판정은, 대상에 대한 개념을 기초에 두지 않고 H40
서도, 직관의 순전한 경험적 포착에서, 곧 한낱 판단력의 주관적 조건들과의 관계에서, 자연의 어떤 현출하는 대상들이 합목적적임을 발견한다. 그러므로 미감적 판정은 아무런 객관에 대한 개념을 필요로 하지 않으며, 그런 것을 만들어내지도 않는다. 그래서 미감적 판정은 자연의 현출하는 대상들을, 객관적 판단에서, **자연목적들**이라고 언명하지 않고, 주관적 관계에서, 단지 표상력에 대해서 **합목적적**이라고만 언명했다. 형식
들의 이러한 합목적성을 사람들은 **형상적** 합목적성이라고, 그리고 이러 XX234
한 합목적성에 관한 자연의 기술을 또한 똑같이 (形象的 技術[35]이라고) 명명할 수 있다.

그에 반해 목적론적 판단은 객관에 대한 하나의 개념을 전제하며, 객관의 가능성에 관해 원인들과 결과들의 연결 법칙에 따라 판단한다. 그래서 이러한 자연의 기술을 사람들은 **조형적**[造形的]이라고 부를 수 있겠다. 만약 사람들이 이 말을 이미 보다 더 일반적인 의미로, 곧 자연미와 자연의도들에 대해서 넓게 쓰지 않았다면 말이다. 그래서 이 기술은, 사람들이 하고자 한다면, 자연의 **유기적 기술**이라고 일컬어도 좋을 것이다. 그렇게 되면 이 표현은 합목적성의 개념을 표상방식에 대해서뿐만 아니라 사물들 자신의 가능성에 대해서도 지칭하는 것이다.

그러나 이 소절에서 가장 본질적이고 가장 중요한 것은 아마 다음의 증명일 것이다. 즉 자연의 목적론적 판정을 보편적인, 기계적인 법칙들에 따르는 판정에서 떼어내는, 자연에서의 **목적인**의 개념은 한낱 판단력에만 속하는 개념으로서, 지성이나 이성에 속하는 개념이 아니라는 것, 다시 말해, 사람들은 자연목적들이라는 개념을 객관적 의미에서도, **자연의도**로서 사용할 수 있을 터이므로, 그러한 사용은 이미 이성추리[궤변]

35) 원어: technica speciosa. 『순수이성비판』에서는 순수 직관, 곧 공간 시간 표상의 잡다를 포착 종합함으로써 경험적 질료들을 정리정돈할 수 있는 직관의 형식을 가능하게 하는 초월적 상상력의 작용이 "形象的 綜合(synthesis speciosa)"이라고 일컬어진다.

적인 것으로서 절대로 경험에 기초하고 있는 것이 아니라는 것 말이다.
H41 경험은 목적들을 명시하기는 하지만, 이 목적들이 동시에 의도들이라는
것을 무엇에 의해서도 증명할 수는 없고, 그러니까 이 경험에서 목적론에 속하는 것으로 마주치는 것은 오로지 경험의 대상들의 판단력과의 관계만을, 그것도 그에 의해 판단력이 (자연에 대해서가 아니라) 자기 자신에 대해서 법칙수립적인, 그런 판단력의 원칙만을, 곧 반성적 판단력으로서 함유한다는 것이다.

목적들 그리고 합목적성이라는 개념은, 사람들이 이성에게 객관을 가능하게 하는 근거를 귀속시키는 한에서, 물론 이성의 개념이다. 그러나 자연의 합목적성, 또는 자연목적들로서의 사물들의 개념은 원인으로서의 이성을 그러한 사물들과 관계시킨다. 우리가 이 관계에서 이성이 그러한 사물들을 가능하게 하는 근거임을 어떤 경험에 의해서도 알지는 못하지만 말이다. 무릇 우리는 **기예의 산물들**에서만 객관들에 대한 이성의 인과성을 의식할 수 있고, 그 때문에 이것들은 합목적적이라거나 목적들이라고 일컬어지는 것이며, 이러한 기예의 산물들과 관련하여 이성을 기술적이라고 부르는 것은 우리 자신의 능력의 인과성에 대한 경험에 알맞
XX235 은 것이다. 그러나 자연을 이성과 같이 기술적인 것으로 표상하는 것은
(그리고 그렇게 해서 **자연에게** 합목적성을, 그리고 목적들까지도 귀속시키는 것은) 하나의 특수한 개념이다. 그러한 개념을 우리는 경험에서 마주칠 수가 없고, 오직 판단력만이 그런 개념을 대상들에 관한 자신의 반성 안에 두고, 이 개념이 지시하는 대로 특수한 법칙들, 곧 하나의 체계를 가능하게 하는 법칙들에 따라서 경험을 행하는 것이다.

사람들은 곧 자연의 모든 합목적성을 **자연적인 것**(自然의 自發的 目的形式)이거나 **의도적인 것**(志向 〔形式〕)으로 볼 수 있다. 순전한 경험은 단지 전자의 표상방식에게만 권리를 준다. 후자의 표상방식은 자연목적들로서 사물들이라는 저 개념 위에 부가되는 하나의 가설적 설명방식이다. 자연목적들로서 사물들에 대한 전자의 개념은 근원적으로는 **반성적**—

비록 미감적인 것은 아니지만, 논리적으로 반성적인—판단력에 속하고, 후자의 개념은 **규정적** 판단력에 속한다. 전자의 개념에는 물론 이성도 필요하지만, 그것은 단지 원리들에 따라서 행해져야 하는 경험을 위해서만 (그러므로 이성의 **내재적** 사용에서) 그러하고, 그러나 후자의 개념에는 초절적인 것으로 마구 올라가는 (**초험적**으로 사용되는) 이성이 필요하다. H42

우리는 자연을, 우리의 능력이 미치는 한에서, 그 인과결합에서 자연의 순전한 기계적 법칙들에 따라서 경험에서 탐구하려고 노력할 수 있고, 또 마땅히 그렇게 해야 한다. 왜냐하면 이 기계적 법칙들에는 그 연관이 이성에 의한 학문적 자연인식을 이루는 참된 물리적 설명근거들이 있기 때문이다. 그런데 우리는 자연의 산물들 가운데에 작용인들의 그러한 결합을 자기 자신 안에 함유하고 있는 특수한 그리고 매우 광범위한 유들을 발견하는바, 우리는 우리가 단지 경험만이라도, 다시 말해 그러한 유들의 내적 가능성에 알맞은 원리에 따라 관찰만이라도 하고자 한다면, 저런 작용인들의 그러한 결합의 기초에 목적 개념을 놓지 않을 수 없다. 우리가 이러한 산물들의 형식과 그 가능성을, 작용결과의 이념이 그 원인을 가능하게 하는 근거가 아니라, 그 반대라고 받아들일 수밖에 없는, 한낱 기계적 법칙들에 따라서 판정하고자 한다면, 이러한 자연사물들의 종적 형식에 대해서는, 우리로 하여금 원인으로서의 이러한 자연사물들의 내적 소질로부터 결과에 이르도록 해주는 단지 하나의 경험만이라도 얻는 것이 불가능할 터이다. 왜냐하면 이 기계들[36]의 부분들은, 그 각각이 독자적으로 격리된 근거가 아니라, 단지 모두가 함께 그 기계들 H43
을 가능하게 하는 공통의 근거를 가지는 한에서만, 그 부분들에서 볼 수 있는 결과의 원인들이기 때문이다. 그런데 전체가 부분들의 인과성을 가 XX236
능하게 하는 원인이라고 하는 것은 물리적으로 기계적인 원인들의 자연본성에 전적으로 반하는 일로, 오히려 이 부분들로부터 하나의 전체의

36) 곧, 오로지 기계적 법칙들에 따른다는 자연사물들.

가능성을 이해하기 위해서는 먼저 이 부분들이 주어지지 않으면 안 된다. 더 나아가 부분들의 가능성에 선행하는 전체라는 특수한 표상은 한갓된 이념으로, 이것이 인과성의 근거로 간주되면, 그것은 목적이라고 일컬어진다. 그렇기에, 그와 같은 자연의 산물들이 있다면, 그것들의 형식과 인과성을 목적들의 원리에 따라 규정적으로 표상하지 않고서, 그것들의 성질과 그 성질의 원인을 단지 경험에서만 탐구한다는 것이 (하물며 그것을 이성에 의해서 설명한다는 것은) 불가능하다는 것은 명백한 일이다.

무릇 그러한 경우들에서 자연의 객관적 합목적성의 개념은 한낱 객관에 관한 **반성을 위해서** 쓰일 뿐, 목적 개념을 통해 대상을 **규정**하는 데 쓰이는 것이 아니라는 것과 자연산물의 내적 가능성에 관한 목적론적 판단은 한낱 반성적 판단이지 규정적 판단이 아니라는 것도 명백하다. 그래서 예컨대, 사람들이 "눈 속에 있는 수정체는, 광선의 제2의 굴절에 의해 어떤 한 점에서 발하는 광선을 다시금 눈의 망막 위의 한 점으로 합일시키는 **목적**을 가지고 있다"고 말한다면, 그것은 "눈을 만들어낼 때 자연의 인과성에는 하나의 목적 표상이 생각되는데, 그것은 그러한 이념
H44 이 눈의 앞서 언급한 부분에 관한 탐구를 지도하는 원리로 쓰이고, 또한 저런 결과를 촉진하기 위해서 사람들이 고안해낼 수도 있을 수단들을 위해서도 쓰이기 때문인 것이다"고 말하는 것과 같다. 이를 통해 이제 자연에 목적들의 표상에 따라서, 다시 말해 **의도적으로** 작용하는 원인이 덧붙여지는 것은 아직 아니다. 이런 것은 규정적인 목적론적 판단이 될 터이고, 그 자체로서 초험적인 것이 될 터이다. 이러한 판단은 자연의 한계를 넘어서 있는 인과성을 제기하니 말이다.

그러므로 자연목적들의 개념은 오로지 반성적 판단력이 경험의 대상들에서 인과결합을 추적하기 위해 가지고 있는 자기 자신을 위한 하나의 개념일 따름이다. 모종의 자연형식들의 내적 가능성을 설명하는 목적론적 원리에 의해서는, 과연 그러한 자연형식들의 합목적성이 의도적인가, 무의도적인가는 규정되지 않은 채 남겨진다. 양자 중 어느 하나를 주장

하는 판단은 더 이상 한낱 반성적인 것이 아니라, 규정적인 것일 터이다. XX237
그리고 자연목적이라는 개념도 더 이상, 내재적(즉 경험의) 사용을 위한, **판단력의** 순전한 **개념**이 아니라, 자연 너머에 정립된 의도적으로 작용하는 원인이라는 **이성의 개념**과 결합되어 있을 터이다. 사람들이 이 경우에 긍정적으로 판단하고자 하든, 아니면 부정적으로 판단하고자 하든, 이런 이성 개념의 사용은 초험적인 것이다.

X. H45

기술적 판단력의 원리에 대한 탐색에 대하여

일어나는 것에 대하여 한낱 그 설명근거만이 찾아져야 한다면, 이 설명근거는 경험적 원리일 수도 있고, 선험적인 원리일 수도 있으며, 또는 이 양자에서 합성된 것일 수도 있다. 이런 것을 사람들은 물체 세계의 사건들에 대한 물리적-기계적 설명들에서 볼 수 있는바, 이 설명들은 그 원리들을 부분적으로는 일반 (이성적) 자연과학에서, 또 부분적으로는 경험적 운동법칙들을 함유하고 있는 자연과학에서 만나고 있다. 이 비슷한 일이 사람들이 우리의 마음 안에서 일어나는 것에 대해서 심리학적인 설명근거를 찾을 때도 생긴다. 단지 차이는, 나에게 의식된 것인 한, 그에 대한 원리들은 모두 경험적인 것이고, 단 하나의 원리, 즉 (단지 하나의 차원만을 갖는 시간이 내적 직관의 형식적 조건이기 때문에) 변화들의 **항상성**의 원리만이 예외라고 하는 점뿐이다. 이 원리는 변화들을 지각하는 그 기초에 선험적으로 놓여 있으되, 이것을 가지고 사람들이 설명을 위해 할 수 있는 것은 전혀 없다. 왜냐하면 일반 시간론은, 순수 공간론(즉 기하학)과는 다르게, 하나의 전체 학문을 위한 충분한 재료를 공급하는 것이 아니기 때문이다.

그러므로 만약 우리가 취미라고 부르는 것이 인간들 사이에서 처음에
어떻게 대두했는가, 무엇 때문에 이런 대상들이 다른 대상들보다도 훨씬 H46

인간들을 몰두하게 했고, 미에 관한 판단을 장소와 집단의 이런저런 사정 속에서도 유행시켰는가, 또 어떤 이유에서 취미가 자라 사치에까지 이를 수 있었는가 등등을 설명하는 일이 중요하다고 한다면, 그러한 설명의 원리들은 대부분 심리학—이 말은 그러한 경우에 언제나 경험 심리학을 뜻하는바—에서 찾지 않으면 안 될 것이다. 그래서 윤리학자들
XX238 은 심리학자들에게, 한갓 안락한 생활(또는 다른 모든 의도)을 위한 수단들을 가지고 있다는 데에만 절대적 가치를 두고, 이것을 결코 사용하지 않겠다는 결의를 다지는 수전노의 기이한 현상이나, 명예는 한갓된 명성에 있다고 믿고서 그 이상의 의도는 찾지 않는 명예욕을 설명해보라고 요구하는데, 이것은 그들이 그들의 지시규정을 그 설명에 맞출 수 있도록 하기 위한 것이다. 그런데 이러한 지시규정은 윤리 법칙들 자체의 지시규정이 아니라, 윤리 법칙들의 영향에 대립해 있는 장애들을 제거하는 지시규정이다. 이때 사람들이 고백하지 않을 수 없는 바는, 심리학적 설명들은 물리학적 설명들과 비교해서 매우 옹색하게 이루어진다는 점, 심리학적 설명들은 끝없이 가도 가설적인 것이고, 사람들은 세 가지 서로 다른 설명근거들에 대해 아주 쉽게 제4의, 마찬가지로 그럴듯한 설명근거를 생각해낼 수 있다는 점, 그래서 이런 종류의 수많은 자칭 심리학자들
H47 은 연극들과 시적 표상들, 그리고 자연의 대상들에 의해서 환기되는, 모든 마음의 정서와 동요에 대해 그 원인을 제시할 줄 알고, 이러한 그들의 기지를 아마도 철학이라고 부르겠지만, 물체 세계의 가장 흔한 자연사건을 과학적으로 설명하는 일에는 아무런 지식도 보여주지 못할 뿐만 아니라, 어쩌면 결코 그러한 것을 할 수 있는 역량조차도 보여주지 못할 것이라는 점이다. (**버크**[37]가 미적인 것과 숭고한 것에 대한 그의 저술에서 한 것처럼) 심리학적으로 관찰한다는 것, 그러니까 체계적으로 결합되어야 할 장래의 경험규칙들을 위한 재료를 모으되, 그 규칙들을 포괄적으로 이해

37) Edmund Burke(1729~1797). 『판단력비판』 본서 B128=V277 각주 참조.

하려고 하지 않는 것이 아마 경험적 심리학의 유일한 참된 임무일 것이고, 〔그렇기에〕 경험적 심리학이 언제인가 철학적 학문의 지위를 주장할 수 있으리라는 것은 어려운 일일 것이다.

그러나 만약 어떤 판단이 스스로 보편타당하다고 주장하고, 그러므로 자기가 주장하는 **필연성**을 요구한다면, 이러한 자칭의 필연성이 객관에 대한 선험적 개념들 위에 의거한 것이든, 기초에 선험적으로 놓여 있는 개념들을 위한 주관적 조건들 위에 의거한 것이든, 사람들이 그러한 판단에 그와 같은 요구를 승인하여, 그 판단의 기원을 심리학적으로 설명함으로써 그 요구를 정당화한다면, 그것은 불합리한 것일 터이다. 왜냐하면 사람들은 그렇게 함으로써 자기 자신의 의도에 어긋나게 행위하는 것일 터이고, 또 만약 시도된 설명이 완전히 성공한다면, 그 설명은 사람들이 그 판단에게 그 경험적 기원을 지시할 수 있다는 바로 그 때문에, 그 판단이 절대로 필연성을 요구할 수 없다는 것을 증명할 터이니 말이다.

무릇 (우리가 앞으로 취미판단들이라는 이름으로 분해하게 될) 미감적 반성 H48
판단들은 위에서 말한 종류의 것이다. 이 판단들은 필연성을 요구주장 XX239
하지만, 그것들은 누구나 그렇게 판단한다고 말하는 것이 아니라,—그렇게 주장한다면, 그것들은 경험적 심리학이 설명해야 할 과제일 것이다—사람들은 그렇게 판단**해야만 한다**고 말한다. 그리고 그것은, 이 판단들이 그 자신만으로서 선험적 원리를 가지고 있다고 말하는 것과 똑같다. 그러한 원리는 필연성을 요구주장하는 것이므로, 그러한 원리와의 관계가 이와 같은 판단들에 함유되어 있지 않다면, 어떤 판단은 실제로, 관찰이 증명하는 바대로, 보편적으로 타당하기 때문에, 그 판단은 보편적으로 타당해야 한다고 주장할 수 있다고 상정할 수밖에 없으며, 또 거꾸로, 누구나 어떤 방식으로 판단한다는 것으로부터 누구나 또한 그렇게 판단**해야만 한다**는 결론이 나온다고 상정할 수밖에 없을 터이다. 그러나 이것은 명백히 불합리한 일이다.

그런데 물론 미감적 반성판단들에서는, 그것들이 전혀 개념들에 기초

할 수 없고, 그러므로 어떤 특정한 원리로부터 도출될 수 없다는 난점이
드러나 있다. 그렇지 않다면 이 판단들은 논리적일 것이니 말이다. 그러
나 합목적성이라는 주관적 표상은 결코 목적 개념이어서는 안 되는 것이
다. 그러나 판단이 필연성을 요구주장하는 곳에서는 언제나, 선험적 원
리와의 **관계**가 성립할 수 있고 또한 성립하지 않으면 안 된다. 여기서 문
제가 되는 것은 오직 그러한 요구주장과 그러한 요구주장의 가능성뿐이
H49 다. 그럼에도 불구하고, 바로 이러한 요구주장에 의해 이성비판이 유발
되어, 비록 불명확한 채이기는 하지만 그 기초에 놓여 있는 원리 자체를
탐구하게 되고, 또 이성비판도 그러한 원리를 찾아내는 데, 그리고 비록
그 원리가 결코 객관에 대한 규정된 개념을 마련해줄 수는 없다 할지라
도, 그 원리를 판단의 기초에 주관적으로 그리고 선험적으로 놓여 있는
원리로서 인정하는 데는 성공할 수 있을 것이다.

☆ ☆ ☆

마찬가지로 사람들은, 비록 우리가 그와 같은 판단들에서 자연의 목
적을 오로지 경험을 통해서만 발견할 수 있고, 경험이 없으면, 이러한 종
류의 사물들이 가능하다는 것도 인식할 수 없지만, 목적론적 판단이 하
나의 선험적 원리에 기초해 있고, 그와 같은 원리 없이는 불가능하다는
것을 고백하지 않을 수 없다. 목적론적 판단은 곧, 어떤 자연산물들의 가
능성의 기초에 두고 있는 일정한 목적 개념을 객관의 표상과 결합시키기
는 하지만, ―이런 일은 미감적 판단에서는 일어나지 않는다―그럼에도
불구하고 목적론적 판단은 언제나 미감적 판단과 마찬가지로 단지 하나
XX240 의 반성판단일 따름이다. 목적론적 판단은, 이러한 객관적 합목적성에서
H50 자연이 (또는 자연을 통해서 다른 어떤 존재자가) 사실에 있어서 **의도적으로**
수행한다고 하는, 다시 말해 자연 안에서, 또는 자연의 원인 안에서, 목
적이라는 사상〔思想〕이 인과성을 규정한다고 하는 주장을 감히 하려 들

지 않고, 오히려, 우리가 그러한 객관들의 가능성을 인식하고, 하나의 체계적으로 행해져야만 하는 경험에서 자연의 기계적 법칙들에게 연관성을 마련해줄 수 있는, 객관들에 대한 하나의 개념을 얻기 위해서는, 우리는 오직 이러한 유비(즉 원인들과 결과들의 관계들)에서만 자연의 기계적 법칙들을 이용하지 않으면 안 된다는 것을 주장하는 것이다.

목적론적 판단은 있는 바대로의 자연산물의 개념을 **있어야 할 바**의 것과 비교한다. 여기에서 그러한 것의 가능성의 판정의 기초에 선험적으로 선행하는 (목적이라는) 하나의 개념이 놓이는 것이다. 기예의 산물들에서 그 가능성을 그와 같은 방식으로 표상하는 것은 아무런 어려움이 없다. 그러나 자연의 어떤 산물에 대해서, 그 산물이 어떤 것**이어야만** 했다고 생각하고, 또 그 사물을 그 사물이 실제로도 그러한가 어떤가에 따라 판정한다는 것은 이미 경험으로부터는 이끌어낼 수 없었던,—경험은 단지 사물들이 무엇인가를 가르쳐줄 따름이다—하나의 원리의 전제를 함유하고 있는 것이다.

우리가 눈을 통해서 볼 수 있다는 사실을 우리는 직접 경험한다. 또 H51
한 우리는 이러한 눈의 가능적 사용의 조건들을 함유하는 눈의 외부구조와 내부구조, 그러므로 기계적 법칙들에 따르는 그 인과성도 직접 경험한다. 그러나 나는 또한 그 위에서 어떤 것을 깨뜨린다거나 그 위에 건축을 한다거나 하기 위해 하나의 돌을 이용할 수도 있다. 그리고 이러한 결과들은 또한 목적들로서 그것들의 원인들에 관련지어질 수 있다. 그러나 그렇다고 내가, 그 돌은 건축을 위해서 쓰여야만 했다고 말할 수는 없다. 단지 눈에 대해서는 나는, 눈은 보는 데에 쓸모 있는 것**이어야만** 했다고 판단한다. 그리고 비록 눈의 모든 부분들의 모양, 성질과 그것들의 합성은, 한낱 기계적인 자연법칙들에 따라 판정하면, 나의 판단력에 대해서 전적으로 우연적이지만, 그럼에도 나는 눈의 형식과 구조에서 일정한 방식으로 형성되어 있다는, 곧 하나의 개념에 따르는 하나의 필연성을 생각한다. 이때 그 개념은 이 기관을 형성하는 원인들보다 선행하는 것으로, 이 개념이 없이는 이 〔눈이라는〕 자연산물의 가능성은 어떠한 기계적 자연법칙에 따라서도 나에게는 이해되지 않는다. (앞서의 돌의 경우에는 그렇지가 않다.) 무릇 이러한 '이어야만 한다'는 당위는 물리적-기계적
H52 필연성과는 분명하게 구별되는 필연성을 함유하고 있다. 물리적-기계적
XX241 필연성에 따르면 하나의 사물은 (그 사물의 선행하는 이념 없이) 작용인들의 한갓된 법칙들에 따라서만 가능한 것이다. 그리고 미감적 판단의 필연성이 심리학적 법칙들에 의해서 규정될 수 없는 것과 마찬가지로, '이어야만 한다'는 당위는 한낱 물리적 (경험적) 법칙들에 의해서 규정될 수가 없고, 반성적인 한에서의 판단력 안에 고유한 선험적 원리를 요구하는 것이다. 목적론적 판단은 이러한 원리 아래에 있는 것으로, 이에 의해 그 타당성과 제한도 규정되지 않으면 안 되는 것이다.

그러므로 자연의 합목적성에 관한 모든 판단들은, 이제 미감적인 것이든 목적론적인 것이든, 선험적 원리들 아래에, 그것도 판단력에게 특유하게 그리고 독점적으로 속하는 그러한 선험적 원리들 아래에 서 있다. 왜냐하면 이것들은 한낱 반성적이지, 규정적인 판단들이 아니기 때문이다. 바로 그 때문에 이러한 판단들도 (가장 일반적인 의미에서 받아들여진) 순수 이성 비판에 속하지만, 규정적 판단들이 반성적 판단들보다는 더 그러한 비판을 필요로 한다. 규정적 판단들은 방임해두면 이성을 초절적인 것에 빠져들 수도 있는 추리들로 초대하기 때문이다. 그 대신에 반성적 판단들은 오직, 자신의 원리에 따라서 자신을 오로지 경험적인 것에만 제한하고, 그렇게 함으로써 모든 사람에 대한 필연적 타당성의 요구주장을 스스로 무효화하지 않도록 방지하기 위해서, 수고로운 탐구를 필요로 한다.

XI. H53

판단력 비판의 순수 이성 비판의 체계로의 백과적 입문

논술의 모든 서론은 계획하고 있는 학설로 인도하는 것이거나, 그 학설이 한 부분으로 속하고 있는 체계로 그 학설 자신을 인도하는 것이다. 전자는 학설에 선행하는 것이고, 후자는 당연히 단지 그 학설의 결론을 이루어야 하는 것으로, 이것은 그 학설이 공통적 원리들에 의해 연관되어 있는 학설들의 총괄 속에서 그 학설의 위치를 원칙에 따라 지시해주기 위한 것이다. 전자는 **예비적** 입문이고, 후자는 **백과적** 입문이라고 일컬을 수 있다.

예비적 서론들은 보통의 서론들로서, 그것들은 논술되어야 할 학설에 필요한 예비지식을 기존의 다른 학설들이나 학문들로부터 끌어옴으로써 논술되어야 할 학술로의 이행을 가능하게 하는 준비를 하는 것이다. 만약 사람들이 이 예비적 서론들을 새롭게 등장할 학설에 고유한(家內的) XX242
원리들을 다른 학설에 속하는(外來的) 원리들과 조심스럽게 구별하는 일에 맞춘다면, 그것들은 학문들의 한계규정에 기여할 것이다. 이러한 주의는 아무리 추장해도 지나칠 수가 없는 것으로, 이러한 주의 없이는 어떠한 철저성도, 특히 철학적 인식에서는 바랄 수가 없기 때문이다.

그러나 하나의 백과적 서론은 가령 유사한 학설이나 새로이 예고된 H54
학설을 준비하는 학설을 전제하는 것이 아니라, 하나의 체계의 이념을 전제하는 것으로, 이 체계는 저러한 이념에 의해서 비로소 완벽해지는 것이다. 그런데 그러한 체계는 사람들이 탐구의 도중에서 발견했던 잡다한 것을 긁어모으고 주워 모음으로써 가능한 것이 아니라, 사람들이 모종의 인식들의 주관적 또는 객관적 원천들을 완벽하게 제시할 수 있을 때에만, 완벽한 구분의 선험적 원리를 동시에 자기 안에 함유하고 있는 전체에 대한 형식적 개념에 의하여 가능한 것이다. 그러므로 백과적 서론들이 그렇게나 유용한 것임에도 불구하고 그다지 통상적이지 않은 이유가 무엇인가를 쉽게 이해할 수 있다.

여기서 그 특유한 원리가 탐구되고 해설되어야 할 능력(즉 판단력)은 매우 특수한 종류의 것이어서, 그것은 독자적으로는 전혀 아무런 인식도 (즉 이론적인 인식도 실천적인 인식도) 만들어내지 못하고, 자신의 선험적 원리가 있음에도 불구하고 객관적인 학설로서 초월철학의 한 부문을 제공하지도 못하며, 단지 다른 두 상위 인식능력들(즉 지성과 이성)의 연대를 이룰 뿐이다. 그러므로 교설을 가질 수는 없고, 한낱 비판만을 가질 수 있는 그러한 능력의 원리들을 규정함에 있어서는, 그 밖의 다른 곳에
H55 서는 필수적인 순서를 버리고, 그러한 규정의 간략한 백과적 입문을, 그것도 순수 이성의 **학문들**의 체계로의 입문이 아니라, 선험적으로 규정될 수 있는 모든 마음의 능력들이 마음에서 하나의 체계를 이루는 한에서, 한낱 이러한 마음의 능력들의 **비판**으로의 입문을 앞세우고, 그렇게 해서 예비적 서론과 백과적 서론을 통합하는 것이 나에게는 허용될 수 있을 것이다.

판단력의 개념들에 의한 순수 인식능력의 체계로의 입문은 전적으로 그 초월적인 판단력에 특유한 원리, 즉 자연은 초월적 지성법칙들(즉 자
XX243 연 일반으로서 자연을 가능하게 하는 원리들)의 특수화에서, 다시 말해 자연의 경험적 법칙들의 다양함에서 이러한 법칙들을 구분하는 체계의 이념에 따라 경험적 체계로서 경험을 가능하게 하기 위해 절차를 밟아나간다는 원리에 의거한다.—이 원리는 우선 객관적으로는 우연적인, 그러나 주관적으로는 (우리 인식능력에 대해서는) 필연적인 합법칙성의, 다시 말해 자연의 합목적성의 개념을, 그것도 선험적으로 제공한다. 무릇 이 원리는 특수한 자연형식들에 관해서 아무것도 규정하는 바가 없고, 그런 것들의 합목적성은 항상 경험적으로 주어지지 않으면 안 되지만, 그럼에도 이러한 형식들에 관한 판단은, 판단력에 대해 주어진 표상의 주관적
H56 합목적성을 그 경험적 합법칙성 일반 내의 자연의 합목적성이라는 저 판단력의 선험적 원리와 관련시킴으로써, 한낱 반성적 판단력으로서, 보편

타당성과 필연성에 대한 주장권리를 얻는다. 그렇게 해서 미감적 반성적 판단은 하나의 선험적 원리에 의거하고 있는 것으로 간주될 수 있고,—비록 그것이 규정적인 것은 아닐지라도—이 판단에서의 판단력은 상위의 순수한 인식능력들의 비판에서 하나의 위치를 가질 권리가 있음이 드러난다.

그러나 (실천적 합목적성과는 본질적으로 구별되는 기술적 합목적성으로서의) 자연의 합목적성이라는 개념은, **있는** 바의 **자연** 대신에 한낱 **우리가 자연에서 만든 것**을 사취하는 것이 아니어야 한다면, (이론적인 그리고 실천적인) 일체의 교조적 철학으로부터 격리된 개념으로서, 오로지, 경험적 법칙들에 선행하면서 그것들의 하나의 체계의 통일로의 부합을 비로소 가능하게 하는, 판단력의 저 원리에 기초하고 있는 것이다. 그러므로 이로부터 알 수 있는 바는, 반성적 판단력의 두 방식의 사용(즉 미감적 판단력과 목적론적 판단력) 중에서 일체의 객관 개념에 선행하는 것, 그러니까 미감적 반성적 판단력만이 오로지, 다른 인식능력과 섞이지 않은, 자기의 판단력의 규정근거를 가진다는 것이다. 그에 반해 자연목적이라는 개념에 관한 목적론적 판단은, 비록 그 개념이 판단력 자신에게서는 규정적 판단력의 원리로서가 아니라, 단지 반성적 판단력의 원리로서 사용된다 할지라도, 다름 아니라 이성을 경험적 개념들과 결합함으로써만 내려질 수 있는 것이다. 그래서 자연에 관한 목적론적 판단의 가능성은, 그 H57
판단의 기초에 판단력의 특수한 원리를 놓을 필요 없이도, 쉽게 밝혀진 XX244
다. 왜냐하면 이 판단력은 한낱 이성의 원리에 따를 뿐이니 말이다. 그에 반해 미감적인, 그러면서도 선험적 원리에 기초하고 있는, 순전한 반성의 판단, 다시 말해 취미판단의 가능성은, 이 판단이 실제로 보편타당성에 대한 요구를 할 권리가 있다는 것을 증명할 수 있다면, (지성 그리고 이성[38]과 마찬가지로) 특유한 초월적 원리들의 능력으로서의 판단력의 비

38) 곧, 순수한 실천 이성.

판을 어디까지나 필요로 하며, 이 비판을 통해서만 순수한 인식능력들의 체계 안에 받아들여질 수 있는 자격을 갖춘다. 그러한 이유는, 미감적 판단은 자기의 대상에 대한 개념을 전제하지 않고서도, 그 대상에게 합목적성을, 그것도 보편타당하게 부가하고, 그러므로 그러기 위해서는 원리가 판단력 자신 안에 놓여 있어야만 한다는 점이다. 이에 반해 목적론적 판단은 이성이 목적결합의 원리 아래에 넣는 객관의 개념을 전제하는데, 자연목적이라는 이 개념은 판단력에 의해 규정적 판단에서가 아니라, 한낱 반성적 판단에 사용될 따름이다.

그러므로 본래 취미만이, 그것도 자연의 대상들에 관한 취미만이, 거기에서 판단력이 자기 특유의 원리를 갖고, 그럼으로써 상위 인식능력들의 일반적 비판 안의 한 위치에 기초하고 있는 주장을 하는 하나의 능력으로서 드러나는 그런 것이다. 사람들은 판단력이 이러한 주장
H58 을 하리라고는 아마도 믿지 못했을 것이다. 그러나 스스로 선험적으로 원리들을 세우는 판단력의 능력이 일단 주어져 있으면, 이 능력의 범위를 규정하는 것 또한 필수적이고, 또 이 비판의 완벽성을 위해, 판단력의 미감적 능력이 목적론적 능력과 함께 하나의 능력 안에 함유되어 있으면서 동일한 원리 위에 의거하고 있는 것으로 인식될 것도 요구된다. 왜냐하면 자연사물들에 관한 목적론적 판단도 미감적 판단이나 꼭 마찬가지로 (규정적 판단력이 아니라) 반성적 판단력에 속하는 것이니 말이다.

그러나 사람들이 보통은 단지 취미 자체의 개선이나 확립을 위해 사용되는 취미 비판을 초월적 관점에서 논구할 때, 그것은 우리 인식능력들의 체계에서 빈틈을 메워줌으로써 모든 마음의 능력들의 완벽한 체계에 대한 현저하고도, 생각하건대, 많은 것을 약속하는 전망을 열어준다. 그러나 그것은 마음의 능력들이 그 규정에서 단지 감성적인 것만이 아니
XX245 라 초감성적인 것과도 관계 맺되, 가차 없는 비판이 마음의 능력들의 초감성적 사용에 대해서 놓아둔 경계석들을 옮겨놓지 않는 한에서의 일이

다. 틀림없이, 현재의 이 소절 전체가 그러하듯이, 본래 논고의 결론부에 오직 그 위치를 가져야 마땅할, 마음의 능력들의 체계적 결합의 개요를 내가 여기서 벌써 작성하면, 그것은 아마도 독자가 이어지는 연구들의 연관을 그만큼 더 쉽게 개관하는 데 기여하게 될 것이다.

마음의 능력들은 곧 모두 다음의 셋으로 환원된다. H59

인식능력
쾌 · 불쾌의 감정
욕구능력

그러나 이 모든 능력들의 행사의 기초에는, 언제나 인식이 놓여 있는 것은 아니지만, 그럼에도 언제나 인식능력이 놓여 있다. (왜냐하면 인식능력에 속하는 표상은 개념들 외에도, 순수하든 경험적이든, 직관도 있으니 말이다.) 그러므로 원리들의 면에서 인식능력이 문제가 되는 한에서는, 다음과 같은 상위의 인식능력들이 마음의 능력 일반에 병립한다.

인식능력	——————	**지성**
쾌 · 불쾌의 감정	———	**판단력**
욕구능력	——————	**이성**

지성은 인식능력에 대해서, 판단력은 단지 쾌 · 불쾌의 감정에 대해서, 그러나 이성은 한낱 욕구능력에 대해서 각각 특유한 선험적 원리들을 함유하고 있다는 것은 분명하다. 이 형식적 원리들은 객관적으로 또는 주관적으로, 그러나 또는 주관적임으로 해서 동시에 객관적으로 타당한 필연성을 정초하며, 이에 따라 이 원리들은 그 원리들에 병립하는 능력들에 의해 그 원리들에 대응하는 마음의 능력들을 규정한다.

인식능력	**지성**	**합법칙성**
쾌 · 불쾌의 감정	**판단력**	**합목적성**
욕구능력	**이성**	**동시에 법칙인 합목적성 (책무성)**

XX246 H60 끝으로 이 형식들을 가능하게 하는 앞서 언급한 선험적 근거들에는 이런 것들이 그 산물로 짝을 이룬다.

마음의 능력	상위 인식능력	선험적 원리	산물
인식능력	**지성**	**합법칙성**	**자연**
쾌 · 불쾌의 감정	**판단력**	**합목적성**	**기예**
욕구능력	**이성**	**동시에 법칙인 합목적성 (책무성)**	**윤리**

그러므로 **자연**은 그 **합법칙성**의 근거를 **인식능력**인 **지성의 선험적 원리들**에 두고, **기예**는 그 선험적 **합목적성**에서 **쾌 · 불쾌의 감정**과 관련해서 **판단력**에 따르며, 끝으로 (자유의 산물인) **윤리**는 **욕구능력**에 관한 **이성**의 규정근거로서의 보편적 법칙의 자격을 갖추고 있는 **합목적성**이라는 형식의 이념 아래에 서 있다. 마음의 모든 근본능력에 고유한 선험적 원리들로부터 이런 식으로 생겨나는 판단들이 **이론적**, **미감적**, **실천적** 판단들이다.

이리하여 그것의 자연과 자유와의 관계에서 각기 특유한 **규정적**인 선험적 원리들을 가지면서, 그로 말미암아 교설적 체계로서의 철학의 두
H61 부문(즉 이론철학과 실천철학)을 이루고 있는 마음의 능력들의 한 체계가 발견되고, 그와 동시에 하나의 특유한 원리에 의해 양 부문을 연결하는 판단력을 매개로 한 이행, 곧 전자의 철학의 **감성적** 기체로부터 후자의 철학의 **예지적** 기체로의 이행이 또 하나의 능력(즉 판단력)의 비판을 통해 발견된다. 이 또 하나의 능력은 〔양 부문을〕 연결하는 데 쓰일 뿐이

고, 그래서 물론 독자적으로는 어떤 인식을 마련한다거나 교설을 위해 어떤 기여를 할 수는 없는 것이다. 그러나 그것의 판단들은 (그 원리들이 한낱 주관적인) **미감적**〔감성적〕 판단들이라는 이름 아래서, 그 원칙들이 객관적이어야만 하는, **논리적** 판단들이라는 이름 밑의 (이론적 판단이든 실천적 판단이든 간에) 모든 판단들과는 구별되는, 아주 특수한 종류의 것 XX247
으로, 이 판단들은 감성적 직관들을, 그것의 합법칙성이 어떤 초감성적 기체와의 관계를 떠나서는 이해될 수 없는, 자연의 이념과 관계시키는 것이다. 이에 대해서는 본 논고에서 증명이 행해질 것이다.

우리는 전자의 종류의 판단들에 관한 이 능력의 비판을 **미(감)학/감성학**(이를테면 감성〔각〕이론)이라고 부르지 않고, **미감적/감성적 판단력의 비판**이라고 부를 것이다. 왜냐하면, 앞의 표현은 이론적 인식에 속하고, 그래서 논리적 (객관적) 판단들에 재료를 공급하는 직관의 감성을 의미할 수도 있어서, 너무 넓은 의미를 갖기 때문이다. 그래서 우리는 감성학이라는 표현을 인식판단들에서 직관에 속하는 술어를 위해 독점적으로 규정해놓았던 것이다.[39] 그러나 판단력이 객관의 표상을 개념들에 관계시키지 않고, 그러므로 판단을 인식과 관계시키지 않는다(즉 전혀 규정적이지 않고, 단지 반성적이다)는 그 이유로 미감적/감성적이라고 부르는 것은 오해의 염려가 없다. 왜냐하면 논리적 판단력에 대해서는 직관들이, 비 H62
록 감성적(미감적)일지라도, 객관의 인식을 위해 쓰기 위해서는, 우선 개념들로 고양되지 않으면 안 되지만, 미감적 판단력에서는 그런 경우가 없기 때문이다.

39) 『순수이성비판』, A21=B35, 특히 B35/6의 각주 참조.

XII.

판단력 비판의 구분

어떤 종류의 인식들의 범위를 체계로 표상하기 위해서 그 범위를 구분하는 것은 중요하고 어려운 일로, 그 중요성은 충분히 통찰되지 못했고, 그 어려움 또한 그만큼 자주 오해되었다. 만약 사람들이 하나의 가능한 전체를 위한 부분들이 이미 완벽하게 주어져 있다고 본다면, 그 구분하기는 한갓된 비교에 따라서 **기계적으로** 일어나고, 전체는 **집합**이 된다. (가령 토지가 경찰행정의 고려 없이 신청한 개척자들 사이에 각자의 의도에 따라 구분될 때, 도시들이 그런 것이 되듯이 말이다.) 그러나 사람들이 부분들의 규정에 앞서 어떤 원리에 따라 전체의 이념을 전제할 수 있고 해야만 하는 경우에는, 그 부분은 **학적**[學的]**으로** 일어나지 않으면 안 되고, 오
XX248 직 이렇게 해서만 전체는 하나의 체계가 된다. 후자의 요구는 (자기의 원리들을 가지고서 주관의 하나의 특수한 법칙수립적 능력에 의거하는) 선험적 인식의 범위가 문제가 되는 곳에서는 언제나 생긴다. 왜냐하면 이런 곳에서는 이런 법칙들을 사용하는 범위가 이 능력의 특유한 성질에 의하여 선험적으로 규정되어 있으며, 그로부터 그러나 또한 부분들의 수와 부분
H63 들의 인식 전체에 대한 관계가 마찬가지로 선험적으로 규정되어 있기 때문이다. 그러나 사람들은 동시에 전체 자신을 **만들어**보고, 그 전체를 그것의 모든 부분들에서, 비록 단지 **비판**의 규칙에 따라서나마, 먼저 완벽하게 현시해보지 않고서는, 근거 있는 구분을 할 수가 없다. 나중에 이 전체를 하나의 **교설**의 체계적 형식으로—이 인식능력의 자연본성에 관해 그와 같은 것이 일반적으로 있을 수 있는 한에서—만드는 것은 특수에의 적용을 **상세히 함**과 거기에 **정밀성**의 우아함을 연결시키는 것만을 필요로 하는 것이다.

이제 (선험적 원리들에 기초하고 있기는 하지만, 교설을 위한 재료를 결코 교부할 수 없는 바로 그러한 능력인) 판단력의 비판을 구분하기 위해서는, 다

음과 같은 구별을 그 기초에 놓아야만 한다. 즉 규정적 판단력이 아니라, 한낱 반성적 판단력만이 자신의 선험적 원리들을 갖는다는 것, 전자는 (지성이라는) 다른 능력의 법칙들 아래서 단지 **도식적으로** 수행하지만,[40] 후자만은 (자신의 법칙들에 따라서) **기술적으로** 수행한다는 것, 그리고 후자의 수행의 기초에는 자연의 기술의 원리가, 그러니까 사람들이 자연에서 선험적으로 전제하지 않을 수 없는 합목적성의 개념이 놓여 있으며, 이 합목적성은 물론 반성적 판단력의 원리에 따라서 단지 주관적인 것으로, 다시 말해 이 능력 자신과 관계하는 것으로 이 능력에 의해 필연적으로 전제되는 것이기는 하지만, 그럼에도 하나의 **가능한** 객관적 합목적성의 개념을, 다시 말해 자연목적으로서의 자연사물들의 합법칙성의 개념 또한 지니고 있다는 것 말이다.

H64 한낱 주관적으로 판정된 합목적성은 그러므로 어떤 개념 위에 기초하고 있지도 않고, 또한 그것이 한낱 주관적으로 판정되고 있는 한, 개념 위에 기초할 수도 없는 것으로, 이러한 합목적성은 쾌 · 불쾌의 감정과의 관계이고, 이런 합목적성에 관한 판단은 **미감적**이다. (동시에 미감적으로 판단하는 유일한 방식이다.) 그러나 만약 이러한 감정이 한낱 객관의 감관표상에, 다시 말해 객관의 감각에만 수반한다면, 미감적 판단은 경험적인 것이고, 그것도 특수한 수용성을 필요로 하지만 어떤 특수한 판단력은 필요로 하지 않는다. 더 나아가, 만약 판단력이 규정적인 것으로 상정된다면, 목적의 개념이 그 기초에 놓여 있지 않으면 안 될 터이고, 그러므로 그 합목적성은 객관적인 것으로서 미감적으로 판정되는 것이 아니라, 논리적으로 판정되지 않으면 안 될 터이다. 그 때문에 하나의 특수한 능력으로서 미감적 판단력은 필연적으로 **반성적 판단력** 이외의 다른 XX249 것으로 보아져서는 안 되고, (**주관적 합목적성**의 표상과 한가지인) 쾌의 감정은 객관의 경험적 표상에서 감각에, 그리고 또한 객관의 개념에, 부착

40) 『순수이성비판』, A137=B176 이하 참조.

되어 있는 것으로 보아져서는 안 되며, 따라서 판단력이 그를 통해 경험
적 직관들로부터 개념들 일반으로 올라가고자 하는 (판단력의 특유한 행위
인) 반성과 반성의 형식에만 부수되어 있고, 또한 선험적 원리에 따라 판
단력에 연결되어 있는 것으로 보아지지 않으면 안 된다. 그러므로 반성
적 판단력의 **미(감)학〔감성학〕**은 이 능력 비판의 한 부문을 차지할 것이
H65 고, 동일한 이 능력의 **논리학**은 **목적론**이라는 이름 아래서 이 비판의 다
른 부문을 이룬다. 그러나 이 양 부문에서 자연 자신은 그 산물들에 있어
서 기술적인 것으로, 다시 말해 합목적적인 것으로 고찰되되, 전자는 주
관의 순전한 표상방식의 관점에서 주관적으로 합목적적인 것으로, 그러
나 후자의 경우는 대상 자신의 가능성과의 관계에서 객관적으로 합목적
적인 것으로 고찰된다. 우리는 다음에, 현상에서 형식의 합목적성은 **미**
이고, 미의 판정능력이 **취미**라는 것을 알게 될 것이다. 이제 이로부터,
미감적 판단력과 목적론적 판단력으로의 판단력 비판의 구분이 한낱 **취
미론**과 (세계의 사물들을 자연목적들로 판정하는) **물리적 목적론**만을 자신
안에 포괄해야만 한다는 결론이 나오는 것처럼 보일 것이다.

그러나 사람들은 모든 **합목적성**을, 그것이 주관적이든 객관적이든 간
에, **내적** 합목적성과 **상대적** 합목적성으로 구분할 수 있는바, 그중 전자
는 대상 자체의 표상에, 후자는 한낱 대상의 표상의 우연적인 **사용**에 기
초되어 있는 것이다. 이에 따르면 **첫째로** 어떤 대상의 형식은 이미 그 자
신만으로, 다시 말해 개념들 없이 순전한 직관에서, 반성적 판단력에 대
해 합목적적인 것으로 지각될 수 있고, 그런 경우 주관적 합목적성은 사
물과 자연 자체에 부여된다. **둘째로** 객관은 반성에 대해서 지각될 때에
H66 그의 형식 규정에 맞는 최소한의 합목적적인 것도 자체로는 가지고 있
지 않을지도 모르지만, 그럼에도 그 객관의 표상이 선험적으로 주관 안
XX250 에 놓여 있는 합목적성에 적용되어, 합목적성의 감정을 (가령 주관의 마음
의 능력들의 초감성적 규정을) 일으키게 되면, 이 표상은 하나의 미감적 판
단을 정초할 수 있는바, 이 판단 또한 하나의 (단지 주관적인 것이기는 하

지만) 선험적인 원리에 관계하되, 그러나 전자의 판단처럼 주관의 관점에서 **자연의 합목적성**과 관계하는 것이 아니라, 형식상으로 한낱 반성적인 판단력을 매개로 한 어떤 감성적인 직관들의 가능한 합목적적 **사용**과만 관계한다. 그러므로 전자의 판단이 자연의 대상들에게 **미**를 부여하고, 후자의 판단이 **숭고**를 부여하되, 그것도 양자를 순전히 미감적 (반성적) 판단들에 의해, 객관에 대한 개념 없이, 한낱 주관적 합목적성을 고려해서만 그렇게 한다 해도, 후자의 판단에 대해서는 자연의 어떠한 특수한 기술도 전제되어 있지 않겠다. 왜냐하면 후자의 경우에는 한낱 표상의 우연적인 사용만이, 그것도 객관의 인식을 위한 사용이 아니라, 하나의 다른 감정 곧 마음 능력들의 소질 속에 있는 내적 합목적성의 감정을 위한 사용만이 문제이기 때문이다. 그럼에도 불구하고 자연에서의 숭고한 것에 관한 판단은 판단력 비판의 미(감)학의 구분에서 배제되지 않을 것이다. 왜냐하면 이 판단 또한 객관의 개념에 의거하지 않는 주관적 합목적성을 표현하는 것이기 때문이다.

자연의 객관적 합목적성, 다시 말해 자연목적들로서 사물들의 가능성 H67
에 관한 판단은 오직 이 사물들의 개념들에 따라서만 내려지고, 다시 말해 (쾌 또는 불쾌의 감정과 관련해서) 미감적으로가 아니라, 논리적으로 내려지고, 그래서 목적론적이라고 일컫는바, 이러한 자연의 객관적 합목적성에 관해서도 사정은 마찬가지이다. 객관적 합목적성은 객관의 내적 가능성의 기초에 또는 객관의 외적 귀결들의 상대적 가능성의 기초에 놓인다. 전자의 경우에 목적론적 판단은 (사물 안에서 잡다한 것은 서로에 대해 교호적으로 목적과 수단의 관계를 가지므로) 사물 자신 안에 놓여 있는 목적에 따라서 사물의 **완전성**을 고찰하고, 후자의 경우에 자연객관에 관한 목적론적 판단은 오직 그 객관의 **유용성**, 곧 다른 사물들 안에 놓여 있는 목적과의 합치에만 관계한다.

이에 따라 미감적 판단력 비판은 첫째로 **취미**(미적인 것의 판정능력) 비판을, 둘째로 **정신감정**—대상들에서 숭고를 표상하는 능력을 나는 임시로 이렇게 부른다—비판을 함유한다.—목적론적 판단력은 합목적성에 대한 자기의 표상을 감정들을 매개로 해서가 아니라, 개념들을 통해 대
XX251 상과 관계시키므로, 이 판단력 안에 함유되어 있는 능력들, 즉 내적 그리고 상대적 (그러나 두 경우 다 객관적인) 합목적성의 능력을 구별하기 위해 어떤 특수한 명칭이 필요하지는 않다. 목적론적 판단력은 자기의 반성을 예외 없이 (감정에가 아니라) 이성에 관계시키기 때문이다.

또 하나 주의해야 할 것은, 사람들이 (말의 본래적 의미에서) **기예**라고 부르는 것은, 자연에서의 기술이지, 인간의 표상력들의 인과성의 기술이
H68 아니며, 기예에 관해 여기서는 합목적성이 판단력의 규제적 개념으로 탐구되는 것이지, 예술미의 원리나 예술의 완전성의 원리가 탐색되는 것은 아니라는 점이다. 사람들이 자연을 **기술적**(또는 조형적)인 것으로 고찰할 때, 비록 자연을, 그에 따라 자연의 인과성과 기예의 인과성이 함께 표상되지 않을 수 없는 유비로 인해, 그 수행방식에서 기술적이라고, 다시 말해 이를테면 기예적이라고 부를 수는 있다고 할지라도 말이다. 무릇 문제가 되는 것은 규정적 판단력이 아니라 반성적 판단력의 원리—이와 같은 것은 인간의 모든 기예작품들의 기초에 놓여 있다—이며, 그러므로 이러한 판단력에서 합목적성은 **무의도적**인 것으로 보아야 하고, 그러므로 합목적성은 단지 자연에만 귀속할 수 있다. 예술미의 판정은 나중에, 자연미의 판단의 기초에 놓여 있는 원리들에서 나온 순전한 귀결들로 보지 않으면 안 될 것이다.

그러므로 자연에 관한 반성적 판단력 비판은 두 편, 즉 자연의 사물들에 대한 **미감적 판정능력** 비판과 **목적론적 판정능력** 비판으로 구성된다.

제1편은 두 권을 함유할 것인데, 그 가운데 제1권은 **취미**의 비판 내지는 **미적인 것**의 판정의 비판일 것이고, 제2권은 (대상에 관한 순전한 반성에서의) **정신감정**의 비판 내지는 **숭고한 것**의 판정의 비판일 것이다.

제2편도 마찬가지로 두 권을 함유할 것인데, 그 가운데 제1권은 그 **내적 가능성**에 관해 자연목적들로서의 사물들의 판정을, 그러나 제2권은

상대적 합목적성에 관한 판단을 원리들 아래서 다루게 될 것이다.[41)]

각 권은 각각 두 절에서 판정능력의 **분석학**과 **변증학**을 함유할 것이다.

분석학은 같은 수의 장에서, 첫째로 자연의 합목적성 개념의 **해설**을, 다음에 그 **연역**을 이룩하고자 할 것이다.

41) 『판단력비판』 본서에서 실제로는 이렇게 되지 않았다.

찾아보기

일러두기

1. 편찬 체제

☞ 이 찾아보기의 편찬 체제는 다음의 차례를 따른다.

표제어(어깨번호)〔한자〕원어

■뜻풀이 면수 ¶ 용례 면수

☞ 『판단력비판』의 면수는 제2판(B)의 면수이다.

☞ 「판단력비판 제1서론」의 면수는 베를린 학술원판 전집〔AA〕 제20권(XX)의 면수이다.

☞ 칸트의 원주는 면수 뒤에 '주'라는 말을 별도로 붙인다.

2. 약호 목록

=	동의어와 정의를 표시한다
①②	뜻의 갈래를 표시한다
¶	용례를 나타낸다
→	바로 뒤에 이어지는 표제어나 면수를 참조하라
←	바로 앞에 놓인 말을 참조하라
↔	반대말이나 대조되는 말을 나타낸다
※	뜻풀이나 용례 이외에 다른 표제어를 참조하라

인물 찾아보기

개념 찾아보기

ㄱ

가극 Oper

¶ 가극 213

가능성 Möglichkeit

¶ 내적 가능성 45 53 290 이하 359 ¶ 물리적 가능성 XII 396 (참조 XIII XLVIII) ¶ 실천적 가능성 XII ¶ 대상의 가능성과 현실성 340 341 (참조 452 이하) ¶ 자연 일반의 가능성 362 ¶ 자연 형식들의 가능성 366

가상 Schein

¶ 증명의 순전한 가상 444 445 ¶ 이율배반의 자연스러운 가상 237 313 ¶ 아름다운 가상 216 229

가설 Hypothese

■ 가능한 설명근거의 상정 447 452 이하

가정 Hypothese

¶ 가정 → 가설

가정경제 Hauswirtschaft

¶ 가정경제 XIV

가족 Familie

¶ 상위 인식능력 가족 XXI 이하

가치 Wert

¶ 인생의 가치 394 이하 395주 ¶ 즐기는 것의 가치 13 471 ¶ 인격의 절대적 가치 13 (참조 410~412 414 422 이하 461주)

간결함 Einfalt

■ 기교 없는 합목적성 126 ¶ 간결함은 윤리성의 양식이다 126 ¶ 자연의 간결함 → 자연

–감〔感〕Sinn, sensus

¶ –감〔感〕→ 감관, 共通感

감각 Empfindung

① 주관적 감각〔=감정〕: 오로지 주관에만 관계하는, 쾌 또는 불쾌의 감정의 규정 8 이하 ¶ 미감적 판단의 질료로서의 감각 43 (참조 214) ¶ 감각의 순수성과 단순성 40 이하 ¶ 감각들의 유희 211~213 (참조 205 220 이하) / 감각들의 전변하는 자유로운 유희 223 이하 ¶ 감각들은 오직 보편적으로 전달될 수 있는 그만큼만 가치가 있는 것으로 간주된다 164 ¶ 쾌적한 감각 212 ¶ 동물적 감각 228 ¶ 도덕적 감각 416 ② 객관적 감각: 수용성으로서의 감관에 의한 사상〔事象〕의 표상 9 (참조 XLII 이하 4) ¶ 표상들의 질료적인(실재적인) 것으로서 감각 XLIII ¶ 대상의 표상의 질료적인 것으로서 감각 XLIV 이하 ¶ 표상의 질료로서 감각 39 ¶ 지각의 실재적인 것으로서 감각 153 ¶ 표상의 상태에서 질료로서의 감각 157 ¶ 직관들의 질료로서 감각 205

감관 Sinn

¶ 내감 58 100 ¶ 사고하는 존재자의 내감의 어떠한 행위와 현상도 물질주의적으로는 설명될 수 없다 442 ¶ 공통감 → 해당 항목 참조 ¶ 공통〔공동체〕적 감〔각〕 157 (참조 160) ¶ 진리감〔각〕 156

감관감각 Sinnenempfindung

¶ 감관감각 153 이하 (참조 119 129 134)

감관의 향수〔享受〕Sinnengenuß

¶ 감관의 향수 → 감관적 향락

감관적 가상 Sinnenschein

¶ 감관적 가상 207

감관적 향락 Sinnengenuß

¶ 감관적 향락 116 ¶ 감관의 향수 164 ※ 향락

감관취미 Sinnengeschmack

¶ 감관취미 → 취미

감관판단 Sinnenurteil

¶ 감관판단 → 판단

감동 Rühring

■ 생명력이 단지 순간적으로 저지되었다가 곧 이어 더욱 강하게 흘러넘침으로써 쾌적함이 일어나는 감각 43 ¶ 감동은 숭고와 결합되어 있다 43 ¶ 순수한 취미판단은 감동에 독립적이다 37 이하 39 ¶ 감동은 종교적인 감정과 유사하다 478주 ¶ 감동과 동작〔운동〕 123 이하 ¶ 대담한 감동과 여린 감동 122 (참조 130 214 229)

감상〔感傷〕Empfindelei

■ 감동으로의 성벽 122

감성 Sinnlichkeit

① 이론적 의미의 감성 93 98 99 100 115 341 343 ② 윤리적 의미의 감성 114 116 120 121 125 411

감성세계 Sinnenwelt

¶ 감성세계 XIX LIV주 426

감성적인 것 das Sinnliche

¶ 감성적인 것인 자연개념의 구역과 초감성적인 것인 자유개념의 구역 XIX

감성존재자 Sinnenwesen

¶ 감성존재자 LV

감정 Gefühl

¶ 쾌와 불쾌 → 해당 항목 참조 ¶ 감정과 감각의 구별 9 ¶ 도덕적 감정 LVII 112 이하(=실천적 이념들에 대한 감정) 114~116 154 ¶ 미적인 것에 대한 감정은 도덕적인 감정과 종적으로 구별되지만 도덕적 감정에 호의적인 마음의 정조와 관련되어 있다 165 이하 (참조 263 264 342 478주) ¶ 존경의 감정 → 존경 ¶ 종교적 감정 478주 ¶ 숭고한 것에 대한 감정 → 숭고한 것 ¶ 아름다운 자연에 대한 감정 173 ¶ 취미(←)의 감정 228 ¶ 내적 감관의 감정 47 ¶ 생명력의 촉진과 장애의 감정 129 ¶ 섬세한 감정 113 ¶ 마음의 합목적적 상태의 내적 감정 161

감탄 Verwunderung

¶ (경탄과 구별되는) 감탄 117 122 277

강제력 Gewalt

¶ 자연의 위력과 구분되는 강제력 102 (참조 105 116 이하 120) ¶ 합법적 권력 393

개념 Begriff

¶ 통일 표상으로서의 개념 145 ¶ 사유(Gedanke)로서 개념 193 ¶ 객관적 개념 233 ¶ 초험적 개념과 내재적 개념 240 (참조 XVI 309 340 348 481) ¶ 자연의 개념 → 자연 ¶ 자유의 개념 → 자유

개연성 Wahrscheinlichkeit

■ 근거들의 일정한 계열에서 가능한 확실성의 일부 452 (참조 451) ¶ 순수 이성의 판단이 문제가 되는 곳에서는 개연성이란 전혀 도외시된다 338

개연적 wahrscheinlich

¶ 개연적 의견에 충분한 이론적 증명근거 447

개전설〔開展說〕Evolutionstheorie

¶ 개전설 376

개체 Individuum

¶ 개체 287

객관적 objektiv

¶ 객관적 실재성 → 실재성 ¶ 객관적 합목적성 → 합목적성

거대한 것 das Kolossale

¶ 거대한 현시 89

건축가 Architekt

¶ 최고의 건축가 354 (참조 402) ¶ 건축술적 지성 317 372

건축예술 Baukunst

¶ 건축예술 42 207 이하

격식 Schulform

¶ 격식과 미적 기예〔예술〕의 관계 180 ¶ 형식은 훈련(Schule)을 통해 도야된 재능을 필요로 한다 186

격정 Affekt

¶ (열정과 구별되는 것으로) 격렬하고 무계획적인 격정 121주 ¶ 숭고한 격정 121 ¶ 맹목적 격정 121 ¶ 용감한 격정과 유약한 격정 122 (참조 128) ¶

격정들의 유희에 의한 진동 124 / 내장과 횡격막을 운동시키는 정서 224 ¶ 흥분과 꿈 302 ¶ 정서로까지 올라가는 쾌락 223 이하 ¶ 화자의 음조와 정서 219

견본적 exemplarisch

¶ 견본적 필연성 62 이하 ¶ 견본적 타당성 67 ¶ 본보기적 범형 182 (→ 천재)

결정화 Kristallisation

¶ 결정화 249~251 (참조 369)

겸손 Demut

¶ 겸손 108 이하 123

경탄 Bewunderung

■ 새로움이 사라져도 그치지 않는 감탄 122 (참조 76 277 478주)

경향성 Neigung

¶ 경향성을 규정하는 감관의 인상 8 ¶ 쾌적한 것에 의해서 경향성이 낳아진다 10

경험 Erfahrung

■ 자연에 대한, 한낱 자연 일반이 아니라, 다양한 특수한 법칙들에 의해 규정되는 자연에 대한 인식 XXX / =경험적 법칙들에 따른 체계 XXXIII (참조 VIII XXVII 267) ¶ 일관적으로 연관된 경험 XXXIV 이하 XXXVII (참조 313) ¶ 경험이라는 하나의 전체 XXXIII ¶ 경험의 가능성 XXX XXXI ¶ 가능한 경험 XVII XXXII XXXIII XXXV XLVI LIII 452 454 482 ¶ 가능한 경험과 현실적 경험 456주 (참조 XXV 455) ¶ 가장 평범한 경험 XL 이하 ¶ 방법적으로 채용된 경험 296 ¶ 경험 일반의 보편적 유비 XXXV ¶ 경험의 한계들을 넘어섬 36 ¶ 경험개념들의 지반 XVI 이하 ¶ 경험판단의 산출 147 / 경험판단과 취미판단 XLVI 이하

경험적 empirisch

¶ 경험적 개념 330 ¶ 경험적 규정근거 246 ¶ 경험적 법칙 XXXIII ¶ 경험적 원리 XXII주 ¶ 경험적 인간학 129 ¶ 경험적 인식 331 ¶ 경험적 자료 XXII주 ¶ 경험적 해설 128 ※ 경험

경험주의 Empirismus

¶ 경험주의 246

계기 Momente

¶ 취미판단의 네 계기: 질 3 이하 / 양 17 이하 / 관계 32 이하/ 양태 62 이하 ¶ 판단력의 반성의 계기들은 논리적 기능들의 안내에 따라 찾아낼 수 있다 3주

계몽 Aufklärung

■ 미신으로부터의 해방 158 ¶ 계몽은 어려운 일이다 158주

계승 Nachfolge

¶ 계승 138 이하 200 이하 ※모방, 모작

고고학 Archäologie

¶ 자연의 고고학 385주 ¶ 자연의 고고학자 369

고상하다 edel sein

¶ 고상하다 122 123

고전적 klassisch

¶ 고전적 138 ¶ 고전적 범형 185 이하

공간 Raum

■ 사물들의 직관을 가능하게 하는 순전한 선험적 형식 XLIII (참조 274 277) ¶ 순전한 표상방식으로서 공간 276 ¶ 표상의 순전히 주관적인 면으로서 공간의 성질 XLII ¶ 공간은 산출들의 실재근거가 아니라 단지 형식적인 조건일 따름이다 352 ¶ 공간 충만의 법칙 479 이하

공감 Sympathie

¶ 공감과 반감 127

공동체 Gemeinwesen

¶ 영속적인 공동체 262

공통감 Gemeinsinn

■ 감정에 의해서, 그러면서도 보편타당하게, 무엇이 적의하고 무엇이 부적의한가를 규정하는, 하나의 주관적 원리 64 (참조 64~68) ¶ 보통의 지성〔상식〕과 본질적으로 구별되는 것으로서 공통감 64 (참조 156~161) ¶ 이상적

규범으로서 공통감 67 ¶ 취미판단(←)의 전제로서 공통감 64 이하 66 이하
共通感 sensus communis
¶ 共通感 156 이하 ¶ 美感的 共通感(취미)과 論理的 共通感(건전한 지성) 160주 ※ 공통감
공포스러운 것 das Gräßliche
¶ 공포스러운 것 → 무서운 것
과업 Geschäft
¶ 지성의 과업과 상상력의 유희 205 이하
관계 Relation
¶ 관계 → 계기
관념론 Idealismus
¶ 자연 및 예술의 합목적성의 관념론 246~254 327 ¶ 자연목적들의 관념론 322 이하 324 ¶ 목적인들의 관념론 324 405 이하
관념성 Idealität
¶ 합목적성의 이념성 252 ¶ 감관의 대상들의 관념성 254
관념적/이상적 idealisch
¶ 관념적 합목적성 XLI ¶ 이상적인 궁극목적 428 ¶ 이상적 규범 67
관심/이해관심 Interesse
■ 우리가 대상의 실존 표상과 결합하는 흡족 5 10 162 ¶ 이해관심은 필요를 전제하거나 필요를 불러일으킨다 16 (참조 120 169) ① 쾌적한 것에서의 관심 5 이하 120 ¶ 감관의 이해관심 15 ¶ 경향성의 관심 15 이하 ¶ 사행유희〔도박〕의 관심 223 ② 좋은 것에서의 관심 10 이하 ¶ 도덕적으로 좋은 것은 최고의 이해관심을 수반하는 것이다 13 이하 120 ¶ 이성의 이해관심 15 120 (참조 169 170 439) ¶ 습관적인 도덕적 관심 260 ③ 미적인 것에 대한 관심 161 이하 ¶ 자유로운 관심 170 ¶ 자연의 미에 대한 직접적인 관심 166 이하 170 / 자연의 미에 대해서 직접적이고도 지성적인 관심 167 ¶ 기예에 대한 간접적 관심 171
관조 Kontemplation
¶ 미적인 것의 정지〔평정〕한 관조 80 (참조 14 90) ¶ 숭고한 것에 대한 이

성논변적인 관조의 쾌감 154 ¶ 신의 위대함에 대한 평정한 관조 108 ¶ 취미 판단은 한낱 관조적이다 14 (참조 36) ¶ 관조적 지성 115

관찰 Beobachtung

■ 방법적으로 채용된 경험 296

관할구역 Gebiet

¶ 관할구역 → 구역

광기 Wahnsinn

¶ 광기와 조광〔躁狂〕 126

광물 Mineral

¶ 광물 249~251 382 384 이하

광신 Schwärmerei

¶ 광신 125 이하 274

괴대〔怪大〕한 것 das Ungeheure

¶ 괴대한 것 89

교설 Doktrin

¶ 교설 LII X ¶ 교설적 과업 X

교수법 Lehrart

¶ 방법 201 261

교육자 Erzieher

¶ 최근의 교육자 176

교접 Begattung

¶ 물질의 교접 375 이하

교조적 dogmatisch

¶ 교조적 규정 332 ¶ 교조적으로 다룸 329 330 331 이하 ¶ 교조적 불신앙 464 ¶ 교조적 사용 330 ¶ 교조적 원리 356 ¶ 교조적 정초(근거 지음) 328 330 ¶ 교조적 주장 323주 ¶ 교조적 증명 463 ¶ 교조적 처리 329 (참조 336 이하) ¶ 교조적 체계 321 ¶ 교조적이지 않은 타당성 323주

교조주의자 Dogmatiker

¶ 맹목적 교조주의자 479

교화[1] Kultur

¶ 교화 → 문화

교화[2] Erbauung

¶ 교화 123

교훈시 Lehrgedicht

¶ 교훈시 213

구분 Einteilung

¶ 분석적 구분과 종합적 구분 LVII주 ¶ 미적 기예〔예술〕들의 구분 204 이하

구성적 konstitutiv

¶ 구성적(↔규제적) 원리 → 원리

구성하다 konstruieren

¶ 개념을 구성하다 241 ¶ 개념들의 구성 138

구역 Gebiet

■ 개념의 관할구역의 정의〔=개념들이 법칙을 수립하는 지반의 부분〕 XVI 이하 ¶ 철학 일반의 구역들 XVI~XX

구토 Ekel

¶ 순전히 상상에 의거하는 감각으로서의 구토 189 이하

국가 Staat

■ 법의 규칙들에 따르는 공동체 구성원의 상호성(Gemeinschaft) 450 ¶ 국가의 유기〔조직〕화 294주 ¶ 국가와 물체의 유비 450 ¶ 국가들의 도덕적으로 정초된 체계 393 이하

국가경제 Staatswirtschaft

¶ 국가경제 XIV

군주군가 monarchischer Staat

¶ 군주국가의 상징적 표상 256

궁극목적 Endzweck

■ 무조건적인 최상의 목적 397 412 / = 다른 어떤 것도 필요로 하지 않는 그런 목적 396 (참조 299 381 이하 424 이하 431 이하) / = 도덕법칙들 아래에 있는 인간〔들의 현존〕 421 421주 422 423 470 이하 ¶ 자연에는 궁극목적이

없다 390 439 (참조 300 397) ¶ 이성만이 궁극목적을 제공한다 LVI 408 426 432 ¶ 도덕적으로 지시규정하는 궁극목적 428 466 (참조 424) ¶ 의무로 부과된 궁극목적 439 460 461주 477 ¶ 이상적인 궁극목적 428 ¶ 궁극목적은 자연의 어떤 초감성적인 것과의 관계를 필요로 한다 299 ¶ 궁극목적은 실존해야만 한다 LV ¶ 이념이자 사상〔事象〕으로서 궁극목적 459 ¶ 궁극목적의 이념은 주관적-실천적 실재성을 갖는다 429 이하 ¶ 세계의 현존재의 궁극목적(396 이하 401 430 이하)은 윤리성과 행복의 일치에서 성립한다 425 426 461주 ¶ 궁극목적이 신의 현존 및 영혼의 불사성과 맺고 있는 관계 442 459 이하 461주 474

권력 Gewalt

¶ 권력 → 강제력

권리/법 Recht

¶ 행복과 전혀 다른 권리 123 ¶ 옳고 그름 438 ¶ 법의 규칙 450

궤변 Vernünftelei

¶ 궤변 268 309주 440

궤변적/이성논변적/이성추리적 vernünftelnd

¶ 궤변적 개념 330 ¶ 이성논변적 원리 106 ¶ 이성추리적 판단 232주 ¶ 이성추리적 판단력 231 (참조 154)

귀신론 Dämonologie

¶ 귀신론 414 440 (참조 418)

규범이념 Normalidee

¶ 인간의 미감적 규범이념 56 이하 ¶ 중간적인 크기의 규범이념 57 이하 ¶ 아름다운 남자의 규범이념 57 이하 ¶ 규범이념은 특수한 유의 한 동물의 형태를 위한 그 요소들을 경험에서 얻을 수밖에 없다 56 ¶ 규범이념에 대한 심리학적인 설명 57 이하 ¶ 규범이념은 미의 전체 원형이 아니다 59

규제적 regulativ

¶ 규제적 → 원리

규칙 Regel

¶ 기술적-실천적 규칙(숙련 및 영리의 규칙) XIII 이하 459 ¶ 필연적 규칙

〔=법칙〕 XXXII ¶ 지성에 고유한, 규칙들의 필요 276 ¶ 일반적 규칙과 보편적 규칙 20 ¶ 실천적 규칙 LVI ¶ 미감적 판단력이 따르는 규칙 LII (참조 180 이하) ¶ 규범이념은 미의 규칙이다 59

규칙적 regelmäßig

¶ 규칙적인 얼굴 59주 ¶ 수학적인 합규칙적인 것 72 ¶ 기하학적으로-규칙적인 형태 70 ¶ 미와 구별되는 합규칙성 70~72

균형 Proportion

¶ 주어진 비율에 맞게 직선들을 분할하는 과제 272 ¶ 율조〔律調〕의 균형 211 ¶ 인식능력들의 균형 155 200 (→ 유희)

근거 Grund

¶ 기초 257 ¶ 감성적인 것의 근거는 초감성적인 것이다 LIV ¶ 미감적 근거와 논리적 근거 444 ¶ 주관적 근거와 객관적 근거 444 447 ¶ 도덕적 근거 → 도덕적

근원 Ursprung

¶ 모든 존재자들의 근원 273

근원존재자 Urwesen

¶ 스피노자의 근원적 존재자 323 ¶ 이 근원존재자에게 내속하는 우유성 325 326 ¶ '하나의 지성적 근원존재자가 있다'는 명제는 객관적으로가 아니라 단지 주관적으로만 입증할 수 있을 뿐이다 336 이하 401 (참조 413 444 이하 447 469 475 이하) ※ 신

기계 Maschine

¶ 유기적 존재자와 구별되는 기계 292 이하 ¶ 이 세계의 기계장치 404 이하 ※ 기계성

기계성 Mechanismus

■ 운동능력 292 이하 319 ¶ 물질의 기계성 XIII 473 ¶ 자연의 기계성 77 248 269 이하 284 286 343 346 380 이하 ¶ 맹목적 기계성 296 297 304 ¶ 기계성을 탐구의 기초에 놓지 않고서는 본래적인 자연인식은 전혀 있을 수 없다 315 이하 368 ¶ 자연의 순전한 기계성은 유기적 존재자의 가능성을 설명하는 데 충분하지 않다 360 376 ¶ 자연목적을 자연산물로 설명하는 데 있

어서 기계성은 목적론적 원리에 동반한다 374 이하 ¶ 기계성의 원리의 목적론적 원리 아래로의 필연적 종속 366 이하 ¶ 기계성의 원리와 목적론적 원리의 통합 354 이하 ¶ 궁극목적을 위한 수단으로서 기계성 362 ¶ 기계성의 제일의 내적 근거는 통찰할 수 없다 329 (참조 334) ¶ 물리적-기계적 결합과 목적결합이 하나의 원리 안에서 연관되어 있지 않을까 어떨까 하는 문제 316 ¶ 기예에 필요한 기계성 176 (참조 186)

기계적 mechanisch

¶ 생활필수품의 기계적 공급 392 이하 ¶ 기계적 기예 → 기예 ¶ 기계적 도출 353 ¶ 기계적 법칙 → 법칙 ¶ 기계적 산출 351 353 ¶ 자연 현상들의 작용 원인들에 의한 기계적 설명 365 ¶ 유기적 자연존재자들을 기계적으로 설명하려는 대담한 시도는 허용된다 387 (참조 318) ¶ 기계적 힘과 심리적 힘 XXII주

기계조직 Mechanik

¶ 기계조직 → 기제

기관 Organ

■ 도구 291 ¶ 만들어내는 기관 292 ¶ 유기적 존재자 289~298 319 367 이하 370주 ¶ 유기적인, 그리고 자기 자신을 유기화하는 존재자 292 ¶ 유기적 존재자와 기계의 비교 292 이하 ¶ 유기적 존재자들의 내적 가능성은 한낱 기계적 원리들만으로는 충분하게 알게 될 수 없다 337 (참조 353 이하)

기괴함 das Groteske

¶ 기괴함 71

기도 Gebet

¶ 기도 XXII주

기독교 Christentum

¶ 기독교 462주

기법 Manier

¶ 기법 → 수법

기본척도 Grundmaß

¶ 미감적 기본척도 86 이하 94

기술 Technik

¶ 자연의 기술 XLIX 56 77 356 ¶ 자연의 기술은 천연의 물질의 힘에서 유래한 것처럼 보인다 369 ¶ 자연의 기술과 목적론 324 이하 329 343 354 ¶ 의도적 기술(志向的 技術)과 무의도적 기술(自然的 技術) 321 ¶ 자연의 기교성(Technizismus) 359 이하

기술적 technisch

¶ 기술적-실천적 → 실천적 ¶ 기술적인 자연 270 ¶ 이성의 기술적 사용 309 ¶ 기술적인 설명방식〔=목적론적인 설명방식〕 318

기예 Kunst

① 기예 일반 (ㄱ) 자연과 구별되는 기예(173~176): =이념들에 따르는 인과성 320 / =목적들에 의한 인과성 332 / =자유에 의한 만들어냄 174 (참조 XLIX LVIII 76 173 176 180 188 286 289) (ㄴ) 학문과 구별되는 실천적 기예 175 (참조 XXVIII 175주 261 284) (ㄷ) 수공〔=노임기예〕과 구별되는 자유로운 기예 175 이하 206 ¶ 일곱의 자유 기예 176 ② 미감적 기예와 기계적 기예의 구별 177 이하 (ㄱ) 기계적 기예 186 191 253 (ㄴ) 미감적 기예〔쾌적한 기예(178 213 225 230 253)와 미적 기예〕 177 179 180 미적 기예〔예술, 미적 예술〕 42 144 166 171 176~183 202 이하 225 230 253 ¶ 자연인 것처럼 보이는 한에서 미적 기예 179 이하 ¶ 미적 기예〔예술〕는 천재(←)의 기예이다 181~183 (참조 186 이하) ¶ 미적 기예와 재기 넘치는〔정신이 풍부한〕 기예 202 ¶ 예술은 추한 것을 아름답게 묘사한다는 데 바로 그 특장이 있다 189 이하 ¶ 예술을 위해 요구되는 것들(상상력, 지성, 정신, 취미) 203 ¶ 예술은 자유로운 기예여야 한다 206 ¶ 인간을 개화시키는 미적 기예〔예술〕와 학문 395 ¶ 이성 지배 체제를 준비시키는 미적 기예와 학문 396 ¶ 예술은 주관적으로 보편타당하다 243 ¶ 미적 기예에 대해서는 수법(方式)만이 있고 교수법(方法)은 없다 261 ¶ 예술의 범형 182 185 이하 ¶ 미적 기예〔예술〕들의 구분 204 이하 215~222 ¶ 미적 기예〔예술〕들 상호간의 미감적 가치의 비교 213~222 ¶ 미적 기예〔예술〕들의 결합 213~215 ¶ 예술과 도덕적 이념의 결합 214 ¶ 조각예술, 시예술 → 해당 항목 참조 ¶ 조형예술 42 205 207~211 221 ¶ 언어예술 54주 205 이하 ¶ 감각들의 아름다운 유희의 기예 → 음악

ㄴ

ㄷ

ㄹ

ㅁ

¶ 모작 201 ※ 모방, 계승

模型 Ektypon

¶ 模型 207

模型 知性 intellectus ectypus

■ 형상들을 필요로 하는 지성 350 이하

목적 Zweck

■ 객관의 현실성의 근거를 함유하는 한에서 객관에 대한 개념 XXVIII / = 개념이 대상의 원인(즉 대상을 가능하게 하는 실재적 근거)으로 간주되는 한에서 그 개념의 대상 32 (참조 33 45 284 이하) / = 그 규정근거가 한낱 그것의 결과의 표상인 원인의 산물 350 (참조 289 381) ¶ 객관적 목적 LI 34 이하 ¶ 내적 목적 45 51 248 310 ¶ 상대적 목적과 절대적 목적 423 ¶ 선험적 목적 LII ¶ 주관적 목적 34 이하 399주 ¶ 목적 안에 함유되어 있어야 할 모든 것은 선험적으로 규정되어 있다 290 ¶ 목적은 이해관심을 수반한다 34 ¶ 목적들의 원리는 발견적 원리이다 355 ¶ 목적들에 따르는 인과성 → 인과성 자연의 목적과 자유의 목적 ① 자연의 목적 152 이하 247 322 ¶ 목적들의 원리가 가장 잘 입증되는 것으로 보이는 한 유, 곧 인간 369 ¶ 자연의 최종 목적 382 384 388~395 ¶ 우리의 모든 능력의 초감성적 기체와 연관하여 우리의 모든 인식능력들을 부합시키는 것이 우리의 자연본성의 예지적인 것에 의해 주어지는 최종의 목적이다 242 ¶ 한 사물이 오직 목적으로서 가능하다는 것을 통찰하기 위해서는 이성개념이 요구된다 284 이하 ¶ 자연목적 → 해당 항목 참조 ¶ 목적들의 체계 → 자연 ② 자유의 목적 245 389 ¶ 의욕의 질료로서 목적 425 ¶ 인간은 자기의 실존의 목적을 자신 안에 가지고 있다 55 ¶ 인간만이 이성에 의해 자기의 목적들을 스스로 규정할 수 있다 55 이하 ¶ 인간성의 최종 목적 165 171 389 399주 (→ 궁극목적)

목적결합 Zweckverbindung

¶ 목적결합 281 316 320 325 343 362 397 406 이하

목적론 Teleologie

■ 하나의 특수한 (목적인의) 원리에 따르는 객관들의 판정방식(↔기계론) 295 (참조 295 이하) ¶ 자연과학의 내적 원리로서 목적론의 원리 304 이하

(참조 328) ¶ 목적론은 이론적 자연과학의 고유한 한 부문이 아니다 309 (참조 365 이하) ¶ 목적론의 기초에는 구성적 원리가 아니라 규제적 원리가 놓여 있다 270 ¶ 목적론은 결코 교설에 속하는 것이 아니다 366 ¶ 목적론은 신학을 위한 예비학이다 309 (참조 335 366 482) ¶ 목적론은 이성을 기계성과는 전혀 다른 사물들의 질서로 이끈다 297 (참조 152 이하 171) ¶ 물리적 목적론 402 413 418 이하 430 460 ¶ 도덕적 목적론 419 이하 ¶ 물리적 목적론과 도덕적 목적론의 관계 445 465 476

목적론적 teleologisch

■ 의도적 359 ¶ 목적론적 개념 365 ¶ 목적론적 근거 269 336 374 ¶ 목적론적 기교성 359 ¶ 목적론적 물음 XXII주 372 ¶ 목적론적 법칙 352 ¶ 목적론적 설명근거 307 ¶ 목적론적 설명방식 352 356 362 ¶ 목적론적 세계고찰 300 402 ¶ 목적론적 연결 353 ¶ 목적론적 원리 251 353 이하 360 이하 400 / 산출의 목적론적 원리 375 / 목적론적 원리와 기계성의 원리의 통합 354 이하 374 이하 ¶ 목적론적 원칙 269 359 ¶ 목적론적 자연인식 299 ¶ 신의 현존에 대한 도덕적(또는 목적론적) 증명 443 이하 ¶ 사물들의 목적론적 질서 302 ¶ 목적론적 체계 388 이하 ¶ 목적론적 추리 400 ¶ 목적론적 판단 → 판단 ¶ 목적론적 판단력 → 판단력 ¶ 목적론적 판정(←) 269 307 402 406 415 442

목적인 Endursache

¶ 목적인 290 291 298 301 304 314 318 319 이하 404 이하 410 이하 ¶ 목적인들에 따르는 표상방식은 단지 우리 이성사용의 주관적 조건일 따름이다 387 ※ 원인, 인과성

목적통일 Zweckeinheit

¶ 목적통일 → 통일

몸짓 Gebärdung

¶ 몸짓 204 ¶ 조형예술에서 몸짓 210 이하

무격정성 Affektlosigkeit

¶ 숭고한 무격정성 121 이하

무릎꿇음 Zerknirschung

는 동시에 교화이다 214 ¶ 도덕 감정의 교화 264 ¶ 자연의 숭고한 것에 관한 판단은 문화를 필요로 한다 111 이하

물리신학 Physikotheologie

¶ 물리신학은 하나의 오해된 물리적 목적론이다 410 (참조 400 이하)

물리적 physisch

¶ 물리적 설명방식 379 ¶ 물리적(=기계적↔목적론적) 고찰 302 (참조 300 316 318) ¶ 물리적 원인(↔목적인) 359

물리학 Physik

¶ 물리학 306 이하 ¶ 신학적 물리학〔자연학〕은 무물〔無物〕이다 482 (참조 410)

물리학자 Physiker

¶ 최근 물리학자 455 ¶ 물리학자로서 동시에 신학자이고자 했던 사람들 405

물질 Materie

¶ 물질 → 질료

물질주의 Materialismus

¶ 물질주의 442

물체 Körper

① 물체의 경험적 개념〔=공간상에서 운동하는 사물〕 XXIX ② 물체에 대한 형이상학적 원리〔=물체들의 변화는 하나의 외적 원인을 가져야만 한다〕 XXIX / 형이상학적 원리의 기초에는 물체의 경험적 개념이 놓여 있다 XXIX ③ 물체에 대한 초월적 원리〔=물체들의 변화는 하나의 원인을 가질 수밖에 없다〕 ¶ 유기체 XLIX LII 351 ¶ 정신과 신체 227 이하 455 이하

물체론 Körperlehre

¶ 물체론 364

물활론 Hylozoismus

¶ 물활론 293 323 328

미 Schönheit

¶ 미 → 미적인 것

미감적 ästhetisch

¶ (↔ 논리적) ¶ 미감적 근거 444 ¶ 판단력의 미감적 사용 244 ¶ 미감적 상징속성 195 ¶ 표상의 미감적 성질 XLII ¶ 미감적 크기평가 → 크기평가 ¶ 미감적 이념 56 192 이하 204 이하 228 239 이하 ¶ 미감적 판단 (→ 취미판단) XLIV XLVII 이하 LVII 5 23 46 47 이하 53 63 89 이하 118 이하 134 이하 247 303주 / 단칭판단이면서도 보편타당한 미감적 판단 74 / 감관감각이나 개념과 무관한 미감적 판단 180 ¶ 미감적 판정 VII 이하 L 29 56 78 79 82 102 115 116 120 126 134 155 158 212 278 ¶ 미감적 판단력 → 판단력 ¶ 자연의 합목적성의 미감적 표상 XLII~XLVIII 84 (참조 119) ¶ 미감적 합목적성 → 합목적성 ¶ 미감적 흡족 → 흡족

미감적 판단 ästhetisches Urteil

¶ 미감적 판단 → 취미판단

미〔감〕학 Ästhetik

¶ 판단력의 초월적 미〔감〕학 118

미신 Aberglaube

¶ 미신 158

미적인 것 das Schöne

■ 개념들 없이 보편적인 흡족의 객관으로서 표상되는 것 17 (참조 16 32) / = 일체의 관심을 떠나 적의한 것 6 115 / = 순전한 판정에서 '직접적으로(44 259)' 적의한 것 114 이하 180 (참조 XLV 155) ¶ 미의 분석학 3~73 ¶ 미적인 것과 숭고한 것의 구별 XLVIII 75 79 ¶ 미적인 것과 쾌적한 것, 좋은 것 사이의 구별 14~16 (참조 35 44 이하 47 50 69 113 246) ¶ 미적인 것은 감관적 향락에서 독립적이다 116 (참조 60) ¶ 미적인 것은 매력에서 독립적이다 37 이하 ¶ 아름다움과 좋음의 합일 51 (참조 169 이하 171) ¶ 객관들을 한낱 개념들에 따라 판정한다면, 미의 모든 표상은 상실된다 25 (참조 53 152 242 246) ¶ 미적인 것은 쾌 또는 불쾌의 감정과 관계를 맺는다 3 이하 30 ¶ 미에 대한 판정의 선험적 표준은 우리 자신 안에 있다 252 ¶ 미적인 것에 대한 취미는 정지〔평정〕한 관조 속에 있는 마음을 전제한다 80 98 ¶ 우리는 아름다운 것을 관찰하면서 머무른다 37 ¶ 미는 본래 순전히 형식에만 관련해

야 한다 38 (참조 39 이하 75 76 79 131 이하 144 이하 150) ¶ 미적인 것은 판정은 순전히 형식적인 합목적성을, 다시 말해 목적 없는 합목적성(61 70)을 기초로 갖는다 44 46 270 278 ¶ 색깔이나 소리는 순수한 한에서만 아름답다 40 이하 ¶ 미는 혼란된 완전성이 아니다 45 47 ¶ 미는 미감적 이념들의 표현이다 204 (참조 75) ¶ 미적인 것은 直接的으로 생명을 촉진하는 감정을 지니고 있다 75 ¶ 아름다운 대상들과, 대상들에 대한 아름다운 조망들의 구별 73 (참조 188) 미의 종류 ¶ 자유로운 미(浮遊美)와 부수적인 미(附隨美) 48 이하 (참조 72) ¶ 부유적인 미와 고정된 미 55 ¶ 무규칙적인 미와 규칙적인 미 72 ¶ 기하학적 미는 본래적인 미가 아니다 277 이하 ¶ 예술의 미(166 188 204)와 자연의 미〔=자연의 현상들을 포착하고 판정하는 데서 자연과 우리 인식능력들의 자유로운 유희가 일치함(303)〕 76 이하 166 이하 188 202 이하 242 439 / 예술미에 대해 갖는 자연미의 우월함 167 이하 171 이하 ¶ 지성적 미 119 ¶ 인간적 형태의 아름다움 59 119 ¶ 기질의 아름다움 122 이하 ¶ 의무로부터의 행위의 미적인 것 114 ¶ 연역은 자연에서 우리가 숭고하다고 부르는 것을 지향할 필요는 없고, 단지 미적인 것을 지향하면 된다 131 ¶ 미적인 것의 학문은 없고, 단지 비판이 있을 뿐이다 176 261 ¶ 아름다운 것에 대한 선험적 판단 150 (→ 취미판단) ¶ 미의 판정에서 원리의 당혹스러움 VIII ¶ 미적인 것에 대한 경험적 관심 161 이하 ¶ 미적인 것에 대한 지성적 관심 165 이하 259 ¶ 아름다운 것은 교화시킨다 113 ¶ 미적인 것은 어떤 것을 사랑하도록 우리를 준비시킨다 115 (참조 120) ¶ 자연의 미에 대한 직접적인 관심은 선한 영혼의 표지〔標識〕이다 166 ¶ 윤리성의 상징으로서 미 254 이하 특히 258 ¶ 미의 이상 53~61 / 미적인 것의 이상은 인간적 형태에서만 기대될 수 있다 59

믿음 Glaube

¶ 믿음 → 신앙

ㅂ

반감 Antipathie

■ 보편적 자연개념 XXXIX ¶ 보편적 법칙들은 범주들에 의거한다 XXXII ¶ 순수 범주 XXII주 (참조 147) ¶ 범주들은 감관의 대상들에 적용할 때에만 인식을 만들어낼 수 있다 479~481

범형적 musterhaft

¶ 범형적 200 이하 ※ 천재

법 Recht

¶ 법 → 권리

법칙 Gesetz

■ 필연적 규칙 XXXII XXXV ¶ 경험적 지성법칙 XXVI (→자연법칙) ¶ 기계적 법칙 298 307 308 352 361 369 374 ¶ 도덕적 법칙 → 도덕적 ¶ 목적론적 법칙 352 ¶ 실천적 법칙 → 실천적 ¶ 윤리법칙 → 윤리법칙 ¶ 이론적 법칙 343 ¶ 화학적 법칙 252

法則 Lex

¶ 節約의 法則과 連續의 法則 XXXI

법칙수립 Gesetzgebung

① 자연개념(←)에 의한 이론적 법칙수립 XVII 이하 XXI ② 자유개념(←)에 의한 실천적 법칙수립 XII XVII 이하 ¶ 내적인 도덕적 법칙수립 399주 420 441(↔최상 존재자의 외적인 자의적 법칙수립) 399 ¶ 보편적 법칙수립의 자격을 가지는 실천적 준칙 169 ③ 판단력에 의한 두 법칙수립의 연결 LIII 이하

법칙정립 Nomothetik

¶ 자유의 법칙정립 420 ¶ 법칙정립적 311

벽난로의 불 Kaminfeuer

¶ 벽난로의 불이나 졸졸 흐르는 시냇물의 가변적인 형태들을 바라보는 경우 73

변조〔變調〕Modulation

¶ 변조 → 억양

변증학 Dialektik

¶ 판단들의 대립에 변증학이 성립한다 231 ¶ (취미 자신이 아닌) 취미 비판의 변증학 232 ¶ 미감적 판단력의 변증학 231~260 ¶ 목적론적 판단력의

비판적 kritisch

¶ 비판적 검토 323주 ¶ 비판적 과업 X ¶ 비판적 처리 329 ¶ 이성의 비판적 원리 333

ㅅ

사교성 Geselligkeit

¶ 인간의 자연스런 사교성의 성벽 30 162 178 262

사랑 Liebe

¶ 사랑 120 (참조 115 129)

사명 Bestimmung

¶ 주관의 사명 118 ¶ 우리의 도덕적 사명 171 442 ¶ 초감성적 사명 → 초감성적

사물 자체 Ding an sich

¶ 사물 자체 → 현상

사변 Spekulation

¶ 사변 459 479

사변적 spekulativ

¶ 사변적 관점 435 ¶ 사변 이성 436 439 461주 479 ¶ 사변적 인식 434 ¶ 사변철학 431

사상[1] [事象] Sache

■ 인식가능한 사물(① 의견의 사상 ② 실제 사상 ③ 신앙의 사상) 454 이하

사상[2] Gedanke

¶ 공허한[=객관 없는] 사상 240

사상유희 Gedankenspiel

¶ 사상유희 223 ※ 유희

사실 Tatsache

■ 그 객관적 실재성이 증명될 수 있는 개념의 대상 456 (참조 454 456 이하 466 467)

력으로서 상상력 69 193 ¶ 재생산적 상상력 57 이하 69 ¶ 포착하는 상상력 XLIV ¶ 총괄하는 상상력 87 이하 90 이하 ¶ 직관의 잡다를 합성하는 상상력 28 65 69 145 ¶ 공간을 규정하는 상상력 276 ¶ 상상력과 지성의 관계 XLV XLVIII 69 74 129 192 이하 205 이하 239 ¶ 상상력과 지성의 자유로운 유희 → 유희 ¶ 상상력과 시 69 73 205 이하 ¶ 상상력의 자유로운 합법칙성 69 ¶ 상상력의 자유 146 161 199 252 259 이하 ¶ 상상력과 꿈 302 ¶ 한계가 없는 상상력 85 94 96 124 126 ¶ 상상력의 수학적 정조와 역학적 정조 80 ¶ 숭고한 것에 의한 상상력의 확장 83 ¶ 이념들에 대해 부적합한 상상력 88 93 95 96 이하 110 115 118 242 ¶ 이성의 도구로서 상상력 117

상인정신 Handelsgeist

¶ 상인정신 107

상징 Symbol

¶ 상징은 개념의 간접적 현시를 함유한다 256 ¶ 반성에 대한 한낱 상징 257
※ 미, 윤리성

상징속성 Attibut

¶ 예술에서 상징속성 190 ¶ 미감적 상징속성과 논리적 속성의 비교 195 이하

상징적 symbolisch

¶ 상징적인 것과 도식적인 것 255 256 이하 ¶ 상징적 표출 257 ¶ 신에 대한 우리의 모든 인식은 한낱 상징적이다 257

상호성 Gemeinschaft

¶ 법의 규칙들에 따르는 공동체 구성원의 상호성 450

색깔 Farbe

■ 색깔에 대한 오일러의 정의〔=에테르가 동시적으로 서로 잇따르는 진동〕 40 ¶ 색깔 39 이하 ¶ 단순한 색깔과 혼합된 색깔 41 ¶ 색채들은 자극〔매력〕에 속한다 42 ¶ 색깔과 이념 172 ¶ 색채예술 211

색채 Farbe

¶ 색채 → 색깔

생리학적 physiologisch

성운〔星雲〕Nebelsterne

¶ 성운 96

성장 Wachstum

¶ 성장 287 이하

성찰 Überlegung

¶ 성찰 → 반성

세계 Welt

■ 목적들에 따라 연관되어 있는 전체 413 / = 목적인들의 체계 413 ¶ 세계고찰 410 이하 ¶ 세계〔최〕선 425 429 ¶ 세계시민적 마음씨 196 ¶ 세계영혼 323 ¶ 목적들에 따라서 행위하는 세계원인 318 329 333 이하 354 393 이하 415 435 / 저 높은 지성적 세계원인 402 이하 / 최상의 지성적 세계원인 376 401 이하 413 470 472 이하 / 도덕적 세계원인〔=세계창시자〕 424 429 445 447 472 ¶ 세계존재자 326 426 / 이성적 세계존재자 429 430 448주 ¶ 세계의 크기 84 ¶ 세계학 364 ¶ 우주구조 96

소리 Ton

¶ 소리 39 이하 205 211 이하 212 이하(음) ¶ 음들의 수학적 균형 212 이하

소리 예술 Tonkunst

¶ 소리 예술은 개념 없이 오로지 감각들만으로 말한다 218 ¶ 소리 예술은 마음을 보다 내면적으로 움직인다 218 ¶ 소리 예술은 물론 교화라기보다는 향락이다 218 (참조 220) ¶ 소리 예술은 정서의 언어를 구사한다 219 ¶ 소리 예술은 형언할 수 없이 풍요한 사상을 표현한다 219 ※ 음악

소망 Wunsch

¶ 소망 XXII주

소박성 Naivität

¶ 소박성 228 이하

소설 Romane

¶ 소설 123

소설가 Romanschreiber

¶ 소설가 127

¶ 자연규정의 숙명성 322 이하 (참조 324 이하)

순수하다 rein sein

¶ (지성, 판단력, 이성의) 능력들이 순수하다〔=그 능력들이 선험적으로 법칙수립적이다〕 XXV ¶ 색깔이나 소리의 순수함은 형식과 관련한 규정이다 40 이하 ¶ 순수 산술학 XXII주 ¶ 순수한 개념 IV XXX ¶ 순수한 인식능력 XVII주 ¶ 순수한 색깔 40 ¶ 순수 범주 XXII주 ¶ 순수 종합 XXII주 ¶ 순수한 소리 40 ¶ 순수한 판단 151주 ¶ 순수한 판단력 XXV ¶ 순수 지성 XXV ¶ 순수 이성 → 이성

순환논증 Diallele

¶ 기만적인 순환논증 305

숭고한 것 das Erhabene

■ 단적으로 큰 것 80 / = 일체의 비교를 넘어서 큰 것 81 / = 절대적으로, 모든 관점에서 큰 것 84 / = 그것을 단지 생각할 수 있다는 것만으로도 감관의 모든 척도를 뛰어넘는 마음의 능력을 증명하는 것 85 / = 감관의 관심에 저항함으로써 직접적으로 적의한 것 115 (참조 110) ¶ 숭고의 분석학 74~131 ¶ 미감적인 것 중의 하나로서 숭고 VIII XLVIII ¶ 숭고한 것에 대한 이론은 자연의 합목적성에 대한 미감적 판정의 한낱 부록이다 78 ¶ 미적인 것과 숭고한 것의 유사성 74 ¶ 미적인 것과 숭고한 것의 차이 75 79 ¶ 숭고한 것은, '대상(76 104)' 안에 놓인 것이 아니라, '우리 안에(76 78)', '판정(95 이하)' 속에, '사유방식 안에(78 132)', '마음의 정조(94 이하 109)' 안에, '상상력의 합목적적 사용(78)' 안에, '우리의 이념들 안에(84, 참조 77)', '정신의 정조(85)' 안에 놓여 있다 ¶ 수학적으로-숭고한 것과 역학적으로-숭고한 것의 구분 79 이하 ¶ 수학적으로-숭고한 것의 사례 95 이하 ¶ 수학적으로-숭고한 것 80~102 ¶ 역학적으로-숭고한 것 102~113 ¶ 자연의 객관들에서 숭고한 것과 예술의 숭고한 것 76 ¶ 숭고한 것에서의 흡족은 양의 면에서는 '보편(82)'타당성을, 질의 면에서는 '이해관심 없음(79 96 이하)'과 '소극성(117)'을, 관계의 면에서는 '주관적 합목적성(79 81 이하 90 100 이하)'을, 그리고 양태의 면에서는 이 주관적 합목적성의 '필연성(79 110~113)'을 표상한다 ¶ 숭고한 것은 무형식의 대상에서도 볼 수 있다 75 (참조 76 78 79 83 132 133)

¶ 숭고한 것은 '감성적 현시가 부적합한(76 이하 88)' '이성개념의 현시(75 77)'다 ¶ 숭고한 것의 감정은 마음의 동요〔운동〕를 특징으로 한다 80 98 ¶ 숭고한 것의 감정은 '불쾌를 매개로 해서 가능한 쾌(102)'이다 (참조 97 100) ¶ 감동의 감정과 결합되어 있는 숭고 43 75 86 이하 ¶ 매력과 합일할 수 없는 숭고의 감정 75 ¶ 숭고한 것에서 흡족은 경탄 내지는 존경을 함유한다 76 ¶ 자연에서 숭고한 것 93 104 이하 117 132 / 자연의 숭고함과 무한의 이념 93 / 자연의 숭고한 것에 대한 쾌감〔=이성논변적인 관조의 쾌감〕 154 / 자연에서의 숭고한 것에 대한 감정은 우리 자신의 사명에 대한 존경이다 97 / 자연의 숭고한 것에 관한 판단들에 대한 우리의 해설은 동시에 그에 대한 연역이다 133 ¶ 기술의 산물들에서 숭고한 것 89 ¶ 마음의 사명의 고유한 숭고성 105 / 마음씨의 숭고성 108 ¶ 신의 숭고성 107 ¶ 종교의 숭고성 108 ¶ 전쟁의 숭고성 107 ¶ 별이 빛나는 하늘의 광경의 숭고성 118 ¶ 대양의 광경의 숭고성 118 이하 ¶ 인간의 형태에서의 숭고한 것 119 ¶ 격정과 무격정성의 숭고성 121 이하 ¶ 심성의 숭고함 123 ¶ 숭고한 것에 대한 감정과 도덕적인 것에 대한 감정 116 ¶ 숭고한 것의 감정에 대한 마음의 정조〔情調〕는 '이념들에 대한 마음의 감수성(110)'과 '문화(111)'를 필요로 한다 ¶ 숭고한 것은 어떤 것을 우리의 (감성적) 이해관심을 거슬러서까지도 존중하도록 준비시킨다 115 ¶ 숭고한 것은 사랑보다는 존경의 감정을 일깨운다 120 ¶ 의무로부터의 행위의 숭고함 114

스케치 Zeichnung

¶ 자유로운 스케치 10 이하 ¶ 모든 조형예술에 있어서 본질적인 것은 선묘〔線描: 圖案, 스케치〕이다 42 (참조 222) ¶ 그리스풍의 도안 49

스피노자주의 Spinozismus

¶ 스피노자주의 373 406

시 Poesie

¶ 시 → 시예술

시간 Zeit

¶ 형식적인 시간조건 XXXII (참조 99)

시간계기 Zeitfolge

¶ 시간계기는 내감과 하나의 직관의 조건이다 99 이하
시예술 Dichtkunst
¶ 시인은 이성이념들을 감성화한다 194 (참조 195 이하) ¶ 시예술은 상상력을 자유롭게 한다 215 217 ¶ 모든 예술 가운데서 시예술이 최상의 지위를 주장한다 215 ¶ 시예술은 상상력과의 순전한 즐거운 유희만을 수행하고자 한다 217 (참조 69 177 205 이하)
시인 Dichter
¶ 시인 → 시예술
시조 Urmutter
¶ 공동의 시조 368 이하
시초 Anfang
¶ 제일의 시초 378
식사 중의 음악 Tafelmusik
¶ 식사 중의 음악 178
신 Gott
¶ 신 400 이하 ¶ 신에 대한 두려움 107~109 ¶ 생명 없는 신과 살아 있는 신 323주 ¶ 신에 대한 우리의 모든 인식은 한낱 상징적이다 257 ¶ 신의 개념은 자연과학에 속하지 않는다 305 403 이하 ¶ 한낱 가설로서 신의 현존 460 ¶ 신적 창시자와 규제적 원리 365 ¶ 이론적으로 문제성 있는 신의 개념 448 453 477 ¶ 신앙의 사상으로서 신의 현존 458 ¶ 신의 현존에 대한 형이상학적 증명의 무용성 469 이하 ¶ 신의 개념은 이성의 실천적 사용에 의거하고 있다 404 (참조 418) ¶ 신의 현존에 대한 도덕적 증명 418 이하 / 도덕적 증명은 주관적으로 충분한 논증이다 424주 (참조 429 이하) / 도덕적 논증의 효용 439 이하 (참조 472 이하) ¶ 궁극목적에 도달할 가능성의 조건과 신의 개념 460 이하 (참조 443 이하) ¶ 무한한 지적 존재자(←)로서 신 409 ¶ 목적들의 도덕적인 나라의 법칙수립적 수령으로서 신 413 ¶ 신의 속성들(414 444)은 유비적으로만 생각할 수 있다 435 ¶ 도덕적 세계창시자로서 신 429 433 460 470 472 ¶ 옛 사람들의 신 404 이하 418 ※ 종교, 세계원인, 원근거, 근원존재자

신비적 mystisch

¶ 신비로운 천상의 향락 13주 ¶ 신비적 명상가 228

신앙 Glaube

¶ 단적으로 그렇게 불리는 신앙 463 ¶ 앎과 대조되는 신앙 468 ¶ 도덕적 신앙〔=순수한 실천적 관점에서의 견해〕 459 (참조 462 이하) ¶ 역사적 믿음 458

신앙의 사상〔事象〕 Glaubenssache

■ 純全히 믿을 수 있는 것 454 457 이하

신앙조목 Glaubensartikel

¶ 자연신학이 함유하고 있지 않은 신앙조목 458주

신〔神〕이론 Gotteslehre

¶ 신이론 → 신학

신지학 Theosophie

¶ 신학과 구별되는 신지학 440 443 474 이하

신체 Körper

¶ 신체 → 물체

신학 Theologie

■ 신과 신의 현존에 대한 인식 482 ¶ 신학은 신지학이 아니다 400 443 475 ¶ 자연 신학 444 / 자연 신학은 신앙조목을 함유하고 있지 않다 458주 ¶ 신학은 경험적인 자료들이나 술어들에 의하여 성립할 수 없다 466 ¶ 신학과 목적론의 관계 335 364 402 이하 473 이하 ¶ 신학과 도덕의 관계 441 이하 ¶ 신학과 귀신론 414 (참조 433) ¶ 신학은 종교를 위해서만 필요하다 478

신학적 theologisch

¶ 신학적 도출 305

실례 Beispiel

¶ 경험적 개념들을 위한 실례 254

실마리 Leitfaden

¶ 경험의 실마리 XXXVI 353 ¶ 자연 탐구의 실마리 297 353 365 ¶ 반성적 판단력의 실마리 301 313 318 이하 334 336 ¶ 이성판단의 실마리 442 ¶ 충

동의 지도원리 392
실재근거 Realgrund
¶ 산출들의 실재근거 352
실재론 Realismus
¶ 미감적 합목적성의 실재론 246 이하 251~253 327 ¶ 자연목적들의 실재론 322 327 / 자연의 합목적성의 실재론 324 327 / 목적인들의 실재론 406
실재성 Realität
¶ 객관적 실재성 295 327 330 이하 339 430 456 ¶ 실천적 실재성 430 ¶ 주관적 실재성 430 ¶ 목적들의 실재성 253
실재적인 것 das Reale
¶ 감각의 실재적인 것 XLIII ¶ 경험적 표상의 실재적인 것 4 ¶ 최고실재 존재자 469
실천적 praktisch
¶ 실천적 가능성 XII ¶ 실천적 고찰 342 ¶ 실천 규정 XXI ¶ 실천적 법칙 XV 이하 LIII 18(순수한 실천적 법칙) 62 343 468 ¶ 실천적 법칙수립 XII ¶ 실천적 사명 443 ¶ 실천적 사용 LIII 243 244 413 475 478 (→ 이성사용) ¶ 실천적 신앙 454 이하 ¶ 실천적 실재성 XIX 429 434 435 436 ¶ 실천적 영리의 규칙 459 ¶ 실천적 원칙 XII ¶ 실천적 의도 93 428 432 447 454 459 467 478 ¶ 실천적 이념 112 ¶ 실천적 이성능력 295 429 440 ¶ 실천적 이성사용 404 434 456 이하 ¶ 실천적 자료 456 ¶ 실천적 필연성 → 필연성 ¶ 실천적 합목적성 → 합목적성 ¶ 기술적으로(↔도덕적으로) 실천적인 것 XII~XVI 433 ¶ 우리 능력들의 모든 작업들은 실천적인 것에 귀착한다 8
실체 Substanz
¶ 우유적인 것들의 담지자로서 실체 257 ¶ 실체의 내적 작용결과들 326 ¶ 유일한 단순한 실체 372 405 이하 / 단순 실체라는 한낱 존재론적인 개념 373 ¶ 다수의 실체들 372 405 이하 421주
실험 Experiment
¶ 실험 443 ¶ 실험의 기술 XIV
심령학 Pneumatologie

ㅇ

¶ 신의 실존에 대한 형이상학적-우주론적 증명 469
운동[1] Bewegung
¶ 항상 하나의 연장적인 존재자를 전제하는 운동 436 (참조 479 이하) ¶ 운동법칙 XXXVIII 319 322 ¶ 운동능력 203 ¶ 제일의 운동자 479 이하
운동[2] Motion
¶ 운동 → 동작
웃음 Lachen
■ 긴장된 기대가 갑자기 아무것도 아닌 것으로 변환하는 데서 일어나는 정서 225 (참조 225~230)
웅변가 Redner
¶ 웅변가 206
웅변술 Beredsamkeit
¶ 웅변술 177 205 216 이하 217주
원 Zirkel
¶ 원과 삼각형 272 ¶ 원의 도형은 지성에 의해 한 원리에 따라서 규정된 직관이다 274
원근거 Urgrund
¶ 원근거 295 ¶ 자연의 원근거 341 470 (참조: 자연의 초물리적 근거 322) / 자연의 원근거의 무조건적 필연성 342 ¶ 자연사물들의 원근거 325 373 ¶ 우주의 원〔原〕근거 323 (참조 364 433)
원리 Prinzip
¶ 도덕성의 객관적 원리 259 (참조 312) ¶ 경험적 원리 XXII주 XXXI ¶ 구성적 원리 IV V 260 270 301 342 344 이하 350 / 주관적으로 구성적인 원리 429 ¶ 규제적 원리 IV V 270 294 이하 339 342 344 이하 429 437 이하 ¶ 취미의 주관적 원리 XLVII 143 이하 259 312 ¶ 지성의 원리 313 (참조 312) ¶ 반성적 원리와 규정적 원리 365 ¶ 선험적 원리 III XII XXX 113 ¶ 실천적으로 규정적인 원리 437 ¶ 기술적으로 실천적인 원리와 도덕적으로 실천적인 원리 XIII 이하 ¶ 초감성적 원리 XV 304 ¶ 초월적 원리 → 초월적 ¶ 토착적 원리와 외지에서 온 원리 304 이하 (참조 306 342) ¶ 형이상학적 원

리 XXIX 이하 ¶ 목적인(←)들의 원리 316 ¶ 소수의 원리들을 찾는 데 매진해야 한다는 원리 XXXV (참조 XXXI 435 444)

원본성 Originalität

¶ 특유성 201 ¶ 천재의 속성으로서 원본성〔독창성〕 → 천재 ¶ 익살〔좋은 기분〕의 원본성〔독창성〕 228 ¶ 천박한 자들이 생각하는 재능의 원본성 186 이하

원뿔곡선 Kegelschnitt

¶ 원뿔곡선 272 이하

원예술[1] Lustgärtnerei

¶ 원예술 209 209주

원예술[2]〔園藝術〕Gartenkunst

¶ 원예술 42

원인 Ursache

¶ 원인 일반의 개념 XXXII ¶ 원인과 근거 LIV LIV주 ¶ 원인이라는 개념은 경험적 직관을 통해 증거가 대질 수 있다 240 ¶ 실재적 원인과 관〔이〕념적 원인 290 ¶ 작용하는 원인과 목적인 289 291 381 ¶ 의도들에 따라 작용하는 원인 333 335 374 397 이하 421주 ¶ 만들어내는 원인 292 372 421 ¶ 지적 원인 407 ¶ 초자연적 원인 308 ¶ 이성적 원인 290

원칙 Grundsatz

¶ 일반 자연이론의 원칙 296 이하 ¶ 목적론적 원칙 296 ¶ 구성적 원칙과 규제적 원칙 314 ¶ 객관적 원칙과 주관적 원칙 333 이하 ¶ 도덕적 원칙 121

원형 Urbild

¶ 원형 → 이상

原型 Archetypon

¶ 原型 원상〔原象〕 207

原型 知性 intellectus archetypus

■ 직관적 지성 350 351

위력 Macht

■ 커다란 장애들을 압도하는 능력 102 ¶ 자연의 위력 102 이하 ¶ 도덕적

유파 Schule

■ 천재의 정신의 산물들과 그것들의 특유성에서 사람들이 이끌어낼 수 있는 한에서의 규칙들에 따르는 방법적 지도〔指導〕 200 ¶ 철학 학파 323주 ¶ 학파와 건전한 지성〔상식〕의 관계 470

유희 Spiel

¶ 인식능력들의 자유로운 유희 LVII 278 303 ¶ 마음의 힘들의 유희 192 267 ¶ (미적인 것에서) 상상력과 지성의 자유로운 유희 28 이하 32 37 47 71 95 99 112 116 146 179 198 이하 202 이하 205 이하 215 이하 217 221 242 ¶ (숭고한 것에서) 상상력과 이성의 자유로운 유희 95 99 112 ¶ 표상력들의 한낱 주관적 유희 65 ¶ 인상들의 규칙적인 유희 40 / 합규칙적인 유희 160 ¶ 과업과 구별되는 것으로서 유희 116 175 이하 205 ¶ 상상력의 유희 50 72 73 205 이하 252 ¶ 이념들과의 유희 205 210 ¶ 시예술에서 유희 215 이하 217 ¶ 인식력들의 자유로운 유희에 의한 작용결과로서 공통감 64 ¶ 사행유희〔도박〕, 음조유희〔연주〕, 사상유희〔기지〕 223 이하 ¶ 음악에서 유희 218 ¶ 조형예술에서 유희 221 ¶ 형태들의 유희 42 213 ¶ 감각들의 유희 42 205 211 이하 220 이하 223 이하 ¶ 격정들의 유희 124

윤리감정 Sittengefühl

¶ 윤리감정 164

윤리법칙 Sittengesetz

¶ 윤리의 법칙들은 형식적이고 무조건적으로 지시명령한다 425 (참조 461주) ¶ 윤리법칙에 대한 존경 477 이하 ¶ 윤리법칙과 자연 439 ¶ 윤리법칙들의 최상 원리는 요청이다 459 ※ 도덕적

윤리성 Sittlichkeit

¶ 윤리성의 진정한 성질 116 ¶ 불멸의 윤리 이념 125 ¶ 윤리성의 근원적인 이념 139 ¶ 윤리성의 순수한 현시 125 ¶ 윤리성의 양식 126 ¶ 기독교에 의해 풍부해진 순수한 윤리 개념 462주 ¶ 윤리성의 법칙 424 ¶ 윤리성의 상징으로서 미 254 이하 ¶ 윤리성은 선험적으로 확립되어 있다 430 ¶ 인간이 행복할 만한 품격으로서의 윤리성 424

윤리신학 Ethikotheologie

¶ 윤리신학 410 이하 (참조 482) ※ 도덕신학
윤리이론 Sittenlehre
¶ 윤리이론 XIII
윤리적 sittlich
¶ 선험적인 윤리적 개념 36 ¶ 윤리적 법칙 16 ¶ 윤리적 사명 428 ¶ 윤리적 이념의 가시화 59 이하 / 윤리적 이념의 감성화 263 / 윤리적 이념의 발달 264 ¶ 윤리적 원리〔=자유의 원리〕 475 ¶ 윤리적으로 좋은 것〔=단적으로 좋은 것〕 → 좋은 것 (참조 245 259) ¶ 윤리적 취미 16 ¶ 윤리적 판정 260
윤리적 훈계 Sittenvorschrift
¶ 진부한 윤리적 훈계 123
은하계 Milchstraßensystem
¶ 은하계 96
음 Ton
¶ 음 → 소리
음악 Musik
■ 청각의 감각들의 기예적 유희 211 (참조 211~213 220 이하 40 42 이하 49 72 이하 191 → 소리 예술) ¶ 음악은 한낱 감각들과 유희한다 220 ¶ 음악은 감각들로부터 무규정적 이념들로의 길을 걷는다 221 ¶ 음악은 과도적인 인상의 예술이다 221 ¶ 음악에서 (주제 없는) 환상곡 49
음절 Artikulation
¶ 음절 204 이하
음조유희 Tonspiel
¶ 음조유희 223
의견[1] Meinen
¶ 의견 451 이하
의견[2] Meinung
¶ 의견 463
의견의 사상〔事象〕Meinungssache
¶ 의견의 사상 454 456

의도 Absicht

¶ 자연의 의도 308(→ 자연목적) 322 325 333 이하 381 ¶ 도덕적으로 필연적인 의도 482

의도성 Intentionalität

¶ 의도성 → 지향성

의무 Pflicht

¶ 의무로부터 행위의 합법칙성의 아름다움과 숭고함 114 (참조 342 이하 416 이하) ¶ 의무의 완수는 진지한 의지의 형식에 있다 426 (참조 461주) ¶ 의무의 실천적 필연성 461 ¶ 이성에 의해 부과되는 의무 477

의욕하다 wollen

■ 어떤 것에 이해관심을 가지다 14

의인관 Anthropomorphismus

¶ 의인관 257 436 ¶ 의인관적 표상방식 440 440주

의지 Wille

■ = 이성〔또는 개념(33)이나 원칙(8)〕에 의해 규정된 욕구능력 14 / = 목적들의 능력 133 / = 목적들에 따라 행위하는 능력 285 ¶ 자연능력으로서의 의지 XIII 이하 412 ¶ 의지의 훈육 → 훈육 ¶ 선의지 412

이념 Idee

■ 이성개념(←) 54 254 이념의 분류(239) ① 가장 일반적인 의미에서 이념〔=원리에 따라 한 객관과 관계 맺지만 대상의 인식은 될 수 없는 표상〕 239 ② 주관적 원리에 따라 한 직관과 관계 맺는 이념〔=미감적 이념〕 239 이하 ¶ 미감적 이념에는 어떠한 특정한 개념도 충전할 수 없다 193 (참조 192~199 253 이하 262) ¶ 미감적 이념의 충만한 사상내용 215 ¶ 미감적 이념은 상상력의 해설불가능한 표상이다 242 ¶ 최고도〔最高度〕라는 이성의 무규정적 이념 54 ¶ 미감적 규범이념 → 규범이념 ③ 객관적 원리에 따라 한 개념과 관계 맺는 이념〔=이성이념〕 239 이하 ¶ 이성이념은 대상의 인식을 제공할 수 없다 239 이하 ¶ 이성이념은 이성의 입증불가능한 개념이다 240 ¶ 이성이념에는 어떠한 직관(즉 상상력의 표상)도 충전할 수 없다 193 (참조 115) ¶ 이성이념은 객관적 실재성을 이론적으로 보증할 수 없는 개념이다 459 (참

조 XIX) ¶ 규제적 원리로 쓰이는 이념 IV 이하 339 345 ¶ 이념은 모든 인식의 궁극의도를 촉진시킨다 V ¶ 불가결한 이성이념 341 ¶ 순수한 이성개념으로서 이념 429 ¶ 숭고한 것은 오직 이성의 이념들과만 관련이 있다 77 95 110 115 이하 (참조 97 이하) ¶ 종교의 이념 123 (참조 435 445) ¶ 사회적 이해관심을 함유하는 이념 123 ④ 특수한 이념들 (ㄱ) 도덕적 이념(214 228 474) ¶ 실천적 이념 95 112 ¶ 자유의 이념 457 (참조 473 이하) ¶ 자유 이념의 대상은 사실이다 457 (참조 407) ¶ '단적으로-선한 것'이라는 이념 114 ¶ 인간성의 이념 97 ¶ 윤리 이념 125 / 윤리적 이념들의 감성화 263 (참조 56) (ㄴ) 전체의 (목적론적) 이념 290 이하 ¶ 표상의 절대적 통일성으로서 이념 297 ¶ 목적들의 이념 307 ¶ 목적인들의 이념 334 (ㄷ) 그 밖의 이념들 ¶ 우리 안의 초감성적인 것(←)에 대한 규정되지 않은 이념 238 241 ¶ 플라톤의 이데아 273

이념성 Idealität

¶ 이념성 → 관념성

이데아 Idee

¶ 이데아 → 이념

이론 Theorie

¶ 기술과 구별되는 이론 175

이론적 theoretisch

¶ (↔ 실천적) ¶ 자연에 대한 이론적 고찰 342 ¶ 이론적 관점 434 이하 454 ¶ 이론적 능력 175 ¶ 철학의 이론적 부분 IX LII ¶ 이론적 (이성) 사용 III LIII 244 403 이하 413 457 ¶ 이론적 원리 406 ¶ 이론 이성 339 ¶ 이론적 인식 IV XI 이하 / = 자연인식 XVII (참조 LVI XVII 이하) ¶ 이론적 자연과학 366 ¶ 이론적인 반성적 판단력 → 판단력 ¶ 이론적 학문 443

이상 Ideal

■ 한 이념(←)에 부합한 것으로서의 개별적 존재자 표상 54 ¶ 미적인 것의 이상은 상상력의 이상이다 54 이하 (참조 53~61) ¶ 완전성의 이상 56 ¶ 인간의 형태에서 이상은 윤리적인 것의 표현에서 성립한다 59 이하 ¶ 기예는 이상을 염두에 두지 않으면 안 된다 261

이상적 idealisch

¶ 이상적 → 관념적

이성 Vernunft

■ 원리들의 능력 339 (참조 III) ① 이론적 이성 III IV VI XVIII 74 339 ¶ 사변 이성 415 ¶ 이념들의 원천으로서 이성 101 ¶ 이념들의 능력으로서 이성 112 118 194 ¶ 이성은 무조건적인 것〔무조건자〕을 요구한다 244 이하 339 ¶ 이성은 절대적 전체성을 요구한다 85 92 115 ¶ 이성은 통일성을 요구한다 344 ¶ 이성의 준칙 314 ¶ 이론적 이성은 규제적 원리만을 함유한다 339 ¶ 인식능력으로서 이론 이성 410 ¶ 지성의 개념들 없이는 이성은 객관적으로 (종합적으로) 판단할 수가 없다 339 ¶ 시적으로 몽상하는 유혹에 빠지는 이성 355 ¶ 이성과 상상력의 유희 → 유희 ② 순수 실천 능력으로서 이성 482 ¶ 순수 실천 이성 415 457 이하 468 ¶ 욕구능력과 관련해서만 선험적인 구성적 원리들을 함유하는 이성 III V ¶ 이성은 선험적으로 법칙수립적이다 V 이하 LIII 417 ¶ 이성의 의도 463 이하 ¶ 실천적 이성개념 154 ¶ 실천 이성의 목적들 115 ¶ 윤리성에서 이성은 감성에 대해 강제력을 가한다 116 이하 120 ¶ 실천 이성이 세계존재자들에게 궁극목적을 지시규정한다 426 (참조 430 432 435) ¶ 이성의 고유한 구역〔= 실천적인 구역〕 110 ¶ 수동적 이성과 스스로 법칙수립적인 이성 158주 ¶ 이성의 타율 158 ¶ 이성의 준칙 160 ¶ 이성의 자기 자신과의 일치 239 (참조 242)

이성개념 Vernunftbegriff

■ 이념 193 이하 ¶ 인식을 기초 짓는 이성개념 330 ¶ 초월적 이성개념 235 ¶ 초감성적인 것에 대한 순전한 순수한 이성개념 236 ¶ 도덕법칙은 이성의 개념들 위에 기초되어 있다 154

이성논변 Vernünftelei

¶ 이성논변 → 궤변

이성논변적 vernünftelnd

¶ 이성논변적 → 궤변적

이성법칙 Vernunftgesetz

¶ 이성의 법칙 96

는 자로서 인간 55 398 ¶ 예지체로 보아진 인간 398 ¶ 도덕성의 주체로서 인간 399 ¶ 자연의 최종 목적으로 인간 384 388 이하 491 이하 ¶ 인간만이 미의 이상을 가질 수 있다 56 ¶ 인간이 실존하는 이유 282 283 이하 300 ¶ 인간 사이의 불평등 392 이하

인간기피증 Menschenscheu

¶ 인간기피증 126 ※ 대인공포증

인간성[1] Menschheit

¶ 인간성의 발전 395 ¶ 인간성의 존엄 123 ¶ 우리 안에 있는 인간성 228 (참조 105) ¶ 인간성만이 완전성의 이상을 가질 수 있다 56

인간성[2] Humanität

¶ 인간성 → 인문성

인간의 형태 Menschengestalt

¶ 인간의 형태 119 (참조 56 이하)

인간지성 Menschenverstand

¶ 보통의 건전한 지성 155 ¶ 보통의 인간지성 156 이하 (참조 410 412 421 472)

인간학 Anthropologie

¶ 경험적 인간학 129 ¶ 내감의 인간학〔=이성적 심리학(←)〕 443 ¶ 인간학적 물음 XXII주

인간혐오 Misanthropie

¶ 인간혐오 126

인과결합 Kausalverbindung

¶ 인과결합 → 인과성

인과성 Kausalität

① 자연의 인과성 LIV ¶ 자연법칙들의 인과성 350 ¶ 자연원인들의 기계조직의 인과성 355 (참조 321 324) ¶ 作用 連結(269 289)로서 인과결합은 언제나 하향적으로 진행한다 289 ② 목적들의 인과성〔=目的 連結〕 269 332 378 ¶ 목적에 따르는 인과성 267 269 295 299 350 355 357 이하 360 363 399주 ¶ 의도에 따르는 인과성 330 (참조 328 397) ¶ 이념들에 따르는 인과

성(=주관적 원리, 곧 기예의 원리) 320 ¶ 이성개념에 따른 인과결합 289 330 ¶ 목적인(←)들의 인과성 314 318 319 350 381 ¶ 목적들이라는 이성개념에 따른 인과결합은 상향적으로도 하향적으로도 의존성을 수반한다 289 ¶ 목적론적 인과성 398 ¶ 목적인들의 인과성의 개념은 순전한 이념이다 318 381 ¶ 전혀 다른 두 종류의 인과성의 합일 374 ③ 의지의 인과성 XIII LIII 이하 LIV주 36 281 398 419 421주 ¶ 이성의 인과성〔원인성〕 468 (참조 467) ¶ 궁극목적을 위한 인과성 433 437 ④ 신적 인과성 451

인문성 Humanität

① 보편적인 참여의 감정 262 ② 자기 자신을 가장 진솔하게 그리고 보편적으로 전달할 수 있는 능력 262 (참조 162 263)

人文的 教養 Humaniora

¶ 人文的 教養 262

인식 Erkenntnis

¶ 경험적 인식 XXXII ¶ 신에 대한 인식 257 ¶ 선험적인 인식 원천 XXXI ¶ 인식근거 291 308 ¶ 인식판단과 취미판단의 비교 134 (참조 146) ¶ 선험적 종합 인식 147 ※ 경험, 이론적

인식능력 Erkenntnisvermögen

¶ 인식능력 III 이하 XXII 이하 (참조 VIII XXII주) ¶ 상위의 세 인식능력(243 344)은 예지적인 것과 합치한다 258 ¶ 인식능력과 객관의 관계 454 ¶ 인식능력들의 자유로운 유희 28 이하 151 151주 160 이하 (→ 유희, 조화) ¶ 상위 인식력들의 우아함 221

인식력 Erkenntniskraft

¶ 인식력 → 인식능력

인식하다 erkennen

¶ '인식하다'와 '사고하다'의 구별 479~481

일치 Einstimmigkeit

¶ 일치 → 부합

입증하다 demonstrieren

■ 개념을 동시에 직관에서 현시하다 241 (참조 240)

ㅈ

자극[1] Reiz

¶ 자극 → 매력

자극[2] Anreize

¶ 자극 14

자기보존 Selbsterhaltung

¶ 자기보존 105

자기사랑 Selbstliebe

¶ 자기사랑의 원리 459

자기의식 Selbstbewußsein

¶ 우리 자신에 대한 의식 327

자기자율 Heautonomie

¶ 반성적 판단력의 원리로서 자기자율 XXXVII (참조 XXXIII)

자발성 Spontaneität

¶ 지성의 자발성 XXXVIII ¶ 직관의 자발성 347 ¶ 원인의 자발성 356 ¶ 인식능력들의 유희에서의 자발성 LVII

자연 Natur

■ 물질적 자연(313 이하)에 대한 여러 정의들: =현상들의 총괄 IV / = 감관 대상들의 총괄 XVII XXXII 267 470 / = 외감의 대상들의 총괄 313 / = 사물들〔의 총괄〕 XXXVIII 이하 / = 물질 308 ¶ 자연은 지성적 존재가 아니다 268 (참조 308) ¶ 현상으로서 자연 LIV주 116 ¶ 자연의 초감성적 기체〔基體〕 LIV주 ¶ 자연 자신(Natur an sich) 116 ¶ (가능한 경험의 대상으로서 자연 XXXII XXXV LI 이하 ¶ 우리의 인식 일반의 객관으로서의 자연 XXXIX ¶ 감관의 객관으로서 자연 LIII ¶ 자연의 우리 인식능력에 대한 적합성 XXXIX XLI ¶ 우리 안의 (생각하는) 자연과 우리 밖의 (물질적) 자연 109 117 120 이하 397 ¶ 자연 일반과 특수 법칙에 의해 규정되는 자연 XXX XXXII 이하 / 지성에 의한 자연 일반의 개념 134 ¶ 자연 전체 304 ¶ 목적들의 체계로서의 자연 일반 298 이하 ¶ 목적론적 개념들에 따른 체계로서 자연 365 388 이

하¶ 목적인들에 따르는 체계로서 자연계 383 이하 ¶ 우리의 인과성과의 유비에 따르는, 자연 인과성의 한 방식 309 ¶ 자연의 의도 308 ¶ 자연과 기예 77 이하 170 179 324 ¶ 아름다운 자연과 숭고한 자연 110 308주 (참조 152) ¶ 생명의 유비물로서 자연 293 ¶ 자연의 정관〔靜觀〕 166 ¶ 자연의 자유로운 형성작용 248 249 ¶ 자연의 간결함 229 ¶ 자연의 이해가능성 XL ¶ 자연의 형식 IV / 자연의 아름다운 형식 → 형식 ¶ 자연을 속속들이 알게 되는 것 XLI ¶ 자연 자신의 내적 근거 316 ¶ 자연의 행정(Lauf) 438 ¶ 위력으로서의 자연 102 이하 ¶ 자연의 기계성 → 기계성 ¶ 자연의 성벽(Hang) 248 ¶ 자연의 가능성 XXXVII (참조 354) ¶ 자연의 질서 XXXV (참조 XXXVII XXXIX) ¶ 자연의 상고〔上古〕의 혁명적 변화 369 ¶ 이념의 도식으로서 자연 110 (참조 115) ¶ 자연의 미 → 미 ¶ 자연의 숭고함 → 숭고함 ¶ 자연의 기술 → 기술 ¶ 자연의 무량광대함 104 ¶ 자연의 합목정성(←) 395주 438 ¶ 자연은 전체로는 유기적인 것으로 주어져 있지 않다 334 ¶ 위로부터 아래로 내려가면서는 자연을 설명할 수 없다 354

자연개념 Naturbegriff

¶ 자유개념과 구별되는 자연개념 XI 이하 XXIV LIII 466 이하 468 이하 ¶ 형이상학적 (선험적) 자연개념과 물리적 (후험적) 자연개념 468 이하 ¶ 경험적 자연개념 470

자연과학 Naturwissenschaft

¶ 자연과학 305 이하 350(자연학Naturkunde) ¶ 본래적인 자연과학 364 ※ 자연기술

자연기계성 Naturmechanismus

¶ 자연기계성 → 기계성

자연기술 Naturbeschreibung

¶ 자연기술 385주

자연능력 Naturvermögen

¶ 자연능력 294

자연목적 Naturzweck

■ 자기 자신에 의해 원인이자 결과인 사물 286 (참조 289) / = 유기적인 그

자연철학 Naturphilosophie

¶ 이론철학 XII

자연필연성 Naturnotwendigkeit

¶ 자연필연성 → 인과성, 숙명론, 기계성

자연 형식 Naturform

¶ 자연 형식 → 형식

자유 Freiheit

① 상상력의 자유 146 161 199 202 이하 262 ¶ 상상력의 자유로운 유희 179 191 259 이하 ② 이론적, 실천적 의미의 자유 ¶ 초감성적 능력으로서 자유 398 467 ¶ 사변철학은 자유에 대해 한낱 소극적인 개념만을 준다 467 (참조 465) ¶ 자유 이념의 불가해성 125 ¶ 자연 인과성과 자유에 의한 인과성 LIV주 ¶ 의지의 자유〔=보편적 이성법칙들에 따르는 의지의 자기 자신과의 합일〕 259 (참조 418) ¶ 도덕법칙들에 따른 자유의 사용 429 466 (참조 LIV주 120) ¶ 순수하고 실천적인 이성의 자유 LIV주 ¶ 원인성의 형식으로서 자유 343 ¶ 무조건적 원인성으로서 자유 342 (참조 174) ¶ 예지적 세계의 형식적 조건으로서 자유 343 ¶ 규제적 원리로 쓰이는 자유 343 ¶ 이성에 의해 선험적으로 주어지는 것인 자유의 이념 134 ¶ 자유의 이념만이 자기의 객관적 실재성을 자연에서 증명한다 467 (참조 457) ¶ 자유개념과 자연개념 XI 이하 466 이하 468 이하 472 이하 ¶ 자유개념은 그의 법칙들에 통해 부과된 목적을 감성세계에서 현실화해야만 한다 XIX (참조 XXXIV XLV 468) ¶ 자유개념의 관할구역 LIII 이하 ¶ 무조건적으로-실천적인 법칙들의 기초개념으로서 자유개념 468 ¶ 윤리적 이념들의 기초개념으로서 자유개념 473 이하 ③ 정치적 자유 262 이하

자유성 Liberalität

¶ 사유방식의 모종의 자유성 116

자율〔성〕 Autonomie

¶ 취미의 자율 135 137 이하 253 ¶ 자연의 자율 XXXVII ¶ 덕의 자율성 139 ¶ 반성적 판단력의 자율성 318 이하

자존성 Subsistenz

전체성 Totalität

¶ 한 직관으로의 총괄로서 전체성 92 (참조 119)

절대적 absolut

¶ 자연사물들의 원리의 절대적 통일성 405 ¶ 절대적 전체 101 411 ¶ 절대적으로 큰 84 98 (참조: 절대적 크기 116) ※ 가치

절망 Verzweiflung

¶ 격분한 절망은 미감적으로 숭고하다 122

절취 Subreption

¶ 존경의 절취〔=존경을 우리의 주관 안에 있는 인간성의 이념에 대한 것 대신에 객관에 대한 것으로 뒤바꿈〕 97

정념적 pathologisch

¶ 쾌적의 정념적 근거 37

정부 Regierung

¶ 정부 125

정서 Affekt

¶ 정서 → 격정

정신 Geist

■ 미감적 의미에서 정신: =마음에서 생기를 일으키는 원리 192 / =미감적 이념들을 현시하는 능력 192 197 이하 (→천재) ¶ 신체 없이 사고하는 정신 455 이하 ¶ 정신감정(Geistesgefühl) XLVIII ¶ 모방정신 183

정언적 kategorisch

¶ 정언적 목적 300

정조〔情調〕Stimmung

¶ 정조 → 조율

조각예술 Bildhauerkunst

¶ 조각예술 190 195 205 207 이하

조건 Bedingung

¶ 보편적 조건 IV XXIX XLVI 이하 ¶ 형식적 조건 XXXII 114 391 393 ¶ 형식적 조건과 질료적 조건 423 ¶ 주관적 조건 XLVII 155 329 391 이하 423

※ 취미판단, 판단력
조광〔躁狂〕Wahnwitz
¶ 조광 → 광기
조소 Plastik
¶ 조소 198 ¶ 조소에는 조각예술(←)과 건축예술(←)이 속한다 207
조율 Stimmung
¶ 인식능력들의 조율 31 65 이하 (참조 151 151주 182 242 268) ¶ 감관의 정조〔情調〕 211 ¶ 감각들의 균형 잡힌 조율은 수학적으로 일정한 규칙 아래서 이루어질 수 있다 219 이하
조화 Harmonie
¶ 화음 219 ¶ (플라톤에서) 존재자들의 조화 273
조화롭다 harmonisch sein
■ 주관적-합목적적이다 155
존경 Achtung
■ 우리에 대해서 법칙인 어떤 이념에 이르는 데 우리의 능력이 부적합하다는 감정 96 ※ 그 밖에 참조할 곳 15 36 76 83 120 123 228 303 428
존엄 Würde
¶ 인간성의 존엄 123
존재 Sein
¶ 존재와 당위 343
존재론적 ontologisch
¶ 존재론적 개념 373 406 465 ¶ 존재론적 근거 373 ¶ 존재론적 술어 XXIX 469 ¶ 존재론적 증명 469 ¶ 존재론적 이념 469
존재자 Wesen
¶ 존재자 → 본질
종 Species
¶ 종 371 383 ¶ 종의 자기보존 375 ※ 유(Gattung)
종교 Religion
■ 신의 지시명령〔계명〕들인 우리의 의무들에 대한 인식 477 / = 법칙수립자

로서 신과 관련해 있는 도덕 441 / = 주관적 관점에서 이성의 실천적인, 특히 도덕적인 사용 478 ¶ 참된 종교와 잘못된 종교 108 이하 123 465 ¶ 신학은 자연지식을 위해서가 아니라 종교를 위해서 필요하다 478 (참조 467 470) ¶ 정부는 종교가 형상이나 유치한 장치물을 풍부하게 갖추도록 기꺼이 허용했다 125 ¶ 도덕적 논증과 종교 440 이하 ¶ 종교의 본질적인 요소는 마음씨에 있다 477 ¶ 종교적 감정 → 감정

종합적 synthetisch

¶ 분석적 구분과 종합적 구분 LVII 이하 ¶ 종합적 통일 → 통일 ¶ 종합적 술어 332 448 ¶ 종합적 규칙 275

좋은〔선한〕 것 das Gute

■ 이성을 매개로 순전한 개념에 의해 적의한 것 10 (참조 21 246) / = 객관적 가치를 부여받는 것 15 (참조 44) ¶ 무엇을 위해 좋은 것(유용한 것)과 자체로 좋은 것의 차이 10 11 13 ¶ 좋은 것〔선〕은 모든 이성적 존재자 일반에게 타당하다 15 ¶ 단적으로 좋은 것에 대해서는 찬동이 명령된다 114 ¶ 좋은 것에서 흡족은 관심과 결합되어 있다 10~14 ¶ 좋은 것은 순수한 실천적 흡족(또는 지성적 흡족 37 120)을 수반한다 14 ¶ 인간성의 최종 목적으로서 도덕적으로-좋은〔선한〕 것 165 ¶ 도덕적 선은 아름답다라기보다는 오히려 숭고하다 120 이하

주랑 Säulengänge

¶ 장려한 건축물을 둘러싸고 있는 주랑 43

주술 Theurgie

■ 다른 초감성적 존재자들과 서로 감정과 영향을 주고받을 수 있다는 광신적 망상 440

주제 Thema

¶ 주제 219

주제넘다 vermessen sein

¶ 주제넘다 309주 (참조 440)

준칙 Maxime

■ 판단력의 주관적 원리 XXX XXXIV XXXVIII 319 (참조 160 264 296 300

스스로 자신의 의사대로 목적들을 세울 수 있는 능력〕 390 ¶ 취미판단에 필요한 지성〔=대상의 표상을 (개념 없이) 표상의 주관 및 주관의 내적 감정과의 관계에 따라 규정하는 능력〕 48 ¶ 우리의 '사고하는 지성(342 345 이하)'은 '형상들을 필요로 하는(350 이하)' '논변적 지성(347)'이다 ¶ 인간의 지성과는 다른 보다 고차적인 지성 346 / 원형적 지성 349 / 原型 知性이라는 이념 351 / 직관하는 지성 또는 직관적 지성 XXVII 340 341 이하 345 이하 347 / 이 지성은 종합적으로–보편적인 것(하나의 전체 그 자체에 대한 직관)으로부터 특수한 것으로, 다시 말해 전체로부터 부분들로 나아간다 349 (참조 350) / 최상의 지성 362 372 / 세계원인으로서의 어떤 근원적 지성 354 / 생산적 지성 397 / 건축술적 지성 317 372

지성개념 Verstandesbegriff

¶ 지성개념 235 ¶ 혼란된 지성개념 236 ¶ 순수 지성개념〔= 선험적 자연개념〕 XXIV (참조 XXIX → 범주) ¶ 지성개념과 이념 239 이하 ¶ 지성의 개념들에는 객관적 실재성이 주어져야 한다 339 (참조 340) ¶ 지성개념의 근저에는 항상 충전하게 대응하는 경험이 있을 수 있으며, 그것은 그 때문에 내재적이라고 일컬어진다 240 ¶ 지성개념들은 그 자체로 항상 입증가능한 것이다 240

지성적 intellektuell

¶ 지성적 직관 352 ¶ 지성적 개념 196 ¶ 모든 존재자들의 근원과의 지성적 통교 273 ¶ 선의 지성적 근거 37 ¶ 지성적 이념 193 이하 ¶ 지성적 관심 167 ¶ 지성적 미 또는 지성적 숭고함 119 ¶ 지성적 판단력 160 168 ¶ 지성적 능력 LVI ¶ 지성적 흡족 LVI 120 ¶ 지성적 합목적성 120 271

지속 Dauer

¶ 지속으로서의 현존 480 이하

지적 존재자 Intelligenz

¶ 지적 존재자 → 예지자

지향성 Intentionalität

¶ 자연의 지향성〔의도성〕 324 ※ 의도

직관 Anschauung

① 직관과 상상력 ¶ 직관들의 능력으로서 상상력 146 ¶ 상상력의 표상으로서 직관 193 242 / 미감적 이념은 (상상력의) 하나의 직관으로서, 이것에 충전한 개념은 결코 발견될 수가 없다 240 ② 외적 직관 294 ¶ 인식을 위한 직관과 개념의 합일 XLVIII (참조 235 254 340 481) ¶ 선험적 직관 XXXII ¶ 직관의 잡다 145 348 ③ 내적 직관(=상상력의 표상으로서 이념) 194 ¶ 아름다운 것의 감성적 직관 236 ¶ (플라톤에서) 순수한 직관 274 ¶ 천재의 재료로서 직관 199(참조 193) ¶ 사람들이 선험적 개념들의 근저에 놓는 모든 직관들은 도식들(←)이거나 상징들(←)이다 256 ¶ 우리의 직관과 다른 종류의 직관 346 367

직관적 intuitiv

¶ 직관적 표상방식 255 ※ 현출, 지성

진리 Wahrheit

¶ 객관을 현시함에 있어 진리 261

질 Qualität

¶ 취미판단의 질 3~16

질료 Materie

¶ 순전한 물질과 유기적 물질 293 (참조 297 이하 300 360 378 이하) ¶ 천연의 물질은 가장 낮은 자연의 단계이다 369 / 천연의 무기적 물질의 기계조직 370주 379 473 ¶ 생명 없는 물질과 살아 있는 물질 323주 327주 ¶ 열물질과 액체 249 ¶ 식물의 물질 287 ¶ 수많은 실체들의 집합으로서 물질 372 ¶ 형식과 대비되는 질료 → 형식, 감각 ¶ 물질의 전제〔專制〕란 의미 없는 낱말이다 372 ¶ 물질의 운동법칙 XXXVIII 322 ¶ 물질의 목적 없는 혼돈 428 ¶ 의욕의 질료〔=목적〕 425 461주

질료적인 것 das Materielle

■ 실재적인 것 XLIII ¶ 질료적 자연 → 자연

질서 Ordnung

¶ 자연의 질서 → 자연 ¶ 물리적 질서 416 420 ¶ 〔목적론적〕 질서 297 301 이하 420 438 (참조 398)

ㅊ

창조 Schöpfung

¶ 창조 421주 (참조 430 431)

천재 Genie

■ 미감적 이념들의 능력 242 / =기예에 규칙을 주는 재능(천부의 자질) 181 (참조 182 이하 200 242) / =예술에 대한 재능 187 199 / 천재라는 말의 유래 (守護神Genius 천재Genie) 182 이하 ¶ 원본성〔독창성〕이 천재의 제일의 속성이다 182 (참조 186 200) ¶ 천재의 산물들은 본보기적이다 182 (참조 185 이하) ¶ 천재는 예술에 대한 재능이지 학문에 대한 재능이 아니다 183 187 199 ¶ 천재와 모방정신의 비교 183~185 ¶ 위대한 두뇌로서 천재 183 이하 ¶ 천재는 단지 예술의 산물들을 위한 풍부한 재료를 공급할 수 있을 뿐이다 186 이하 ¶ 취미 없는 천재 191 ¶ 취미와 천재의 관계 202 이하 ¶ 천재를 이루는 마음의 능력들 192 이하 ¶ 자연의 총아로서 천재 200 ¶ 천재는 유파를 만들어낸다 200 ¶ 목숨을 거는 천재 228 ¶ 그 근원을 거의 전적으로 천재에게 힘입고 있는 시예술 215 (참조 59주)

철학 Philosophie

¶ 철학은 이성인식의 원리들을 함유한다 XI ¶ 철학의 구분(이론철학과 실천철학, 자연철학과 도덕철학) X~XVI ¶ 철학 일반의 구역들 XVI~XX ¶ 순수철학은 선험적인 근거들에 의해 증명할 수는 있지만 입증할 수는 없다 241 ¶ 사변철학 431

철학적 philosophisch

¶ 철학적 학문 364

체계 System

¶ 경험의 체계 XXVII ¶ 언젠가 성립할 순수철학의 체계 VI ¶ 자연의 합목적성의 체계 321 이하 371 388 이하 (→ 자연) ¶ 목적인들에 따르는 모든 자연계의 한 체계 384 ¶ 목적론적 체계 408 ¶ 모든 국가들의 체계 393

체계적 systematisch

¶ 체계적 통일 → 통일

초감성적 übersinnlich

■ 경험적으로 인식될 수 없는 331 ¶ 초감성적인 규정근거 297 ¶ 초감성적 기체 → 기체 ¶ (우리 안의) 초감성적 능력 85 92 120 126 ¶ 초감성적 사명 98 115 154 ¶ 감성적인 것의 가능한 초감성적 사용 114 ¶ 초감성적 원리 XV 273 304 387 ¶ 주관의 초감성적 성질 36 ¶ 초감성적 (근원)존재자 448 451 ¶ 초감성적 직관 93

초감성적인 것 das Übersinnliche

■ 초감성적인 것의 세 이념 245 (참조 467) ① 자연의 기체(←)로서의 초감성적인 것 일반의 이념 VIII 이하 XVIII 이하 LIV주 235 / 자연을 가능하게 하는 내적인 원리로서 초감성적인 것 317 ② 자연의 주관적 합목적성의 원리로서의 초감성적인 것의 이념 245 (참조 115 이하 123 238) ③ 자유의 목적들의 원리로서의 초감성적인 것의 이념 XIX LII 245 439 이하 / 제2의 (즉 초감성적인) 자연으로서 윤리성 / 자유의 근거로서 초감성적인 것 126 259 (참조 467) / 도덕적-실천적 지시규정들의 근거로서 초감성적 원리 XV ¶ 자연의 근저에 놓여 있는 초감성적인 것과 자유개념이 실천적으로 함유하고 있는 것의 통일 XX ¶ 초감성적인 것을 현상들과 분리시키는 커다란 심연 LIII ¶ 초감성적 기체〔基體〕에 대해 우리는 한낱 그것의 현상만을 안다 374 ¶ 초감성적 기체를, 지성은 무규정인 채로 남겨두고(참조 VIII 이하 358) 판단력은 규정될 수 있도록 만들며(참조 235 이하) 이성은 규정한다 LVI ¶ 초감성적인 것은 우리의 모든 선험적 능력들의 합일점이다 239 ¶ 초감성적인 것은 기계적인 도출과 목적론적인 도출의 공통의 원리이다 358 (참조 357) ¶ 초감성적인 것에 대한 초월적 이성개념 235 236

초물리학 Hyperphysik

¶ 초물리학 377 ¶ 초물리적 근거 322

초월적 transzendental

¶ 초월적 개념 XXXII ¶ 초월적 관점〔의도〕 IX ¶ 목적의 초월적 규정 32 ¶ 판단력의 초월적 미〔감〕학 118 ¶ 지성의 초월적 법칙 XXVI ¶ 취미의 초월적 비판 144 232 ¶ 초월적 술어 XXX ¶ 초월적 연역 XXXI ¶ 초월적 완전성 326 ¶ 초월적 원리와 형이상학적 원리 XXIX (참조 XXVII) / 자연의 합목

성과 없는 헛수고이다 53 143 이하 237 이하 ¶ 오히려 취미의 원리는 판단력 일반의 주관적 원리이다 145 이하 ¶ 공통감으로서 취미 156 이하 (참조 70) ¶ 미감적 판정능력에 취미라는 이름이 붙은 이유 141 이하 ¶ 취미는 매력과 감동을 필요로 하지 않는다 38 ¶ 취미와 이성의 합일 51 ¶ 취미의 표준 53 ¶ 취미의 원형은 순전한 이념이다 54 ¶ 언어예술에 관한 취미의 전형 54주 ¶ 취미는 시례들을 필요로 한다 139 ¶ 취미의 검열 130 (→ 비판) ¶ 취미의 개발 IX (참조 395) ¶ 천재 없는 취미 191 ¶ 천재의 훈도로서 취미 203 ¶ 취미는 우리의 판정능력이 감관의 향수로부터 윤리감정으로 이행함을 드러낸다 164 ¶ 취미는 자연적인 능력인가, 아니면 인위적인 능력인가? 68 ¶ 예지적인 것을 바라보는 취미 258 (참조 246 이하) ¶ 취미의 이율배반 → 이율배반

취미판단 Geschmacksurteil

¶ (논리적 판단이나 인식판단과 구별되는) 취미판단 4 14 34 47 64 이하 131 135 136 145 147 152 235 246 ¶ 취미판단은 미감적〔=그 규정근거가 주관적(4 18 46)〕이다 3 이하 18 ¶ 취미판단은 '단칭 판단(24 141 150 236 238)' 이지만 '주관적 보편성(XLVI 18 148 150 232 이하)'과 '필연성(62 이하)'을 요구한다 ¶ 취미판단에서는 다른 사람들에게도 똑같은 흡족을 요구기대(zumuten)한다 19 68 161 ¶ 취미판단에서는 다른 사람들에게도 똑같은 흡족을 감히 요구(ansinnen)한다 21 22 이하 26 63 156 (참조 136~139 149 151주) ¶ 취미판단은 선험적 근거들에 의거한다 XLVII 35~37 (참조 254) ¶ 취미판단에서 '모든 사람에게 타당한 쾌감(35)'은 '결과(27 이하)'이다 ¶ 미감적 판단의 구분(순수한 미감적 판단=형식적인 미감적 판단=본래적인 취미판단 ↔ 경험적인 미감적 판단=질료적인 미감적 판단=감관판단) 39 ¶ 취미판단의 근거는 주관적 목적이나 객관적 목적이 아니라 합목적성의 형식이다 XLVII 34 이하 ¶ 취미판단은 매력과 감동에 독립적이다 37 이하 ¶ 취미판단은 개념들에서 독립적이다 31 ¶ 취미판단은 완전성의 개념에 전적으로 독립적이다 44~48 ¶ 쾌적함과 좋음은 취미판단의 순수성을 파괴한다 50 ¶ 취미판단은 자유미하고만 관련이 있다 48~52 (참조 71) ¶ 취미판단의 주관적 조건〔=주어진 표상에서의 마음 상태의 보편적인 전달력〕 27 이하 ¶ 취

미판단의 필연성의 조건〔=공통감 이념〕 64 이하 (참조 130) ¶ 취미판단의 네 계기 → 계기 ¶ 취미판단은 증명근거들에 의해서는 전혀 규정될 수 없다 140~143 ¶ 취미판단의 연역(131 이하)은 초월철학의 일반적 문제, 즉 '선험적 종합 판단들은 어떻게 가능한가?' 라는 문제 아래에 종속되어 있다 148 이하 ¶ 취미판단과 도덕적 판단의 차이 169 ¶ 취미판단과 목적론적 판단의 차이 245 303주

측정 Messung

¶ (포착으로서) 공간의 측정 99 이하

측정술 Meßkunst

¶ 측정술을 모르는 자 274

치장물 Schmuck

¶ 치장물 → 장식

ㅋ

쾌락 Vergnügen

¶ 〔흡족(10)과 구분되는〕 쾌락은 모든 사람의 목표이다 8 ¶ 향수〔享受〕의 흡족으로서 쾌락 10 163 ¶ 모든 쾌락은 근본에 있어서는 신체적 감각이라고 칭한 에피쿠로스 223 228 (참조 222 이하)

쾌와 불쾌 Lust und Unlust

¶ 인식능력과 욕구능력 사이의 중간항으로서의 쾌 · 불쾌의 감정 V~VII 164 ¶ 판단력의 원리 안에 있는 수수께끼 같은 것으로서 쾌 · 불쾌의 감정 IX XXII ¶ 욕구능력에는 필연적으로 쾌 또는 불쾌가 결합되어 있다 XXIV 이하 (참조 XXXIX) ¶ 쾌 · 불쾌의 감정과 도덕법칙 XXV ¶ 쾌의 감정과 자연의 합목적성 개념의 결합 XXXVIII~XLII 134 135 ¶ 쾌 또는 불쾌는 인식의 요소가 될 수 없다 XLIII ¶ 개념은 고려함 없이 순전한 반성에서 비롯되는 쾌 XLVI 이하 (참조 155 179) ¶ 쾌의 근거로서 인식능력들의 부합 LVII ¶ 쾌 · 불쾌의 감정은 객관에서 아무런 것도 표시하지 않는다 4 ¶ =생의 감정 4 ¶ 주관을 그 상태로 유지하려고 하는 주관의 상태에 대한 표상의 원인성에 대

다 83 (→ 숭고한 것) ¶ 크기라는 개념은 선험적인 공간직관에서 주어질 수 있다 240

크기 평가 Größenschätzung

¶ 수학적 크기 평가와 미감적 크기 평가 85 이하 (참조 104) ¶ 모든 논리적인 크기 평가는 수학적이다 82 이하 86 ¶ 미감적인 크기 평가에는 최대의 것이 있다 86 이하 ¶ 순수한 지성적 크기 평가 93 ¶ 이성의 크기 평가 97

크다 groß sein

¶ 크다는 판단력의 개념이거나, 그로부터 파생하여 판단력과 관계 맺으면서 표상의 주관적 합목적성을 기초에 두고 있는 것이다 81 ¶ 크다와 크기이다는 전적으로 다른 개념(大와 量)이다 80

ㅌ

타원 Ellipse

¶ 타원 273

타율성 Heteronomie

¶ 경험법칙들의 타율성 258 ¶ 취미의 타율 137 (참조 253) ¶ 규정적 판단력의 타율성 319 ¶ 이성의 타율 158

통일 Einheit

¶ 경험의 통일의 우연성 XXXIII ¶ 상상력과 지성의 통일 XLV ¶ 현상들의 통일 387 ¶ (직관의) 잡다의 (종합적) 통일 XXVI XXVIII 40 147 (참조 LVII 주 291 347 372) ¶ 자연의 통일 XXXIII ¶ 경험의 법칙들에 따르는 통일 313 이하 352 ¶ 자연형식들의 근거의 통일 325 327 (참조 352 373) ¶ 원리들의 통일을 추구하는 이성의 준칙 435 / 원리들의 통일 XXVII XXXVII XXXIX 405 / 소수의 원리들 아래서의 통일 XXXI ¶ 도형을 산출하는 원리의 통일 285 ¶ 공간의 통일 352 ¶ 하나의 실체 안에서의 통일성 405 ¶ 하나의 주체의 존재론적 통일 325 이하 ¶ 취미판단에서 주관적 통일 31 ¶ 체계적 통일성 XXXIV / 상위의 능력들의 체계적 통일성 LVII 이하 / 모든 잡다한 것의 형식 및 결합의 체계적 통일 291 ¶ 초감성적인 것에서 이론적인 능력과 실

천적인 능력의 통일 259 ¶ 목적통일 325 이하 328 355 373 407
특징적인 것das Charakteristische
¶ 얼굴의 특징적인 것 59주

ㅍ

판단Urteil
¶ 감각판단 147 ¶ 감관판단 24 74 231 ¶ 객관적 판단 64 ¶ 경험적 판단 150 ¶ 규정적 판단 83 331 344 이하 ¶ (미감적 판단과 구별되는) 논리적 또는 이론적 판단 4 5 74 140 142 147 ¶ 목적론적 판단 89 119 132 189 283 303주 324 ¶ 선험적인 미감적 판단 147 150 ¶ 반성적 판단 또는 반성판단 74 83 147 345 ¶ 이성추리적 판단(理性的으로 推理하는 判斷)과 이성판단(理性的으로 推理된 判斷) 231주 ¶ 인식판단 → 인식 ¶ 순수한 판단 151주 170 ¶ 좋은 것에 대한 판단 21 25 / 도덕 판단 170 ¶ 취미판단 → 해당 항목 참조 ¶ 형식적 판단 147
판단력Urteilskraft
■ 건전한 지성 VII / = 판단하는 능력 자신 145 / = 특수한 것을 보편적인 것 아래에 함유되어 있는 것으로 사고하는 능력 XXV 346 ¶ 경험적 직관을 개념 아래 포섭하는 판단력 349 (참조 VII) ¶ 개념이 주어져 있다면 판단력의 과업은 그 개념에 상응하는 직관을 함께 세우는 것〔현시〕에 있다 XLIX ¶ 판단력은 상상력을 지성에 순응시키는 능력이다 203 ¶ 지성과 이성 사이의 중간항을 이루는 판단력 V XX 이하 (참조 LII~LVIII) ¶ 판단력은 선험적으로 법칙수립적이다 XXV 이하 ¶ 판단력은 자연개념들과 자유개념 사이를 매개하는 개념을 자연의 합목적성 개념 안에서 제공한다 LV LVII ¶ 판단력의 원리들은 순수철학의 체계에서 특수한 부문을 이루지 못한다 VI X ¶ 판단력의 고유한 원리를 찾아내는 일은 큰 어려움을 수반한다 VII 이하 ① 미감적 판단력 VIII IX XLVIII LII 79 152 248 252 / = 형식적 합목적성(주관적 합목적성)을 쾌 또는 불쾌의 감정에 의해서 판정하는 능력 L (참조 LI~LIII) ¶ 미감적 판단력 비판 3~264 ② 목적론적 판단력〔=자연의 실재적 합목적성(객관적

합목적성)을 지성과 이성에 의해서 판정하는 능력〕 L ¶ 목적론적 판단력은 한 특수한 능력이 아니라, 단지 반성하는 판단력 일반일 뿐이다 LII ¶ 목적론적 판단력은 철학의 이론적 부문에 속한다 LII ¶ 자연의 합목적성이라는 판단력의 개념은 인식능력의 규제적 원리로서만 자연개념에 속한다 LVII (참조 XLI) ¶ 초월적인 (규정적) 판단력과 구별되는 반성적 판단력 311 313 ¶ 반성적 판단력은 자기 자신에게 한낱 주관적인 원리로 쓰여야 한다 312 (참조 333 이하) ¶ 미적 기예는 반성적 판단력을 표준으로 갖고 있다 179 ¶ 목적론적으로 반성하는 우리의 판단력 295 387 407 이하 470 ¶ 이론적인 반성적 판단력 418 430 434 474 ¶ 규정적 판단력과 반성적 판단력은 서로 대립된다 XXVI 이하 XXXII XXXVII 이하 XLI 269 이하 301 308 311 이하 316 318 329 330 이하 333 이하 350 357 이하 360 365 387 388 431 433 437 이하 446 그 밖의 용례 ¶ 미감적 판단력과 논리적 판단력 152 (참조 4 5 18) ¶ 미감적 판단력과 지성적 판단력 160 168 ¶ 변증적이어야 할 판단력 231 ¶ 자유 중에 있는 판단력 119 ¶ 순수한 판단력 XXVI ¶ 초월적 판단력 → 초월적 ¶ 이성추리적 판단력 231 ¶ 판단력의 이율배반 312 이하 ¶ 도식적 표상방식과 상징적 표상방식에서 판단력 256 ¶ 판단력 일반의 사용의 주관적 조건 150 이하 152 ¶ 판단력의 형식적 조건 151주 ¶ 판단력의 준칙 160 ¶ 판단력의 선험적 원리 148 (참조 203 361) ¶ 판단력의 유희 229 ¶ 판단력의 수행절차 155 ¶ 판단력과 관련해서는 비판(←)이 이론(교설)을 대신한다 X ¶ 판단력은 쾌 또는 불쾌의 감정에 대해 구성적이다 LVI

판정 Beurteilung

¶ 주관적인 미감적(←) 판정 29 ¶ 목적론적 판정 269 이하 278 295 이하 303 305 이하 315 354 이하 361 368

평등 Gleichheit

¶ (정치적) 평등 262

평화 Frieden

¶ 오랜 평화의 단점 107

포물선 Parabel

¶ 포물선 273

문도 없고 미적 학문〔미학〕도 없다 176 이하 / 미적 학문이라 불리게 된 것은 역사적 학문에 불과하다 177

학습력 Gelehrigkeit

¶ 학습력 수용력(↔천재) 183

학파 Schule

¶ 학파 → 유파

한계규정 Grenzbestimmung

¶ 우리의 인식능력들의 이성적 사용에 대해서는 한계들을 규정할 수 있지만, 경험의 분야에서는 아무런 한계규정도 가능하지 않다 XLII

합규칙적 regelmäßig

¶ 합규칙적 → 규칙적

합목적성 Zweckmäßigkeit

■ 개념이 대상의 원인으로 간주되는 한에서 객관에 대한 한 개념의 원인성 32 (참조 32~34) / = 우연적인 것의 법칙성 344 (참조 347) / 사물의 형식의 합목적성〔=한 사물이 오로지 목적들에 따라서만 가능한 사물들의 그런 성질과 합치함〕 XXVIII (참조 XXXVIII 이하) ¶ 나는 도형 속에다가, 다시 말해 나의 밖에 주어지는 것에 대한 나 자신의 표상방식 속에다가 합목적성을 집어넣는다 276 ¶ 합목적성 개념과 신 개념 사이의 기만적인 순환논증 305 이하 ¶ 자연의 합목적성의 원리는 하나의 초월적 원리이다 XXIX 이하 ¶ (자유 의지의 규정이라는 이념에서 생각될 수밖에 없는) 실천적 합목적성의 원리는 형이상학적 원리이다 XXX ¶ 자연의 합목적성 개념은 (인간의 기예의 또한 윤리의) '실천적 합목적성(XXVIII XXX XXXIX 154 434)'과는 전적으로 구별된다 XXIX 이하 ¶ 자연의 합목적성이라는 초월적 개념은 반성적 판단력의 주관적 원리(준칙)이다 XXXIV XXXVII 이하 269 ¶ 자연의 합목적성 개념은 쾌의 개념과 결합되어 있다 XXXVIII 이하 ¶ 합목적성은 표상의 주관적인 면으로서, 전혀 인식의 요소가 될 수 없는 것이다 XLIII (참조 XLIV LI 344) ¶ 자연의 합목적성 개념은 자연에서 방향을 잡기 위한 판단력의 원리이다 L 이하 ¶ 자연의 합목적성 개념은 규제적 원리이다 344 형식적(주관적, 미감적) 합목적성과 실재적(객관적, 논리적) 합목적성의 구별 L ① 자연의 합

¶ 대상의 형식 XLIV 이하 XLVIII 이하 / 대상의 형식은 한정에서 성립한다 75 ¶ 자연의 형식 IV XX ¶ 물질의 합목적적 형식 372 (참조 322) ¶ 미감적 흡족의 형식 38 39 150 155 ¶ 아름다운 형식 42 (참조 190 → 미적인 것) / 자연의 아름다운 형식 166 170 188 267 ¶ 내적으로 합목적적인 형식 306 354 372 375 ¶ (풀줄기의) 내적 형식 299 ¶ 적의한 형식 191 ¶ 특수한 형식 300 ¶ 예술에서 본질적인 것은 관찰과 판정에 대해 합목적적인 형식에 있다 214 ¶ 취미판단들의 논리적 형식 146 ¶ 합목적성의 형식 → 합목적성 ¶ 경험인식의 형식 XXXVI ¶ 선험적 형식 274

형식적 formal

¶ 판정의 형식적 규칙 150 ¶ 형식적 법칙 XV 461주 ¶ 행위의 형식적 성질〔=행위들의 보편타당성의 원리 아래로의 종속〕 461주 ¶ 형식적 원리 LIV ¶ 형식적 조건 114 145 151주 326 343 ¶ 형식적 합목적성 → 합목적성 ¶ 한 사물의 표상에서 형식적인 것〔=잡다의 일자〔一者〕와의 합일〕 45 이하 (참조 40)

형이상학 Metaphysik

¶ 비판과 대비되는 형이상학의 체계 VI ¶ 형이상학의 구분 X ¶ 형이상학과 물리학 307 ¶ 형이상학의 최종의 유일한 목적 465 (참조 366)

형이상학적 metaphysisch

¶ 초월적 원리와 구별되는 형이상학적 원리 XXIX 이하 ¶ 형이상학적 자연개념 468 이하 ¶ 형이상학적 증명 469 ¶ 형이상학적 지혜 XXX

형태 Gestalt(↔유희)

¶ 감관의 대상들의 형식 중 하나로서 형태 42

호의[1] Gunst

¶ 호의만이 유일한 자유로운 흡족이다 15 ¶ 자연의 호의 303 308주

호의[2] Wohlwollen

¶ 호의 127

화음 Harmonie

¶ 화음 → 조화

화학적 chemisch

¶ 예지적인 것에 대한 순수한 흡족 258 (참조 278) ¶ 세 종류의 흡족의 비교 14 16 74 ¶ 미감적 흡족과 지성적 흡족의 비교 51 120

흥분 Affekt

¶ 흥분 → 격정

희화〔戱畵〕Karikatur

■ 과장된, 다시 말해 규범이념(유의 합목적성) 자신을 파괴하는 특징적인 것 59주

힘 Kraft

¶ 운동하는 힘과 형성하는 힘 293 (참조 436 479 이하) ¶ 천연 물질의 힘 369

「판단력비판 제1서론」 찾아보기

ㄱ

ㄴ

ㄷ

ㄹ

ㅁ

ㅂ

ㅅ

ㅇ

ㅈ

ㅊ

ㅋ

ㅌ

ㅍ

ㅎ

백종현(白琮鉉)

서울대학교 명예교수. 한국포스트휴먼연구소 소장.
서울대학교 철학과에서 학사 · 석사 과정 후 독일 프라이부르크 대학에서 철학박사 학위를 받았다. 인하대 · 서울대 철학과 교수, 서울대 철학사상연구소 소장, 서울대 인문학연구원 원장, 한국칸트학회 회장, 한국철학회 『철학』 편집인 · 철학용어정비위원장 · 회장 겸 이사장, 한국포스트휴먼학회 회장을 역임하였다.
주요 논문으로는 "Universality and Relativity of Culture"(*Humanitas Asiatica*, 1, Seoul 2000), "Kant's Theory of Transcendental Truth as Ontology"(*Kant-Studien*, 96, Berlin & New York 2005), "Reality and Knowledge"(*Philosophy and Culture*, 3, Seoul 2008) 등이 있고, 주요 저서로는 *Phänomenologische Untersuchung zum Gegenstandsbegriff in Kants "Kritik der reinen Vernunft"*(Frankfurt/M. & New York 1985), 『독일철학과 20세기 한국의 철학』(1998/증보판2000), 『존재와 진리―칸트 〈순수이성비판〉의 근본 문제』(2000/2003/전정판2008), 『서양근대철학』(2001/증보판2003), 『현대한국사회의 철학적 문제: 윤리 개념의 형성』(2003), 『현대한국사회의 철학적 문제: 사회 운영 원리』(2004), 『철학의 개념과 주요 문제』(2007), 『시대와의 대화: 칸트와 헤겔의 철학』(2010/개정판2017), 『칸트 이성철학 9서5제』(2012), 『동아시아의 칸트철학』(편저, 2014), 『한국 칸트철학 소사전』(2015), 『이성의 역사』(2017), 『인간이란 무엇인가―칸트 3대 비판서 특강』(2018), 『한국 칸트사전』(2019), 『인간은 무엇이어야 하는가―포스트휴먼 시대, 인간을 다시 묻다』(2021) 등이 있으며, 역서로는 『칸트 비판철학의 형성과정과 체계』(F. 카울바흐, 1992)//『임마누엘 칸트―생애와 철학 체계』(2019), 『실천이성비판』(칸트, 2002/개정2판 2019), 『윤리형이상학 정초』(칸트, 2005/개정2판 2018), 『순수이성비판 1 · 2』(칸트, 2006), 『판단력비판』(칸트, 2009), 『이성의 한계 안에서의 종교』(칸트, 2011/개정판 2015), 『윤리형이상학』(칸트, 2012), 『형이상학 서설』(칸트, 2012), 『영원한 평화』(칸트, 2013), 『실용적 관점에서의 인간학』(칸트, 2014), 『교육학』(칸트, 2018), 『유작 I.1 · I.2』(칸트, 2020), 『학부들의 다툼』(칸트, 2021), 『유작 II』(칸트, 2022) 등이 있다.

한국어 칸트전집 제9권

판단력비판

대우고전총서 024

1판 1쇄 펴냄 | 2009년 5월 5일
1판 19쇄 펴냄 | 2023년 9월 8일

지은이 | 임마누엘 칸트
옮긴이 | 백종현
펴낸이 | 김정호

펴낸곳 | 아카넷
출판등록 2000년 1월 24일(제406-2000-000012호)
10881 경기도 파주시 회동길 445-3
전화 031-955-9510(편집) · 031-955-9514(주문) | 팩시밀리 031-955-9519
www.acanet.co.kr

철학, 서양철학, 독일철학, 칸트 KDC 165.2

Printed in Paju, Korea.

ISBN 978-89-5733-153-8 94160
ISBN 978-89-89103-56-1 (세트)